2017 Fujian Statistical Yearbook

福建统计年鉴

福 建 省 统 计 局
国家统计局福建调查总队 编

我们，用数字尊重社会……

We respect the society with data ...

图书在版编目（CIP）数据

福建统计年鉴. 2017：汉英对照 / 福建省统计局，国家统计局福建调查总队编. -- 北京：中国统计出版社，2017.8
ISBN 978-7-5037-8211-4

Ⅰ. ①福… Ⅱ. ①福… ②国… Ⅲ. ①统计资料—福建—2017—年鉴—汉、英 Ⅳ. ①C832.57-54

中国版本图书馆 CIP 数据核字(2017)第 171439 号

福建统计年鉴-2017

作　　者/ 福建省统计局　国家统计局福建调查总队
责任编辑/ 佘竞雄　李潇潇
责任校对/ 唐国华
装帧设计/ 陈　泓
出版发行/ 中国统计出版社
地　　址/ 北京市丰台区西三环南路甲 6 号
邮政编码/ 100073
电　　话/ 邮购（010）63376909　书店（010）68783171
网　　址/ http://www.zgtjcbs.com
印　　刷/ 福州统济印务有限公司
经　　销/ 新华书店
开　　本/ 890mm×1240mm　1/16
字　　数/ 1420 千字
印　　张/ 37.25
印　　数/ 1～1500 册
版　　别/ 2017 年 8 月第 1 版
版　　次/ 2017 年 8 月第 1 次印刷
定　　价/ 270.00 元　Price:270.00(RMB)

本书附同版本 CD-ROM 一张，光盘内容以书面文字为准。
如有印装差错，由本社发行部调换。

编委会及编辑人员

一、编委会

二、编辑部

EDITORIAL BOARD AND STAFF

编者说明

一、《福建统计年鉴—2017》，是一部信息高度密集的统计资料书。全书系统收录了 2016 年福建省全省及各地区、各部门经济和社会发展各方面的统计数据，以及重要年份福建国民经济主要指标的统计数据，是一部全面反映福建经济和社会发展情况的资料性年刊。

二、全书内容分为 22 个部分：1.综合；2.国民经济核算；3.人口、就业和职工工资；4.固定资产投资；5.对外经济；6.能源；7.人民生活；8.价格指数；9.城市概况；10.财政金融；11.农业；12.工业；13.建筑业；14.交通运输和邮电通信业；15.批发零售、住宿餐饮和旅游业；16.科学和教育；17.文化和体育；18.卫生事业；19.环境保护；20.公共管理和其他社会活动；21.企业调查；22.市县国民经济主要指标。各篇末均附有《主要统计指标解释》。

三、与《福建统计年鉴－2016》相比较，本年鉴在统计内容和编辑上主要做了如下修订：1.主要年份统一调整为 2000，2005，2010，2015，2016 等五个年份。2.根据年报制度变化的新情况，某些篇章的统计指标进行了规范和调整。

四、金门县统计资料除另有注明外，暂未列入本年鉴。

五、本年鉴重要统计数据的资料来源、计算口径等均在各篇另有注明。

六、本年鉴使用的度量衡单位均采用国家统一的标准计量单位。

七、本年鉴对过去发布的统计资料重新进行了核实，凡与本年鉴数据有出入的，以本年鉴为准。

八、本年鉴中部分合计数或相对数由于单位取舍不同而产生的计算误差，均不做机械调整。

九、本《年鉴》符号使用说明："空格"表示没有、未掌握该指标数据或不足小数位的数据；"＃"表示其中项。

十、本年鉴产值总量指标按当年价格计算，增长速度和产值指数按可比价格计算。

十一、本年鉴计算增长速度、指数均采用"水平法"。

Editor's Notes

Ⅰ.*Fujian Statistical Yearbook-2017* is an annual statistic publication of comprehensive information with highly density. The yearbook covers very comprehensive data in 2016 and some selected data series in important years of provincial and regional levels and in different departments , reflects various aspects of Fujian social and economic development.

Ⅱ.The yearbook contains twenty-two chapters: 1.General Survey; 2.National Economy Accounting; 3. Population,Employment and Wages; 4.Investment in Fixed Assets; 5 .Foreign Trade; 6. Energy; 7. People's Living Conditions; 8.Price Indices; 9.General Survey of Cities; 10.Finance; 11.Agriculture; 12.Industry; 13.Construction ; 14. Transportation, Postal and Telecommunication Services ; 15.Wholesale,Retail Trades, Hotels, Catering Services and Tourism ; 16.Science and Education; 17.Culture and Sports; 18.Health; 19. Environment Protection; 20.Publish Administration and Others; 21. Enterprise Survey; 22.Main Economic Indicators of City Prefecture and County etc. At the end of each chapter, Explanatory Notes on Main Statistical Indicators are included.

Ⅲ. In comparison with the *Fujian Statistical Yearbook 2016*, following revisions have been made in this new version in terms of the statistical contents and in editing:

1.The order of the individual chapters have adjusted, General Survey increase the basic Unit of the Annual Report Legal Entity.2.Years mainly uniformed justment 2000,2005,2010,2015,2016 five years. 3. According to the new situation of the annual report system changes, some statistical indexes of the text and the adjustment of the standard.

Ⅳ.The data of Jinmen county are not included in this yearbook except for some additional notes on it.

Ⅴ.Data source, calculation scope for important statistical data in this yearbook are noted in each chapter.

Ⅵ.The units of measurement used in this yearbook are national standard measurement units.

Ⅶ. The statistics data published in the past is re-verified in this book. Any discrepancy between the data of this book, it prevails.

Ⅷ. As a result of the different unit choices,part of the total or relative data produce calculation error in The yearbook,we do not mechanical adjustment.

Ⅸ. Notations used in the yearbook: "Blank Space" indicates absence or ignorance or insufficient decimal place of data indicator; "#" indicates a major breakdown of the total.

Ⅹ.The indicator of production value in this yearbook is calculated according to prices of the year. Growth rate and indices of production value is calculated according to comparable prices.

Ⅺ.Growth rates and indices in this yearbook are calculated by "level approach".

目　　录

Contents

特　载
ESPECIALLY PRINTED HERE ARE

统 计 表
STATISTICAL TABLE

第一篇　综合
General Survey

第二篇　国民经济核算
National Economy Accounts

第三篇　人口、就业和职工工资
Population,Employment and Wages

第四篇　固定资产投资
Investment in Fixed Assets

第五篇　对外经济
Foreign Trade

第六篇　能源
Energy

第七篇 人民生活
People's Living Conditions

第八篇　价格指数
Price Indices

第九篇 城市概况
General Survey of Cities

第十篇 财政金融
Finance

第十一篇　农业
Agriculture

第十二篇　工业
Industry

第十三篇　建筑业
Construction

第十四篇　交通运输和邮电通信业
Transportation, Postal and Telecommunication Services

第十五篇　批发零售、住宿餐饮和旅游业
Wholesale,Retail Trades, Hotels, Catering Services and Tourism

第十六篇 科学和教育
Science and Education

第十七篇　文化和体育
Culture and Sports

第十八篇　卫生事业
Health

第十九篇　环境保护
Environment Protection

第二十篇　公共管理和其他社会活动
Publish Administration and Others

第二十一篇 企业调查
Enterprise Survey

第二十二篇 市县国民经济主要指标
Main Economic Indicators of City Prefecture and County

政府工作报告

——2017年1月18日在福建省第十二届人民代表大会第五次会议上

福建省人民政府省长 于伟国

各位代表：

现在，我代表福建省人民政府，向大会报告政府工作，请予审议，并请政协委员提出意见。

一、2016年工作回顾

2016年，以习近平同志为核心的党中央统筹推进“五位一体”总体布局和协调推进“四个全面”战略布局，坚持稳中求进工作总基调，坚持新发展理念，主动把握引领经济发展新常态，推进供给侧结构性改革，开拓了治国理政新境界，开创了党和国家事业新局面。在中共福建省委的领导下，我省各级政府认真贯彻落实党中央、国务院各项决策部署，与全省人民一起，着力稳增长、调结构、强动力、惠民生、防风险，经济社会保持平稳健康发展，实现了“十三五”良好开局。

初步统计，全省生产总值2.85万亿元，增长8.4%；一般公共预算总收入4295.2亿元，可比增长6.6%；地方一般公共预算收入2654.8亿元，完成预算的100.2%，同口径增长7%；固定资产投资2.29万亿元，增长9.3%；外贸出口6838.9亿元，占全国份额保持基本稳定；实际利用外资81.9亿美元，增长6.7%；社会消费品零售总额1.17万亿元，增长11.1%；居民消费价格总水平上涨1.7%；城镇登记失业率3.86%；城镇居民人均可支配收入36014元，增长8.2%；农村居民人均可支配收入14999元，增长8.7%；年度节能减排降碳任务全面完成。一年来的主要工作是：

（一）精准发力供给侧，结构性改革成效初显。出台供给侧结构性改革“1+5+N”政策体系，抓好“三去一降一补”五大任务。坚定不移去产能，钢铁、煤炭去产能超额完成国家下达任务。精准施策去库存，商品房去化周期比年初减少9个月。稳妥有序去杠杆，规模以上工业企业资产负债率同比下降0.9个百分点，全省政府综合债务率低于预警线。多措并举降成本，全省减轻企业负担353亿元，规模以上工业企业利润总额增长19.5%。抓住四大领域补短板，积极扩大有效投资，注重“五个一批”项目滚动接续，实施两批22个补短板投资工程包，一批重要基础设施、产业项目、民生工程建成投用。

（二）创新驱动促转型，产业加快优化升级。围绕建设创新型省份，打出“松绑+激励”组合拳，激发各类创新主体活力。福厦泉国家自主创新示范区获批并加快建设，泉州获批“中国制造2025”城市试点示范，中科院海西研究院三期等“国字号”研发机构相继落地，“6·18”对接科技成果转化项目5852项，研发经费投入增速高于全国。厦航获第二届中国质量奖、福耀和九牧公司获提名奖；6个项目获2016年度国家科学技术奖。深化产业转型升级，做大增量、优化存量，规模以上工业增加值超万亿元，高技术产业增加值增长11.7%，海洋生产总值增长9%。集成电路、新型显示、冶金新材料等一批体量大、带动力强的重大项目加快推进。服务业增加值增长10.7%，对经济增长贡献率52.8%、首次超二产，金融业、物流业增加值占地区生产总值比重分别达6.5%和7.1%，文化、体育、健康、养老等服务业快速发展，旅游总收入增长25.3%。长乐和安溪大数据产业园总投资超百亿元，“数字福建”建设成效明显。“一区两园”建设现代农业项目511个，新建标准化生产基地3173个，农林牧渔业总产值增长3.7%，粮食总产量650.9万吨。

（三）推进体制机制创新，重点领域改革取得突破。年度各项改革任务如期完成。力推“放管服”改革，取消省级行政审批和服务事项288项、下放46项，省市县乡四级权责清单全覆盖，90%以上事项实现网上办理，取消、优化2000多项涉企涉民证照和有关证明事项，“五证合一”、投资项目并联审批在全省推开。营改增全面有序推开。医改继续深化，医保管理职责整合，医疗费用增速和药占比分别下降3.05个和4.94个百分点。财政专项资金清理整合分步实施。外资、台资银行加快集聚，“1+7”产业股权基金、PPP引导基金等有效运营。省直部门数据中心整合基本完成，正统网统计平台优化。党政机关公务用车制度改革全面推开。事业单位分类改革、国企国资改革、国有林场改革、机关事业单位养老保险改革、教育综合改革等扎实推进。不动产统一登记全面实施。农村土地承包经营权确权登记颁证全面推开，“两权”抵押贷款试点扎实推进。

（四）着力开拓发展空间，开放水平进一步提升。认真落实“一带一路”战略部署，海丝核心区建设加快推进，对沿线国家和地区出口1822.9亿元，新增对外投资增长61.6%，中欧（厦门）国际班列实现常态化运营。自贸试验区建设成效明显，国际贸易“单一窗口”等17项创新成果在全国复制推广。新增3个海峡两岸青年创业基地和1个示范点。

闽台贸易额656.5亿元，实际利用台资增长53.9%。第八届海峡论坛、2016两岸企业家峰会年会、首届世界妈祖文化论坛等成功举办。向金门供水工程大陆段具备通水条件。平潭国际旅游岛获批建设，对台先行先试步伐加快。福州新区建设扎实推进。漳州开展构建开放型经济新体制综合试点试验。“9·8”投洽会投资促进功能继续提升，新设及增资千万美元以上外资项目439个。坚持进出口并重、货物贸易与服务贸易并举，外贸指标好于全国。闽港澳交流合作不断深化，侨务和外事服务发展力度加大。

（五）统筹城乡协调发展，新型城镇化深入推进。推进户籍制度改革，实施居住证制度，常住人口城镇化率达63.6%。福州大都市区、厦漳泉大都市区建设效应显现。创建28个省级特色小镇，15个小城市培育试点加快推进。完善土地利用总体规划和城乡规划。完成永久基本农田划定。实施市政线网“五千工程”，开工建设综合管廊69.5公里、建成20公里，实施排水防涝项目128个，新增公共停车泊位2.8万个。推进“千村整治、百村示范”美丽乡村建设工程，市县生活垃圾、污水无害化处理率分别达96.5%、88.6%。补充耕地8.15万亩，“两违”治理腾出土地9.8万亩。脱贫攻坚取得新实效，全省脱贫260425人，“造福工程”搬迁15.6万人，23个省级扶贫开发工作重点县“造血”功能增强。原中央苏区、革命老区、少数民族聚居区、海岛等欠发达地区发展步伐加快。

（六）巩固拓展生态优势，“清新福建”成为亮丽名片。我省成为第一个国家生态文明试验区，碳排放权交易、重点生态区位商品林赎买等“15+3”年度改革任务全面实施。率先建立党政领导生态环境保护目标责任制，开展环保督察，划定生态保护红线，水、大气、生态环境质量保持全优。实施最严格水资源管理制度，加强小流域整治，重要流域都有了“河长”，完成安全生态水系治理537公里，12条主要河流Ⅰ－Ⅲ类水质比例为96.5%、同比提高3.2个百分点，Ⅰ－Ⅱ类水质占比提高16.4个百分点，近岸海域一、二类海水水质面积占比88.9%、居全国前列。加强工业污染源和面源污染治理，9个设区城市空气优良天数比例为98.4%，厦门、福州空气质量在全国74个重点城市中分别居第4和第5位。厦门、泉州市和27个县成为国家生态市县，三明成为我省第4个国家森林城市。

（七）发展成果惠民生，社会事业取得新进步。全年民生相关支出3147.6亿元、增长7.7%，占一般公共预算支出的73.4%。22件省委省政府为民办实事项目全部完成。城镇新增就业60.7万人。全省统筹1738亿元用于社会保障，提高城乡居民基础养老金最低标准，企业养老金增长7.02%；城乡居民医保财政补助每人每年由380元提高到420元，实现大病保险全覆盖；城乡低保对象、特困人员以及重度和生活困难残疾人等兜底保障政策逐步完善、惠及124万人。基本建成保障性住房13.1万套，超额完成任务。全省财政教育支出796.5亿元、增长5.1%，高水平大学建设成效明显，提前一年通过国家义务教育发展基本均衡县评估认定。县域医疗服务能力提升，医疗卫生机构床位新增5600张，3所省级医院与全国顶尖医院“一对一”合作共建。全面两孩政策有效落实。实施文艺精品创作工程，“海丝”文化品牌影响力扩大。全民健身广泛开展，我省运动员在里约奥运会和残奥会上取得优异成绩。妇女、儿童、老年人工作继续加强，残疾人、慈善、人防、地方志等工作取得新进步。坚持人民利益至上，党政军民全力抗灾救灾，总结形成“1+10”防灾救灾机制，恢复重建有序有力。安全生产标准化建设“三年提升工程”全面完成，食品药品安全形势稳定向好。加强寄递物流等新业态和网络安全监管，强化金融风险防控，坚决打击电信网络诈骗、涉麻制毒等犯罪。民族团结宗教和睦，援藏援疆援宁工作持续推进。国防动员建设不断加强，双拥共建走在全国前列，各设区市连续四届被评为“全国双拥模范城”。

（八）“两学一做”重实效，政府自身建设继续加强。深入开展“两学一做”学习教育，牢固树立“四个意识”，持续反对“四风”，践行马上就办、真抓实干，大力整治“庸懒散拖”，对重点工作量化细化、立项挂牌办理。自觉接受人大监督、政协监督和社会监督，办理省人大代表建议839件、省政协提案880件，办结率均为100%。提请省人大常委会审议地方性法规草案11件，制定省政府规章12件。政务公开和权力运行网上公开全面推进，行政监察和审计监督继续加强，党风廉政建设和反腐败工作取得成效。

成果来之不易，这是党中央、国务院和省委正确领导的结果，是全省人民齐心协力、团结奋斗和各方面大力支持的结果。我代表省人民政府，向全省人民，向各民主党派、各人民团体和各界人士，向中央和国家机关及其驻闽机构，向人民解放军和武警驻闽部队，向所有关心支持福建发展的台港澳同胞、海外乡亲和国际友人，表示衷心的感谢！

我们清醒地认识到发展中面临的困难和工作中存在的问题，主要是：经济下行压力依然较大，民间投资和制造业投资增速回落；产业发展的大项目好项目不够，新的发展动能有待进一步培育；创新能力不足，全社会研发经费投入偏低；部分群众在就业、子女教育、就医、住房等方面还面临一些困难，基本公共服务存在不少短板；生态环境保护压力较大，一些地区应对重大自然灾害能力有待提升；体制机制创新和政府职能转变不到位，一些工作人员的素质、能力和作风不适应新要求，营商环境需进一步优化。对此，我们要坚持问题导向，积极创新举措，努力改进提高。

二、围绕“再上新台阶、建设新福建”做好2017年工作

党中央、国务院高度重视福建发展，习近平总书记亲自为福建擘画宏伟蓝图，提出建设“机制活、产业优、百姓富、生态美”的新福建和“四个切实”等重要要求，为我们指明了方向。我们要深入贯彻以习近平同志为核心的党中央治国理政新理念新思想新战略，全面贯彻党的十八大和十八届三中、四中、五中、六中全会精神，认真落实省第十次党代会部署，统筹推进“五位一体”总体布局和协调推进“四个全面”战略布局，坚持稳中求进工作总基调，牢固树立和贯彻

落实新发展理念，适应把握引领经济发展新常态，坚持以提高发展质量和效益为中心，以推进供给侧结构性改革为主线，适度扩大总需求，深化创新驱动，全面做好稳增长、促改革、调结构、惠民生、防风险各项工作，促进经济平稳健康发展和社会和谐稳定，以优异成绩迎接党的十九大胜利召开。

今年发展的主要预期目标是：全省生产总值增长 8.5%左右；一般公共预算总收入增长 5.2%（可比增长 6.7%左右），地方一般公共预算收入增长 5%（同口径增长 7.5%）；固定资产投资力争增长 15%左右；外贸出口占全国份额稳中有升，实际利用外资规模稳中有升；社会消费品零售总额增长 10.5%，居民消费价格总水平涨幅 3%左右；城镇登记失业率控制在 4.2%以内；城镇居民人均可支配收入增长 8%，农村居民人均可支配收入增长 8.5%；落实节能减排降碳任务。

（一）紧扣机制活，深化改革扩大开放

机制活是建设新福建的关键所在。抓住国家新一轮改革开放的重大机遇，用好中央赋予的先行先试政策，纵深推进改革开放，增强发展活力和动力。

深化供给侧结构性改革。一是突出“去降补”。坚决完成年度化解过剩产能任务。坚持分类调控，因城因地施策，严控福州、厦门房价上涨，化解三四线城市房地产库存过多问题。支持企业市场化、法治化债转股，加大股权融资力度，强化企业债券杠杆约束，降低企业杠杆率。在降成本上让企业有更多获得感，通过调整高速公路收费、规范港口收费等，降低物流成本；通过开展售电侧改革试点、扩大电力直接交易，降低用能成本；通过进一步减少审批事项和环节、规范中介评估收费，降低制度性交易成本。从制约发展最关键、群众需求最迫切的领域着手，在突破关键共性技术、增强公共服务能力、加强基础设施薄弱环节等方面加大补短板力度。二是突出振兴实体经济。不论经济发展到什么时候，实体经济都是经济发展的根基。坚持创新驱动发展，深入实施“中国制造 2025”行动计划，进一步扶持民营经济、小微企业发展，营造宽松便捷的准入环境和公平有序的竞争环境，保护企业家精神、关爱企业家队伍，坚守实业、突出主业，防止“脱实向虚”。进一步优化产业组织，支持行业龙头骨干企业开展兼并重组，促进大中小企业协同发展。进一步加强政银企对接，改善金融服务，降低融资成本。支持企业上市融资。办好第 15 届“6·18”，支持企业共性技术服务平台建设，实施科技小巨人领军企业培育工程，新认定高新技术企业 350 家以上。建立以“用”为导向的产学研结合新机制，实施科技创新链与产业链精准对接工程，鼓励企业设立研发准备金，实行创新主体年度研发经费投入分段超额奖励。三是突出有效投资。健全“五个一批”项目推进机制，加快铁路、高速公路、轨道交通、机场、港口、能源、水利、环保、信息通信、城市公用设施等重大项目建设，完成基础设施投资 8520 亿元。落实宜居环境建设项目 8000 个，完成投资 2300 亿元。抓好新一批市政线网“六千工程”，新改扩建城市道路、雨水管网、污水管网、供水管网和绿道各 1500 公里、燃气管网 1000 公里，开工建设地下管廊 100 公里。扩大产业投资特别是先进制造业和现代服务业项目投资，完成工业投资 8400 亿元。推进 500 项省级重点技改项目，完成技改投资 5000 亿元。规范补短板工程包和 PPP 项目操作流程，从落地建设、运营管理、合理回报等方面建立健全吸引社会资本的机制，推动各类企业按同等待遇公平参与，激活民间投资。四是突出消费升级。实施“促升级扩消费十大行动”，积极发展共享经济和体验经济，拓展旅游、文化、体育、健康、养老、教育培训、信息、汽车等消费热点。完善标准体系，加强质量监管，提升服务品质。

扎实做好重大改革试验。一是推进海丝核心区建设。发挥侨的优势，在产能合作、经贸往来、金融合作和人文交流等领域建立常态化机制，重点拓展与东盟的交流合作。推进港口航运合作，增开班轮航线，发展海铁联运。加快中国一东盟海洋合作中心建设。打造“一带一路”茶乡通道。二是加快建设自贸试验区。建立与国际投资贸易通行规则相衔接的制度体系，培育融资租赁、跨境电商、整车进口、冷链物流、保税展示交易、航空维修等重点业态。三是加快建设平潭综合实验区。推进建设新兴产业区、高端服务区、宜居生活区，加快国际旅游岛建设，积极探索对台融合新模式。四是推进福州新区创新发展。以滨海新城建设为主攻方向，大力推进“海上福州”建设，加快重点组团和区域开发建设，探索产城融合及新型城镇化建设路径。五是推进福厦泉国家自主创新示范区建设。在重大平台建设、新技术新产品政府首购和推广应用、科技金融结合、知识产权运用与保护等方面推出一批创新举措。

加快推进关键性改革。创新政府配置资源方式，加快建立以目录管理、统一平台、规范交易、全程监管为主要内容的新型资源配置体系，实现资源配置效益最大化和效率最优化。制定基本公共服务清单，推动基本公共服务公平共享。深化投融资体制改革，修订形成全省统一的企业投资项目核准目录。优化天然气价格机制。深化商事制度改革，探索推进多证合一、证照分离。深化国企改革，全面完成公司制改制，在国有控股混合所有制企业开展员工持股试点，开展国有资本投资公司、国有资本运营公司试点。创新经营性和非经营性国有资产配置方式，提高国有资本配置效率和效益。持续推进港口资源整合，探索建立一体化发展的港口管理体制。推进农村土地“三权分置”，完成土地承包经营权确权登记颁证。稳步推进农村集体产权制度改革，推动供销社改革发展。完善产权保护制度，既依法保护物权、债权、股权，也保护知识产权及其他各种无形财产权。完善预算管理制度，加强预决算公开，规范政府债务管理，完善财政转移支付制度，拓展专项资金使用绩效评估，促进财政资金精准滴灌、发挥最大效用。改革医保管理体制和运行机制，深化公立医疗机构药品采购“两票制”，鼓励和规范社会力量办医，推动公立医院管办分开，推进分级诊疗，推进医保跨省异地就医直接结算。

推进更深层次更高水平的双向开放。扎实做好金砖国家领导人厦门会晤的服务保障，深化与金砖国家各领域务实合作。加快发展外贸新业态，培育外贸综合服务企业，开展市场采购贸易试点。支持先进技术设备、关键零部件进口，打造大宗资源性产品、消费品进口区域分拨中心。大力发展服务贸易和转口贸易，建设一批服务外包产业聚集区。积极对接跨国公司和行业龙头企业，加强精准招商。坚持引资引智并举，加大柔性引才力度，设立引才“伯乐奖”，实施高层次人才服务“一卡通”。加快“单一窗口”二期建设，优化口岸通关环境。加强联系平台建设，拓展闽港澳合作，紧密联系更多台港澳侨乡亲。推进与周边省市的区域交流合作，扎实抓好新一轮援藏援疆援宁援甘等对口支援和扶贫协作工作。

推进闽台深度融合。实施闽台产业对接升级计划，健全与台湾工商团体、行业协会、科研院所对接联系机制，大力引进台湾金融机构，深化闽台农业合作。大力支持台胞来闽创业就业，推进海峡两岸青年创业基地建设，维护台胞台商合法权益。办好第九届海峡论坛等两岸民间交流活动，推进闽台教育、科技、文化、人才、卫生、体育、旅游等领域交流。提升“三通”服务水平，便利人员直接往来。

（二）紧扣产业优，加快转型升级调结构

产业优是建设新福建的坚实支撑。建立产业分析推进工作机制，抓龙头、铸链条、建集群，努力打造现代产业体系。

加快发展先进制造业。一是提升主导产业竞争力。依托龙头骨干企业，建设一批创新平台，延伸下游高附加值环节，增强产业集群竞争优势，电子信息、机械装备、石油化工三大主导产业实现产值6000亿元、7800

亿元、6150亿元。电子信息突出“强芯补屏”和终端产品创新，加快福州京东方、厦门联芯、泉州晋华、莆田华佳彩等项目投产达产步伐。机械装备重点实施智能制造、高端装备创新工程，发展先进造船业，大力发展服务型制造新模式。石油化工重点抓好湄洲湾、漳州古雷石化基地和福州江阴化工新材料专区建设，发展精细化工和高附加值产品。二是推动重点产业提质增效。通过技改基金、技改投资事后奖补、融资租赁业务风险补偿等推动企业智能化改造，促进融合创新、跨界创新，培育“互联网+”新业态。支持纺织鞋服、食品、冶金建材、电机电器等产业加快创新转型，走内涵式发展道路。三是推动新兴产业倍增发展。建立协同创新、多方众扶的产业培育机制，集中优势资源支持重点项目、龙头企业和示范工程，强化关键核心技术和高端人才支撑。大力发展新一代信息技术产业、高端装备制造业、新能源汽车产业、生物与新医药产业、节能环保产业、新能源产业、新材料产业、海洋高新产业，战略性新兴产业实现增加值3150亿元、增长10%。

加快发展现代服务业。推动服务业模式创新、业态创新，引导制造业主辅分离，加快发展新型服务业。大力发展现代物流业，完善支持物流业发展的用地政策，健全城乡物流配送网络，加快发展冷链物流体系。大力发展金融业，完善人才优惠政策，多形式集聚金融人才，培育壮大金融市场主体，发展绿色金融和普惠金融，健全政策性融资担保体系，拓展保险保障功能。大力推进全域生态旅游，支持大型旅游企业集团提升重点景区品质、带动创建休闲集镇和乡村旅游特色村，构建多样化、个性化的旅游产品和服务体系。大力发展健康产业，合理配置健康服务资源，推进健康医疗大数据中心和产业园建设。推动群众体育和竞技体育全面发展，加快发展体育产业。大力发展养老服务业，实行规范化项目供地政策，推进医养结合，以建立完善居家养老服务体系为重点，加快构建多层次养老服务体系。新建社区老年人照料中心100所，新建农村幸福院300所，盘活用好乡镇敬老院，新增养老床位1万张，每个县（市、区）落地1个专业化养老服务组织。

加快发展特色现代农业。深入推进农业供给侧结构性改革，大力推进品牌农业、智慧农业、生态农业。落实责任，加强考核，粮食播种面积稳定在1800万亩、产量650万吨以上。实施“菜篮子”增品种、提品质工程，保障市场有效供给。实施农产品质量安全“1213”行动计划，加大“三品一标”认证力度，打造更多名牌农产品。实施农产品加工提升工程，积极发展休闲食品、功能食品，加快培育7个全产业链产值超千亿元特色优势产业。发挥新型农业经营主体示范带动作用，推广应用现代科技，推进“互联网+现代农业”。以现代农业园区为载体，推动三次产业融合发展，培育农副产品精深加工、农村电商、休闲农业等新产业新业态。实施化肥农药使用量零增长、农业废弃物无害化处理等专项行动。以就地就近用于农村能源和农用有机肥为主要使用方向，推进畜禽养殖废弃物处理和资源化。

（三）紧扣百姓富，加强以保障民生为重点的社会建设

百姓富是建设新福建的根本目的。坚持以人民为中心的发展思想，从解决人民群众普遍关心的突出问题入手，办好投资336.3亿元的25件省委省政府为民办实事项目，加快补齐民生短板，不断增强人民群众对幸福生活的“有感度”。

更精准更有力推进脱贫攻坚。瞄准建档立卡贫困人口精准发力，全年实现脱贫20万人。立足搬得出、稳得住、能致富，安排“造福工程”搬迁10万人，建设100个以上有规模的集中安置区。创新因病致贫人口帮扶机制，以省为主、省市县财政共同出资，开展可持续的商业医疗保险。建立贫困村集体经济培育机制，安排部分扶贫专项资金，以县为单位优化投资，通过折股量化支持村集体经济组织获得稳定收益。加大对原中央

苏区、革命老区和少数民族聚居区发展的支持力度，加强山海协作、对口帮扶，大力支持23个省级扶贫开发工作重点县加快发展。推进三明国家扶贫改革试验区、长连武扶贫开发试验区建设。完善社会扶贫参与机制，深化“百企帮百村”精准扶贫行动。加强监督检查，坚决查处扶贫领域违纪违规问题。

改善基本公共服务。一是促进就业创业。实施积极的就业政策，全年城镇新增就业 55 万人。深入实施高校毕业生就业创业促进计划，加强去产能职工分流安置，加大农村转移劳动力就业帮扶力度，支持返乡人员创业创新。二是筑牢社会保障。实施全民参保登记计划，落实阶段性降低社会保险费率政策。推进基本医疗保险管理体制改革，发展各类商业医疗保险和健康保险。推进农村低保制度与扶贫开发政策有效衔接，农村低保省定最低标准从 2650 元提高到 3000 元，全面实施特困人员救助供养新政策。大力发展残疾人事业、社会福利和慈善事业。三是优先发展教育。探索建立政府购买普惠性民办幼儿园教育服务机制，构建以公办园和普惠性民办园为主体的学前教育公共服务体系，新建公办幼儿园 100 所、新增学位 3 万个。统筹推进县域内城乡义务教育一体化，创建义务教育管理标准化学校 350 所。推进优质高中建设发展和薄弱高中改造提升。建立产教融合的职业教育发展机制，大力培养具有工匠精神的技能型人才。实施一流大学、一流学科建设计划，推进高等教育内涵发展、特色发展。推进民办教育健康发展。积极发展终身教育，大力发展老年大学。实施“名师名校长培养工程”，充分发挥骨干教师带动作用。四是强化医疗保障。加强高水平医院、高水平临床专科建设，深化省立、协和、附一医院与北京协和、上海瑞金、上海华山医院的合作共建，复旦中山厦门医院由复旦附属中山医院全面运营管理，推动省市县级医院合作，提升各级医疗技术水平。加强县级综合医院能力建设，推动城市慢性病家庭医生签约服务、乡村卫生服务一体化管理。加强产科、儿科、精神科等薄弱学科建设，加快省儿童医院、妇产医院、精神卫生中心、疾控中心新址建设。健全中医药服务体系。推动计生工作重点由管理向服务转变，加强出生缺陷综合防治。五是创新住房供给。坚持“房子是用来住的、不是用来炒的”定位，完善购租并举的住房制度，鼓励发展机构化、专业化住房租赁企业，创新多样化住房供给。完善建设用地指标分配办法，落实“人地挂钩”政策，提高“精准供地”水平，房价上涨压力大的城市合理增加土地供应，提高住宅用地比例。完善棚改安置和公租房分配方式，实行实物保障与货币补贴并举，房地产库存量大的城市提高货币化安置比例。鼓励属地政府建设经济社会发展急需人才的公寓房。开工保障性安居工程 6.9 万套、基本建成 4 万套以上。六是推动文化繁荣。深化文化体制改革，增强文化创造活力，积极培育社会主义核心价值观。实施哲学社会科学创新工程，加强新型智库建设，繁荣社会主义文艺创作，进一步打响文化品牌。实施文化惠民工程，深入普及科学知识，提升网络文化建设水平，办好新闻出版广播影视事业。加大历史文化遗产保护力度，推动鼓浪屿、海丝等申遗。促进传统手工艺与现代文创产业融合发展，壮大重点文化产业。

促进城乡区域协调发展。推进以人为核心的新型城镇化，深化国家级和省级新型城镇化试点，推进福莆宁和平潭一体化发展，推进厦漳泉同城化发展，统筹城乡基础设施网络、产业协同发展、公共服务设施、生态空间布局，促进公共资源均衡配置和基本公共服务均等化。壮大特色鲜明的六大湾区经济，促进武夷新区、三明生态工贸区和生态新城、龙岩创新型工贸旅游城市加快发展。实施城市规划提升工程，全面推行规划委员会制度。开展旧屋区、城中村、旧厂房改造，降低城区密度，加强城市修补和生态修复。加快治理城市内涝，实施 209 项总投资 120 亿元的防洪排涝工程，加强河道清淤疏浚，推进海绵城市建设。加快治理交通拥堵，优先发展公共交通，加快建设智慧交通，全面建设综合客运枢纽，优化路网布局，开展城市堵点综合整治。加快治理停车难，新增公共停车泊位2万个以上，新建电动汽车充电站150座、充电桩3000个以上。推进县城扩容提质，加快壮大县域产业，提升一个产业园、做强一个特色产业、完善一套扶持政策。坚持因地制宜、市场导向，从“产、城、人、文”四位一体有机结合入手，培育一批特色小镇。坚持乡村环境治理与乡村旅游相结合，大力实施美丽乡村“千百十”工程。

加强风险防控和维护公共安全。一是防控金融风险。坚持“控新化旧”压降不良贷款，“一企一策”“一链一策”开展企业信贷风险防控。开展互联网金融整治，加强对各类交易场所和民间借贷的监管，打击非法金融活动，守住不发生区域性金融风险底线。二是防控房地产市场风险。坚决抑制房地产泡沫，防止大起大落，促进房地产市场平稳健康发展。支持合理自住购房，严格限制信贷流向投资投机性购房。加强住房市场监管，规范开发、销售、中介等行为。三是保障食品安全。以“四个最严”深化“餐桌污染”治理，坚持全覆盖、全链条，加强从农田到餐桌全过程监管，扎实推进“双安双创”，加快建设食品安全放心省。四是强化安全生产。健全安全生产责任体系，推进重点行业、重点领域专项整治，有效化解隐患。五是促进社会和谐稳定。加快更高水平的平安福建建设，健全社会治安防控体系，依法处置信访事项，有效管控社会风险。突出加强政务诚信、个人诚信体系和电子商务领域诚信建设，强化守信激励和失信惩戒。完善灾害监测预警应急体系，增强防灾减灾救灾能力。激发社会组织活力，支持工会、共青团、妇联等人民团体发挥更大作用。全面贯彻党的宗教工作基本方针，积极推动民族团结进步事业。

推进军民融合深度发展。加强国防建设，抓好国防教育和兵源征集等工作，提高国防动员和后备力量建设水平。全力支持军队改革，做好军转干部和退役士兵接收安置。健全经济和国防建设融合发展机制，促进规划建设、资源统筹深度融合。支持宁德等争创国家军民融合创新示范区，支持龙岩等发展军民融合产业。深化双拥共建，提请修订《福建省拥军优属条例》，做好优抚安置工作。

（四）紧扣生态美，加快建设国家生态文明试验区

生态美是建设新福建的永续优势。坚持“绿水青山就是金山银山”，深入推进生态省建设，建设天更蓝、地更绿、水更净的美丽福建。

创新生态文明体制机制。聚焦重点难点问题，突出体制机制创新，推进年度17项重点改革。实行省以下环保机构监测监察执法垂直管理制度，制定部门生态环境保护责任清单，全面开展环保督察，认真接受中央环保督察。开展省级空间规划试点，推进“多规合一”，推进武夷山国家公园体制试点，严守生态保护红线。健全生态产品价值实现新机制，开展用能权、碳排放权、林业碳汇、排污权交易。实行省市县共同出资、上下游责任共担的全流域生态补偿机制。推行垃圾分类制度。探索以购买服务方式拓展农村环境综合整治。

促进资源节约循环高效使用。推行能效“领跑者”、节能发电调度、电力需求侧管理等新机制，确保单位生产总值能耗低于全国平均水平。强化约束性指标管理，实行能源和水资源消耗、建设用地等总量和强度双控行动。推广高效节能低碳技术，实施150项重点节能工程，提高清洁能源和可再生能源的消费比重。大力发展循环经济和绿色清洁生产，引导消费模式和生活方式绿色化、低碳化。

加强环境保护和生态修复。全面落实水、大气、土壤污染防治行动计划。实施“清新水域”工程，全面推行河长制，加强对河长的绩效考核和责任追究，启动十个治水工程，加强重点流域综合治理，实施小流域及农村水环境整治，做到有专人负责、有检测设施、有考核办法、有长效机制。强化饮用

水安全保障。加快城市内河黑臭水体治理，抓好新一批百个乡镇生活污水处理设施建设，完成农村50万户化粪池改造、3000个行政村生活垃圾常态化治理。实施更高标准的“洁净蓝天”工程，加强重点行业企业大气污染物综合治理，完成火电燃煤机组超低排放改造，强化扬尘防治，淘汰黄标车。实施“清洁土壤”工程，开展土壤污染状况详查，启动土壤污染治理与修复试点示范工程。加大海洋生态环境保护力度，强化自然岸线管控。加强自然保护区建设管理，加强山水林田湖生态保护修复。加强造林绿化，再完成水土流失综合治理面积200万亩。

三、从严从实加强政府自身建设

牢固树立“四个意识”，坚决维护以习近平同志为核心的党中央权威，自觉向党中央看齐，向习近平总书记看齐，向党的理论和路线方针政策看齐，向党中央决策部署看齐。

踏石留印、抓铁有痕，切实强化责任担当。在党的领导下、在法治轨道上开展工作，坚持依法行政，建设法治政府。以新理念引领新实践，滴水穿石、攻坚克难，将着力点放到发展最应该干、群众最希望办的事情上来。量化实化政府工作，沉下心、沉下身、沉下力，撸起袖子加油干，以“钉钉子”精神把各项工作落细、落小、落实。致力创新工作机制，对标先进、先行先试，评估效果、务实管用，让行政效率更高、市场主体更活、人民群众更满意。制定“正向激励政策包”，对真抓实干、成效明显的地方予以激励支持。注重容错纠错，为敢于担当的干部担当，为敢于负责的干部负责。

马上就办、真抓实干，切实优化发展环境。全面提升政务服务水平，致力打造法治化、国际化、便利化的营商环境。以“最多跑一趟”倒逼简政放权、优化服务，深化省级行政审批“三集中”改革，全面推行“双随机一公开”监管。开展“减证便民”专项行动，让企业和群众办事更省时、省心、省钱。推行“互联网+政务服务”，建成省级一体化网上政务服务平台，实现“一号申请、一网通办、全程网办”。构建“亲”“清”新型政商关系，做到亲近不逾矩、清廉不懈怠，让大家充分体会到权利平等、机会平等、规则平等。

正风肃纪、强化监督，切实加强廉政建设。坚定不移推进全面从严治党，落实“两个责任”，突出“五抓五看”，把党风廉政建设落实到位。严格执行党内政治生活若干准则、廉洁自律准则和纪律处分条例、问责条例、党内监督条例，紧盯关键少数，持之以恒反对“四风”，落实中央八项规定精神。厉行节约、艰苦奋斗，省级一般性支出压缩5%。习惯于在监督下开展工作，自觉接受人大及其常委会的法律监督和工作监督、政协的民主监督，高度重视社会公众监督和舆论监督，加强审计监督。深化政务公开和权力运行网上公开，确保权力在阳光下廉洁运行。

各位代表，让我们更加紧密地团结在以习近平同志为核心的党中央周围，在中共福建省委的领导下，不忘初心、继续前进，为“再上新台阶、建设新福建”，为实现“两个一百年”奋斗目标、实现中华民族伟大复兴的中国梦作出更大贡献！

关于福建省2016年国民经济和社会发展计划执行情况及2017年国民经济和社会发展计划草案的报告

——2017年1月18日在福建省第十二届人民代表大会第五次会议上

福建省发展和改革委员会

各位代表：

受福建省人民政府委托，现将福建省2016年国民经济和社会发展计划执行情况及2017年国民经济和社会发展计划草案提请省十二届人大五次会议审议，并请省政协各位委员和其他列席人员提出意见。

一、2016年国民经济和社会发展计划执行情况

2016年，在错综复杂的国内外形势下，全省各级各部门认真贯彻中央和省委、省政府各项决策部署，积极适应经济发展新常态，落实新发展理念，认真执行省十二届人大四次会议审议通过的国民经济和社会发展计划，扎实抓好稳增长、调结构、强动力、惠民生、防风险各项工作，全省经济社会保持平稳健康发展。初步统计，全省生产总值28519.15亿元，增长8.4%。

一年来国民经济和社会发展成效主要体现在六个方面：

（一）供给侧结构性改革重点任务有效落实，产业转型升级步伐加快

全面推进供给侧结构性改革，“三去一降一补”取得积极成效。出台化解部分行业过剩产能意见等政策措施，推动钢铁去产能445万吨、煤炭去产能297万吨，均超额完成国家下达的目标任务。因城施策去库存，全省商品房库存5417.3万平方米，减少1995.1万平方米，去化周期15个月，比年初减少9个月。推动企业调整融资结构降低杠杆率，49家次企业境内外上市融资再融资632.5亿元，新增194家新三板挂牌企业，规模以上工业企业资产负债率下降0.9个百分点。出台降低企业成本减轻企业负担意见，全省减轻企业负担353亿元。着力扩大公共产品和服务供给，推出两批22个补短板投资工程包，完成投资975.9亿元。

加快新旧动能转换，产业转型升级取得进展。第一、二、三产业分别完成增加值2364.14亿元、13912.73亿元和12242.28亿元，增长3.6%、7.3%和10.7%。

农业生产总体平稳。扎实抓好粮食产能区和农业“五新”工程建设，积极促进特色现代农业发展。农林牧渔业总产值4155.68亿元，增长3.7%。粮食总产量650.9万吨；肉蛋奶和水产品产量均增长4.6%；设施农业面积达180多万亩，其中千亩以上规模基地超过110个，新建省级补贴的温室大棚面积2万亩。省级以上农业重点龙头企业销售收入3074.5亿元，增长5.4%。长泰枋洋水利枢纽工程、德化彭村水库等一批重大水利项目加快推进，平潭及闽江口水资源配置工程、罗源霍口水库等重大项目可研获批并开工建设，全省水利完成投资超过370亿元。

工业生产保持稳定。积极推动科技创新在产业转型升级中发挥支撑引领作用，指导企业用好提质增效各项政策措施。规模以上工业增加值11017.39亿元，增长7.6%，其

中民营工业增加值增长9%。电子、机械、石化三大主导产业增加值增长10%；高技术产业增加值增长11.7%，占工业增加值比重为10.1%，比上年提高0.6个百分点。规模以上工业企业利润总额增长19.5%。355家省级工业龙头企业实现产值10943.14亿元，增长6.5%。设立首期出资规模75.1亿元的安芯产业投资基金，全国首个窄带物联网规模化商用局在我省启用。三安光电LED外延芯片研发和制造产业化、恒捷综合化纤产业基地、福清中景石化聚丙烯一期、景丰聚合纺织、恒申氨纶长丝锦纶、新龙马多用途乘用车、中晶蓝宝石图形化衬底、信达LED封装应用、石狮通达智能硬件、德润电子产业园、许继集团智能变压器制造等一批重大项目建成或部分建成。

服务业较快增长。落实全省推动现代服务业加快发展座谈会精神，形成全省上下加快发展服务业的良好氛围。服务业增加值增速高于二产3.4个百分点，占地区生产总值比重为42.9%，比上年提高1.4个百分点。物流业增加值增长9%，货运量增长8.4%，集装箱吞吐量增长5.6%，货物周转量增长11.4%。金融业增加值增长9.6%，本外币各项存贷款余额分别增长9.9%、12.1%，华通银行已正式获准开业。旅游总收入增长25.3%，休闲旅游、红色旅游、生态旅游快速发展。新业态新领域不断拓展，休闲养老等新服务模式快速发展，金太阳老年综合服务中心等一批养老服务企业和机构逐步壮大。

海洋经济平稳较快发展。海洋生产总值7500亿元，增长9%。福州、厦门入选首批国家海洋经济创新发展示范市，启动建设霞浦三沙、连江黄岐、石狮祥芝、晋江深沪等8个渔港经济区，金达威等一批海洋生物医药和生物制品企业进一步成长壮大，设施渔业、远洋渔业等现代海洋渔业发展加快。

（二）投资结构改善，消费潜力持续释放

积极落实促投资稳增长。一手抓基本盘，一手抓新增长点，促进投资总量扩大结构优化。固定资产投资22927.99亿元，增长9.3%。产业投资结构持续优化，高技术产业投资增长60.6%，第三产业投资增长9.3%。补短板投资持续推进，基础设施投资增长22.3%，其中水利、环境和公共设施管理业投资增长34.4%。

“五个一批”项目和重点项目进展顺利。全省入库“五个一批”项目9501个、项目总投资11.07万亿元，其中签约项目1422个、1.14万亿元，开工项目3561个、4.81万亿元，投产项目1050个、5787亿元，“五个一批”促进总量壮大、结构优化。1029个在建省重点项目完成投资4227亿元，超额完成年度目标。福州地铁1号线、莆田差别化纤维及高端运动系列网生产、永安新能源汽车用锂电池石墨负极材料等155个项目建成或部分建成，铁路完成投资180亿元、高速公路完成投资296亿元、港口完成投资103亿元，新增电力装机267万千瓦。浦梅铁路建宁至冠豸山段、兴泉铁路、福厦客专先行段、永泰抽水蓄能电站等160个项目开工建设。宁德核电5—6号机组、漳州古雷炼化一体化等一批项目前期工作加快推进。

新型城镇化建设成效显著。常住人口城镇化率达到63.6%，比上年提高1个百分点。莆田、晋江、邵武、永安等国家和省级新型城镇化试点加快推进，福清、长泰、上杭、古田列入国家第三批新型城镇化试点，新增大田等4个省级试点。开展特色小镇创建，永泰嵩口镇等5个镇列入第一批中国特色小镇，长乐东湖VR小镇等28个特色小镇列入第一批省级创建名单。制定实施15个小城市培育试点镇三年行动计划。户籍制度改革加快推进，全面实施居住证制度。建立健全财政转移支付同农业转移人口市民化挂钩机制。

市场消费稳定增长。深入落实国家“十大扩消费行动”，出台我省积极发挥新消费引领作用促进转型升级行动方案等政策，社会消费品零售总额11674.54亿元，增长11.1

%。网络消费以及信息、健康、体育、养老等新兴消费高速增长。限额以上批发和零售企业通过互联网实现的商品零售额增长46.7%，信息消费增长18%，体育娱乐用品类商品零售额增长11.4%。

（三）创新驱动发展战略有效落实，新经济新动能加快形成

出台实施创新驱动发展战略行动计划、加快高水平科技研发创新平台建设发展、培育科技小巨人领军企业等政策措施。R&D经费投入增长16%，占地区生产总值比重为1.6%，提高0.09个百分点，全省7个高新区进入国家高新区行列，福厦泉国家自主创新示范区获批建设。中科院海西研究院三期、国家专利审查协作福建中心等重大科研机构落地建设，闽台作物有害生物生态防控国家重点实验室、微生物菌剂开发与应用等3家工程研究中心列入省部共建。新认定高新技术企业906家，培育科技小巨人领军企业655家。全省拥有各类科技创新平台超过1000个，省级以上工程（技术）研究中心、重点（工程）实验室、企业技术中心分别达524个、222个、445个。

深入推动大众创业万众创新，福州新区获批创建全国首批双创示范基地,建成9家示范创业创新中心，累计培育省级小微企业创业基地49个，省级众创空间113家，其中国家级26家。科技成果转化成效明显，第十四届“6·18”海峡项目成果交易会对接合同项目5852项，总投资1433亿元，其中新兴产业项目占比为56%。数字福建加快发展，基本完成省级数据中心整合任务。基本建成数字福建云计算中心一期工程、应急通信保障能力福建示范工程，启动建设国家医疗健康大数据中心及产业园、无线政务专网、生态云、省级城乡网格化平台等。

实施新兴产业倍增计划，全省战略性新兴产业实现增加值2746亿元，增长7.5%。泉州晋华集成电路存储器、厦门联芯12英寸集成电路等一批科技产业项目取得突破。宁德时代新能源“新一代锂离子动力电池产业化技术开发”等2个项目列入国家重点研发计划。实施精密高效钛合金加工数控刀具系列化开发等16个产业技术联合创新专项，推动开发关键共性技术。启动建设中国·福建VR产业基地，在9个优势产业集群较发达的县（市、区）开展“互联网＋”区域化链条化试点。

（四）改革开放深入推进，发展活力进一步提升

“放管服”改革持续深化。在全国率先开展乡镇（街道）权责清单编制，实现省市县乡四级清单全覆盖。大力削减行政审批事项，共取消省级行政审批和服务事项288项、下放46项。调整规范省级行政审批中介服务事项31项，向福州新区下放省级经济管理权限121项。推动投资项目并联审批，建成全省投资项目在线审批监管平台。省网上办事大厅功能进一步提升，90%以上行政审批和公共服务事项实现网上办理或预审。开展“办事难、办证难”专项治理，取消、优化2000多项涉企涉民证照和有关证明事项，降低办事门槛。

深化商事制度改革，在全省推行“五证合一、一照一码”、电子营业执照制度和“双随机一公开”监管。开展市场准入负面清单制度改革试点。推进国家电子招投标创新试点省建设，完成省、市级工程建设项目招标投标、矿业权交易、政府采购、国有产权交易四类交易平台整合。基本建成联通国家、覆盖省级和设区市纵横联通的信用信息系统，信用“红黑”名单、统一社会信用代码、7天“双公示”等工作不断推进，我省获批成为全国首批青年信用体系建设试点省。开展中央改革办、国家发改委部署我省的空间规划试点，探索以主体功能区规划为基础统筹各类空间性规划的试点改革，建立健全国土空间和用途管制制度，出台了省级空间规划试点工作实施方案。全面推进农村土地承包经营权确权登记颁证工作。深化集体林权制度改革，开展重点生态区位商品林赎买等

改革试点。

外经贸稳步发展。全省进出口总额10351.6亿元，其中出口6838.9亿元。加强与世界500强、全球行业性龙头企业对接，承接高端产业转移，实际利用外资81.9亿美元，增长6.7%。建立推进国际产能和装备制造合作委省协同机制，推动中国武夷、紫金矿业、福耀玻璃、青拓集团等一批企业加快境外经贸合作园区建设。对外投资111.6亿美元，其中国际产能合作项目对外投资42.7亿美元，增长88.1%。

自贸试验区加快建设。扎实推进各项改革试验任务，挂牌以来，186项重点试验任务已实施170项，其中2016年推动实施39项。体制机制创新进展明显，推出实施225项创新举措，其中全国首创80项，17项创新成果在全国复制推广，70项在全省复制推广。区内新增内外资企业3.5万家，注册资本6640.6亿元。江阴整车进口口岸等重点平台建设取得明显成效，飞机融资租赁等重点业态加快发展。

海丝核心区建设取得新进展。出台福建省海丝核心区对外投资合作国别指导意见，对“海丝”沿线国家投资项目合计96个，对外投资22.3亿美元，增长61.6%。梳理我省首批海丝核心区建设重大项目300多个，总投资超过6000亿元。中国—东盟海产品交易所、厦门大学马来西亚分校、海上丝绸之路国际艺术节等一批重大合作项目扎实推进，与“海丝”沿线国家和地区的互联互通、经贸合作和人文交流不断深化。

福州新区加快建设。编制实施福州新区发展规划，新区交通设施、市政基础等重点领域加速建设，累计完成投资约1800亿元。三峡集团风电装备产业园等一批重大项目落户新区。建立福州台湾青年创业创新创客基地，加快建设蓝色经济产业园、马尾船政(连江)工业园区等临港产业园区，主动融入“海丝”发展。

闽台交流合作积极推进。召开2016两岸企业家峰会年会，成功举办第八届海峡论坛。闽台贸易额656.5亿元；实际利用台资20.2亿美元，增长53.9%。莆田华佳彩面板等一批重大台资项目进展顺利，台湾银行福州分行和中国信托商业银行厦门分行相继获批开业。新增获批设立3个海峡两岸青年创业基地和1个示范点、4个对台小额贸易开放口岸，闽台基层交流持续扩大。闽台直航持续拓展，“台厦蓉欧”“台平欧”海铁联运列车正式开通。平潭综合实验区加快开放开发，平潭国际旅游岛建设方案获批实施，通尼斯风电设备制造、中诺影像等一批重点项目落地建设。

（五）民生保障持续改善，社会事业加快发展

实施精准扶贫、精准脱贫。帮助建档立卡贫困户因地制宜确定产业项目，开展“雨露计划”等技能培训，全省脱贫260425人。易地扶贫搬迁造福工程加快实施，全年完成搬迁任务15.6万人。15.75万扶贫开发对象纳入农村低保。23个扶贫开发工作重点县加快发展。

22项为民办实事项目全面完成全年目标任务。提高城乡居民基本医疗保险财政补助标准和医疗救助筹资标准、农村居民最低生活保障标准、临时救助筹资标准，实现社会保险制度全覆盖。民生相关支出占一般公共预算支出比重为73.4%。实施促进就业创业、返乡创业等政策，城镇新增就业60.7万人，城镇登记失业率3.86%。居民收入保持增长，城镇居民人均可支配收入36014元，增长8.2%；农村居民人均可支配收入14999元，增长8.7%。实施全面二孩政策，人口自然增长率10.1‰。

稳步推进基础教育发展，省级补助建设的100所公办幼儿园项目已全部开工，农村中小学校实现宽带网络接入，全面完成义务教育学校标准化建设，全省达标高中394所。推进省级示范性现代职业院校建设，新增64

个现代学徒制试点。新设立福建商学院、厦门医学院2所紧缺急需应用型本科高校。

全面实施以药品、耗材零差率为切入点的公立医院综合改革。加快实施重大疾病防控体系、儿童医疗服务机构、基层医疗卫生服务体系等卫生专项建设规划，组织实施县级医院能力提升工程，全省新增床位5600张。持续发展中医药事业，基层中医药服务量比例提高到22%。建立居民健康档案3396万份，电子建档率89%。

公共文化服务持续完善，实现全省县级数字影院全覆盖，公共数字文化服务体系建设位居全国前列。加强文化遗产保护，新增中国传统村落104个、省级历史文化名镇16个、名村62个。漳州体育训练基地改建工程等一批重大体育基础设施加快建设，我省运动员创造参加奥运会历史最好成绩。

保障性安居工程开工13.4万套、开工率107.7%，基本建成13.1万套，超额完成任务。启动实施农村饮水安全巩固提升工程，受益人口30.5万人。持续治理“餐桌污染”、建设“食品放心工程”，省级共检查食品药品生产经营企业1371家次，收回药品GSP认证证书21家；全省立案查处食品药品违法案件3353起。居民消费价格总水平上涨1.7%，控制在预期目标以内。

防抗暴雨、洪涝自然灾害以及“莫兰蒂”“鲇鱼”等超强台风有力有效。全省党政军民众志成城、奋力救灾，全力将损失降到最低。出台做好灾后恢复重建工作实施意见及系列配套实施方案，切实做好受灾人员安置工作，帮扶受灾企业尽快恢复生产。

（六）生态文明建设扎实推进，绿色发展成效显著

生态文明试验区建设开局良好、改革试验任务有效落实。中央出台第一个国家生态文明试验区（福建）实施方案，2016年“15+3”项改革任务全面实施。开展武夷山国家公园试点。制定健全生态保护补偿机制实施意见。实施环境保护督察，推行环境监管网格化管理。出台培育发展环境治理和生态保护市场主体的实施意见，利用市场化机制推进生态环境保护。

生态环境质量继续保持优良。完成植树造林130.05万亩，超额完成全年任务，森林覆盖率继续保持全国首位。加强水、大气、土壤污染防治，全省12条主要河流Ⅰ～Ⅲ类水质占比96.5%，提高3.2个百分点；119个集中式生活饮用水源地达标率为96.6%；9个设区市空气质量优良天数比例达98.4%，提高0.5个百分点，PM2.5平均浓度为每立方米27微克，优于国家二级标准；厦门、福州在全国74个重点城市空气质量排名中分别居第4位、第5位。厦门、泉州新增为国家生态市，永泰、东山等27个县新增为国家生态县。

节能降碳和资源保护成效明显。预计可以完成年度节能减排降碳目标。实施工业锅炉（窑炉）改造、电机系统节能、余热余压利用、能量系统优化等重点工程项目230多项。碳排放权交易市场投入运行，海峡股权交易中心获批自愿减排交易机构。持续推进厦门、南平国家低碳城市试点，三明获批为第三批国家低碳城市试点。实施节约集约用地三年行动方案，实施海岸带保护与利用规划。

总的来看，经过努力，2016年国民经济和社会发展计划执行情况总体是好的，实现了“十三五”良好开局。但我们也清醒地认识到，由于国内外环境严峻复杂和多重因素传导叠加、交织影响，经济下行压力较大，固定资产投资、出口总额等部分指标增速未能实现年度预期目标，当前经济社会发展还面临不少困难和问题。一是实体经济相当困难。受部分工业品销售不畅、资金短缺、债务风险加大等影响，不同产业、企业走势分化，部分企业生产经营仍较困难。规模以上工业增加值增幅比上年回落1.1个百分点，规模以上工业企业553家停产、停产面3.2

%；4808家减产、减产面27.8%。二是投资增速回落较大。受市场需求减少、市场主体投资信心不足以及雨水比往年多等因素影响，固定资产投资增长9.3%，增速回落8.1个百分点，其中民间投资仅增长5.3%；工业投资和房地产开发投资仅分别增长7.3%、2.7%。三是出口下降。国际市场持续低迷，美国、拉丁美洲等主要贸易出口国需求下降，我省部分传统行业订单转移至东南亚国家，持续、有效益的订单不足，企业成本上升，出口下降2.2%。四是创新能力不足，研发经费投入偏低；服务业总体规模不大，服务业占地区生产总值比重与全国平均水平还有差距。五是民生改善任务依然繁重。脱贫攻坚、基本公共服务均等化任务仍然较重，居民收入保持较快增长难度加大。热点城市房价上涨较快，土地和住房供应结构有待进一步调整优化。六是城市防洪排涝、交通拥堵、公共服务设施不足使用效率低等问题也不容忽视。面对这些困难和问题，我们一定要高度重视，主动作为、敢于担当，认真加以解决。

二、2017年国民经济和社会发展主要预期目标和任务

政府工作报告提出的2017年经济社会发展主要预期目标包括：

一是保持经济稳定增长。预期全省生产总值增长8.5%左右，固定资产投资力争增长15%左右，社会消费品零售总额增长10.5%。主要考虑：我省经济发展基础总体比较牢固，转型升级加快推进，产业支撑较为有力；中央高度重视福建发展，出台系列支持福建加快发展的有力举措，为我省经济社会发展奠定坚实基础。围绕"再上新台阶、建设新福建"中心任务，注重与"十三五"规划目标相衔接，体现既积极奋进、又稳妥可行的原则，为推进结构性改革留空间，兼顾加快发展的要求和现实可能。

二是转方式、调结构加快推进。创新驱动、产业转型升级步伐加快，新经济新动能加快培育，先进制造业和现代服务业加快发展；城乡区域协调性增强，新型城镇化建设加快推进；国家生态文明试验区建设全面推进，节能减排降碳任务有效落实。

三是人民群众获得感进一步增强。城乡居民收入差距继续缩小，预期城镇居民人均可支配收入增长8%，农村居民人均可支配收入增长8.5%；公共服务供给能力进一步提升，预期地方一般公共预算收入增长5%（同口径增长7.5%）；城镇新增就业55万人，城镇登记失业率控制在4.2%以内；居民消费价格涨幅3%左右。

为了实现上述目标，我们要全面贯彻党的十八大和十八届三中、四中、五中、六中全会和中央经济工作会议精神，贯彻落实省第十次党代会的工作要求，牢牢把握中央支持福建加快发展的重要机遇，坚持稳中求进工作总基调，牢固树立和贯彻落实新发展理念，坚持以推进供给侧结构性改革为主线，适度扩大总需求，加快实施创新驱动发展战略，大力推进体制机制创新，全面做好稳增长、促改革、调结构、惠民生、防风险各项工作，努力实现经济社会平稳健康发展，以优异成绩迎接党的十九大胜利召开。重点要组织实施好八个方面工作：

（一）加快发展新经济培育新动能

突出扶持实体经济发展。深化供给侧结构性改革，通过改革供给侧环境、优化供给侧机制，扩大高质量产品和服务供给，着力振兴实体经济。去产能方面，继续抓好化解过剩产能工作，防止已经化解的过剩产能死灰复燃。去库存方面，着力促进房地产市场平稳健康发展，对房价上涨压力大的城市要合理增加土地供应，加强市场监管；对库存较高的地方，因城因地施策、有效化解房地产库存。去杠杆方面，引导金融机构实施差别化信贷政策，有序退出产能过剩领域，加大对实体经济重点领域和薄弱环节金融服务；健全重大项目融资对接机制，积极扩大直接融资规模，推动国有企业资产证券化，

引导企业运用股权、股债结合等融资方式降低杠杆率；有效防范和化解金融风险，强化属地责任，加大不良贷款清收处置力度，加快化解企业担保链问题，支持经营困难企业债务重组，坚决打击恶意逃废债和非法集资行为，加强债券市场违约风险排查，规范民间融资和互联网金融发展。降成本方面，全面推行“互联网＋政务服务”，降低制度性交易成本。继续阶段性降低社会保险费率，实行稳岗补贴。稳妥有序扩大电力直接交易规模。补短板方面，集中力量攻克基础设施、产业发展、社会事业和民生保障领域薄弱环节。

推进制造业转型升级。加快推动制造业创新中心建设工程，培育一批省级制造业创新中心。促进产业梳理成果转化应用，实施重点行业发展行动计划，策划生成一批龙头项目带动产业链延伸，引进一批关联性高、填平补齐产业链的配套项目。聚焦制造关键环节，实施制造业智能化关键技术产业化方案，引导企业特别是传统产业企业加快生产端设备和系统的智能化改造，推广“数控一代”应用，推动重点产业、传统优势产业和劳动密集型产业逐步实现“机器换工”。实施增强制造业核心竞争力行动和新一轮技术改造专项行动，实施投资3000万元以上省级重点技改项目500项，全年完成技改投资5000亿元。推动腾龙芳烃、翔鹭石化加快设备修复恢复生产，争取天马微电子二期、申远聚酰胺一体化、云度新能源汽车等项目建成或基本建成投产；促进中化泉州乙烯及炼油改扩建、福清中铝东南铝精深加工基地等项目完成前期工作并尽快开工建设。

培育壮大战略性新兴产业。加快福州京东方面板、泉州晋华集成电路存储器等重点项目建设进度。全力推进石墨烯产业发展，编制我省石墨烯产业发展规划，组建产业技术创新联盟。跟踪国家新能源汽车大战略，推动大功率、高能量动力锂电池核心技术研发和产业化。支持数控机床、伺服装置、工业机器人等高端装备研发。推进海洋生物医药、海洋工程装备等海洋新兴产业规模化发展，全面梳理我省“智慧海洋”工程相关项目，争取列入国家“智慧海洋”工程区域试点。

推动服务业提质增效。推进福州市、思明区国家服务业综合改革试点和鼓楼区国家服务业综合改革典型示范。继续推动省级现代服务业集聚示范区公共服务平台和提升核心竞争力项目建设。提高生产性服务业水平，深入实施“互联网+流通”行动计划，大力发展保税物流、电商物流、第三方物流和冷链物流。壮大金融业，积极引进境内外金融机构来闽设点。促进制造业主辅分离，实施服务型制造试点示范，培育一批工程机械、电子信息、纺织服装等行业专业服务平台。加快发展生活性服务业，推进全域生态旅游省建设，培育壮大旅游龙头企业，打造大武夷生态旅游、土楼、海丝文化旅游等旅游产业集群。培育壮大健康养老服务、家庭服务等服务业。

（二）积极扩大有效需求

持续扩大有效投资稳增长。进一步加强交通、能源、市政、水利、美丽乡村、信息、环保等基础设施建设，全年完成投资8520亿元。重点跟踪推进一批重大工业项目建设，强化招商引资，瞄准好资源、紧扣产业链、盯紧大企业，积极引进大项目好项目，提高工业投资比重。拓宽民间投资渠道，健全吸引社会资本体制机制，促进民间投资回稳向好。充实和拓展投资工程包实施范围和内容，策划和推出新的工程包，落实“一包一责”抓进度，创新“一包一策”抓机制，推动工程包项目早落地、早投产、早见效。深入挖掘投资潜力，着力策划和支持一批前景好、见效快的新经济项目，抓好新的投资增长点。

加快推动重大项目建设。持续推进“五个一批”项目常态化管理，关键抓好签约、开工、投产三个重要环节。安排在建省重点项目投资3913亿元，计划开工项目155个，建成或部分建成155个。新增铁路通车里程

260公里、高速公路通车里程209公里、港口吞吐能力2000万吨、电力装机250万千瓦以上。推进龙岩至龙川铁路、漳州核电、泉州白濑水利枢纽工程、宁德上白石水利枢纽工程等项目前期工作，力争取得重大突破。进一步完善重大项目建设协调工作机制，强化要素保障，加强协调服务，全面提高重大项目开工率、建成率。

积极扩大消费需求。继续落实和完善扩大消费各项政策措施，鼓励发展旅游休闲、教育文化、体育健身、康养家政、绿色消费等新兴消费热点，促进传统消费提质升级。强化品牌质量建设，推动“增品种、提品质、创品牌”三品行动实施方案落实，促进行业向中高端延伸，满足新型消费需求。加快电商发展，积极争取电商龙头企业在我省设立总部或区域性、功能性总部。加强流通基础设施建设，挖掘农村消费潜力。

推进新型城镇化建设。深化宜居环境建设，全省宜居环境建设行动暨城乡建设领域有效投资完成2300亿元，新改扩建城市道路、雨水管网、污水管网、供水管网和绿道各1500公里，燃气管网1000公里，开工建设地下管廊100公里、建成30公里。实施一批城市堵点综合整治，全省建成区新增路外公共停车泊位2万个以上。加强城市内涝防治、海绵城市建设。分类推进国家级新型城镇化综合试点、省级新型城镇化综合试点和专项试点。继续推进15个小城市培育试点，扎实推进特色小镇创建。

促进出口稳定增长。用好用足用活系列促进外贸回稳向好政策，促进企业扩大出口。加快推进单一窗口二期建设，优化口岸通关环境。组织企业参加境内外重点国际性展会，支持企业承接订单、开拓市场。鼓励支持一达通公司发展。扩大外贸综合服务企业试点范围，培育旅游购物贸易方式并争取试点开展市场采购贸易，支持和引导传统外贸企业运用跨境电商开拓国际市场。推动泉州、厦门启动第三批中国跨境电商综合试验区申报工作。

（三）加快科技创新推动创新驱动发展

建立健全创新发展体制机制。大力推进创新型省份建设，力争研发投入增长20%以上。推进福厦泉国家自主创新示范区建设，完成示范区发展规划纲要编制，支持示范区技术研发创新、创新平台建设、创新研发机构和创新人才、团队引进等；在产业布局规划、重大项目安排、公共平台建设、政策先行先试等方面向示范区进行倾斜支持，推进创新资源向示范区聚集。

推动大众创业万众创新，积极培育创新创业主体，推动福州新区双创示范基地建设，持续推进科技企业孵化器、互联网孵化器和众创空间建设。推进军民融合深度发展，支持争创国家军民融合创新示范区，推动发展军民融合产业。

推进创新平台建设。加快推进中科院海西研究院厦门稀土材料研究所和泉州装备制造研究所、厦门大学石墨烯工程与产业研究院等重点科研机构建设，鼓励和支持社会资本建设发展新型研发机构。完善创新驱动产业发展的支撑平台体系，建设一批国家级、省部共建和省级工程（技术）研究中心、重点（工程）实验室以及企业技术中心。实施科技小巨人领军企业培育计划。完善国家技术转移海峡中心等创新载体建设，持续推动项目对接。开展设区市数据中心和信息中心整合，建设全省一体化数据中心，加快建成政务数据汇聚共享、城乡网格化管理服务等应用平台。

着力发展互联网经济。推进国家大数据综合试验区与国家信息经济综合示范区创建，发展健康医疗大数据，扩大开展“互联网＋”区域化链条化试点，扶持一批互联网创业孵化项目和互联网公共服务平台。启动建设互联网创业创新示范中心。开展“物联网+”行动，建设一批物联网综合性及行业性重点实验室。推进中国·福建VR产业基地开发建设，组织实施VR重点应用工程，建设海峡大数据交易中心。

（四）深化改革优化发展环境

加大“放管服”改革力度。进一步取消、下放含金量高、有利于激发创业创新活力的审批事项，继续规范行政审批中介服务，推动省级经济社会管理权限下放自贸试验区、福州新区等。全面推进省市县政府部门权责清单融合。探索集中行政许可权试点改革。加大政务公开和政府信息数据共享力度，完成乡镇（街道）行政审批和公共服务事项入驻省网上办事大厅，实现全省“一张网”管理。完善省公共资源交易电子公共服务平台和行政监督平台建设。落实行政审批服务标准化管理。深化财税体制改革，建立健全规范的政府举债融资体制，合理确定省以下财政事权与支出责任，推进全过程绩效管理，加强对重点支出和重大投资项目的绩效评价。

推进投融资体制改革。继续精简投资审批事项，修订形成全省统一的投资核准目录，研究出台我省落实企业投资项目核准和备案管理条例的实施办法。继续精简投资项目审批前置条件，督促各地及时调整审批事项清单、办事指南、工作规则等。完善投资项目在线审批监管平台，依托投资项目统一代码，推动项目办理审批和建设过程中的信息互联互通。加大 PPP 模式推广应用力度，规范 PPP 项目操作流程。

营造公平竞争的市场环境。深入实施市场准入负面清单制度改革试点，建立公平竞争审查制度，积极探索和创新适合新业态、新模式发展的监管方式，加快形成统一开放、竞争有序的市场体系。全面推广企业简易注销登记试点经验，推进商标注册便利化改革。加强社会信用体系建设，持续完善省公共信用信息平台功能，推动联合奖惩制度渗透到社会各领域，积极开展信用建设试点示范工程。

深化国企国资改革，有序开展省属企业改制上市和兼并重组，健全公司法人治理结构。推进水、电、天然气等价格改革，积极推进农业水价综合改革，开展售电侧改革、输配电价改革试点、天然气门站价格市场化改革试点。完善农村基本经营制度，加快推进农村集体产权制度改革。

加强社会领域改革创新。深化教育综合改革，推行现代学徒制，打造福建版“二元制”职业教育品牌，推进高校创新创业教育和内部管理体制改革。推动落实高校院所更大科研自主权，加快构建以增加知识价值为导向的分配激励机制。继续深化机关事业单位养老保险制度改革。启动医保支付方式改革试点，推动医院精细化管理，继续推进公立医院综合改革和基层医药卫生体制改革。

（五）推动特色现代农业加快发展

大力发展品牌农业。深入推进农业供给侧结构性改革，落实藏粮于地、藏粮于技战略，继续推进农田水利、山垅田复垦改造和高标准农田建设，深入开展粮食高产创建，加强粮食产能区建设，努力实现粮食总产量稳定在 650 万吨以上。发展现代种业，实施种业创新工程，大力选育推广优质专用高效新品种，支持建设三明“中国稻种基地”，培育“育繁推一体化”种子企业。深入实施农业标准化，持续发展“三品一标”，积极打造区域性公用品牌、福建名牌农产品，支持农业企业争创驰名商标、著名商标。大力发展农产品精深加工，建设一批农产品加工园区，加快培育 7 个全产业链产值超千亿元特色优势产业。支持农业企业开展福建名优特农产品宣传推介。

大力发展智慧农业。发展“互联网+现代农业”等新兴业态，建设农业大数据中心，加快现代信息技术在农业领域应用。实施园区建设“3211”工程，支持设施蔬果、设施养殖等设施农业优先发展，建设一批产业集聚、生产标准、服务配套的现代农业产业园和智慧园。推进农村商贸物流建设，扶持发展农村电子商务。

大力发展生态农业。推行绿色发展方式，组织实施“四个专项行动”，推进“三项示范创建”，继续实施“地力提升 1112 工程”，促进农业可持续发展。拓展农业多种功能，积极发展休闲农业和乡村旅游业，促进农民增收。

（六）提升对外开放和区域合作水平

提升双向投资水平。实施产业链招商、精准招商，围绕我省重点发展的战略性新兴产业，力争引进一批全球行业技术领先的企业。积极对接跨国公司和台湾百大企业，推进运用股权并购、资产重组等方式招商。鼓励优势行业到非洲、“海丝”沿线等国家地区投资兴业，带动装备、技术、标准和服务更大规模走出去，积极拓展境外投资新领域。创新对外合作方式，灵活采取投资、工程建设、技术合作、技术援助等多种方式，支持设立海外研发中心、并购国外优势企业、建设合作园区和平台基地。

推进海丝核心区建设。加强我省海丝核心区建设重大项目储备库滚动更新，争取更多项目列入国家“一带一路”重大项目储备库。加快设施互联互通，提升港口运营能力，推进航空枢纽建设，大力发展海铁联运等多式联运，支持以福建为始发点或中转点的中欧、中亚国际货运班列运营发展。鼓励企业开展国际产能与装备制造业合作。继续办好世界福建同乡恳亲大会、世界闽商大会等海外联谊活动。办好 21 世纪海上丝绸之路博览会、丝绸之路国际电影节、南洋文化节等人文交流活动。

加快自贸试验区建设。全面落实自贸试验区总体方案，对标国际先进规则，研究推出一批新的试验项目，形成更多可复制可推广的试点成果。加快重大项目对接落地，做大做强厦门航空维修基地等特色项目，培育融资租赁、跨境电商、整车进口、冷链物流等重点业态，着力打造高端产业板块。推动落实对台政策和开放措施，进一步扩大对台开放领域。加强与“海丝”沿线国家地区关检部门合作，推进航运中心港口合作。

推进福州新区和平潭综合实验区开放开发。组织实施好福州新区发展规划，抓紧编制新区总体规划和专项规划，充分发挥六区叠加的政策优势，积极推进产城融合发展，加快三江口、闽江口、滨海新城、蓝色经济产业园、江阴组团等重点组团和区域开发建设，建设福州临港产业区、临空经济区，推进城乡管理体制、对台合作机制、投融资机制探索创新。推进福（州）平（潭）一体化发展，推动平潭综合实验区的政策优惠、政策创新功能辐射到新区。全面组织实施平潭国际旅游岛建设方案，充分利用平潭创新论坛暨创业合作对接会等招商平台，加快聚集高端优势产业。

加强闽台、闽港澳侨合作。加快闽台产业融合，推进集成电路、工业设计、光电、精密机械、环保、新材料等产业深度对接，加快重大在建台资项目建设。积极引进台湾金融机构入驻，加快培育面向大陆台资企业的海峡股权交易市场。加强闽台互联互通，完成向金门供水工程配套设施建设，争取实现向金门试通水。巩固发展客滚航线及相关配套建设。继续简化通关手续，积极推动台湾机动车辆经平潭和厦门口岸常态化入闽行驶。继续办好第九届海峡论坛，深化两岸祖地文化和民间基层交流，鼓励台湾青年来闽实习、就业、创业。继续加强闽港澳合作，深化闽港澳金融、物流、旅游、文化、教育等领域合作。密切与侨团、商会交往，汇聚侨心侨智侨力，吸引和鼓励海外侨胞来闽投资兴业，推进科技创新、人才引进、文化交流等。

（七）抓好民生改善和社会事业发展

扎实推进精准扶贫精准脱贫。加强对贫困人口的动态监测和管理，实施“造血式”“减负式”“兜底式”扶贫，全年实现脱贫 20 万人。继续实施易地扶贫搬迁造福工程，全年搬迁 10 万人。拓宽扶贫小额信贷覆盖范围。实施医疗保险精准扶贫补助政策，切实解决贫困人口因病致贫返贫问题。加大山海协作力度，支持 23 个省级扶贫开发工作重点县发展。

促进就业鼓励创业。完善基层就业和社会保障服务设施，拓宽高校毕业生、就业困难人员、农村转移劳动力、退役军人等群体的就业渠道和方式，进一步降低创业成本。完善构建和谐劳动关系机制，进一步提高劳动合同签订率，做好治理拖欠农民工工资工作，维护劳动者合法权益。

提升教育发展水平。继续推进学前教育三年行动计划，扩大普惠性学前教育资源，新建 100 所公办幼儿园。实施“全面改薄”、公共教育服务保障等工程，加大教育资金向 23 个重点县、老区、少数民族地区倾斜。实施产教融合发展工程，重点支持公共实训基地、校企共建实训基地建设。推进高等教育内涵发展，实施一流大学和一流学科建设计划，鼓励具备条件的普通本科高校向应用型转变。重视终身教育工作，规范继续教育管理，强化社区教育和老年教育。

加强医疗卫生养老服务保障。大力推进健康福建建设，加快实施妇幼健康和计划生育服务保障工程、公共卫生能力促进工程、健康扶贫建设工程等专项建设规划，加大精神卫生防治体系投入。推进省疾控中心迁建、儿童医院等项目建设。加快建设以居家为基础、社区为依托、机构为补充、医养相结合的多层次养老服务体系，开展养老服务业综合改革试点，支持整合改造闲置社会资源，有效增加养老服务和产品供给。完善多层次的社会救助体系，支持建设一批残疾人康复与托养设施、县级儿童福利设施。

加强食品药品安全监管。全面推进“食品安全放心省”创建和国家级“双安双创”活动，新增 30 个食品安全社会共治示范县（市、区），继续推进基层食品药品日常监管网格化工作，全面实施食品药品企业质量安全风险分级管理。

加快现代公共文化服务体系建设，盘活文化资源存量，大力推进基层综合性文化服务中心建设，促进公共文化事业均衡发展。加快推进省图书馆改扩建、海上丝绸之路数字文化长廊等重点文化项目建设。重视和加强文化遗产保护和利用，推动鼓浪屿和海上丝绸之路（福建史迹）申报世界文化遗产以及各类文化生态保护区建设。

（八）加快生态建设和绿色发展

加快生态文明体制改革试验。落实国家生态文明试验区（福建）实施方案，全力推进 17 项年度重点改革成果落实。研究制定建设用地总量控制和减量化管理方案。开展用能权有偿使用和交易试点。探索以不动产统一登记为基础建立统一的自然资源登记平台，开展健全自然资源资产管理体制试点。积极推动在我省设立国家绿色金融改革创新试验区，加快建立绿色金融制度体系。

持续打好水、大气、土壤污染防治三大攻坚战。全面实施水污染防治行动计划，加强重点流域水污染综合整治，加强城市黑臭水体治理，重点推进农村及小流域水环境整治。完善大气污染监测和预警预报体系，加快实施燃煤锅炉节能环保提升改造工程。推进土壤污染治理与修复试点项目，启动一批土壤污染治理与修复试点示范工程。加快推进危险废弃物处理处置重点项目建设。

全面推进节能降碳和资源高效利用。建立能源总量和强度双控目标责任制，推进 70 家重点企业建设能源管理体系，在钢铁、电解铝、水泥行业实行更加严格的差别电价并推行阶梯电价政策，实施重点节能工程 150 项。完善碳排放权交易市场体系，实现与全国碳市场对接，探索林业碳汇交易。推进低碳城市、低碳园区、低碳社区等低碳试点建设。

各位代表！做好 2017 年经济社会发展各项工作，任务艰巨，意义重大。我们要更加紧密团结在以习近平同志为核心的党中央周围，全面贯彻省委的决策部署，认真落实省十二届人大五次会议决议，自觉接受省人大及其常委会的法律监督、工作监督和省政协的民主监督，高度重视省人大代表和政协委员的意见建议，解放思想、开拓进取，齐心协力、奋力拼搏，努力完成本次会议通过的各项目标任务，扎实推动经济社会发展再上新台阶，为建设机制活、产业优、百姓富、生态美的新福建而努力奋斗！

第一篇　综合

Chapter 1　General Survey

资料整理：林宇 叶春山 江椿
Database Editor: Linyu Yechunshan Jiangchun

简 要 说 明

本篇资料的主要内容及来源

本篇包括全省行政区划及国民经济和社会发展综合资料二部分。

行政区划划分资料由福建省民政厅提供。国民经济和社会发展综合部分来源于本年鉴各篇章中的资料，由省统计局综合统计处、省统计局普查中心加工整理。

Brief Introduction

Main Content and Source of Data

This chapter mainly covers two parts: the data of divisions of administrative areas and general survey of economy and society development.

Data on divisions of administrative areas are provided by the Bureau of Civil Affairs of Fujian Provincial Department. Data on general survey of eco

-nomy and society development are compiled and processed by the Division of Comprehensive Statistics of the Fujian Provincial Bureau of Statistics and the Division of General Survey Centre of the Fujian Provincial Bureau of Statistics.

1-1 全省行政区划(2016年底)

Division of Administrative Areas in Fujian(2016)

设区市名称 Cities	县级行政单位数(个) Number of Administrative Units at County Lever 合计 Total	县 County	县级市 Cities at County Level	市辖区 District	县级行政单位名称 Name of Administrative Units at County Level
总计 Total	85	44	13	28	
福州市 Fuzhou	13	6	2	5	鼓楼区 仓山区 台江区 马尾区 晋安区 福清市 长乐市 闽侯县 连江县 罗源县 闽清县 永泰县 平潭县 Gulou Cangshan Taijiang Mawei Jin'an Fuqing Changle Minhou Lianjiang Luoyuan Minqing Yongtai Pintan
厦门市 Xiamen	6			6	思明区 海沧区 湖里区 集美区 同安区 翔安区 Siming Haicang Huli Jimei Tongan Xiang'an
莆田市 Putian	5	1		4	城厢区 涵江区 荔城区 秀屿区 仙游县 Chengxiang Hanjiang Licheng Xiuyu Xianyou
三明市 Sanming	12	9	1	2	三元区 梅列区 永安市 明溪县 清流县 宁化县 大田县 尤溪县 沙县 将乐县 泰宁县 建宁县 Sanyuan Meilie Yong'an Mingxi Qingliu Ninghua Datian Youxi Shaxian Jiangle Taining Jianning
泉州市 Quanzhou	12	5	3	4	鲤城区 丰泽区 洛江区 泉港区 石狮市 晋江市 南安市 惠安县 安溪县 永春县 德化县 金门县 Licheng Fengze Luojiang Quangang Shishi Jinjiang Nan'an Huian Anxi Yongchun Dehua Jinmen
漳州市 Zhangzhou	11	8	1	2	芗城区 龙文区 龙海市 云霄县 诏安县 漳浦县 长泰县 东山县 南靖县 平和县 华安县 Xiangcheng Longwen Longhai Yunxiao Zhao'an Zhangpu Changtai Dongshan Nanjing Pinghe Hua'an
南平市 Nanping	10	5	3	2	延平区 建阳区 邵武市 武夷山市 建瓯市 顺昌县 浦城县 光泽县 松溪县 政和县 Yanping Jianyang Shaowu Wuyishan Jian'ou Shunchang Pucheng Guangze Songxi Zhenghe
龙岩市 Longyan	7	4	1	2	新罗区 永定区 漳平市 长汀县 上杭县 武平县 连城县 Xinluo Yongding Zhangping Changting Shanghang Wuping Liancheng
宁德市 Ningde	9	6	2	1	蕉城区 福安市 福鼎市 霞浦县 古田县 屏南县 寿宁县 周宁县 柘荣县 Jiaocheng Fu'an Fuding Xiapu Gutian Pingnan Shouning Zhouning Zherong

1-2 国民经济和社会发展总量和速度指标

项目 Item	总量指标 Aggregate Data			
	1978	1990	2000	2010
人口与就业				
Population and Employment				
年末总人口（万人）	**2446**	**3037**	**3410**	**3693**
Population at Year-end(10000 persons)				
#城镇人口		642	1432	2108
Urban				
年末从业人员（万人）	**924.41**	**1348.38**	**1660.19**	**2241.59**
Employment at Year-end(10000 persons)				
城镇登记失业人员（万人）	20.82	9.00	9.10	14.49
Registered Unemployed Persons in Urban Areas(10000 persons)				
城镇单位在岗职工平均工资（元）	**567**	**2162**	**10584**	**32647**
Average Wage of Staff and Workers on the Job(yuan)				
国民经济核算				
National Accounts				
地区生产总值（亿元）	**66.37**	**522.28**	**3764.54**	**14737.12**
Gross Domestic Product(100 million yuan)				
第一产业	23.93	147.01	640.57	1363.67
Primary Industry				
第二产业	28.19	174.47	1628.45	7522.83
Secondary Industry				
第三产业	14.25	200.80	1495.52	5850.62
Tertiary Industry				
主要行业				
Major Industry				
工业	23.85	150.55	1422.34	6397.71
Industry				
建筑业	4.34	23.92	206.11	1125.12
Construction				
人均地区生产总值（元）	**273**	**1763**	**11194**	**40025**
Per Capita GDP(yuan)				
固定资产投资				
Investment in Fixed Assets				
固定资产投资（亿元）	9.45	90.51	995.38	8067.33
Investment in Fixed Assets(100 million yuan)				
项目投资		77.04	788.01	6248.48
Projects Investment				
房地产投资		13.47	207.37	1818.86
Real Estate Development				

Principal Aggregate Indicators on National Economic and Social Development and Growth Rates

		平均增长速度(%) Average Annual Growth Rate(%)				2016年比上年增长(%) 2016 as Percentage of the last Years(%)
2015	2016	1979-2016	1991-2016	2001-2016	2011-2016	
3839	**3874**	**1.22**	**0.94**	**0.80**	**0.80**	**0.91**
2403	2464		5.31	3.45	2.63	2.52
2768.41	**2797.03**	**3.0**	**2.8**	**3.3**	**3.8**	**1.0**
15.41	16.25	-0.7	2.3	3.7	1.9	5.5
58719	**63138**	**13.2**	**13.9**	**11.8**	**11.6**	**7.5**
25979.82	**28519.15**	**12.4**	**12.8**	**11.5**	**10.3**	**8.4**
2118.10	2363.22	5.7	5.3	3.7	4.1	3.6
13064.82	13844.96	15.0	16.0	13.6	11.6	6.8
10796.90	12310.97	12.9	12.1	11.2	9.9	11.3
10820.22	11449.29	15.4	16.2	13.6	11.5	6.8
2268.86	2421.34	8.8	13.7	13.4	12.3	6.9
67966	**73951**	**11.0**	**11.6**	**10.6**	**9.5**	**7.5**
21300.91	23107.49	22.8	23.8	21.7	19.2	8.5
16831.30	18518.66		23.5	21.8	19.9	10.0
4469.61	4588.83		25.1	21.4	16.7	2.7

1-2 续表1

项目 Item	总量指标 Aggregate Data 1978	1990	2000	2010
能源生产与消费				
Production and Consumption of Energy				
一次能源生产总量（万吨标准煤） Total Energy Production(10000 tons of SCE)	461.00	966.52	1654.17	3260.42
能源消费总量（万吨标准煤） Total Energy Consumption(10000 tons of SCE)	688.00	1458.30	2942.60	9189.42
财政				
Revenue				
一般公共预算总收入（亿元） Budgtary Revenue of Local Government(100 million yuan)	15.13	57.06	369.67	2056.01
地方一般公共预算收入（亿元） Budgtary Revenue of Local Government(100 million yuan)			234.11	1151.49
一般公共预算支出（亿元） Government Expenditure(100 million yuan)	15.14	68.45	324.18	1695.09
金融				
Finance				
金融机构人民币各项存款余额（亿元） **Deposits RMB of Financial System(100 million yuan)**	**25.95**	**359.45**	**3114.32**	**18309.45**
#财政存款 Fiscal Deposits			39.59	678.08
储蓄存款 Savings Deposits		183.26	1767.59	8101.02
金融机构人民币各项贷款余额（亿元） **Loans RMB of Financial System(100 million yuan)**	**31.43**	**381.93**	**2438.82**	**15231.36**
#短期贷款 Short-term Loans			1728.01	6594.50
中长期贷款 Medium-term &Long-term Loans			510.32	8372.64
保险公司赔款及给付金额（亿元） **Payment of Insurance Companies(100 million yuan)**			**17.76**	**102.90**
价格指数（上年=100）				
Price Indices(preceding year=100)				
居民消费价格指数 Consumer Price Index	100.2	99.3	102.1	103.2
工业生产者出厂价格指数 Producer Price Index			100.5	103.2
工业生产者购进价格指数 Purchasing Price Index forRaw Material,Fuel and Power			112.4	107.7
固定资产投资价格指数 Price Index for Investment in Fixed Assets			100.2	103.3
农业				
Agriculture				
农林牧渔业总产值（亿元） **Gross Output Value of Agriculture,Forestry,Animal Husbandry and Fishery(100 million yuan)**	**36.33**	**227.12**	**1037.27**	**2307.06**

注：2016年一次能源生产总量包括生物质燃料等其他能源，与往年口径不一致。
Note:In 2016, Total Production of Primary Energy including biomass fuel and other energy sources, was not the same as in previous years.

Continued

		平均增长速度(%) Average Annual Growth Rate(%)				2016年比上年增长(%) 2016as Percentage of the last Years(%)
2015	2016	1979-2016	1991-2016	2001-2016	2011-2016	
3566.60	4490.80	6.1	6.0	6.2	5.0	22.2
12179.97	12357.75	7.9	8.6	9.4	5.1	1.5
4144.03	4295.36	16.0	18.1	16.6	13.1	3.7
2544.24	2654.83			16.4	14.9	4.3
4001.58	4275.40	16.0	17.2	17.5	16.7	6.8
35576.06	**39275.82**	21.3	19.8	17.2	13.6	10.4
1169.62	1230.32			24.0	10.4	5.2
13243.35	14366.68		18.3	14.0	10.0	8.5
32132.96	**36356.06**	20.4	19.2	18.4	15.6	13.1
12209.64	12620.98			13.2	11.4	3.4
18530.82	21631.79			26.4	17.1	16.7
245.08	**317.56**			19.7	20.7	29.6
101.7	101.7	5.0	3.9	2.0	2.6	1.7
97.0	99.1			-0.3	-0.7	-0.9
96.1	98.0			2.2	-0.7	-2.0
98.3	100.0		3.5	1.5	0.9	0.0
3717.87	**4155.68**	**6.2**	**5.9**	**3.8**	**4.2**	**3.7**

1-2 续表2

项目 Item	总量指标 Aggregate Data			
	1978	1990	2000	2010
主要农产品产量（万吨） Output of Major Farm Products(10000 tons)				
粮食 Grain	744.90	879.64	854.68	661.89
油料 Oil-bearing Crops	13.80	17.66	25.79	26.64
甘蔗 Sugar Cane	288.03	344.28	82.71	61.55
烤烟 Tobacco	1.23	4.26	9.14	12.45
茶叶 Tea	2.03	5.82	12.60	27.26
园林水果 Fruits	10.10	75.78	356.44	564.48
肉类 Meat	24.27	71.83	145.92	180.21
禽蛋 Poultry Eggs		12.94	40.69	26.28
奶类 Milk	0.93	4.87	9.91	15.74
水产品 Aquatic Products	54.44	145.59	527.89	587.42
食用菌 Edible Fungus		18.24	46.25	76.27
造林面积（万亩） Areas of Afforestation(10000 mu)	**292.06**	**455.86**	**36.75**	**44.81**
工业 Industry				
工业总产值（亿元） Gross Industrial Output Value(100 million yuan)	63.14	531.49	3994.86	23805.32
规模以上工业主要产品产量 Output of Major Industrial Products				
原煤(万吨) Coal(10000 tons)	423.05	925.37	375.03	2442.73
原盐(万吨) Salt(10000 tons)	94.67	67.21	28.37	33.39
罐头(万吨) Canned Food(10000 tons)	4.10	14.41	26.78	203.21
布(亿米) Cloth(100 million meters)	1.12	2.26	5.59	31.20
纱(万吨) Yarn(10000 tons)	1.84	5.48	14.36	184.74
机制纸及纸板(万吨) Machine-made Paper and Paperboard(10000 tons)	20.08	52.09	85.07	432.06

Continued

		平均增长速度(%) Average Annual Growth Rate(%)				2016年比上年增长(%) 2016 as Percentage of the last Years(%)
2015	2016	1979-2016	1991-2016	2001-2016	2011-2016	
661.10	650.87	-0.4	-1.2	-1.7	-0.3	-1.5
30.67	31.03	2.2	2.2	1.2	2.6	1.2
43.57	37.02	-5.3	-8.2	-4.9	-8.1	-15.0
14.35	14.33	6.7	4.8	2.9	2.4	-0.1
40.23	42.68	8.3	8.0	7.9	7.8	6.1
744.79	761.60	12.0	9.3	4.9	5.1	2.3
216.55	225.64	6.0	4.5	2.8	3.8	4.2
25.51	27.85		3.0	-2.3	1.0	9.2
15.37	15.87	7.8	4.6	3.0	0.1	3.3
733.89	767.98	7.2	6.6	2.4	4.6	4.6
113.20	118.19		7.5	6.0	7.6	4.4
130.67	**15.45**	-7.4	-12.2	-5.3	-16.3	-88.2
43888.84	47275.84	18.4	19.2	16.1	12.7	8.6
1531.77	1346.68	3.1	1.5	8.3	-9.4	-12.1
20.62	12.50	-5.2	-6.3	-5.0	-15.1	-39.4
284.06	303.18	12.0	12.4	16.4	6.9	6.2
73.67	81.60	11.9	14.8	18.2	17.4	8.2
445.35	484.67	15.8	18.8	24.6	17.4	10.4
665.37	727.00	9.9	10.7	14.3	9.1	6.7

1-2 续表3

项目 Item	总量指标 Aggregate Data 1978	1990	2000	2010
农用化肥(万吨) Chemical Fertilizers(10000 tons)	16.40	43.64	61.38	57.87
烧碱(万吨) Caustic Soda(10000 tons)	4.32	8.70	15.64	20.11
水泥(万吨) Cement(10000 tons)	120.45	540.04	1513.64	5921.20
平板玻璃(万重量箱) Plain Glass(10000 cases)	43.59	66.06	479.87	2765.35
生铁(万吨) Pig Iron(10000 tons)	26.57	62.60	149.37	558.81
钢材(万吨) Rolled Steel(10000 tons)	13.82	56.28	283.79	1340.56
彩色电视机(万台) Color TV(10000 units)		123.14	204.19	903.10
微型电子计算机（万台） Micro-computers(10000 units)			88.77	738.27
汽车(万辆) Motor Vehicles(10000 sets)	0.09	0.07	2.96	19.50
发电量(亿千瓦小时) Electricity(100 million kwh)	40.69	136.65	403.73	1356.32
规模以上工业企业主要经济指标（亿元） **Principal Indicators of Industrial Enterprises above Designated Size(100 million yuan)**				
资产总计 Original Value of Fixed Assets			3368.64	16058.70
主营业务收入 Revenue from Principal Business		352.56	2468.69	21479.37
利润总额 Total Profits	6.75	16.09	110.80	1754.18
建筑业 **Construction**				
建筑业企业从业人员（万人） Number of Employed Persons(10000 persons)	4.54	30.98	41.37	229.57
建筑业总产值（亿元） Gross Output Value(100 million yuan)	3.31	32.54	271.15	3062.17
房屋施工面积（万平方米） Under Construction(10000 sq.m)	416.57	969.35	4085.40	28406.86
房屋竣工面积（万平方米） Completed Construction(10000 sq.m)	183.40	499.30	1729.00	9095.78
交通运输邮电 **Transportation,Postal and Telecommunication**				
铁路营业里程（公里） **Length of Railways in Operation(km)**	**1009**	**1021**	**1454**	**2110**
公路通车里程（公里） Length of Highways in Operation(km)	29109	41011	51073	91015

Continued

		平均增长速度(%) Average Annual Growth Rate(%)				2016年比上年增长(%) 2016 as Percentage of the last Years(%)
2015	2016	1979-2016	1991-2016	2001-2016	2011-2016	
52.06	51.83	3.1	0.7	-1.1	-1.8	-14.9
32.23	36.65	5.8	5.7	5.5	10.5	10.9
7746.18	8091.20	11.7	11.0	11.0	5.3	5.0
5009.45	5403.59	13.5	18.5	16.3	11.8	4.7
980.09	980.44	10.0	11.2	12.5	9.8	0.1
2820.73	2859.58	15.1	16.3	15.5	13.5	0.5
1428.14	1015.57		8.5	10.5	2.0	-28.9
818.78	847.36			15.1	2.3	3.5
19.39	22.02	15.6	24.8	13.4	2.0	15.2
1764.90	1812.95	10.5	10.5	9.8	5.0	2.7
29647.54	32081.30			15.1	12.2	8.2
39591.28	42537.24		20.2	19.5	12.1	7.4
2359.82	2889.26	17.3	22.1	22.6	8.7	22.4
339.06	360.63	12.2	9.9	14.5	7.8	6.4
8003.09	8986.78	23.1	24.1	24.5	19.7	12.3
59277.33	62920.69	14.1	17.4	18.6	14.2	6.1
16631.27	18121.20	12.8	14.8	15.8	12.2	9.0
3197	**3197**	3.1	4.5	5.0	7.2	0.0
104585	106757	3.5	3.7	4.7	2.7	2.1

1-2 续表4

项目 Item	总量指标 Aggregate Data			
	1978	1990	2000	2010
#高速公路 Expressway			351	2351
内河通航里程（公里） Length of Navigable Inland Waterways in Operation(km)	3629	3888	3701	3245
客运量（万人） **Passenger Traffic(10000 persons)**	**7928**	**39495**	**44203**	**77153**
铁路 Railways	718	1234	1428	3640
公路 Highways	6285	36639	41696	70714
水运 Waterways	924	1567	726	1444
民航 Civil Aviation	1	55	353	1356
货运量（万吨） **Freight Traffic(10000 tons)**	**4871**	**20321**	**29483**	**66159**
铁路 Railways	1261	1902	2475	3765
公路 Highways	2671	16710	22924	45575
水运 Waterways	939	1708	4078	16803
民航 Civil Aviation	0.02	0.83	5.84	15.81
沿海主要港口货物吞吐量（万吨） **Volume of Freight Handled at Major Coastal Ports (10000 tons)**	**408.13**	**1496.50**	**6944.17**	**32687.01**
邮电业务 **Business Volume of Postal and Telecommunication Services**				
函件（万件） Number of Letters Delivered(10000 piece)	8790	16228	24163	25199
互联网用户（万户） Internet Users(10000 household)			70.70	2388.00
移动电话年末用户（万户） Number of Mobile Telephone Subscribers at Year-end (10000 household)			441	3022
固定电话年末用户（万户） Number of Fixed Telephone Subscribers at Year-end (10000 household)	6	23	563	1046
国内贸易 **Domestic Trade**				
社会消费品零售总额（亿元） Total Retail Sales of Consumer Goods(100 million yuan)	30.56	207.74	1320.80	5310.03
进出口 **Exports and Imports**				
海关进出口总额（亿美元） Total Exports and Imports(customs)	2.03	43.39	212.23	1087.80

Continued

		平均增长速度(%) Average Annual Growth Rate(%)				2016年比上年增长(%) 2016 as Percentage of the last Years(%)
2015	2016	1979-2016	1991-2016	2001-2016	2011-2016	
4813	4831			17.8	12.8	0.4
3245	**3245**	-0.3	-0.7	-0.8	0.0	0.0
54031	**54237**	5.2	1.2	1.3	-5.7	0.4
9256	10496	7.3	8.6	13.3	19.3	13.4
40394	39137	4.9	0.3	-0.4	-9.4	-3.1
1996	2016	2.1	1.0	6.6	5.7	1.0
2385	2587	22.5	15.9	13.3	11.4	8.5
111063	**120379**	8.8	7.1	9.2	10.5	8.4
2820	2918	2.2	1.7	1.0	-4.2	3.5
79802	85770	9.6	6.5	8.6	11.1	7.5
28419	31668	9.7	11.9	13.7	11.1	11.4
22.00	23.00	20.4	13.6	8.9	6.4	4.5
50282.09	**50776.09**	13.5	14.5	13.2	7.6	1.0
12923	10868	0.6	-1.5	-4.9	-13.1	-15.9
3963.83	4412.12			29.5	10.8	11.3
4240.16	4159.04			15.1	5.5	-1.9
888.54	815.70	13.9	14.7	2.3	-4.1	-8.2
10505.93	11674.54	16.9	16.8	14.6	14.0	11.1
1688.46	1568.19	19.1	14.8	13.3	6.3	-7.1

1-2 续表5

项目 Item	总量指标 Aggregate Data 1978	1990	2000	2010
出口总额 Total Exports	1.90	24.49	129.08	714.93
进口总额 Total Imports	0.13	18.90	83.15	372.87
旅游 Tourism				
接待入境游客人数（万人次） Number of Tourists (Overnight Visitors)		**70.79**	**161.33**	**368.14**
外国人 Foreigner		10.54	49.75	115.27
台湾同胞 Compatriots from Taiwan		36.28	47.79	156.92
港澳同胞 Compatriots from Hong Kong,Macao		23.97	63.80	95.94
国际旅游外汇收入（亿美元） Foreign Exchange Earnings from Internationa Tourism (100 million USD)			**8.94**	**29.78**
教育 Education				
在校学生数（万人） Students Enrollment(10000 persons)				
普通高等学校 Regular Institutions of Higher Education	2.05	5.56	13.14	64.78
普通中等学校 Regular Secondary Schools	119.98	120.69	269.46	260.22
普通小学 Primary Schools	370.23	337.08	369.10	238.89
科技 Science and Technology				
从事科技活动人员（万人） Number of Scientists and Engineers(10000 persons)		**2.04**	**6.82**	**17.93**
研究与试验发展经费内部支出（亿元） Expenditures on Research and Development (100 million yuan)			21.19	170.89
技术市场成交额（亿元） Volume of Transaction in Technical Markets (100 million yuan)		**0.44**	**17.26**	**38.12**
专利情况（项） Patent				
申请量 Number of Applicated		540	4211	21994
授权量 Number of Granted		276	3003	18063
文化 Culture				
图书出版总印数（万份） Number of Books Published(10000 copies)	6818	16312	20298	7749

Continued

		平均增长速度(%) Average Annual Growth Rate(%)				2016年比上年增长(%) 2016 as Percentage of the last Years(%)
2015	2016	1979-2016	1991-2016	2001-2016	2011-2016	
1126.80	1036.73	18.0	15.5	13.9	6.4	-8.0
561.66	531.47	24.5	13.7	12.3	6.1	-5.4
591.45	**680.79**		9.1	9.4	10.8	15.1
214.28	254.12		13.0	10.7	14.1	18.6
238.15	267.20		8.0	11.4	9.3	12.2
139.02	159.47		7.6	5.9	8.8	14.7
55.61	**66.26**			13.3	14.3	19.1
75.85	75.64	10.0	10.6	11.6	2.6	-0.3
221.09	222.91	1.6	2.4	-1.2	-2.5	0.8
288.31	298.67	-0.6	-0.5	-1.3	3.8	3.6
25.28	**27.28**		10.5	9.1	7.2	7.9
392.93	454.29			21.1	17.7	15.6
53.86	**105.71**		23.5	12.0	18.5	96.3
83146	130376		23.5	23.9	34.5	56.8
61621	67142		23.5	21.4	24.5	9.0
8800	9709	0.9	-2.0	-4.5	3.8	10.3

1-2 续表6

项目 Item	总量指标 Aggregate Data			
	1978	1990	2000	2010
期刊出版总印数（万份） Number of Magazines Issued(10000 copies)	388	3157	4463	2940
报纸出版总印数（万份） Number of Newspaper Issued(10000 copies)	14784	41455	68897	99982
电视节目制作时间（小时） Time for TV Programs Production			**16519**	**55424**
国有艺术表演团体（个） Art Performance Troupes(unit)	101	91	96	93
公共图书馆（座） Libraries(set)	23	74	81	86
博物馆（个） Museums(unit)	13	58	81	94
居民生活 People's Living Conditions				
城镇居民人均可支配收入（元） Per Capita Annual Disposable Income of Urban Households (yuan)	**371**	**1749**	**7432**	**21781**
城镇居民人均消费支出（元） Per Capita Consumption in Urban Areas	285	1431	5639	14750
城镇居民人均住房建筑面积（平方米） Per Capita Floor Space of Residential Buildings(sq.m)		18.1	28.0	38.5
农村居民人均可支配（纯）收入（元） Per Capita Net Income of Rural Residents(yuan)	**138**	**764**	**3230**	**7427**
农村居民人均生活消费支出(元) Peasants'per Capita Living Consumption Expenditure(yuan)	113	708	2410	5498
卫生 Health Care				
卫生机构数（个） Number of Health Institutions(unit)	**3809**	**4885**	**9807**	**6999**
#医院、卫生院 Hospitals	1111	1198	1323	1325
卫生技人员数（人） Medical Technical Personnel(person)	**54855**	**86772**	**97569**	**140133**
医生 Doctor	22097	35696	41461	55402
卫生机构床位数（张） Number of Hospital Beds(set)	**51505**	**68073**	**90091**	**112334**
#医院、卫生院 Hospitals	45331	60664	82389	103933

Continued

		平均增长速度(%) Average Annual Growth Rate(%)				2016年比上年增长(%) 2016 as Percentage of the last Years(%)
2015	2016	1979-2016	1991-2016	2001-2016	2011-2016	
3970	4215	6.5	1.1	-0.4	6.2	6.2
106072	90608	4.9	3.1	1.7	-1.6	-14.6
73986	68977			9.3	3.7	-6.8
70	70	-1.0	-1.0	-2.0	-4.6	0.0
90	90	3.7	0.8	0.7	0.8	0.0
98	98	5.5	2.0	1.2	0.7	0.0
33275	**36014**	**13.1**	**12.8**	**11.2**	**9.6**	**8.2**
23520	25006	12.5	11.6	9.8	9.2	6.3
42.5	42.7		3.4	2.7	1.7	0.5
13793	**14999**	**13.1**	**12.0**	**9.9**	**10.9**	**8.7**
11961	12911	13.3	11.8	11.1	15.3	7.9
8911	**8713**	2.2	2.3	-0.7	3.7	-2.2
1450	1470	0.7	0.8	0.7	1.7	1.4
213162	220889	3.7	3.7	5.2	7.9	3.6
78173	80131	3.4	3.2	4.2	6.3	2.5
173199	178902	3.3	3.8	4.4	8.1	3.3
160011	165177	3.5	3.9	4.4	8.0	3.2

1-3 国民经济和社会发展结构指标

Composition Indicators on National Economic and Social Development

单位：% (%)

项目 Item	1978	1990	2000	2010	2015	2016
一、人口						
Population						
（一）性别结构						
Sexual Composition						
男 Male	51.7	51.4	51.5	51.4	50.8	50.9
女 Female	48.3	48.6	48.5	48.6	49.2	49.1
（二）城乡结构						
Urban and Rural Composition						
城镇 Urban			42.0	57.1	62.6	63.6
乡村 Rural			58.0	42.9	37.4	36.4
二、就业产业结构						
Employment Industrial Composition						
第一产业 Primary Industry	75.1	58.4	46.8	28.4	22.3	22.0
第二产业 Secondary Industry	13.4	20.6	24.5	36.6	37.1	36.0
第三产业 Tertiary Industry	11.5	21.1	28.7	35.0	40.6	42.0
三、国民经济核算						
National Accounting						
（一）地区生产总值产业结构						
Industrial Composition						
第一产业 Primary Industry	36.0	28.2	17.0	9.3	8.2	8.3
第二产业 Secondary Industry	42.5	33.4	43.3	51.0	50.3	48.5
第三产业 Tertiary Industry	21.5	38.4	39.7	39.7	41.5	43.2
（二）地区生产总值需求结构						
Demand Composition						
最终消费 Final Consumption Expenditure	79.9	73.0	54.4	43.1	39.8	40.8
资本形成总额 Gross Capital Formation	34.0	29.0	42.5	53.7	58.3	57.3
货物和服务净流出 Net Exports of Goods and Services	-13.9	-2.0	3.1	3.2	1.9	2.0
四、固定资产投资						
Investment in Fixed Assets						
（一）产业结构						
Industrial Composition						
第一产业 Primary Industry				1.6	2.4	3.1
第二产业 Secondary Industry				35.8	35.2	34.1
第三产业 Tertiary Industry				62.6	62.3	62.8

1-3 续表1
Continued

单位：%　　(%)

项目 Item	1978	1990	2000	2010	2015	2016
（二）登记注册类型结构						
Registration type Composition						
#国有企业				32.9	27.2	19.0
Stated-owned						
集体企业				2.8	4.5	4.1
Collective-owned						
私营企业				24.5	27.2	27.7
Private economy						
外商及港澳台投资企业				13.3	6.4	5.2
Enterpries with Funds from HongKong, Macao,TaiWan and Foreign						
五、能源						
Energy						
能源消费结构						
Composition of Total Energy Consumption						
#煤炭	63.7	67.0	54.4	55.4	50.5	43.6
Coal						
石油	12.9	12.1	23.3	24.8	24.6	23.7
Petroleum						
天然气				4.2	5.0	5.2
Natural Gas						
水电	23.4	20.9	22.3	15.2	11.6	15.3
Hydro power						
核电					7.2	9.9
Nuclear power						
六、农业						
Agriculture						
（一）农林牧渔业产值结构						
Composition of Gross Output Value of Agriculture						
农业	77.7	52.1	40.6	42.3	43.5	42.9
Farming						
林业	6.4	9.5	7.9	8.2	8.5	7.6
Forestry						
牧业	10.5	22.9	20.1	16.5	15.4	16.4
Animal Husbandry						
渔业	5.5	15.6	31.4	29.2	29.1	29.7
Fishery						
农林牧渔服务业				3.8	3.5	3.4
Services of Agriculture , Forestry , Animal Husbandry and Fishery						
（二）农作物播种面积						
Total Sown Areas of Farm Crops						
粮食作物	81.9	75.8	65.5	54.3	50.4	49.7
Grain Crops						
非粮作物	19.1	24.2	34.5	45.7	49.6	50.3
Non-Grain Crops						
七、工业						
Industry						
规模以上工业企业资产结构						
Composition of Capital of Industrial Enterprises						
大型企业			22.0	23.7	37.3	38.7
Large Enterprises						

1-3 续表2

Continued

单位：% (%)

项目 Item	1978	1990	2000	2010	2015	2016
中型企业 Medium-sized Enterprises			13.5	40.9	30.5	29.9
小微企业 Small Enterprises			64.5	35.4	32.3	31.4
规模以上工业增加值 Value- added of Industry above Designated Size						
大型企业 Large Enterprises			20.6	20.1	31.5	31.8
中型企业 Medium-sized Enterprises			14.4	39.3	30.3	30.3
小微企业 Small Enterprises			65.0	40.6	38.2	37.9
八、建筑业 Construction						
建筑业总产值经济类型结构 Composition of Gross Output Value ofConstruction Industry						
国有企业 State-owned Enterprise	56.8	41.1	48.6	14.6	5.8	6.1
集体企业 Collective-owned Enterprises	39.9	34.7	33.0	2.0	1.3	1.1
港澳台商投资企业 Enterprises with Funds from Hong Kong, Macao & Taiwan				1.1	1.1	1.0
外商投资企业 Foreign Funded Enterprises				0.1	0.0	0.0
其他 Other Enterprises				82.2	91.8	91.8
九、交通运输业 Transportation						
（一）货运量结构 Composition of Freight Traffic						
铁路 Railways	25.9	9.4	8.4	5.7	2.5	2.4
公路 Highways	54.8	82.2	77.8	68.9	71.9	71.2
水运 Waterways	19.1	8.4	13.8	25.4	25.6	26.3
民航 Civil Aviation			0.020	0.024	0.020	0.019
（二）客运量结构 Composition of Passenger Traffic						
铁路 Railways	9.1	3.1	3.2	4.7	17.1	19.4
公路 Highways	79.3	92.8	94.3	91.7	74.8	72.2
水运 Waterways	11.7	4.0	1.6	1.9	3.7	3.7
民航 Civil Aviation	0.0	0.1	0.8	1.8	4.4	4.8

1-3 续表3

Continued

单位：%　　　　　　　　　　　　　　　　　　　　　　　　　　　　　　　　(%)

项目　Item	1978	1990	2000	2010	2015	2016
十、国内贸易						
Domestic Trade						
社会消费品零售总额结构						
Composition of Retail Sales of Consumer Goods						
按销售单位所在地分组						
By Place of Sales Unit						
城镇 Urban				89.0	89.9	90.0
乡村 Rural				11.0	10.1	10.0
按商品形态分						
By Commodity Form						
餐饮收入额 Catering Income					10.6	10.5
商品零售额 Retail Sale					89.4	89.5
十一、海关货物进出口						
Imports and Exports of Goods						
（一）进口货物总额						
Composition of Imports						
初级产品 Primary Goods			12.3	27.5	40.6	42.4
工业制成品 Manufactured Goods			87.7	72.5	59.4	57.6
（二）出口货物总额						
Composition of Exports						
初级产品 Primary Goods			10.6	7.4	8.1	9.3
工业制成品 Manufactured Goods			89.4	92.6	91.9	90.7
十二、国际旅游						
International Tourism						
来华旅游人数结构						
Composition of Tourists Visiting China						
外国人 Foreigners		14.9	30.8	31.3	36.2	37.3
台湾同胞 Taiwan Compatriots		51.3	29.6	42.6	40.3	39.2
港澳同胞 Hong Kong and Macao Compatriots		33.9	39.5	26.1	23.5	23.4
十三、科技						
Science and Technology						
（一）研究与试验发展经费来源						
Composition of Funds for Scientific andTechnological Activities						
#政府资金 Government Funds			14.6	10.3	8.7	11.0
企业资金 Enterprises Funds			74.5	86.9	88.2	86.0

1-3 续表4

Continued

单位：% (%)

项目 Item	1978	1990	2000	2010	2015	2016
国外资金 Abroad Funds			1.7	0.8	0.2	0.3
（二）研究与试验发展经费支出 Composition of Expenditure onR&D						
基础研究 Basic Research			3.1	2.5	2.5	2.6
应用研究 Applied Research			6.7	5.6	5.2	6.6
试验发展 Experimental Development			86.4	92.0	92.2	90.8
十四、居民消费 People's Consumption Conditions						
（一）城镇居民消费结构 Consumption Composition of Urban Residents						
食品烟酒 Food			44.7	39.3	33.0	33.2
衣着 Clothing			8.7	8.7	6.3	5.8
居住 Residence			9.4	10.9	24.7	26.1
生活用品及服务 Household Appliances and Service			8.6	6.6	5.7	5.6
交通通信 Transport and Communications			8.6	14.9	12.9	12.8
教育文化娱乐服务 Education, Cultural and Recreation Services			10.4	12.1	9.8	9.8
医疗保健 Health Care and Medical Services			4.7	4.2	5.0	4.7
其他用品及服务 Other Goods and Services			4.9	3.4	2.6	2.0
（二）农村居民消费结构 Consumption Composition of Rural Residents						
食品烟酒 Food			48.7	46.1	37.6	37.3
衣着 Clothing			4.9	5.6	5.1	4.4
居住 Residence			14.6	15.7	24.3	24.8
生活用品及服务 Household Appliances and Services			4.6	5.3	5.2	5.3
交通通信 Transport and Telecommunications			8.6	11.6	10.4	11.3
教育文化娱乐服务 Education, Cultural and Recreation and Services			10.6	8.4	8.4	8.3
医疗保健 Health Care and Medical Services			3.6	4.6	6.9	6.7
其他用品及服务 Other Goods and Services			4.6	2.6	2.1	1.9

1-4 国民经济和社会发展比例和效益指标

Indicators on National Economic and Social Development

项目 Item	1978	1990	2000	2010	2015	2016
一、人口与就业 **Population and Employment**						
出生率（‰） Birth Rate(‰)	25.35	24.44	11.60	11.27	13.90	14.50
死亡率（‰） Death Rate(‰)	6.31	6.71	5.85	5.16	6.10	6.20
自然增长率（‰） Natural Growth Rate(‰)	19.04	17.73	5.75	6.11	7.80	8.30
城镇登记失业率（%） Registered Unemployment Rate in Urban Areas(%)	9.10	2.60	2.60	3.77	3.66	3.86
二、国民经济核算 **National Accounting**						
工业增加值占地区生产总值比重(%) Proportion of Value added of Industry to GDP(%)	35.9	28.8	37.8	43.4	41.6	40.1
人均地区生产总值（元） Per Capita GDP(yuan)	273	1763	11194	40025	67966	73951
三、固定资产投资 **Investment in Fixed Assets**						
固定资产投资相当于地区生产总值比例（%） Proportion of Investment in Fixed Assets to GDP（%）	14.2	17.3	26.4	54.7	82.0	81.0
房地产投资占固定资产投资比重（%） Proportion of Investment in Real Estate toFixed Assets（%）		14.9	20.8	22.5	21.0	19.9
四、财政金融 **Finance**						
一般公共预算总收入相当于地区生产总值比例（%） Proportion of Government Revenue to GDP（%）	22.8	10.9	9.8	14.0	16.0	15.1
一般公共预算支出相当于地区生产总值比例（%） Proportion of Government Expenditures to GDP（%）	22.8	13.1	8.6	11.5	15.4	15.0
金融机构年末人民币存款余额相当于地区生产总值比例（%） Bank Deposits as Percentage of GDP（%）	39.1	68.8	82.7	124.2	136.9	137.7
金融机构年末人民币贷款余额相当于地区生产总值比例（%） Bank Loans as Percentage of GDP（%）	47.4	73.1	64.8	103.4	123.7	127.5
五、能源 **Energy**						
能源消费弹性系数 Elasticity Ratio of Energy Consumption		0.52	0.66	0.72	0.06	0.17
电力消费弹性系数 Elasticity Ratio of Electricity Consumption		0.73	1.45	1.14		0.75

1-4 续表1

Continued

项目　Item	1978	1990	2000	2010	2015	2016
单位地区生产总值能耗上升或下降(±%)				-3.42	-7.70	-6.42
Energy Consumption per Unit of GDP（ton of SCE/ 10 000 yuan)						
六、农业						
Agriculture						
每亩农产品产量（千克）						
Output of Farm Crops per Hectare of Sown Area(kg)						
粮食	219	282	312	358	369	369
Grain						
油料	85	105	138	159	172	172
Oil-bearing Crops						
七、工业						
Industry						
规模以上工业						
Industrial Enterprises above Designated Size						
工业增加值率（%）			27.46	27.60	24.51	24.08
Ratio of Industrial Value-added to Gross IndustrialOutput Value(%)						
总资产贡献率（%）			9.26	18.80	14.65	14.63
Ratio of Total Assets to Industrial Output Value(%)						
资产负债率（%）			57.52	52.74	53.56	52.30
Assets-LiabilityRatio(%)						
流动资产周转次数（次）			1.89	2.87	2.71	2.64
Number of Times of Annual of TurnoverCirculating Funds (time)						
成本费用利润率（%）			4.76	8.83	6.38	7.29
Ratio of Profits to Industrial Cost(%)						
产品销售率（%）			96.95	97.76	96.71	96.36
Proportion of Products Sold(%)						
八、建筑业						
Construction						
建筑业劳动生产率(按增加值计算)（元/人）			20402	42605	70996	67289
Overall Labor Productivity(in terms of value-added per employee)(yuan/person)						
产值利税率（%）		1.5	5.2	6.4	6.7	6.5
Ratio of Pre-tax Profit to Gross Output Value(%)						
九、交通运输业						
Transportation						
铁路网密度（公里/万平方公里）	81.37	82.34	117.26	170.24	257.82	257.82
Railway Density(km/sq.km)						
公路网密度（公里/万平方公里）	2347.5	3307.34	4315.00	7339.92	8434.27	8609.44
Highway Density(km/sq.km)						

1-4 续表2

Continued

项目 Item	1978	1990	2000	2010	2015	2016
十、对外贸易						
Trade						
进出口总额相当于地区生产总值比例		43.4	46.7	50.0	40.3	36.3
Proportion of Total Value of Imports & Exports to GDP						
#出口总额相当于地区生产总值比例（%）		24.5	28.4	32.8	26.9	24.0
Proportion of Total Value of Exports to GDP(%)						
机电产品出口占出口总额的比重（%）				41.1	35.5	34.8
Proportion of Total Value of Mechanical and Electrical Products to Total Exports(%)						
高新技术产品出口占出口总额的比重（%）				18.4	13.0	12.0
Proportion of Total Value of High and New-tech Products to Total Exports(%)						
十一、自然资源						
Natural Resources						
森林覆盖率（%）	39.50	43.20	60.50	63.10	65.95	65.95
Forest Coverage(%)						
十二、居民生活						
People's Living Conditions						
城镇恩格尔系数（%）		63.5	44.7	39.3	33.0	33.2
Engle Coefficient of Urban(%)						
农村恩格尔系数（%）		60.0	48.7	46.1	37.6	37.3
Engle Coefficient of Rural(%)						
城镇居民人均可支配收入与农村居民人均可支配（纯）收入之比（以农民人均纯收入为1）	2.70	2.29	2.30	2.93	2.41	2.40
Proportion of Income in Urban Areas to in Rural Areas (Rural=1)						
十三、科技教育卫生						
Science and Technology ,Education,Health Care						
研究与试验发展经费（R&D）支出相当于地区生产总值比例（%）			0.56	1.16	1.51	1.59
R&D Expenditures as Percentage of GDP						
学龄前儿童毛入学率（%）		99.10	99.86	100.00	100.00	99.99
Rough Enrollment Rate of Pre-primary Schools(%)						
小学毕业生升学率（%）		64.96	97.27	96.70	98.36	98.38
Graduation Rate of Primary Schools(%)						
初中毕业生升学率（%）		49.71	49.97	92.90	88.28	87.80
Graduation Rate of Junior high schools(%)						
每千人口拥有卫生技术人员数（人）	2.23	2.92	2.82	3.79	5.55	5.70
Number of Licensed(Assistant) Doctors per 1000 Population (person)						
#医生	0.9	1.2	1.2	1.5	2.0	2.1
Doctor						
每千人口拥有卫生机构床位数（张）	2.1	2.2	2.6	3.0	4.5	4.6
Number of Hospital Beds per 1000 Population(set)						

1-5 平均每天主要社会经济活动

Selected Indicators on Average Daily Social and Economic Activities

项目　Item	1978	1990	2000	2010	2015	2016
一、全省每天创造的财富 Daily Provice Production						
地区生产总值（亿元） Gross Domestic Product(100 million yuan)	0.18	1.43	10.29	40.38	71.18	78.13
农林牧渔总产值（亿元） Gross Output Value of Farming,Forestry, AnimalHusbandry and Fishery(100 million yuan)	0.10	0.62	2.83	6.32	10.19	11.39
工业总产值（亿元） Gross Output Value of Industry(100 million yuan)	0.17	1.46	10.91	65.22	120.24	129.52
一般公共预算总收入（亿元） Government Revenue(100 million yuan)	0.04	0.16	1.01	5.63	11.35	11.77
#地方一般公共预算收入 Local Government Revenue			0.64	3.15	6.97	7.27
一般公共预算支出（亿元） Government Expenditure(100 million yuan)	0.04	0.19	0.89	4.64	10.96	11.71
原煤(吨) Coal(ton)	11590	25353	10247	66924	41966	36895
原盐(吨) Salt(ton)	2594	1841	775	915	565	343
发电量(万千瓦时) Electricity(10000 kwh)	1114.79	3743.84	11030.87	37159.45	48353.42	49669.95
粗钢(吨) Crude Steel(ton)	443	1415	3414	29778	43465	41556
钢材(吨) Rolled Steel(ton)	379	1542	7754	36728	77280	78345
生铁(吨) Pig Iron(ton)	728	1715	4081	15310	26852	26861
水泥(吨) Cement(ton)	3300	14796	41356	158718	212224	221677
平板玻璃(重量箱) Plain Glass(weigh case)	1194	1810	13111	74385	137245	148043
布(万米) Cloth(10000 m)	30.68	61.92	152.64	854.80	2018.46	2233.65
纱(吨) Yarn(ton)	50	150	392	5061	12201	13279
服装(万件) Clothes(10000 pcs)		30.46	108.95	800.75	1080.21	1122.32
机制纸及纸板(吨) Machine-made Paper and Paperboard(ton)	550	1427	2324	11837	18229	19918
农用化肥(吨) Chemical Fertilizers(ton)	449	1196	1677	1586	1426	1420
烧碱(吨) Caustic Soda(ton)	118	238	427	551	883	1004

1-5 续表1

Continued

项目 Item	1978	1990	2000	2010	2015	2016
彩色电视机(台) Color TV(set)		3374	5579	24742	39127	27824
卷烟(箱) Tobacco(unit)	558	2093	2695	4623	5158	4560
罐头(吨) Canned Food(ton)	112	395	732	5567	7782	8306
粮食(吨) Grain(ton)	20408	24100	23352	18134	18112	17832
油料(吨) Oil-bearing Crops(ton)	378	484	705	730	840	850
甘蔗(吨) Sugar Cane(ton)	7891	9432	2260	1686	1194	1014
茶叶(吨) Tea(ton)	56	159	344	747	1102	1169
水果(吨) Fruits(ton)	277	2076	9739	15465	20405	20866
肉类（吨）Meat(ton)		1968	3987	4937	5933	6182
水产品（吨）Aquatic Products(ton)	1492	3989	14423	16094	20107	21041
食用菌（吨）Edible Fungus(ton)		500	1264	2089	3101	3238
二、全省每天消费量 Daily Provice Consumption						
最终消费支出（亿元）Final Consumption Expenditure(100 million yuan)	0.15	1.04	5.60	17.64	28.30	31.85
居民消费支出 Household Consumption Expenditure	0.12	0.79	4.21	13.29	21.81	24.68
政府消费支出 Government Consumption Expenditure	0.02	0.25	1.39	4.35	6.49	7.17
能源消费量（万吨标准煤）Energy Consumption(10000 tons of SCE)	1.88	4.00	8.04	25.18	33.37	33.86
社会消费品零售总额（亿元）Total Retail Sales of Consumer Goods(100 million yuan)	0.08	0.57	3.61	14.55	28.78	31.99
三、每天其他经济活动 Other Daily Economic Activities						
资本形成总额(亿元) Gross Capital Formation(100 million yuan)	0.06	0.41	4.38	21.98	41.49	44.75
固定资产形成总额 Gross Fixed Capital Formation	0.04	0.30	3.32	20.11	38.74	41.85
存货增加 Changes in Inventories	0.03	0.12	1.05	1.87	2.75	2.90

1-5 续表2

Continued

项目 Item	1978	1990	2000	2010	2015	2016
固定资产投资 Investment in Fixed Assets	0.03	0.25	2.72	22.10	58.36	63.31
国际旅游外汇收入（万美元） Foreign Exchange Earnings from International Tourism(USD 10000)			244.21	815.96	1523.67	1815.26
能源生产总量（万吨标准煤） Total Energy Production(10000 tons of SCE)	1.26	2.65	4.52	8.93	9.77	12.30
货运周转量（亿吨公里） Freight Traffic(100 million ton-km)	0.20	0.75	1.88	8.17	14.93	16.64
客运周转量（万人公里） Passenger Traffic(10000 person-km)	978.90	4805.48	9124.86	17774.25	25074.25	27055.34
货物进出口总额（万美元） Total Value of Imports and Exports(USD 10000)	55.62	1188.79	5798.72	29802.81	46259.16	42964.22
出口总额（万美元） Total Exports	52.05	670.98	3526.85	19587.16	30871.26	28403.42
进口总额（万美元） Total Imports	3.56	517.81	2271.87	10215.66	15387.90	14560.79
主要港口货物吞吐量（万吨） Freight Handled at Principal Seaports(10000 tons)	1.12	4.10	18.97	89.55	137.76	139.11
邮电业务总量（万元） Business Volume of Postal and Telecommunication Services(10000 yuan)	27.67	200.55	6730.60	32717.53	29202.47	24361.92
邮寄函件（万件） Number of Letters(10000 piece)	24.08	44.46	66.02	69.04	36.16	29.86
图书出版总印数（万份） Books(10000 copies)	18.68	44.69	55.46	21.23	24.11	26.60
杂志出版总印数（万份） Magazines(10000 copies)	1.06	8.65	12.19	8.06	10.88	25.69
报纸出版总印数（万份） Newspapers(10000 copies)	40.50	113.58	188.24	273.92	290.61	248.24
四、全省每天婚姻变动						
Daily Marriages Changes						
结婚对数（对） Marriages(couples)			714	1038	957	862
离婚对数（对） Divorces(couples)			33	120	199	220

1-6 全省法人单位数和从业人员数(2016年)
Number of Legal Entities and Employed(2016)

项目	Item	法人单位数（个） Number of Legal Entities (unit)	单产业法人 Single Industry	多产业法人 Multi-Industry	从业人员数（万人） Number of Employed Persons (10000 persons)
按登记注册类型分	**Grouped by Status of Registration**	**751747**	**723518**	**28229**	**1793.04**
内资	Domestically funded enterprises	735739	708208	27531	1569.74
国有	State-owned Enterprises	43495	38700	4795	150.08
集体	Collective-owned Enterprises	8952	8020	932	18.70
股份合作	Cooperative Enterprises	2484	2368	116	9.26
联营	Joint Ownership Enterprises	1060	1020	40	2.47
国有联营	State-owned	199	192	7	0.46
集体联营	Collective-owned	425	402	23	0.99
国有与集体联营	State-owned and Collective-owned	89	86	3	0.30
其他联营	Others	347	340	7	0.72
有限责任公司	Limited-Liability Corporations	136369	132782	3587	422.44
国有独资公司	Limited-Liability Corporations	1596	1382	214	24.60
其他责任有限公司	State-owned	134773	131400	3373	397.84
股份有限公司	Share Holding Corporations Ltd.	7577	6907	670	65.16
私营	Private Enterprises	431072	423958	7114	773.81
私营独资	Private-owned	64698	64062	636	69.80
私营合伙	Private-cooperative	18435	18267	168	21.59
私营有限责任公司	Private-limited liability	339039	332956	6083	658.77
私营股份有限公司	Private-share holding	8900	8673	227	23.66
其他	Other Enterprises	104730	94453	10277	127.82
港澳台商投资	Funds from HongKong, Macao,TaiWan	10547	10114	433	144.24
合资经营（港或澳、台资）	Joint Venture	2119	2005	114	34.83
合作经营（港或澳、台资）	Cooperative Operation	177	171	6	0.88
港、澳、台商独资经营	Venture Exclusively	7821	7529	292	102.60
港、澳、台商投资股份有限公司	Share Holding	280	267	13	3.55
其他港澳台商投资	Others	150	142	8	2.38
外商投资	Foreign Funded Enterprises	5461	5196	265	79.05
中外合资	Joint Venture	1382	1302	80	22.69
中外合作	Cooperative Operation	93	86	7	0.82
外商独资	Venture Exclusively with Foreign Investment	3540	3385	155	51.63
外商投资股份有限公司	Share Holding with Foreign Investment	254	237	17	2.44
其他外商投资	Others	192	186	6	1.48
按机构类型分	**Grouped by Type of Institution**	**751747**	**723518**	**28229**	**1793.04**
企业	Enterprise	636090	622143	13947	1571.88
事业单位	Institution	29071	26969	2102	91.99

1-6 续表1
Continued

项目	Item	法人单位数（个）Number of Legal Entities (unit)	单产业法人 Single Industry	多产业法人 Multi-Industry	从业人员数（万人）Number of Employed Persons (10000 persons)
机关	Agencies Organizations	9109	6771	2338	33.75
社会团体	Community Organization	18744	18419	325	23.85
其他	Others	58733	49216	9517	71.57
按行业分	**Grouped by Sector**	**751747**	**723518**	**28229**	**1793.04**
农、林、牧、渔业	Farming, Forestry, Animal Husbandy and Fishery	47858	47632	226	56.62
农业	Agriculture	25840	25747	93	31.99
林业	Forestry	5215	5154	61	6.85
畜牧业	Animal Husbandry	6516	6487	29	6.54
渔业	Fishery	5834	5817	17	6.34
农、林、牧、渔服务业	Service of Farming,Forestry,Animal Husbandy and Fishery	4453	4427	26	4.90
采矿业	Mining	2981	2934	47	11.84
煤炭开采和洗选业	Coal Mining and Dressing	302	290	12	3.95
石油和天然气开采业	Petroleum and Natural Gas Mining				
黑色金属矿采选业	Ferrous Metals Mining and Dressing	325	313	12	1.46
有色金属矿采选业	Nonferrous Metals Mining and Dressing	339	334	5	1.23
非金属矿采选业	Nonmetal Minerals Mining and Dressing	1894	1876	18	5.07
开采辅助活动	Subsidiary Action	24	24		0.01
其他采矿业	Others Mining and Quarrying	97	97		0.11
制造业	Manufacturing	138926	137105	1821	661.56
农副食品加工业	Agricultural and Sideline Products Processing	6243	6137	106	29.19
食品制造业	Food Manufacturing	4521	4409	112	21.81
酒、饮料和精制茶制造业	Wine，Drink and Tea Manufacturing	4890	4771	119	17.26
烟草制品业	Tobacco Processing	15	14	1	0.61
纺织业	Textile Industry	5536	5482	54	34.02
纺织服装、服饰业	Textile Garments Products	13429	13241	188	74.54
皮革、毛皮、羽毛及其制品和制鞋业	Leather , Furs , Down and Relate Products	9474	9389	85	91.95
木材加工和木、竹、藤、棕、草制品业	Timber Processing,Bamboo,Cane,Palm Fiber and Straw Products	5577	5512	65	19.19
家具制造业	Furniture Manufacturing	3516	3462	54	11.87
造纸和纸制品业	Papermaking and Paper Products	3895	3871	24	15.79
印刷和记录媒介复制业	Printing and Record Medium Reproduction	3319	3277	42	8.96

1-6 续表2

Continued

项目	Item	法人单位数（个） Number of Legal Entities (unit)	单产业法人 Single Industry	多产业法人 Multi-Industry	从业人员数（万人） Number of Employed Persons (10000 persons)
文教、工美、体育和娱乐用品制造业	Cultural , Educational and Sports Goods	9037	8911	126	39.06
石油加工、炼焦和核燃料加工业	Petroleum Processing , Coking and Nuclear Fuel Processing	185	180	5	1.18
化学原料和化学制品制造业	Raw Chemical Materials and Chemical Products	4167	4076	91	15.57
医药制造业	Medical and Pharmaceutical Products	611	590	21	4.12
化学纤维制造业	Chemical Fiber	250	248	2	4.28
橡胶和塑料制品业	Rubber and Plastic Products	7056	7001	55	27.83
非金属矿物制品业	Nonmetal Minerals Products	14523	14371	152	59.72
黑色金属冶炼和压延加工业	Smelting and Pressing of Ferrous Metals	1194	1181	13	10.81
有色金属冶炼和压延加工业	Smelting and Pressing of Nonferrous Metals	655	639	16	6.13
金属制品业	Metal Products	9274	9184	90	25.27
通用设备制造业	General Equipment	6088	6003	85	20.32
专用设备制造业	Special Purpose Equipment	6060	6000	60	16.00
汽车制造业	Car Manufacturing	1836	1806	30	13.36
铁路、船舶、航空航天和其他运输设备制造业	Railway,Watercraft,Aviation and others transportation Manufacturing	1126	1113	13	5.67
电气机械和器材制造业	Electric Equipment and Machinery	6688	6606	82	31.62
计算机、通信和其他电子设备制造业	Computer,Communication and other Electronic Equipment	3608	3540	68	35.88
仪器仪表制造业	Instruments and Meters Machinery	1145	1128	17	5.66
其他制造业	Others Manufacturing	3644	3616	28	11.09
废弃资源综合利用业	Waste Resources and Materials Recovering	632	623	9	1.06
金属制品、机械和设备修理业	Metals,Machinery and Equipment maintenance	732	724	8	1.71
电力、热力、燃气及水生产和供应业	Production and Supply of Electric Power and Hot Power	6888	6670	218	16.22
电力、热力生产和供应业	Production and Supply of Electric Power and Hot Power	5718	5543	175	12.81
燃气生产和供应业	Production and Supply of Gas	206	185	21	0.74
水的生产和供应业	Production and Supply of Water	964	942	22	2.67
建筑业	Construction	28007	26455	1552	386.97
房屋建筑业	Building Engineering	6222	5517	705	238.88
土木工程建筑业	Civil Engineering	4719	4331	388	58.26
建筑安装业	Installation	3035	2853	182	12.38
建筑装饰和其他建筑业	Building Decontion and Others	14031	13754	277	77.44
批发和零售业	Wholesale and Retail Trade	230842	225959	4883	184.76

1-6 续表3
Continued

项目	Item	法人单位数（个） Number of Legal Entities (unit)	单产业法人 Single Industry	多产业法人 Multi-Industry	从业人员数（万人） Number of Employed Persons (10000 persons)
批发业	Wholesale	152112	149724	2388	111.75
零售业	Retail Trade	78730	76235	2495	73.01
交通运输、仓储和邮政业	Transport,Storage and Post	16912	16154	758	43.24
铁路运输业	Railways	102	99	3	0.90
道路运输业	Highways	7784	7494	290	22.58
水上运输业	Waterways	1277	1228	49	3.76
航空运输业	Civil Aviation	85	73	12	2.00
管道运输业	Pipeline				
装卸搬运和运输代理业	Loading,Unloadingand Others	5649	5426	223	7.79
仓储业	Storages	1039	1005	34	1.60
邮政业	Posts	976	829	147	4.61
住宿和餐饮业	Hotels and Catering Services	11574	11140	434	30.00
住宿业	Hotels	4450	4336	114	13.65
餐饮业	Catering Services	7124	6804	320	16.35
信息传输、软件和信息技术服务业	Information Transmission,Software and Information Technology Services	22801	22506	295	27.33
电信、广播电视和卫星传输服务	Telecommuni-cations and Others	744	661	83	6.46
互联网和相关服务	Internet Services	4502	4469	33	3.49
软件和信息技术服务业	Software and Information Technology Services	17555	17376	179	17.38
金融业	Financial Intermediation	4938	4451	487	23.05
货币金融服务	Monetary and Financial Services	1194	971	223	15.76
资本市场服务	Monetary Market Services	1975	1938	37	2.11
保险业	Insurances	553	338	215	4.44
其他金融业	Others	1216	1204	12	0.74
房地产业	Real Estate	17417	16394	1023	35.65
房地产业	Real Estate	17417	16394	1023	35.65
租赁和商务服务业	Leasing and Business Services	76540	75332	1208	64.53
租赁业	Leasing	4789	4729	60	3.01
商务服务业	Business Services	71751	70603	1148	61.52
科学研究和技术服务业	Scientific Research, Technical Service	27025	26280	745	27.40
研究和试验发展	Research and Development	6740	6693	47	4.61

1-6 续表4

Continued

项目	Item	法人单位数（个） Number of Legal Entities (unit)	单产业法人 Single Industry	多产业法人 Multi-Industry	从业人员数（万人） Number of Employed Persons (10000 persons)
专业技术服务业	Professional and Technical Services	12381	11798	583	16.45
科技推广和应用服务业	Science and Technology Exchange and Promotion Services	7904	7789	115	6.34
水利、环境和公共设施管理业	Management of Water Conservancy, Environment and Public Facilities	4834	4664	170	9.97
水利管理业	Water resources management	894	858	36	1.05
生态保护和环境治理业	Environmental management	699	672	27	0.80
公共设施管理业	Public Facilities Management	3241	3134	107	8.12
居民服务、修理和其他服务业	Services to Households and Other Services	13098	12786	312	15.74
居民服务业	Residents service	5099	4945	154	7.21
机动车、电子产品和日用产品修理业	Repair Services of Vehicle,Electronic Products and Daily Necessities	4927	4815	112	4.51
其他服务业	Others	3072	3026	46	4.02
教育	Education	17130	16008	1122	63.62
教育	Education	17130	16008	1122	63.62
卫生和社会工作	Health, Social Security	8162	7808	354	23.32
卫生	Health	6692	6362	330	22.09
社会工作	Social Security	1470	1446	24	1.24
文化、体育和娱乐业	Culture, Sports and Entertainment	12883	12699	184	14.83
新闻和出版业	News Publish	359	350	9	0.89
广播、电视、电影和影视录音制作业	Radio,Television,Film,Phonotape and Videotape	1112	1077	35	2.08
文化艺术业	Culture art Industry	4897	4848	49	4.48
体育	Sports	1629	1582	47	1.83
娱乐业	Entertainment	4886	4842	44	5.56
公共管理、社会保障和社会组织	Public Management and Social Organizations	62931	50541	12390	96.40
中国共产党机关	The Communist Party of China	1335	1198	137	1.90
国家机构	National Organization	17149	14548	2601	43.54
人民政协、民主党派	People's Political Consultative and Democratic Party	293	279	14	0.44
社会保障	Social Security	606	604	2	0.64
群众团体、社会团体和其他成员组织	Mass Organizations,Social Organizations and Religious Organizations	25668	25327	341	29.49
基层群众自治组织	Grassroots Autonomous Organization of The People	17880	8585	9295	20.40

1-7 各设区市按机构类型分的法人单位数(2016年)

Number of Legal Entities by Type of Institutions and Region(2016)

单位：个 (unit)

地区	Region	法人单位数 Number of Legal Entities	企业法人 Business Entity	事业法人 Institution Entity	机关法人 Government Entity	社团法人 Social Organization	其他法人 Others
福建省	Fujian	751747	636090	29071	9109	18744	58733
福州市	Fuzhou	151463	133444	4707	1531	2959	8822
厦门市	Xiamen	145481	138978	1339	496	1878	2790
莆田市	Putian	34659	28185	1692	571	933	3278
三明市	Sanming	41820	29470	3230	1179	1954	5987
泉州市	Quanzhou	154742	137880	4342	1202	3170	8148
漳州市	Zhangzhou	73642	59958	4000	1224	1665	6795
南平市	Nanping	55224	40032	4298	1098	2195	7601
龙岩市	Longyan	37669	27309	2457	774	2411	4718
宁德市	Ningde	57047	40834	3006	1034	1579	10594

1-8 各设区市按营业状态分的企业法人单位数(2016年)

Number of Business Entities by Region and Operation Status(2016)

单位：个 (unit)

地区	Region	企业法人单位数 Number of Business Entities	营业 In Business or Operating	停业(歇业) Closed	筹建 In Preparation	当年关闭 Closed in the Year	当年破产 Bankrupted in the Year	当年注销 Cancelled in the year	注册未经营 Registered	其他 Others
福建省	Fujian	636090	480573	25961	109645	10928	653	74	1689	6567
福州市	Fuzhou	133444	105508	3859	20767	2048	71	14	93	1084
厦门市	Xiamen	138978	104701	4322	28150	692	60	14	216	823
莆田市	Putian	28185	19431	1182	6855	581	29	5	1	101
三明市	Sanming	29470	23673	1228	2665	1467	74		1	362
泉州市	Quanzhou	137880	110588	6995	14924	1906	147	29	403	2888
漳州市	Zhangzhou	59958	34324	3341	20114	1447	66	4	153	509
南平市	Nanping	40032	29392	2532	6789	837	112		79	291
龙岩市	Longyan	27309	22691	730	2122	797	35	8	742	184
宁德市	Ningde	40834	30265	1772	7259	1153	59		1	325

1-9 各设区市按行业门类分的法人单位数(2016年)

Number of Legal Entities by Region and Sector(2016)

单位：个 (unit)

项目 Item	福建省 Fujian	福州市 Fuzhou	厦门市 Xiamen	莆田市 Putian	三明市 Sanming	泉州市 Quanzhou	漳州市 Zhangzhou	南平市 Nanping	龙岩市 Longyan	宁德市 Ningde
农、林、牧、渔业 Farming, Forestry, Animal Husbandy and Fishery	47858	5999	2250	1962	4930	5501	7197	7127	3631	9261
采矿业 Mining	2981	230	22	48	710	462	291	324	696	198
制造业 Manufacturing	138926	16973	21580	6830	5330	49317	15932	7795	4645	10524
电力、热力、燃气及水生产和供应业 Production and Supply of Electric Power and Hot Power	6888	666	113	194	1282	895	816	961	1157	804
建筑业 Construction	28007	6860	6063	1352	1096	4925	2811	1970	1331	1599
批发和零售业 Wholesale and Retail Trade	230842	49994	56672	11648	9854	48204	19083	13030	9485	12872
交通运输、仓储和邮政业 Transport,Storage and Post	16912	3463	4335	587	918	2961	1909	1147	651	941
住宿和餐饮业 Lodgings and Catering Services	11574	2847	2891	408	465	2121	965	641	587	649
信息传输、软件和信息技术服务业 Information Transmission,Software,Information Technology Services	22801	6879	7794	764	773	2844	1303	1003	612	829
金融业 Financial Intermediation	4938	944	1249	172	250	791	314	457	258	503
房地产业 Real Estate	17417	3722	3985	727	928	2838	1934	1261	949	1073
租赁和商务服务业 Leasing and Business Services	76540	22829	19719	2504	3175	10644	5941	5520	2734	3474
科学研究和技术服务业 Scientific Research, Technical Service	27025	7929	6260	741	1334	3805	2444	1844	1351	1317
水利、环境和公共设施管理业 Management of Water Conservancy,Environment and Public Facilities	4834	743	602	237	512	610	666	579	410	475
居民服务、修理和其他服务业 Services to Households and Other Services	13098	3286	3247	395	544	2290	1289	872	507	668
教育 Education	17130	3620	2090	906	955	3657	2257	1428	1161	1056
卫生和社会工作 Health, Social Security	8162	1875	594	276	784	976	507	634	385	2131
文化、体育和娱乐业 Culture, Sports and Entertainment	12883	2808	2334	519	828	2293	1419	1064	789	829
公共管理、社会保障和社会组织 Public Management and Social Organizations	62931	9796	3681	4389	7152	9608	6564	7567	6330	7844
国际组织 International Organizations										

1-10 各设区市按登记注册类型分的企业法人单位数(2016年)

Number of Business Entities by Region and Status of Registration(2016)

单位：个　(unit)

地区	Region	企业法人单位数 Number of Business Entities	内资企业 Domestic Funded Enterprises	#国有企业 State-owned Enterprises	#集体企业 Collective-owned Enterprises	#股份合作企业 Cooperative Enterprises	#联营企业 Joint Ownership
福建省	Fujian	636090	620162	6018	6239	2359	779
福州市	Fuzhou	133444	130225	1392	1890	494	220
厦门市	Xiamen	138978	134184	722	373	346	87
莆田市	Putian	28185	27637	269	291	124	46
三明市	Sanming	29470	29209	494	542	109	51
泉州市	Quanzhou	137880	133513	768	892	499	147
漳州市	Zhangzhou	59958	58021	849	847	275	62
南平市	Nanping	40032	39741	691	715	255	69
龙岩市	Longyan	27309	26944	428	349	175	53
宁德市	Ningde	40834	40688	405	340	82	44

1-10 续表

Continued

单位：个　(unit)

地区	Region	#有限责任公司 Limited-Liability Corporations	#股份有限公司 Share Holding Corporations Ltd.	#私营企业 Private Enterprises	港澳台商投资企业 Funds from HongKong, Macao,TaiWan	外商投资企业 Foreign Funded Enterprises
福建省	Fujian	136153	7534	426829	10499	5429
福州市	Fuzhou	27535	1823	91434	1939	1280
厦门市	Xiamen	35794	1281	92518	2905	1889
莆田市	Putian	16362	364	8588	365	183
三明市	Sanming	2131	302	23768	186	75
泉州市	Quanzhou	20131	1595	101763	3165	1202
漳州市	Zhangzhou	11327	608	39863	1409	528
南平市	Nanping	8267	652	25299	185	106
龙岩市	Longyan	5513	616	17694	263	102
宁德市	Ningde	9093	293	25902	82	64

主要统计指标解释

行政区划 指国家对行政区域的划分.根据宪法规定,我国的行政区域划分如下:(1)全国分为省、自治区、直辖市;(2)省、自治区分为自治州、县、自治县、市;(3)自治州分为县、自治县、市;(4)县、自治县分为乡、民族乡、镇;(5)直辖市和较大的市分为区、县;(6)国家在必要时设立的特别行政区。

平均增长速度 我国计算平均增长速度有两种方法:一种是习惯上经常使用的"水平法",又称几何平均法,是以间隔期最后一年的水平同基期水平对比来计算平均每年增长(或下降)速度;另一种是"累计法",又称代数平均法或方程法,是以间隔期内各年水平的总和同基期水平对比来计算平均每年增长(或下降)速度。在一般正常情况下,两种方法计算的平均每年增长速度比较接近;但在经济发展不平衡、出现大起大落时,两种方法计算的结果差别较大。

本《年鉴》所列的平均增长速度,均用"水平法"计算。从某年到某年平均增长速度的年份,均不包括基期年在内。如建国四十三年的平均增长速度是以1949年为基期计算的,则写为1950-1992年平均增长速度,其余类推。

国民经济行业分类 自2003年定期报表开始使用新的《国民经济行业分类》(GB/T4754-2002),该分类是由国家统计局组织修订,经国家质量监督检验检疫总局批准,于2002年5月10日发布实施。这次修订是在1994年分类标准的基础上,参照联合国《全部经济活动的国际标准产业分类》(ISIC/Rev.3)进行的。修订后的《国民经济行业分类》(GB/T4754-2002)共有门类20个,大类95个,中类396个,小类913个。新增门类4个,大类增加3个,中类增加28个,小类增加67个。2011年,国家统计局发布了新修订的国家标准《国民经济行业分类》(GB/T4754-2011)。

企业(单位)登记注册类型 是以在工商行政管理机关登记注册的各类企业为划分对象,以工商行政管理部门对企业登记注册的类型为依据,将企业登记注册类型分为内资企业、港澳台商投资企业和外商投资企业三大类。内资企业包括国有企业、集体企业、股份合作企业、联营企业、有限责任公司、股份有限公司、私营公司和其他企业;港澳台商投资企业和外商投资企业分别包括合资经营企业、合作经营企业、独资经营企业和股份有限公司。对不在工商行政管理部门进行登记注册的行政机关、事业单位和社会团体,主要按其经费来源和管理方式进行划分。

国有企业 指企业全部资产归国家所有,并按《中华人民共和国企业法人登记管理条例》规定登记注册的非公司制的经济组织。不包括有限责任公司中的国有独资公司。

集体企业 指企业资产归集体所有,并按《中华人民共和国企业法人登记管理条例》规定登记注册的经济组织。

股份合作企业 指以合作制为基础,由企业职工共同出资入股,吸收一定比例的社会资产投资组建,实行自主经营,自负盈亏,共同劳动,民主管理,按劳分配与按股分红相结合的一种集体经济组织。

联营企业 指两个及两个以上相同或不同所有制性质的企业法人或事业单位法人,按自愿、平等、互利的原则,共同投资组成的经济组织。联营企业包括国有联营企业、集体联营企业、国有与集体联营企业和其他联营企业。

有限责任公司 指根据《中华人民共和国公司登记管理条例》规定登记注册,由两个以上、五十个以下的股东共同出资,每个股东以其所认缴的出资额对公司承担有限责任,公司以其全部资产对其债务承担责任的经济组织。有限责任公司包括国有独资公司以及其他有限责任公司。

股份有限公司 指根据《中华人民共和国公司登记管理条例》规定登记注册,其全部注册资本由等额股份构成并通过发行股票筹集资本,股东以其认购的股份对公司承担有限责任,公司以其全部资产对其债务承担责任的经济组织。

私营企业 指由自然人投资设立或由自然人控股,以雇佣劳动为基础的营利性经济组织。包括按照《公司法》、《合伙企业法》、《私营企业暂行条例》规定登记注册的私营有限责任公司、私营股份有限公司、私营合伙企业和私营独资企业。

其他内资企业 指上述企业之外的其他内资经济组织。

与港澳台商合资经营企业　指港澳台地区投资者与内地企业依照《中华人民共和国中外合资经营企业法》及有关法律的规定，按合同规定的比例投资设立、分享利润和分担风险的企业。

与港澳台商合作经营企业　指港澳台地区投资者与内地企业依照《中华人民共和国中外合作经营企业法》及有关法律的规定，依照合作合同的约定进行投资或提供条件设立、分配利润和分担风险的企业。

港澳台商独资经营企业　指依照《中华人民共和国外资企业法》及有关法律的规定，在内地由港澳台地区投资者全额投资设立的企业。

港澳台商投资股份有限公司　指根据国家有关规定，经外经贸部依法批准设立，其中港、澳、台商的股本占公司注册资本的比例达25% 以上的股份有限公司。凡其中港、澳、台商的股本占公司注册资本的比例小于 25%的，属于内资企业中的股份有限公司。

中外合资经营企业　指外国企业或外国人与中国内地企业依照《中华人民共和国中外合资经营企业法》及有关法律的规定，按合同规定的比例投资设立、分享利润和分担风险的企业。

中外合作经营企业　指外国企业或外国人与中国内地企业依照《中华人民共和国中外合作经营企业法》及有关法律的规定，依照合作合同的约定进行投资或提供条件设立、分配利润和分担风险的企业。

外资企业　指依照《中华人民共和国外资企业法》及有关法律的规定，在中国内地由外国投资者全额投资设立的企业。

外商投资股份有限公司　指根据国家有关规定，经外经贸部依法批准设立，其中外资的股本占公司注册资本的比例达 25% 以上的股份有限公司。凡其中外资股本占公司注册资本的比例小于25%的，属于内资企业中的股份有限公司。

行政机关、事业单位和社会团体　参照企业登记注册类型，主要按其经费来源和管理方式划分。具体规定如下：

⑴行政机关：包括国家机关和政党机关，原则上均列为“国有”。但有特殊规定的，如供销社等，则列为“集体”。

⑵事业单位：包括经国家机构编制部门和有关业务主管部门批准成立的各类事业单位，不包括实行企业化管理的事业单位。事业单位的划分办法如下：

①由国家财政预算拨款或列入财政预算外资金管理以及经费主要来源于国有主管部门或国有上级单位的事业单位，列为“国有”。

②经费主要来源于集体单位的事业单位，列为“集体”。

③公民个人(或个人合伙)开办的事业单位，列为“私营”。

④上述以外的其他事业单位，如果其经费来源不明确，按管理方式进行归类。

⑶社会团体：包括经民政部门批准成立以及未纳入社会团体管理条例范围的工会、妇联等各类社会团体。社会团体的划分办法如下：

①未纳入民政部社会团体管理条例范围的工会、妇联、共青团、青联、工商联、科协、侨联等社会团体，国家拨款设立的基金会或基金管理组织以及经费主要来源于国有业务主管部门或国有上级单位的社会团体，列为“国有”。

②经费主要来源于集体单位的社会团体，列为“集体”。

③公民个人(或个人合伙)开办的社会团体，划为“私营”。

④上述以外的其他社会团体，如果其经费来源不明确，改按管理方式进行归类。

Explanatory Notes on Main Statistical Indicators

Administrative Division refers to the division of administrative areas by the state. The Constitution of the People's Republic of China stipulates that the administrative areas in China are divided as:1) The whole Country is divided into provinces, autonomous regions and municipalities directly under the central government; 2) Provinces and autonomous regions are divided into autonomous prefectures, counties, autonomous counties and cities; 3) Autonomous prefectures are divided into counties, autonomous counties and cities; 4) Counties and autonomous counties are divided into townships, nationality townships and towns; 5) Municipalities and large cities are divided into districts and counties, 6) The state shall, when necessary, establish special administrative regions.

Average Annual Growth Rate Two methods for calculating average annual growth rate are applied in China,one is often called level approachor the method of calculating geometric average,which is derived by comparing the level of the last year of the interval with that of the beginning year;the other is calledaccumulative approach or algebraic average or equation method,which is derived by the summation of the actual figure of each year in the interval divided by the figure in the base year.Usually the results calculated by the two methods are fairly close, but they differed sharply when uneven economic development occurred with striking fluctuations in growth.

The average annual growth rates listed in this statistical yearbook are calculated by level approach except for the growth rate of investment in fixed assets. The base years are not listed when the years are listed for average annual growth rates. For instance,the average annual growth rate of 43 years since 1949 is listed as average annual growth rate of 1950-1992 without listing the base year 1949.And the analogy of this is also the same for the rest of the years.

Industrial Classification of the National Economy The new *Industrial Classification of the National Economy* (GB/T 4754-2002) is introduced starting from the compilation of 2003 annual statistics. The new revision was based on the 1994 classification and organized by the National Bureau of Statistics taking into consideration of the *International Standards of the Industrial Classification of All Economic Activities* (ISIC/Rev.3) of the United Nations, and the new Classification was promulgated by the National Administration of Quality Supervision, Inspection and Quarantine on May 10, 2002. The revised version of the *Industrial Classification of the National Economy* (GB/T 4754-2002) is composed of 20 major divisions, 95 divisions, 396 major groups and 913 groups, including 4 new major divisions, 3 new divisions, 28 major groups and 67 groups.In 2011, the National Bureau of Statistics inspected *Industrial Classification of the National Economy* (GB/T 4754-2011).

Registration Status of Enterprises Enterprises are classified into 3 categories, namely domestic-funded enterprises, enterprises with investment from Hong Kong, Macau and Taiwan, and enterprises with foreign investment, in the light of the registration status of an enterprise in industrial and commercial administration agencies. Domestic-funded enterprises include state-owned enterprises, collective-owned enterprises, cooperative enterprises, joint ownership enterprises, limited liability corporations, share-holding corporations Ltd., private enterprises and other enterprises. Included in the enterprises with investment from Hong Kong, Macau and Taiwan and enterprises with foreign investment are joint-venture enterprises, cooperative enterprises, sole investment enterprises and share-holding corporations Ltd. For government agencies, institutions and social organizations which are not requested to be registered in industrial and commercial administration agencies, they are classified mainly by their sources of funds and way of management.

State-owned Enterprises refer to

registered in accordance with the *Regulation of the Peoples Republic of China on the Management of Registration of Corporate Enterprises*. Excluded from this category are sole state-funded corporations in the limited liability corporations.

Collective-owned Enterprises refer to economic units where the assets are owned collectively and which have registered in accordance with the *Regulation of the Peoples Republic of China on the Management of Registration of Corporate Enterprises*.

Cooperative Enterprises refer to a form of collective economic units (enterprises) where capitals come mainly from employees as their shares, with certain proportion of capital from the outside, where production is organized on the basis of independent operation, independent accounting for profits and losses, joint work, democratic management, and a distribution system that integrates remuneration according to work with dividend according to capital share.

Joint Ownership Enterprises refer to economic units established by two or more corporate enterprises or corporate institutions of the same or different ownership, through joint investment on the basis of equality, voluntary participation and mutual benefits. They include state joint ownership enterprises, collective joint ownership enterprises, joint state-collective enterprises, other joint ownership enterprises.

Limited Liability Corporations refer to economic units established with investment from 2-50 investors and registered in accordance with the *Regulation of the Peoples Republic of China on the Management of Registration of Corporations*, each investor bearing limited liability to the corporation depending on its share of investment, and the corporation bearing liability to its debt to the maximum of its total assets. Limited liability corporations include exclusive state-funded limited liability corporations and other limited liability corporations.

Share-holding Corporations Ltd. refer to economic units registered in accordance with the *Regulation of the Peoples Republic of China on the Management of Registration of Corporations*, with total registered capitals divided into equal shares and raised through issuing stocks. Each investor bears limited liability to the corporation depending on the holding of shares, and the corporation bears liability to its debt to the maximum of its total assets.

Private Enterprises refer to profit-making economic units invested and established by natural persons, or controlled by natural persons using employed labour. Included in this category are private limited liability corporations, private share-holding corporations Ltd., private partnership enterprises and private-funded enterprises registered in accordance with the *Corporation Law, Partnership Enterprises Law and Interim Regulations on Private Enterprises*.

Other Domestic-funded Enterprises refer to domestic-funded economic units other than those mentioned above.

Joint-venture Enterprises with Funds from Hong Kong, Macau and Taiwan refer to enterprises jointly established by investors from Hong Kong, Macau and Taiwan with enterprises in the mainland of China in accordance with the *Law of the Peoples Republic of China on Sino-foreign Joint Venture Enterprises* and other relevant laws, where the share of investment, profits and risks is stipulated in the contract.

Cooperative Enterprises with Funds from Hong Kong Macau and Taiwan established by investors from Hong Kong, Macau and Taiwan with enterprises in the mainland of China in accordance with the *Law of the Peoples Republic of China on Sino-foreign Cooperative Enterprises* and other relevant laws, where the investment or provision of facilities, and the share of profits and risks is stipulated in the cooperative contract.

Enterprises with Sole (exclusive) Investment from Hong Kong, Macau and Taiwan refer to enterprises established in the mainland of China with exclusive investment from investors from Hong Kong, Macau and Taiwan in accordance with the *Law of the Peoples Republic of China on Foreign-Funded Enterprises* and other relevant laws.

Share-holding Corporations Ltd. with Investment from Hong Kong, Macau and Taiwan refer to share-holding corporations Ltd. established with the approval from the Ministry of Foreign Trades and Economic Relations in line with relevant state regulations, where the share of investment from Hong Kong, Macau or Taiwan businessmen exceeds 25% of the total registered capital of the corporation. In case the share of investment from Hong Kong, Macau or Taiwan is less than 25% of the total registered capital, the enterprise is to be classified as domestic-funded share-holding corporation Ltd.

Joint-venture Enterprises with Foreign Investment refer to enterprises jointly established by foreign enterprises or foreigners with enterprises in the mainland of China in accordance with the *Law of the Peoples Republic of China on Sino-foreign Joint Venture Enterprises* and other relevant laws, where the share of investment, profits and risks is stipulated in the contract.

Cooperation Enterprises with Foreign Investment refer to enterprises jointly established by foreign enterprises or foreigners with enterprises in the mainland of China in accordance with the *Law of the Peoples Republic of China on Sino-foreign Cooperative Enterprises* and other relevant laws,where the investment or provision of facilities, and the share of profits and risks is stipulated in the cooperative contract.

Enterprises with Sole (exclusive) Foreign Investment refer to enterprises established in the mainland of China with exclusive investment from foreign investors in accordance with the *Law of the Peoples Republic of China on Foreign-Funded Enterprises* and other relevant laws.

Share-holding Corporations Ltd. with Foreign Investment refer to share-holding corporations Ltd. established with the approval from the Ministry of Foreign Trades and Economic Relations in line with relevant state regulations, where the share of investment from foreign investors exceeds 25% of the total registered capital of the corporation. In case the share of foreign investment is less than 25% of the total registered capital, the enterprise is to be classified as domestic-funded share-holding corporation Ltd.

Government Agencies, Institutions and Social Organizations are classified into following categories by source of funds and way of management taking reference of the registration status of enterprises:

(1) Government Agencies: include state and party agencies, classified in principle as “state-owned”. There are exceptions, such as supply and marketing cooperatives which are classified as “collective”.

(2) Institutions: include institutions of various types established with the approval by organization and staffing departments of the government, but exclude institutions where enterprise management system is introduced. Institutions are further classified as follows:

(a) Institutions whose main budget is listed in the government budget appropriations or extra-budget funds, or allocated from the budget of their competent government agencies. Such institutions are classified as “state-owned”.

(b) Institutions whose budget mainly comes from collective units. Such institutions are classified as “collective”.

(c) Institutions other than those mentioned above whose source of budget is not clear. Such institutions are classified by way of management.

(3) Social Organizations: include social organizations established with the approval from the Ministry of Civil Affairs, and organizations that are not covered by social organization management regulations such as Trades unions, women’s federations etc.. Social organizations are further classified as follows:

(a) Social organizations that are not covered by social organization management regulations of the Ministry of Civil Affairs such as Trades unions, women’s federations, communist youth leagues, youth associations, industrial and commerce associations, scientists associations, overseas

Chinese associations, etc., foundations and fund management organizations established with funds from the state, and social organizations whose funds mainly come from the budget of their competent government agencies. Such institutions are classified as “state-owned”.

(b) Social organizations whose budget mainly comes from collective units. Such institutions are classified as “collective”.

(c) Social organizations established by individual or a group of citizens, which are classified as “private”.

(d) Social organizations other than those mentioned above whose source of budget is not clear. Such organizations are classified by manner of management.

第二篇　国民经济核算

Chapter 2　National Economy Accounting

资料整理：张凌远 邓文颖
Database Editor: Zhanglingyuan Dengwenying

简 要 说 明

本篇资料的主要内容及来源

国民经济核算篇主要包括福建省地区生产总值及其增长、结构、三次产业对经济增长的贡献、消费水平等方面的资料。

1993 年以后福建省地区生产总值的数据已按照国家统计局制定的统一方案，根据 2004 年经济普查资料采用国际上通用的“总趋势离差法”进行了调整。

本篇资料来源于国民经济核算统计报表，由省统计局国民经济核算处整理提供。

Brief Introduction

Main Content and Source of Data

Data in the chapter reflect the overall situation and development of economy on the macro level, including growth rate and components of GDP, share of the three industries to the increase of GDP and household consumption expenditure.

Historical data of GDP were recompiled in accordance with the uniform plan of NBS and revised by trend approach.

Data in this chapter are prepared according to the data of national accounts and compiled by the Division of National Accounts of Fujian Provincial Bureau of Statistics.

2-1 主要社会经济效益指标

Main Indicators on Economic Efficiency

项目 Item	2000	2005	2010	2015	2016
社会劳动生产率（元/人） **Overall Labor Productivity(yuan/person)**	**22878**	**35599**	**66828**	**95921**	**102487**
总产出中间投入率（%） **Ratio of Input to Total Output(%)**	**61.9**	**61.4**	**62.1**	**65.9**	**66.2**
第一产业 Primary Industry	38.2	39.7	40.9	40.9	41.1
第二产业 Secondary Industry	73.5	72.1	71.7	75.0	75.9
第三产业 Tertiary Industy	44.2	34.2	41.4	47.0	46.2
按主要行业分 By Sector					
工业 Industry	73.9	72.2	72.4	75.8	76.6
建筑业 Construction	70.9	71.4	67.5	70.6	72.6
交通运输、仓储和邮政业 Transport,Storage and Post Services	47.2	46.6	55.7	58.3	58.8
批发和零售业 Wholesale,Retail Trade	44.0	22.9	28.6	31.1	33.5
增加值率（%） **Value-added Rate(%)**	**38.1**	**38.6**	**37.9**	**34.1**	**33.8**
第一产业 Primary Industry	61.8	60.3	59.1	59.1	58.9
第二产业 Secondary Industry	26.5	27.9	28.3	25.0	24.1
第三产业 Tertiary Industy	55.8	65.8	58.6	53.0	53.8
按主要行业分 By Sector	26.5	27.9	28.3	25.0	24.1
工业 Industry	26.1	27.8	27.6	24.2	23.4
建筑业 Construction	29.1	28.6	32.5	29.4	27.4
交通运输、仓储和邮政业 Transport,Storage and Post Services	52.8	53.4	44.3	41.7	41.2
批发和零售业 Wholesale and Retail Trade	56.0	77.1	71.4	68.9	66.5

注：1.本表均按当年价格计算。

Note:a)Data in this table are caculated at current prices.

2-2 主要年份总产出

Total Output in Selected Years

(100 million yuan)

年份 Year	总产出（亿元） Output (100 million yuan)	第一产业 Primary Industy	第二产业 Secondary Industy	第三产业 Tertiary Industy	总产出指数 Indices 以1952为100 (year of 1952=100)	以上年为100 (preceding year=100)
1952	18.43	11.07	4.70	2.66	100.0	124.5
1957	35.64	17.05	10.59	8.00	192.6	105.5
1962	42.16	14.81	13.84	13.51	206.5	98.4
1965	54.35	18.80	21.45	14.10	287.7	113.4
1970	67.81	21.12	29.79	16.90	365.1	118.0
1975	96.03	27.06	51.33	17.64	506.0	104.8
1978	138.83	36.33	73.71	28.79	710.6	121.7
1979	155.69	43.11	83.80	28.78	764.6	107.6
1980	169.83	45.49	95.85	28.49	831.7	108.8
1981	204.17	56.11	103.73	44.33	960.5	115.5
1982	229.65	63.73	116.27	49.65	1057.9	110.1
1983	253.07	68.08	126.43	58.56	1140.8	107.8
1984	306.08	80.66	159.41	66.01	1344.9	117.9
1985	399.54	99.05	210.91	89.58	1645.3	122.3
1986	466.22	107.07	249.31	109.84	1802.0	109.5
1987	603.52	132.97	316.59	153.96	2156.0	119.6
1988	838.36	182.00	451.80	204.56	2565.6	119.0
1989	1040.95	209.92	554.54	276.49	2898.2	113.0
1990	1175.79	227.12	600.94	347.73	3244.1	111.9
1991	1428.36	253.51	747.33	427.52	3811.4	117.5
1992	1910.42	295.54	1053.44	561.44	4895.9	128.5
1993	2993.36	386.34	1743.08	863.94	6564.2	134.1
1994	4229.26	574.05	2422.96	1232.25	8562.5	130.4
1995	5483.28	738.63	3244.08	1500.57	10041.8	117.3
1996	6419.24	850.67	3776.66	1791.91	11642.0	115.9
1997	7436.80	925.56	4462.70	2048.54	13690.5	117.6
1998	8220.00	973.37	4978.46	2268.17	15280.3	111.6
1999	8877.25	1010.82	5410.96	2455.47	16989.2	111.2
2000	9870.58	1037.27	6154.43	2678.88	18759.6	110.4
2001	10506.33	1061.61	6591.76	2852.96	20560.0	109.6
2002	11324.01	1088.70	7252.42	2982.89	23028.4	112.0
2003	12866.74	1135.20	8462.96	3268.58	26154.9	113.6
2004	14912.98	1301.21	10008.78	3602.99	29629.1	113.3
2005	16995.93	1373.03	11385.95	4236.95	33523.8	113.2
2006	19833.74	1445.08	13329.91	5058.74	37533.4	112.0
2007	24160.16	1692.16	16197.54	6270.47	43725.7	116.5
2008	28960.02	1965.02	19557.35	7437.65	50656.1	115.8
2009	32436.81	2001.24	22110.23	8325.34	58001.2	114.5
2010	38915.25	2307.05	26616.53	9991.67	66974.0	115.5
2011	47739.92	2730.93	33045.93	11963.06	77555.9	115.8
2012	55107.00	3007.40	38491.18	13608.42	90895.5	117.2
2013	61780.20	3170.16	42949.47	15660.57	105620.6	116.2
2014	70742.78	3400.90	49719.02	17622.86	116710.7	110.5
2015	76180.53	3586.46	52230.65	20363.42	126164.3	108.1
2016	84434.25	4014.31	57525.97	22893.97	139159.2	110.3

2-3 总产出

Total Output

单位：亿元 (100 million yuan)

项目 Item	2000	2005	2010	2015	2016
总产出(亿元) Total Output(100 million yuan)	**9870.58**	**16995.93**	**38915.25**	**76180.53**	**84434.25**
第一产业 Primary Industry	1037.27	1373.03	2307.05	3586.46	4014.31
第二产业 Secondary Industry	6154.43	11385.95	26616.53	52230.65	57525.97
第三产业 Tertiary industy	2678.88	4236.95	9991.67	20363.42	22893.97
按主要行业分 By Sector					
工业 Industry	5447.13	10065.44	23152.34	44658.0	48842.0
建筑业 Construction	707.30	1320.52	3464.19	7717.2	8837.0
交通运输、仓储和邮政业 Transport,Storage,Post and Telecommunication Services	777.53	844.23	1965.92	3710.8	4085.9
批发和零售业 Wholesale,Retail Trade	713.07	741.74	1835.11	2967.9	3315.4
总产出指数(上年=100) Indices of Total Output(preceding year=100)	**110.40**	**113.20**	**115.47**	**108.1**	**110.3**
第一产业 Primary Industry	103.10	102.90	103.52	103.8	103.7
第二产业 Secondary Industry	112.20	113.50	117.54	106.9	111.0
第三产业 Tertiary industy	107.50	116.00	112.16	112.8	109.8
按主要行业分 By Sector					
工业 Industry	113.10	114.40	119.50	106.3	110.3
建筑业 Construction	101.20	105.70	103.30	111.0	114.7
交通运输、仓储和邮政业 Transport,Storage,Post and Telecommunication Services	108.90	107.50	112.06	120.8	105.6
批发和零售业 Wholesale,Retail Trade	105.60	110.00	114.06	109.1	109.6
总产出构成(%) Composition of Total Output(%)	**100.00**	**100.00**	**100.00**	**100.0**	**100.0**
第一产业 Primary Industry	10.50	8.10	5.90	4.7	4.8
第二产业 Secondary Industry	62.40	67.00	68.40	68.6	68.1
第三产业 Tertiary industy	27.10	24.90	25.70	26.7	27.1
按主要行业分 By Sector					
工业 Industry	55.20	59.20	59.50	58.6	57.8
建筑业 Construction	7.20	7.80	8.90	10.1	10.5
交通运输、仓储和邮政业 Transport,Storage,Post and Telecommunication Services	7.90	5.00	5.10	4.9	4.8
批发和零售业 Wholesale,Retail Trade	7.20	4.40	4.70	3.9	3.9

2-4 主要年份地区生产总值

Gross Domestic Product in Selected Years

单位：亿元 (100 million yuan)

年份 Year	地区生产总值 Gross Domestic Product	第一产业 Primary Industry	第二产业 Secondary Industry	第三产业 Tertiary Industy	工业 Industry	建筑业 Construction	人均GDP（元） Per Capita GDP (yuan)
1952	12.73	8.39	2.42	1.92	2.17	0.25	102
1957	22.03	12.31	5.20	4.52	4.23	0.97	154
1962	22.12	10.26	5.12	6.74	4.00	1.12	137
1965	28.81	13.48	8.31	7.02	6.55	1.76	166
1970	34.70	15.34	10.64	8.72	8.56	2.08	173
1975	46.48	19.43	17.81	9.24	14.29	3.52	203
1978	66.37	23.93	28.19	14.25	23.85	4.34	273
1979	74.11	27.97	31.37	14.77	26.20	5.17	300
1980	87.06	31.95	35.68	19.43	29.55	6.13	348
1981	105.62	39.30	39.75	26.57	33.16	6.59	416
1982	117.81	44.24	42.92	30.65	35.25	7.67	457
1983	127.76	47.27	46.05	34.44	37.76	8.29	487
1984	157.06	55.72	56.39	44.95	44.47	11.92	591
1985	200.48	68.13	72.56	59.79	62.09	10.47	737
1986	222.54	72.24	82.19	68.11	67.06	15.13	809
1987	279.24	89.24	101.28	88.72	82.69	18.59	999
1988	383.21	118.16	141.82	123.23	120.45	21.37	1349
1989	458.40	135.77	163.82	158.81	142.45	21.37	1589
1990	522.28	147.01	174.47	200.80	150.55	23.92	1763
1991	619.87	168.64	217.74	233.49	188.29	29.45	2041
1992	784.68	194.87	291.60	298.21	241.78	49.82	2557
1993	1114.20	254.36	455.79	404.05	381.95	73.84	3556
1994	1644.39	362.90	720.97	560.52	618.06	102.91	5193
1995	2094.90	464.82	882.34	747.74	748.92	133.42	6526
1996	2484.25	537.38	1026.64	920.23	875.50	151.14	7646
1997	2870.90	576.63	1214.81	1079.46	1039.62	175.19	8775
1998	3159.91	610.04	1335.05	1214.82	1132.79	202.26	9603
1999	3414.19	628.86	1434.30	1351.03	1230.22	204.08	10323
2000	3764.54	640.57	1628.45	1495.52	1422.34	206.11	11194
2001	4072.85	651.11	1803.50	1618.24	1586.48	217.02	11691
2002	4467.55	664.78	2036.97	1765.80	1808.95	228.02	12739
2003	4983.67	692.94	2340.82	1949.91	2061.31	279.51	14125
2004	5763.35	786.84	2770.49	2206.02	2438.62	331.87	16235
2005	6554.69	827.36	3175.92	2551.41	2801.88	374.05	18353
2006	7583.85	865.98	3695.04	3022.83	3230.49	464.56	21105
2007	9248.53	1002.11	4476.42	3770.00	3896.76	579.66	25582
2008	10823.01	1158.17	5318.44	4346.40	4593.24	725.20	29755
2009	12236.53	1182.74	6005.30	5048.49	5106.38	898.92	33437
2010	14737.12	1363.67	7522.83	5850.62	6397.71	1125.12	40025
2011	17560.18	1612.24	9069.20	6878.74	7675.09	1394.11	47377
2012	19701.78	1776.71	10187.94	7737.13	8541.94	1646.00	52763
2013	21868.49	1874.23	11329.60	8664.66	9455.32	1895.48	58145
2014	24055.76	2014.80	12515.36	9525.60	10426.71	2112.03	63472
2015	25979.82	2118.10	13064.82	10796.90	10820.22	2268.86	67966
2016	28519.15	2363.22	13844.96	12310.97	11449.29	2421.34	73951

2-5 主要年份地区生产总值构成

Composition of Gross Domestic Product in Selected Years

单位：%　　(%)

年份 Year	地区生产总值 Gross Domestic Product	第一产业 Primary Industry	第二产业 Secondary Industry	第三产业 Tertiary Industy	工业 Industry	建筑业 Construction
1952	100.0	65.9	19.0	15.1	17.0	2.0
1957	100.0	55.9	23.6	20.5	19.2	4.4
1962	100.0	46.4	23.1	30.5	18.1	5.1
1965	100.0	46.8	28.8	24.4	22.8	6.1
1970	100.0	44.2	30.7	25.1	24.7	6.0
1975	100.0	41.8	38.3	19.9	30.7	7.6
1978	100.0	36.0	42.5	21.5	35.9	6.5
1979	100.0	37.8	42.3	19.9	35.4	7.0
1980	100.0	36.7	41.0	22.3	33.9	7.0
1981	100.0	37.2	37.6	25.2	31.4	6.2
1982	100.0	37.6	36.4	26.0	29.9	6.5
1983	100.0	37.0	36.0	27.0	29.6	6.5
1984	100.0	35.5	35.9	28.6	28.3	7.6
1985	100.0	34.0	36.2	29.8	31.0	5.2
1986	100.0	32.5	36.9	30.6	30.1	6.8
1987	100.0	31.9	36.3	31.8	29.6	6.7
1988	100.0	30.8	37.0	32.2	31.4	5.6
1989	100.0	29.6	35.7	34.7	31.1	4.7
1990	100.0	28.1	33.4	38.4	28.8	4.6
1991	100.0	27.2	35.1	37.7	30.4	4.8
1992	100.0	24.8	37.2	38.0	30.8	6.3
1993	100.0	22.8	40.9	36.3	34.3	6.6
1994	100.0	22.1	43.8	34.1	37.6	6.3
1995	100.0	22.2	42.1	35.7	35.7	6.4
1996	100.0	21.6	41.3	37.1	35.2	6.1
1997	100.0	20.1	42.3	37.6	36.2	6.1
1998	100.0	19.3	42.3	38.4	35.8	6.5
1999	100.0	18.4	42.0	39.6	36.0	6.0
2000	100.0	17.0	43.3	39.7	37.8	5.5
2001	100.0	16.0	44.3	39.7	39.0	5.3
2002	100.0	14.9	45.6	39.5	40.5	5.1
2003	100.0	13.9	47.0	39.1	41.4	5.6
2004	100.0	13.7	48.1	38.3	42.3	5.8
2005	100.0	12.6	48.5	38.9	43.3	5.4
2006	100.0	11.4	48.7	39.9	43.7	5.7
2007	100.0	10.8	48.4	40.8	43.4	5.7
2008	100.0	10.7	49.1	40.2	42.4	6.7
2009	100.0	9.7	49.1	41.2	41.7	7.4
2010	100.0	9.3	51.0	39.7	43.4	7.6
2011	100.0	9.2	51.6	39.2	43.7	7.9
2012	100.0	9.0	51.7	39.3	43.4	8.3
2013	100.0	8.6	51.8	39.6	43.2	8.7
2014	100.0	8.4	52.0	39.6	43.3	8.8
2015	100.0	8.2	50.3	41.5	41.6	8.7
2016	100.0	8.3	48.5	43.2	40.1	8.5

注：2004年以前年份和2014年及以后第一产业增加值不含农林牧渔服务业。

Note:The value-added of primary industry before 2004 and beyond 2014 exclude services of Farming,Forestry,Animal,Husbandry and Fishery.

2-6 分行业地区生产总值

Gross Domestic Product by Sector

单位：亿元 (100 million yuan)

项目 Item	2000	2005	2010	2015	2016
地区生产总值 Gross Domestic Product	**3764.54**	**6554.69**	**14737.12**	**25979.82**	**28519.15**
第一产业 Primary Industry	640.57	827.36	1363.67	2118.1	2363.22
第二产业 Secondary Industry	1628.45	3175.92	7522.83	13064.82	13844.96
第三产业 Tertiary Industy	1495.52	2551.41	5850.62	10796.9	12310.97
按主要行业分 By Sector					
农、林、牧、渔业 Agriculture , Forestry , Animal Husbandry and Fishery		827.36	1363.67	2194.06	2444.81
农业 Agriculture		356.10	616.32	1017.1	1119.57
林业 Forestry		65.23	122.08	201.58	201.92
畜牧业 Animal Husbandry		143.36	198.53	297.4	355.17
渔业 Fishery		227.84	376.37	602.02	686.56
农、林、牧、渔服务业 Services of Agriculture , Forestry , Animal Husbandry and Fishery		34.83	50.37	75.96	81.59
工业 Industry	1422.34	2801.88	6397.71	10820.22	11449.29
采矿业 Mining and Quarrying		83.25	313.39	262.56	249.12
制造业 Manufacturing		2496.73	5731.47	9859.8	10559.03
电力、热力、燃气及水生产和供应业 Supply of Electric Power, Gas,Water		221.90	352.85	697.86	641.14
建筑业 Construction	206.11	374.05	1125.12	2268.86	2421.34
交通运输、仓储和邮政业 Transport, Storage and Post Services	410.66	447.20	871.16	1547.3	1685.18
信息传输、软件和信息技术服务业 Information Transmission, Software and Information Technology Services		184.93	344.19	555.03	688.81
批发和零售业 Wholesale and Retail Trade	399.11	571.30	1310.94	2046.29	2204.6
住宿和餐饮业 Lodgings and Catering Services		120.84	266.47	398.35	421.51
金融业 Finance	118.85	186.12	767.58	1681.33	1866.17
房地产业 Real Estate	147.60	331.80	679.03	1077.88	1269.67
租赁和商务服务业 Rent and Business Services		82.03	237.04	800.04	1078.53
科学研究和技术服务业 Scientific Reseach, Ploytechnic Services		36.83	103.13	235.97	261.58
水利、环境和公共设施管理业 Water Conservancy, Environment and Public Facilities Management		18.28	51.18	84.36	90.62
居民服务、修理和其他服务业 Resident Services,Repairing and Others		113.65	265.81	492.4	615.48
教育 Education		169.62	269.91	540.36	616.68
卫生和社会工作 Health Care, Social Ensure		75.49	206.54	374.86	444.63
公共管理、社会保障和社会组织 Public Management and Social Organizations		167.40	352.77	530.99	592.65
文化、体育和娱乐业 Culture, Sports and Entertainment		45.94	124.87	331.52	367.6
国际组织 National Organizations					

2-7 主要年份地区生产总值指数(上年=100)

Indices of Gross Domestic Product in Selected Years(preceding year=100)

单位：以上年为100 (preceding year=100)

年份 Year	地区生产总值 Gross Domestic Product	第一产业 Primary Industry	第二产业 Secondary Industry	第三产业 Tertiary Industy	工业 Industry	建筑业 Construction	人均GDP Per Capita GDP
1952	123.3	112.1	131.5	119.3	145.7	138.9	121.1
1957	106.7	109.5	95.3	117.3	124.2	50.4	103.0
1962	98.6	107.6	94.2	94.6	79.4	155.7	96.4
1965	110.9	111.5	120.3	100.4	126.2	101.2	107.5
1970	109.9	105.0	123.2	101.0	112.9	101.9	105.7
1975	102.9	100.5	106.6	101.1	108.7	98.2	100.5
1978	117.8	101.5	132.4	121.5	138.7	90.4	115.6
1979	105.5	104.9	109.7	99.0	107.0	137.4	103.9
1980	118.4	113.9	118.1	125.7	113.5	155.1	117.2
1981	115.5	108.5	110.3	136.3	113.8	91.0	114.0
1982	109.3	106.8	108.2	114.2	104.5	134.9	107.5
1983	106.2	104.7	107.3	106.5	107.4	106.7	104.4
1984	117.9	110.1	120.3	124.3	124.9	93.7	116.3
1985	117.6	105.3	123.3	123.5	124.2	115.8	114.9
1986	105.7	102.1	113.0	99.4	105.2	177.0	104.5
1987	113.6	110.5	110.0	121.9	117.1	75.4	111.8
1988	114.3	102.6	125.1	109.7	132.7	67.6	112.6
1989	107.8	109.7	104.9	110.7	108.5	51.2	106.1
1990	107.5	101.7	108.1	111.4	109.3	63.6	104.7
1991	114.2	109.1	122.0	111.5	123.7	111.2	111.4
1992	120.3	110.5	128.5	120.0	126.8	140.6	119.0
1993	122.6	109.4	135.9	118.3	139.5	112.8	120.1
1994	120.3	109.3	132.6	113.0	133.9	122.0	119.0
1995	114.6	109.5	117.3	114.2	116.4	125.2	113.0
1996	113.3	108.8	114.3	114.6	115.2	107.6	112.0
1997	114.0	108.0	116.1	114.5	116.5	113.4	113.2
1998	110.8	106.7	112.4	110.8	112.5	111.6	110.2
1999	109.9	105.7	111.5	109.9	112.5	101.9	109.3
2000	109.3	102.6	111.2	110.0	112.2	100.4	107.5
2001	108.7	103.5	110.2	109.2	110.8	105.6	104.9
2002	110.2	102.7	113.8	109.2	115.1	104.2	109.1
2003	111.5	103.3	115.6	109.7	115.4	117.7	110.8
2004	111.8	104.4	114.9	110.8	115.3	111.3	111.2
2005	111.6	102.7	112.3	113.7	112.3	111.7	110.9
2006	114.8	100.8	116.6	117.1	116.0	121.5	114.1
2007	115.2	103.9	118.2	114.6	118.5	116.4	114.5
2008	113.0	105.0	115.1	112.3	115.0	115.6	112.3
2009	112.3	104.7	113.7	112.3	113.0	118.8	111.6
2010	113.9	103.3	118.1	110.6	118.0	119.3	113.2
2011	112.3	104.4	116.2	109.1	116.7	113.3	111.6
2012	111.4	104.2	114.3	109.1	113.8	117.4	110.5
2013	111.0	104.3	113.2	109.4	112.8	115.2	110.2
2014	109.9	104.4	111.9	108.1	112.1	111.0	109.1
2015	109.0	103.7	107.4	112.3	107.0	110.1	108.0
2016	108.4	103.6	106.8	111.3	106.8	106.9	107.5

2-8 主要年份地区生产总值指数(1952年=100)

Indices of Gross Domestic Product in Selected Years(year of 1952=100)

单位：以1952年为100 (year of 1952=100)

年份 Year	地区生产总值 Gross Domestic Product	第一产业 Primary Industry	第二产业 Secondary Industry	第三产业 Tertiary Industy	工业 Industry	建筑业 Construction	人均GDP Per Capita GDP
1952	100.0	100.0	100.0	100.0	100.0	100.0	100.0
1957	172.0	137.1	226.0	233.3	200.7	452.0	150.0
1962	159.8	86.4	259.5	317.5	193.1	885.4	122.3
1965	215.1	132.1	363.8	348.9	319.7	759.5	153.2
1970	255.9	146.5	480.3	400.0	425.5	969.2	157.4
1975	331.5	171.0	810.3	423.9	723.4	1495.8	179.7
1978	451.2	188.5	1207.1	698.2	1197.8	1095.1	229.5
1979	476.1	197.7	1324.7	690.9	1282.1	1505.1	238.3
1980	563.9	225.3	1564.4	868.4	1455.1	2334.6	279.3
1981	651.1	244.4	1725.4	1183.8	1655.8	2124.0	318.2
1982	711.6	261.1	1866.4	1351.6	1731.0	2865.6	342.1
1983	755.3	273.2	2002.4	1439.1	1858.8	3057.8	357.2
1984	890.7	300.8	2408.9	1788.3	2321.9	2865.6	415.3
1985	1047.5	316.7	2968.2	2207.8	2884.7	3318.8	477.4
1986	1107.3	323.4	3354.0	2194.6	3033.9	5873.0	498.8
1987	1257.9	357.5	3689.9	2674.7	3554.0	4426.5	557.7
1988	1437.6	366.7	4616.0	2933.4	4716.4	2993.7	627.7
1989	1549.3	402.3	4842.1	3246.6	5118.2	1533.5	665.9
1990	1665.8	409.0	5233.3	3615.6	5595.3	975.0	696.9
1991	1902.8	446.1	6384.1	4030.9	6919.7	1084.3	776.4
1992	2288.8	492.8	8205.4	4835.4	8776.3	1524.9	924.1
1993	2806.2	539.0	11153.4	5720.9	12245.5	1719.7	1109.8
1994	3375.7	589.0	14790.3	6461.8	16402.4	2097.4	1320.9
1995	3869.0	644.9	17347.3	7376.8	19090.2	2625.3	1493.2
1996	4384.0	701.5	19836.0	8455.2	21987.4	2824.9	1671.7
1997	4998.3	757.7	23037.7	9679.2	25605.2	3204.0	1893.1
1998	5538.0	808.3	25890.5	10720.4	28798.0	3576.2	2085.4
1999	6086.9	854.3	28860.0	11777.1	32407.2	3644.2	2279.9
2000	6653.7	876.2	32080.0	12954.3	36372.6	3660.4	2451.1
2001	7229.8	906.9	35339.6	14150.5	40308.3	3865.7	2570.9
2002	7964.4	931.4	40210.4	15453.7	46395.4	4029.4	2805.6
2003	8877.3	962.2	46501.5	16958.1	53537.1	4741.1	3108.2
2004	9927.7	1004.9	53417.5	18784.7	61744.0	5276.4	3455.0
2005	11079.3	1031.5	59968.7	21357.2	69361.6	5892.1	3831.0
2006	12719.0	1039.4	69938.6	25010.5	80438.8	7160.7	4371.8
2007	14652.3	1079.5	82670.5	28655.6	95284.9	8335.3	5004.6
2008	16557.1	1133.2	95139.3	32174.5	109593.1	9632.7	5619.0
2009	18595.9	1186.5	108138.7	36143.2	123788.4	11444.8	6272.6
2010	21180.7	1225.7	127711.8	39974.4	146008.6	13655.5	7101.4
2011	23785.9	1279.6	148401.1	43612.1	170392.0	15471.7	7925.2
2012	26497.5	1333.3	169622.5	47580.8	193906.1	18163.8	8757.3
2013	29412.2	1390.6	192012.7	52053.4	218726.1	20924.7	9650.5
2014	32324.0	1451.8	214862.2	56269.7	245191.9	23226.4	10529.0
2015	35233.2	1505.5	230762.0	63190.9	262355.3	25572.3	11371.3
2016	38192.8	1559.7	246453.8	70331.5	280195.5	27336.8	12224.1

2-9 三次产业对经济增长的贡献及拉动(1980-2016年)

Contribution Share and Contribution of the Three Components of GDP to the Growth of GDP(1980-2015)

年份 Year	贡献率(%) Contribution Share(%) 第一产业 Primary Industry	第二产业 Secondary Industry	第三产业 Tertiary Industry	工业 Industry	地区生产总值增长率(%) Gross Domestic Product Growth Rate(%)	拉动（百分点） Contribution(percentage point) 第一产业 Primary Industry	第二产业 Secondary Industry	第三产业 Tertiary Industry	工业 Industry
1980	25.1	43.2	31.7	28.6	18.4	4.6	8.0	5.8	5.3
1981	20.6	26.6	52.8	29.9	15.5	3.2	4.1	8.2	4.6
1982	26.0	33.5	40.5	16.3	9.3	2.4	3.1	3.8	1.5
1983	26.1	44.7	29.2	38.6	6.2	1.6	2.8	1.8	2.4
1984	19.2	43.1	37.7	45.1	17.9	3.4	7.7	6.8	8.1
1985	9.5	51.4	39.1	47.3	17.6	1.7	9.0	6.9	8.3
1986	10.4	92.8	-3.2	32.9	5.7	0.6	5.3	-0.2	1.9
1987	21.3	32.1	46.6	45.6	13.6	2.9	4.4	6.3	6.2
1988	4.9	74.1	21.0	85.3	14.3	0.7	10.6	3.0	12.2
1989	29.9	29.1	41.0	47.4	7.8	2.3	2.3	3.2	3.7
1990	5.4	48.3	46.3	55.0	7.7	0.4	3.6	3.5	4.1
1991	19.0	50.9	30.1	47.4	14.4	2.7	7.2	4.3	6.7
1992	14.7	49.5	35.8	40.8	20.3	3.0	10.0	7.3	8.3
1993	10.8	59.8	29.4	56.9	22.6	2.4	13.5	6.7	12.9
1994	10.6	67.0	22.4	62.0	20.3	2.2	13.6	4.5	12.6
1995	13.7	54.4	31.9	46.2	14.6	2.0	7.9	4.7	6.8
1996	13.3	50.7	36.0	47.7	13.3	1.8	6.7	4.8	6.4
1997	11.0	54.7	34.3	50.0	14.0	1.5	7.7	4.8	7.0
1998	11.4	55.4	33.2	50.2	10.8	1.2	6.0	3.6	5.4
1999	10.1	56.8	33.1	55.8	9.9	1.0	5.6	3.3	5.5
2000	4.7	59.6	35.7	59.4	9.3	0.4	5.6	3.3	5.5
2001	6.9	50.7	42.4	47.2	8.7	0.6	4.4	3.7	4.1
2002	4.3	59.5	36.2	57.3	10.2	0.4	6.1	3.7	5.8
2003	4.3	62.0	33.7	54.2	11.5	0.5	7.1	3.9	6.2
2004	5.2	59.2	35.6	54.2	11.8	0.6	7.0	4.2	6.4
2005	3.0	51.3	45.7	46.0	11.6	0.3	6.0	5.3	5.3
2006	0.7	54.4	45.0	46.1	14.8	0.1	8.0	6.7	6.8
2007	2.8	59.1	38.1	52.5	15.2	0.4	9.0	5.8	8.0
2008	3.8	58.8	37.4	51.4	13.0	0.5	7.6	4.9	6.7
2009	3.6	57.1	39.3	47.6	12.3	0.5	7.0	4.8	5.9
2010	2.1	67.9	30.0	58.7	13.9	0.3	9.4	4.2	8.2
2011	3.3	67.2	29.5	59.0	12.3	0.4	8.3	3.6	7.3
2012	3.2	66.1	30.7	54.4	11.4	0.4	7.5	3.5	6.2
2013	3.0	64.6	32.4	53.6	11.0	0.3	7.1	3.6	5.9
2014	3.2	66.0	30.8	56.8	9.9	0.3	6.5	3.1	5.6
2015	2.9	46.6	50.5	37.2	9.0	0.3	4.2	4.5	3.3
2016	3.5	40.5	56.0	33.4	8.4	0.3	3.4	4.7	2.8

2-10 主要年份按收入法计算的地区生产总值

Gross Domestic Product by Income Approach in Selected Years

单位：亿元 (100 million yuan)

年份 Year	地区生产总值 Gross Domestic Product	劳动者报酬 Compensation of Employees	生产税净额 Net Taxes on Production	固定资产折旧 Depreciation of Fixed Assets	营业盈余 Operating Surplus	占地区生产总值比重（%）Ratio(%) 劳动者报酬 Compensation of Employees	生产税净额 Net Taxes on Production	固定资产折旧 Depreciation of Fixed Assets	营业盈余 Operating Surplus
1978	66.37	42.16	7.07	5.85	11.29	63.5	10.7	8.8	17.0
1979	74.11	47.78	7.75	6.48	12.10	64.5	10.5	8.7	16.3
1980	87.06	55.96	8.97	7.55	14.58	64.3	10.3	8.7	16.7
1981	105.62	68.13	10.45	9.22	17.82	64.5	9.9	8.7	16.9
1982	117.81	76.46	11.34	10.21	19.80	64.9	9.6	8.7	16.8
1983	127.76	82.74	12.24	11.12	21.66	64.8	9.6	8.7	17.0
1984	157.06	101.47	14.80	13.84	26.95	64.6	9.4	8.8	17.2
1985	200.48	126.06	19.89	18.38	36.15	62.9	9.9	9.2	18.0
1986	222.54	139.73	21.78	20.54	40.49	62.8	9.8	9.2	18.2
1987	279.24	175.22	27.25	25.84	50.93	62.7	9.8	9.3	18.2
1988	383.21	241.25	39.27	35.49	67.20	63.0	10.2	9.3	17.5
1989	458.40	281.50	46.73	43.13	87.04	61.4	10.2	9.4	19.0
1990	522.28	322.04	50.90	51.24	98.10	61.7	9.7	9.8	18.8
1991	619.87	376.87	62.25	63.31	117.44	60.8	10.0	10.2	18.9
1992	784.68	472.85	80.58	79.79	151.46	60.3	10.3	10.2	19.3
1993	1114.20	623.02	125.34	114.12	251.72	55.9	11.2	10.2	22.6
1994	1644.39	832.09	184.89	155.70	471.71	50.6	11.2	9.5	28.7
1995	2094.90	1101.69	210.71	231.67	550.82	52.6	10.1	11.1	26.3
1996	2484.25	1291.05	247.08	284.74	661.38	52.0	9.9	11.5	26.6
1997	2870.90	1498.69	275.15	345.43	751.62	52.2	9.6	12.0	26.2
1998	3159.91	1650.26	316.66	388.04	804.95	52.2	10.0	12.3	25.5
1999	3414.19	1769.60	345.36	431.13	868.11	51.8	10.1	12.6	25.4
2000	3764.54	1824.79	371.62	491.48	1076.64	48.5	9.9	13.1	28.6
2001	4072.85	1960.79	392.29	555.29	1164.49	48.1	9.6	13.6	28.6
2002	4467.55	2172.30	434.87	630.30	1230.08	48.6	9.7	14.1	27.5
2003	4983.67	2412.18	522.41	735.98	1313.10	48.4	10.5	14.8	26.3
2004	5763.35	2539.45	780.60	704.03	1739.27	44.1	13.5	12.2	30.2
2005	6554.69	2890.79	868.51	914.15	1881.24	44.1	13.3	13.9	28.7
2006	7583.85	3334.30	1019.66	989.48	2240.42	44.0	13.4	13.0	29.5
2007	9248.53	3997.16	1314.35	1070.74	2866.27	43.2	14.2	11.6	31.0
2008	10823.01	5728.03	1334.19	1317.13	2443.65	52.9	12.3	12.2	22.6
2009	12236.53	6510.05	1553.20	1412.19	2761.08	53.2	12.7	11.5	22.6
2010	14737.12	7400.03	1867.67	1562.99	3906.43	50.2	12.7	10.6	26.5
2011	17560.18	8741.77	2287.51	1834.11	4696.79	49.8	13.0	10.4	26.7
2012	19701.78	9979.11	2809.74	2114.83	4798.10	50.7	14.3	10.7	24.4
2013	21868.49	11277.57	3093.63	2239.74	5257.54	51.6	14.1	10.2	24.0
2014	24055.76	12504.55	3653.71	2491.08	5406.42	52.0	15.2	10.4	22.5
2015	25979.82	13845.37	3884.42	2895.55	5354.48	53.3	15.0	11.1	20.6
2016	28519.15	15349.29	3867.56	2974.29	6328.01	53.8	13.6	10.4	22.2

2-11 主要年份第三产业增加值

Value-added of the Tertiary Industry in Selected Years

单位：亿元 (100 million yuan)

年份 Year	第三产业 Tertiary Industy	#批发和零售业 Wholesale and Retail Trade	#交通运输、仓储和邮政业 Transport, Storage and Post Services	#金融业 Finance	#房地产业 Real Estate
1952	1.92	1.00	0.27		
1957	4.52	2.21	0.64		
1962	6.74	2.29	0.88		
1965	7.02	1.57	1.10		
1970	8.72	2.23	1.47		
1975	9.24	1.15	1.85		
1978	14.25	3.47	3.35	3.01	0.69
1979	14.77	3.29	3.32	3.08	0.81
1980	19.43	5.08	4.40	4.03	0.92
1981	26.57	7.01	6.01	5.49	1.26
1982	30.65	8.12	6.85	6.34	1.46
1983	34.44	9.38	7.29	7.19	1.65
1984	44.95	11.82	9.69	9.48	2.18
1985	59.79	15.17	12.35	13.00	2.98
1986	68.11	16.53	14.54	14.98	3.43
1987	88.72	23.14	19.37	18.71	4.29
1988	123.23	40.58	32.50	17.40	4.40
1989	158.81	41.31	42.60	29.06	5.23
1990	200.80	49.53	48.56	34.40	8.31
1991	233.49	60.46	55.05	40.52	12.50
1992	298.21	79.64	70.51	48.34	18.89
1993	404.05	115.99	99.48	53.76	33.66
1994	560.52	146.90	134.95	90.76	52.70
1995	747.74	203.09	189.55	93.76	71.37
1996	920.23	257.03	235.07	105.58	83.47
1997	1079.46	306.22	283.44	109.07	93.27
1998	1214.82	341.19	326.63	114.01	105.50
1999	1351.03	364.97	366.27	113.40	126.22
2000	1495.52	399.11	410.66	118.85	147.60
2001	1618.24	429.56	428.87	124.84	165.31
2002	1765.80	465.91	445.06	138.28	188.09
2003	1949.91	520.56	478.84	150.09	215.84
2004	2206.02	595.35	537.41	171.00	248.44
2005	2551.41	571.30	447.20	186.12	331.80
2006	3022.83	641.13	521.16	243.90	435.22
2007	3770.00	769.15	626.32	385.84	511.50
2008	4346.40	897.32	703.72	497.65	506.98
2009	5048.49	1043.42	751.42	612.20	656.61
2010	5850.62	1310.94	871.16	767.58	679.03
2011	6878.74	1511.29	963.85	862.41	911.16
2012	7737.13	1670.26	1090.07	1015.37	1039.71
2013	8664.66	1789.88	1176.19	1264.72	1095.08
2014	9525.60	1961.18	1320.35	1449.82	1090.22
2015	10796.90	2046.29	1547.30	1681.33	1077.88
2016	12310.97	2204.60	1685.18	1866.17	1269.67

2-12 第三产业增加值构成（1978-2016年）

Composition of Value-added of the Tertiary Industry(1978-2016)

单位：%　　(%)

年份 Year	第三产业 Tertiary Industy	#交通运输、仓储和邮政业 Transport,Storage and Post	#批发和零售业 Wholesale and Retail Trade	#金融业 Finance	#房地产业 Real Estate
1978	100.0	23.5	24.4	21.1	4.8
1979	100.0	22.5	22.3	20.9	5.5
1980	100.0	22.6	26.1	20.7	4.7
1981	100.0	22.6	26.4	20.7	4.7
1982	100.0	22.3	26.5	20.7	4.8
1983	100.0	21.2	27.2	20.9	4.8
1984	100.0	21.6	26.3	21.1	4.8
1985	100.0	20.7	25.4	21.7	5.0
1986	100.0	21.3	24.3	22.0	5.0
1987	100.0	21.8	26.1	21.1	4.8
1988	100.0	26.4	32.9	14.1	3.6
1989	100.0	26.8	26.0	18.3	3.3
1990	100.0	24.2	24.7	17.1	4.1
1991	100.0	23.6	25.9	17.4	5.4
1992	100.0	23.6	26.7	16.2	6.3
1993	100.0	24.6	28.7	13.3	8.3
1994	100.0	24.1	26.2	16.2	9.4
1995	100.0	25.3	27.2	12.5	9.5
1996	100.0	25.5	27.9	11.5	9.1
1997	100.0	26.3	28.4	10.1	8.6
1998	100.0	26.9	28.1	9.4	8.7
1999	100.0	27.1	27.0	8.4	9.3
2000	100.0	27.5	26.7	7.9	9.9
2001	100.0	26.5	26.5	7.7	10.2
2002	100.0	25.2	26.4	7.8	10.7
2003	100.0	24.6	26.7	7.7	11.1
2004	100.0	24.4	27.0	7.8	11.3
2005	100.0	17.5	22.4	7.3	13.0
2006	100.0	17.2	21.2	8.1	14.4
2007	100.0	16.6	20.4	10.2	13.6
2008	100.0	16.2	20.6	11.4	11.7
2009	100.0	14.9	20.7	12.1	13.0
2010	100.0	14.9	22.4	13.1	11.6
2011	100.0	14.0	22.0	12.5	13.2
2012	100.0	14.1	21.6	13.1	13.4
2013	100.0	13.6	20.7	14.6	12.6
2014	100.0	13.9	20.6	15.2	11.4
2015	100.0	14.3	19.0	15.6	10.0
2016	100.0	13.7	17.9	15.2	10.3

2-13 第三产业增加值指数(上年=100)

Indices of Value-added of the Tertiary Industry(preceding year=100)

单位：以上年为100 (preceding year=100)

年份 Year	第三产业 Tertiary Industy	#交通运输、仓储和邮政业 Transport,Storage and Post	#批发和零售业 Wholesale and Retail Trade	#金融业 Finance	#房地产业 Real Estate
1979	99.0	93.8	86.8	100.0	114.3
1980	125.7	132.5	143.7	124.5	108.0
1981	136.3	136.4	136.4	136.2	136.8
1982	114.2	114.2	114.1	114.1	114.6
1983	106.5	106.4	106.4	106.5	106.0
1984	124.3	124.3	124.2	124.3	124.7
1985	123.5	123.5	123.5	123.4	123.4
1986	99.4	100.5	96.7	100.1	100.0
1987	121.9	120.4	125.2	121.0	121.0
1988	109.7	135.7	129.5	76.1	84.0
1989	110.7	110.2	90.8	140.2	99.6
1990	111.4	98.2	110.4	103.1	138.2
1991	111.5	107.2	116.7	113.8	145.4
1992	120.0	120.1	127.1	113.5	139.2
1993	118.3	116.8	121.7	99.1	164.5
1994	113.0	118.9	108.4	122.8	115.3
1995	114.2	117.3	120.8	99.9	117.2
1996	114.6	116.1	118.6	104.5	108.7
1997	114.5	116.0	117.9	104.6	109.1
1998	110.8	109.6	114.8	102.4	103.7
1999	109.9	110.5	111.1	97.8	116.4
2000	110.0	109.1	110.5	106.0	116.8
2001	109.2	107.2	109.8	106.5	113.1
2002	109.2	104.7	109.3	110.8	112.4
2003	109.7	108.3	111.5	107.8	112.5
2004	110.8	111.3	111.4	109.8	108.7
2005	113.7	106.8	108.6	107.4	130.3
2006	117.1	112.6	111.9	129.5	126.2
2007	114.6	110.0	112.6	121.7	110.2
2008	112.3	108.3	110.7	117.8	93.4
2009	112.3	101.9	115.8	125.4	115.7
2010	110.6	112.1	115.2	114.9	101.2
2011	109.1	108.5	109.5	106.6	108.6
2012	109.1	107.5	107.9	115.1	110.1
2013	109.4	107.6	107.8	116.4	105.7
2014	108.1	111.4	108.3	116.0	96.5
2015	112.3	116.1	105.9	113.7	105.0
2016	111.3	107.3	107.0	110.1	108.5

2-14 第三产业增加值指数(1978年=100)

Indices of Value-added of the Tertiary Industry(year of 1978=100)

单位：以1978年为100 (year of 1978=100)

年份 Year	第三产业 Tertiary Industy	#交通运输、仓储和邮政业 Transport,Storage and Post	#批发和零售业 Wholesale and Retail Trade	#金融业 Finance	#房地产业 Real Estate
1979	99.0	93.8	86.8	100.0	114.3
1980	124.4	124.3	124.7	124.5	123.4
1981	169.6	169.5	170.1	169.6	168.9
1982	193.7	193.6	194.1	193.5	193.5
1983	206.3	206.0	206.5	206.1	205.1
1984	256.4	256.0	256.5	256.1	255.8
1985	316.7	316.2	316.8	316.1	315.7
1986	314.8	317.8	306.4	316.4	315.7
1987	383.7	382.6	383.6	382.8	382.0
1988	420.9	519.2	496.7	291.3	320.8
1989	466.0	572.2	451.0	408.4	319.6
1990	519.1	562.0	498.1	421.1	441.6
1991	578.8	602.4	581.4	479.4	642.0
1992	694.6	723.4	738.9	543.9	893.9
1993	821.8	845.1	899.4	538.9	1470.7
1994	928.2	1005.0	975.2	661.6	1696.0
1995	1059.6	1179.2	1178.4	661.1	1986.9
1996	1214.5	1368.8	1397.2	691.0	2159.1
1997	1390.3	1588.1	1647.0	722.9	2356.6
1998	1539.9	1740.9	1890.5	740.2	2444.3
1999	1691.7	1924.6	2100.4	723.8	2845.8
2000	1860.8	2099.4	2320.4	767.0	3323.9
2001	2032.6	2251.2	2548.4	817.1	3760.5
2002	2219.8	2357.6	2786.0	905.8	4227.4
2003	2435.9	2553.6	3107.4	976.4	4755.9
2004	2698.2	2842.6	3461.4	1072.5	5170.8
2005	3067.7	3034.5	3760.7	1151.6	6738.3
2006	3592.5	3417.7	4207.8	1491.8	8501.2
2007	4116.1	3758.2	4739.5	1815.1	9364.8
2008	4621.5	4068.9	5244.9	2138.7	8750.4
2009	5191.6	4144.2	6073.8	2681.5	10128.4
2010	5741.9	4644.2	6997.0	3081.0	10249.9
2011	6246.4	5039.0	7661.7	3284.3	11131.4
2012	6814.8	5416.9	8267.0	3780.2	12255.7
2013	7455.4	5828.6	8911.8	4400.2	12954.3
2014	8059.3	6493.0	9651.5	5104.2	12500.9
2015	9076.8	7538.4	10220.9	5803.5	13125.9
2016	10102.5	8088.7	10936.4	6389.7	14241.6

2-15 主要年份地区生产总值收入法构成项目

Income Approach Components of GDP in Selcted Years

单位：亿元 (100 million yuan)

项目 Item	2000	2005	2010	2015	2016
劳动者报酬 Compensation of Employees	**1824.79**	**2890.79**	**7400.03**	**13845.37**	**15349.29**
第一产业 Primary Industry	550.52	785.71	1352.56	2106.62	2350.44
第二产业 Secondary Industry	635.86	1209.53	3372.40	6164.71	6554.72
第三产业 Tertiary industy	638.41	895.55	2675.07	5574.04	6444.13
按主要行业分 By Sector					
工业 Industry	511.27	996.77	2554.42	4412.06	4664.02
交通运输、仓储和邮政业 Transport,Storage,Post and Telecommunication Services	154.70	130.44	429.09	739.68	817.28
批发和零售业 Wholesale and Retail Trade	173.17	102.01	558.19	923.18	997.21
生产税净额 Net Taxes on Production	**371.62**	**868.51**	**1867.67**	**3884.42**	**3867.56**
第一产业 Primary Industry	20.10	13.56	3.29	4.68	5.15
第二产业 Secondary Industry	213.86	539.43	1091.51	2451.84	2295.15
第三产业 Tertiary industy	137.67	315.52	772.87	1427.90	1567.26
按主要行业分 By Sector					
工业 Industry	185.40	524.46	960.61	2219.63	2055.70
交通运输、仓储和邮政业 Transport,Storage,Post and Telecommunication Services	35.24	58.46	58.73	104.94	115.30
批发和零售业 Wholesale and Retail Trade	63.09	127.88	393.63	495.53	533.97
固定资产折旧 Depreciation of Fixed Assets	**491.48**	**914.15**	**1562.99**	**2895.55**	**2974.29**
第一产业 Primary Industry	18.07	28.09	7.82	6.80	7.63
第二产业 Secondary Industry	204.18	435.75	701.16	1404.38	1370.28
第三产业 Tertiary Industy	269.23	450.31	854.01	1484.37	1596.38
按主要行业分 By Sector					
工业 Industry	185.07	388.25	665.46	1369.72	1334.51
交通运输、仓储和邮政业 Transport,Storage,Post and Telecommunication Services	85.46	65.80	156.66	319.88	352.70
批发和零售业 Wholesale and Retail Trade	30.80	22.95	65.32	108.28	110.84
营业盈余 Operating Surplus	**1076.64**	**1881.24**	**3906.43**	**5354.48**	**6328.01**
第一产业 Primary Industry	51.88				
第二产业 Secondary Industry	574.56	991.21	2357.76	3043.89	3624.81
第三产业 Tertiary Industy	450.21	890.03	1548.67	2310.59	2703.20
按主要行业分 By Sector					
工业 Industry	540.60	892.39	2217.22	2818.81	3395.06
交通运输、仓储和邮政业 Transport,Storage,Post and Telecommunication Services	135.27	192.50	226.68	382.80	399.90
批发和零售业 Wholesale and Retail Trade	132.04	318.45	293.80	519.30	562.58

注：2014年行业分类为按新国民经济行业分类(GB/T 4754-2011)划分。

Note:The classified standards of national ecomonic sector in 2014 are adopted GB/T 4754-2011.

2-16 分行业地区生产总值收入法构成项目(2016年)

Income Approach Components of GDP by Sector(2016)

单位：亿元 (100 million yuan)

项目 Item	增加值 Value-added	劳动者报酬 Compensation of Employees	生产税净额 Net Taxes on Production	固定资产折旧 Depreciation of Fixed Assets	营业盈余 Operating Surplus
地区生产总值 Gross Pomestic Product	**28519.15**	**15349.29**	**3867.56**	**2974.29**	**6328.01**
第一产业 Primary Industry	2363.22	2350.44	5.15	7.63	
第二产业 Secondary Industry	13844.96	6554.72	2295.15	1370.28	3624.81
第三产业 Tertiary Industry	12310.97	6444.13	1567.26	1596.38	2703.20
按主要行业分 By Sector					
工业 Industry	11449.29	4664.02	2055.70	1334.51	3395.06
建筑业 Construction	2421.34	1903.90	241.75	39.64	236.05
交通运输、仓储和邮政业 Transport, Storage and Post Services	1685.18	817.28	115.30	352.70	399.90
信息传输、软件和信息技术服务业 Information Transmission, Software and Information Technology Services	688.81	194.11	53.83	205.93	234.94
批发和零售业 Wholesale and Retail Trade	2204.60	997.21	533.97	110.84	562.58
住宿和餐饮业 Lodgings and Catering Services	421.51	349.81	20.83	33.48	17.39
金融业 Finance	1866.17	1055.55	383.32	70.70	356.60
房地产业 Real Estate	1269.67	108.46	278.68	517.17	365.36
租赁和商务服务业 Rent and Business Services	1078.53	380.79	81.72	108.19	507.83
科学研究和技术服务业 Scientific Reseach, Ploytechnic Services	261.58	133.87	23.13	22.48	82.10
水利、环境和公共设施管理业 Water Conservancy, Environment and Public Facilities Management	90.62	63.24	3.76	7.40	16.22
居民服务、修理和其他服务业 Resident Services,Repairing and Others	615.48	523.44	26.67	34.91	30.46
教育 Education	616.68	566.49	2.95	47.21	0.03
卫生和社会工作 Health Care, Social Ensure	444.63	349.89	3.16	6.99	84.59
文化、体育和娱乐业 Culture, Sports and Entertainment	367.60	255.29	33.00	45.88	33.43
公共管理、社会保障和社会组织 Public Management and Social Organizations	592.65	555.03	4.64	27.51	5.47

2-17 主要年份支出法地区生产总值

Gross Domestic Product by Expenditure Approach in Selected Years

单位：亿元 (100 million yuan)

年份 Year	支出法地区生产总值 Gross Domestic Product by Expenditure Approach	最终消费 Final Consumption Expenditure	资本形成总额 Gross Capital Formation	货物和服务净流出 Net Exports of Goods and Services	资本形成率(%) Capital Formation Rate(%)	最终消费率(%) Consumption Rate(%)
1952	12.73	11.86	1.42	-0.55	11.2	93.2
1957	22.03	18.19	5.67	-1.83	25.7	82.6
1962	22.12	21.87	0.13	0.12	0.6	98.9
1965	28.81	24.38	6.31	-1.88	21.9	84.6
1970	34.70	32.47	9.68	-7.45	27.9	93.6
1975	46.48	39.66	10.54	-3.72	22.7	85.3
1978	66.37	53.02	22.59	-9.24	34.0	79.9
1979	74.11	60.51	23.07	-9.47	31.1	81.6
1980	87.06	68.06	27.08	-8.08	31.1	78.2
1981	105.62	79.02	28.48	-1.88	27.0	74.8
1982	117.81	91.16	33.21	-6.56	28.2	77.4
1983	127.76	98.26	35.61	-6.11	27.9	76.9
1984	157.06	116.36	43.76	-3.06	27.9	74.1
1985	200.48	145.82	64.54	-9.88	32.2	72.7
1986	222.54	165.37	81.72	-24.55	36.7	74.3
1987	279.24	192.92	97.92	-11.60	35.1	69.1
1988	383.21	262.23	124.64	-3.66	32.5	68.4
1989	458.40	325.85	139.14	-6.59	30.4	71.1
1990	522.28	381.13	151.46	-10.31	29.0	73.0
1991	619.87	443.55	190.40	-14.08	30.7	71.6
1992	784.68	542.90	261.23	-19.45	33.3	69.2
1993	1114.20	682.09	440.95	-8.84	39.6	61.2
1994	1644.39	946.94	735.23	-37.78	44.7	57.6
1995	2094.90	1174.13	953.71	-32.94	45.5	56.0
1996	2484.25	1406.39	1135.23	-57.37	45.7	56.6
1997	2870.90	1630.58	1278.88	-38.56	44.5	56.8
1998	3159.91	1723.93	1451.90	-15.92	45.9	54.6
1999	3414.19	1831.55	1513.82	68.82	44.3	53.6
2000	3764.54	2049.66	1601.29	113.59	42.5	54.4
2001	4072.85	2214.11	1693.63	165.11	41.6	54.4
2002	4467.55	2412.57	1826.23	228.75	40.9	54.0
2003	4983.67	2651.77	2077.08	254.82	41.7	53.2
2004	5763.35	2975.97	2469.87	317.51	42.9	51.6
2005	6568.93	3295.55	2943.65	329.73	44.8	50.2
2006	7820.76	3837.08	3637.46	346.22	46.5	49.1
2007	9426.46	4356.31	4704.56	365.59	49.9	46.2
2008	11569.19	5191.28	5975.76	402.15	51.7	44.9
2009	12777.09	5576.66	6819.66	380.77	53.4	43.6
2010	14931.73	6440.40	8022.95	468.38	53.7	43.1
2011	17932.85	7300.48	10074.75	557.62	56.2	40.7
2012	19701.78	7882.88	11304.77	514.13	57.4	40.0
2013	21759.64	8389.94	12804.67	565.03	58.8	38.6
2014	24055.76	9299.33	14177.73	578.70	58.9	38.7
2015	25979.82	10328.90	15142.82	508.10	58.3	39.8
2016	28519.15	11623.93	16332.83	562.39	57.3	40.8

2-18 主要年份支出法地区生产总值结构

年份	最终消费支出 Final Consumption Expenditure 绝对数(亿元) Level (100 million yuan)				
	合计	居民消费支出	农村居民	城镇居民	政府消费支出
Year	Total	Household Consumption Expenditure	Rural Household	Urban Household	Government Consumption Expenditure
1952	11.86	10.96	8.68	2.28	0.90
1957	18.19	16.42	11.89	4.53	1.77
1962	21.87	19.44	12.30	7.14	2.43
1965	24.38	21.73	14.77	6.96	2.65
1970	32.47	29.07	20.48	8.59	3.40
1975	39.66	33.89	22.69	11.20	5.77
1978	53.02	44.52	29.36	15.16	8.50
1979	60.51	51.08	33.75	17.32	9.43
1980	68.06	58.04	37.12	20.92	10.02
1981	79.02	68.42	43.71	24.70	10.60
1982	91.16	79.14	49.99	29.15	12.02
1983	98.26	84.99	53.60	31.39	13.27
1984	116.36	101.28	63.38	37.89	15.08
1985	145.82	127.72	75.96	51.76	18.10
1986	165.37	140.94	81.88	59.05	24.43
1987	192.92	163.04	93.28	69.76	29.88
1988	262.23	214.16	122.70	91.46	48.07
1989	325.85	261.21	147.41	113.80	64.64
1990	381.13	289.33	165.17	124.15	91.80
1991	443.55	338.57	177.61	160.95	104.98
1992	542.90	419.67	211.55	208.12	123.23
1993	682.09	534.45	242.40	292.06	147.63
1994	946.94	741.05	327.95	413.10	205.89
1995	1174.13	951.68	397.38	554.29	222.45
1996	1406.39	1100.78	443.46	657.32	305.61
1997	1630.58	1270.82	501.53	769.29	359.76
1998	1723.93	1318.23	526.40	791.83	405.71
1999	1831.55	1374.02	548.91	825.11	457.53
2000	2049.66	1539.58	559.80	979.78	510.09
2001	2214.11	1634.83	592.39	1042.44	579.28
2002	2412.57	1753.57	595.01	1158.56	659.00
2003	2651.77	1920.99	595.26	1325.73	730.79
2004	2975.97	2150.13	635.50	1514.63	825.84
2005	3295.55	2393.17	700.94	1692.23	902.38
2006	3837.08	2846.57	773.60	2072.97	990.51
2007	4356.31	3218.08	856.23	2361.85	1138.23
2008	5191.28	3859.43	1007.07	2852.36	1331.85
2009	5576.66	4140.44	1048.71	3091.73	1436.22
2010	6440.40	4852.20	1158.48	3693.72	1588.20
2011	7300.48	5544.31	1326.20	4218.11	1756.17
2012	7882.88	6028.12	1474.40	4553.72	1854.76
2013	8389.94	6436.96	1519.58	4917.38	1952.98
2014	9299.33	7238.38	1747.52	5490.86	2060.95
2015	10328.90	7961.52	1969.68	5991.84	2367.38
2016	11623.93	9006.78	2227.41	6779.37	2617.15

Components of Gross Domestic Product by Expenditure Approach in Selected Years

				资本形成总额 Gross Capital Formation				
构成(%) Composition (%)				绝对数（亿元） Level(100 million yuan)			构成(%) Composition (%)	
最终消费支出=100 Final Consumption Expenditure=100		居民消费支出=100 Household Consumption Expenditure=100		合计 Total	固定资本形成总额 Fixed Capital Formation	存货增加 Changes in Invertories	固定资本形成总额 Fixed Capital Formation	存货增加 Changes in Invertories
居民消费支出 Houserhold Consumption Expenditure	政府消费支出 Government Consumption Expenditure	农村居民 Rural Household	城镇居民 Urban Household					
92.4	7.6	79.2	20.8	1.42	0.85	0.57	59.9	40.1
90.3	9.7	72.4	27.6	5.67	3.11	2.56	54.9	45.1
88.9	11.1	63.3	36.7	0.13	2.11	-1.98	1623.1	-1523.1
89.1	10.9	68.0	32.0	6.31	4.79	1.52	75.9	24.1
89.5	10.5	70.5	29.5	9.68	7.24	2.44	74.8	25.2
85.5	14.5	67.0	33.0	10.54	7.35	3.19	69.7	30.3
84.0	16.0	65.9	34.1	22.59	13.25	9.34	58.7	41.3
84.4	15.6	66.1	33.9	23.07	16.35	6.72	70.9	29.1
85.3	14.7	64.0	36.0	27.08	19.70	7.38	72.7	27.3
86.6	13.4	63.9	36.1	28.48	19.64	8.84	69.0	31.0
86.8	13.2	63.2	36.8	33.21	23.36	9.85	70.3	29.7
86.5	13.5	63.1	36.9	35.61	28.71	6.90	80.6	19.4
87.0	13.0	62.6	37.4	43.76	33.51	10.25	76.6	23.4
87.6	12.4	59.5	40.5	64.54	45.16	19.38	70.0	30.0
85.2	14.8	58.1	41.9	81.72	61.19	20.53	74.9	25.1
84.5	15.5	57.2	42.8	97.92	73.76	24.16	75.3	24.7
81.7	18.3	57.3	42.7	124.64	84.36	40.28	67.7	32.3
80.2	19.8	56.4	43.6	139.14	90.45	48.69	65.0	35.0
75.9	24.1	57.1	42.9	151.46	108.02	43.44	71.3	28.7
76.3	23.7	52.5	47.5	190.40	143.21	47.19	75.2	24.8
77.3	22.7	50.4	49.6	261.23	198.45	62.78	76.0	24.0
78.4	21.6	45.4	54.6	440.95	348.16	92.79	79.0	21.0
78.3	21.7	44.3	55.7	735.23	549.29	185.94	74.7	25.3
81.1	18.9	41.8	58.2	953.71	707.12	246.59	74.1	25.9
78.3	21.7	40.3	59.7	1135.23	849.23	286.01	74.8	25.2
77.9	22.1	39.5	60.5	1278.88	960.86	318.01	75.1	24.9
76.5	23.5	39.9	60.1	1451.90	1116.58	335.32	76.9	23.1
75.0	25.0	39.9	60.1	1513.82	1150.19	363.62	76.0	24.0
75.1	24.9	36.4	63.6	1601.29	1216.91	384.38	76.0	24.0
73.8	26.2	36.2	63.8	1693.63	1269.93	423.71	75.0	25.0
72.7	27.3	33.9	66.1	1826.23	1383.54	442.69	75.8	24.2
72.4	27.6	31.0	69.0	2077.08	1672.63	404.45	80.5	19.5
72.2	27.8	29.6	70.4	2469.87	2100.48	369.39	85.0	15.0
72.6	27.4	29.3	70.7	2943.65	2654.95	288.70	90.2	9.8
74.2	25.8	27.2	72.8	3637.46	3310.15	327.31	91.0	9.0
73.9	26.1	26.6	73.4	4704.56	4344.88	359.68	92.4	7.6
74.3	25.7	26.1	73.9	5975.76	5601.36	374.40	93.7	6.3
74.2	25.8	25.3	74.7	6819.66	6438.28	381.38	94.4	5.6
74.8	25.2	24.4	75.6	8022.95	7341.57	681.38	91.5	8.5
75.9	24.1	23.9	76.1	10074.75	9060.53	1014.22	89.9	10.1
76.5	23.5	24.5	75.5	11304.77	10270.16	1034.61	90.8	9.2
76.7	23.3	23.6	76.4	12804.67	11678.58	1126.09	91.2	8.8
77.8	22.2	24.1	75.9	14177.73	13038.04	1139.69	92.0	8.0
77.1	22.9	24.7	75.3	15142.82	14140.30	1002.52	93.4	6.6
77.5	22.5	24.7	75.3	16332.83	15275.10	1057.73	93.5	6.5

2-19 居民消费支出

Household Consumption Expenditure

单位：亿元 (100 million yuan)

项目 Item	2005	2010	2011	2012	2013	2014	2015	2016
总计 Total	**2393.17**	**4852.20**	**5544.31**	**6028.12**	**6436.96**	**7238.38**	**7961.52**	**9006.78**
农村居民 Rural Household	**700.94**	**1158.48**	**1326.20**	**1474.40**	**1519.58**	**1747.52**	**1969.68**	**2227.41**
食品烟酒 Food,Tobacco and Liquor	285.22	428.49	476.66	522.94	539.21	531.41	566.98	685.64
衣着 Clothing	35.09	52.38	62.16	72.44	72.42	72.03	88.58	80.75
居住 Residence	52.27	86.92	86.27	101.02	94.18	237.52	479.22	413.71
生活用品及服务 Household Facilities, Articles and Services	29.02	52.96	58.36	67.78	74.62	80.88	92.50	100.16
交通和通信 Transport and Communications	68.71	115.45	119.06	126.69	125.28	138.14	174.89	255.99
教育文化娱乐 Education,Culture and Recreation	67.01	78.06	79.65	86.94	88.77	118.39	126.65	152.45
医疗保健 Health Care and Medical Services	28.95	74.60	94.06	132.21	147.48	92.61	126.51	220.20
银行中介服务 Financial Service	42.67	114.23	106.61	126.65	125.64	209.56	250.77	245.36
保险服务 Insurance Service		11.93	25.81	7.12	8.26	12.77	21.26	18.59
其它商品和服务 Others	92.00	148.63	217.56	230.61	243.72	254.21	42.32	54.56
城镇居民 Urban Household	**1692.23**	**3693.72**	**4218.11**	**4553.72**	**4917.38**	**5490.86**	**5991.84**	**6779.37**
食品烟酒 Food,Tobacco and Liquor	590.89	1211.32	1394.88	1471.62	1514.50	1715.70	1724.03	2019.71
衣着 Clothing	116.49	268.02	319.10	328.66	343.73	340.17	331.02	351.29
居住 Residence	176.17	336.00	354.72	385.41	410.72	507.80	880.62	1094.14
生活用品及服务 Household Facilities, Articles and Services	74.84	207.45	259.54	283.43	295.97	310.86	326.00	368.14
交通和通信 Transport and Communications	172.36	459.55	527.26	595.65	656.71	637.46	782.34	975.85
教育文化娱乐 Education,Culture and Recreation	181.93	373.60	401.08	423.31	499.43	505.26	514.15	598.99
医疗保健 Health Care and Medical Services	78.63	151.56	187.17	199.37	224.89	382.14	420.02	401.50
银行中介服务 Financial Service	42.94	131.49	144.75	156.33	325.51	370.20	585.12	572.50
保险服务 Insurance Service		20.90	30.60	58.62	67.01	134.30	204.70	167.34
其它商品和服务 Others	257.98	533.83	599.01	651.32	578.91	586.97	223.84	229.91

注：2015年起居住类支出含自有住房。

Note:Since 2015,the Expenditure of Residence include Self-Owned Housing.

2-20 主要年份居民消费水平

Household Consumption Expenditure in Selected Years

年份 Year	居民消费水平(元/人) Households Consumption(yuan/person) 总计 All Households	农村 Rural	城镇 Urban	城乡居民消费水平对比(农村居民=1) Urban/Rural Consumption Ratio(Rural Households=1)	居民消费水平指数 Households Consumption (以上年为100) Preceding Year=100 总计 All Households	农村 Rural	城镇 Urban	(以1952为100) Year of 1952=100 总计 All Households	农村 Rural	城镇 Urban
1952	88	79	159	2.0				100.0	100.0	100.0
1957	115	98	214	2.2	101.6	97.8	122.1	122.0	116.8	122.5
1962	120	92	252	2.7	104.1	107.7	106.3	93.7	83.6	100.2
1965	125	102	246	2.4	107.3	107.1	107.9	116.5	103.0	132.3
1970	145	119	304	2.6	102.2	105.5	100.4	133.1	118.2	165.3
1975	148	115	357	3.1	98.9	97.5	102.2	134.4	112.7	192.1
1978	183	140	455	3.3	111.2	110.9	111.2	162.1	134.7	235.9
1979	206	162	473	2.9	106.8	105.9	102.1	173.2	142.7	240.8
1980	231	180	533	3.0	106.9	105.6	104.8	185.1	150.7	252.2
1981	269	211	546	2.6	114.3	114.4	99.8	211.6	172.4	251.8
1982	305	238	607	2.6	107.2	107.3	102.4	226.8	185.0	257.9
1983	322	252	609	2.4	106.7	106.8	102.6	242.0	197.5	264.5
1984	378	297	672	2.3	109.6	108.5	106.1	265.3	214.3	280.6
1985	465	358	818	2.3	116.0	116.4	107.3	307.7	249.4	301.0
1986	507	384	880	2.3	102.9	101.3	100.6	316.6	252.8	302.9
1987	577	432	987	2.3	104.3	103.0	102.5	330.2	260.3	310.5
1988	744	560	1218	2.2	102.4	102.9	97.1	338.2	267.8	301.5
1989	893	659	1462	2.2	100.9	100.3	101.7	341.4	268.7	306.7
1990	979	718	1473	2.1	104.7	104.4	99.4	357.4	280.4	304.8
1991	1118	775	1867	2.4	110.2	104.2	122.3	393.9	292.1	372.8
1992	1371	923	2342	2.5	118.3	117.1	115.4	465.9	342.1	430.4
1993	1725	1146	2931	2.6	109.4	108.7	107.1	509.7	371.8	460.8

2-20 续表

Continued

年份 Year	居民消费水平(元/人) Households Consumption(yuan/person)			城乡居民消费水平对比(农村居民=1)	居民消费水平指数 Households Consumption					
					(以上年为100) Preceding Year=100			(以1952为100) Year of 1952=100		
	总计 All Households	农村 Rural	城镇 Urban	Urban/Rural Consumption Ratio(Rural Households=1)	总计 All Households	农村 Rural	城镇 Urban	总计 All Households	农村 Rural	城镇 Urban
1994	2375	1564	3812	2.4	108.7	107.6	103.7	554.2	399.9	477.8
1995	3019	1997	4590	2.3	110.7	111.6	103.4	613.7	446.4	494.1
1996	3446	2265	5080	2.2	107.9	107.6	103.6	662.3	480.4	511.7
1997	3935	2540	5765	2.3	112.2	110.7	110.7	743.3	531.9	566.5
1998	4052	2548	6025	2.4	103.2	100.8	104.5	767.4	536.2	591.8
1999	4194	2597	6159	2.4	103.8	101.7	103.6	796.6	545.6	613.1
2000	4574	2788	6648	2.4	107.1	106.0	104.6	852.9	578.4	641.2
2001	4770	2811	7125	2.5	105.1	101.7	107.7	896.1	588.1	690.9
2002	5076	2915	7642	2.6	107.2	103.7	109.4	960.5	610.1	756.0
2003	5524	3052	8571	2.8	108.7	104.8	111.5	1044.0	639.6	843.1
2004	6144	3335	9502	2.8	107.3	105.6	106.4	1120.2	675.3	896.9
2005	6793	3730	10296	2.8	108.5	109.1	106.6	1215.5	736.9	956.1
2006	7971	4325	11630	2.7	111.5	108.6	107.9	1355.3	806.9	1054.6
2007	8943	4846	12896	2.7	106.7	105.2	105.9	1446.1	862.6	1114.7
2008	10645	5811	15072	2.6	108.0	109.8	105.7	1561.8	924.4	1154.8
2009	11336	6248	15662	2.5	111.1	112.3	108.4	1735.2	1038.1	1251.8
2010	13187	7169	17900	2.5	108.1	104.9	106.7	1894.6	1125.6	1366.8
2011	14958	8436	19762	2.3	106.8	106.2	105.3	2003.4	1156.5	1406.5
2012	16144	9596	20722	2.2	107.0	110.4	104.6	2143.6	1276.8	1471.2
2013	17115	10147	21725	2.1	107.1	108.1	105.4	2295.8	1380.2	1550.6
2014	19099	11908	23642	2.0	107.9	111.1	105.9	2477.2	1533.4	1642.1
2015	20828	13631	25202	1.8	108.8	114.0	106.5	2695.2	1748.1	1748.9
2016	23355	15653	27859	1.8	110.9	113.8	109.3	2988.9	1989.3	1911.5

2-21 三大需求对经济增长的贡献及拉动(1980-2016年)

Contribution Share and Contribution of the Three Components of GDP to the Growth of GDP(1980-2016)

年份 Year	贡献率(%) Contribution Share(%)			地区生产总值增长率(%)	拉动（百分点） Contribution（percentage point）		
	最终消费 Final Consumption Expenditure	资本形成总额 Gross Capital Formation	货物和服务净流出 Net Exports of Goods and Services	Growth rate of Gross Domestic Product(%)	最终消费 Final Consumption Expenditure	资本形成总额 Gross Capital Formation	货物和服务净流出 Net Exports of Goods and Services
1980	35.8	27.1	37.2	18.4	6.6	5.0	6.8
1981	68.1	5.0	26.9	15.5	10.5	0.8	4.2
1982	71.0	41.7	-12.7	9.3	6.6	3.9	-1.2
1983	108.7	20.7	-29.3	6.2	6.7	1.3	-1.8
1984	51.2	30.6	18.2	17.9	9.2	5.5	3.2
1985	74.5	46.0	-20.5	17.6	13.1	8.1	-3.6
1986	93.3	77.0	-70.4	5.7	5.3	4.4	-4.0
1987	44.0	23.7	32.4	13.6	6.0	3.2	4.4
1988	46.1	32.7	21.3	14.3	6.6	4.7	3.0
1989	43.7	59.7	-3.4	7.8	3.4	4.7	-0.3
1990	140.4	-37.2	-3.3	7.7	10.8	-2.9	-0.2
1991	64.9	37.6	-2.4	14.4	9.3	5.4	-0.3
1992	63.6	35.8	0.5	20.3	12.9	7.3	0.1
1993	30.7	66.8	2.5	22.6	6.9	15.1	0.6
1994	26.4	76.1	-2.5	20.3	5.4	15.4	-0.5
1995	38.6	61.0	0.5	14.6	5.6	8.9	0.1
1996	45.2	58.5	-3.6	13.3	6.0	7.8	-0.5
1997	52.8	52.7	-5.4	14.0	7.4	7.4	-0.8
1998	30.4	61.4	8.2	10.8	3.3	6.6	0.9
1999	38.2	37.7	24.2	9.9	3.8	3.7	2.4
2000	54.4	31.7	13.9	9.3	5.1	2.9	1.3
2001	52.6	31.3	16.1	8.7	4.6	2.7	1.4
2002	50.8	34.2	15.0	10.2	5.2	3.5	1.5
2003	47.0	47.6	5.4	11.5	5.4	5.5	0.6
2004	36.6	54.1	9.3	11.8	4.3	6.4	1.1
2005	36.0	62.5	1.5	11.6	4.2	7.2	0.2
2006	37.2	61.3	1.5	14.8	5.5	9.1	0.2
2007	24.6	74.9	0.5	15.2	3.7	11.4	0.1
2008	32.5	65.0	2.5	13.0	4.2	8.5	0.3
2009	39.2	63.5	-2.7	12.3	4.8	7.8	-0.3
2010	22.9	73.1	4.0	13.9	3.2	10.1	0.5
2011	22.5	74.2	3.3	12.3	2.8	9.1	0.4
2012	26.3	75.2	-1.5	11.4	3.0	8.6	-0.2
2013	24.8	73.9	1.3	11.0	2.7	8.2	0.1
2014	27.6	72.1	0.3	9.9	2.7	7.1	0.1
2015	34.9	66.3	-1.2	9.0	3.1	6.0	-0.1
2016	48.2	53.1	-1.3	8.4	4.0	4.5	-0.1

主要统计指标解释

国内生产总值(GDP) 指按市场价格计算的一个国家(或地区)所有常住单位在一定时期内生产活动的最终成果。国内生产总值有三种表现形态，即价值形态、收入形态和产品形态。从价值形态看，它是所有常住单位在一定时期内生产的全部货物和服务价值超过同期投入的全部非固定资产货物和服务价值的差额，即所有常住单位的增加值之和；从收入形态看，它是所有常住单位在一定时期内创造并分配给常住单位和非常住单位的初次收入之和；从产品形态看，它是所有常住单位在一定时期内最终使用的货物和服务价值减去货物和服务进口价值。在实际核算中，国内生产总值有三种计算方法，即生产法、收入法和支出法。三种方法分别从不同的方面反映国内生产总值及其构成。

对于一个地区来说，称为地区生产总值或地区GDP。

三次产业 三次产业的划分是世界上较为常用的产业结构分类，但各国的划分不尽一致。我国的三次产业划分是：

第一产业是指农、林、牧、渔业。

第二产业是指采矿业，制造业，电力、煤气及水的生产和供应业，建筑业。

第三产业是指除第一、二产业以外的其他行业。

劳动者报酬 指劳动者因从事生产活动所获得的全部报酬。包括劳动者获得的各种形式的工资、奖金和津贴，既包括货币形式的，也包括实物形式的，还包括劳动者所享受的公费医疗和医药卫生费、上下班交通补贴、单位支付的社会保险费、住房公积金等。对于个体经济来说，其所有者所获得的劳动报酬和经营利润不易区分，这两部分统一作为劳动者报酬处理。

生产税净额 指生产税减生产补贴后的余额。生产税指政府对生产单位从事生产、销售和经营活动以及因从事生产活动使用某些生产要素(如固定资产、土地、劳动力)所征收的各种税、附加费和规费。生产补贴与生产税相反，指政府对生产单位的单方面转移支出，因此视为负生产税，包括政策亏损补贴、价格补贴等。

固定资产折旧 指一定时期内为弥补固定资产损耗按照规定的固定资产折旧率提取的固定资产折旧，或按国民经济核算统一规定的折旧率虚拟计算的固定资产折旧。它反映了固定资产在当期生产中的转移价值。各类企业和企业化管理的事业单位的固定资产折旧是指实际计提的折旧费；不计提折旧的政府机关、非企业化管理的事业单位和居民住房的固定资产折旧是按照统一规定的折旧率和固定资产原值计算的虚拟折旧。原则上，固定资产折旧应按固定资产当期的重置价值计算，但是目前我国尚不具备对全社会固定资产进行重估价的基础，所以暂时只能采用上述办法。

营业盈余 指常住单位创造的增加值扣除劳动者报酬、生产税净额和固定资产折旧后的余额。它相当于企业的营业利润加上生产补贴，但要扣除从利润中开支的工资和福利等。

支出法国内生产总值 是从最终使用的角度反映一个国家(或地区)一定时期内生产活动最终成果的一种方法，包括最终消费、资本形成总额及货物和服务净出口三部分。计算公式为：

支出法国内生产总值=最终消费+资本形成总额+货物和服务净出口

最终消费 指常住单位为满足物质、文化和精神生活的需要，从本国经济领土和国外购买的货物和服务的支出。它不包括非常住单位在本国经济领土内的消费支出。最终消费分为居民消费和政府消费。

居民消费 指常住住户在一定时期内对于货物和服务的全部最终消费支出。居民消费除了直接以货币形式购买的货物和服务的消费支出外，还包括以其他方式获得的货物和服务的消费支出，即所谓的虚拟消费支出。居民虚拟消费支出包括如下几种类型：单位以实物报酬及实物转移的形式提供给劳动者的货物和服务；住户生产并由本住户消费了的货物和服务，其中的服务仅指住户的自有住房服务和付酬的家庭雇员提供的家庭和个人服务；金融机构提供的金融媒介服务；保险公司提供的保险服务。

政府消费 指政府部门为全社会提供的公共服务的消费支出和免费或以较低的价格向居民住户提供的货物和服务的净支出，前者等于政府服务的产出价值减去政府单位所获得的经营收入的价值，后者等于政府部门免费或以较低价格向居民住户提供的货物和服务的市场价值减去向住户收取的价值。

资本形成总额 指常住单位在一定时期内获得减去处置的固定资产和存货的净额，包括固定资本形成总额和存货增加两部分。

固定资本形成总额 指生产者在一定时期内获得的固定资产减处置的固定资产的价值总额。固定资产是通过生产活动生产出来的，且其使用年限在一年以上、单位价值在规定标准以上的资产，不包括自然资产。可分为有形固定资本形成总额和无形固定资本形成总额。有形固定资本形成总额包括一定时期内完成的建筑工程、安装工程和设备工器具购置(减处置)价值，以及土地改良、新增役、种、奶、毛、娱乐用牲畜和新增经济林木价值。无形固定资本形成总额包括矿藏的勘探、计算机软件等获得减处置。

存货增加 指常住单位在一定时期内存货实物量变动的市场价值，即期末价值减期初价值的差额，再扣除当期由于价格变动而产生的持有收益。存货增加可以是正值，也可以是负值，正值表示存货上升，负值表示存货下降。存货包括生产单位购进的原材料、燃料和储备物资等存货，以及生产单位生产的产成品、在制品和半成品等存货。

货物和服务净出口 指货物和服务出口减货物和服务进口的差额。出口包括常住单位向非常住单位出售或无偿转让的各种货物和服务的价值；进口包括常住单位从非常住单位购买或无偿得到的各种货物和服务的价值。由于服务活动的提供与使用同时发生，一般把常住单位从非常住单位得到的服务作为进口，非常住单位从常住单位得到的服务作为出口。货物的出口和进口都按离岸价格计算。

Explanatory Notes on Main Statistical Indicators

Gross Domestic Product (GDP) refers to the final products at market prices produced by all resident units in a country (or a region) during a certain period of time. Gross domestic product is expressed in three different forms, i.e. value, income, and products respectively. GDP in its value form refers to the total value of all goods and services produced by all resident units during a certain period of time, minus the total value of input of goods and services of the nature of non-fixed assets; in other term, it is the sum of the value-added of all resident units. GDP in the form of income includes the income created by all resident units and distributed to resident and non-resident units. GDP in the form of products refers to the value of all goods and services for final consumption by all resident units minus the imports of goods and services during a given period of time. In the practice of national accounting, gross domestic product is calculated with three approaches, i.e. production approach, income approach and expenditure approach, which reflect gross domestic product and its composition from different aspects.

For a Region, Gross Domestic Product. is called Region GDP.

Three Industries Classification of economic activities into three branches of industries is a common practice in the world, although the grouping varies to some extent form country to country. In China economic activities are categorized into following industries:

Primary industry: refers to agriculture, forestry, animal husbandry and fishery.

Secondary industry: refers to mining and quarrying, manufacturing, production and supply of electricity, water and gas, and construction.

Tertiary industry: refers to all other economic activities not included in primary or secondary industry.

Labourers Remuneration refers to the whole payment of various forms earned by the labourers from the productive activities they are engaged in. It includes wages, bonuses and allowances the labourers earned in monetary form and in kind. It also includes the free medical services provided to the labourers and the medicine expenses, traffic subsidies and social insurance, housing fund paid by the employers. As the individual economy is concerned, since the labourers remuneration is not easily distinguished from the operating profit, both are treated as labourers remuneration.

Net Taxes on Production refers to the difference of the taxes on production minus the subsidies on production. The taxes on production refers to the various taxes, extra charges and fees levied on the production units on their production, sale and business activities as well as on the use of some factors of production, such as fixed assets, land and labour in the production activities they are engaged in. In contrast to the taxes on production, the subsidies on production refer to the unilateral government transfer to the production units and are therefore regarded as negative taxes on production. They include subsidies on the loss due to implementation of government policies, price subsidies, etc.

Depreciation of Fixed Assets refers to the depreciation of fixed assets of a given period, drawn in accordance with the stipulated depreciation rate for the purpose of compensating the wear loss of the fixed assets or the depreciation of fixed assets calculated in a fictitious way in accordance with the stipulated unified depreciation rate in the national economic accounting system. It reflects the value of transfer of the fixed assets in the production of the current period. The depreciation of fixed assets in various enterprises and institutions managed as enterprises refers to the depreciation expenses actually drawn. In government agencies and institutions not managed as enterprises which do not draw the depreciation expenses, as well as for the houses of residents, the depreciation of fixed assets is the imputed depreciation, which is calculated in accordance with the stipulated unified depreciation rate. In principle, the depreciation of fixed assets should be calculated on the basis of the re-purchased value of the fixed assets. However, there is no actual condition to re-evaluate all the fixed assets in China. Therefore, the above-mentioned methods are temporarily adopted at present.

Operating Surplus refers to the balance of the value added created by the resident units after deducting the labourers remuneration, net taxes on production and the depreciation of fixed assets. It is equivalent to the business profit of the enterprises plus subsidies on production, but the wages and welfare expenses paid from the profits should be deducted.

GDP by Expenditure Approach refers to the method of measuring the final results of production activities of a country (region) during a given period from the perspective of final use. It includes final consumption, gross capital formation and net export of goods and services, i.e.:

GDP by expenditure approach = final consumption + gross capital formation + net export of goods and services

Final Consumption refers to the total expenditure of resident units for purchases of goods and services from domestic economic territory and abroad to meet the requirements of material, cultural and spiritual life. It excludes the expenditure of non-resident units on consumption in the economic territory of the country. The final consumption is broken down into household consumption and government consumption.

Households Consumption refers to the total expenditure of resident households on the final consumption of goods and services. In addition to the consumption of goods and services bought by the households directly with money, the households consumption also includes expenditure on goods and services obtained by the households in other ways, i.e. the so-called imputed consumption expenditure, which includes the following: (a) the goods and services provided to the households by the employer in the form of payment in kind and transfer in kind; (b) goods and services produced and consumed by the households themselves, in which the services refer only to the owner-occupied housing and domestic and individual services provided by the paid household workers; (c) financial intermediate services provided by financial institutions; (d) insurance services provided by insurance companies.

Government Consumption refers to the expenditure on the consumption of the public services provided by the government to the whole society and the net expenditure on the goods and services provided by the government to the households free of charge or at low prices. The former equals to the output value of the government services minus the value of operating income obtained by the government departments. The latter equals to the market value of the goods and services provided by the government free of charge or at low prices to the households minus the value received by the government from the households.

Gross Capital Formation refers to the fixed assets acquired minus those disposed of and the net value of inventory, including the gross fixed capital formation and the increase in inventory.

Gross Fixed Capital Formation refers to the value of fixed assets acquired minus those disposals of during a given period. Fixed assets are the assets produced through production activities with specified unit value which could be used for over one year, excluding natural assets. Gross fixed capital formation can be categorized into total tangible capital formation and total intangible capital formation. The total tangible capital formation include the value of the construction projects, installation projects completed and the equipment, apparatus and instruments purchased as well as the value of land improved, the value of draught animals, breeding stock, animals for milk, for wool and for recreational purpose, and the newly increased forest with economic value during a given period. The total intangible capital formation includes the prospecting of minerals, the acquisition of computer software minus the disposal of them.

Increase in Inventory refers to the market value of the change in inventory of resident units during a given period, i.e. the difference of value minus the current gains due to the change in prices. The increase in inventory can be positive or negative. A positive value indicates the increase in inventory while a negative value indicates the decrease in inventory. The inventory includes the raw materials, fuels and reserve materials purchased by the production units as well as the inventory of finished products, semi-finished products, work-in-progress, etc.

Net Export of Goods and Services refers to the difference of the exports of goods and services minus the imports of goods and services. The imports include the value of various goods and services sold or gratuitously transferred by the resident units to the non-resident units. The imports include the value of various goods and services purchased or gratuitously acquired by the resident units from the non-resident units. Because the provision of services and the use of them happen simultaneously, the acquisition of services by the resident units from abroad is usually treated as import while the acquisition of services by non-resident units in this country is usually treated as export. The export and import of goods are calculated at FOB.

第三篇　人口、就业和职工工资

Chapter 3　Population,Employment and wages

资料整理：李丽精 林增武

Database Editor:Lilijing linzengwu

简 要 说 明

本篇资料的主要内容及来源

本篇主要包括人口、计划生育、就业、工资等资料。人口资料还包括了建国以来进行的六次人口普查主要数据。

户籍人口数由省公安厅提供；城镇私营和个体劳动者资料由省工商局提供；失业统计资料由省人力资源和社会保障厅提供；常住人口数由省统计局根据人口抽样调查推算，人口普查主要数据、就业和工资资料由省统计局提供。

Brief Introduction

Main Content and Source of Data

Data in this chapter show the basic condition of population, employment ,wage of staff and works ,family planning. Data of population include the six national population censuses.

The data on household registered population are provided by Fujian Provincial Department of Public Security. Data on Private Enterprise and Self-employed Individuals come from Fujian Provincial Commerce Ministry. Total region population are estimated by Fujian Provincial Bureau of Statistics in according with the annual national sample survey on population changes. The data of population census, employment and wages are provided by Fujian Provincial Bureau of Statistics.

3-1 主要年份年末常住人口及人口变动

Total Population and Changes at the Year-end

年份 Year	常住总人口（万人） Total Population (10000 persons)	按性别分类 By Sex 男 Male	女 Female	按城乡分 By Rural 城镇 Urban	农村 Rural	人口出生率（‰） Birth Rate (‰)	人口死亡率（‰） Death Rate (‰)	人口自然增长率（‰） Natural Growth Rate (‰)	人口密度（人/平方公里） Population of Per Sq.km(Person/Sq.km)
1952	1270					37.92	13.32	24.60	102
1957	1461					37.56	9.80	27.76	118
1962	1602					41.14	11.65	29.49	129
1965	1759					41.19	7.92	33.27	142
1970	2020					34.23	6.98	27.25	163
1975	2297					29.19	6.58	22.61	185
1978	2446					25.35	6.31	19.04	197
1979	2487					22.91	6.28	16.63	201
1980	2519					18.68	6.27	12.41	203
1981	2563					23.40	6.25	17.15	207
1982	2620					27.91	6.35	21.56	211
1983	2668					24.53	6.31	18.22	215
1984	2720					25.68	6.25	19.43	219
1985	2769					23.88	6.18	17.70	223
1986	2820					24.02	5.85	18.17	227
1987	2875					24.91	5.79	19.21	232
1988	2929					24.34	5.81	18.53	236
1989	2984					24.67	6.10	18.57	241
1990	3037					24.44	6.71	17.73	245
1991	3079					20.03	6.26	13.77	248
1992	3116					18.18	6.02	12.16	251
1993	3150					16.72	5.62	11.10	254
1994	3183					16.24	5.95	10.29	257
1995	3227					15.20	5.90	9.30	261
1996	3261					13.22	5.94	7.28	263
1997	3282					12.41	6.09	6.32	265
1998	3299					11.53	6.20	5.33	266
1999	3316					11.06	5.85	5.21	267
2000	3410	1757	1653	1432	1978	11.60	5.85	5.75	275
2001	3445	1775	1670	1473	1972	11.56	5.52	6.04	278
2002	3476	1790	1686	1587	1889	11.35	5.57	5.78	280
2003	3502	1805	1697	1624	1878	11.43	5.58	5.85	282
2004	3529	1818	1711	1681	1848	11.58	5.62	5.96	285
2005	3557	1793	1764	1758	1799	11.60	5.62	5.98	287
2006	3585	1810	1775	1807	1778	12.00	5.75	6.25	289
2007	3612	1824	1788	1856	1756	12.00	5.90	6.10	291
2008	3639	1830	1809	1929	1710	12.20	5.90	6.30	293
2009	3666	1848	1818	2019	1647	12.20	6.00	6.20	296
2010	3693	1900	1793	2109	1584	11.27	5.16	6.11	298
2011	3720	1912	1808	2161	1559	11.41	5.20	6.21	300
2012	3748	1927	1821	2234	1514	12.74	5.73	7.01	302
2013	3774	1938	1836	2293	1481	12.20	6.01	6.19	304
2014	3806	1936	1870	2352	1454	13.70	6.20	7.50	307
2015	3839	1949	1890	2403	1436	13.90	6.10	7.80	310
2016	3874	1970	1904	2464	1410	14.50	6.20	8.30	313

3-2 人口年龄构成

Population by Age

单位：%　　　　(%)

年龄组 Age Group	1990			2000			2010			2015			2016		
	合计 Total	男 Male	女 Female	合计 Total	男 Male	女 Female	合计 Total	男 Male	女 Female	合计 Total	男 Male	女 Female	合计 Total	男 Male	女 Female
总　计 Total	**100.00**	**51.36**	**48.64**	**100.00**	**51.53**	**48.47**	**100.00**	**51.45**	**48.55**	**100.00**	**50.77**	**49.23**	**100.00**	**50.85**	**49.15**
0—4岁 Aged 0-4	11.28	5.91	5.37	4.76	2.63	2.13	5.77	3.20	2.57	6.07	3.11	2.96	6.37	3.28	3.09
5—9岁 Aged 5-9	10.35	5.35	5.00	7.44	4.07	3.37	5.03	2.73	2.30	5.41	2.97	2.44	5.25	2.86	2.39
10—14岁 Aged 10-14	9.84	5.07	4.77	10.80	5.59	5.21	4.67	2.55	2.12	4.74	2.55	2.19	4.78	2.58	2.20
15—19岁 Aged 15-19	11.00	5.63	5.37	9.77	4.91	4.86	7.63	4.03	3.60	4.59	2.48	2.11	4.51	2.44	2.07
20—24岁 Aged 20-24	10.78	5.43	5.35	8.95	4.51	4.44	10.62	5.32	5.30	7.45	3.89	3.56	6.60	3.49	3.11
25—29岁 Aged 25-29	8.91	4.51	4.40	10.60	5.43	5.17	8.94	4.50	4.44	10.36	5.13	5.23	10.29	5.13	5.16
30—34岁 Aged 30-34	7.57	3.93	3.64	10.11	5.18	4.93	8.26	4.23	4.03	8.72	4.34	4.38	9.00	4.48	4.52
35—39岁 Aged 35-39	6.89	3.56	3.33	8.34	4.28	4.06	9.77	5.01	4.76	8.05	4.07	3.98	7.70	3.89	3.81
40—44岁 Aged 40-44	4.73	2.55	2.18	6.49	3.38	3.11	9.29	4.75	4.54	9.49	4.80	4.69	9.29	4.72	4.57
45—49岁 Aged 45-49	3.61	1.98	1.63	6.04	3.11	2.93	7.54	3.85	3.69	8.99	4.53	4.46	9.21	4.64	4.57
50—54岁 Aged 50-54	3.67	1.99	1.68	4.13	2.21	1.92	5.76	2.98	2.78	7.24	3.63	3.61	8.18	4.12	4.06
55—59岁 Aged 55-59	3.35	1.77	1.58	3.02	1.63	1.39	5.30	2.68	2.62	5.48	2.77	2.71	5.09	2.57	2.52
60—64岁 Aged 60-64	2.95	1.52	1.43	2.87	1.52	1.35	3.52	1.83	1.69	4.96	2.45	2.51	5.13	2.53	2.60
65—69岁 Aged 65-69	2.10	1.01	1.09	2.49	1.26	1.23	2.47	1.29	1.18	3.07	1.55	1.52	3.22	1.61	1.61
70—74岁 Aged 70-74	1.44	0.63	0.81	1.99	0.96	1.03	2.16	1.09	1.07	2.08	1.04	1.04	2.11	1.05	1.06
75—79岁 Aged 75-79	0.90	0.34	0.56	1.23	0.53	0.70	1.64	0.77	0.87	1.65	0.78	0.87	1.60	0.76	0.84
80岁及以上 80 and over	0.63	0.18	0.45	0.97	0.33	0.64	1.63	0.65	0.98	1.65	0.68	0.97	1.67	0.69	0.98

注：1990年、2000年及2010年为人口普查数，2015年和2016年为人口抽样调查样本数。
Note:Data in 1990, 2000 and 2010 are census data.Data in 2015 and 2016 are from Sample Survey Population.

3-3 各年龄组人口占总人口的比重

Percentage of Population Group by Age to Total

单位：% (%)

年龄组 Age Group	1982	1990	1995	2000	2010	2015	2016
总计 Total	**100.0**	**100.0**	**100.0**	**100.0**	**100.0**	**100.0**	**100.0**
#育龄妇女(15-49岁) Childbearing Age Woman(15-49)	23.5	25.9	26.7	29.5	30.4	28.4	27.8
不满周岁婴儿(0岁) Not-Full-One-Year (0)	2.4	2.3	1.3	1.0	1.1	1.4	1.4
学龄前儿童(1-6岁) Preschool Age(1-6)	13.3	13.3	11.2	6.4	6.8	6.8	6.9
小学学龄组(7-12岁) Primary(7-12)	15.6	11.6	13.4	11.6	5.6	6.2	6.3
初中学龄组(13-15岁) Junior Middle School(13-15)	7.5	6.3	5.5	5.9	3.2	2.7	2.7
劳动年龄组 Laborous							
男(16-59岁) Male (16-59)	28.4	30.3	29.8	33.7	36.7	35.2	35.0
女(16-54岁) Female (16-54)	24.3	26.6	27.6	30.5	32.6	31.6	31.4
超过劳动年龄组 Over-Laborous							
男（60岁及以上） Male（60 and Over）	3.0	3.7	4.5	4.6	5.6	6.5	6.6
女（55岁及以上） Female（55 and Over）	5.5	5.9	6.7	6.3	8.4	9.6	9.6

注：1982年、1990年、2000年及2010年为人口普查数，1995年、2015年和2016年为人口抽样调查样本数。

Note:Data in 1982,1990,2000 and 2010 are Census data,Data in 1995,2015 and 2016 are from Sample Survey Population.

3-4 出生孩次构成

Composition of Women Population by Number of Living Children Born

单位：% (%)

项目 Item	1981	1989	1995	2000	2010	2015	2016
一孩 1st Birth	40.9	46.2	64.6	74.5	68.2	49.0	46.3
二孩 2nd Birth	29.8	32.2	28.6	23.3	28.7	47.0	49.0
三孩及以上 3rd Birth and Over	29.3	21.6	6.8	2.2	3.1	4.0	4.7

注：1981年、1989年、2000年及2010年为人口普查数,1995年、2015年和2016年为人口抽样调查样本数。

Note:Data in 1981, 1989，2000 and 2010 are Census data, Data in 1995,2015 and 2016 are from Sample Survey Population.

3-5 各种受教育程度人口占总人口的比重

Percentage of Population by Educational Attainment

单位：%　　(%)

项目　Item	1982	1990	1995	2000	2010	2015	2016
大专以上 College and Higher Lever	0.6	1.2	1.4	3.0	8.4	9.8	10.4
高中(含中专) Senior Secondary School (Specialized Secondary School)	5.7	7.0	6.7	10.6	13.9	15.0	15.3
初中 Junior Secondary School	12.6	16.9	20.4	33.5	37.9	38.7	38.7
小学 Primary School	36.3	43.2	43.8	37.8	29.8	27.4	26.7

注：1982年、1990年、2000年及2010年为人口普查数,1995年、2015年和2016年为人口抽样调查样本数。

Note:Data in 1982, 1990，2000 and 2010 are Census data, Data in 1995,2015 and 2016 are from Sample Survey Population.

3-6 家庭户类型构成

Composition of Family Household

单位：%　　(%)

项目　Item	1982	1990	2000	2010
一人户 One Person	7.7	5.8	9.1	12.1
二人户 Two Persons	8.2	8.6	15.5	17.2
三人户 Three Persons	12.2	16.8	25.4	24.3
四人户 Four Persons	17.1	23.6	24.7	21.7
五人户 Five Persons	18.4	21.4	15.8	13.7
六人户 Six Persons	14.7	11.8	5.9	6.4
七人户 Seven Persons	10.1	5.9	2.2	2.6
八人户 Eight Persons	11.6	2.9	0.8	1.1
九人户 Nine Persons		1.4	0.3	0.5
十人及以上户 Ten Persons and Over		1.8	0.3	0.4

3-7 劳动年龄人口负担系数

Number of Persons Raised per Capita at Working Age

单位：%　　(%)

项目　Item	1982	1990	1995	2000	2010	2015	2016
总负担系数 Total Dependency Ratio	**69.2**	**57.6**	**57.5**	**42.2**	**30.5**	**32.8**	**33.3**
负担少年系数 The Juvenile and Children Dependency Ratio	61.8	49.6	47.3	32.7	20.2	21.5	21.8
负担老年系数 The Aged Dependency Ratio	7.4	8.0	10.2	9.5	10.3	11.2	11.5

注：1982年、1990年、2000年及2010年为人口普查数,1995年、2015年和2016年为人口抽样调查样本数。

Note:Data in 1982，1990，2000 andu 2010 are Census data, Data in 1995,2015 and 2016 are from Sample Survey Population.

3-8 15岁以上人口婚姻状况构成

Composition of Marital Status above Fifteen Age

单位：%　　(%)

项目	Item	1982	1990	1995	2000	2010
未婚	Single	28.4	25.1	22.5	24.1	22.9
男	Male	33.9	29.7	26.5	27.7	26.1
女	Female	22.6	20.4	18.5	20.4	19.8
有配偶	Married	63.4	67.8	70.3	69.6	70.6
男	Male	61.4	66.1	69.0	68.4	70.0
女	Female	65.5	69.5	71.6	70.7	71.2
离婚	Divorce	0.6	0.6	0.6	0.7	1.1
男	Male	1.0	0.9	1.0	1.0	1.2
女	Female	0.2	0.2	0.3	0.5	0.9
丧偶	Wid owed	7.6	6.5	6.6	5.6	5.4
男	Male	3.7	3.3	3.5	2.9	2.7
女	Female	11.7	9.9	9.6	8.4	8.1

3-9 六次全国人口普查人口基本情况

Basic Statistics on National Population Census in 1953,1964,1982,1990,2000 and 2010

项目 Item	1953	1964	1982	1990	2000	2010
一、总户数和总人口 **Total Population and Family Household**						
家庭户（万户） Family Household(10000 household)	320	360	514	658	874	1121
总人口（万人） Total Population (10000 persons)	1285	1676	2587	3005	3410	3689
男 Male	662	869	1331	1543	1757	1898
女 Female	623	807	1256	1462	1653	1791
性别比（女性=100） Sex Ratio (female=100)	106.4	107.8	105.9	105.6	106.3	106.0
平均每户人数（人／户） Population by Age Group(person/household)	4.0	4.7	4.9	4.4	3.6	3.0
二、城乡人口（万人） **Population by Residence (10000 persons)**						
城镇人口 Urban Population		223	548	642	1432	2106
乡村人口 Rural Population		1453	2039	2363	1978	1583
城镇化率（%） Proportion of Urban Population in Total Population(%)		13.3	21.2	21.4	42.0	57.1
三、民族人口（万人） **Population by Ethnicity(10000 persons)**						
汉族人口 Han			2562	2958	3351	3610
占总人口比重(%) Percentage to Total Population(%)			99.0	98.4	98.3	97.8
少数民族人口 Ethnic Minorities			25	47	59	80
占总人口比重(%) Percentage to Total Population(%)			1.0	1.6	1.7	2.2
四、人口年龄构成 **Population by Age Group**						
0-14岁人口(万人) Aged 0-14(10000 persons)	460	709	945	946	760	571
占总人口比重(%) Percentage to Total Population(%)	35.8	42.3	36.5	31.5	22.3	15.5
15－64岁人口(万人) Aged 15-64(10000 persons)	782	914	1530	1907	2422	2828

3-9 续表1

Continued

项目 Item	1953	1964	1982	1990	2000	2010
占总人口比重(%) Percentage to Total Population(%)	60.9	54.5	59.1	63.5	71.0	76.7
65岁及65岁以上人口(万人) Aged 65 and Ovre(10000 persons)	43	53	113	152	228	291
占总人口比重(%) Percentage to Total Population(%)	3.3	3.2	4.4	5.0	6.7	7.9
百岁老年人口(人) Population of 100 and over (persons)	16	14	45	143	373	1058
男 Male	3	2	7	16	46	221
女 Female	13	12	38	127	327	837
总抚养比（%） **Total Dependency Ratio(%)**	**64.2**	**83.3**	**69.2**	**57.6**	**42.2**	**30.5**
少儿抚养比 The Juvenile and Children Dependency Ratio	58.8	77.6	61.8	49.6	32.7	20.2
老年抚养比 The Aged Dependency Ratio	5.4	5.8	7.4	8.0	9.5	10.3
老少比（%） Population in Juvenile and Children to Aged(%)	9.2	7.4	12.0	16.1	30.1	51.0
平均预期寿命(岁) **Life Expectancy(year old)**			**68.50**	**70.50**	**72.55**	**75.76**
男 Male			66.20	68.40	70.30	73.27
女 Female			70.70	72.60	75.07	78.64
五、受教育人口 **Population with Various Education Attainments**						
每十万人拥有小学及以上文化程度人口(人) Population with Various Education Attainments Per 100 000 Persons (person)						
小学 Primary School		26716	36334	43213	40200	29801
初中 Junior Secondary School		5070	12601	16891	35700	37886
高中及中专 Senior Secondary School andTechnical Secondary School		1826	5716	6991	11300	13876
大专以上 Junior College and Above		439	608	1228	3200	8361
文盲人口 Illiterate Population			651	477	327	90
文盲率（%） Illiterate Rate(%)		58.8	25.2	15.9	9.6	2.4

3-9 续表2
Continued

项目 Item	1953	1964	1982	1990	2000	2010
六、劳动力和就业状况 Labor and Employment						
劳动适龄人口(万人) Population in suit of Employment	701	816	1364	1710	2188	2556
男(16-59岁) Male (aged 16-59)	367	444	736	911	1148	1353
女(16-54岁) Female(aged 16-54)	335	372	628	799	1040	1203
占总人口比重(%) Percentage to Total Population(%)	54.6	48.7	52.7	56.9	64.2	69.3
七、各种婚姻人口占15岁及以上人口比重(%) Population Aged 15 and Over(%)			**100**	**100**	**100**	**100**
未婚 Never Married			28.4	25.1	24.1	22.9
有配偶 Married			63.4	67.8	69.6	70.6
离婚 Divorced			0.6	0.6	0.7	1.1
丧偶 Widowed			7.6	6.5	5.6	5.4
八、婚姻状况 Basic status of Marital						
育龄妇女人数（万人） Childbearing Women(10000 person)	319	354	608	778	1006	1121
生育旺盛期组(女20－29岁) High Ratio of Childbearing Women	106	109	212	293	328	359
生育率（‰） Fertility Rate (‰)			94.4	90.8	32.9	
总和生育率 Total Fertility Rate			2.7	2.4	1.0	
九、人口自然变动 Natural Growth						
出生率（‰） Birth Rate(‰)	36.67	38.59	27.91	24.44	11.60	11.27
死亡率（‰） Death Rate(‰)	12.55	8.68	6.35	6.71	5.85	5.16
自然增长率（‰） Natural Growth Rate(‰)	24.12	29.91	21.56	17.73	5.75	6.11

3-10 就业基本情况

Basic Statistics of Employment

项目 Item	2000	2005	2010	2015	2016
就业人员合计（万人）Number of Employed Persons(10000 persons)	**1660.19**	**1868.50**	**2241.59**	**2768.41**	**2797.03**
第一产业 Primary Industry	776.43	702.49	636.54	617.87	615.52
第二产业 Secondary Industry	407.05	582.31	820.89	1025.70	1006.12
第三产业 Tertiary Industry	476.71	583.69	784.16	1124.84	1175.39
就业人员构成（%）Composition in Percentage(%)					
第一产业 Primary Industry	46.8	37.6	28.4	22.3	22.0
第二产业 Secondary Industry	24.5	31.2	36.6	37.1	36.0
第三产业 Tertiary Industry	28.7	31.2	35.0	40.6	42.0
按城乡分就业人数（万人）Employment in Urban and Rural Areas(10000 persons)					
城镇单位就业人员 Urban	**325.88**	**400.07**	**507.14**	**663.08**	**668.83**
#国有单位 State-Owned Units	170.82	150.88	155.51	155.18	158.39
集体单位 Collective-Owned Units	34.18	19.10	16.58	11.40	10.66
股份合作单位 Cooperative Units	3.64	5.80	8.14	6.38	4.97
联营单位 Ownership Units	3.35	2.67	1.95	0.98	0.88
有限责任公司 Limited Liability Corporations	12.07	35.88	87.40	268.61	279.28
股份有限公司 Share-Holding Corporations Ltd.	9.32	16.19	31.28	43.34	45.65
港澳台商投资单位 Units With Funds From Hong Kong, Macao and Taiwan	51.51	99.45	110.25	103.34	99.47
外商投资单位 Foreign Funded Units	40.26	64.05	81.88	66.60	62.23
城镇私营和个体从业人员 Private Enterprise and Self-employed Individuals	**90.19**	**155.42**	**338.64**	**666.49**	**691.73**
乡村就业人员 Rural	**1244.12**	**1313.01**	**1395.81**	**1438.83**	**1436.48**
城镇单位在岗职工人数（万人）Staff and Workers in Urban Units(10000 persons)	**318.00**	**386.99**	**485.94**	**567.50**	**569.57**
国有单位 State-Owned Units	166.78	144.51	145.74	132.70	133.88
城镇集体单位 Collective-Owned Units	33.15	18.19	15.38	8.94	8.11
其他单位 Others	118.07	224.29	324.83	425.85	427.57
私营单位从业人员数（万人）Private Enterprise and Self-employed Individuals (10000 persons)			**362.67**	**505.40**	**518.00**
城镇登记失业人数（万人）Number of Urban Registered Unemployment(10000 persons)	**9.10**	**14.86**	**14.49**	**15.41**	**16.25**
城镇登记失业率（%）Rate of Urban Registered Unemployment(%)	**2.60**	**4.00**	**3.77**	**3.66**	**3.86**

3-11 主要年份全社会就业情况(年底数)

Total Employment in Selected Years(End of Year)

年份 Year	从业人员数（万人） Total(10000 persons) 合计 Total	城镇单位在岗职工 Staff and Workers	国有单位 State-Owned Units	城镇集体单位 Urban Collective Owned Units	其他单位 Others	城镇个私劳动者 Self-Employed Individuals and Private Enterprise	乡村劳动者 Employed Persons in Rural Areas	劳务派遣人员 Labor Dispatching Personnel	其他从业人员 Others	城镇登记失业人数（万人） Number of Urban Registered Unemployment (10000 persons)	城镇登记失业率（%） Rate of Urban Registered Unemployment (%)
1952	473.66	19.43	19.02	0.41		32.83	421.40				
1957	531.68	63.05	51.40	11.65		5.54	463.09				
1962	582.96	103.49	77.34	26.15		4.75	474.72				
1965	633.15	118.08	83.83	34.25		4.48	510.59				
1970	759.43	133.12	93.36	39.75		3.91	622.40				
1975	854.32	160.88	111.42	49.47		3.24	690.20				
1978	924.41	205.66	148.49	57.17		1.88	716.87			20.82	9.10
1979	953.72	217.99	156.70	61.29		1.72	734.00			23.35	9.60
1980	963.72	231.12	167.45	63.66		2.77	729.83			16.76	6.70
1981	1001.75	242.45	176.35	66.09		3.22	756.08			14.48	5.60
1982	1027.96	249.80	183.03	66.77		4.25	773.91			12.39	4.70
1983	1056.72	254.02	187.30	66.72		7.65	795.05			9.10	3.40
1984	1101.82	262.78	182.82	79.24	0.72	9.15	829.89				
1985	1152.09	274.11	191.37	80.93	1.81	13.78	864.20			16.50	5.40
1986	1188.93	283.86	198.50	81.79	3.57	15.26	889.81			17.45	2.50
1987	1237.74	293.34	205.34	82.26	5.75	19.33	925.07			5.65	1.80
1988	1281.07	301.71	211.00	81.93	8.78	22.59	956.77			7.90	2.40
1989	1301.81	302.50	211.16	78.49	12.85	25.15	974.16			9.50	2.90
1990	1348.38	310.86	214.65	78.12	18.09	25.28	1012.24			9.00	2.60
1991	1436.50	322.28	219.43	77.43	25.41	37.82	1076.40			7.93	2.20
1992	1489.61	338.80	222.04	78.67	38.09	31.46	1119.35			7.08	1.90
1993	1531.42	344.79	220.48	71.32	52.99	46.61	1131.33		8.69	7.65	1.90
1994	1553.57	352.60	218.77	66.25	67.59	59.82	1134.16		7.00	7.60	1.90
1995	1567.09	344.11	217.06	60.30	66.75	66.04	1148.47		8.48	7.20	1.90
1996	1594.37	351.30	217.97	57.47	75.86	68.58	1166.89		7.59	8.08	1.90
1997	1613.41	357.71	215.60	54.80	87.31	66.49	1181.39		7.82	7.80	1.90
1998	1621.87	334.53	187.80	41.36	105.37	78.57	1200.32		8.46	7.98	2.10
1999	1630.85	320.38	175.04	35.71	109.63	88.07	1213.90		8.49	7.93	2.30
2000	1660.19	318.00	166.78	33.15	118.07	90.19	1244.12		7.87	9.10	2.60
2001	1677.79	314.27	158.27	28.91	127.09	98.90	1255.15		9.47	13.23	3.80
2002	1711.32	315.32	149.10	26.54	139.67	111.35	1274.53		10.12	14.96	4.20
2003	1756.71	334.08	147.07	23.13	163.89	128.40	1283.68		10.55	14.60	4.10
2004	1814.03	365.56	145.42	20.96	199.18	128.32	1311.52		8.63	14.51	4.00
2005	1868.50	386.99	144.51	18.19	224.29	155.42	1313.01		13.07	14.86	4.00
2006	1949.58	412.21	144.06	17.23	250.92	182.15	1340.00		15.22	15.13	3.93
2007	2015.33	429.30	142.73	17.24	269.33	222.77	1342.07		21.19	14.85	3.90
2008	2079.78	441.58	144.23	16.70	280.65	263.33	1357.76		17.11	14.95	3.86
2009	2168.86	452.76	142.73	14.41	295.63	319.57	1375.33		21.20	15.19	3.90
2010	2241.59	485.94	145.74	15.38	324.83	338.64	1395.81		21.20	14.49	3.77
2011	2459.99	538.32	142.25	13.60	382.47	445.99	1417.67	33.01	25.00	14.64	3.69
2012	2568.93	561.29	143.75	13.17	404.36	507.48	1423.59	42.88	33.69	14.55	3.63
2013	2555.86	555.66	133.88	10.69	411.09	485.78	1426.04	47.85	40.51	14.70	3.55
2014	2648.51	559.95	135.75	10.32	413.88	562.90	1430.97	49.78	44.90	14.35	3.47
2015	2768.41	567.50	132.70	8.94	425.85	666.49	1438.83	50.25	45.33	15.41	3.66
2016	2797.03	569.57	133.88	8.11	427.57	691.73	1436.48	49.62	49.63	16.25	3.86

注：1.1998年起职工的统计口径为“在岗职工”。1998年以前国有单位统计口径为国有经济单位，集体单位统计口径为集体经济单位，其他单位统计口径为其他各种经济类型单位。2.2006年乡村劳动者人数为推算数。

Note:The statistic scope of staff and workersfrom 1998 refers to staff and workers on the job. Before 1998, the statistic scope of state-owned units refers to state-owned economic units, collective-owned units refers to collective economic units, others refer to the various other economic types.

3-12 主要年份按三次产业分全社会从业人员及构成

Employment and Compoition by Three Strata of Industry in Selected Years

年份	从业人员数(万人) Number of Employed Persons (10000 Persons)				构成（%） Composition in Percentage（%）		
Year	合计 Total	第一产业 Primary Industry	第二产业 Secondary Industry	第三产业 Tertiary Industry	第一产业 Primary Industry	第二产业 Secondary Industry	第三产业 Tertiary Industry
1952	473.66	388.16	24.79	60.71	81.9	5.2	12.8
1978	924.41	694.37	124.23	105.81	75.1	13.4	11.4
1980	963.72	702.81	130.58	130.33	72.9	13.6	13.5
1985	1152.09	709.10	223.80	219.19	61.5	19.4	19.0
1986	1188.93	723.44	236.75	228.74	60.8	19.9	19.2
1987	1237.74	741.67	253.70	242.37	59.9	20.5	19.6
1988	1281.07	756.38	269.08	255.61	59.0	21.0	20.0
1989	1301.81	764.93	275.45	261.43	58.8	21.2	20.1
1990	1348.38	786.95	277.09	284.34	58.4	20.6	21.1
1991	1436.50	829.55	300.81	306.14	57.7	20.9	21.3
1992	1489.61	837.82	326.87	324.92	56.2	21.9	21.8
1993	1531.42	819.53	355.25	356.64	53.5	23.2	23.3
1994	1553.57	795.03	371.87	386.67	51.2	23.9	24.9
1995	1567.09	788.09	371.03	407.98	50.3	23.7	26.0
1996	1594.37	786.86	383.50	424.00	49.4	24.1	26.6
1997	1613.41	781.38	398.69	433.34	48.4	24.7	26.9
1998	1621.87	785.77	390.54	445.56	48.4	24.1	27.5
1999	1630.85	788.14	390.49	452.22	48.3	23.9	27.7
2000	1660.19	776.43	407.05	476.71	46.8	24.5	28.7
2001	1677.79	766.93	420.92	489.94	45.7	25.1	29.2
2002	1711.32	765.79	445.95	499.58	44.7	26.1	29.2
2003	1756.71	744.79	488.32	523.60	42.4	27.8	29.8
2004	1814.03	728.89	533.59	551.55	40.2	29.4	30.4
2005	1868.50	702.49	582.31	583.69	37.6	31.2	31.2
2006	1949.58	686.28	646.87	616.43	35.2	33.2	31.6
2007	2015.33	658.08	707.46	649.79	32.7	35.1	32.2
2008	2079.78	647.84	739.70	692.24	31.1	35.6	33.3
2009	2168.86	638.63	775.68	754.55	29.5	35.8	34.8
2010	2241.59	636.54	820.89	784.16	28.4	36.6	35.0
2011	2459.99	647.53	928.81	883.66	26.3	37.8	35.9
2012	2568.93	642.23	996.75	929.95	25.0	38.8	36.2
2013	2555.86	615.96	999.34	940.56	24.1	39.1	36.8
2014	2648.51	615.77	1011.70	1021.04	23.2	38.2	38.6
2015	2768.41	617.87	1025.70	1124.84	22.3	37.1	40.6
2016	2797.03	615.52	1006.12	1175.39	22.0	36.0	42.0

3-13 按产业和登记注册类型分城镇单位从业人员数(2016年)

Number of Employed in Urban Units by Registration Status ,Region and Industry(2016)

单位：万人　　(10000 persons)

行业 Sector	从业人员 Employment	国有单位 State- Owned Units	城镇集体单位 Urban Collective-Owned Units	其他单位 Others
总计 Total	**668.83**	**158.39**	**10.66**	**499.77**
第一产业 Primary Industry	4.34	3.99	0.03	0.32
第二产业 Secondary Industry	407.95	9.48	3.34	395.13
第三产业 Tertiary Industry	256.54	144.92	7.29	104.32
按主要行业分 By Sector				
农、林、牧、渔业 Farming, Forestry, Animal Husbandy and Fishery	4.34	3.99	0.03	0.32
采矿业 Mining and Quarrying	2.07	0.43	0.31	1.32
制造业 Manufacturing	228.28	0.89	0.94	226.45
电力、热力、燃气及水生产和供应业 Production and Supply of Electricity Gas and Water	9.06	1.71	0.17	7.18
建筑业 Construction	168.54	6.46	1.91	160.17
批发和零售业 Wholesale and Retail Trade	27.82	2.96	0.77	24.09
交通运输、仓储和邮政业 Transport, Storage and Post Services	23.40	8.99	0.22	14.19
住宿和餐饮业 Lodgings and Catering Services	9.77	0.94	0.10	8.72
信息传输、软件和信息技术服务业 Information Transmission, Software and Information Technology Services	9.11	1.21	0.01	7.88
金融业 Finance	19.57	7.05	0.96	11.57
房地产业 Real Estate	15.60	1.46	0.30	13.84
租赁和商务服务业 Rent and Business Services	14.49	4.14	0.54	9.81
科学研究和技术服务业 Scientific Reseach and Ploytechnic Services	8.72	4.37	0.12	4.23
水利、环境和公共设施管理业 Water Conservancy, Environment and Public Facilities Management	5.62	4.38	0.20	1.05
居民服务、修理和其他服务业 Resident Services and Others	2.70	0.76	0.04	1.90
教育 Education	52.14	47.51	0.36	4.27
卫生和社会工作 Health Care and Social Work	22.85	17.72	3.65	1.48
文化、体育和娱乐业 Culture, Sports and Entertainment	4.22	2.93	0.02	1.26
公共管理、社会保障和社会组织 Public Management, Social Ensure and Social Organizations	40.51	40.49		0.03

注：本表国民经济行业分类标准采用GB/T 4754-2011。

Note: The classified Standards of national ecomonic sector are adopted GB/T 4754-2011.

3-14 按产业分城镇单位在岗职工人数(年底数)

Number of Staff and Workers in Urban Units by Sector(End of Years)

单位：万人 (10000 persons)

行业 Sector	2003	2005	2010	2015	2016
总计 Total	**334.08**	**386.99**	**485.94**	**567.50**	**569.57**
第一产业 Primary Industry	7.32	7.04	4.47	2.55	2.42
第二产业 Secondary Industry	187.93	237.95	309.03	347.56	346.24
第三产业 Tertiary Industry	138.84	142.00	172.44	217.39	220.91
按主要行业分 By Sector					
农、林、牧、渔业 Farming, Forestry, Animal Husbandy and Fishery	7.32	7.04	4.47	2.55	2.42
采矿业 Mining and Quarrying	3.49	4.14	4.69	2.31	1.89
制造业 Manufacturing	152.14	197.82	238.99	224.89	220.08
电力、热力、燃气及水生产和供应业 Production and Supply of Electricity Heat Gas and Water	7.81	7.79	9.02	8.37	8.51
建筑业 Construction	24.49	28.20	56.33	112.00	115.77
交通运输、仓储和邮政业 Transport, Storage and Post Services	13.56	13.73	15.55	20.47	19.74
信息传输、软件和信息技术服务业 Information Transmission,Software and Information Technology Services	2.97	2.92	4.18	7.76	8.32
批发和零售业 Wholesale and Retail Trade	11.72	10.54	13.47	26.10	25.43
住宿和餐饮业 Lodgings and Catering Services	4.00	4.69	7.45	9.48	9.47
金融业 Finance	8.14	8.33	10.01	12.34	12.68
房地产业 Real Estate	3.31	4.78	8.60	14.28	14.45
租赁和商务服务业 Rent and Business Services	3.41	4.66	12.07	11.07	11.09
科学研究和技术服务业 Scientific Reseach and Ploytechnic Services	3.53	3.70	5.16	7.77	7.94
水利、环境和公共设施管理业 Water Conservancy, Environment and Public Facilities Management	3.11	3.53	4.06	4.33	4.42
居民服务、修理和其他服务业 Resident Services, Repair and Others	1.26	1.16	1.38	1.59	2.48
教育 Education	41.69	41.44	43.24	46.26	47.53
卫生和社会工作 Health Care and Social Work	10.89	11.53	14.56	19.24	20.27
文化、体育和娱乐业 Culture, Sports and Entertainment	3.03	3.04	3.45	3.66	3.59
公共管理、社会保障和社会组织 Public Management, Social Ensure and Social Organizations	28.23	27.95	29.26	33.03	33.49

注：本表国民经济行业分类标准采用GB/T 4754-2002。

Note: The classified Standards of national ecomonic sector are adopted GB/T 4754-2002.

3-15 按登记注册类型和产业分城镇单位在岗职工人数(2016年)

Number of Staff and Workers in Urban Units by Status of Registration and Industry(2016)

单位：万人　　(10000 persons)

行业 Sector	在岗职工 Staff and Workers of Urban Units on the Job	国有单位 State-Owned Units	城镇集体单位 Urban Collective Owned Units	其他单位 Others
总计 Total	**569.57**	**133.88**	**8.11**	**427.57**
第一产业 Primary Industry	2.42	2.08	0.02	0.31
第二产业 Secondary Industry	346.24	7.41	1.95	336.89
第三产业 Tertiary Industry	220.91	124.39	6.15	90.38
按主要行业分 By Sector				
农、林、牧、渔业 Farming, Forestry, Animal Husbandy and Fishery	2.42	2.08	0.02	0.31
采矿业 Mining	1.89	0.42	0.31	1.17
制造业 Manufacturing	220.08	0.80	0.91	218.37
电力、热力、燃气及水生产和供应业 Production and Supply of Electric Power and Hot Power	8.51	1.61	0.17	6.72
建筑业 Construction	115.77	4.58	0.56	110.63
批发和零售业 Wholesale and Retail Trade	25.43	2.74	0.72	21.97
交通运输、仓储和邮政业 Transport, Storage and Post Services	19.74	7.41	0.18	12.15
住宿和餐饮业 Lodgings and Catering Services	9.47	0.91	0.10	8.46
信息传输、软件和信息技术服务业 Information Transmission, Software and Information Technology Services	8.32	0.99	0.01	7.32
金融业 Finance	12.68	4.93	0.80	6.95
房地产业 Real Estate	14.45	1.30	0.16	12.99
租赁和商务服务业 Rent and Business Services	11.09	3.33	0.52	7.23
科学研究和技术服务业 Scientific Reseach and Ploytechnic Services	7.94	3.84	0.10	4.00
水利、环境和公共设施管理业 Water Conservancy, Environment and Public Facilities Management	4.42	3.28	0.17	0.97
居民服务、修理和其他服务业 Resident Services and Others	2.48	0.70	0.03	1.75
教育 Education	47.53	43.21	0.33	4.00
卫生和社会工作 Health Care and Social Work	20.27	15.85	2.99	1.43
文化、体育和娱乐业 Culture, Sports and Entertainment	3.59	2.44	0.01	1.14
公共管理、社会保障和社会组织 Public Management,Social Ensure and Social Organizations	33.49	33.46		0.02

注：本表国民经济行业分类标准采用GB/T 4754-2011。

Note: The classified Standards of national ecomonic sector are adopted GB/T 4754-2011.

3-16 按产业分城镇单位女性从业人员数(年底数)

Number of Employed Women in the Urban Units by Sector(End of Years)

单位：万人 (10000 persons)

行业 Sector	2003	2005	2010	2015	2016
总计 Total	**151.30**	**180.04**	**216.84**	**245.13**	**247.92**
第一产业 Primary Industry	2.87	2.66	2.33	1.43	1.39
第二产业 Secondary Industry	92.68	119.19	138.74	135.58	132.77
第三产业 Tertiary Industry	55.76	58.20	75.77	108.11	113.77
按主要行业分 By Sector					
农、林、牧、渔业 Farming, Forestry, Animal Husbandy and Fishery	2.87	2.66	2.33	1.43	1.39
采矿业 Mining and Quarrying	0.95	0.88	0.77	0.47	0.39
制造业 Manufacturing	85.42	111.28	125.70	110.10	107.14
电力、热力、燃气及水生产和供应业 Production and Supply of Electricity Heat Gas and Water	2.43	2.46	2.71	2.52	2.56
建筑业 Construction	3.87	4.58	9.56	22.50	22.68
交通运输、仓储和邮政业 Transport, Storage and Post Services	4.06	4.08	4.32	6.34	6.10
信息传输、软件和信息技术服务业 Information Transmission,Software and Information Technology Services	1.26	1.27	1.71	3.33	3.34
批发和零售业 Wholesale and Retail Trade	4.96	4.46	6.21	13.65	13.51
住宿和餐饮业 Lodgings and Catering Services	2.49	2.84	4.30	5.45	5.24
金融业 Finance	4.39	4.61	6.63	9.36	10.71
房地产业 Real Estate	1.08	1.46	2.88	5.47	5.83
租赁和商务服务业 Rent and Business Services	1.19	1.68	4.87	3.91	4.39
科学研究和技术服务业 Scientific Reseach and Ploytechnic Services	1.06	1.09	1.80	2.60	2.61
水利、环境和公共设施管理业 Water Conservancy, Environment and Public Facilities Management	1.30	1.44	1.70	2.10	2.19
居民服务、修理和其他服务业 Resident Services, Repair and Others	0.57	0.46	0.44	0.77	1.53
教育 Education	19.34	19.75	22.42	27.92	29.52
卫生和社会工作 Health Care and Social Work	6.45	7.07	9.60	14.12	15.14
文化、体育和娱乐业 Culture, Sports and Entertainment	1.24	1.28	1.50	1.88	1.87
公共管理、社会保障和社会组织 Public Management, Social Ensure and Social Organizations	6.38	6.72	7.40	11.21	11.80

注：本表国民经济行业分类标准采用GB/T 4754-2002。

Note: The classified Standards of national ecomonic sector are adopted GB/T 4754-2002.

3-17 城镇私营及个体劳动者人数(年底数)

Number of Employed Persons in Private Enterprises and Self-employed Individuals in Urban Areas(End of Years)

单位：万人 (10000 persons)

行业 Sector	2005	2010	2015	2016
合　计 Total	**155.42**	**338.64**	**666.49**	**691.73**
第一产业 Primary Industry	2.81	6.13	14.08	12.49
第二产业 Secondary Industry	42.68	81.91	143.44	127.80
第三产业 Tertiary Industry	109.93	250.60	508.98	551.44
按主要行业分 By Sector				
农、林、牧、渔业 Farming, Forestry, Animal Husbandy and Fishery	2.81	6.13	14.08	12.49
采矿业 Mining and Quarrying	0.69	0.86	1.10	0.89
制造业 Manufacturing	36.12	70.43	111.13	95.64
电力、燃气及水的生产和供应业 Production and Supply of Electricity Gas and Water	1.73	2.00	2.23	1.83
建筑业 Construction	4.15	8.62	28.98	29.45
交通运输、仓储和邮政业 Transport, Storage and Post Services	2.52	5.06	13.11	11.70
信息传输、计算机服务和软件业 Information Transmission, Computer Software and Services	3.62	6.20	19.78	20.60
批发和零售业 Wholesale and Retail Trade	66.62	162.39	287.13	318.70
住宿和餐饮业 Lodgings and Catering Services	8.68	17.06	41.69	50.17
金融业 Finance		1.11	2.64	2.36
房地产业 Real Estate	3.23	6.22	11.65	10.77
租赁和商务服务业 Rent and Business Services	8.72	22.74	64.24	61.93
科学研究、技术服务和地质勘查业 Scientific Reseach, Ploytechnic Services and Geological Prospecting		4.67	24.04	25.82
水利、环境和公共设施管理业 Water Conservancy, Environment and Public Facilities Management		0.79	1.81	1.68
居民服务和其他服务业 Resident Services and Others	15.03	20.58	32.48	35.96
教育 Education		0.33	0.80	0.89
卫生、社会保障和社会福利业 Health Care, Social Ensure and Walfare	0.40	0.79	1.33	1.56
文化、体育和娱乐业 Culture, Sports and Entertainment	1.12	2.61	8.26	9.31
公共管理和社会组织 Public Management and Social Organizations		0.04	0.02	0.01

注：本表国民经济行业分类标准采用GB/T 4754-2002。

Note:The classified Standards of national ecomonic sector are adopted GB/T 4754-2002.

3-18 城镇单位企业 事业 机关年末在岗职工人数(1990-2016年)

Number of Staff and Workers in Enterprises, Institutions and Agencies in Ubran Units(1990-2016)

单位：万人 (10000 persons)

年份 Year	总计 Total	企业 Enterprise	事业 Institution	机关 Agencies Organizations
1990	310.86	231.35	56.08	23.43
1991	322.28	238.78	58.89	24.60
1992	338.80	251.24	62.27	25.29
1993	344.79	259.72	58.90	26.18
1994	352.60	263.95	61.56	27.09
1995	344.11	252.76	64.44	26.91
1996	351.30	255.42	68.51	27.38
1997	357.71	260.51	69.76	27.44
1998	334.53	236.48	71.29	26.76
1999	320.38	223.23	70.58	26.57
2000	318.00	221.41	69.62	26.97
2001	314.27	216.69	69.81	27.78
2002	315.32	220.38	67.52	27.42
2003	334.08	238.72	67.09	28.27
2004	365.56	269.41	67.68	28.47
2005	386.99	291.09	67.40	28.51
2006	412.21	315.43	68.14	28.63
2007	429.30	331.12	69.42	28.76
2008	441.58	341.83	70.48	29.27
2009	452.76	361.24	62.52	28.84
2010	485.94	385.88	70.50	29.27
2011	538.32	436.91	72.20	28.12
2012	561.29	457.33	72.60	29.70
2013	555.66	450.40	72.70	31.00
2014	559.95	452.39	74.10	31.50
2015	567.50	459.86	73.78	31.87
2016	569.57	459.61	75.77	32.00

注：1.1998年起“职工人数”统计口径为“在岗职工人数”。2.2009年起按机构类型分组有变化，企业、事业、机关合计比总计小。
Note:Statistic scope of staff and workers from 1998 refers to staff and workers on the job.

3-19 按登记注册类型分城镇单位职工平均工资

Average Wage of Staff and Workers in Urban Units by Status of Registration

年份 Year	平均货币工资（元） Average Earning (yuan)				指数(上年=100) Indices (preceding year=100)			
	总计 Total	国有单位 State-owned Units	集体单位 Collective-owned Units	其他单位 Others	合计 Total	国有单位 State-owned Units	集体单位 Collective-owned Units	其他单位 Others
1978	567	594	520					
1979	610	642	530		107.6	108.1	101.9	
1980	703	737	613		115.2	114.8	115.7	
1981	715	746	637		101.7	101.2	103.9	
1982	765	792	691		107.0	106.2	108.5	
1983	827	861	730		108.1	108.7	105.6	
1984	921	966	813	1742	111.4	112.2	111.4	
1985	1059	1115	912	1855	115.0	115.4	112.2	106.5
1986	1243	1328	1027	1498	117.4	119.1	112.6	80.8
1987	1319	1402	1097	1571	106.1	105.6	106.8	104.9
1988	1644	1742	1342	2100	124.6	124.3	122.3	133.7
1989	1895	2009	1499	2532	115.3	115.3	111.7	120.6
1990	2162	2288	1704	2674	114.1	113.9	113.7	105.6
1991	2420	2502	1936	3217	111.9	109.4	113.6	120.3
1992	2780	2846	2192	3649	114.9	113.7	113.2	113.4
1993	3480	3506	2735	4420	125.2	123.2	124.8	121.1
1994	4890	5001	3644	5763	140.5	142.6	133.2	130.4
1995	5857	5790	4481	7305	119.8	115.8	123.0	126.8
1996	6683	6608	5078	8076	114.1	114.1	113.3	110.6
1997	7559	7621	5582	8636	113.1	115.3	109.9	106.9
1998	8531	8682	6662	8999	112.9	113.9	119.3	104.2
1999	9490	9867	7320	9587	111.2	113.6	109.9	106.5
2000	10584	11170	8140	10422	111.5	113.2	111.2	108.9
2001	12013	13313	9098	11028	113.5	119.2	111.8	105.6
2002	13306	15026	10119	11987	110.8	112.9	111.2	108.7
2003	14310	16460	11386	12719	107.5	109.5	112.5	106.1
2004	15603	18529	12307	13745	109.0	112.6	108.1	108.1
2005	17146	20897	13811	14947	109.9	112.8	112.2	108.7
2006	19318	23926	15695	16880	112.7	114.5	113.6	112.9
2007	22283	28011	18856	19443	115.3	117.1	120.1	115.2
2008	25702	33097	22108	22205	115.3	118.2	117.2	114.2
2009	28666	37345	25588	24556	111.5	112.8	115.7	110.6
2010	32647	41689	27234	28802	113.9	111.6	106.4	117.3
2011	38989	48587	34527	35550	119.4	116.5	126.8	123.4
2012	44979	55957	39774	41231	115.4	115.2	115.2	116.0
2013	49328	60317	43145	45960	109.7	107.8	108.5	111.5
2014	54235	65170	50570	50796	109.9	108.0	117.2	110.5
2015	58719	73714	54201	54138	108.3	113.1	107.2	106.6
2016	63138	80833	59466	57629	107.5	109.7	109.7	106.4

注：本表1998年起“职工平均工资”统计口径为“在岗职工平均工资”。1998年以前“国有单位”统计口径为“国有经济单位”，“集体单位”统计口径为“集体经济单位”，“其他单位”统计口径为“其他各种经济类型单位”，不含私营企业。

Note:The statistic scope from 1998 in this table refers to average wages of staff and workers on the job.Before 1998, the statistic scope of state-owned units refers to state-owned economic units, collective-owned units refers to collective economic units, others refer to the various other economic types.This table is not including Private Enterprises.

3-20 城镇单位企业 事业 机关在岗职工平均工资

Average Wage of Staff and Workers in Urban Enterprises, Institution and Government Agencies

年份 Year	平均货币工资（元） Average Wage(yuan)				指数(上年=100) Indices (preceding year=100)			
	总计 Total	企业 Enterprises	事业 Institutions	机关 Agencies & Organizations	合计 Total	企业 Enterprises	事业 Institutions	机关 Agencies & Organizations
1978	567	565	526	657				
1979	610	609	587	672	107.6	107.8	111.6	102.3
1980	703	691	725	828	115.2	113.5	123.5	123.2
1981	715	710	729	777	101.7	102.8	100.6	93.8
1982	765	752	826	805	107.0	105.9	113.3	103.6
1983	827	807	887	949	108.1	107.3	107.4	117.9
1984	921	866	955	995	111.4	107.3	107.7	104.8
1985	1059	1035	1167	1119	115.0	119.5	122.2	112.5
1986	1243	1217	1343	1334	117.4	117.6	115.1	119.2
1987	1319	1261	1585	1412	106.1	103.6	118.0	105.8
1988	1644	1576	1997	1649	124.6	125.0	126.0	116.8
1989	1895	1834	2408	1960	115.3	116.4	120.6	118.9
1990	2162	2048	2698	2235	114.1	111.7	112.0	114.0
1991	2420	2310	3003	2376	111.9	112.8	111.3	106.3
1992	2780	2656	3439	2723	114.9	115.0	114.5	114.6
1993	3480	3403	4049	3222	125.2	128.1	117.7	118.3
1994	4890	4626	5979	5435	140.5	135.9	147.7	168.7
1995	5857	5983	5470	5605	119.8	129.3	91.5	103.1
1996	6683	6809	6304	6476	114.1	113.8	115.2	115.5
1997	7559	7562	7470	7752	113.1	111.1	118.5	119.7
1998	8531	8555	8302	8922	112.9	113.1	111.1	115.1
1999	9490	9298	9671	10604	111.2	108.7	116.5	118.9
2000	10584	10306	10990	11812	111.5	110.8	113.6	111.4
2001	12013	11468	13000	13794	113.5	111.3	118.3	116.8
2002	13306	12641	14614	15251	110.8	110.2	112.4	110.6
2003	14310	13766	15221	16627	107.5	108.9	104.2	109.0
2004	15603	14900	17151	18416	109.0	108.2	112.7	110.8
2005	17146	16157	19520	21357	109.9	108.4	113.8	116.0
2006	19318	18208	22232	24413	112.7	112.7	113.9	114.3
2007	22283	20822	26501	28809	115.3	114.4	119.2	118.0
2008	25702	23804	31422	34587	115.3	114.3	118.6	120.1
2009	28666	26491	35557	40448	111.5	111.3	113.2	116.9
2010	32647	30488	39905	43063	113.9	115.1	112.2	106.5
2011	38989	37102	47060	48038	119.4	121.7	117.9	111.6
2012	44979	43011	53371	55692	115.4	115.9	113.4	115.9
2013	49328	47338	58392	58983	109.7	110.1	109.4	105.9
2014	54235	52219	63753	62516	109.9	110.3	109.2	106.0
2015	58719	55562	73414	71808	108.3	106.4	115.1	114.9
2016	63138	59167	80308	80540	107.5	106.5	109.4	112.2

注：本表1998年起“职工平均工资”统计口径为“在岗职工平均工资”。

Note:The statistic scope from 1998 in this table refers to average wages of staff and workers on the job.

3-21 按行业分城镇单位在岗职工平均工资

Average Wage of Staff and Workers in Urban Units by Sector

单位：元　(yuan)

行业 Sector	2003	2005	2010	2014	2015	2016
合　计 Total	**14310**	**17146**	**32647**	**54235**	**58719**	**63138**
按企事业机关分 Grouped by Enterprises, Institutions and Agencies						
企业 Enterprises	13766	16157	30488	52219	55562	59167
事业 Institutions	15221	19520	39905	63753	73414	80308
机关 Agencies & Organizations	16627	21357	43063	62516	71808	80540
按国民经济行业分 By Sector						
农、林、牧、渔业 Farming, Forestry, Animal Husbandy and Fishery	7975	10017	22923	35107	45764	51121
采矿业 Mining and Quarrying	10860	16664	29399	44623	44558	44354
制造业 Manufacturing	12217	14229	26383	46727	50514	54281
电力、热力、燃气及水生产和供应业 Production and Supply of Electricity Heat Gas and Water	20562	26695	51335	77942	81889	89651
建筑业 Construction	13779	16161	30344	50362	51191	53248
交通运输、仓储和邮政业 Transport, Storage and Post Services	18181	22623	41046	62445	66657	72547
信息传输、软件和信息技术服务业 Information Transmission,Software and Information Technology Services	33158	40326	61552	79832	85318	95112
批发和零售业 Wholesale and Retail Trade	13373	16491	33155	52480	56162	59421
住宿和餐饮业 Lodgings and Catering Services	10333	12570	22175	36331	39738	39494
金融业 Finance	26245	34993	84307	125165	130422	136220
房地产业 Real Estate	16582	18944	36990	58801	63167	66361
租赁和商务服务业 Rent and Business Services	14538	16986	24595	50241	52281	57441
科学研究和技术服务业 Scientific Reseach and Ploytechnic Services	19913	24346	42553	65853	78987	81470
水利、环境和公共设施管理业 Water Conservancy, Environment and Public Facilities Management	12948	16433	28073	45282	48662	53722
居民服务、修理和其他服务业 Resident Services, Repair and Others	15009	15707	34346	44896	46997	48784
教育 Education	15029	19111	41333	61545	71615	78602
卫生和社会工作 Health Care and Social Work	16589	21733	42629	74615	82945	90693
文化、体育和娱乐业 Culture, Sports and Entertainment	16919	21018	36812	60735	64064	70176
公共管理、社会保障和社会组织 Public Management, Social Ensure and Social Organizations	16567	21616	43077	62486	71704	80118
按三次产业分 By Three Strata of Industry						
第一产业 Primary Industry	7839	10017	22923	35107	45764	51121
第二产业 Secondary Industry	12711	14914	27828	48651	51447	54678
第三产业 Tertiary Industry	16710	21131	41457	63885	70779	76717

3-22 城镇单位从业人员平均劳动报酬(2016年)

Per Capita Payment in Urban Units(2016)

单位：元 (yuan)

项目 Item	单位从业人员 Persons Employed in Units	在岗职工 Staff and Workers on the Job	其他从业人员 Other Employed Persons
合　计 Total	**61973**	**63138**	**46691**
按企事业机关分 Grouped by Enterprises, Institutions and Agencies			
企业 Enterprises	58503	59167	50091
事业 Institutions	77271	80308	30476
机关 Agencies & Organizations	77183	80540	27077
按国民经济行业分 By Sector			
农、林、牧、渔业 Farming, Forestry, Animal Husbandy and Fishery	35577	51121	13315
采矿业 Mining	44222	44354	41762
制造业 Manufacturing	54439	54281	65082
电力、热力、燃气及水生产和供应业 Production and Supply of Electric Power and Hot Power	88471	89651	46053
建筑业 Construction	53557	53248	55359
批发和零售业 Wholesale and Retail Trade	57937	59421	28710
交通运输、仓储和邮政业 Transport, Storage and Post Services	71181	72547	35773
住宿和餐饮业 Lodgings and Catering Services	39434	39494	37164
信息传输、软件和信息技术服务业 Information Transmission, Software and Information Technology Services	93774	95112	42785
金融业 Finance	108377	136220	39478
房地产业 Real Estate	65110	66361	40799
租赁和商务服务业 Rent and Business Services	56934	57441	41769
科学研究和技术服务业 Scientific Reseach and Ploytechnic Services	79317	81470	40122
水利、环境和公共设施管理业 Water Conservancy, Environment and Public Facilities Management	51083	53722	26459
居民服务、修理和其他服务业 Resident Services and Others	48040	48784	35084
教育 Education	75773	78602	29046
卫生和社会工作 Health Care and Social Work	87997	90693	44313
文化、体育和娱乐业 Culture, Sports and Entertainment	67018	70176	27782
公共管理、社会保障和社会组织 Public Management,Social Ensure and Social Organizations	76926	80118	26320
按三次产业分 By Three Strata of Industry			
第一产业 Primary Industry	35577	51121	13315
第二产业 Secondary Industry	54796	54678	56405
第三产业 Tertiary Industry	73828	76717	34762

3-23 按行业分城镇单位在岗职工平均工资(2016年)

Average Wage of Staff and Workers on the Job in Urban Units by Sector(2016)

单位：元 (yuan)

行业 Sector	在岗职工平均工资 Average Wage	国有单位 Stated-owned units	集体单位 Collective-owned units	其他单位 Others
合　计 Total	**63138**	**80833**	**59466**	**57629**
按企事业机关分 Grouped by Enterprises, Institutions Agencies				
企业 Enterprises	59167	80061	56393	57655
事业 Institutions	80308	81325	63640	64623
机关 Agencies & Organizations	80540	80572	48893	52746
按国民经济行业分 By Sector				
农、林、牧、渔业 Farming, Forestry, Animal Husbandy and Fishery	51121	53635	38611	34640
采矿业 Mining	44354	33745	44052	47992
制造业 Manufacturing	54281	57632	42012	54318
电力、热力、燃气及水生产和供应业 Production and Supply of Electric Power and Hot Power	89651	82516	60019	92062
建筑业 Construction	53248	64097	49383	52795
批发和零售业 Wholesale and Retail Trade	59421	87878	33340	56624
交通运输、仓储和邮政业 Transport, Storage and Post Services	72547	81451	44473	67279
住宿和餐饮业 Lodgings and Catering Services	39494	45967	43344	38756
信息传输、软件和信息技术服务业 Information Transmission, Software and Information Technology Services	95112	76869	54977	97790
金融业 Finance	136220	120154	107935	150954
房地产业 Real Estate	66361	57419	53021	67511
租赁和商务服务业 Rent and Business Services	57441	52431	38778	60692
科学研究和技术服务业 Scientific Reseach and Ploytechnic Services	81470	90016	88698	72639
水利、环境和公共设施管理业 Water Conservancy, Environment and Public Facilities Management	53722	54780	50345	50142
居民服务、修理和其他服务业 Resident Services and Others	48784	51854	42842	47542
教育 Education	78602	80431	63235	59013
卫生和社会工作 Health Care and Social Work	90693	97908	64212	65948
文化、休育和娱乐业 Culture, Sports and Entertainment	70176	77379	73242	53229
公共管理、社会保障和社会组织 Public Management,Social Ensure and Social Organizations	80118	80138	57611	46471
按三次产业分 By Three Strata of Industry				
第一产业 Primary Industry	51121	53635	38611	34640
第二产业 Secondary Industry	54678	65446	46141	54467
第三产业 Tertiary Industry	76717	82275	63517	69802

注：本表不含私营企业。

Note:This table is not including Private Enterprises.

3-24 私营单位从业人员平均劳动报酬

Per Capita Payment in Urban Units

单位：元 (yuan)

项目 Item	2010	2015	2016	2016年比上年增长(%)
合　计 Total	**21039**	**43385**	**46326**	**6.8**
按国民经济行业分 By Sector				
农、林、牧、渔业 Farming, Forestry, Animal Husbandy and Fishery	18670	34730	34227	-1.4
采矿业 Mining and Quarrying	20428	40954	40513	-1.1
制造业 Manufacturing	20082	41581	44424	6.8
电力、燃气及水的生产和供应业 Production and Supply of Electricity Gas and Water	21435	33573	32495	-3.2
建筑业 Construction	23914	48804	51249	5.0
交通运输、仓储和邮政业 Transport, Storage and Post Services	21681	43608	42380	-2.8
信息传输、计算机服务和软件业 Information Transmission, Computer Software and Services	27749	63736	68506	7.5
批发和零售业 Wholesale and Retail Trade	21512	37131	41282	11.2
住宿和餐饮业 Lodgings and Catering Services	16881	30927	33896	9.6
金融业 Finance	32156	52688	55266	4.9
房地产业 Real Estate	24411	42700	45101	5.6
租赁和商务服务业 Rent and Business Services	20618	38003	46148	21.4
科学研究、技术服务和地质勘查业 Scientific Reseach, Ploytechnic Services and Geological Prospecting	23329	44547	49606	11.4
水利、环境和公共设施管理业 Water Conservancy, Environment and Public Facilities Management	18073	30670	37599	22.6
居民服务和其他服务业 Resident Services and Others	19168	31675	33109	4.5
教育 Education	24306	31730	35511	11.9
卫生、社会保障和社会福利业 Health Care, Social Ensure and Walfare	23527	43063	48533	12.7
文化、体育和娱乐业 Culture, Sports and Entertainment	19582	31468	34641	10.1
公共管理和社会组织 Public Management and Social Organizations	17113	28989	30523	5.3
按三次产业分 By Three Strata of Industry				
第一产业 Primary Industry	18670	34730	34227	-1.4
第二产业 Secondary Industry	20940	44593	47327	6.1
第三产业 Tertiary Industry	21502	38799	42678	10.0

主要统计指标解释

人口数　指一定时点、一定地区范围内的有生命的个人的总和。年度统计的年末人口数指每年12月31日24时的人口数。

市、镇、县人口　其定义有两种口径：

第一种口径(按行政建制)

市人口：市管辖区域内的全部人口(含市辖镇，不含市辖区县)；

镇人口：县辖镇的全部人口(不含市辖镇)；

县人口：县辖乡人口。

第二种口径(按常住人口划分)

市人口：设区的市的区人口和不设区的市所辖的街道人口；

镇人口：不设区的市所辖镇的居民委员会人口和县辖镇的居民委员会人口；

县人口：除上述两种人口以外的全部人口。

出生率(又称粗出生率)　指在一定时期内(通常为一年)平均每千人所出生的人数的比率，一般用千分率表示。计算公式为：

出生率＝(年出生人数／年平均人数)×1000‰

式中：出生人数指活产婴儿，即胎儿脱离母体时(不管怀孕月数)，有过呼吸或其他生命现象。年平均人数指年初、年底人口数的平均数，也可用年中人口数代替。

死亡率(又称粗死亡率)　指在一定时期内(通常为一年)一定地区的死亡人数与同期平均人数(或期中人数)之比，一般用千分率表示。计算公式为：

死亡率＝(年死亡人数／年平均人数)×1000‰

人口自然增长率　指在一定时期内(通常为一年)人口自然增加数(出生人数减死亡人数)与该时期内平均人数(或期中人数)之比，一般用千分率表示。计算公式为：

人口自然增长率＝[(本年出生人数－本年死亡人数)／年平均人数]×1000‰＝人口出生率－人口死亡率

在业人口(又称就业人口)　指十五周岁及十五周岁以上人口中从事一定的社会劳动并取得劳动报酬或经营收入的人口。

不在业人口　指十五周岁及十五周岁以上人口中未从事社会劳动的人口，包括在校学生、料理家务、待升学、市镇待业、离退休、退职、丧失劳动能力等非在业人口。

经济活动人口　指在16岁以上，有劳动能力，参加或要求参加社会经济活动的人口；包括就业人员和失业人员。

各单位的就业人员　指在各级国家机关、政党机关、社会团体及企业、事业单位中工作，取得工资或其他形式的劳动报酬的全部人员。包括在岗职工、再就业的离退休人员、民办教师以及在各单位中工作的外方人员和港澳台方人员、兼职人员、借用的外单位人员和第二职业者。不包括离开本单位仍保留劳动关系的职工。各单位的从业人员反映了各单位实际参加生产或工作的全部劳动力。

城镇私营和个体就业人员　指在工商管理部门注册登记，其经营地址设在县城关镇(含城关镇)以上的私营企业从业人员；包括私营企业投资者和雇工。城镇个体就业人员指在工商管理部门注册登记，并持有城镇户口或在城镇长期居住，经批准从事个体工商经营的从业人员；包括个体经营者和在个体工商户劳动的家庭帮工和雇工。

城镇登记失业人员　指有非农业户口，在一定的劳动年龄内，有劳动能力，无业而要求就业，并在当地就业服务机构进行求职登记的人员。

城镇登记失业率　指城镇登记失业人数同城镇从业人数与城镇登记失业人数之和的比。计算公式为：

城镇登记失业率=城镇登记失业人数／(城镇从业人数+城镇登记失业人数)×100%

职工　指在国有经济、城镇集体经济、联营经济、股份制经济、外商和港、澳、台投资经济、其他经济单位及其附属机构工作，并由其支付工资的各类人员，不包括返聘的离退休人员、民办教师、在国有经济单位工作的外方人员和港、澳、台人员(1998年以后的数据均为在岗职工数据，其他相关指标如职工工资总额，职工平均工资等指标也从1998年按此口径进行了相应调整)。

国有单位职工 指在国有经济单位及其附属机构工作，并由其支付工资的各类人员。

城镇集体单位职工 指在城镇集体经济单位及其管理部门工作，并由其支付工资的各类人员。

其他单位职工 指在联营经济、股份制经济、外商投资经济、港、澳、台投资经济单位工作，并由其支付工资的各类人员。

在岗职工 指在本单位工作并由单位支付工资的人员，以及有工作岗位，但由于学习、病伤产假等原因暂未工作，仍由单位支付工资的人员。

工资总额 指各单位在一定时期内直接支付给本单位全部职工的劳动报酬总额。工资总额的计算原则应以直接支付给职工的全部劳动报酬为根据。各单位支付给职工的劳动报酬以及其他根据有关规定支付的工资，不论是计入成本的还是不计入成本的，不论是按国家规定列入计征奖金税项目的，还是未列入计征奖金税项目的，不论是以货币形式支付的还是以实物形式支付的，均包括在工资总额内。

奖金 指支付给职工的超额劳动报酬和增收节支的劳动报酬。

津贴和补贴 指为了补偿职工特殊或额外的劳动消耗和因其他特殊原因支付给职工的津贴，以及

为了保证职工工资水平不受物价影响支付给职工的物价补贴。

平均工资 指企业、事业、机关单位的职工在一定时期内平均每人所得的货币工资额。它表明一定时期职工工资收入的高低程度，是反映职工工资水平的主要指标。计算公式为：

职工平均工资＝报告期实际支付的全部职工工资总额 / 报告期全部职工平均人数

平均工资指数 指报告期职工平均工资与基期职工平均工资的比率，是反映不同时期职工货币工资水平变动情况的相对数。计算公式为：

职工平均工资指数＝报告期职工平均工资 / 基期职工平均工资

平均实际工资指数 指扣除物价变动因素后的职工平均工资。职工平均实际工资指数是反映实际工资变动情况的相对数，表明职工实际工资水平提高或降低的程度。计算公式为：

职工平均实际工资指数＝(报告期职工平均工资指数 / 报告期城镇居民消费价格指数)×100%

Explanatory Notes on Main Statistical Indicators

Total Population refers to the total number of people alive at a certain point of time within a given area.The annual statistics on total population is taken at midnight,the 31st of December.

To City，Town and County Population,there are two definitions.The first definition (according to the administrative organizational system):

City Population: Total population under the jurisdiction of City (including population of the town under the jurisdiction of City. excluding the population of counties under the jurisdiction of City).

Town Population: Total population of town under the jurisdiction of County (excluding the population of town under the jurisdiction of City).

County Population: Total population of country under the jurisdiction of County).

The second definition (classified by the permanent population):

City Population: Total population of districts under the jurisdiction of City with district establishment and the population of street under the jurisdiction of City without district establishment.

Town Population: Total resident-committees population of towns under the jurisdiction of City without district establishment and the resident-committees population of towns under the jurisdiction of County.

County Population: Total population except City population and town population.

Birth Rate(or Crude Birth Rate) refers to the ratio of the number of births to the average population during a certain period of time(usually a year) which is often expressed in ‰. The following formula is used:

Brith Rate= (Number of Births/Annual Average Number of Population）×1000‰

Number of births refers to live births i.e. the births when babies had showed any vital phenomena regardless of the length of pregnancy.

Annual average number of population is the average of the number of population at the beginning of the year and that at the end of the year. Sometimes it is substituted for with the mid year population.

Death Rate(or Crude Death Rate) refers to the ratio of the number of deaths to the average population (or mid year population) during a certain period of time (usually a year) which is often expressed in‰. The following formula is used:

Death Rate =(Number of Deaths/ Annual Average Number of Population)×1000‰

Natural Growth Rate of Population refers to the ratio of natural increase in population(number of births minus number of deaths)in a certain period of time(usually a year)to the average population(or mid year population)of the same period which is often expressed in‰. The following formula is applied:

Natural Growth Rate of Population= [(Number of Births-Number of Deaths)/ Average Number of Population]×1000‰

Natural Growth Rate of Population=Birth Rate-Death Rate

Employed Population refers to population aged 15 or over engaging in social labour which generates income.

Unemployed Population refers to population aged 15 or over not engaging in any social labour which generates income, including students enrolled in schools, house wives,students waiting for entering schools with higher level, urban job seekers, retirees, job quitters, disabled, etc.

Economically Active Population refers to the population aged 16 and over who are capable to work, are participating in or willing to participate in economic activities, including employed persons and unemployed persons.

Persons Employed in Various Units refer to all the persons working in government agencies of various levels, political and party organizations, social organizations, enterprises and institutions, and receiving wages or other forms of payment. They include fully-employed staff and workers, re-employed retirees, teachers in schools run by the local people, foreigners and Chinese compatriots from Hong Kong, Macao, and Taiwan working in various units, part-time employees, employees of other units working temporarily at current posts, and employees holding the second job, but exclude staff and workers who have left their working units while keeping their labour contract (employment relation) unchanged. This indicator reflects the total number of laborers actually engaged in production or other operations in various units.

Persons Employed in Private Enterprises and Self-Employed Individuals in Urban Areas Persons employed in private enterprises refer to the persons employed in the private enterprises which have been registered at the departments of industrial and commercial administration and are situated at a County town (i.e. a town where the County government is located) for business operation or at urban areas with the level higher than a County town. The self-employed individuals in urban areas refer to persons who hold the certificates of residence in urban areas or have resided in the urban areas for a long time and have been registered at the departments of industrial and commercial administration and approved to be engaged in individual industrial or commercial business, including self-employed persons as well as helpers and hired labourers who work in the individual households engaged in industrial or commercial business.

Registered Urban Unemployed Persons The registered unemployed persons in urban areas refer to the persons who are registered as permanent residents in the urban areas engaged in non-agricultural activities, aged within the range of working age, capable to labour, unemployed but desirous to be employed and have been registered at the local employment service agencies to apply for a job.

Registered Urban Unemployment Rate Registered unemployment rate in urban areas refers to the ratio of the number of the registered unemployed persons to the sum of the number of employed persons and the registered unemployed persons . The formula is as follows:

Registered urban unemployment rate = [number of registered urban unemployed persons/(number of urban employed persons + number of registered urban unemployed persons)]×100%

Staff and Workers refer to the persons who work in(and receive payment therefrom)enterprises and institutions of state ownership, collective ownership, joint ownership, share holding, foreign ownership, and ownership by entrepreneurs from Hong Kong, Macao, and Taiwan, and other types of ownership and their affiliated units, excluding the retired persons invited to work in the units again, teachers in the schools run by the local people and foreigners and persons coming from Hong Kong, Macao and Taiwan and working in the state-owned economic units. (Number of staff and workers in this yearbook include only fully employed staff and workers, excluding those who have left their working units while keeping their labour contract/employment relation unchanged).

Staff and Workers in State-owned Economic Units refer to the persons who work in the state-owned economic units or their attached units and are listed in their payrolls.

Staff and Workers of Collective Owned Units in Urban Areas refer to the persons who work in collective owned units in urban areas and their administration departments and receive payment therefrom.

Staff and Workers in Units of Other Types of Ownership refer to those who work in(and receive payment therefrom)enterprises and institutions of joint ownership, share holding, foreign ownership, and ownership by entrepreneurs from Hong Kong, Macao, and Taiwan.

Fully Employed Staff and Workers refer to persons who work in, and receive wages from their working units, as well as persons who have their work posts, but are temporarily absent from work for reasons of study or on sick, injury or maternal leave and still receive wages from their working units.

Total Wages refer to the total remuneration payment to staff and workers in various units during a certain period of time. The calculation of total wages is based on the total remuneration payment to the staff and workers. Therefore，all the wages and salaries and other payments to staff and workers are included in the total wages regardless of their sources，category，and forms (in kind or cash). (Total wages of staff and workers in this yearbook include only total wages of fully employed staff and workers, excluding the living allowances distributed to those who have left their working units while keeping their labour contract/employment relation unchanged).

Bonus refers to remuneration payment to workers for extra work and for increasing earnings and practicing economy.

Subsidies and Allowances refer to subsidies paid to staff and workers for compensating special or extra labour and allowances paid to staff and workers to offset the impact of inflation on real wages.

Average Wage refers to the average wage in money terms per person during a certain period of time for staff and workers in enterprises, institutions, and government agencies, which reflects the general level of wage income during a certain period of time and is calculated as follows:

Average Wage of Staff and Workers =Total Wages of Staff and Workers in Reference Period/Average Number of Staff and Workers in Reference Period

Index of Average Wage refers to the ratio of average wage of staff and workers at the report time to that at the reference time. It reflects the relative changing degree of average wage in money terms at the various of time, which is calculated as following:

Index of Average Wage of Staff and Worker = average wage of staff and workers at the report time/average wage of staff and workers at the reference time

Index of Average Real Wage refers to the average wage which has removed the factor of price change. Index of average real wage of staff and worker reflects the relative changing degree of average real wage, and indicates the degree of the rising or declining degree of real wage of staff and worker, which is calculated as following:

Index of Average Real Wage of Staff and Worker = (Index of Average Wage of Staff and Worker at the Report Time/Urban Consumer Prices Index at the Report Time) ×100%.

第四篇　固定资产投资
Chapter 4　Investment in Fixed Assets

资料整理：张丹峰 郑懿 范李功
Database Editor:Zhangdanfeng Zhengyi Fanligong

简 要 说 明

本篇资料的主要内容及来源

本篇资料反映全省固定资产投资和房地产开发企业的基本情况，包括固定资产投资的规模、结构、资金来源和投资的效果等资料。

固定资产投资统计资料由省统计局固定资产投资统计处提供。

本篇的统计调查方法为全面统计报表。

Brief Introduction

Main Content and Source of Data

Data in this chapter show the basic conditions of investment in fixed assets and the basic conditions of enterprises for real estate development of Fujian Province etc. mainly including the total investment in fixed assets, the structure of investment, the resources of investment and the results of investment;

Data on the individual investment in fixed assets in rural areas are provided by the Division of Investment in Fixed Assets, Fujian Statistical Bureau.

Method of data collection: All Data on the investment in fixed assets are collected by the statistical reporting scheme with the coverage of complete enumeration.

4-1 主要年份固定资产投资

Total Investment in Fixed Assets in the Whole Country in Selected Years

单位：亿元　　(100 million)

年份 Year	固定资产投资 Investment in Fixed Assets	项目投资 Project Investment	房地产开发投资 Real Estate	固定资产投资比上年增长(%) Ratio(%)	房地产开发投资比上年增长(%) Ratio(%)
1952	0.39			39.4	
1957	1.87			-56.1	
1962	2.15			-28.2	
1965	3.39			10.8	
1970	4.86			101.3	
1975	6.78			2.9	
1978	9.45			44.5	
1979	11.27			19.3	
1980	13.58			20.5	
1981	16.19			19.2	
1982	19.56			20.8	
1983	22.42			14.6	
1984	29.48			31.5	
1985	48.77			65.4	
1986	52.81	49.24	3.57	8.3	
1987	66.69	63.45	3.25	26.3	-9.1
1988	79.46	72.33	7.13	19.1	19.7
1989	80.20	69.20	11.01	0.9	54.3
1990	90.51	77.04	13.47	12.9	22.4
1991	117.28	96.21	21.07	29.6	56.4
1992	193.21	152.18	41.03	64.7	94.8
1993	320.45	259.52	60.93	65.9	48.5
1994	472.49	370.51	101.98	47.4	67.4
1995	594.45	443.08	151.37	25.8	48.4
1996	696.91	545.22	151.69	17.2	0.2
1997	794.33	646.00	148.33	14.0	-2.2
1998	941.25	775.62	165.63	18.5	11.7
1999	952.22	773.61	178.62	1.2	7.8
2000	995.38	788.01	207.37	4.5	16.1
2001	1053.84	828.35	225.49	5.9	8.7
2002	1148.76	899.78	248.99	9.0	10.4
2003	1411.45	1049.38	362.07	22.9	45.4
2004	1798.38	1320.59	477.79	27.4	32.0
2005	2241.70	1701.31	540.39	24.7	13.1
2006	2998.45	2211.09	787.36	33.8	45.7
2007	4186.67	3054.18	1132.49	39.6	43.8
2008	5148.31	4019.21	1129.09	23.0	-0.3
2009	6180.94	5044.59	1136.35	20.1	0.6
2010	8067.33	6248.48	1818.86	30.5	60.1
2011	9885.67	7483.06	2402.61	22.5	32.1
2012	12452.24	9628.12	2824.12	25.9	17.4
2013	15245.24	11542.26	3702.97	22.4	31.1
2014	18141.37	13573.97	4567.40	19.0	23.3
2015	21300.91	16831.30	4469.61	17.4	-2.1
2016	23107.49	18518.66	4588.83	8.5	2.7

注：1950-1980年固定资产投资为城镇以上集体投资；1981年后为正式定义口径。

Note:1950-1980,Investment in Fixed Assets is the Investment of Urban Areas,Since 1981,Scope was Defined.

4-2 按各类型分固定资产投资

Investment in Fixed Assets By Types

单位：亿元 (100 million)

项目 Item	2010	2012	2013	2014	2015	2016
总计 Total	**8067.33**	**12452.24**	**15245.24**	**18141.37**	**21300.91**	**23107.49**
按登记注册类型分 Grouped by Status of Registration						
国有企业 Stated-owned Enterprises	2653.66	3854.95	4229.22	4724.01	5800.34	4396.40
集体企业 Collective-owned Enterprises	226.40	309.87	437.26	580.28	958.30	950.70
股份合作 Share Holding Cooperative Enterprises	38.64	11.04	14.70	34.70	33.39	10.45
联　营 Cooperative Enterprises	57.13	39.38	55.16	62.58	40.84	43.00
有限责任公司 Limited Liability Corporations Enterprises	1598.36	3308.01	4056.88	5194.72	5856.74	8513.36
股份有限公司 Share Holding Enterprises	250.47	436.94	466.74	478.55	519.99	550.08
私营企业 Private Enterprises	1978.45	2825.38	4116.86	5114.33	5795.04	6407.15
港澳台商投资企业 Enterprises with Funds from HongKong, Macao,TaiWan	637.21	771.12	825.52	806.17	863.01	865.77
外商投资企业 Foreign Funded Enterprises	434.41	525.85	526.08	504.90	496.40	344.05
其他 Other Enterprises	192.59	369.71	516.83	641.13	936.86	1026.53
按隶属关系分 By Ownership						
中央 Central	757.85	770.06	703.09	739.30	659.06	895.78
地方 Local	7309.49	11682.19	14542.15	17402.07	20641.85	22211.72
#省 Province	912.52	1161.62	1179.58	1088.68	988.63	1243.74
按建设性质分 By Kind of Construction						
#新建 New Construction	3482.51	5573.50	6267.25	7025.51	8443.50	10411.10
扩建 Expansion	1612.66	2405.99	2952.33	3577.67	4612.64	4602.02
改建和技术改造 Reconstruction	777.82	1205.24	1720.91	2228.11	2856.93	2843.06

4-3 按行业分固定资产投资

Investment in Fixed Assets by Sector

单位：亿元 (100 million)

行业 Sector	2010	2012	2013	2014	2015	2016
总计 Total	8067.33	12452.24	15245.24	18141.37	21300.91	23107.49
第一产业 Primary Industry	130.02	216.80	294.41	382.79	515.09	720.62
第二产业 Secondary Industry	2889.42	4596.13	5731.13	6467.11	7506.63	7877.19
第三产业 Tertiary Industry	5047.90	7639.31	9219.69	11291.48	13279.19	14509.69
按主要行业分 By Sector						
农、林、牧、渔业 Farming, Forestry, Animal Husbandy and Fishery	130.02	216.80	294.41	442.21	617.11	818.28
采矿业 Mining and Quarrying	112.63	162.99	239.95	246.92	277.90	219.46
制造业 Manufacturing	2250.21	3764.39	4645.75	5105.82	6102.88	6454.57
电力、热力、燃气及水生产和供应业 Production and Supply of Electricity Gas and Water	505.00	620.81	764.73	917.91	908.44	1143.93
建筑业 Construction	21.56	47.94	80.70	206.45	225.31	80.57
批发和零售业 Wholesale and Retail Trade	153.20	200.49	289.28	382.21	511.63	413.80
交通运输、仓储和邮政业 Transport, Storage and Post Services	1343.45	1668.25	1669.09	1979.45	2491.85	2678.05
住宿和餐饮业 Lodgings and Catering Services	99.57	203.32	218.92	226.45	263.39	191.48
信息传输、软件和信息技术服务业 Information Transmission, Software and Information Technology Services	139.73	173.65	204.28	207.93	319.05	311.14
金融业 Finance	23.17	30.14	55.08	46.59	57.10	50.57
房地产业 Real Estate	2080.86	3439.27	4433.22	5358.41	5366.17	5462.43
租赁和商务服务业 Rent and Business Services	95.58	147.38	178.67	232.24	268.96	335.97
科学研究和技术服务业 Scientific Reseach and Ploytechnic Services	17.23	22.49	36.99	52.69	82.97	115.96
水利、环境和公共设施管理业 Water Conservancy, Environment and Public Facilities Management	706.80	1072.26	1355.52	1787.28	2669.14	3588.53
居民服务、修理和其他服务业 Resident Services and Others	16.67	30.69	38.05	53.07	69.55	50.39
教育 Education	112.76	194.88	185.91	214.45	273.38	328.17
卫生和社会工作 Health Care and Social Work	55.14	72.96	109.25	118.63	171.94	198.67
文化、体育和娱乐业 Culture, Sports and Entertainment	77.89	186.04	206.64	257.45	265.71	323.98
公共管理、社会保障和社会组织 Public Management, Social Ensure and Social Organizations	125.84	197.50	238.81	305.21	358.43	341.54
国际组织 Intenational Organzition						

注：本表国民经济行业分类标准采用GB/T 4754-2011。

Note: The classified Standards of national ecomonic sector are adopted GB/T 4754-2011.

4-4 按行业、构成、性质分固定资产投资（2016年）

单位：亿元

项目	Item	合计 Total	按投资构成分 By Composition of Funds 建筑工程 Construction
本年完成投资	**Total**	**23107.49**	**14926.60**
农、林、牧、渔业	**Agriculture,Forestry,Animal Husbandry and Fishery**	**818.28**	**596.39**
农业	Agriculture	391.72	300.47
林业	Forestry	61.83	43.95
畜牧业	Animal Husbandry	114.97	81.59
渔业	Fishery	152.10	90.42
农、林、牧、渔服务业	Services of Agriculture,Forestry,Animal Husbandry and Fishery	97.67	79.96
采矿业	**Mining and Quarrying**	**219.46**	**143.73**
煤炭开采和洗选业	Coal Mining and Dressing	50.30	34.56
石油和天然气开采业	Petroleum and Natural Gas Mining		
黑色金属矿采选业	Ferrous Metals Mining and Dressing	27.82	21.88
有色金属矿采选业	Nonferrous Metals Mining and Dressing	24.61	13.99
非金属矿采选业	Nonmetal Minerals Mining and Dressing	108.40	68.16
开采辅助活动	Subsidiary Action	3.96	2.62
其他采矿业	Others Mining and Quarrying	4.37	2.52
制造业	**Manufacturing**	**6454.57**	**3590.56**
农副食品加工业	Agricultural and Sideline Products Processing	426.77	268.59
食品制造业	Food Manufacturing	219.34	132.40
酒、饮料和精制茶制造业	Wine，Drink and Tea Manufacturing	271.08	177.72
烟草制品业	Tobacco Processing	6.93	3.91
纺织业	Textile Industry	332.27	133.93
纺织服装、服饰业	Textile Garments Products	249.56	141.79
皮革、毛皮、羽毛及其制品和制鞋业	Leather,Furs,Down and Relate Products	227.98	143.38
木材加工和木、竹、藤、棕、草制品业	Timber Processing,Bamboo,Cane,Palm Fiber and Straw Products	407.03	259.51
家具制造业	Furniture Manufacturing	131.67	81.76
造纸和纸制品业	Papermaking and Paper Products	167.81	100.95
印刷和记录媒介复制业	Printing and Record Medium Reproduction	53.92	28.17
文教、工美、体育和娱乐用品制造业	Cultural , Educational and Sports Goods	147.97	94.61
石油加工、炼焦和核燃料加工业	Petroleum Processing , Coking and Nuclear Fuel Processing	67.90	22.09
化学原料和化学制品制造业	Raw Chemical Materials and Chemical Products	395.66	216.37
医药制造业	Medical and Pharmaceutical Products	107.33	74.69
化学纤维制造业	Chemical Fiber	192.12	73.47
橡胶和塑料制品业	Rubber and Plastic Products	179.99	102.45
非金属矿物制品业	Nonmetal Minerals Products	556.39	339.88
黑色金属冶炼和压延加工业	Smelting and Pressing of Ferrous Metals	172.98	118.68
有色金属冶炼和压延加工业	Smelting and Pressing of Nonferrous Metals	78.81	37.68
金属制品业	Metal Products	252.71	153.63
通用设备制造业	General Equipment	207.91	125.29
专用设备制造业	Special Purpose Equipment	224.83	142.45
汽车制造业	Car Manufacturing	95.58	50.57

Investment in Fixed Assets by Sector,Composition of Funds and Properties(2016)

(100 million)

			按建设性质分 By Properties		
安装工程 Installation	设备工器具购置 Purchase of Equipment and Instruments	其他 Others	#新建 New Construction	#扩建 Expansion	#改建和技术改造 Reconstruction and Technical Renovation
1310.01	**3239.00**	**3631.88**	**10411.10**	**4602.02**	**2843.06**
29.44	**116.18**	**76.27**	**530.65**	**172.91**	**73.25**
14.70	37.95	38.61	271.08	80.60	34.31
1.37	5.31	11.19	41.08	14.59	6.16
4.82	18.59	9.96	60.85	40.41	12.80
4.48	47.34	9.86	78.85	26.07	14.01
4.07	6.99	6.65	78.79	11.24	5.96
9.25	**51.86**	**14.62**	**31.57**	**71.68**	**116.14**
1.45	9.20	5.10	8.54	6.09	35.67
0.82	4.32	0.79	0.65	11.00	16.17
1.27	8.01	1.35	1.00	9.83	13.78
5.34	28.20	6.70	18.23	41.99	48.12
0.22	1.03	0.09	1.41	2.31	0.24
0.16	1.10	0.58	1.73	0.47	2.16
339.38	**1966.37**	**558.26**	**2223.17**	**2494.18**	**1457.85**
25.26	95.52	37.39	164.31	149.81	97.43
11.39	59.11	16.44	67.09	78.48	62.33
15.33	57.44	20.59	81.86	122.89	49.30
0.25	2.45	0.32	0.56	1.15	2.45
31.17	141.69	25.48	54.75	160.89	100.92
14.32	76.50	16.95	86.04	77.04	58.74
9.04	56.78	18.78	87.11	59.30	53.99
18.35	101.85	27.31	76.96	212.46	109.95
6.29	29.98	13.64	43.56	56.93	26.24
5.85	52.89	8.11	27.37	106.80	26.91
3.59	18.87	3.30	15.29	18.86	11.14
7.03	32.90	13.44	64.90	37.47	33.32
1.37	29.38	15.06	14.60	13.11	40.20
36.67	102.15	40.47	108.56	187.52	89.83
4.96	20.37	7.31	33.49	45.99	23.99
20.09	70.98	27.57	64.95	72.44	54.65
8.02	56.20	13.32	51.60	80.83	36.65
26.90	139.28	50.34	163.88	220.31	162.43
9.17	40.13	4.99	20.34	70.48	77.54
3.40	29.95	7.77	26.33	23.57	24.10
9.42	63.25	26.41	83.18	119.62	36.20
4.77	56.13	21.71	60.60	96.58	39.25
9.30	56.39	16.69	85.42	74.64	55.76
3.98	32.29	8.75	28.00	36.98	26.75

4-4 续表1

单位：亿元

项目	Item	合计 Total	按投资构成分 By Composition of Funds 建筑工程 Construction
铁路、船舶、航空航天和其他运输设备制造业	Railway,Watercraft,Aviation and others transportation Manufacturing	56.05	27.07
电气机械和器材制造业	Electric Equipment and Machinery	275.00	145.54
计算机、通信和其他电子设备制造业	Computer,Communication and other Electronic Equipment	729.82	269.08
仪器仪表制造业	Instruments and Meters Machinery	32.68	22.12
其他制造业	Others Manufacturing	136.65	70.30
废弃资源综合利用业	Waste Resources and Materials Recovering	32.46	19.13
金属制品、机械和设备修理业	Metals,Machinery and Equipment maintenance	17.38	13.34
电力、热力、燃气及水生产和供应业	**Production and Supply of Electric Power, Gas,Water**	**1143.93**	**517.01**
电力、热力生产和供应业	Production and Supply of Electric Power and Hot Power	845.47	330.11
燃气生产和供应业	Production and Supply of Gas	45.92	24.11
水的生产和供应业	Production and Supply of Water	252.54	162.79
建筑业	**Construction**	**80.57**	**45.63**
房屋建筑业	Building Engineering	19.43	9.56
土木工程建筑业	Civil Engineering	45.23	29.99
建筑安装业	Installation	5.54	2.15
建筑装饰和其他建筑业	Building Decontion and Others	10.37	3.94
批发和零售业	**Wholesale and Retail Trade**	**413.80**	**283.68**
批发业	Wholesale	228.01	152.67
零售业	Retail Trade	185.79	131.01
交通运输、仓储和邮政业	**Transport, Storage and Post Services**	**2678.05**	**1862.74**
铁路运输业	Railways	193.52	105.24
道路运输业	Highways	1757.87	1349.58
水上运输业	Waterways	236.68	131.72
航空运输业	Civil Aviation	189.89	68.11
管道运输业	Pipeline	23.96	12.16
装卸搬运和运输代理业	Loading,Unloading and Other Transport Services	40.99	32.76
仓储业	Warehousing	229.61	158.89
邮政业	Posts	5.53	4.30
住宿和餐饮业	**Lodgings and Catering Services**	**191.48**	**136.16**
住宿业	Lodgings	161.62	114.02
餐饮业	Catering Services	29.86	22.14
信息传输、软件和信息技术服务业	**Information Transmission, Computer Software and Services**	**311.14**	**97.37**
电信、广播电视和卫星传输服务	Telecom,Radio and Television,Satellite Transmission Service	239.89	60.90
互联网和相关服务	Internet and Related Services	19.66	10.02
软件和信息技术服务业	Software and Information Technology Services	51.59	26.45
金融业	**Finance**	**50.57**	**33.44**
货币金融服务	Money Services	31.90	18.51

Continued

(100 million)

安装工程 Installation	设备工器具购置 Purchase of Equipment and Instruments	其他 Others	按建设性质分 By Properties #新建 New Construction	#扩建 Expansion	#改建和技术改造 Reconstruction and Technical Renovation
9.60	13.67	5.71	36.43	6.90	11.59
10.07	101.24	18.16	84.82	97.02	79.87
28.96	394.11	37.67	482.14	198.83	30.79
0.89	7.43	2.24	15.98	10.06	4.32
2.45	15.38	48.52	74.02	36.02	23.72
1.17	10.10	2.06	17.80	8.16	5.18
0.31	1.98	1.75	1.24	13.00	2.33
207.38	**284.47**	**135.07**	**487.38**	**371.77**	**279.36**
175.38	250.43	89.54	328.92	303.27	210.32
6.79	6.21	8.81	32.13	8.34	4.59
25.21	27.82	36.72	126.32	60.16	64.44
5.47	**16.13**	**13.33**	**50.57**	**12.01**	**4.73**
0.26	7.47	2.14	9.94	1.41	0.84
3.08	2.53	9.63	33.08	9.58	1.39
1.34	1.93	0.11	2.26	0.92	0.50
0.78	4.20	1.45	5.28	0.11	2.01
19.19	**69.60**	**41.32**	**217.46**	**128.50**	**44.84**
10.26	48.40	16.68	106.44	79.54	26.26
8.94	21.20	24.65	111.02	48.96	18.59
42.85	**258.91**	**513.56**	**1932.24**	**486.47**	**169.00**
0.23	0.75	87.31	192.39	0.13	0.99
21.53	51.90	334.87	1214.05	361.28	159.10
1.98	58.81	44.17	159.22	25.44	1.68
0.18	106.12	15.49	170.11	6.47	0.25
4.49	6.91	0.40	23.78		0.01
1.97	4.26	2.00	33.99	5.23	1.61
12.26	29.52	28.95	135.80	86.65	4.01
0.22	0.64	0.37	2.91	1.27	1.35
12.54	**16.01**	**26.77**	**137.37**	**43.80**	**9.60**
11.57	11.18	24.84	120.00	34.88	6.03
0.97	4.82	1.93	17.37	8.92	3.57
77.54	**118.45**	**17.78**	**100.95**	**33.60**	**173.52**
65.70	100.11	13.19	52.45	25.52	160.58
3.68	5.44	0.52	12.47	5.26	1.72
8.16	12.91	4.08	36.03	2.82	11.22
3.18	**11.30**	**2.65**	**20.94**	**5.37**	**21.96**
2.05	9.00	2.34	15.60	1.97	13.23

4-4 续表2

单位：亿元

项目	Item	合计 Total	按投资构成分 By Composition of Funds 建筑工程 Construction
资本市场服务	Capital Market Services	12.32	9.82
保险业	Insurance	0.97	0.97
其他金融业	Other Financial Sectors	5.37	4.14
房地产业	**Real Estate**	**5462.43**	**3552.74**
租赁和商务服务业	**Rent and Business Services**	**335.97**	**234.28**
租赁业	Rent	41.70	13.23
商务服务业	Business Services	294.26	221.05
科学研究和技术服务业	**Scientific Reseach and Ploytechnic Services**	**115.96**	**76.19**
研究和试验发展	Research and Experimental Development	21.60	12.22
专业技术服务业	Services of Professional and Technology	75.74	52.92
科技推广和应用服务业	Popularization and Application of Science and Technology	18.62	11.05
水利、环境和公共设施管理业	**Water Conservancy, Environment and Public Facilities Management**	**3588.53**	**2792.31**
水利管理业	Water Conservancy Management	457.60	395.59
生态保护和环境治理业	Ecological Protection and Environmental Governance	153.32	76.46
公共设施管理业	Public Facility Management	2977.61	2320.26
居民服务、修理和其他服务业	**Resident Services and Others**	**50.39**	**34.66**
居民服务业	Resident Services	31.69	23.82
机动车、电子产品和日用产品修理业	Repair of Motor Vehicles,Electronic Products,Daily Necessities.	14.58	8.98
其他服务业	Other Services	4.11	1.86
教育	**Education**	**328.17**	**265.30**
卫生和社会工作	**Health Care and Social Work**	**198.67**	**137.88**
卫生	Health Care	155.39	103.12
社会工作	Social Work	43.28	34.76
文化、体育和娱乐业	**Culture, Sports and Entertainment**	**323.98**	**244.71**
新闻和出版业	News and Publication	0.17	0.17
广播、电视、电影和影视录音制作业	Radio,Television,Film and TV Recordings	16.04	13.20
文化艺术业	Cuiture Arts	190.61	139.93
体育	Sports	56.99	45.21
娱乐业	Entertainment	60.18	46.21
公共管理、社会保障和社会组织	**Public Management and Social Organizations**	**341.54**	**281.81**
中国共产党机关	the Communist Party of China	0.05	
国家机构	National Institutions	151.99	124.45
人民政协、民主党派	Chinese People's Political Consultative Conferences, the Democratic Parties		
社会保障	the Social Security	0.38	0.26
群众团体、社会团体和其他成员组织	Mass Organizations,Social Groups and others	33.07	28.50
基层群众自治组织	the Grassroots Autonomous Organizations	156.05	128.60
国际组织	**National Organizations**		

Continued

(100 million)

			按建设性质分 By Properties		
安装工程 Installation	设备工器具购置 Purchase of Equipment and Instruments	其他 Others	#新建 New Construction	#扩建 Expansion	#改建和技术改造 Reconstruction and Technical Renovation
1.03	1.16	0.31	4.74	2.44	4.19
			0.01	0.96	
0.10	1.14		0.59		4.54
386.71	**48.25**	**1474.74**	**739.61**	**51.56**	**57.40**
16.79	**51.55**	**33.35**	**248.21**	**44.17**	**16.32**
0.78	25.09	2.61	17.60	0.45	
16.01	26.46	30.75	230.62	43.72	16.32
6.25	**20.12**	**13.40**	**81.09**	**17.50**	**14.75**
1.92	6.95	0.51	11.31	3.48	6.61
3.07	8.98	10.76	55.61	11.95	6.58
1.26	4.18	2.13	14.17	2.08	1.55
102.14	**120.29**	**573.78**	**2773.97**	**434.80**	**299.72**
14.17	6.87	40.96	345.49	52.19	53.40
5.59	7.11	64.16	129.92	13.80	8.97
82.37	106.32	468.66	2298.56	368.81	237.35
3.60	**6.88**	**5.24**	**30.91**	**12.32**	**5.35**
2.28	2.64	2.95	22.61	6.53	2.11
1.08	3.28	1.24	7.00	4.19	2.49
0.24	0.96	1.05	1.30	1.60	0.75
12.44	**16.40**	**34.02**	**218.34**	**61.54**	**32.10**
10.97	**29.61**	**20.21**	**116.40**	**42.55**	**11.67**
8.79	28.28	15.20	82.28	35.81	9.50
2.18	1.33	5.01	34.12	6.74	2.17
13.22	**19.49**	**46.56**	**262.85**	**36.03**	**19.06**
			0.17		
0.39	2.44	0.01	14.00	0.85	0.83
5.51	8.69	36.48	158.88	19.48	8.76
2.87	3.58	5.32	40.81	7.58	7.68
4.44	4.79	4.74	49.00	8.11	1.79
11.67	**17.12**	**30.94**	**207.43**	**81.26**	**36.43**
	0.05				
5.17	9.77	12.60	90.24	35.61	23.24
		0.12	0.29	0.10	
1.32	1.14	2.11	21.15	9.62	1.72
5.18	6.16	16.11	95.75	35.93	11.46

4-5 按各类型分新增固定资产

Newly Increased Total Investment in Fixed Assets By Types

单位：亿元　　(100 million)

项目 Item	2010	2012	2013	2014	2015	2016
合计 Total	**3046.74**	**6352.27**	**8380.29**	**11150.96**	**15565.46**	**13243.29**
按登记注册类型分 Grouped by Status of Registration						
国有企业 Stated-owned Enterprises	716.76	1697.77	1946.45	2778.42	4004.94	2648.90
集体企业 Collective-owned Enterprises	139.69	235.85	373.56	453.10	871.14	826.15
股份合作 Share Holding Cooperative Enterprises	63.41	10.05	6.41	22.46	11.98	15.53
联　营 Cooperative Enterprises	32.93	22.48	22.41	15.49	29.87	19.11
有限责任公司 Limited Liability Corporations Enterprises	518.73	1308.98	2060.90	2602.15	3180.91	3676.99
股份有限公司 Share Holding Enterprises	102.49	280.27	294.38	273.16	564.92	334.34
私营企业 Private Enterprises	985.37	1807.91	2566.44	3441.32	5060.80	4318.18
港澳台商投资企业 Enterprises with Funds from HongKong, Macao, TaiWan and Foreign	207.48	392.06	470.71	587.64	573.84	426.35
外商投资企业 Foreign Funded Enterprises	191.43	333.98	312.13	470.04	412.91	158.28
其他 Other Enterprises	88.46	262.90	326.89	507.19	854.14	819.46
按隶属关系分 By Ownership						
中央 Central	217.81	224.34	319.68	267.37	447.32	417.71
地方 Local	2828.93	6127.93	8060.61	10883.59	15118.14	12825.58
#省 Province	175.13	459.46	425.88	469.30	586.72	564.41
按建设性质分 By Kind of Construction						
#新建 New Construction	1059.67	2693.42	3333.73	4589.77	6735.85	5965.79
扩建 Expansion	778.51	1709.99	2161.58	2738.37	4015.73	3090.54
改建和技术改造 Reconstruction	446.36	941.45	1284.75	1832.69	2627.60	2223.49

4-6 按行业分新增固定资产

Newly Increased Total Investment in Fixed Assets by Sector

单位：亿元 (100 million)

行业 Sector	2010	2012	2013	2014	2015	2016
合计 Total	**3046.74**	**6352.27**	**8380.29**	**11150.96**	**15565.46**	**13243.29**
第一产业 Primary Industry	**89.11**	**179.72**	**241.52**	**328.24**	**504.94**	**599.31**
第二产业 Secondary Industry	**1423.49**	**3228.75**	**4237.31**	**5274.91**	**6767.31**	**5512.20**
第三产业 Tertiary Industry	**1534.14**	**2943.80**	**3901.46**	**5547.81**	**8293.21**	**7131.78**
按主要行业分 By Sector						
农、林、牧、渔业 Farming, Forestry, Animal Husbandy and Fishery	89.11	179.72	241.52	381.86	601.58	682.66
采矿业 Mining and Quarrying	82.46	132.98	206.53	213.28	274.88	183.38
制造业 Manufacturing	1137.28	2708.81	3404.08	4345.28	5687.94	4535.41
电力、热力、燃气及水生产和供应业 Production and Supply of Electricity Gas and Water	197.89	356.68	573.93	581.16	656.23	751.65
建筑业 Construction	5.87	30.28	52.77	143.28	158.11	48.68
批发和零售业 Wholesale and Retail Trade	74.36	121.16	180.40	283.43	511.13	325.13
交通运输、仓储和邮政业 Transport, Storage and Post Services	365.22	560.42	646.72	885.38	1393.69	1213.16
住宿和餐饮业 Lodgings and Catering Services	32.63	99.08	128.23	189.11	208.68	106.12
信息传输、软件和信息技术服务业 Information Transmission, Software and Information Technology Services	97.19	133.72	156.50	159.66	291.13	216.67
金融业 Finance	15.05	20.19	34.69	22.52	59.80	39.56
房地产业 Real Estate	553.15	939.49	1396.29	1819.34	2125.99	1814.76
租赁和商务服务业 Rent and Business Services	25.33	65.70	59.06	113.48	261.47	212.37
科学研究和技术服务业 Scientific Reseach and Ploytechnic Services	4.97	7.22	21.57	39.06	63.94	66.68
水利、环境和公共设施管理业 Water Conservancy, Environment and Public Facilities Management	209.79	598.64	807.15	1253.21	2188.87	2222.25
居民服务、修理和其他服务业 Resident Services and Others	6.68	16.46	25.01	47.76	76.44	44.06
教育 Education	38.07	127.50	101.79	139.59	247.25	209.91
卫生和社会工作 Health Care and Social Work	21.87	39.50	52.18	80.33	143.94	116.81
文化、体育和娱乐业 Culture, Sports and Entertainment	28.35	83.55	136.67	184.46	223.87	180.95
公共管理、社会保障和社会组织 Public Management, Social Ensure and Social Organizations	61.47	131.18	155.19	268.76	390.50	273.06
国际组织 Intenational Organzition						

注：本表国民经济行业分类标准采用GB/T 4754-2011。

Note: The classified Standards of national ecomonic sector are adopted GB/T 4754-2011.

4-7 投资项目数及计划总投资(1993-2016年)

Number of Investment Projects and Value of Investment(1993-2016)

年份 Year	施工项目（个） Number of Projects Under Construction (unit)	全部建成投产项目（个） Number of Projects Completed and Put Into Use (unit)	计划总投资（亿元） Total Investment of Planned (100 million yuan)	年份 Year	施工项目（个） Number of Projects Under Construction (unit)	全部建成投产项目（个） Number of Projects Completed and Put Into Use (unit)	计划总投资（亿元） Total Investment of Planned (100 million yuan)
1993	6256	3018	767.30	2005	7543	2891	5870.27
1994	5495	2810	1083.79	2006	15635	6461	8623.00
1995	5310	2819	1317.22	2007	17559	8036	10928.56
1996	6123	3458	1532.51	2008	19209	9562	13812.67
1997	5616	3057	1771.04	2009	19903	10396	16540.21
1998	6491	3546	2117.06	2010	19183	10165	21281.86
1999	7488	4149	2218.53	2011	17659	9033	21912.59
2000	6231	3579	2121.71	2012	20650	12210	25974.02
2001	5763	3153	2230.89	2013	23836	13718	28976.03
2002	6066	3269	2281.43	2014	26590	17018	33562.57
2003	5571	2438	3222.88	2015	28507	21074	36571.15
2004	8857	2594	4308.45	2016	33189	22032	39824.49

注：本表不含房地产开发；2005年及以前年份投资项目指城镇投资项目，2006年及以后年份为城镇及非农户投资项目。

Note:Data in this table exclude the investment of the real estate development.It including Urban Investment before 2005.Since 2006,it including Urban Investment and Non-Individuals.

4-8 按三次产业分新增固定资产

Newly Increased Total Investment in Fixed Assets by Sector

单位：亿元　　(100 million)

行业 Sector	新增固定资产投资 Newly Increased Fixed Assets	第一产业 Primary Industry	第二产业 Secondary Industry	第三产业 Tertiary Industry
1995	313.84	2.65	96.16	215.03
1996	417.19	2.96	137.26	276.97
1997	621.39	3.43	208.08	409.88
1998	602.99	5.37	263.49	334.13
1999	654.29	10.46	237.83	406.00
2000	674.96	3.56	286.36	385.04
2001	662.25	5.44	235.31	421.50
2002	758.12	7.39	281.31	469.42
2003	691.41	4.31	235.63	451.47
2004	790.86	5.08	298.85	486.93
2005	924.64	7.02	349.00	568.62
2006	1142.01	20.66	588.19	533.15
2007	1477.47	28.93	701.38	747.16
2008	2100.91	59.36	901.13	1140.42
2009	2810.08	70.34	1339.91	1399.82
2010	3046.74	89.11	1423.49	1534.14
2011	4696.18	116.22	2450.95	2129.01
2012	6352.27	179.72	3228.75	2943.80
2013	8380.29	241.52	4237.31	3901.46
2014	11150.96	328.24	5274.91	5547.81
2015	15565.46	504.94	6767.31	8293.21
2016	13243.29	599.31	5512.20	7131.78

注：本表国民经济行业分类标准采用GB/T 4754-2011,2005年及以前年份为城镇新增固定资产投资。

Note: The classified Standards of national ecomonic sector are adopted GB/T 4754-2011.It including Urban Investment before 2005.

4-9 房地产开发企业（单位）主要指标

Main Indicators of Enterprises for Real Estate Development

项目 Item	2000	2005	2010	2015	2016
企业个数（个） **Number of Enterprises(unit)**	**1922**	**2596**	**3634**	**3151**	**3177**
内资企业 Domestically funded enterprises	1151	1866	2926	2773	2817
#国有 Stated-owned	356	225	216	71	72
集体 Collective-owned	170	91	52	17	16
港澳台商投资企业 EnterPries with Funds from HongKong,Macao and TaiWan	543	470	529	283	267
外商投资企业 Foreign Funded Enterprises	228	260	179	95	93
土地开发及购置(万平方米) **Development and Purchase of Land (10000 sq.m)**					
土地购置面积 Purchased Land Space	901.07	1822.55	1540.42	1056.72	969.81
本年完成投资（亿元） **Investment of Completed (100 million yuan)**	**207.37**	**540.39**	**1818.86**	**4469.61**	**4588.83**
#住宅 Residential Building	125.07	363.72	975.13	2864.95	2999.29
本年资金来源(亿元) Source of Funds this Year	276.86	803.93	2631.31	5639.33	6067.78
#国内贷款 Domestic Loans	44.78	156.85	432.46	846.73	808.76
利用外资 Foreign Investment	24.94	14.81	18.17	7.98	1.57
自筹资金 Fundraising	54.21	217.15	1099.64	2300.58	2263.99
房屋建筑面积（万平方米） **Floor Space of Buildings Completed (10000 sq.m)**					
施工面积 Floor Space Under Construction	3422.88	6107.75	14189.73	30891.14	31064.14
本年竣工面积 Floor Space Completed this Year	1009.36	1576.16	2242.47	3436.56	3665.25
本年新开工面积 Newiy Started This Year	1102.85	2196.57	4679.56	5244.85	4875.06
#住宅 Residential Buildings	891.87	1727.38	3399.53	3185.57	3168.77
商品房销售面积（万平方米） **Real Floor Spale Building Sold (10000 sq.m)**	**810.65**	**1913.84**	**2575.62**	**4037.76**	**4915.35**
#住宅 Residential Buildings	675.73	1720.56	2139.26	3315.69	4134.66

4-10 房地产开发企业（单位）主要指标(1986-2016年)

Main Indicators of Enterprises for Real Estate Development(1986-2016)

年份 Year	本年完成投资（亿元） Investment of Completed (100 million yuan)	#住宅 Residential Buildings	商品房销售额（亿元） Real Value of House Sold (100 million yuan)	#住宅 Residential Buildings	商品房销售面积（万平方米） Real Floor Space Sold (10000 sq.m)	#住宅 Residential Buildings
1986	3.57				73.14	
1987	3.25				51.33	
1988	7.13				92.88	
1989	11.01				102.55	
1990	13.47				107.79	
1991	21.07		9.16		111.44	
1992	41.03		16.77		134.99	
1993	60.93		26.61		248.91	
1994	101.98	69.96	39.37	26.03	241.31	188.96
1995	151.37	88.51	66.16	46.14	368.65	309.44
1996	151.69	75.29	48.59	37.61	273.51	234.28
1997	148.33	72.49	83.50	62.04	426.88	346.14
1998	165.63	85.44	105.10	78.71	515.20	441.67
1999	178.62	105.08	123.75	92.54	599.68	511.64
2000	207.37	125.07	168.96	119.39	810.65	675.73
2001	225.49	145.22	199.08	150.75	987.81	843.00
2002	248.99	160.78	225.28	153.95	1047.05	882.92
2003	362.07	237.67	287.16	222.46	1250.10	1083.79
2004	477.79	308.45	354.47	281.26	1384.83	1224.61
2005	540.39	363.72	605.09	481.90	1913.84	1720.56
2006	787.36	511.68	807.46	637.34	2021.69	1743.39
2007	1132.49	778.39	1134.53	938.33	2421.97	2096.39
2008	1129.09	735.93	712.61	562.26	1625.67	1250.00
2009	1136.35	743.27	1477.83	1299.09	2723.23	2420.83
2010	1818.86	975.13	1611.32	1300.13	2575.62	2139.26
2011	2402.61	1591.56	2101.58	1649.34	2706.72	2213.30
2012	2824.12	1751.98	2817.70	2293.90	3258.94	2741.96
2013	3702.97	2402.08	4232.08	3410.57	4676.16	3957.46
2014	4567.40	2917.17	3763.52	2939.58	4119.48	3324.10
2015	4469.61	2864.95	3585.81	2839.76	4037.76	3315.69
2016	4588.83	2999.29	4530.79	3793.41	4915.35	4134.46

4-11 房地产开发投资完成情况(1986-2016)

Main Indicators of Enterprises for Real Estate Development(1986-2016)

年份 Year	企业个数（个） Number of Enterprises (unit)	本年完成投资（亿元） Investment of Completed (100 million yuan)	施工面积（万平方米） Floor Space Under Construction (10000 sq.m)	竣工面积（万平方米） Floor Space Completed (10000 sq.m)	商品房销售面积（万平方米） Real Floor Spale Building Sold (10000 sq.m)	商品房销售额（亿元） Real Value of House Sold (100 million yuan)
1986	102	3.57	220.84	133.25	73.14	
1987	118	3.25	216.38	98.74	51.33	
1988	174	7.13	368.04	154.12	92.88	
1989	168	11.01	413.56	183.73	102.55	
1990	190	13.47	427.57	193.92	107.79	
1991	241	21.07	561.56	215.98	111.44	9.16
1992	391	41.03	842.30	258.48	134.99	16.77
1993	856	60.93	1258.69	307.55	248.91	26.61
1994	1279	101.98	1889.94	470.78	241.31	39.37
1995	1256	151.37	2506.77	732.63	368.65	66.16
1996	1407	151.69	2283.80	526.28	273.51	48.59
1997	1465	148.33	2401.24	662.77	426.88	83.50
1998	1783	165.63	2748.79	578.74	515.20	105.10
1999	1909	178.62	3166.96	788.82	599.68	123.75
2000	1922	207.37	3422.88	1009.36	810.65	168.96
2001	1941	225.49	3717.31	1280.79	987.81	199.08
2002	1869	248.99	4114.64	1323.49	1047.05	225.28
2003	1900	362.07	4891.04	1362.95	1250.10	287.16
2004	2433	477.79	5795.69	1523.91	1384.83	354.47
2005	2596	540.39	6107.75	1576.16	1913.84	605.09
2006	2755	787.36	6992.74	1408.32	2021.69	807.46
2007	2693	1132.49	9651.58	1711.33	2421.97	1134.53
2008	3268	1129.09	11459.72	1906.15	1625.67	712.61
2009	3316	1136.35	11668.17	2240.26	2723.23	1477.83
2010	3634	1818.86	14189.73	2242.47	2575.62	1611.32
2011	3576	2402.61	18937.98	2651.71	2706.72	2101.58
2012	3140	2824.12	21121.50	2232.78	3258.94	2817.70
2013	3187	3702.97	26287.28	3369.76	4676.16	4232.08
2014	3280	4567.40	30051.77	3583.57	4119.48	3763.52
2015	3151	4469.61	30891.14	3436.56	4037.76	3585.81
2016	3177	4588.83	31064.14	3665.25	4915.35	4530.79

4-12 按各类分组房地产开发投资

Investment of Real Estate Development by Groups

单位：亿元 (100 million)

项目 Item	2000	2005	2010	2015	2016
完成投资额 Investment of Completed	**207.37**	**540.39**	**1818.86**	**4469.61**	**4588.83**
按登记注册类型分 Grouped by Status of Registration					
国有 Stated-owned	45.28	57.28	128.22	121.29	159.74
集体 Collective-owned	9.53	18.93	27.66	16.87	10.33
股份合作 Share Holding Cooperative	4.17	2.39	2.86		
联营 Cooperative	4.10	8.93	0.55		
有限责任公司 Limited Liability Corporations	21.49	107.28	705.67	2932.46	2820.62
股份有限公司 Share Holding Enterprises	10.38	7.45	58.05	86.79	48.52
私营企业 Private Enterprises	26.42	178.55	586.39	866.23	1135.73
港澳台商投资企业 Enterprises with Funds from HongKong, Macao and TaiWan	54.48	106.11	227.76	341.14	328.01
外商投资企业 Foreign Funded Enterprises	30.42	51.47	70.15	99.20	84.22
其他企业 Other Enterprises	1.10	2.00	11.55	5.63	1.65
按构成分 By Type of Construction					
建筑工程 Construction	140.20	334.31	877.89	2869.26	2913.04
安装工程 Installation	7.78	22.60	53.72	298.78	362.68
设备工器具购置 Purchase of Equitment and Instruments	3.95	3.97	9.39	39.87	33.81
其他费用 Others	55.44	179.51	877.85	1261.70	1279.30
按工程用途分 By Use of Project					
商业营业用房 House for Busines Use	29.91	47.82	162.33	670.97	590.95
住宅 Residential Building	125.07	363.72	975.13	2864.95	2999.29
办公楼 Office Buildings	15.20	10.76	49.67	327.76	339.01
其他 Others	37.19	118.09	631.72	605.92	659.58
按隶属关系分 By Ownership					
中央 Central	0.72	0.19	9.23	49.27	25.93
地方 Local Project	206.65	540.20	1809.62	4420.33	4562.90
#省 Province	17.86	9.45	24.14	57.71	

4-13 商品房竣工面积(1986-2016)

Main Indicators of Enterprises for Real Estate Development(1986-2016)

单位：万平方米 (10000 sq.m)

年份 Year	竣工房屋面积 Floor Space Completed	住宅 Residential Buildings	#别墅、高档公寓 High-grade Apartment	办公楼 Office Buildings	商业营业用房 House for Business Used	其他 Others
1986	133.25	112.40				
1987	98.74	72.21				
1988	154.12	114.75				
1989	183.73	145.78				
1990	193.92	139.42				
1991	215.98	147.03		2.50	19.63	46.82
1992	258.48	181.24		2.90	26.91	47.43
1993	307.55	238.46		4.13	28.31	36.65
1994	470.78	359.14	31.86	30.97	51.67	29.00
1995	732.63	585.82	54.07	34.93	80.46	31.42
1996	526.28	419.56	47.28	28.33	61.86	16.53
1997	662.77	500.07	69.60	55.37	80.41	26.92
1998	578.74	450.90	43.15	34.50	70.05	23.29
1999	788.82	604.21	45.05	64.75	82.33	37.53
2000	1009.36	771.81	44.24	71.48	114.68	51.39
2001	1280.79	1020.46	70.99	50.39	153.42	56.52
2002	1323.49	1011.33	32.95	46.53	207.54	58.09
2003	1362.95	1074.29	45.06	45.98	142.37	100.32
2004	1523.91	1260.55	54.46	29.93	154.43	78.99
2005	1576.16	1304.85	39.53	22.22	156.54	92.55
2006	1408.32	1128.59	43.93	44.35	145.36	90.03
2007	1711.33	1344.42	89.66	55.49	163.30	148.12
2008	1906.15	1422.84	83.05	97.64	174.98	210.70
2009	2240.26	1690.85	82.18	47.44	209.32	292.65
2010	2242.47	1715.87	58.22	35.20	165.39	326.01
2011	2651.71	2007.34	78.00	54.75	286.07	303.55
2012	2232.78	1564.62	59.57	119.20	238.83	310.13
2013	3369.76	2338.06	85.70	98.33	404.85	528.52
2014	3583.57	2568.02	65.95	145.51	308.55	561.48
2015	3436.56	2398.99	30.24	142.78	341.16	553.64
2016	3665.25	2420.45	127.02	182.15	457.34	605.31

4-14 按工程用途分房地产开发投资(1986-2016)

Main Indicators of Enterprises for Real Estate Development(1986-2016)

单位：亿元 (100 million yuan)

年份 Year	本年完成投资 Investment of Completed	住宅 Residential Buildings	#别墅、高档公寓 High-grade Apartment	办公楼 Office Buildings	商业营业用房 House for Business Used	其他 Others
1986	3.57					
1987	3.25					
1988	7.13					
1989	11.01					
1990	13.47					
1991	21.07					
1992	41.03					
1993	60.93					
1994	101.98	46.23				
1995	151.37	88.51	18.89	18.80	19.06	25.01
1996	151.69	75.29	12.63	16.80	23.57	36.03
1997	148.33	72.49	11.83	20.31	23.63	31.90
1998	165.63	85.44	10.79	19.61	22.69	37.90
1999	178.62	105.08	10.47	16.08	22.78	34.68
2000	207.37	125.07	14.00	15.20	29.91	37.19
2001	225.49	145.22	13.47	12.20	30.63	37.45
2002	248.99	160.78	11.27	9.99	29.85	48.37
2003	362.07	237.67	11.86	10.64	38.27	75.49
2004	477.79	308.45	24.82	9.15	43.93	116.27
2005	540.39	363.72	17.79	10.76	47.82	118.09
2006	787.36	511.68	32.34	24.25	56.29	195.15
2007	1132.49	778.39	52.75	20.91	76.35	256.84
2008	1129.09	735.93	46.18	24.74	80.87	287.55
2009	1136.35	743.27	43.64	37.84	87.30	267.93
2010	1818.86	975.13	55.26	49.67	162.33	631.72
2011	2402.61	1591.56	94.07	100.19	264.51	446.34
2012	2824.12	1751.98	102.13	189.22	370.38	512.54
2013	3702.97	2402.08	137.86	270.28	491.43	539.18
2014	4567.40	2917.17	220.01	358.58	654.88	636.77
2015	4469.61	2864.95	121.27	327.76	670.97	605.92
2016	4588.83	2999.29	120.56	339.01	590.95	659.58

4-15 商品房销售面积(1986-2016)

Main Indicators of Enterprises for Real Estate Development(1986-2016)

单位：万平方米 (10000 sq.m)

年份 Year	商品房销售面积 Real Floor Spale Building Sold	住宅 Residential Buildings	#别墅、高档公寓 High-grade Apartment	办公楼 Office Buildings	商业营业用房 House for Business Used	其他 Others
1986	73.14	73.14				
1987	51.33	42.87				
1988	92.88	72.65				
1989	102.55	92.58				
1990	107.79	88.36				
1991	111.44	93.98				
1992	134.99	113.70				
1993	248.91	209.60				
1994	241.31	188.96				
1995	368.65	309.44		21.36	26.67	11.18
1996	273.51	234.28	29.79	10.96	23.96	4.32
1997	426.88	346.14	26.30	27.89	41.55	11.30
1998	515.20	441.67	36.87	24.70	40.39	8.45
1999	599.68	511.64	40.87	21.41	54.30	12.34
2000	810.65	675.73	45.57	41.74	77.89	15.30
2001	987.81	843.00	42.54	33.31	89.66	21.84
2002	1047.05	882.92	29.91	31.19	114.41	18.54
2003	1250.10	1083.79	66.37	34.64	104.86	26.81
2004	1384.83	1224.61	32.24	21.88	100.39	37.95
2005	1913.84	1720.56	37.18	21.05	120.76	51.47
2006	2021.69	1743.39	113.13	41.03	141.95	95.33
2007	2421.97	2096.39	149.21	80.19	155.38	90.00
2008	1625.67	1250.00	62.18	66.52	94.32	214.83
2009	2723.23	2420.83	116.99	32.94	121.26	148.20
2010	2575.62	2139.26	83.01	82.20	176.35	177.81
2011	2706.72	2213.30	78.46	109.17	183.86	200.40
2012	3258.94	2741.96	84.58	150.83	209.88	156.27
2013	4676.16	3957.46	98.75	211.42	242.53	264.75
2014	4119.48	3324.10	92.55	181.01	286.94	327.44
2015	4037.76	3315.69	91.51	155.42	296.25	270.40
2016	4915.35	4134.46	104.45	181.16	305.47	294.26

4-16 房地产开发施工、竣工和销售情况(2016年)

Condition of Real Estate Under Construction,Completed and Sale(2016)

项目 Item	合计 Total	住宅 Residential Buildings	#90平方米以下 Floor Space Under 90 sq.m	#90-144平方米 Floor Space between 99 and 144 sq.m	#144平方米以上 Floor Space Over 144 sq.m	#别墅、高档公寓 High-grade Apart-ment	办公楼 Office Buildings	商业营业用房 House for Business Used	其他 Others
房屋施工面积（万平方米） Floor Space Under Construction (10000 sq.m)	**31064.14**	**19436.54**	**5390.25**	**10965.92**	**3080.37**	**733.75**	**2262.87**	**3764.97**	**5599.76**
#新开工面积 New Building	4875.06	3168.77	877.56	1954.95	336.26	67.49	272.90	433.30	1000.09
房屋竣工面积（万平方米） Floor Space of Completed(10000 sq.m)	**3665.25**	**2420.45**	**533.55**	**1414.23**	**472.67**	**127.02**	**182.15**	**457.34**	**605.31**
商品住宅竣工套数（万套） Set of Completed Buildings(10000 sets)		**22.32**	**7.58**	**12.30**	**2.44**	**0.47**			
竣工房屋价值（亿元） Value of Completed Buildings (100 million yuan)	**1009.60**	**645.67**	**140.17**	**373.57**	**131.94**	**43.30**	**62.68**	**151.31**	**149.93**
出租房屋面积（万平方米） Floor Space of Houses Leased (10000 sq.m)	**118.18**	**9.29**	**9.29**				**5.57**	**89.77**	**13.55**
商品房销售面积（万平方米） Floor Space Sold(10000 sq.m)	**4915.35**	**4134.46**	**891.54**	**2663.02**	**579.90**	**104.45**	**181.16**	**305.47**	**294.26**
#现房销售面积 Buildings Now Availabal	718.26	530.02	146.97	271.71	111.34	24.61	17.33	82.60	88.31
期房销售面积 Forward Buildings	4197.09	3604.44	744.56	2391.31	468.56	79.84	163.83	222.86	205.96
商品房销售额（亿元） Value of House Sold(100 million yuan)	**4530.79**	**3793.41**	**741.48**	**2304.49**	**747.44**	**146.26**	**219.98**	**353.40**	**164.01**
#现房销售额 Buildings Now Availabal	524.35	375.91	74.35	197.43	104.13	31.45	28.64	77.05	42.76
期房销售额 Forward Buildings	4006.44	3417.49	667.12	2107.06	643.32	114.80	191.35	276.35	121.25
商品住宅销售套数（万套） Set of Commercial Residential Buildings Sold(10000 sets)		**37.86**	**11.93**	**22.90**	**3.02**	**0.47**			
年末待售面积（万平方米） Floor Space of Buildings no Sold (10000 sq.m)	**2058.50**	**854.43**	**188.84**	**416.87**	**248.72**	**74.82**	**114.23**	**536.22**	**553.62**
#待售1-3年 One-three Years	1075.68	416.63	82.72	212.70	121.22	37.33	45.66	295.57	317.82
待售3年以上 Over Three Years	118.15	33.35	9.91	5.50	17.94	11.43	9.51	39.40	35.89

主要统计指标解释

固定资产投资 指城镇和农村各种登记注册类型的企业、事业、行政单位及城镇个体户进行的计划总投资500万元及500万元以上的建设项目投资和房地产开发投资，包含原口径的城镇固定资产投资加上农村企事业组织项目投资，该口径自2011年起开始使用。

房地产开发投资 指各种登记注册类型的房地产开发公司、商品房建设公司及其他房地产开发法人单位和附属于其他法人单位实际从事房地产开发或经营活动的单位统一开发的包括统代建、拆迁还建的住宅、厂房、仓库、饭店、宾馆、度假村、写字楼、办公楼等房屋建筑物和配套的服务设施，土地开发工程(如道路、给水、排水、供电、供热、通讯、平整场地等基础设施工程)的投资;不包括单纯的土地交易活动。

固定资产投资的资金来源 根据固定资产投资的资金来源不同，分为国家预算内资金、国内贷款、债券、利用外资、自筹资金和其他资金来源。(1)国家预算内资金:分为财政拨款和财政安排的贷款两部分。包括中央财政的基本建设基金(分经营性基金和非经营性基金两部分)、专项支出(如煤代油专项等)、收回再贷、贴息资金，财政安排的挖潜改造和新产品试制支出、城建支出、商业部门简易建筑支出、不发达地区发展基金等资金中用于固定资产投资的资金;地方财政中由国家统筹安排的资金等。(2)国内贷款:指报告期固定资产投资单位向银行及非银行金融机构借入的用于固定资产投资的各种国内借款，包括银行利用自有资金及吸收的存款发放的贷款、上级主管部门拨入的国内贷款、国家专项贷款(包括煤代油贷款、劳改煤矿专项贷款等)、地方财政专项资金安排的贷款、国内储备贷款、周转贷款等。(3)债券:指企业(公司)或金融机构通过发行各种债券，筹集用于固定资产投资的资金。包括由银行代理国家专业投资公司发行的重点企业债券和基本建设债券。(4)利用外资:指报告期收到的用于固定资产建造和购置的国外资金(包括设备、材料、技术在内)。计算利用外资时，需要折算成人民币，折算中所使用的外汇汇率按现汇计算，即按使用外汇时的汇率计算。包括外商直接投资、对外借款(外国政府贷款、国际金融组织贷款、出口信贷、外国银行商业贷款、对外发行债券和股票)及外商其他投资(包括补偿贸易和加工装配由外商提供的设备价款、国际租赁)。不包括我国自有外汇资金(包括国家外汇、地方外汇、留成外汇、调济外汇和中国银行自有资金发行的外汇贷款等)。(5)自筹资金:指固定资产投资单位报告期收到的，由各地区、各部门及企、事业单位筹集用于固定资产投资的预算外资金，包括中央各部门、各级地方和企、事业单位的自筹资金。(6)其他资金来源:指在报告期收到的除以上各种资金之外其他用于固定资产投资的资金，包括社会集资、个人资金、无偿捐赠的资金及其他单位拨入的资金等。

固定资产投资按国民经济行业分 国民经济行业类别是按企业、事业、行政单位所从事的生产或其他社会经济活动性质的同一性进行的分类。如果项目投产后仍属于原投资单位，则该项目行业类别参照现有单位行业类别;如果项目投产后成为新的独立核算法人单位，则按投产后新法人单位主要产品种类或主要用途及社会经济活动种类来划分行业;审核、核准、备案项目按批文描述划分行业。

固定资产投资按建设性质分 建设项目的性质一般分为新建、扩建、改建和技术改造、单纯建造生活设施、迁建、恢复。单纯购置房地产开发单位、农村投资不划分建设性质。(1)新建:一般指从无到有“平地起家”开始建设的企业、事业和行政单位或独立的工程。现有企业、事业、行政单位一般不属于新建。但如有的单位原有基础很小，经过建设后新增的固定资产价值超过该企、事业、行政单位原有固定资产价值(原值)三倍以上的也应作为新建。(2)扩建:指在厂内或其他地点，为扩大原有产品的生产能力(或效益)或增加新的产品生产能力，而增建主要的生产车间(或主要工程)、分厂、独立的生产线.行政、事业单位在原单位增建业务用房(如学校增建教学用房、医院增建门诊部、病房等)也作为扩建。现有企、事业单位为扩大原有主要产品生产能力或增加新的产品生产能力，增建一个或几个主要生产车间(或主要工程)、分厂，同时进行一些更新改造工程的，也应作为扩建。(3)改建和技术改造:指对原有设施进行技术改造或更新(包括相应配套的辅助性生产、生活福利设施)，没有增建主要生产车间、分厂等。现有企、事业单位为适应市场变化的需要，而改变企业的主要产品种类(如军工企业转产民品等)，或原有产品生产作业线由于各工序(车间)之间能力不平衡，为填平补齐充分发挥原有生产能力而增建不增加本企业主要产品设计能力的车间，也应作为改建。

固定资产投资按构成分 固定资产投资活动按其工作内容和实现方式分为建筑工程、安装工程、设备工具器具购置、其他费用四个部分。(1)建筑工程:是指各种房屋、建筑物的建造工程，又称建筑工作量。这部分投资额必须兴工动料，通过施工活动才能实现，是固定资产投资额的重要组成部分。（2）安装工程：是指各种设备、装置的安装工程，又称安装工作量。在安装工程中，不包括被安装设备本身价值。（3）设备工具器具购置：是指建设单位或企、事业单位购置或自制的，达到固定资产标准的设备工具器具的价值。新建单位及扩建单位的新建车间，按照设计或计划要求购置或自制的全部设备工具器具，不论是否达到固定资产标准均计入“设备工具器具购置”中。（4）其他费用：指在固定资产建造和购置过程中发生的，除上述几项内容以外的各种应分摊计入固定资产的费用。

施工项目　指报告期内进行过建筑或安装施工活动的项目。凡是报告期内施过工的建设项目，不论施工时间长短，均作为施工项目统计。施工项目个数可以反映一定时期固定资产投资的实际规模，与同期建成投产的建设项目个数相比，可以从建设速度的角度反映固定资产投资的效果。根据建设项目施工活动的不同性质，施工项目又分为:本年正式施工项目、本年收尾项目和以前年度全部停缓建项目。

房屋建筑面积　指房屋建筑物勒脚以上外墙外围的水平截面面积，包括房屋建筑物的有效面积和结构面积。该指标是从实物形态上反映建设规模和建设成果的重要指标之一，也是检查工程形象进度、计算工程造价、分析投资效果、研究施工任务和建筑材料之间平衡情况的重要依据。

住宅建筑面积　指施工和竣工房屋建筑面积中供居住用的房屋建筑面积。

施工面积　指报告期内施工的全部房屋建筑面积。包括本期新开工的面积和上期开工跨入本期继续施工的房屋面积，以及上期已停建在本期恢复施工的房屋面积。本期竣工和本期施工后又停缓建的房屋，其建筑面积仍计入本期房屋施工面积中。

竣工面积　指在报告期内房屋建筑按照设计要求已经全部完工，达到住人和使用条件，经验收鉴定合格(或达到竣工验收标准)，正式移交使用单位的各栋房屋建筑面积的总和。

新增固定资产　指报告期内已经完成建造和购置过程,并已交付生产或使用单位的固定资产价值。该指标是表示固定资产投资成果的价值指标，也是反映建设进度,计算固定资产投资效果的重要指标。

竣工房屋住宅套数　指报告期内按照设计要求全部完工，经验收合格，达到居住和使用条件并正式交付使用的成套住宅数量。包括独立厨房、独立卫生间、若干卧室、室内走廊等设施在内的供一户居住和使用的房屋。该指标可以反映住宅建设的产业化程度和城市化进程以及人民居住水平提高的情况。

别墅、高档公寓　指建筑造价和销售价格明显高于一般商品住宅的商品住宅。别墅一般指地处郊区，独立成栋的商品住宅;高档公寓一般指地处市内高尚社区，高层或多层的商品住宅。别墅、高档公寓的确定标准:一是经有房地产投资计划审批权的主管部门审批建设的别墅、高档公寓开发项目;二是销售价格高于当地同等地段商品住宅平均销售价格一倍以上的别墅、公寓开发项目。该指标可以分析房地产投资结构，反映高收入家庭商品住宅的供求平衡情况。

Explanatory Notes on Main Statistical Indicators

Investment in fixed assets refers to the construction project investment and real estate development investment of enterprises, the registration of towns, soho, administrative units which the total investment is more than 5 million yuan(including 5 million yuan) , contains the original diameter of urban and rural enterprises and organizations of investment in fixed assets investment project, the diameter started to use since 2011.

Investment in Real Estate Development refers to the investment by the real estate development companies, commercial buildings construction companies and other real estate development units of various types of ownership in the construction of house buildings, such as residential buildings, factory buildings, warehouses, hotels, guesthouses, holiday villages, office buildings, and the complementary service facilities and land development projects, such as roads, water supply, water drainage, power supply, heating, telecommunications, land leveling and other projects of infrastructure. It excludes the activities in pure land transactions.

Sources of Funds for Investment in Fixed Assets include fund from state budget, domestic loans, foreign investment, self-raised funds, and others depending on the source of investment. (1) Fund from state budget consists of budgetary appropriation and loans from state budget. More specifically, it includes, from the budget of the central government, capital construction fund (operation fund and non-operational fund), special expenses (e.g. expenses on substituting petroleum with coal), loans from repayment, discount fund, expenses on innovation and trial production of new products, expenses on urban construction, expenses on temporary construction by Trades departments, development fund for less developed areas, as well as local budgetary fund transferred from the central budget. (2) Domestic loans refer to loans of various forms borrowed by investing units from banks and non-bank financial institutions during the reference period for the purpose of investment in fixed assets, including loans issued by banks from their self-owned funds and deposit, loans appropriated by higher responsible authorities, special loans by government (including loan for substituting petroleum with coal, special loan for reform-through-labour coal mines), loans arranged by local government from special funds, domestic reserve loan, and working loan, etc. (3)Bonds, refers to the enterprise (company) or financial institutions through the issuance of bonds, raise funds for investment in fixed assets,including bank acting national professional investment by the key enterprise bond issue company bonds and basic construction.(4) Foreign investment refers to foreign funds received during the reference period for the construction and purchase of investment in fixed assets (covering equipment, materials and technology), including foreign borrowings (loans from foreign governments and international financial institutions, export credit, commercial loans from foreign banks, issue of bonds and stocks overseas), foreign direct investment and other foreign investment. Excluded in this category are capitals in foreign exchanges owned by China (foreign exchanges owned by the central and local governments, foreign exchanges retained by enterprises, foreign exchanges by enterprises through regulating mechanism, loans in foreign exchanges issued by the Bank of China with its own fund, etc.). In calculating the utilization of foreign capitals, foreign currencies are converted into Chinese Renminbi applying the current exchange rate when the foreign capitals are actually used. (5) Self-raised funds refer to extra-budgetary funds for investment in fixed assets received by investing units from central government ministries, local governments, enterprises and institutions, including their self-raised funds. (6) Others refer to funds for investment in fixed assets received from the sources other than those listed above, including capitals raised through issuing bonds by enterprises or financial institutions, funds raised from individuals and through donations, and funds transferred from other units.

Investment in Fixed Assets by Sector The classification of construction projects by sector is determined by the major products or the purpose of the projects when they are put into production or use, and by the nature of their social economic activities. In general, one project or one enterprise or institution can only be classified into one sector.

Investment in Fixed Assets by Type of Construction The construction projects in general can be classified, by the type of construction, into new construction, expansion, reconstruction and technical transformation, moving and restoration. However, investment by type of construction is not applied to investment by real-estate development units, investment in rural areas and investment in housing by urban individuals. (1) New construction in general refers to newly constructed enterprises, institutions, administrative agencies or independent projects from scratch. Construction in the existing enterprises, institutions or agencies is not considered as new construction. In case the assets of the existing unit is quite small, and the value of newly added fixed assets exceeds the original value of assets by three times, the expansion will be considered as new construction.(2) Expansion refers to construction of new major production workshop, branch factory or independent production line within a factory or in other locations, for the purpose of increasing the productioncapacity (or improving efficiency) of the original products. Newly constructed houses for the operation of institutions and administrative organizations (such as the newly constructed buildings for teaching in schools, buildings for clinics or wards in hospitals, etc.) are also classified as expansion.Also included in the expansion are investments by existing enterprises or institutions in building major production line(s) or branch factory(ies) along with some work on innovation, for the purpose of expending the productioncapacity of original products or producing new products. (3) Reconstruction refers to construction projects by existing enterprises or institutions in innovation or technical transformation of the old facilities (including auxiliary production equipment and welfare facilities). Also considered as reconstruction is the construction of new workshops by the existing enterprises or institutions to change the variety of products to meet the market demand (such as the production of civil products by defence industries), or to bring the designed productioncapacity into full play through a more balanced production process on production lines. Technical transformation refers to replacement of old technology or equipment by new technology or equipment, in order to expand the reproduction through improvement of technology contents in production, to improve product quality, to promote new products, to save energy and reduce consumption and to improve overall social-economic efficiency. Contents of technical transformation include: updating of machinery, equipment and tools; reforming production process by using energy or materials saving technology; construction of factory workshops and transformation of public facilities; improvement of working conditions and environment, etc.

Investment in Fixed Assets by Structure By their contents, investment activities are classified into 4 categories, i.e. construction and installation, purchase of equipment and instrument, and other expenses.(1) Construction refers to the construction of various houses and buildings and installation of various kinds of equipment and instruments.They include construction of various houses; equipment foundations, industrial kilns and stoves, and metal structure work; preparation works for project construction, and clearing up works post project construction; pavement of railways and roads, drilling of mines and putting up of oil pipes; construction of projects of water conservancy; construction of underground air-raid shelters and construction of other special projects; value of equipment for heating, sanitation, ventilation, lighting, gas, painting, etc. that are covered by the budget of housing projects; laying out of various pipelines (for steam, compressed air, petroleum, tap water and sewage) and lines for electric power and for communications; installation of various machinery equipment, testing operation for pre-testing the quality of installation projects, and land and other development work conducted by real estate developers for commercial housing. The value of equipment installed is not included in the value of installation projects. (2) installation: refers to various equipment, equipment installation, also called the installation work. In the installation of equipment is installed, not including itself value.(3) Purchase of equipment and instruments refers to the total value of equipment, tools, and instruments purchased or self-produced which come up to standards for fixed assets by the construction units or investing enterprises or institutions. Equipment, tools and instruments purchased or self-produced for new workshops by newly established or expanded units are categorized as "purchase of equipment and instruments" no matter whether they come up to the standards for fixed assets.(4) Other expenses refer to expenses occurring during the construction or purchase of fixed assets other than those mentioned above.

Projects under Construction refer to projects with construction and installation activities undertaken in the reference period. All projects that have construction activities undertaken during the reference period are reported as projects under construction irrespective of the length of construction work. The number of projects under construction can reflect the actual size of investment in fixed assets during a given period, and when compared with the number of projects completed and put into use during the same period, it demonstrates the results of investment in fixed assets. Depending on the nature of const ruction activities, projects under construction can also be classified into projects under construct ion in current y ear, winding-up projects in current year and stopped or suspended projects in previous years (with preservation work in current year).

Projects Completed and Put into Use Industrial projects refer to the major projects and accessory facilities completed which result in forming productioncapacity and have been checked and accepted while the living and welfare facilities have been completed and can ensure normal production and formally put into production. Non-industrial projects refer to the major project s and accessory facilities completed which possess the designedcapacity and have been checked, accepted and formally put into production.

Floor Space of Buildings under Construction refers to total floor space of the horizontal section of outer walls above the plinth of the building, including the effective area and the area occupied by the structure. This indicator is one of the important indicators in physical terms to reflect the scale and accomplishment of the construction industry, and important basis for monitoring the pr ogress, calculating the cost, analyzing the efficiency and studying the supply of building materials in relation with the construction projects.

Floor Space of Residential Buildings refers to the floor space of the residential buildings among the total space of buildings under construction or completed.

Floor Space under Construction refers to total floor space of all buildings under construct ion during the reference period, including floor space of newly start ed buildings during the reference period, floor space of construction extended from the previous period to the current period, and floor space of construction suspended during the previous period and resumed in the current period. Floor space of const ruction completed in the current period, and floor space of const ruction started and then suspended in the current period are also included in the floor space under const ruction of the current year.

Floor Space of Buildings Completed refers to the floor space of all buildings completed in the reference period, which have been appraised and accepted (or come up to the designed standards) and have been transferred to the owners for use.

Newly Increased Fixed Assets refer to the newly increased value of fixed assets, constructed or purchased, that have been transfer red to the investors. This is an indicator that demonstrates the results of investment in fixed assets in monetary terms, and an important indicator to reflect the speed of construct ion and to calculate the efficiency of investment.

Number of Flats in Completed Residential Buildings refers to total number of flats completed during the reference period, appraised and accepted as meeting the standards for living, and transfer red for use. A flat includes separate kitchen and bathroom, several bedrooms and corridor, suitable for one household. This indicator reflects the degree of industrialization of the residential building construction, the process of urbanization and the improvement of the living standard of people.

Villas, High-Grade Apartments refers to

commercial houses whose construction costs and marketing prices are significantly higher than ordinary housing. Villas are independent structures generally located in the suburbs; high-grade apartments are multi-story buildings located in elegant urban neighborhoods. Criteria for villas and high-grade apartments include: 1) projects for the construction of villas or high-grade apartments have to be approved by competent departments in charge of real estate development and investment plans, and 2) prices for projects on villas or high- grade apartments are higher by over 100% compared with the average prices of ordinary commercial housing projects in similar location. This indicator helps to analyze the investment structure of the real estate industry and the demand and supply of housing for high-income households.

第五篇　对外经济

Chapter 5　Foreign Trade

资料整理：薛萍　戴斌　叶玲
Database Editor:Xueping Daibin Yeling

简 要 说 明

本篇资料的主要内容及来源

本篇资料反映了全省外经外贸，主要包括进出口、利用外资、对外承包工程和劳务合作、人民币外汇牌价基本情况等方面的内容。

进、出口数据来源于海关统计，利用外资、对外承包工程和劳务合作等资料来源于省商务厅,外商投资企业工商注册数、资本金、投资总额数据来源于省工商局。历年人民币对主要外币的年平均汇价资料来源于国家外汇管理局，是根据当年国家外汇管理局提供的每日汇价进行加权平均计算而得出的当年年平均汇价。

本篇资料由省统计局贸易外经统计处整理提供。

Brief Introduction

Main Content and Source of Data

Data in this chapter show the basic conditions of foreign trade and tourism , mainly including imports and exports, utilization of foreign capitals, contracted projects and labor services cooperation, exchange rate of RMB to other currencies etc.

Data on foreign trade are based on the statements made by the Administration of Customs. Data on utilization of foreign capitals, contracted projects and labor services cooperation are provided by Fujian Department Foreign Trade and Economic Cooperation. Data on Registered Foreign Funded Enterprises are provided by Fujian Industrial and Commercial Bureau. Average exchange rates of RMB yuan to other currencies over the years come from the State Administration of Exchange Control. The annual average exchange rate is calculated as the weighted mean of the daily exchange rates provided by the State Administration of Exchange Control.

Data in this chapter are collected and compiled by the Division of Trade and External Economic Relations Statistics of Fujian Provincial Bureau of Statistics.

5-1 对外经济基本情况

Basic Statisics on Foreign Trade

项目 Item	2000	2005	2010	2015	2016
海关货物进出口总额（人民币万元） Total Value of Imports and Exports in Customs (RMB 10000 yuan)	**17568664**	**44572105**	**73638807**	**104783887**	**103449561**
出口总额 Exports	10685474	28541480	48397273	69917645	68336561
进口总额 Imports	6883190	16030625	25241534	34866242	35113001
进出口差额 Balance	3802284	12510855	23155739	35051403	33223560
海关货物进出口总额（万美元） Total Value of Imports and Exports in Customs(USD 10000)	**2122332**	**5441130**	**10878027**	**16884593**	**15681939**
出口总额 Exports	1290828	3484195	7149313	11268011	10367250
初级产品 Primary Goods		215205	529791	912125	959831
工业制品 Industry Goods		3268990	6619522	10355886	9407419
进口总额 Imports	831504	1956935	3728715	5616582	5314689
初级产品 Primary Goods		333239	1024135	2280514	2254735
工业制品 Industry Goods		1623696	2704521	3335955	3059954
进出口差额 Balance	459324	1527260	3420598	5651429	5052560
外商直接投资 Foreign Investment Utilized					
新签合同数（个） Number of Projects for Contracted Foreign Direct Investment(unit)		1988	1139	1689	2355
合同投资金额（万美元） Total Amount of Contracted Foreign Investment(USD 10000)		595715	737557	1446277	1566337
实际利用外资（万美元） Foreign Investment Actually Utilized(USD 10000)		260775	580279	768339	819465
外商投资企业工商注册情况 Registration Status of Foreign Funded Enterprises					
年末注册数（个） Number of Enterprises(unit)	16013	17854	17886	25895	28351
投资总额（万美元） Total Investment(USD 10000)	4708446	7533131	12483059	19671281	22631550
注册资本（万美元） Registered Capital(USD 10000)	2758492	4307474	6935845	11090110	13212653
对外承包工程（万美元） Contracted Projects(USD 10000)					
合同金额 Contracted Value	12486	24713	8607	57701	58143
完成营业额 Value of Turnover Fulfilled	10373	19537	23531	92656	95014
对外劳务合作（万美元） Labor Services(USD 10000)					
劳务人员合同工资总额 Contracted Pay	29562	32539	20580	67482	85110
劳务人员实际收入总额 Value of Real Income	34479	31014	23209	62364	70457

注：1.劳务人员合同工资总额、劳务人员实际收入总额，2012年以前分别为对外劳务合作合同金额、对外劳务合作完成营业额。2.外商投资企业年末注册数、投资总额、注册资本2013年以前不含其他外商投资企业和外商投资企业分支机构。

Note:a) Before 2012,the Contract Pay is Contracted Value,the Real Income is Value of Turnover Fulfilled. b) Before 2013,Number of Foreign Funded Enterprise Registrations,Total Amount of Investment and Registered Capital Exclude other Foreign Funded Enterprises and Branches.

5-2 进出口总额(1981-2016年)

Gross Value of Imports and Exports(1981-2016)

单位：万美元

年份 Year	进出口总额(万美元) Total Imports and Exports(USD 10000)	出口 Exports	进口 Imports	进出口总额(万元人民币) Total Imports and Exports (RMB 10000 yuan)	出口 Exports	进口 Imports
1981	60827	40127	20700	108272	71426	36846
1982	55067	37023	18044	106279	71454	34825
1983	56366	36995	19371	110477	72510	37967
1984	66472	39167	27305	185457	109276	76181
1985	90084	55718	34366	263946	163254	100692
1986	134771	68647	66124	501348	255367	245981
1987	184500	90400	94100	686340	336288	350052
1988	284300	141600	142700	1057596	526752	530844
1989	342200	182800	159400	1611762	860988	750774
1990	433908	244906	189002	2265000	1278409	986591
1991	574776	314746	260030	3115286	1709071	1406215
1992	805873	438666	367207	4633770	2522330	2111440
1993	1004181	515874	488307	5814208	2986911	2827297
1994	1218953	643020	575933	10397669	5484961	4912708
1995	1444569	790806	653763	12105488	6626954	5478534
1996	1551972	838239	713733	12881368	6957384	5923984
1997	1795280	1025560	769720	14861328	8489586	6371742
1998	1716065	996387	719678	14205586	8248092	5957494
1999	1761956	1035193	726763	14585472	8569328	6016144
2000	2122332	1290828	831504	17568664	10685474	6883190
2001	2262601	1392232	870369	18729811	11524896	7204915
2002	2839882	1737086	1102796	23508543	14379598	9128945
2003	3532551	2113173	1419378	29242457	17492846	11749611
2004	4752704	2939476	1813228	39338131	24330043	15008088
2005	5441130	3484195	1956935	44572105	28541480	16030625
2006	6265921	4126174	2139747	49375457	32514251	16861206
2007	7445081	4994039	2451042	56612396	37974673	18637723
2008	8482094	5699184	2782910	58908991	39581403	19327588
2009	7964937	5331902	2633034	54408483	36422225	17986258
2010	10878027	7149313	3728715	73638807	48397273	25241534
2011	14352244	9283779	5068465	92698273	59962074	32736199
2012	15593796	9783259	5810536	98435836	61756825	36679010
2013	16932174	10647442	6284731	104864338	65941740	38922598
2014	17740784	11345229	6395555	108973325	69689226	39284099
2015	16884593	11268011	5616582	104783887	69917645	34866242
2016	15681939	10367250	5314689	103449561	68336561	35113001

5-3 按主要贸易方式分进出口商品贸易额

Value of Imports and Exports by Main Trade Mode

单位：万美元 (USD 10000)

项目 Item	2000	2005	2010	2015	2016
出口总额 Total Exports	**1290828**	**3484195**	**7149313**	**11268011**	**10367250**
#一般贸易 General Trade	609737	1674278	4384049	8233216	7631933
来料加工贸易 Processing and Assembling with Custorner's Materials	114888	185823	380759	269224	275437
进料加工贸易 Processing and Assembling with Import Materials	519328	1434781	1979050	2287439	1959513
保税监管场所进出境货物 Import and Export Goods in Bonded Area				198149	245468
海关特殊监管区域物流货物 Goods in Customs Special Area				272749	246067
进口总额 Total Imports	**831504**	**1956935**	**3728715**	**5616582**	**5314689**
#一般贸易 General Trade	271095	755531	1924371	3717038	3663891
来料加工装配贸易 Processing And Assembling With Custormer's Materials	59377	149781	528723	277058	254026
进料加工贸易 Processing And Assembling With Imports Materials	358368	697131	911150	1089848	882872
来料加工装配进口的设备 Processing Equipments	246	1345	2492	87	168
外商投资企业作为投资进口的设备、物品 Foreign Funded Equipments	80631	86086	71502	19444	13727
保税监管场所进出境货物 Import and Export Goods in Bonded Area				279541	291972
海关特殊监管区域物流货物 Goods in Customs Special Area				199179	174008
海关特殊监管区域进口设备 Import Equipment in Customs Special Area				1518	1627

5-4 按企业性质分进出口商品贸易额

Value of of Imports and Exports by Ownership of Enterprises

单位：万美元 (USD 10000)

项目	Item	2000	2005	2010	2015	2016
进出口总额	**Total Imports and Exports**	**2122332**	**5441130**	**10878027**	**16884593**	**15681939**
出口总额	**Exports**	**1290828**	**3484195**	**7149313**	**11268011**	**10367250**
#国有企业	State Owned Enterprises	473050	552753	753742	838017	760055
集体企业	Collective Owned Enterprises	21980	64248	101156	80727	83791
私营企业	Privited Enterprises	36109	691823	2798921	6353410	5890929
外商投资企业	Foreign Funded Enterprises	759661	2175297	3495247	3995657	3632354
进口总额	**Imports**	**831504**	**1956935**	**3728715**	**5616582**	**5314689**
#国有企业	State Owned Enterprises	174169	362330	673896	1474150	1392803
集体企业	Collective Owned Enterprises	3963	33200	25754	26451	19368
私营企业	Privited Enterprises	7195	160348	684201	1459923	1637885
外商投资企业	Foreign Funded Enterprises	646028	1400940	2338407	2656054	2264385

5-5 进出口主要分类情况

Value of of Imports and Exports by Major Classification

单位：万美元 (USD 10000)

项目	Item	2000	2005	2010	2015	2016
进出口总额	**Imports and Exports**	**2122332**	**5441130**	**10878027**	**16884593**	**15681939**
出口商品总额	**Exports**	**1290828**	**3484195**	**7149313**	**11268011**	**10367250**
初级产品	Primary Goods	136769	215205	529791	912125	959831
工业制品	Manufactured Goods	1154106	3268990	6619522	10355886	9407419
进口商品总额	**Imports**	**831504**	**1956935**	**3728715**	**5616582**	**5314689**
初级产品	Primary Goods	102179	333239	1024135	2280514	2254735
工业制品	Manufactured Goods	729315	1623696	2704521	3335955	3059954
机电产品进出口	**Total of mechanical and electronic products**		**2602702**	**4703884**	**5814949**	**5439031**
出口总额	Exports		1572365	2939330	4003707	3612239
进口总额	Imports		1030337	1764554	1811242	1826791
高新技术产品进出口	**High-tech products**		**1279609**	**2560582**	**2820459**	**2620599**
出口总额	Exports		782175	1317431	1463361	1248467
进口总额	Imports		497434	1243151	1357098	1372133
外商投资企业进出口	**Foreign-Funded Enterprises**	**1405689**	**3576237**	**5833654**	**6651711**	**5896739**
出口总额	Exports	759661	2175297	3495247	3995657	3632354
进口总额	Imports	646028	1400940	2338407	2656054	2264385
一般贸易进出口	**General Trade**	**880832**	**2429809**	**6308421**	**11950254**	**11295824**
出口总额	Exports	609737	1674278	4384049	8233216	7631933
进口总额	Imports	271095	755531	1924371	3717038	3663891
加工贸易进出口	**Processing and Assembling**	**1051961**	**2467516**	**3799681**	**3923568**	**3371847**
出口总额	Exports	634216	1620604	2359808	2556662	2234950
进口总额	Imports	417745	846912	1439872	1366906	1136897

5-6 按主要国别(地区)分出口商品贸易额

Value of Exports by Country (Region)

单位：万美元 (USD 10000)

国别(地区)	Country (Region)	2000	2005	2010	2015	2016
总计	**Total**	**1290828**	**3484195**	**7149313**	**11268011**	**10367250**
亚洲	**Asia**	**598838**	**1451213**	**2902323**	**5266707**	**4934230**
#中国香港	Hong Kong China	150910	287749	455702	939367	833375
中国澳门	Macao China	1712	1049	2998	5032	3186
中国台湾	TaiWan China		7863	221178	373726	384706
日本	Japan	235623	575271	540847	584127	563267
菲律宾	Philippines	13669	42498	167682	490750	614258
泰国	Tailand	9247	26149	93315	295293	254731
马来西亚	Malaysia	17160	47458	194220	285293	227810
新加坡	Singapore	33553	64781	112406	170879	138211
阿拉伯联合酋长国	United Arab Emirates	13850	54608	121220	318401	221248
欧洲	**Europe**	**243597**	**782456**	**1640547**	**2104301**	**2010758**
#德国	Germany	50336	129290	338727	373550	342026
法国	France	17232	51731	110858	131068	122624
意大利	Italy	20560	59350	125495	136432	130527
芬兰	Finland	2243	11766	20697	15451	12293
英国	United Kingdom	32751	86154	187950	361784	340960
丹麦	Denmark	3295	11986	29589	31504	28275
瑞典	Sweden	4921	14360	24651	40527	36038
瑞士	Switzerland	2219	30875	14742	10450	9745
西班牙	Spain	16783	50610	112045	124895	129298
北美洲	**North America**	**342526**	**934389**	**1605509**	**2338100**	**2137666**
#加拿大	Canada	23586	70914	118966	141566	128563
美国	United States	318940	863366	1486505	2196480	2009020
大洋洲	**Oceania**	**22229**	**58104**	**133950**	**215514**	**217778**
#澳大利亚	Australia	19539	49842	114185	176434	169559
拉丁美洲及非洲	**South America and Africa**	**83638**	**258032**	**864546**	**1343390**	**1066818**

5-7 按主要国别(地区)分进口商品贸易额

Value of Imports by Country (Region)

单位：万美元 (USD 10000)

国别(地区)	Country (Region)	2000	2005	2010	2015	2016
总计	**Total**	**831504**	**1956935**	**3728715**	**5616582**	**5314689**
亚洲	**Asia**	**625345**	**1397806**	**2466713**	**3039067**	**2825611**
#中国香港	Hong Kong China	28314	20269	16226	26473	10255
中国澳门	Macao China	220	8	33	5	6
中国台湾	TaiWan China		40911	817830	743041	606764
日本	Japan	131488	248474	363345	274091	355430
菲律宾	Philippines	3934	27452	38813	72030	77038
泰国	Tailand	14143	34576	122670	157431	110226
马来西亚	Malaysia	28086	77553	121207	145446	148219
新加坡	Singapore	13641	50249	51225	84775	85524
阿拉伯联合酋长国	United Arab Emirates	3788	4144	2258	14438	17366
欧洲	**Europe**	**88734**	**205506**	**436401**	**768166**	**663619**
#德国	Germany	17143	61429	121344	40899	111468
法国	France	4959	10947	26250	114827	48201
意大利	Italy	9633	21073	40692	64022	33345
芬兰	Finland	2277	6635	10893	14230	17123
英国	United Kingdom	15857	29740	37122	40899	54507
丹麦	Denmark	1632	3251	4216	8889	5770
瑞典	Sweden	2963	5114	9386	9048	9378
瑞士	Switzerland	6064	14145	8924	241887	117797
西班牙	Spain	3157	6017	31233	23184	25138
北美洲	**North America**	**86030**	**209506**	**420234**	**906748**	**663846**
#加拿大	Canada	6106	16665	46738	156478	116860
美国	United States	79910	192836	373471	750270	546930
大洋洲	**Oceania**	**12342**	**27841**	**108206**	**301455**	**428187**
#澳大利亚	Australia	9636	22275	86550	262324	367180
拉丁美洲及非洲	**South America and Africa**	**19053**	**116276**	**296951**	**600876**	**733426**

5-8 按类分进出口总额(2010-2016年)

Value of of Imports and Exports by Category(2010-2016)

单位：万美元 (USD 10000)

项目 Item	2010 出口 Exports	2010 进口 Imports	2015 出口 Exports	2015 进口 Imports	2016 出口 Exports	2016 进口 Imports
一、初级产品 Primary Goods	**529791**	**1024135**	**912125**	**2280514**	**959831**	**2254735**
食品及活动物 Food and Live Animals	481404	109572	841885	374018	878342	284956
活动物 Live Animals	5	113	.	102	.	84
肉及肉制品 Meat and Meat Products	6648	1774	10370	17398	9635	15093
乳品及蛋品 Dairy Products and Eggs	1007	5045	1480	13152	1388	30584
鱼、甲壳及软体类动物及其制品 Fish, Shellfish, Mollusks and Other Aquatic Invertebrates	264914	8278	548672	30608	584054	36045
谷物及其制品 Cereals and Products	3482	10945	2584	158218	2897	81411
蔬菜及水果 Vegetable and Fruits	165117	10981	210376	30763	208338	24688
糖、糖制品及蜂蜜 Sugar ,Sugar Products and Honey	10683	1049	19434	6891	19076	3568
咖啡、茶、可可、调味料及其制品 Coffee, Tea, Coca, Spices and Their Products	12197	2037	24380	3272	29642	3155
饲料 Forage	4879	66477	5272	103749	4250	77691
杂项食品 Others	12388	2382	19289	8926	19041	11134
饮料及烟类 Beverages and Tobacco	3267	7023	5855	29138	6119	39378
饮料 Beverages	1122	6960	4344	28957	5297	39241
烟草及其制品 Tobacco and Tobacco Products	2145	64	1512	182	822	138
非食用原料 Non-edible Raw Materials	24373	674926	55036	1160112	62019	1330145
生皮及生毛皮 Raw Hides and Furs		12142	16	46879	51	33566
油籽及含油果实 Oil Seeds and Kernels	18	150830	276	230630	323	226576
生橡胶 Raw Rubber	1133	56506	396	35739	437	41399
软木及木材 Cork and Wood	2280	60281	8116	148819	8649	138991
纸浆及废纸 Paper Pulp and Waster Paper	230	75143	367	123905	451	127243
纺织纤维(羊毛条除外)及其废料 Textile Fiber and Related Scrap (Excluding Fleece)	2112	8342	13152	7991	20074	5817
天然肥料及矿物(煤、石油及宝石除外) Natural Fertilizers and Mineral (Excluding Coal, Petroleum and Germ)	8714	152323	14315	193338	13597	183461
金属矿砂及金属废料 Metals Ore and Scrap	677	153940	1382	362923	680	564647
其他动、植物原料 Other Animal And Vegetable Raw Materials	9210	5417	17016	9887	17758	8445
矿物燃料、润滑油及有关原料 Mineral Fuels, Lubrication Oil and Related Materials	20321	201031	4052	696137	9626	585592

5-8 续表1

Continued

单位：万美元　　(USD 10000)

项目 Item	2010 出口 Exports	2010 进口 Imports	2015 出口 Exports	2015 进口 Imports	2016 出口 Exports	2016 进口 Imports
煤、焦炭及煤砖 Coal, Coke and Briquette	10	91023	375	123427	8828	180646
石油、石油产品及有关原料 Petroleum, Petroleum Products and Related Materials	20312	56052	3659	470600	790	310577
天然气及人造气 Natural Gas and Man-made Gas		53957	18	102110	8	94369
动植物油、脂及蜡 Animal and Vegetable Oil ,Fats and Wax	426	31583	5297	21109	3725	14664
动物油、脂 Animal Oil and Fats	190	2356	4288	2080	2686	1186
植物油、脂 Vegetable Oils and Fats	199	28278	164	17603	343	12253
已加工的动植物油、脂及动植物蜡 Processed Animal and Vegetable Oils,Fats and Wax	37	949	845	1427	696	1226
二、工业制品 Industry Goods	**6619522**	**2704521**	**10355886**	**3335955**	**9407419**	**3059954**
化学成品及有关产品 Chemicals and Related Products	224427	515450	295122	526568	288426	481966
有机化学品 Organic Chemicals	32115	152647	39879	164388	42134	162687
无机化学品 Inorganic Chemicals	69541	3766	73201	6241	69557	9593
染料、鞣料及着色料 Dyestuff , Tanning Extracts and Dye Materials	3949	14920	8424	10025	8582	10668
医药品 Medicines	25959	2564	21361	2345	22237	667
精油、香料及盥洗、光洁制品 Essential Oils, Perfumed Materials and Cosmetics	22884	4227	31523	4705	30755	5127
制成废料 Waste Products	15300		34370	163	21799	
初级形状的塑料 Plastics of Primary Pattern	18904	255793	25142	255106	28921	216204
非初级形状的塑料 Plastics of non Primary Pattern	16281	49303	35699	36768	37427	37450
其他化学原料及产品 Other Chemical Raw and Products	19495	32229	25523	46827	27014	39569
按原料分类的制成品 Products by Raw material	1190460	387399	2182810	396538	2093249	397316
皮革、皮革制品及已鞣毛皮 Leather, Leather Products and Tanned Hides	6037	29037	10788	40847	10645	31340
橡胶制品 Rubber Products	67670	26524	71265	30603	58907	14087
软木及木制品(家具除外) Cork and Wooden Products	65278	590	108311	2517	109442	2171
纸及纸板；纸浆、纸及纸板制品 Paper and Paperboard, Articles of Paper Pulp or Paper and Paperboard Products	47806	20045	96115	12257	91457	12043
纺纱、织物、制成品及有关产品 Spin Textile Products and Related Products	282851	71234	645430	97095	649097	80085
非金属矿物制品 Non Metal Minerals products	401494	36492	727443	40593	678417	33638

5-8 续表2

Continued

单位：万美元 (USD 10000)

项目 Item	2010 出口 Exports	2010 进口 Imports	2015 出口 Exports	2015 进口 Imports	2016 出口 Exports	2016 进口 Imports
钢铁 Steel	60745	78804	135685	83900	135938	90233
有色金属 Non-ferrous Metal	75223	95225	80165	58740	84474	103604
金属制品 Metal Products	183357	29448	307608	29987	274872	30115
机械及运输设备 Machinery and Transport Equipments	2119813	1104787	2605232	1237973	2400703	1316829
动力机械及设备 Power Machinery and Equipments	110109	63665	176805	106190	192630	110947
特种工业专用机械 Special Industry Equipment	57327	146878	130362	125403	124755	280536
金工机械 Metal working Machinery	7441	27949	13432	17006	12256	16506
通用工业机械设备及零件 Ordinary Industry Machinery and Parts	210267	119513	338603	97772	321873	86225
办公用机械及自动数据处理设备 Clerical Machinery and Automatic Data Processing Equipments	208199	151123	193777	126265	193730	118122
电信及声音的录制及重放装置设备 Telecommunications and Sound Record and Replay Equipment	744159	81723	838371	122226	717560	82251
电力机械、器具及其电气零件 Power Machinery and Parts	467608	400344	596648	469849	550299	460673
陆路车辆(包括气垫式) Land Vehicles	147999	38517	208211	37230	191103	89822
其他运输设备 Other Transportation Equipment	166705	75074	109024	136031	96496	71747
杂项制品 Miscellaneous Manufactured Articles	3081697	690622	5272628	631603	4624448	559861
活动房屋、卫生、水道、供热及照明装置 Movable Room, Sanitary Equipment, Supply of Hotand Lighting Apparatus	59979	1629	292908	1710	260712	1440
家具及其零件、褥垫及类似填充制品 Furniture and Related Parts	268221	2903	370742	8321	341026	6779
旅行用品、手提包及类似品 Tour Goods, Handbags and Related Products	192981	266	283515	295	230411	351
服装及衣着附件 Garments and Related Parts	869783	1732	1639912	3089	1435872	6494
鞋靴 Footwears	724771	5599	1194311	7458	1059377	7908
专业、科学及控制用仪器和装置 Special, Scientific and Controlled Instruments and Equipment	338551	575275	451185	489998	361404	430968
摄影器材、光学物品及钟表 Photographic, Optical Instruments and Clocks	102640	72822	153881	83901	131410	72948
未列名杂项制品 Other Miscellaneous Manufactured Articles	524770	30396	886172	36830	804237	32973
未分类的商品及交易品 Unclassified Goods	3125	6263	94	543273	593	303761

5-9 人民币汇率(年平均价)

Refercene Exchange Rate of RMB （Period Average）

单位：元 (yuan)

年份 Year	100美元 100 US Dollars	100日元 100 Japanese Yen	100港元 100 Hong Kong Dollars	100欧元 100 Euros
1985	293.66	1.25	37.57	
1986	345.28	2.07	44.22	
1987	372.21	2.58	47.74	
1988	372.21	2.91	47.70	
1989	376.51	2.74	48.28	
1990	478.32	3.32	61.39	
1991	532.33	3.96	68.45	
1992	551.46	4.36	71.24	
1993	576.20	5.20	74.41	
1994	861.87	8.44	111.53	
1995	835.10	8.92	107.96	
1996	831.42	7.64	107.51	
1997	828.98	6.86	107.09	
1998	827.91	6.35	106.88	
1999	827.83	7.29	106.66	
2000	827.84	7.69	106.18	
2001	827.70	6.81	106.08	
2002	827.70	6.62	106.07	800.58
2003	827.70	7.15	106.24	936.13
2004	827.68	7.66	106.23	1029.00
2005	819.17	7.45	105.30	1019.53
2006	797.18	6.86	102.62	1001.90
2007	760.40	6.46	97.46	1041.75
2008	694.51	6.74	89.19	1022.27
2009	683.10	7.30	88.12	952.70
2010	676.95	7.73	89.13	897.25
2011	645.88	8.11	82.97	900.11
2012	631.25	7.90	81.38	810.67
2013	619.32	6.33	79.85	822.19
2014	614.28	5.82	79.22	816.51
2015	622.84	5.15	80.34	691.41
2016	664.23	6.12	85.58	734.26

注：欧元自2002年开始进入市场流通。
Note:Since 2002,the Euros circulates in market.

5-10 外商直接投资合同数和合同金额(1979-2016年)
Number and Value of Signed Contracts for Direct Foreign Investment(1979-2016)

年份 Year	合同数(项) Numbers (unit)	合资企业 Joint Ventures	合作企业 Cooperative Operation	独资企业 Sole-Foreign Enterprises	合同外资金额(万美元) Value (USD 10000)	合资企业 Joint Ventures	合作企业 Cooperative Operation	独资企业 Sole-Foreign Enterprises
1979	5	2	3		105	19	86	
1980	15	6	9		464	378	86	
1981	16	1	15		1906	56	1850	
1982	14	4	9	1	1612	1034	128	450
1983	18	8	10		2120	1930	190	
1984	236	113	116	7	20097	12187	6473	1437
1985	395	206	182	7	37681	24276	12906	499
1986	109	70	34	5	6456	5355	941	160
1987	215	140	60	15	11753	7771	1950	2032
1988	813	496	188	129	46260	24545	7524	14191
1989	872	436	123	313	90258	27039	5618	57601
1990	1043	432	94	517	116183	28488	7259	80436
1991	1219	575	80	564	144871	36082	23457	85332
1992	3113	1375	191	1547	635101	157962	91108	386031
1993	4714	1775	264	2675	1136617	239879	146164	750574
1994	3026	1017	179	1830	717946	211903	87943	418100
1995	2728	829	119	1780	890647	175384	101147	614116
1996	1987	505	67	1415	653572	97635	32303	523634
1997	2298	408	41	1849	453751	89035	25428	338988
1998	2006	420	45	1541	500150	105163	36999	357988
1999	1439	281	41	1117	489996	103378	37356	349262
2000	1463	281	27	1155	431373	51242	9971	370160
2001	1670	260	14	1395	500717	100566	9592	388661
2002	1825	233	66	1526				
2003	2274	330	18	1922				
2004	2277	318	16	1942				
2005	1988	301	24	1663				
2006	2164	385	10	1766				
2007	1722	298	3	1418				
2008	1101	185	9	906				
2009	939	153	5	779				
2010	1139	242	4	890				

注：1997年起外商直接投资含股份制。

Note:The data of foreign direct investment from 1997 include share holding enterprises.

5-10 续表

Continued

年份 Year	合同数(项) Numbers (unit)	合资企业 Joint Ventures	合作企业 Cooperative Operation	独资企业 Sole-Foreign Enterprises	合同外资金额(万美元) Value (USD 10000)	合资企业 Joint Ventures	合作企业 Cooperative Operation	独资企业 Sole-Foreign Enterprises
2011	1039	230	6	803				
2012	916	222	3	684				
2013	840	225	3	608				
2014	1044	256	2	784				
2015	1689	440		1242				
2016	2355	587	3	1759				
报表口径　New Scope								
2002					390089	45016	21686	317205
2003					477321	63373	6168	403697
历史可比口径　Old Scope								
2002					694419	71616	28398	588223
2003					725117			
2004					754307			
2005					855655			
2006					1080190			
2007					1233624			
2008					1141475			
2009					907597			
2010					1211979			
2011					1357766			
2012					1525389			
全口径　Full Scope								
2004					537299	48124	3247	477771
2005					595715	77223	20319	496142
2006					862069	87666	15165	745280
2007					867422	190832	4093	649397
2008					715201	62787	11403	633626
2009					536095	61881	7592	463511
2010					737557	101453	2472	599438
2011					921880	167519	10836	743631
2012					929083	136383	757	667066
2013					833644	164356	-294	671119
2014					849079	208541	12182	609880
2015					1446277	269111	2000	976580
2016					1566337	512379	1140	1015696

5-11 按行业分外商直接投资合同数(1979-2016年)

Number of Signed Contracts for Direct Foreign Investment by Sector(1979-2016)

单位：个 (unit)

年份 Year	总计 Total	农业 Agriculture	工业 Industry	建筑业 Construction	交通运输仓储及邮电通信业 Transport, Storage,Post and Telecommunica -tions	批发和零售贸易餐饮业 Wholesale & Retail Trade and Catering Services	其他服务业 Other Services
1979	5	2	1				2
1980	15	1	5	1	3		5
1981	16		5	1	4		6
1982	14		10		1	1	2
1983	18	1	6		2	1	8
1984	236	13	113	15	11	22	62
1985	395	21	266	24	13	63	8
1990	1043	42	930	1	5	10	55
1991	1219	57	1077		6	11	68
1992	3113	134	2520	21	11	22	405
1993	4714	161	3536	67	21	124	805
1994	3026	133	2068	41	22	176	586
1995	2728	166	1973	29	15	130	415
1996	1987	114	1431	14	10	184	234
1997	2298	140	1755	28	6	179	190
1998	2006	168	1482	12	21	98	225
1999	1439	132	1052	11	9	40	195
2000	1463	117	1129	5	4	55	153
2001	1670	102	1304	5	15	34	210
2002	1825	97	1382	14	14	50	268
2003	2274	110	1839	14	25	60	226
2004	2277	93	1837	11	26	100	210
2005	1988	81	1570	4	25	92	216
2006	2164	85	1633	12	34	207	193
2007	1722	69	1204	3	21	234	191
2008	1101	67	627	10	15	229	153
2009	939	73	431	4	39	258	134
2010	1139	79	504	5	23	320	208
2011	1039	69	374	7	22	345	222
2012	916	77	270	7	12	320	230
2013	840	45	200	8	17	353	217
2014	1044	53	190	11	8	475	307
2015	1689	95	199	20	19	790	566
2016	2355	80	229	27	17	934	1068

5-12 按行业分外商直接投资合同金额(1979-2016年)

Value of Signed Contracts for Direct Foreign Investment by Sector(1979-2016)

单位：万美元　　(USD 10000)

年份	Year	总计 Total	农业 Agriculture	工业 Industry	建筑业 Construction	交通运输仓储及邮电通信业 Transport, Storage, Post and Telecommunications	批发和零售贸易餐饮业 Wholesale & Retail Trade and Catering Services	其他服务业 Other Services
1979		105	78	10				17
1980		464	33	247	5	12		167
1981		1906		99	72	206		1529
1982		1612		1542		50	13	7
1983		2120	10	900		62	25	1123
1984		20097	245	7080	918	779	1110	9965
1985		37681	1228	15977	1254	586	12085	6551
1990		116183	3462	90126	91	331	488	21685
1991		144871	5256	98215		978	737	39685
1992		635101	8128	338783	1088	2817	27068	257217
1993		1136617	17482	574966	6931	2692	23151	511395
1994		717946	11607	394043	4132	7683	11583	288898
1995		890647	20790	660166	3187	17270	27927	161307
1996		653572	12678	469257	15031	8825	21286	126495
1997		453751	15932	323558	21977	17486	28839	45959
1998		500150	31810	336922	21773	8597	7308	93740
1999		489996	28748	359611	4806	2161	8877	85793
2000		431373	18083	318217	1666	2038	7481	83888
2001		500717	17589	371725	1464	7915	2420	99604
报表口径	New Scope							
2002		390089	12453	310522	6224	7404	3866	49620
2003		477321	14166	398730	7144	7288	4076	45917
历史可比口径	Old Scope							
2002		694419	19599	581954	11153	8799	4812	68102
全口径	Full Scope							
2004		537299	12674	426684	321	15651	13838	68131
2005		595715	22415	467697	754	21674	15222	67953
2006		862069	17158	659295	6121	26289	38025	115181
2007		867422	16497	648414	-197	12301	36543	153864
2008		715201	27219	444674	3221	36966	56566	146555
2009		536095	23235	316771	1455	31770	38370	124494
2010		737557	24439	452840	813	16826	93832	148807
2011		921880	41513	542046	2571	16260	86200	233290
2012		929083	67531	364064	17019	35616	154028	290825
2013		833644	22851	415880	12501	28152	125156	229104
2014		849079	34766	367882	10625	19551	133299	282956
2015		1446277	71592	411956	653	24364	322761	614951
2016		1566337	60688	377264	53100	167	283161	791957

5-13 分国别(地区)外商直接投资合同数和合同金额

Number and Value of Contracts for Signed Direct Foreign Investment by Country(Region)

国别(地区)	Country(Region)	2000	2005	2010	2013	2014	2015	2016
合同数（个）	**Number(unit)**	**1463**	**1988**	**1139**	**840**	**1044**	**1689**	**2355**
#中国香港	Hong Kong China	602	921	446	328	382	468	531
中国澳门	Macao China	28	66	16	8	13	19	23
中国台湾	Taiwan China			408	314	447	890	1408
日本	Japan	72	64	22	12	7	21	8
菲律宾	Philippines	60	96	11	3	9	7	6
泰国	Tailand	5	2		1		2	6
马来西亚	Malaysia	14	25	18	10	7	14	13
新加坡	Singapore	58	41	27	35	28	37	38
印度尼西亚	Indonesia	9	13	5	5	1	10	5
德国	Germany	8	8	6	4	5	11	8
法国	France	3	7	2			2	2
英国	United Kingdom	20	9	2	7	3	13	14
加拿大	Canada	15	31	11	7	14	10	16
美国	United States	79	98	33	25	31	52	51
澳大利亚	Australia	18	28	18	7	8	27	25
合同金额（万美元）	**Volume（10000 USD)**	**431373**	**595715**	**737557**	**833644**	**849079**	**1446277**	**1566337**
#中国香港	Hong Kong China	212533	286810	559446	472234	561081	765753	994003
中国澳门	Macao China	4958	15623	8243	19905	5772	8158	15848
中国台湾	Taiwan China			76162	117022	110092	282112	292840
日本	Japan	16943	10575	4135	2533	11143	4676	10995
菲律宾	Philippines	17611	19213	-6765	-985	1909	-421	125
泰国	Thailand	270	292	-85	1998	-320	53	1971
马来西亚	Malaysia	4643	7559	5728	-546	1750	6675	2018
新加坡	Singapore	10246	12343	21747	53789	21212	27949	27411
印度尼西亚	Indonesia	1026	1892	730	2908	-539	462	-699
德国	Germany	3107	251	261	907	1201	1428	1360
法国	France	102	881	429	-28	-120	31	4
英国	United Kingdom	15504	-4364	260	539	750	3246	641
加拿大	Canada	2495	3510	6948	2222	1512	2292	3427
美国	United States	21012	25534	1288	5609	2096	28221	2971
澳大利亚	Austrialia	985	5138	4493	3822	82	73995	10737

注：当期外商投资企业减资或外商股权转让金额超过当期新批合同外资或外商投资企业增资金额，差额部分用负数表示。

Note:When the data of reduction of Signed Value or the transfer stock value surpass the data of Signed Value or the supplementary value of direct foreigh investment, the discrepancy is expressed by negative number.

5-14 实际利用外商直接投资金额(1979-2016年)

Direct Foreign Capital Actually Used(1979-2016)

单位：万美元 (USD 10000)

年份 Year	合计 Total	合资企业 Joint Ventures	合作企业 Cooperative Operation	独资企业 Sole-Foreign Enterprises
1979	83	15	68	
1980	363	288	75	
1981	150	40	110	
1982	121	5	16	100
1983	1438	1026	158	254
1984	4828	3526	1179	123
1985	11782	8566	2950	266
1986	6149	4121	1913	115
1987	5139	3097	1479	563
1988	13017	9273	2369	1375
1989	32880	13814	6384	12682
1990	29002	12617	2780	13605
1991	64449	22682	14775	26992
1992	141633	48528	26132	66973
1993	286745	98484	33498	154763
1994	371200	145518	34469	191213
1995	403881	124872	54073	224936
1996	407876	129778	50497	227601
1997	419666	112293	60175	247198
1998	421211	90295	50778	280138
1999	402403	99542	42121	260180
2000	380386	74548	13263	291365
2001	391804	74092	7248	309068
历史可比口径 (Old Scope)				
2002	424995	84669	11587	316240
2003	499329			
2004	531802			
2005	622984			
2006	718489			
2007	813093			
2008	1002556			
2009	1006481			
2010	1031552			
2011	1104447			
2012	1218541			
全口径 (Full Scope)				
2004	222120	41952	4324	163490
2005	260775	31021	670	222422
2006	322047	49684	2327	268789
2007	406058	68686	4670	332015
2008	567171	137758	2284	416441
2009	573747	104761	1372	458815
2010	580279	97974	2126	475199
2011	620111	94469	774	479782
2012	633774	130747	1325	399721
2013	667896	93411	3349	554906
2014	711499	136702	1200	558117
2015	768339	176361	2010	504258
2016	819465	191096	307	515657

5-15 分国别(地区)实际利用外商直接投资金额

Direct Foreign Capital Actually Used by Country(Region)

单位：万美元 (USD 10000)

国别(地区)	Country (Region)	2000	2005	2010	2015	2016
总计	**Total**	**380386**	**260775**	**580279**	**768339**	**819465**
亚洲	Asia					
#中国香港	Hong Kong China	151678	121783	354634	469850	489206
中国澳门	Macao China	2689	6162	5156	2649	5486
中国台湾	Taiwan China			23805	55331	78296
印度尼西亚	Indonesia	1760	593	1883	1396	36
日本	Japan	7655	7445	6287	12343	8617
新加坡	Singapore	12282	7727	25545	28795	15114
韩国	Korea	410	1069	3254		444
泰国	Tailand	979	662	153	166	478
欧洲	Europe					
#英国	United Kingdom	16179	1352	1007	538	4261
德国	Germany	4553	48	1443	627	600
法国	France	74	708	278		
俄罗斯	Russian		109		14	56
拉丁美洲	Latin America					
#巴哈马	Bahamas	431		1769	3750	
开曼群岛	Cayman Islands	20552	9242	12662	5490	2900
墨西哥	Mexico			957		
英属维尔京群岛	British Virgin Islands	21766	35134	42153	64527	53217
北美洲	North America					
#加拿大	Canada	1851	424	1099	758	122
美国	United States	64652	17015	5096	7117	2736
大洋洲	Oceania					
#澳大利亚	Australia	2212	988	1823	153	1001
新西兰	New Zealand		467	336		

注：2005年及以后年份为全口径。
Note:Since 2005,Scope by Fund Examination.

5-16 外商投资企业工商注册数

Number of Registered Foreign Funded Enterprises

单位：个 (unit)

项目 Item	2005	2010	2012	2013	2014	2015	2016
总计 Total	**17854**	**17886**	**17954**	**23546**	**24322**	**25895**	**28351**
按企业登记注册类型分 Grouped by Status of Registration							
#中外合资 Joint Venture	3844	3674	3713	3701	3815	4142	4537
中外合作 Cooperative Operation	396	230	217	204	198	193	190
外商独资 Venture Exclusively with Foreign Investment	13598	13924	13948	13814	13978	14933	16456
按行业分 Grouped by Sector							
农、林、牧、渔业 Agriculture, Forestry, Animal Husbandryand Fishery	646	596	624	611	628	695	736
采矿业 Mining	61	46	39	36	34	35	35
制造业 Manufacturing	13762	13103	12362	12296	11953	11854	11696
电力、燃气及水的生产和供应业 Production and Supply of Electric Power, Gas and Water	169	146	135	197	173	196	203
建筑业 Construction	152	137	136	203	211	235	268
交通运输、仓储和邮政业 Transport,Storage and Post	265	205	225	575	587	618	638
信息传输、计算机服务和软件业 Information Transmission, Computer Software and Services	209	330	441	768	830	958	1173
批发和零售业 Wholesale and Retail Trade	234	1153	1623	4423	5036	5721	6655
住宿和餐饮业 Lodgings and Catering Services	307	300	280	878	1001	1146	1268
金融业 Financial Intermediation	6	24	27	264	304	337	385
房地产业 Real Estate	1283	1057	1066	1107	1098	1105	1117
租赁和商务服务业 Leasing and Business Services	212	415	511	1372	1506	1780	2376
科学研究、技术服务和地质勘查业 Scientific Research, Technical Service and Geologic Prospecting	117	160	230	338	467	681	1121

注：2013年以前不含其他外商投资企业和外商投资企业分支机构。

Note:Before 2013, Exclude other Foreign Funded Enterprises and Branches.

5-16 续表

Continued

单位：个 (unit)

项目 Item	2005	2010	2012	2013	2014	2015	2016
水利、环境和公共设施管理业 Management of Water Conservancy,Environment and Public Facilities	54	56	61	74	79	82	96
居民服务和其他服务业 Services to Households and Other Services	119	125	132	226	224	230	246
教育 Education	11	2	2	6	6	12	20
卫生、社会保障和社会福利业 Health, Social Security and Social Welfare	9	3	3	9	8	11	13
文化、体育和娱乐业 Culture, Sports and Entertainment	204	28	57	160	174	196	302
其他行业 Others	34			3	3	3	3
按国别（地区）分 By Country							
#中国香港 Hong Kong China	8586	8443	8365	8365	8463	8769	9095
中国澳门 Macao China	400	387	384	373	383	403	424
中国台湾 TaiWan China	3879	3796	3953	3907	4117	4906	6238
日本 Japan	610	558	547	529	506	495	484
英国 United Kingdom	90	87	76	73	71	83	93
德国 Germany	51	74	75	75	73	81	88
加拿大 Canada	148	185	183	178	194	193	202
美国 United States	706	730	697	674	660	680	704
澳大利亚 Australia	150	198	196	190	184	210	227

5-17 外商投资企业工商注册资本金

Registered Capitals of Foreign Funded Enterprises

单位：万美元 (USD 10000)

项目 Item	2005	2010	2012	2013	2014	2015	2016
总计 Total	**4307474**	**6935845**	**8044264**	**8537482**	**9448456**	**11090110**	**13212653**
按企业登记注册类型分 Grouped by Status of Registration							
#中外合资 Joint Venture	1143952	1776709	2200834	2422716	2844702	3478528	4516309
中外合作 Cooperative Operation	158309	103869	107549	108091	108675	105447	108456
外商独资 Venture Exclusively with Foreign Investment	2920326	4697783	5299896	5549691	5957338	6803156	7717032
按行业分 Grouped by Sector							
农、林、牧、渔业 Agriculture,Forestry,Animal Husbandry and Fishery	103957	120696	181393	171303	188822	238271	261609
采矿业 Mining	7155	11496	14540	11293	11906	22900	26532
制造业 Manufacturing	2917604	4681053	5188727	5263352	5522739	5907219	6289411
电力、燃气及水的生产和供应业 Production and Supply of Electric Power,Gas and Water	140493	201131	199359	205287	213214	244888	253731
建筑业 Construction	57264	66442	63600	78726	89855	103441	149856
交通运输、仓储和邮政业 Transport,Storage and Post	115210	205581	240617	326240	345288	374779	381020
信息传输、计算机服务和软件业 Information Transmission, Computer Software and Services	27189	132824	127987	77745	99601	221456	233797
批发和零售业 Wholesale and Retail Trade	23880	196146	401920	458198	602470	861339	1042545
住宿和餐饮业 Lodgings and Catering Services	87187	116264	91480	135085	146806	149615	156378
金融业 Financial Intermediation	16391	94131	124708	202255	292729	352692	443446
房地产业 Real Estate	662639	793120	946886	1009915	1163710	1204345	1212906
租赁和商务服务业 Leasing and Business Services	28410	153048	255898	311467	425101	806390	1721568

注：2013年以前不含其他外商投资企业和外商投资企业分支机构。

5-17 续表

Continued

单位：万美元 (USD 10000)

项目 Item	2005	2010	2012	2013	2014	2015	2016
科学研究、技术服务和地质勘查业 Scientific Research, Technical Service and Geologic Prospecting	18376	42605	70934	96847	140651	214465	600401
水利、环境和公共设施管理业 Management of Water Conservancy,Environment and Public Facilities	13758	52069	55111	64009	71245	72330	92572
居民服务和其他服务业 Services to Households and Other Services	11442	40136	47755	49493	52862	64785	68365
教育 Education	1240	125	125	568	544	617	2871
卫生、社会保障和社会福利业 Health, Social Security and Social Welfare	6603	5189	5931	7851	7709	11527	15762
文化、体育和娱乐业 Culture, Sports and Entertainment	55245	23788	27294	60728	66086	231930	252761
其他行业 Others	13431			7119	7119	7119	7119
按国别（地区）分 By County							
#中国香港 Hong Kong China	2185021	3720362	4565974	4927410	5521531	6428139	7916418
中国澳门 Macao China	72789	100150	117156	106152	113002	127430	148265
中国台湾 TaiWan China	574517	527170	574434	574975	642939	949004	1304298
日本 Japan	104534	146104	140774	131731	139987	141422	148279
英国 United Kingdom	59149	52014	37988	38286	32866	137182	134462
德国 Germany	24018	31011	29692	31585	31520	32791	34898
加拿大 Canada	28771	44392	33110	33802	41186	41104	42805
美国 United States	220843	195581	192703	170990	167837	224771	247131
澳大利亚 Australia	25066	37420	75045	73729	105641	109590	117812

5-18 外商投资企业工商注册投资总额

Total Registered Investment Value of Foreign-Funded Enterprises

单位：万美元 (USD 10000)

项目 Item	2005	2010	2012	2013	2014	2015	2016
总计 Total	**7533131**	**12483059**	**14574439**	**15651558**	**17324503**	**19671281**	**22631550**
按企业登记注册类型分 Grouped by Status of Registration							
#中外合资 Joint Venture	1987294	3455996	4304512	4835558	5634095	6547303	8164446
中外合作 Cooperative Operation	303047	190773	196204	197429	197406	189572	195591
外商独资 Venture Exclusively with Foreign Investment	5151428	8456761	9607351	10216813	11032077	12320789	13506981
按行业分 Grouped by Sector							
农、林、牧、渔业 Agriculture,Forestry,Animal Husbandry and Fishery	170682	208623	314074	302959	338674	402367	440930
采矿业 Mining	10786	22242	27704	16970	18277	48768	54287
制造业 Manufacturing	4727634	8350872	9462680	9864473	10550653	11277703	12181801
电力、燃气及水的生产和供应业 Production and Supply of Electric Power, Gas and Water	444184	617253	606912	630190	654108	751810	768670
建筑业 Construction	89864	133944	121713	159139	184110	203600	277580
交通运输、仓储和邮政业 Transport,Storage and Post	198500	356884	450552	671636	720512	758250	748525
信息传输、计算机服务和软件业 Information Transmission, Computer Software and Services	58572	167493	221100	141396	173964	426674	471271
批发和零售业 Wholesale and Retail Trade	35960	330624	597738	693993	920742	1197492	1409078
住宿和餐饮业 Lodgings and Catering Services	157919	212732	148714	242751	258508	258433	266247
金融业 Financial Intermediation	16393	98633	132312	164164	212406	242006	322523
房地产业 Real Estate	1366522	1430093	1696257	1766002	2008410	2063174	2144679
租赁和商务服务业 Leasing and Business Services	42397	247703	403379	441466	604471	1042150	2005251

注：2013年以前不含其他外商投资企业和外商投资企业分支机构。

5-18 续表

Continued

单位：万美元 (USD 10000)

项目 Item	2005	2010	2012	2013	2014	2015	2016
科学研究、技术服务和地质勘查业 Scientific Research, Technical Service and Geologic Prospecting	33317	72538	109577	174381	252492	366765	810823
水利、环境和公共设施管理业 Management of Water Conservancy,Environment and Public Facilities	24334	85376	115140	132750	153109	143795	193401
居民服务和其他服务业 Services to Households and Other Services	16226	92034	103250	112623	123958	152374	159996
教育 Education	2061	161	161	912	888	961	3220
卫生、社会保障和社会福利业 Health, Social Security and Social Welfare	17165	14907	16738	20811	20527	30486	43258
文化、体育和娱乐业 Culture, Sports and Entertainment	95283	40948	46439	105772	119523	295306	320842
其他行业 Others	25332			9169	9169	9169	9169
按国别（地区）分 By County							
#中国香港 Hong Kong, China	3517597	6484905	7974297	8831523	9976273	11285092	13459444
中国澳门 Macao ,China	110177	158195	191006	166669	172165	197072	237611
中国台湾 TaiWan China	996935	860503	961262	956547	1043173	1462385	1885124
日本 Japan	184722	253939	265892	249738	278067	283398	308508
英国 United Kingdom	131979	110470	80712	79702	65092	169509	158731
德国 Germany	52451	65886	61620	64153	63923	64286	68607
加拿大 Canada	47181	73944	51831	51989	65584	64188	67248
美国 United States	547389	321559	341423	311025	300768	387364	431077
澳大利亚 Austrial	40684	62774	110578	103890	132573	137682	143400

5-19 涉外税收主要指标(1980-2016年)

Basic Statistics of Taxes on Enterprises with Foreign Capital(1980-2016)

单位：万元　　(10000 yuan)

年份 Year	合计 Total	工商统一税 Industrial and Commercial Tax	外商投资企业和外国企业所得税 Income Tax of Foreign Capital Enterprises	个人所得税 Individual Income Tax	城市房地产税 Tax on Urban Real Estate	车船使用牌照税 Tax on License of Vehicle Use	其他各税 Others
1980	3	2		1			
1981	15	7	2	4	1		1
1982	100	71	21	5	2	1	
1983	466	406	51	6	2	1	
1984	1595	1322	256	11	3	3	
1985	3294	2833	388	48	9	16	
1986	5019	3511	1288	119	76	25	
1987	7539	6432	570	305	200	32	
1988	15201	12928	1552	396	290	35	
1989	31979	28087	3557	86	216	33	
1990	64361	43075	4310	403	759	74	15740
1991	69004	57651	6008	686	1296	88	3275
1992	96684	80544	10440	796	1928	108	2868
1993	165151	141073	18734	1171	3142	135	896
1994	241239	196943	33886	2945		195	7270
1995	314491	253985	40346	6433	8221	223	5283
1996	321385	259037	36909	10512	10290	222	4415
1997	399596	270700	49891	16566	10712	143	51584
1998	427978	323294	61466	23612	15188	153	4265
1999	615278	480920	80203	31404	17197	160	5394
2000	805058	606864	128522	41010	20717	137	7808
2001	1185431	943648	149662	58104	24468	324	9225
2002	1752684	1388974	259337	59850	31262	295	12966
2003	2083532	1647965	310246	73144	35981	233	15963
2004	2750440	2205541	396195	93732	37712	129	17131
2005	3297179	2647888	451434	117050	47531	149	33127
2006	3762352	2970472	550005	126135	54669	158	60913
2007	4432889	3431652	662730	164291	63786	146	110284
2008	5583964	4148765	915063	199179	70376	677	249904
2009	6352558	4831800	1032001	186644	76143	931	225039
2010	7621798	5551535	1450124	236470	89401	845	293423
2011	8837795	5962118	1890808	279397	115425	920	589127
2012	10367041	7679230	1973281	222036	81930	1113	409451
2013	10888732	7930345	2051444	242027	197124	3058	464734
2014	11387280	8181647	2194065	279574	156912	4100	570982
2015	10951399	7798575	2219127	302050	158093	4532	469022
2016	10233969	6896807	2146357	391378	152080	4634	642713

注：1.1988年后含海关代征税；2.工商统一税含增值税、营业税、消费税。

Note:a)Tax from 1998 Includes Commissioned Customs Tax .b)The Industrial and Commercial Tax has contained Value-added Tax, Operation Tax and Consumption Tax.

5-20 对外承包工程和劳务合作主要指标(1980-2016年)

Contracted Projects and Labor Service Cooperation with Foreign Countries (1980-2016)

年份 Year	对外承包工程合同金额（万美元） Contracted Projects(USD 10000)	劳务人员合同工资总额（万美元） Labor Services Cooperation(USD 10000)	年末在外人数（人） Number of Persons Abroad at the Year-end (person)	承包工程 Contracted Projects	劳务合作 Labor Services Cooperation
1980		113	34		34
1981	4	93	213	4	209
1982	7	145	341	6	335
1983	139	632	447	8	439
1984	716	2894	2157	20	2137
1985	3175	1093	2432	72	2360
1986	8232	2331	4134	85	4049
1987	6620	2398	6206	103	6103
1988	9816	6612	8109	189	7920
1989	12884	5753	9144	143	9001
1990	11098	6499	9686	125	9561
1991	16378	15281	16262	66	16196
1992	33190	16627	21439	93	21346
1993	43596	24426	29791	82	29709
1994	48461	22464	34289	85	34204
1995	35641	27544	43859	148	43711
1996	24890	23419	48337	38	48299
1997	14068	28680	55358	137	55221
1998	19436	24356	54618	119	54497
1999	6227	29805	56757	117	56638
2000	12486	29562	53847	162	53685
2001	16262	36934	59688	126	59561
2002	23765	17141	50513	329	50184
2003	27047	39024	52586	239	52347
2004	25013	31770	50478	216	50262
2005	24713	32539	50528	236	50292
2006	26108	31844	50964	335	50629
2007	26395	32003	51371	350	51021
2008	41862	26348	27842	560	27282
2009	14476	27884	28063	223	27840
2010	8607	20580	24240	367	23873
2011	49016	63444	27601	571	27030
2012	49828	52926	35162	1787	33375
2013	31044	58675	41787	2795	38992
2014	35842	113856	56199	4074	52125
2015	57701	67482	59213	3714	55499
2016	58143	85110	60359	3967	56392

注：劳务人员合同工资总额，2012年以前为对外劳务合作合同金额。

Note:Before 2012,Value of Labor Services Cooperation is Labour Services

5-21 各设区市进出口商品总额(2000-2016年)

Total Exports by City(2000-2016)

单位：万美元 (USD 10000)

年份 Year	福州市 Fuzhou	厦门市 Xiamen	莆田市 Putian	三明市 Sanming	泉州市 Quanzhou	漳州市 Zhangzhou	南平市 Nanping	龙岩市 Longyan	宁德市 Ningde
2000	509255	1004873	98834	14830	178896	98946	15837	5341	7972
2001	532465	1107475	106044	14853	180320	100768	18336	4825	11002
2002	639492	1518320	108328	16712	215214	122499	20807	5333	15399
2003	848874	1870494	114437	21119	272468	207130	24380	10360	21131
2004	1397840	2408334	141408	32109	368739	324330	30648	22468	26829
2005	1458299	2856534	157815	53674	454785	370639	38091	17696	33597
2006	1664715	3278961	170934	60488	548956	426352	52071	19685	43758
2007	1864051	3977772	214891	87122	685054	464780	62570	27110	61732
2008	2032079	4537749	232095	79506	850291	531874	76195	53941	88362
2009	1784900	4330731	234660	88111	817939	479873	82778	68134	77812
2010	2458595	5703059	342180	127982	1125573	739920	108292	151288	121139
2011	3464525	7015759	464670	177518	1706361	971308	147271	240136	164696
2012	3105087	7449656	442147	318738	2508724	983086	191484	349870	245004
2013	3179300	8408356	477181	166815	2912461	973898	166980	321558	325624
2014	3488517	8348881	524195	204307	3084998	1132438	159576	396297	401576
2015	3322657	8320211	479405	211060	2699212	933380	123345	370665	424660
2016	3209168	7713936	453458	216668	2326522	879036	125970	371981	385200

5-22 各设区市出口商品总额(2000-2016年)

Total Exports by City(2000-2016)

单位：万美元 (USD 10000)

年份 Year	福州市 Fuzhou	厦门市 Xiamen	莆田市 Putian	三明市 Sanming	泉州市 Quanzhou	漳州市 Zhangzhou	南平市 Nanping	龙岩市 Longyan	宁德市 Ningde
2000	271664	587923	68355	10732	118118	57527	11340	4922	7402
2001	295034	650355	74509	11047	126086	62263	11597	4260	10496
2002	353357	879270	76809	11783	153466	77823	14320	4832	14732
2003	481722	1055105	82102	14449	191588	121759	16780	9713	20543
2004	875230	1394036	100712	24861	259737	215546	22444	21097	25814
2005	941996	1726576	111541	46025	320660	259766	28654	16439	32538
2006	1091458	2050723	127998	53759	403559	298106	42889	15609	42073
2007	1230907	2555392	154842	80942	498036	341715	50266	24432	57508
2008	1358662	2939860	171604	70192	579465	387622	63386	45913	82479
2009	1201088	2765804	167386	76232	589098	338669	64456	59226	69944
2010	1630771	3532398	219007	112725	827935	506838	90868	131333	97437
2011	2411420	4264534	278077	154573	1078254	649076	119086	185168	143590
2012	2112982	4539982	294791	300604	1237473	699034	168601	210837	218954
2013	1952293	5234264	316949	137464	1646988	710774	153164	211724	283821
2014	2133264	5316103	331182	177830	1817799	813160	146514	241464	367913
2015	2087807	5347405	316449	189548	1819003	746529	112320	256807	392142
2016	2153300	4692479	302325	200286	1618464	725486	119689	231735	323484

5-23 各设区市进口商品总额(2000-2016年)

Total Imports by City(2000-2016)

单位：万美元 (USD 10000)

年份 Year	福州市 Fuzhou	厦门市 Xiamen	莆田市 Putian	三明市 Sanming	泉州市 Quanzhou	漳州市 Zhangzhou	南平市 Nanping	龙岩市 Longyan	宁德市 Ningde
2000	237591	416950	30479	4098	60778	41419	4497	419	570
2001	237431	457120	31535	3806	54234	38505	6739	565	506
2002	286135	639050	31519	4929	61748	44676	6487	501	667
2003	367152	815389	32335	6670	80880	85371	7600	647	588
2004	522610	1014298	40696	7248	109002	108784	8204	1371	1015
2005	516303	1129958	46274	7649	134125	110873	9437	1257	1059
2006	573257	1228238	42936	6729	145397	128246	9182	4076	1685
2007	633144	1422380	60049	6180	187018	123065	12304	2678	4224
2008	673417	1597889	60491	9314	270826	144252	12809	8028	5883
2009	583812	1564927	67274	11879	228841	141204	18322	8908	7868
2010	827824	2170661	123173	15256	297638	233082	17424	19954	23702
2011	1053105	2751225	186593	22945	628107	322232	28185	54968	21105
2012	992104	2909673	147356	18133	1271251	284053	22883	139033	26049
2013	1203664	3174092	160232	29351	1265472	263124	13817	109834	41803
2014	1355253	3032778	193013	26477	1267198	319278	13062	154832	33663
2015	1234850	2972806	162955	21513	880208	186851	11025	113858	32517
2016	1055868	3021456	151133	16382	708058	153549	6281	140246	61715

5-24 各设区市外商直接投资合同数(2000-2016年)

Number of Signed Contracts for Direct Foreign Investment by City(2000-2016)

单位：项 (Unit)

年份 Year	福州市 Fuzhou	厦门市 Xiamen	莆田市 Putian	三明市 Sanming	泉州市 Quanzhou	漳州市 Zhangzhou	南平市 Nanping	龙岩市 Longyan	宁德市 Ningde
2000	295	259	56	36	416	257	84	29	31
2001	319	343	64	35	513	261	81	30	24
2002	385	380	65	52	578	217	92	24	32
2003	360	374	52	66	904	268	178	40	32
2004	414	435	66	87	776	269	134	58	38
2005	326	364	71	107	561	344	136	47	32
2006	327	569	81	83	524	342	110	88	40
2007	234	472	43	71	394	346	80	64	18
2008	155	355	36	53	140	191	68	84	19
2009	144	325	25	46	103	154	61	64	17
2010	186	398	25	65	156	186	46	58	19
2011	170	368	35	32	170	149	44	28	20
2012	148	331	25	42	106	129	43	16	18
2013	135	331	14	37	111	84	30	17	20
2014	126	416	11	40	126	94	26	18	20
2015	339	726	24	27	102	125	19	25	18
2016	483	1278	26	26	124	115	14	32	10

5-25 各设区市外商直接投资合同金额

Value of Signed Contracts for Direct Foreign Investment by City

单位：万美元 (USD 10000)

年份 Year	福州市 Fuzhou	厦门市 Xiamen	莆田市 Putian	三明市 Sanming	泉州市 Quanzhou	漳州市 Zhangzhou	南平市 Nanping	龙岩市 Longyan	宁德市 Ningde
2000	95479	100400	20744	6596	87014	94420	18586	2601	5533
2005	116672	129492	22852	14594	170025	69657	44437	15978	12008
2008	148883	190847	14216	21470	186888	77214	39325	22556	13802
2009	122969	139531	15034	20401	95910	78500	39067	17567	7116
2010	167297	166157	36294	24499	161089	102339	43001	28321	8560
2011	176966	225037	39283	24513	198154	126049	51542	43336	26963
2012	205643	225010	35891	31682	120592	141580	56251	25335	28747
2013	205700	190805	26725	35644	132803	130555	35294	18653	31653
2014	146368	285337	3666	26113	154609	98080	42784	34039	37301
2015	317473	416303	26662	24286	99498	131223	53806	56501	45068
2016	163075	756798	64730	15610	135553	162953	14532	67468	8624

5-26 各设区市实际利用外商直接投资金额

Direct Foreign Capital Actually Used by City

单位：万美元 (USD 10000)

年份 Year	福州市 Fuzhou	厦门市 Xiamen	莆田市 Putian	三明市 Sanming	泉州市 Quanzhou	漳州市 Zhangzhou	南平市 Nanping	龙岩市 Longyan	宁德市 Ningde
2003	68751	42200	13235	4855	74406	40585	12948	2841	1497
2005	64017	70740	7152	4632	70974	31017	5356	5161	1726
2008	100150	204244	13038	6600	169991	50051	5857	13426	3814
2009	103227	168674	18302	7460	172002	55018	6167	15225	5672
2010	118524	169651	22952	8635	149342	70076	6787	16506	7098
2011	127745	172583	25264	9201	161511	88739	7794	17762	9512
2012	133877	177453	25559	10300	131960	89025	8733	19908	12007
2013	143063	187204	30164	12500	139112	94552	10501	21598	14433
2014	154651	197101	34092	14033	148950	101207	12000	24082	17463
2015	167852	209373	37750	15636	158036	108500	14532	26853	21007
2016	181372	222401	40020	17090	162780	116366	16249	29540	23120

主要统计指标解释

进出口总额 指实际进出我国国境的货物总金额。包括对外贸易实际进出口货物，来料加工装配进出口货物，国家间、联合国及国际组织无偿援助物资和赠送品，华侨、港澳台同胞和外籍华人捐赠品，租赁期满归承租人所有的租赁货物，进料加工进出口货物，边境地方贸易及边境地区小额贸易进出口货物(边民互市贸易除外)，中外合资企业、中外合作经营企业、外商独资经营企业进出口货物和公用物品，到、离岸价格在规定限额以上的进出口货样和广告品(无商业价值、无使用价值和免费提供出口的除外)，从保税仓库提取在中国境内销售的进口货物，以及其他进出口货物。进出口总额用以观察一个国家在对外贸易方面的总规模。我国规定出口货物按离岸价格统计，进口货物按到岸价格统计。

外商直接投资 指外国企业和经济组织或个人(包括华侨、港澳台胞以及我国在境外注册的企业)按我国有关政策、法规，用现汇、实物、技术等在我国境内开办外商独资企业、与我国境内的企业或经济组织共同举办中外合资经营企业、合作经营企业或合作开发资源的投资(包括外商投资收益的再投资)，以及经政府有关部门批准的项目投资总额内企业从境外借入的资金。

对外承包工程 指各对外承包公司以招标议标承包方式承揽的下列业务：(1)承包国外工程建设项目，(2)承包我国对外经援项目，(3)承包我国驻外机构的工程建设项目，(4)承包我国境内利用外资进行建设的工程项目，(5)与外国承包公司合营或联合承包工程项目时我国公司分包部分，(6)对外承包兼营的房屋开发业务。对外承包工程的营业额是以货币表现的本期内完成的对外承包工程的工作量，包括以前年度签订的合同和本年度新签订的合同在报告期内完成的工作量。

对外劳务合作 指以收取工资的形式向业主或承包商提供技术和劳动服务的活动。我国对外承包公司在境外开办的合营企业，中国公司同时又提供劳务的，其劳务部分也纳入劳务合作统计。劳务合作营业额按报告期内向雇主提交的结算数(包括工资、加班费和奖金等)统计。

Explanatory Notes on Main Statistical Indicators

Total Imports and Exports at Customs refer to the value of commodities imported into and exported from the boundary of China. They include the actual imports and exports through foreign Trades, imported and exported goods under the processing and assembling Trades and materials, supplies and gifts as aid given gratis between governments and by the United Nations and other international organizations, and contributions donated by overseas Chinese, compatriots in Hong Kong and Macao and Chinese with foreign citizenship, leasing commodities owned by tenant at the expiration of leasing period, the imported and exported commodities processed with imported materials, commodities trading in border areas(excluding mutual exchange goods), the imported and exported commodities and articles for public use of the Sino-foreign joint ventures, cooperative enterprises and ventures exclusively with foreign own investment .Also included are import or export of samples and advertising goods for whose CIF or FOB value are beyond the permitted ceiling (excluding goods of no trading or use value and free commodities for export),imported goods sold in China from bonded warehouses and other imported or exported goods.The indicator of the total imports and exports at customs can be used to observe the total size of external Trades in a country.In accordance with the stipulation of the Chinese government,imports are calculated at CIF, while exports are calculated at FOB

Foreign Direct Investment refers to the investments inside China by foreign enterprises and economic organizations or individuals(including overseas Chinese,compatriots from Hong Kong and Macao,and Chinese enterprises registered abroad), following the relevant policies and laws of China, for the establishment of ventures exclusively with foreign own investment, Sino-foreign joint ventures and cooperative enterprises or for co-operative exploration of resources with enterprises or economic organizations in China. It includes the re investment of the foreign entrepreneurs with the profits gained from the investment and the funds that enterprises borrow from abroad in the total investment of projects which are approved by the relevant department of the government.

Contracted Projects with Foreign Countries refer to projects undertaken by Chinese contractors (project contracting companies)through bidding process.They include: (1)overseas civil engineering construction projects financed by foreign investors; (2)overseas projects financed by the Chinese government through its foreign aid programs; (3)construction projects of Chinese diplomatic missions,Trades offices and other institutions stationed abroad; (4)construction projects in China financed by foreign investment; (5)sub-contracted projects to be taken by Chinese contractors through a joint umbrella project with foreign contractor(s); (6)housing development projects.The business income from international contracted projects is the work volume of contracted projects completed during the reference period, expressed in monetary terms, including completed work on projects signed in previous years.

Foreign Exchange Earnings from International Tourism refer to the total expenditures of foreigners, overseas Chinese, Chinese compatriots from Hong Kong, Macao and Taiwan during their stay in the mainland of China, which are earnings of foreign exchange from international tourism from the point of view from China.

第六篇　能源

Chapter 6　Energy

资料整理：林红　周琴　陈浩明

Database Editor:Linhong Zhouqin Chenhaoming

简 要 说 明

本篇资料的主要内容及来源

本篇资料主要包括能源生产、消费及品种构成，能源和电力消费弹性系数，生活用能源消费量及综合能源平衡表，全省及各设区市主要发展约束性指标，以及规模以上工业分行业能耗情况。

行业分类采用现行统一的国民经济行业分类国家标准。综合能源平衡表中的库存量、进口量、出口量和消费量，根据有关部门和企业提供的数据综合评估得出。本篇出现的“煤炭”，包括原煤、洗精煤、其它洗煤和煤制品（即型煤），不包括焦炭。

本篇资料 2005-2013 年数据，根据全国第三次经济普查资料进行相应调整，相关数据以本年鉴公布数据为准。

本篇资料由省统计局能源统计处依据能源年报整理提供。

Brief Introduction

Main Content and Source of Data

Data in this chapter show the mainly energy production and consumption and their composition of Fujian Province, the elasticity ratio of energy consumption, the consumption of energy for residential use, main binding indicators on development of administrative areas of Fujian, and the energy consumption of industrial enterprises grouped by sector over designated size.

Data by industries in this chapter are based on the new National Industrial Classification of All Economic Activities; In the energy balance, data on stock, imports, exports and consumption are based on data provide by relevant departments and enterprises; Coal includes crude coal, washing coal, other washing coal and coal products and excludes coke.

According to the National Econimic Sensus III,the data had been adjusted from 2005 to 2013.

Data on this chapter are provided and processed in accordance with the statistical reporting scheme on energy by the Division of Energy of the Fujian Provincial Bureau of Statistics.

6-1 一次能源生产总量及构成(1978-2016年)

Total Production of Primary Energy and Its Composition(1978-2016)

单位：万吨标准煤 (10000 tons of SCE)

年份 Year	能源生产总量 Total Energy Production	占能源生产总量的比重(%) Percentage of Total Energy Production(%)				
		原煤 Coal	一次电力及其他能源 Primary Power and Others	#水电 Hydro-power	风电 Wind Power	核电 Nuclear Power
1978	461.00	65.5	34.5	34.5		
1979	491.00	69.9	30.1	30.1		
1980	492.00	67.3	32.7	32.7		
1981	493.00	60.2	39.8	39.8		
1982	522.00	60.5	39.5	39.5		
1983	609.00	61.4	38.6	38.6		
1984	641.00	64.3	35.7	35.7		
1985	690.00	62.7	37.3	37.3		
1986	724.00	67.0	33.0	33.0		
1987	806.00	69.7	30.3	30.3		
1988	918.00	67.2	32.8	32.8		
1989	950.00	71.0	29.0	29.0		
1990	966.52	68.4	31.6	31.6		
1991	854.43	71.7	28.3	28.3		
1992	1013.39	64.1	35.9	35.9		
1993	1051.43	66.7	33.3	33.3		
1994	1169.96	59.7	40.3	40.3		
1995	1396.24	58.0	42.0	42.0		
1996	1406.04	59.3	40.7	40.7		
1997	1256.30	44.1	55.9	55.9		
1998	1177.00	44.1	55.9	55.9		
1999	1634.16	59.9	40.1	40.1		
2000	1654.17	60.3	39.7	39.7		
2001	1850.44	49.9	50.1	50.1		
2002	1923.40	61.3	38.7	38.7		
2003	1816.80	68.4	31.6	31.6		
2004	1805.75	72.6	27.4	27.4		
2005	2488.47	61.5	38.5	38.5		
2006	2668.15	57.8	42.2	42.2		
2007	2625.28	61.5	38.5	38.1	0.4	
2008	2989.93	60.1	39.9	39.3	0.6	
2009	2939.48	61.2	38.8	37.9	0.9	
2010	3260.42	56.1	43.9	42.8	1.1	
2011	2802.72	66.8	33.2	30.8	2.4	
2012	2989.65	49.0	51.0	48.2	2.8	
2013	2739.76	43.8	56.2	44.0	4.0	8.2
2014	2924.01	38.9	61.1	42.6	3.9	14.6
2015	3566.60	32.1	67.9	39.5	3.7	24.6
2016	4490.80	22.0	78.0	44.2	3.4	27.3

注：2016年一次能源生产量包括生物质燃料等其他能源，与往年口径不一致，若不含其他能源，2016年一次能源生产量为4357.85万吨标准煤。

Note:In 2016, Total Production of Primary Energy including biomass fuel and other energy sources, was not the same as in previous years. If there were no other energy sources, otal Production of Primary Energy in 2016 was 4357.85 10thousand tons of SCE.

6-2 能源消费总量及构成(1978-2016年)

Total Consumption of Energy and Its Composition(1978-2016)

单位：万吨标准煤　　(10000 tons of SCE)

年份 Year	能源消费总量 Total Energy Consumption	占能源消费总量的比重(%) As Percentage of Total Energy Production(%)					
		原煤 Coal	石油 Crude Oil	天然气 Natural Gas	一次电力及其他能源 Primary Power and Others	#水电 Hydro-power	核电 Nuclear Power
1978	688.00	63.7	12.9		23.4	23.4	
1979	731.00	66.9	13.1		20.0	20.0	
1980	710.00	64.0	13.9		22.1	22.1	
1981	729.00	59.1	13.6		27.3	27.3	
1982	780.00	60.6	12.8		26.6	26.6	
1983	861.00	61.5	11.8		26.7	26.7	
1984	930.00	63.0	12.7		24.3	24.3	
1985	1043.00	64.0	11.2		24.8	24.8	
1986	1114.00	66.3	12.2		21.5	21.5	
1987	1215.00	67.0	12.9		20.1	20.1	
1988	1363.30	65.9	12.0		22.1	22.1	
1989	1404.00	68.3	12.1		19.6	19.6	
1990	1458.30	67.0	12.1		20.9	20.9	
1991	1530.56	70.9	13.3		15.8	15.8	
1992	1624.05	64.1	13.5		22.4	22.4	
1993	1848.00	61.9	19.2		18.9	18.9	
1994	1953.54	59.9	18.7		21.4	21.4	
1995	2279.91	54.8	19.5		25.7	25.7	
1996	2452.18	55.4	21.3		23.3	23.3	
1997	2499.11	50.8	21.1		28.1	28.1	
1998	2578.62	51.9	22.2		25.9	25.9	
1999	2771.64	53.9	22.7		23.4	23.4	
2000	2942.60	54.4	23.3		22.3	22.3	
2001	3163.09	51.4	22.0		26.6	26.6	
2002	3615.33	55.6	23.8		20.6	20.6	
2003	4062.55	61.4	24.5		14.1	14.1	
2004	4527.80	63.8	25.1	0.2	10.9	10.9	
2005	5753.99	59.4	23.8	0.1	16.7	16.7	
2006	6396.85	59.8	22.5	0.1	17.6	17.6	
2007	7109.26	62.9	22.8	0.1	14.2	14.1	
2008	7734.20	62.6	20.1	0.3	17.0	16.8	
2009	8353.67	65.5	19.5	1.4	13.6	13.3	
2010	9189.42	55.4	24.8	4.2	15.6	15.2	
2011	9980.23	62.0	24.0	4.6	9.4	8.7	
2012	10479.44	57.1	23.5	4.8	14.6	13.7	
2013	11189.91	56.9	23.4	5.9	13.8	10.8	2.0
2014	12109.72	53.0	26.8	5.5	14.7	10.3	3.5
2015	12179.97	50.5	24.6	5.0	19.9	11.6	7.2
2016	12357.75	43.6	23.7	5.2	27.5	15.3	9.9

6-3 综合能源平衡表

Overall Energy Balance Sheet

单位：万吨标准煤 (10000 tons of SCE)

项目 Item	2000	2005	2010	2015	2016
可供消费的能源总量 Total Energy Available for Comsumption	**2962.28**	**5752.29**	**9189.40**	**12179.96**	**12357.17**
一次能源生产量 Primary Energy Output	1654.17	2488.47	3260.42	3566.60	4490.80
省外调入量 Take-in Quantity from Outside of the Province	1531.68	3638.98	6726.75	9934.69	8881.21
本省调出量(-) Take-out Quantity from Native Province(-)	246.59	323.32	786.26	1296.53	1199.54
年末年初库存差额 Stock Changes in The Year	23.04	-51.84	-11.51	-24.79	184.70
能源消费总量 Total Energy Consumption	**2942.60**	**5753.99**	**9189.42**	**12179.97**	**12357.75**
在总量中: Consumption by Sector					
1.农、林、牧、渔、水利业 Farming,Forestry,Animal Husbandry,Fishery And water Conservancy	99.36	107.14	124.06	150.82	155.56
2.工业 Industry	1923.19	4030.36	6543.05	8685.94	8585.93
3.建筑业 Construction	30.07	72.48	190.23	246.22	258.58
4.交通运输、仓储和邮政业 Transport,Storage,Post And Telecommunication Services	223.94	469.40	753.38	1060.62	1134.82
5.批发、零售业和住宿、餐饮业 Wholesale and Retail Trades,Hotels and Catering Services	63.80	148.85	228.58	282.69	305.33
6.其他行业 Others Sectors	214.72	286.71	334.50	434.69	475.23
7.生活消费 Residential Consumption	387.52	639.05	1015.62	1318.99	1442.30
在总量中: Consumption by Sector					
（一）终端消费 Final Consumption	2833.43	5545.55	9064.35	12050.40	12221.85
#工业 Industy	1814.00	3821.92	6417.98	8556.37	8450.04
（二）加工转换损失量 Losses in Processing And Transformation	7.97	-20.17	126.87	121.81	121.87
#炼焦 Coking	0.08	-2.45	-14.61	-7.90	-5.11
炼油 Petroleum Refining	7.55	-16.88	-64.12	-117.96	-57.66
回收能 Recovery of Energy		202.62	236.55	293.87	292.10
（三）损失量 Other Losses	101.20	188.27	251.94	251.37	257.77
平衡差额 Balance	**19.67**	**-1.70**	**-0.02**	**-0.02**	**-0.59**

注：1.电力、热力按等价热值折算。2.省外调入量包括进口量，本省调出量包括出口量。

Note:a)Electric Power and Heat are calculated by Caloric Value of Equal Price. b)Take-in quantity from outside of the province includes imports; Take-out quantity from native province includes exports.

6-4 电力平衡表

Electricity Balance Sheet

单位：亿千瓦小时 (100 million kmh)

项目 Item	2000	2005	2010	2015	2016
可供量 Total Available Energy	**403.02**	**756.59**	**1315.08**	**1851.86**	**1968.58**
生产量 Output	405.21	778.25	1356.32	1882.80	2004.61
火电 Thermal Power	208.45	486.88	890.61	1108.96	915.32
水电、风电、核电、其它发电 Hydro-power, Wind-Power, Nuclear-Power and Others	196.76	291.37	465.71	773.84	1089.29
本省调出量(-) Take-out Quantity from Native Province(-)	2.20	26.64	42.95	32.87	42.36
省外调入量 Take-in Quantity from Outside of the Province		4.98	1.71	1.93	6.33
消费量 Consumption	**403.02**	**756.59**	**1315.08**	**1851.86**	**1968.58**
在总量中: Consumption by Sector					
1.农、林、牧、渔业、水利业 1.Agriculture,Forestry,Animal Husbandry, and Fishery	15.91	8.78	13.35	25.61	27.59
2.工业 2.Industry	273.77	537.90	892.81	1220.78	1273.84
3.建筑业 3.Construction	6.06	6.59	20.73	25.85	24.58
4.交通运输.仓储和邮政业 4.Transport, Storage and Post	8.78	11.44	17.43	25.64	29.10
5.批发、零售业和住宿、餐饮业 5.Wholesale and Retail Trades, Hotels and Catering Services	11.83	23.20	48.29	82.76	90.84
6.其他行业 6.Others	21.46	46.71	83.59	126.26	141.51
7.生活消费 7.Household Consumption	65.21	121.97	238.88	344.96	381.12
在总量中: Consumption by Use					
1.终端消费 1.End-use Consumption	372.67	699.43	1233.09	1768.69	1883.05
#工业 Industry	243.42	480.74	810.82	1137.61	1188.31
2.输配电损失量 2.Losses in Transmission	30.35	57.16	81.99	83.17	85.53
平衡差额 Balance	**-0.01**	**-0.35**			

6-5 能源消费弹性系数(1990-2016年)
Elasticity Ratio of Energy(1990-2016)

年份 Year	能源消费比上年增长(%) Growth Rate of Energy Consumption over Preceding Year (%)	电力消费比上年增长(%) Growth Rate of Electricity Consumption over Preceding Year (%)	能源消费弹性系数 Elasticity Ratio of Energy Consumption	电力消费弹性系数 Elasticity Ratio of Electricity Consumption
1990	3.87	5.48	0.52	0.73
1991	4.96	11.03	0.35	0.78
1992	6.11	16.32	0.30	0.80
1993	13.79	10.63	0.61	0.47
1994	5.71	17.24	0.28	0.85
1995	16.71	14.13	1.14	0.97
1996	7.56	9.03	0.67	0.80
1997	1.91	8.88	0.14	0.63
1998	3.18	3.78	0.29	0.35
1999	7.49	10.36	0.76	1.05
2000	6.17	13.44	0.66	1.45
2001	7.49	9.17	0.86	1.05
2002	14.30	21.74	1.40	2.13
2003	12.37	17.73	1.08	1.54
2004	11.45	5.35	0.97	0.45
2005	13.00	13.88	1.12	1.20
2006	11.17	14.57	0.75	0.98
2007	11.14	15.40	0.73	1.01
2008	8.79	7.32	0.68	0.56
2009	8.01	5.72	0.65	0.47
2010	10.00	15.87	0.72	1.14
2011	8.61	15.27	0.70	1.24
2012	5.00	4.20	0.44	0.37
2013	6.78	7.68	0.62	0.70
2014	8.22	9.12	0.83	0.92
2015	0.58	-0.21	0.06	
2016	1.46	6.30	0.17	0.75

注：2015年电力消费负增长，无法计算电力消费弹性系数。

Note:Due to the negative Growth Rate of Electricity Consumption,Elasticity Ratio of Electricity Consumption in 2015 can't be calculated.

6-6 能源加工转换效率(1985-2016年)

Efficiency of Energy Conversion(1985-2016)

单位：% (%)

年份 Year	总效率 Total Efficiency	发电及电站供热 Power Generation and Heating by Power Station	炼焦 Coking	炼油 Petroleum Refining
1985	36.87	25.50	86.40	
1986	34.20	25.98	87.01	
1987	33.32	26.60	88.94	
1988	33.91	27.43	88.19	
1989	35.93	30.50	88.43	
1990	36.74	31.43	87.00	
1991	37.37	31.84	88.25	
1992	38.78	32.01	87.08	
1993	58.38	32.26	87.35	98.00
1994	57.74	32.26	87.70	97.97
1995	61.94	32.43	90.61	94.96
1996	60.54	32.51	91.10	95.41
1997	66.72	33.95	89.31	96.92
1998	59.35	33.95	97.36	96.95
1999	62.08	34.62	95.28	97.69
2000	63.63	36.04	98.01	95.38
2001	62.55	35.94	97.13	93.47
2002	57.24	36.25	97.95	94.74
2003	54.42	37.02	97.90	92.91
2004	54.81	39.65	95.39	96.44
2005	55.00	39.77	97.88	96.61
2006	55.23	39.84	98.32	99.46
2007	53.14	40.52	94.74	99.45
2008	52.21	41.16	96.84	99.15
2009	58.63	42.48	93.88	97.97
2010	63.50	42.72	92.08	96.06
2011	57.39	42.48	94.62	94.12
2012	61.30	43.24	95.83	96.21
2013	57.53	42.87	96.20	94.18
2014	64.40	44.05	93.28	95.19
2015	68.65	44.24	95.98	96.06
2016	71.43	44.69	96.88	96.43

6-7 平均每天能源消费量

Average Daily Energy Consumption by Type of Energy

年份 Year	合计（万吨标准煤） Total (10000 tons of SCE)	煤炭（万吨） Coal (10000 tons)	焦炭（万吨） Coke (10000 tons)	原油（万吨） Crude Oil (10000 tons)	燃料油（万吨） Fuel Oil (10000 tons)	汽油（万吨） Gasoline (10000 tons)	柴油（万吨） Diesel Oil (10000 tons)	液化石油气（万吨） Liquefied Gas (10000 tons)	天然气（万立方米） Natural Gas (10000 m3)	电力（亿千瓦小时） Electricity (100 million kwh)
1990	4.00	3.57	0.15		0.04	0.11	0.17			0.37
1995	6.25	4.59	0.22	0.62	0.09	0.19	0.43	0.05		0.72
2000	8.06	5.92	0.27	0.98	0.15	0.29	0.58	0.11		1.10
2003	11.13	8.96	0.36	0.99	0.26	0.38	0.73	0.22		1.60
2004	12.40	10.43	0.56	1.07	0.22	0.53	0.89	0.24		1.77
2005	15.76	11.63	0.77	0.95	0.44	0.55	1.01	0.27		2.07
2006	17.53	13.06	0.82	1.03	0.48	0.57	1.07	0.26		2.37
2007	19.48	15.31	0.98	0.97	0.34	0.72	1.30	0.29		2.74
2008	21.19	16.42	1.01	0.85	0.39	0.69	1.19	0.28	41.92	2.94
2009	22.89	17.57	1.79	1.93	0.45	0.72	1.13	0.25	232.60	3.11
2010	25.18	17.76	1.88	3.13	0.50	0.91	1.40	0.23	797.26	3.60
2011	27.34	21.89	2.00	2.64	0.52	1.02	1.46	0.23	1038.08	4.15
2012	28.71	21.01	1.78	3.03	0.51	1.09	1.41	0.22	1027.12	4.33
2013	30.66	22.13	1.80	2.76	0.50	1.12	1.43	0.22	1353.15	4.66
2014	33.18	22.46	1.85	5.60	0.52	1.21	1.41	0.22	1376.99	5.09
2015	33.37	20.99	1.71	5.93	0.48	1.27	1.22	0.17	1243.29	5.07
2016	33.86	18.70	1.67	5.72	0.49	1.36	1.18	0.19	1330.14	5.39

6-8 生活能源消费量

Average Annual Energy Consumption for Households

年份 Year	合计（万吨标准煤） Total (10000 tons of SCE)	煤炭（万吨） Coal (10000 tons)	汽油（万吨） Gasoline (10000 tons)	柴油（万吨） Kerosene (10000 tons)	天然气（亿立方米） Natural Gas (100 million tons)	液化石油气（万吨） Liquefied Gas (10000 tons)	电力（亿千瓦小时） Electricity (100 million kwh)
1990	219.38	196.00				1.57	18.48
1995	290.95	181.17				14.22	34.68
2000	387.52	155.00				30.96	65.21
2003	504.29	138.70	6.72			53.80	98.11
2004	558.71	135.98	12.63			58.17	110.12
2005	639.05	145.26	13.65	3.58		53.68	121.97
2006	701.06	139.00	16.95	4.91		57.57	141.12
2007	766.85	124.50	18.07	6.58		61.37	163.08
2008	845.62	112.78	22.33	6.12	0.05	64.14	188.78
2009	912.85	107.79	47.13	6.41	0.25	57.94	209.65
2010	1015.62	106.90	67.52	9.93	0.77	45.24	238.88
2011	1088.21	89.00	68.60	10.50	0.94	50.78	266.09
2012	1157.69	83.00	70.00	10.77	0.96	50.38	289.86
2013	1224.10	54.95	84.50	10.89	1.18	50.37	311.19
2014	1306.86	31.30	89.77	11.20	1.25	45.30	345.03
2015	1318.99	30.10	93.80	13.30	1.43	45.00	344.96
2016	1442.30	26.86	99.80	14.29	1.55	49.62	381.12

6-9 年人均生活能源消费量(1990-2016年)

Annual per Capita Energy Consumption of Households(1990-2016)

年份 Year	合计 （千克标准煤） Total (kg of SCE)	煤炭(千克) Coal(kg)	汽油(千克) Gasoline(kg)	液化石油气(千克) Liquefied Petroleum Gas(kg)	天然气(立方米) Natural Gas(cu.m)	电力(千瓦小时) Electricity(Kwh)
1990	72.87	65.11		0.52		61.39
1991	74.70	62.86		0.59		71.09
1992	84.79	63.92		0.66		95.69
1993	59.66	57.95		2.86		102.23
1994	63.32	57.79		4.19		106.77
1995	90.78	56.53		4.44		108.21
1996	101.97	50.40		8.35		130.02
1997	106.12	50.44		7.46		150.42
1998	114.26	48.97		8.86		171.74
1999	120.30	48.37		8.88		191.56
2000	115.23	46.09		9.21		193.90
2001	127.20	44.93		9.62		209.69
2002	136.03	42.32	1.19	13.49		244.41
2003	144.82	39.83	1.93	15.45		281.75
2004	159.19	38.74	3.60	16.57		313.75
2005	180.37	41.00	3.85	15.15		344.26
2006	196.32	38.92	4.75	16.12		395.18
2007	213.10	34.60	5.02	17.05		453.19
2008	233.24	31.11	6.16	17.69	0.14	520.70
2009	249.92	29.51	12.90	15.86	0.68	573.99
2010	276.02	29.05	18.35	12.30	2.09	649.22
2011	293.60	24.01	18.51	13.70	2.54	717.90
2012	310.04	22.23	18.75	13.49	2.57	776.27
2013	325.47	14.61	22.47	13.39	3.14	827.41
2014	344.82	8.26	23.69	11.95	3.30	910.37
2015	345.06	7.87	24.54	11.77	3.74	902.45
2016	373.99	6.96	25.88	12.87	4.02	988.25

6-10 规模以上工业企业能源购进、消费及库存(2016年)

Purchases, Consumption and Inventory of Energy in Industrial Enterprises above Designated Size(2016)

项目 Item	购进量 Purchases	消费量 Consumption	工业生产消费 Industry Consumption	非工业生产消费 Non-Industry Consumption	年末库存 Inventory at the Year-end
原煤(吨) Coal(tons)	57751839	58276313	58159452	116861	3827529
洗精煤(吨) Concentratc Coal Washing(tons)	1591150	1563698	1563698		106130
其他洗煤(吨) Other Coal Washing(tons)	43991	43884	43884		2364
煤制品（吨） Coal Products	283134	284832	284659	173	6275
焦炭(吨) Coke(tons)	5296231	6086519	6086410	109	299687
其他焦化产品(吨) Other Coke Ratio Products(tons)	9867	9839	9839		385
焦炉煤气(万立方米) Coking Gas(10000 cu.m)		43433	43433		
高炉煤气(万立方米) Furnace Gas(10000 cu.m)	102059	1463623	1463623		
其他煤气(万立方米) Other Gas(10000 cu.m)	20001	130149	130149		
天然气(万立方米) Natural Gas(10000 cu.m)	416813	416554	413414	3140	420
液化天然气(吨) Liquefied Natural Gas(tons)	2991188	97138	96348	790	31539
原油(吨) Crude Oil(tons)	20652666	20893837	20893720	117	1324806
汽油(吨) Gasoline(tons)	102561	101189	59092	42097	635
煤油(吨) Kerosene(tons)	12229	12365	12136	229	1292
柴油(吨) Diesel Oil(tons)	353709	488596	446918	41678	9045
燃料油(吨) Fuel Oil(tons)	667045	961744	960106	1638	122427
液化石油气(吨) Liquefied Petroleum Gas(tons)	38559	87389	85105	2285	279
炼厂干气(吨) Dry Gas from Refinery(tons)		1613557	1613557		
其他石油制品(吨) Other(tons)	826464	1573348	1573338	11	41890
热力(百万千焦) Heat(million kilo joule)	30141745	60131146	60103428	27718	
电力(万千瓦小时) Electricity(10000 kmh)	10430819	11826946	11665543	161403	
其他燃料(吨标准煤) Other(ton of SCE)	1150257	1387962	1387019	943	12862

注：本表“规模以上”指“年主营业务收入2000万元及以上工业法人企业”。

Note:Industrial enterprises above designated size are those with annual revenue from principal business over 20 million yuan.

6-11 按行业分规模以上工业企业主要能源产品消费量(2016年)

Consumption of Major Energy in Industrial Enterprises above Designated Size by Industrial sector(2016)

单位：吨 (ton)

行业 Sector	原煤 Coal	焦炭 Coke	汽油 Gasoline	煤油 Kerosene	柴油 Diesel Oil	燃料油 Fuel Oil	电力(万千瓦小时) Electricity (10000 kwh)
合　计 Total	**58276313**	**6086519**	**101189**	**12365**	**488596**	**961744**	**11826946**
煤炭开采和洗选业 Coal Mining and Dressing	695139		827		1117		36206
石油和天然气开采业 Petroleum and Natural Gas Mining							
黑色金属矿采选业 Ferrous Metals Mining and Dressing	24508	35775	1116	22	7966		41765
有色金属矿采选业 Nonferrous Metals Mining and Dressing			138	75	1304	10	16727
非金属矿采选业 Nonmetal Minerals Mining and Dressing	84525		979		11301	1609	29480
开采辅助活动 Subsidiary Action							
其他采矿业 Others Mining and Quarrying							
农副食品加工业 Agricultural and Sideline Products Processing	538055	820	5173	809	14824	4059	273228
食品制造业 Food Manufacturing	412852		1991	1	6143	6458	168114
酒、饮料和精制茶制造业 Wine，Drink and Tea Manufacturing	177378	386	1293		1209	1368	91650
烟草制品业 Tobacco Processing	10138		113		1195	3200	12335
纺织业 Textile Industry	973950		4469	11	2527	21874	855515
纺织服装、服饰业 Textile Garments Products	59412		5813	2	5911	225	179038
皮革、毛皮、羽毛及其制品和制鞋业 Leather , Furs , Down and Relate Products	64977		9753		5618	1442	340265
木材加工和木、竹、藤、棕、草制品业 Timber Processing , Bamboo , Cane , Palm Fiber and Straw Products	85112		1136	34	2322	14	94155
家具制造业 Furniture Manufacturing	624		1431	2	808		49263
造纸和纸制品业 Papermaking and Paper Products	1801924		2846		9620	2527	459698
印刷和记录媒介复制业 Printing and Record Medium Reproduction	20419		2200	8	1368		45451
文教、工美、体育和娱乐用品制造业 Cultural , Educational and Sports Goods	11911		3137	15	5060	130	139445
石油加工、炼焦和核燃料加工业 Petroleum Processing , Coking and Nuclear Fuel Processing	78127		62		139854	569054	329797

6-11 续表

Continued

单位：吨 (ton)

行业 Sector	原煤 Coal	焦炭 Coke	汽油 Gasoline	煤油 Kerosene	柴油 Diesel Oil	燃料油 Fuel Oil	电力（万千瓦小时） Electricity (10000 kwh)
化学原料和化学制品制造业 Raw Chemical Materials and Chemical Products	4776992	56848	6894	6206	8762	4638	831667
医药制造业 Medical and Pharmaceutical Products	192325		1101	1	2098	2048	49289
化学纤维制造业 Chemical Fiber	765155		342	297	824	8554	520146
橡胶和塑料制品业 Rubber and Plastic Products	766122		6256	3	6799	2427	412809
非金属矿物制品业 Nonmetal Minerals Products	7577091	2906	8175	573	187251	317051	1459683
黑色金属冶炼和压延加工业 Smelting and Pressing of Ferrous Metals	3168982	5323000	929	35	5452		1342038
有色金属冶炼和压延加工业 Smelting and Pressing of Nonferrous Metals	928240	661618	1570	2632	13307	4366	849265
金属制品业 Metal Products	19647	1169	3405	29	4566	3898	238233
通用设备制造业 General Equipment	1743	1312	3560	600	5787	263	162667
专用设备制造业 Special Purpose Equipment	2448	65	2482	220	3873	85	85150
汽车制造业 Automobile manufacturing industry	5939	2149	3273	64	6666	16	144977
铁路、船舶、航空航天和其他运输设备制造业 Railway,Watercraft,Aviation and others transportation Manufacturing	157		1473	283	7043	1032	35477
电气机械和器材制造业 Electric Equipment and Machinery	25993	469	4817	99	3685		255953
计算机、通信和其他电子设备制造业 Computer,Communication and other Electronic Equipment	219		2607	6	1158	300	360385
仪器仪表制造业 Instruments and Meters Machinery	5	2	1499	10	354		25957
其他制造业 Others Manufacturing	191396		1393	18	1262	2	45622
废弃资源综合利用业 Waste Resources and Materials Recovering	38365		838	75	1289		20101
金属制品、机械和设备修理业 Metals,Machinery and Equipment maintenance			41	232	1163	1687	8827
电力、热力生产和供应业 Production and Supply of Electric Power and Hot Power	34745304		7289	2	8612	3408	1734062
燃气生产和供应业 Production and Supply of Gas	31141		347		343		8180
水的生产和供应业 Production and Supply of Water			423		151		74324

6-12 按行业分规模以上工业综合能源消费量(2016年)

Consumption of Energy in Industrial Enterprises above Designated Size by Sector(2016)

单位：吨标准煤 (ton of SCE)

项目	Item	综合能耗 Consumption of Energy	比上年增长(%) Ratio(%)
合计	**Total**	**65372140**	**-7.3**
采矿业	Mining and Quarrying	311816	-4.7
煤炭开采和洗选业	Coal Mining and Dressing	50468	-8.8
石油和天然气开采业	Petroleum and Natural Gas Mining		
黑色金属矿采选业	Ferrous Metals Mining and Dressing	116268	-0.3
有色金属矿采选业	Nonferrous Metals Mining and Dressing	22699	-12.4
非金属矿采选业	Nonmetal Minerals Mining and Dressing	122382	-5.3
开采辅助活动	Subsidiary Action		
其他采矿业	Others Mining and Quarrying		
制造业	Manufacturing	49327944	-2.8
农副食品加工业	Agricultural and Sideline Products Processing	836274	1.9
食品制造业	Food Manufacturing	696960	-2.1
酒、饮料和精制茶制造业	Wine，Drink and Tea Manufacturing	285879	-11.1
烟草制品业	Tobacco Processing	37107	-20.4
纺织业	Textile Industry	2131197	-0.3
纺织服装、服饰业	Textile Garments Products	281133	-3.3
皮革、毛皮、羽毛及其制品和制鞋业	Leather , Furs , Down and Relate Products	507296	-9.8
木材加工和木、竹、藤、棕、草制品业	Timber Processing , Bamboo , Cane , Palm Fiber and Straw Products	551100	-10.4
家具制造业	Furniture Manufacturing	74695	-8.1
造纸和纸制品业	Papermaking and Paper Products	1779032	0.3
印刷和记录媒介复制业	Printing and Record Medium Reproduction	91044	4.5
文教、工美、体育和娱乐用品制造业	Cultural , Educational and Sports Goods	336471	-4.8
石油加工、炼焦和核燃料加工业	Petroleum Processing , Coking and Nuclear Fuel Processing	9100228	-1.8
化学原料和化学制品制造业	Raw Chemical Materials and Chemical Products	4811093	-20.0
医药制造业	Medical and Pharmaceutical Products	295771	4.3
化学纤维制造业	Chemical Fiber	1252541	2.1
橡胶和塑料制品业	Rubber and Plastic Products	1258236	1.7
非金属矿物制品业	Nonmetal Minerals Products	11069004	-4.9
黑色金属冶炼和压延加工业	Smelting and Pressing of Ferrous Metals	9427799	5.7
有色金属冶炼和压延加工业	Smelting and Pressing of Nonferrous Metals	2505102	0.5
金属制品业	Metal Products	380901	9.5
通用设备制造业	General Equipment	213743	1.3
专用设备制造业	Special Purpose Equipment	121204	-0.8
汽车制造业	Automobile manufacturing industry	228920	-2.0
铁路、船舶、航空航天和其他运输设备制造业	Railway,Watercraft,Aviation and others transportation Manufacturing	62894	-14.8
电气机械和器材制造业	Electric Equipment and Machinery	344249	17.4
计算机、通信和其他电子设备制造业	Computer,Communication and other Electronic Equipment	460507	14.3
仪器仪表制造业	Instruments and Meters Machinery	33469	1.7
其他制造业	Others Manufacturing	80852	-4.7
废弃资源综合利用业	Waste Resources and Materials Recovering	58489	-6.5
金属制品、机械和设备修理业	Metals,Machinery and Equipment maintenance	14754	12.6
电力、热力、燃气及水生产和供应业	Production and Supply of Electric Power,Hot Power and Water	15732381	-19.0
电力、热力生产和供应业	Production and Supply of Electric Power and Hot Power	15610047	-19.1
燃气生产和供应业	Production and Supply of Gas	30983	6.7
水的生产和供应业	Production and Supply of Water	91350	-0.3

注：1.规模以上工业电力折算标准煤的系数用当量系数1.229。2.本表"比上年增长"以当量值计算。

Note:a)The coefficient for conversion of electric power into SCE is 1.229.b)The ratio of energy is calculated on the basis of the data on average consumption in the same year.

6-13 各设区市万元地区生产总值能耗升降情况

Indicators of Energy Consumption per 10000 yuan of GDP by City

单位：%　　(%)

地区	Area	2010	2011	2012	2013	2014	2015	2016
全　省	**Total**	**-3.42**	**-3.29**	**-5.70**	**-3.76**	**-1.53**	**-7.70**	**-6.42**
福州市	Fuzhou	-2.78	-3.56	-4.03	-2.70	-3.76	-7.00	-3.55
厦门市	Xiamen	-1.76	-3.11	-2.72	-1.90	-1.47	-8.33	-1.82
莆田市	Putian	-2.14	-3.63	-3.57	-4.08	0.16	-5.94	-0.96
三明市	Sanming	-3.65	-4.01	-5.90	-4.82	-5.23	-12.17	-7.58
泉州市	Quanzhou	-2.40	-4.58	-3.68	-4.75	2.54	-4.78	-6.93
漳州市	Zhangzhou	-2.21	-2.82	-4.51	2.56	21.30	-27.30	-14.06
南平市	Nanping	-3.62	-4.14	-4.43	-5.95	-6.89	-6.85	-6.20
龙岩市	Longyan	-3.19	-3.31	-6.30	-5.73	-3.88	-6.07	-6.07
宁德市	Ningde	-0.48		-2.25	1.69	13.74	-1.64	1.37

6-14 各设区市万元地区生产总值电耗升降情况

Indicators of Electricity Consumption per 10000 yuan of GDP by City

单位：%　　(%)

地区	Area	2008	2009	2010	2011	2012	2013	2014	2015	2016
全　省	**Total**	**-4.98**	**-5.87**	**1.73**	**2.73**	**-6.42**	**-2.96**	**-0.27**	**-8.42**	**-1.96**
福州市	Fuzhou	-4.65	-4.03	0.09	0.32	-8.82	-1.23	-3.21	-8.23	-0.93
厦门市	Xiamen	-5.19	-5.16	1.32	-2.14	-4.09	-2.37	-2.31	-6.32	0.46
莆田市	Putian	-6.94	-2.64	5.69	-0.52	-5.41	-0.13	-0.11	5.67	5.75
三明市	Sanming	-6.51	-15.58		0.76	-7.79	-5.97	-4.34	-11.02	-7.08
泉州市	Quanzhou	-5.93	-1.10	0.86	-2.60	-7.91	-6.53	-2.11	-8.58	-4.05
漳州市	Zhangzhou	-1.00	-5.45	-1.83	2.47	-4.12	0.97	5.77	-12.21	-3.94
南平市	Nanping	-8.71	12.57	7.56	11.21	-11.51	-8.63	-9.90	-13.43	-3.76
龙岩市	Longyan	-0.27	-18.40	3.43	3.00	-6.18	-3.67	-5.97	-11.20	-6.52
宁德市	Ningde	-3.28	-6.85	7.11	17.86	-8.99	8.90	10.19	0.08	8.15

6-15 各设区市规模以上工业万元增加值能耗升降情况

Indicators of Energy Consumption per 10000 yuan of Value-added of Industrial Enterprises above Designated Size by City

单位：%

地区	Area	2008	2009	2010	2011	2012	2013	2014	2015	2016
全　省	**Total**	**-10.05**	**-2.70**	**-6.08**	**-1.13**	**-14.11**	**-4.83**	**-1.01**	**-16.43**	**-13.83**
福州市	Fuzhou	-4.78	0.89	-11.97	9.50	-18.58	-5.07	-10.75	-18.97	-15.24
厦门市	Xiamen	-10.71	-3.43	-6.42	-6.11	-18.30	-6.92	-10.22	-16.81	-11.89
莆田市	Putian	-22.72	4.83	-6.19	-3.16	-15.94	-5.55	-10.41	-16.92	-10.53
三明市	Sanming	-14.73	-18.69	-12.81	-6.84	-8.03	-9.35	-11.87	-18.19	-9.75
泉州市	Quanzhou	-11.44	7.15	13.49	-11.06	-8.89	-9.49	2.96	-2.87	-10.39
漳州市	Zhangzhou	-13.82	-5.61	-7.65	1.53	-25.16	12.77	22.43	-40.34	-28.91
南平市	Nanping	-15.14	-13.43	-5.83	-8.52	-12.51	-10.91	-12.56	-9.97	-13.03
龙岩市	Longyan	-18.57	-16.97	-4.36	-3.72	-15.20	-5.89	-11.13	-16.52	-11.95
宁德市	Ningde	-13.01	14.81	-7.19	10.47	-25.15	-6.70	11.01	-10.50	-13.53

注：本表以当量值计算。

Note:The data of the table is Equivalent Value calculation.

主要统计指标解释

能源生产总量　指一定时期内一次能源生产量的总和。一次能源生产量指本地区原煤、原油、天然气、水电、风电、核电和其他非燃料能源发电（地热电、太阳能电）的生产量。

能源消费总量　指一定地域（行政或地理区域）内，国民经济各行业和居民家庭在一定时期消费的各种能源的总和。能源消费总量在消费环节上包括终端能源消费量、能源加工转换损失量、能源运输和管理过程的损失量；在能源类别上包括全部化石能源，以及作为能源使用、作为商品流通并使用的可再生能源和新能源。

(1)终端能源消费量：指一定时期内生产和生活消费的各种能源在扣除了用于加工转换二次能源消费量和损失量以后的数量。

(2)能源加工转换损失量：指一定时期内投入加工转换的各种能源数量之和与产出各种能源产品之和的差额，是观察能源在加工转换过程中损失量变化的指标。

(3)能源损失量：指一定时期内能源在输送、分配、储存过程中发生的损失和由客观原因造成的各种损失量，不包括各种气体能源放空、放散量。

能源生产弹性系数　指研究能源生产增长速度与国民经济增长速度之间关系的指标。计算公式为：

能源生产弹性系数＝能源生产总量年增长速度／国民经济年增长速度

国民经济年增长速度，可根据不同的目的或需要，用国民生产总值、国内生产总值等指标来计算，本年鉴是采用国内生产总值指标计算的。

电力生产弹性系数　指研究电力生产增长速度与国民经济增长速度之间关系的指标。计算公式为：

电力生产弹性系数＝电力生产量年增长速度／国民经济年增长速度

能源消费弹性系数　指反映能源消费增长速度与国民经济增长速度之间比例关系的指标。计算公式为：

能源消费弹性系数＝能源消费量年增长速度／国民经济年增长速度

电力消费弹性系数　指反映电力消费增长速度与国民经济增长速度之间比例关系的指标。计算公式为：

电力消费弹性系数＝电力消费量年增长速度／国民经济年增长速度

能源加工转换效率　指一定时期内能源经过加工、转换后，产出的各种能源产品的数量与同期内投入加工转换的各种能源数量的比率。它是观察能源加工转换装置和生产工艺先进与落后、管理水平高低等的重要指标。计算公式为：

能源加工转换效率＝(能源加工、转换产出量／能源加工、转换投入量)×100%

单位地区生产总值能耗　指一定时期内，一个国家或地区每生产一个单位的地区生产总值所消耗的能源。计算公式为：

单位地区生产总值能耗=能源消费总量/地区生产总值

单位工业增加值能耗　指一定时期内，一个国家或地区每生产一个单位的工业增加值所消耗的能源。计算公式为：

单位工业增加值能耗=工业能源消费量/工业增加值

单位地区生产总值电耗　指一定时期内，一个国家或地区每生产一个单位的地区生产总值所消耗的电力。计算公式为：

单位地区生产总值电耗=全社会用电量/地区生产总值

Explanatory Notes on Main Statistical Indicators

Total Energy Production refers to the total production of primary energy by all energy producing enterprises in the region in a given period of time. It is a comprehensive indicator to show the capacity, scale, composition and development of energy production of the region. The production of primary energy includes that of coal, crude oil, natural gas, hydropower and electricity generated by nuclear energy and other means such as wind power and geothermal power. However, it excludes the production of fuels of low calorific value, bio-energy, solar energy and the secondary energy converted from the primary energy.

Total Domestic Energy Consumption refers to the total consumption of energy of various kinds by material production sectors, non material production sectors and households in the region in a given period of time. It is a comprehensive indicator to show the scale, composition and development of energy consumption. The total energy consumption includes that of coal, crude oil and their products, natural gas and electricity. However it excludes the consumption of fuel of low calorific value, bio-energy and solar energy. Total domestic energy consumption can be divided into three parts:

(1) Final Energy Consumption: It refers to the total energy consumption by material production sectors, non material production sectors and households in the region (region) in a given period of time, but excludes the consumption in conversion of the primary energy into the secondary energy and the loss in the process of energy conversion.

(2) Loss During the Process of Energy Conversion: It refers to the total input of various kinds of energy for conversion, minus the total output of various kinds of energy in the region in a given period of time. It is an indicator to show the loss that occurs during the process of energy conversion.

(3) Energy Loss: It refers to the total of the loss of energy during the course of energy transport, distribution and storage and the loss caused by any objective reason in a given period of time. The loss of various kinds of gas due to gas discharges and stocktaking is excluded.

Elasticity Ratio of Energy Production is an indicator to show the relationship between the growth rate of energy production and the growth rate of the national economy. The formula is:

Elasticity Ratio of Energy Production= Annual Growth Rate of Energy Production/ Annual Growth Rate of National Economy

The annual growthrate of the national economy can be shown by the gross national product, gross domestic product and other indicators, depending upon the purposes or needs. The gross domestic product is used in calculation of the ratio in this chapter.

Elasticity Ratio of Electricity Production is an indicator to show the relationship between the growth rate of electricity production and the growth rate of the national economy. Generally speaking, the growth rate of electricity production should be higher than that of the national economy.The formula is:

Elasticity Ratio of Electricity Production= Annual Growth Rate of Electricity Production/ Annual Growth Rate of National Economy

Elasticity Ratio of Energy Consumption is an indicator to show the relationship between the growth rate of energy consumption and the growth rate of the national economy. The formula is:

Elasticity Ratio of Energy Consumption= Annual Growth Rate of Energy Consumption/ Annual Growth Rate of National Economy

Elasticity Ratio of Electricity Consumption is an indicator to show the relationship between the growth rate of electricity consumption and the growth rate of the national economy. The formula is:

Elasticity Ratio of Electricity Consumption= Annual Growth Rate of Electricity/ Annual Growth Rate of National Economy

Efficiency of Energy Processing and Conversion refers to the ratio of the total output of energy products of various kinds after processing and conversion and the total input of energy of various kinds for processing and conversion in the same reference period. It is an important indicator to show the current conditions of energy processing and conversion equipment, production technique and management. The formula is:

Efficiency of Energy Processing & Conversion=(Output of Energy After Processing & Conversion/Input of Energy for Processing & Conversion)×100%

Energy Consumption per Unit of GDP refers to the energy consumption per unit of gross domestic production in a country or the gross region production in the same reference period. The formula is:

Energy Consumption per Unit of GDP=Total Energy Consumption/Gross Domestic Production

Electricity Consumption per Unit of Industrial Value-added refers to the energy consumption per unit of industrial value-added in a country or region in the same reference period. The formula is:

Energy Consumption per Unit of Industrial Value-added=Total Energy Consumption/Industrial Value-added

Electricity Consumption per Unit of GDP refers to the electricity consumption per unit of gross domestic production in a country or the gross region production in the same reference period. The formula is:

Electricity Consumption per Unit of GDP=Total Electricity Consumption/Gross Domestic Production

第七篇　人民生活

Chapter 7　People's Living Conditions

资料整理：杨威 张凤园 李君 陈思

Database Editor: Yangwei Zhangfengyuan Lijun Chensi

简要说明

本篇资料的主要内容及来源

本篇资料反映了全省城乡人民生活状况，分为城镇居民生活和农村居民生活两个部分，主要包括居民家庭基本情况，家庭收入、支出情况，主要商品购买数量及支出金额，居住状况和耐用消费品的拥有量等。

城镇居民家庭相关资料来源于城乡住户一体化调查年报，农村居民家庭相关资料来源于城乡住户一体化调查年报，均由国家统计局福建调查总队居民收支调查处整理提供。

Brief Introduction

Main Content and Source of Data

Data in this chapter show the basic conditions of the people's livelihood in Fujian Province , consisting of two parts on the life of urban and rural households respectively ,including mainly basic condition of people's household , income and expenditure of the household, the quantity and the expenditure on major commodities purchased, the housing condition and the possession of the durable consumer goods, etc.

Data on the livelihood of urban resident and Data on the livelihood of rural residents are prepared and provided by the Division of Residents Payments Survey of Survey Office of the National Bureau of Statistics in Fujian.

7-1 城乡居民家庭人均收入（1978-2016年）

Per Capita Annual Income of Urban and Rural Households(1978-2016)

单位：元 (yuan)

年份 Year	居民人均可支配收入 Annual Per Capita Disposable Income of Households			城镇居民人均可支配收入 Annual Per Capita Disposable Income of Urban Households			农村居民人均可支配（纯）收入 Annual Per CapitaNet Income of Rural Households		
	数值 Vaule	比上年增长（%） Ratio(%) 名义 Ration	实际 Actual	数值 Vaule	比上年增长（%） Ratio(%) 名义 Ration	实际 Actual	数值 Vaule	比上年增长（%） Ratio(%) 名义 Ration	实际 Actual
1978				371			138		
1979							142	3.4	0.4
1980				450			172	20.8	15.5
1981				452	0.4	-3.4	232	34.9	32.4
1982				520	15.0	11.6	268	15.8	11.7
1983				573	10.2	8.0	302	12.6	11.6
1984				582	1.6	-1.2	345	14.3	13.0
1985				733	25.9	10.5	396	14.9	6.9
1986				929	26.7	18.6	419	5.6	0.2
1987				1021	9.9	-0.6	485	15.9	7.4
1988				1236	21.1	-4.7	613	26.5	0.4
1989				1555	25.8	5.9	697	13.7	-4.4
1990				1749	12.5	12.4	764	9.6	11.2
1991				1953	11.7	6.8	850	11.2	8.6
1992				2351	20.4	11.5	984	15.8	11.2
1993				2923	24.3	6.4	1211	23.0	7.7
1994				3935	34.6	7.6	1578	30.3	3.9
1995				4853	23.3	6.0	2049	29.8	13.5
1996				5574	14.9	7.4	2492	21.7	15.4
1997				6144	10.2	7.5	2786	11.8	10.3
1998				6486	5.6	5.6	2946	5.8	6.3
1999				6860	5.8	7.2	3091	4.9	5.8
2000				7432	8.3	5.0	3230	4.5	3.2
2001				8313	11.9	13.8	3381	4.7	5.4
2002				9189	10.5	11.4	3539	4.7	4.9
2003				10000	8.8	8.1	3734	5.5	4.5
2004				11175	11.8	7.7	4089	9.5	5.0
2005				12321	10.3	8.2	4450	8.8	5.9
2006				13753	11.6	10.4	4835	8.6	8.3
2007				15505	15.7	10.1	5467	13.1	7.3
2008				17961	15.8	10.8	6196	13.3	8.3
2009				19577	9.0	10.9	6680	7.8	10.1
2010				21781	11.3	8.0	7427	11.2	7.5
2011				24907	14.4	8.7	8779	18.2	12.3
2012				28055	12.6	10.0	9967	13.5	10.8
2013	21218			28174	9.8	7.0	11405	12.2	9.7
2014	23331	10.0	7.8	30722	9.0	6.8	12650	10.9	8.8
2015	25404	8.9	7.1	33275	8.3	6.5	13793	9.0	7.2
2016	27608	8.7	6.9	36014	8.2	6.3	14999	8.7	7.1

注：1978-2012年为老口径数据。

Note:Data from 1978 to 2012 are adopted Old Scope.

7-2 主要年份城镇居民家庭基本情况

Basic Conditions of Urban Households in Selected Years

年份 Year	平均每户家庭人口(人) Number of Average per Household Persons(person)	平均每户就业人数(人) Average Number of Employed Persons Per Household (person)	平均每户就业面(%) Percentage of Employment Per Household(%)	平均每一就业者负担人数(人) Number of Persons Supported By Each Employee(person)	平均每人全年可支配收入(元) Per Capita Annual Disposable Income(yuan)	平均每人消费性支出(元) Per Capita Living Ex- penditures for Consumption (yuan)	平均每人住房建筑面积(平方米) Per Capita Floor Space of Residential Buildings(sq.m)
1952					106	96	
1957					165	131	
1959	4.72	1.40	29.7	3.37	206	190	
1962	5.46	1.72	31.5	3.17	203	186	
1963	5.40	1.50	27.8	3.60	207	189	
1964	5.33	1.53	28.8	3.48	211	194	
1965	5.13	1.65	32.2	3.12	217	201	
1966	5.00	1.40	28.0	3.40	223	186	
1975	4.97	2.05	41.3	2.42	333	297	
1978	3.87	2.40	62.0	1.61	371	285	
1980	4.53	2.32	51.2	1.95	450	392	11.3
1981	4.51	2.40	53.2	1.88	452	405	11.7
1982	4.44	2.48	55.9	1.79	520	466	12.1
1983	4.36	2.41	55.3	1.80	573	504	13.2
1984	4.27	2.37	55.5	1.80	582	494	14.3
1985	4.06	2.25	55.4	1.81	733	675	15.3
1986	4.00	2.23	55.8	1.79	929	790	15.7
1987	3.97	2.25	56.6	1.77	1021	893	16.5
1988	3.77	2.10	55.7	1.79	1236	1077	17.2
1989	3.70	2.09	56.5	1.77	1555	1340	17.6
1990	3.64	2.09	57.4	1.74	1749	1431	18.1
1991	3.43	2.00	58.3	1.72	1953	1659	19.5
1992	3.39	2.03	59.9	1.67	2351	1942	20.9
1993	3.35	2.01	60.0	1.67	2923	2418	21.5
1994	3.29	1.92	58.4	1.71	3935	3351	24.1
1995	3.27	1.93	59.0	1.69	4853	4132	24.3
1996	3.25	1.94	59.7	1.68	5574	4568	24.5
1997	3.28	1.96	59.8	1.67	6144	4936	25.6
1998	3.23	1.90	58.8	1.70	6486	5181	26.8
1999	3.22	1.90	59.0	1.69	6860	5267	27.2
2000	3.23	1.80	55.7	1.79	7432	5639	28.0
2001	3.20	1.80	55.3	1.78	8313	6015	28.2
2002	3.13	1.73	55.3	1.81	9189	6632	28.4
2003	3.08	1.72	55.8	1.79	10000	7356	29.8
2004	3.05	1.58	51.8	1.93	11175	8161	31.1
2005	3.04	1.60	52.6	1.90	12321	8794	31.4
2006	3.04	1.64	53.9	1.86	13753	9808	32.1
2007	3.01	1.60	53.2	1.90	15505	11055	33.5
2008	3.14	1.69	53.8	1.86	17961	12501	37.5
2009	3.12	1.72	55.1	1.81	19577	13451	37.5
2010	3.08	1.71	55.5	1.80	21781	14750	38.5
2011	3.12	1.68	53.8	1.86	24907	16661	37.9
2012	3.10	1.68	54.2	1.85	28055	18593	38.2
2013	2.97	1.58	53.2	1.88	28174	20565	38.7
2014	2.99	1.61	53.8	1.86	30722	22204	40.7
2015	3.08	1.59	51.7	1.93	33275	23520	42.5
2016	3.13	1.62	51.8	1.93	36014	25006	42.7

注：2012年及以前为老口径数据。
Note:Data before 2012 are adopted Old Scope.

7-3 城镇居民人均可支配收入及构成（2013-2016年）

Per Capita Income of Urban Households(2013－2016)

单位：元 (yuan)

项目	Item	2013	2014	2015	2016
可支配收入	**Disposable Income**	**28173.90**	**30722.39**	**33275.34**	**36014.26**
工资性收入	Wages and Salaries	17813.38	19197.23	20714.28	22213.41
经营净收入	Net Income from Business	3736.11	4246.81	4571.46	4919.35
财产净收入	Property Income	3388.06	3648.56	3822.24	4199.43
转移净收入	Transfer Net Income	3236.35	3629.79	4167.37	4682.07
可支配收入构成(%)	**Composition(%)**	**100.00**	**100.00**	**100.00**	**100.00**
工资性收入	Wages and Salaries	63.23	62.49	62.25	61.68
经营净收入	Net Income from Business	13.26	13.82	13.74	13.66
财产净收入	Property Income	12.03	11.88	11.49	11.66
转移净收入	Transfer Net Income	11.49	11.82	12.52	13.00

7-4 城镇居民按收入五等分分组的人均可支配收入

Per Capita Income of Urban Households of Five Groups Divided Equally by Income Lever

单位：元 (yuan)

项目	Item	2013	2014	2015	2016
低收入户	Low Income	11073.38	12883.32	14231.34	15831.44
中等偏下户	Lower Middle Income	19159.97	21513.33	23307.42	25304.04
中等收入户	Middle Income	25513.81	28397.54	31234.26	34091.43
中等偏上户	Upper Middle Income	34358.10	37797.69	41306.30	45198.52
高收入户	High Income	59699.49	64936.59	69131.21	73392.01

7-5 城镇居民人均生活消费支出（2013－2016年）

Per Capita Expenditure of Urban Households(2013－2016)

单位：元 (yuan)

项目	Item	2013	2014	2015	2016
生活消费支出	Total Consumption Expenditures	20564.70	22204.06	23520.19	25005.52
食品烟酒	Food,Cigarettes and Drinks	6718.41	7368.71	7759.14	8299.57
衣着	Clothing	1390.42	1460.99	1489.82	1443.55
居住	Residence	5018.43	5434.70	5811.38	6530.52
生活用品及服务	Supplies and Services	1273.91	1301.97	1336.95	1393.43
交通通信	Transport and Communication	2572.19	2737.80	3021.53	3205.69
教育文化娱乐	Education,Culture and Recreation	2019.87	2170.03	2314	2461.45
医疗保健	Health Care and Medical Services	924.84	1058.97	1165.3	1178.47
其他用品及服务	Other Appliances and Services	646.63	670.90	622.07	492.83

7-6 城镇居民人均生活消费支出构成（2013－2016年）

Composition of Per Capita Expenditure of Urban Households(2013－2016)

单位：% (%)

项目	Item	2013	2014	2015	2016
生活消费支出	Composition	100.00	100.00	100.00	100.00
食品烟酒	Food,Cigarettes and Drinks	32.67	33.19	32.99	33.19
衣着	Clothing	6.76	6.58	6.33	5.77
居住	Residence	24.40	24.48	24.71	26.12
生活用品及服务	Supplies and Services	6.19	5.86	5.68	5.57
交通通信	Transport and Communication	12.51	12.33	12.85	12.82
教育文化娱乐	Education,Culture and Recreation	9.82	9.77	9.84	9.84
医疗保健	Health Care and Medical Services	4.50	4.77	4.95	4.71
其他用品及服务	Other Appliances and Services	3.14	3.02	2.64	1.97

7-7 城镇居民消费主要食品数量（2013－2016年）

Per Capita Purchases of Daily Consumer Goods of Urban Residents(2013－2016)

单位：千克 (kg)

项目	Item	2013	2014	2015	2016
粮食类	Grain	113.65	107.00	105.77	104.32
油脂类	Oil	9.34	9.33	9.19	9.61
蔬菜及菜制品	Vegetables and Vegetable Products	84.23	86.20	89.51	91.51
肉类	Meat	30.54	30.79	32.24	32.52
禽类	Poultry	8.69	9.13	9.50	11.26
水产品类	Aquatic Products	28.67	28.82	29.97	29.63
蛋类及蛋制品	Eggs	7.44	7.82	8.77	9.38
奶和奶制品(千克)	Milk	14.49	13.68	13.49	13.53
干鲜瓜果类	Fresh and Dried Fruits	40.86	41.85	43.18	45.43

7-8 城镇居民家庭每百户耐用消费品拥有量（2013－2016年）

Number of Major Durable Consumer Goods Owned Per 100 Urban Households (2013－2016)

项目	Item	2013	2014	2015	2016
家用汽车(辆)	Automobile(unit)	19.91	23.25	28.30	33.18
摩托车(辆)	Motorcycle(set)	42.33	46.33	46.00	45.34
电冰箱(台)	Refrigerator(set)	93.03	92.47	94.34	97.43
洗衣机(台)	Washing Machine(set)	85.75	84.47	84.51	87.57
热水器(台)	Shower(unit)	96.40	94.22	97.53	100.17
太阳能热水器(台)	Solar Water Heater(unit)	4.54	5.04	5.13	6.39
空调机(台)	Air Conditioner(unit)	151.86	146.20	157.21	165.54
彩色电视机(台)	Color TV Set(set)	134.27	136.88	138.74	140.82
摄像机(台)	Pick up Camera(set)	6.15	7.02	5.96	5.55
照相机(台)	Camera(set)	30.54	33.35	29.78	23.01
计算机(台)	Computer(set)	91.80	91.27	88.67	89.23
接入互联网的计算机(台)	Computer Access to the Internet(set)	76.13	82.51	74.96	77.33
中高档乐器(件)	Medium and Grade Musical Instrument(unit)	5.29	5.73	5.12	5.45
固定电话(部)	Telephone(unit)	51.65	62.52	54.44	44.48
移动电话(部)	Mobile Telephone(unit)	225.00	232.78	240.09	249.07
接入互联网的移动电话(部)	Mobile Telephone Access to the Internet(unit)	100.62	122.00	129.42	159.54

7-9 主要年份农村居民家庭基本情况

Basic Conditions of Rural Household in Selected Years

项目 Item	调查户数（户）(household)	平均每户常住人口（人）Average Number of Permanent Residents Per Household (person)	平均每户整半劳动力（人）Average Number of Able-bodied and Semi-able-bodied Laborers Per Household (person)	平均每个劳动力负担人口（人）Average Number of Persons Supported by a Laborer (person)	农村居民人均住房使用面积（平方米）Per Capita Use Living Space (sq.m)	农村居民人均住房建筑面积（平方米）Per Capita Construction Space (sq.m)	农村居民人均可支配（纯）收入（元）Per Capita Net Income (yuan)	农村居民人均生活消费支出（元）Per Capita Living Expenditures (yuan)
1952				2.20			69.97	67.52
1957				2.39			112.13	101.60
1962				2.38			154.57	131.36
1965				2.87			128.74	114.15
1970				2.71			120.70	107.87
1978		6.50	2.22	2.92			137.54	112.73
1979		6.38	2.16	2.88			142.20	132.57
1980		6.25	2.06	3.03			171.74	157.67
1981		6.23	2.10	2.97	8.30		231.65	199.25
1982		6.27	2.27	2.76	7.67		268.16	231.14
1983		6.29	2.60	2.42	10.44		301.84	261.86
1984	1820	6.19	2.66	2.32	11.73		344.94	287.87
1985	1820	5.74	2.95	1.94	14.47		396.45	350.57
1986	1820	5.69	2.99	1.90	15.10		418.51	394.10
1987	1820	5.51	3.08	1.82	15.86		484.88	442.83
1988	1820	5.56	3.09	1.80	16.18		613.41	570.73
1989	1820	5.54	3.09	1.79	16.65		697.34	652.58
1990	1820	5.50	3.03	1.81	18.47		764.41	707.97
1991	1820	5.37	3.03	1.77	19.14		850.05	746.99
1992	1820	5.31	3.05	1.74	19.64		984.11	820.74
1993	1820	5.24	3.10	1.69	22.38		1210.51	1069.79
1994	1820	5.17	3.13	1.65	24.62		1577.74	1439.53
1995	1820	4.91	3.02	1.62	22.88		2048.59	1793.68
1996	1820	4.87	2.98	1.63	23.37		2492.49	2033.54
1997	1820	4.77	2.96	1.61	23.74		2785.67	2119.56
1998	1820	4.70	3.00	1.57	24.87		2946.37	2192.35
1999	1820	4.62	2.95	1.56	26.40		3091.39	2252.09
2000	1820	4.24	2.70	1.57	32.14		3230.49	2409.69
2001	1820	4.17	2.68	1.56	33.82		3380.72	2503.07
2002	1820	4.07	2.57	1.58	35.68		3538.74	2583.16
2003	1820	4.08	2.83	1.44	35.96		3733.93	2717.92
2004	1820	4.02	2.71	1.48	38.18		4089.38	3015.22
2005	1820	4.05	2.77	1.47	40.15		4450.36	3292.63
2006	1820	4.03	2.77	1.45	42.35		4834.75	3591.40
2007	1820	4.00	2.77	1.44	44.50		5467.08	4053.47
2008	1820	3.98	2.78	1.43	46.13		6196.07	4661.94
2009	1820	3.98	2.78	1.43	46.76		6680.18	5015.72
2010	1820	3.94	2.77	1.43	47.54		7426.86	5498.33
2011	1820	3.84	2.73	1.40	49.82		8778.55	6540.85
2012	1820	3.84	2.71	1.41	50.80		9967.17	7401.92
2013	1859	3.29	2.22	1.48		63.71	11404.85	9986.15
2014	1848	3.25	2.21	1.47		60.83	12650.19	11055.93
2015	1883	3.20	2.20	1.45		63.48	13792.70	11960.79
2016	1917	3.21	2.24	1.43		66.47	14999.19	12910.84

注：2012年及以前为老口径数据。

Note:Data before 2012 are adopted Old Scope.

7-10 农村居民人均可支配收入及构成（2013-2016年）

Per Capita Income of Rural Households(2013－2016)

单位：元 (yuan)

项目	Item	2013	2014	2015	2016
人均可支配收入	**Annual Per Capita Disposable Income**	**11404.85**	**12650.19**	**13792.70**	**14999.19**
工资性收入	Wages and Salaries	5054.25	5655.21	6187.00	6785.20
经营净收入	Net Income from Business	4684.58	5093.61	5455.57	5821.46
财产净收入	Property Income	160.05	201.28	232.46	255.68
转移净收入	Transfer Net Income	1505.97	1700.09	1917.68	2136.85
可支配收入构成(%)	**Composition(%)**	**100.00**	**100.00**	**100.00**	**100.00**
工资性收入	Wages and Salaries	44.32	44.70	44.86	45.24
经营净收入	Net Income from Business	41.08	40.27	39.55	38.81
财产净收入	Property Income	1.40	1.59	1.69	1.70
转移净收入	Transfer Net Income	13.21	13.44	13.90	14.25

7-11 农村居民按收入五等分分组的人均可支配收入

Per Capita Income of Rural Households of Five Groups Divided Equally by Income Lever

单位：元 (yuan)

项目	Item	2013	2014	2015	2016
低收入户	Low Income	4360.76	4691.41	5099.66	5587.86
中等偏下户	Lower Middle Income	7741.66	8576.55	9700.01	10168.39
中等收入户	Middle Income	10869.80	11955.23	12867.71	13796.67
中等偏上户	Upper Middle Income	14312.49	15607.56	17129.45	18491.94
高收入户	High Income	21905.18	25534.43	27535.95	31015.04

7-12 农村居民人均生活消费支出（2013－2016年）

Per Capita Expenditure of Rural Households(2013－2016)

单位：元 (yuan)

项目	Item	2013	2014	2015	2016
生活消费支出	Total Consumption Expenditures	9986.15	11055.93	11960.79	12910.84
食品烟酒	Food,Cigarettes and Drinks	3884.94	4222.53	4493.83	4818.30
衣着	Clothing	528.00	572.36	610.58	567.48
居住	Residence	2331.04	2607.83	2907.57	3203.95
生活用品及服务	Supplies and Services	596.37	642.69	620.57	687.94
交通通信	Transport and Communication	917.50	1097.70	1248.58	1452.10
教育文化娱乐	Education,Culture and Recreation	937.31	940.72	1003.87	1071.34
医疗保健	Health Care and Medical Services	562.91	735.94	826.94	866.95
其他用品及服务	Other Appliances and Services	228.08	236.16	248.87	242.78

7-13 农村居民人均生活消费支出构成（2013－2016年）

Composition of Per Capita Expenditure of Rural Households(2013－2016)

单位：% (%)

项目	Item	2013	2014	2015	2016
生活消费支出	Total Consumption Expenditures	100.00	100.00	100.00	100.00
食品烟酒	Food,Cigarettes and Drinks	38.90	38.19	37.57	37.32
衣着	Clothing	5.29	5.18	5.10	4.40
居住	Residence	23.34	23.59	24.31	24.82
生活用品及服务	Supplies and Services	5.97	5.81	5.19	5.33
交通通信	Transport and Communication	9.19	9.93	10.44	11.25
教育文化娱乐	Education,Culture and Recreation	9.39	8.51	8.39	8.30
医疗保健	Health Care and Medical Services	5.64	6.66	6.91	6.71
其他用品及服务	Other Appliances and Services	2.28	2.14	2.08	1.88

7-14 农村居民消费主要食品数量（2013－2016年）

Per Capita Purchases of Daily Consumer Goods of Rural Residents(2013－2016)

单位：千克 (kg)

项目	Item	2013	2014	2015	2016
粮食类	Grain	186.21	172.54	157.52	164.45
油脂类	Oil	11.70	9.99	9.44	10.14
蔬菜及菜制品	Vegetables and Vegetable Products	94.16	89.24	87.43	92.09
肉类	Meat	38.64	28.04	29.86	30.54
禽类	Poultry	9.58	10.92	12.23	13.55
水产品类	Aquatic Products	19.26	19.47	20.14	21.95
蛋类及蛋制品	Eggs	5.76	6.49	7.30	8.05
奶和奶制品(千克)	Milk	6.90	7.08	6.88	7.30
干鲜瓜果类	Fresh and Dried Fruits	24.55	26.53	28.78	32.17

7-15 农村居民家庭每百户耐用消费品拥有量（2013－2016年）

Number of Major Durable Consumer Goods owned per 100 Rural Households (2013－2016)

项目	Item	2013	2014	2015	2016
家用汽车(辆)	Automoile(unit)	8.08	10.08	12.90	16.22
摩托车(辆)	Motorcycle(unit)	84.94	90.08	91.50	91.78
电冰箱(台)	Refrigerator(unit)	92.29	91.96	93.80	100.12
洗衣机(台)	Washing Machine(unit)	69.78	68.46	73.20	79.32
热水器(台)	Shower(unit)	78.43	79.76	81.60	88.88
太阳能热水器(台)	Solar Water Heater	7.40	7.65	8.80	8.79
空调机(台)	Air Conditioner(unit)	47.30	47.55	54.30	62.33
彩色电视机(台)	Color TV(unit)	136.78	139.92	139.30	141.09
摄像机(台)	Pickup Camera(unit)	1.02	1.04	0.90	0.95
照相机(台)	Camera(unit)	7.31	8.92	6.30	4.91
计算机(台)	Computer(set)	33.24	34.67	34.90	34.55
接入互联网的计算机(台)	Computer Access to the Internet(unit)	25.14	26.08	25.60	28.35
中高档乐器(件)	Medium and High Grade Musical Instrument(unit)	0.65	0.88	0.60	0.83
固定电话(部)	Telephone(unit)	52.11	57.06	48.90	39.36
移动电话(部)	Mobile Telephone(unit)	230.37	238.89	246.40	250.09
接入互联网的移动电话(部)	Mobile Telephone Access to the Internet(unit)	78.16	85.25	107.90	122.72

7-16 设区市城镇居民人均可支配收入（2016年）

Per Capita Income of Urban Households by City(2016)

单位：元　(yuan)

项目	Item	人均可支配收入 Per Capita Annual Disposable Income	工资性收入 Wages and Salaries	经营净收入 Net Income from Business	财产净收入 Property Income	转移净收入 Transfer Net Income
福建省	**Fujian**	**36014**	**22213**	**4919**	**4199**	**4682**
福州市	Fuzhou	37833	23619	3408	4738	6067
厦门市	Xiamen	46254	32699	4180	5464	3911
莆田市	Putian	31818	16915	5780	4573	4550
三明市	Sanming	29677	19142	4202	2303	4030
泉州市	Quanzhou	39656	22636	8978	4868	3175
漳州市	Zhangzhou	30726	18834	5363	2020	4509
南平市	Nanping	27818	16562	3525	2829	4902
龙岩市	Longyan	30408	21097	3795	3175	2341
宁德市	Ningde	28164	12994	8458	2637	4075

7-17 设区市城镇居民人均生活消费支出（2016年）

Per Capita Expenditure of Urban Households by City(2016)

单位：元　(yuan)

项目	Item	生活消费支出 Total Consumption Expenditures	食品烟酒 Food,Cigarettes and Drinks	衣着 Clothing	居住 Residence	生活用品及服务 Supplies and Services	交通通信 Transport and Communication	教育文化娱乐 Education, Culture and Recreation	医疗保健 Health Care and Medical Services	其他用品及服务 Other Appliances and Services
福建省	**Fujian**	**25006**	**8300**	**1444**	**6531**	**1393**	**3206**	**2461**	**1178**	**493**
福州市	Fuzhou	26392	8704	1474	7360	1363	3022	2866	1084	518
厦门市	Xiamen	30867	9754	1720	8225	1638	4446	3160	1233	690
莆田市	Putian	21584	7671	1148	5287	1457	2460	1991	1079	493
三明市	Sanming	21183	7424	1308	4723	1437	2467	2530	906	389
泉州市	Quanzhou	25210	8511	1798	5866	1474	3286	2376	1116	782
漳州市	Zhangzhou	21467	8027	1201	4487	1220	2784	2308	1003	437
南平市	Nanping	18503	6359	1144	4259	1388	2047	2106	901	299
龙岩市	Longyan	20784	7270	1325	4723	968	2772	2258	1091	377
宁德市	Ningde	19982	7113	1519	4569	1288	1768	1887	1372	465

7-18 设区市农村居民人均可支配收入（2016年）

Per Capita Income of Rural Households by City(2016)

单位：元 (yuan)

项目	Item	人均可支配收入 Annual Per Capita Disposable Income	工资性收入 Wages and Salaries	经营净收入 Net Income from Business	财产净收入 Property Income	转移净收入 Transfer Net Income
福建省	**Fujian**	**14999**	**6785**	**5821**	**256**	**2137**
福州市	Fuzhou	16346	8663	4328	779	2577
厦门市	Xiamen	18885	12566	4567	739	1014
莆田市	Putian	15131	7345	3941	323	3524
三明市	Sanming	13918	5302	7171	283	1162
泉州市	Quanzhou	17179	9257	6045	293	1583
漳州市	Zhangzhou	15320	7329	6275	180	1536
南平市	Nanping	13331	4633	7546	190	961
龙岩市	Longyan	14429	5684	7070	166	1509
宁德市	Ningde	13516	4082	8084	145	1205

7-19 设区市农村居民人均生活消费支出（2016年）

Per Capita Expenditure of Rural Households by City(2016)

单位：元 (yuan)

项目	Item	生活消费支出 Total Consumption Expenditures	食品烟酒 Food,Cigarettes and Drinks	衣着 Clothing	居住 Residence	生活用品及服务 Supplies and Services	交通通信 Transport and Communication	教育文化娱乐 Education, Culture and Recreation	医疗保健 Health Care and Medical Services	其他用品及服务 Other Appliances and Services
福建省	**Fujian**	**12911**	**4818**	**567**	**3204**	**688**	**1452**	**1071**	**867**	**243**
福州市	Fuzhou	14033	5343	858	3618	808	1328	1163	644	272
厦门市	Xiamen	16300	6072	802	4283	968	2382	981	482	330
莆田市	Putian	12932	5348	572	3038	1037	1191	971	453	322
三明市	Sanming	10598	4043	473	2302	629	1269	1074	599	208
泉州市	Quanzhou	13480	5058	737	3573	883	1545	856	519	308
漳州市	Zhangzhou	11006	4381	396	2543	713	1160	917	700	196
南平市	Nanping	10087	3666	500	2423	473	1223	846	808	148
龙岩市	Longyan	10748	4279	419	2635	560	1162	846	614	233
宁德市	Ningde	10646	4290	567	2641	480	877	820	785	187

主要统计指标解释

常住人口：指家庭住户成员中，经常在家居住、或者调查期内居住时间超过一半的人员，以及本住户供养的学生。

常住人口是住户收支的调查对象。

可支配收入：指调查户在调查期内获得的、可用于最终消费支出和储蓄的总和，即调查户可以用来自由支配的收入。可支配收入既包括现金，也包括实物收入。按照收入的来源，可支配收入包含四项，分别为：工资性收入、经营净收入、财产净收入和转移净收入。

工资性收入：指就业人员通过各种途径得到的全部劳动报酬和各种福利，包括受雇于单位或个人、从事各种自由职业、兼职和零星劳动得到的全部劳动报酬和福利。

经营净收入：指住户或住户成员从事生产经营活动所获得的净收入，是全部经营收入中扣除经营费用、生产性固定资产折旧和生产税之后得到的净收入。

财产净收入：指住户或住户成员将其所拥有的金融资产、住房等非金融资产和自然资源交由其他机构单位、住户或个人支配而获得的回报并扣除相关的费用之后得到的净收入。

转移净收入：计算公式为：转移净收入=转移性收入-转移性支出

转移性收入：指国家、单位、社会团体对住户的各种经常性转移支付和住户之间的经常性收入转移。

转移性支出：指调查户对国家、单位、住户或个人的经常性或义务性转移支付。包括缴纳的税款、各项社会保障支出、赡养支出、经常性捐赠和赔偿支出以及其他经常转移支出等。

消费支出：指住户用于满足家庭日常生活消费需要的全部支出，包括用于消费品的支出和用于服务性消费的支出。根据用途不同，消费支出可划分为食品烟酒、衣着、居住、生活用品及服务、交通通信、教育文化娱乐、医疗保健、其他用品及服务八大类。根据来源不同，消费支出可划分为现金消费支出、实物消费支出（含自产自用、来自单位、来自政府和其他社会组织）。

恩格尔系数：指食物支出占生活消费总支出的比重。计算公式为：恩格尔系数=食物支出/生活消费总支出×100%。恩格尔系数越大，表示生活越贫困；反之，表示生活越富裕。根据国际经验，恩格尔系数 60%以上为贫困，50%-60%为温饱，40%-50%为小康，30%-40%为富裕，30%以下为最富裕。

Explanatory Notes on Main Statistical Indicators

Number of Dependents per Urban Employee refers to the ratio between number of persons in an urban household and the number of employed persons.

Total Income of Urban Households refers to the sum of wage and salary, net business income, income from properties, and income from transfers of members of the households, excluding income from selling of properties and income from borrowings.

Disposable Income of Urban Households refers to the actual income at the disposal of members of the households which can be used for final consumption, other non-compulsory expenditure and savings. This equals to total income minus income tax, personal contribution to social security and sample household subsidy for keeping diaries. Following formula is used:

Disposable income = total household income - income tax - personal contribution to social security - sample household subsidy for keeping diaries

Consumption Expenditure of Urban Households refers to total expenditure of the sample households for consumption in daily life, including expenditure on eight categories such as food, clothing, household appliances and services, health care and medical services, transport and communications, recreation, education and cultural services, housing, miscellaneous goods and services.

Expenditure of Urban Households on Consumption of Services refers to expenditure of households on services of various kinds provided by the society.

Urban Households by Income Group All households in the sample are grouped, by per capita disposable income of the household, into groups of low income, lower middle income, middle income, upper middle income and high income, each group consisting of 20%, 20%, 20%, 20% and 20% of all households respectively.

Income from Rural Household Operations refers to income by the rural households as units of production and operations. Operations by rural households are classified by economic activities as agriculture, forestry, animal husbandry, fishery, manufacturing, construction, transportation, post and telecommunications, wholesale, retail and catering, social service, culture, education, health, and other household operations.

Income from Properties refers to the income received as returns by owners of financial assets or tangible non-productive assets by providing capitals or tangible non-productive assets to other institutional units.

Income from Transfers refers to the receipt by rural households and their members of goods, services, capital or rights of assets without giving or repaying accordingly, excluding capital provided to them for the formation of fixed assets. In general, it refers to all income received by rural households through redistribution.

Cash Income refers to income received by rural households and their members in the form of cash during the reference period. It is classified, by source of income, into income from wages and salaries, cash income from household operations, income from properties and income from transfers.

Net Income from Rural household refers to the total income of rural households from all sources minus all corresponding expenses. The formula for calculation is as follows:

Net income = total income – taxes and fees paid - household operation expenses – taxes and fees – depreciation of fixed assets for production – subsidy for participating in household survey – gifts to non-rural relatives

Net income is mainly used as input for reproduction and as consumption expenditure of the year, and also used for savings and non-compulsory expenses of various forms.Per capita net income of farmers is the level of net income averaged by population which reflects the average income level of rural households in a given area.

Engel Coefficient refers to the percentage of expenditure on food in the total consumption expenditure,using the following formula:

Engel Coefficient=(expenditure on food/total consumption expenditure)×100%

第八篇　价格指数

Chapter 8　Price Indices

资料整理：滕国达 刘挺云 陈汇 王娟 郭晓洁 郑明坤

Database Editor: Tengguoda Liutingyun Chenhui Wangjuan Guoxiaojie Zhengmingkun

简 要 说 明

本篇资料的主要内容及来源

本篇资料反映了全省生产、投资、流通、消费等环节价格变动状况，主要包括居民消费、商品零售、生产资料、工业生产者出厂与购进、固定资产投资、房地产、农产品生产者等价格指数。

居民消费、商品零售和农业生产资料价格指数来源于流通和消费价格统计调查年报，由国家统计局福建调查总队消费价格调查处整理提供。

工业生产者出厂与购进、固定资产投资、房地产等价格指数来源于工业生产者、固定资产投资、房地产价格统计调查，由国家统计局福建调查总队生产投资价格调查处整理提供。

农产品生产者价格统计调查，由国家统计局福建调查总队投资建筑业调查处整理提供。

Brief Introduction

Main Content and Source of Data

Data on the price indices in this chapter show the changing trend in production, investment, circulation and consumption, including mainly consumer price indices of residents, retail price indices, price indices of means of production, production price indices of industrial producers, purchasing price indices of raw materials, fuels and power, price indices of investment in fixed assets and real estate price indices.

Data on consumer price indices of residents, retail price indices and price indices of agricultural means of production are based on yearly report on consumer price and are provided by the Division of Consumer Price Survey of Survey Office of the National Bureau of Statistics in Fujian。

Data on production price indices of industrial products, purchasing price indices of raw materials, fuels and power, price indices of investment in fixed assets and real estate price indices are based on yearly report on production price and are provided by the Division of Production Price Survey of Survey Office of the National Bureau of Statistics in Fujian.

Data on Producer Prices Indices for Farm Products are based on yearly report on production price and are provided by the Division of Investment Survey of Survey Office of the National Bureau of Statistics in Fujian.

8-1 主要年份各种价格指数

Price Indices in Seletcted Year

单位：以上年为100 (preceding year=100)

年份 Year	居民消费价格指数 Consumer Price Index	城市 Urban	农村 Rural	商品零售价格指数 Retail Price Index	农业生产资料价格指数 Price Index of Agricultural Means of Production	工业生产者出厂价格指数 Ex-Factory Price Indices of Industrial Producers	工业生产者购进价格指数 Purchasing Price Indices of Industrial Producers	固定资产投资价格总指数 Price Index for Investment in Fixed Assets
1951	106.6	107.8	105.8	107.3	102.9			
1952	98.0	97.6	99.2	97.9	99.8			
1957	100.5	100.8	100.3	100.5	98.8			
1962	101.8	100.5	102.6	101.6	117.8			
1965	95.2	94.4	95.7	95.0	93.4			
1970	98.9	99.0	98.9	99.0	100.3			
1975	100.1	100.1	100.1	100.2	100.2			
1978	100.2	100.4	100.1	100.3	100.1			
1979	102.8	102.7	102.9	103.0	100.4			
1980	105.3	106.3	104.6	105.6	101.0			
1981	102.7	104.0	101.9	103.6	103.3			
1982	103.4	103.1	103.6	103.6	104.4			
1983	101.3	102.0	100.9	101.3	103.0			
1984	102.1	102.8	101.1	101.6	103.8			
1985	111.3	114.0	107.5	111.4	105.6			
1986	106.5	106.9	105.4	106.3	102.5			
1987	109.4	110.6	107.9	109.7	106.8			
1988	126.5	127.0	126.0	127.4	121.5			
1989	118.9	118.8	118.9	118.6	119.5			
1990	99.3	100.1	98.6	98.6	100.3			
1991	103.5	104.6	102.4	103.3	105.1			108.6
1992	105.9	108.0	104.1	105.5	102.2	102.7	109.3	114.9
1993	115.4	116.8	114.2	113.8	111.4	117.1	129.6	134.1
1994	125.3	125.1	125.5	123.0	117.8	116.9	115.2	107.3
1995	115.2	116.4	114.4	114.4	120.2	115.7	119.6	104.8
1996	105.9	106.9	105.4	104.5	106.2	101.8	104.3	104.7
1997	101.7	102.5	101.3	99.8	99.5	100.3	98.6	101.1
1998	99.7	100.0	99.5	98.5	94.6	95.7	92.5	98.0
1999	99.1	98.7	99.2	96.5	96.1	96.6	97.9	98.5
2000	102.1	103.2	101.3	98.9	97.4	100.5	112.4	100.2
2001	98.7	98.3	99.3	98.0	98.7	98.1	96.7	99.5
2002	99.5	99.2	99.8	98.3	99.9	97.6	97.6	99.7
2003	100.8	100.7	101.0	99.1	101.8	100.7	106.3	101.4
2004	104.0	103.8	104.3	102.7	112.5	102.6	113.3	103.4
2005	102.2	101.9	102.8	100.6	108.1	100.2	108.1	100.7
2006	100.8	101.1	100.3	100.5	100.9	99.2	103.9	102.0
2007	105.2	105.1	105.4	104.3	110.3	100.8	104.3	105.9
2008	104.6	104.5	104.6	105.7	123.6	102.7	110.2	105.9
2009	98.2	98.3	97.9	97.9	93.3	95.5	93.2	98.0
2010	103.2	103.1	103.4	103.4	102.4	103.2	107.7	103.3
2011	105.3	105.2	105.3	104.8	111.8	103.9	108.0	106.2
2012	102.4	102.4	102.4	101.8	103.3	98.7	97.7	100.3
2013	102.5	102.6	102.3	101.1	99.5	98.4	98.4	100.1
2014	102.0	102.1	101.9	101.1	99.5	98.6	98.3	100.4
2015	101.7	101.7	101.7	99.9	101.4	97.0	96.1	98.3
2016	101.7	101.8	101.5	100.7	100.2	99.1	98.0	100.0

注：“工业生产者出厂价格指数”，2010年及以前称“工业品出厂价格指数”。“工业生产者购进价格指数”，2010年及以前称“工业企业原材料、燃料、动力购进价格指数”。

Note:Before 2010,"Ex-Factory Price Indices of Industrial Producers" is called "Ex-Factory Price Indices of Industrial Products"."Purchasing Price Indices of Industrial Producers" is called "Purchasing Price Index for Raw Material,Fuel and Power".

8-2 各种价格总指数(1979–2016年)

Price Indices(1979-2016)

单位：以1978年为100　　　　(year of 1978=100)

年份 Year	居民消费价格指数 Consumer Price Index	城市 Urban	农村 Rural	商品零售价格指数 Retail Price Index	农业生产资料价格指数 Price Index of Agricultural Means of Production
1979	102.8	102.7	102.9	103.0	100.4
1980	108.2	109.2	107.6	108.8	101.4
1981	111.2	113.5	109.7	112.7	104.8
1982	115.0	117.1	113.6	116.7	109.4
1983	116.4	119.4	114.6	118.3	112.6
1984	118.9	122.7	115.9	120.2	116.9
1985	132.3	139.9	124.6	133.8	123.5
1986	140.9	149.6	131.3	142.3	126.6
1987	154.2	165.4	141.7	156.1	135.2
1988	195.0	210.1	178.6	198.8	164.2
1989	231.9	249.8	212.3	235.8	196.2
1990	230.3	250.1	209.3	232.5	196.8
1991	238.3	261.6	214.3	240.2	206.9
1992	252.4	282.5	223.1	253.4	211.4
1993	291.3	329.9	254.8	288.4	235.5
1994	364.9	412.8	319.8	354.7	277.4
1995	420.4	480.5	365.9	405.8	333.5
1996	445.2	513.6	385.6	424.1	354.2
1997	452.8	526.4	390.6	423.2	352.4
1998	451.4	526.4	388.7	416.9	333.4
1999	447.4	519.6	385.6	402.3	320.4
2000	456.8	536.2	390.6	397.8	312.1
2001	450.9	527.1	387.8	389.9	308.0
2002	448.6	522.9	387.1	383.3	307.7
2003	452.2	526.6	390.9	379.8	313.2
2004	470.3	546.6	407.7	390.1	352.4
2005	480.6	557.0	419.1	392.4	380.9
2006	484.4	563.1	420.4	394.4	384.3
2007	509.6	591.8	443.1	411.4	423.9
2008	533.0	618.4	463.5	434.8	523.9
2009	523.3	607.9	453.9	425.5	488.9
2010	540.2	627.0	469.5	439.8	500.4
2011	568.6	659.9	494.5	461.1	559.6
2012	582.4	675.9	506.6	469.6	578.1
2013	596.8	693.1	518.0	474.9	575.3
2014	608.8	707.5	527.7	480.1	572.6
2015	619.3	719.7	536.8	479.8	580.7
2016	629.8	732.4	544.6	483.2	581.6

8-3 分行业工业生产者出厂价格指数

Ex-Factory Price Indices of Industrial Producers by Sector

单位：以上年为100 (preceding year=100)

行业	Sector	2015	2016
煤炭开采和洗选业	Coal Mining and Dressing	90.8	97.6
黑色金属矿采选业	Ferrous Metals Mining and Dressing	80.6	96.9
有色金属矿采选业	Nonferrous Metals Mining and Dressing	95.4	99.8
非金属矿采选业	Nonmetal Minerals Mining and Dressing	99.7	95.7
农副食品加工业	Agricultural and Sideline Products Processing	99.6	101.7
食品制造业	Food Manufacturing	100.2	99.7
酒、饮料和精制茶制造业	Wine，Drink and Tea Manufacturing	100.0	100.1
烟草制品业	Tobacco Processing	100.6	100.3
纺织业	Textile Industry	97.6	98.7
纺织服装、服饰业	Textile Garments Products	100.1	99.8
皮革、毛皮、羽毛及其制品和制鞋业	Leather , Furs , Down and Relate Products	100.7	102.6
木材加工和木、竹、藤、棕、草制品业	Timber Processing,Bamboo,Cane,Palm Fiber and Straw Products	99.5	100.4
家具制造业	Furniture Manufacturing	99.6	100.8
造纸和纸制品业	Papermaking and Paper Products	99.8	99.6
印刷和记录媒介复制业	Printing and Record Medium Reproduction	99.3	98.3
文教、工美、体育和娱乐用品制造业	Cultural , Educational and Sports Goods	100.6	102.3
石油加工、炼焦和核燃料加工业	Petroleum Processing , Coking and Nuclear Fuel Processing	72.3	91.8
化学原料和化学制品制造业	Raw Chemical Materials and Chemical Products	92.9	96.9
医药制造业	Medical and Pharmaceutical Products	100.0	102.7
化学纤维制造业	Chemical Fiber	90.7	90.2
橡胶和塑料制品业	Rubber and Plastic Products	97.4	98.3
非金属矿物制品业	Nonmetal Minerals Products	97.3	98.8
黑色金属冶炼和压延加工业	Smelting and Pressing of Ferrous Metals	85.4	101.4
有色金属冶炼和压延加工业	Smelting and Pressing of Nonferrous Metals	91.4	95.8
金属制品业	Metal Products	97.6	99.0
通用设备制造业	General Equipment	99.6	100.3
专用设备制造业	Special Purpose Equipment	99.3	100.1
汽车制造业	Car Manufacturing	99.0	98.5
铁路、船舶、航空航天和其他运输设备制造业	Railway,Watercraft,Aviation and others transportation Manufacturing	101.0	99.8
电气机械和器材制造业	Electric Equipment and Machinery	98.0	99.9
计算机、通信和其他电子设备制造业	Computer,Communication and other Electronic Equipment	98.1	98.1
仪器仪表制造业	Instruments and Meters Machinery	100.1	101.8
其他制造业	Others Manufacturing	100.5	101.8
废弃资源综合利用业	Waste Resources and Materials Recovering	89.7	98.1
金属制品、机械和设备修理业	Metals,Machinery and Equipment maintenance	101.5	103.1
电力、热力生产和供应业	Production and Supply of Electric Power and Hot Power	98.6	98.1
燃气生产和供应业	Production and Supply of Gas	101.7	85.5
水的生产和供应业	Production and Supply of Water	105.4	101.1

注：本表行业分类依据2011年新颁布的《国民经济行业分类》（GB/T 4754-2011）标准。
Note:The classified Standards of national ecomonic sector are adopted GB/T 4754-2011.

8-4 工业生产者出厂价格指数

Ex-Factory Price Indices of Industrial Producers

单位：以上年为100 (preceding year=100)

项目	Item	2000	2005	2010	2015	2016
工业生产者出厂价格总指数	**Ex-Factory Price Indices of Industrial Producers**	**100.5**	**100.2**	**103.2**	**97.0**	**99.1**
按轻重分	**By Light and Heavy Industry**					
轻工业	Light Industry	99.9	98.4	101.5	99.7	100.3
以农产品为原料	Using Farm Products as Raw Materials	100.9	100.5	102.5	99.9	100.7
以非农产品为原料	Using Non-farm Products as Raw Materials	97.7	97.4	100.6	99.3	99.2
重工业	Heavy Industry	101.2	104.7	106.9	94.8	98.1
采掘工业	Mining and Quarrying	107.5	123.4	121.1	89.6	97.0
原料工业	Raw Materials Industry	103.4	107.8	107.9	91.2	96.8
加工工业	Manufacturing Industry	97.6	100.9	104.1	96.4	98.7
按两大部类分	**By Two Parts**					
生产资料	Means of Production	101.6	100.9	104.1	95.0	97.9
采掘工业	Mining and Quarrying	107.5	123.4	121.1	89.6	97.0
原料工业	Raw Materials Industry	104.3	107.5	108.9	91.3	95.8
加工工业	Manufacturing Industry	97.4	98.4	101.7	96.6	98.7
生活资料	Consumer Goods	98.7	99.1	101.7	100.5	101.2
食品	Food	98.5	98.4	104.7	100.3	101.0
衣着	Clothing	101.8	101.7	100.9	100.7	101.8
一般日用品	Articles for Daily Use	94.9	101.3	100.9	99.7	101.1
耐用消费品	Durable Consumer Goods	94.2	93.0	98.7	101.4	100.3
按工业部门分	**By Departments**					
冶金工业	Metallurgical Industry	100.8	104.3	113.0	88.2	99.4
电力工业	Power Industry	95.3	103.5	100.3	98.6	98.1
煤炭及炼焦工业	Coal and Coking Industry	114.1	137.3	108.4	90.7	99.0
石油工业	Petroleum Industry	138.4	123.5	124.4	74.8	90.4
化学工业	Chemical Industry	100.3	104.6	107.1	95.3	96.7
机械工业	Machine Building Industry	94.9	95.1	98.5	98.6	99.0
建筑材料工业	Building Materials Industry	95.8	98.5	103.0	97.4	98.7
森林工业	Timber Industry	104.2	103.0	102.7	99.5	100.6
食品工业	Food Industry	98.2	98.4	104.4	100.0	100.8
纺织工业	Textile Industry	108.4	100.9	102.9	96.8	98.1
缝纫工业	Tailoring Industry	103.4	101.0	100.9	100.4	100.3
皮革工业	Leather Industry	98.0	102.7	100.9	101.2	103.6
造纸工业	Paper Industry	105.7	101.4	104.1	99.8	99.6
文教艺术用品工业	Cultural,Educational & Handicrafts Articles	96.6	100.1	99.6	100.2	101.0
其它工业	Others	94.8	101.7	102.7	100.1	101.2

8-5 工业生产者购进价格指数

Purchasing Price Indices of Industrial Producers

单位：以上年为100 (preceding year=100)

项目 Item	2000	2005	2010	2015	2016
工业生产者购进价格总指数 Purchasing Price Indices of Industrial Producers	**112.4**	**108.1**	**107.7**	**96.1**	**98.0**
1.燃料、动力类 Fuel and Power	137.2	125.6	108.1	93.6	93.0
2.黑色金属材料类 Ferrous Metals Material	102.4	103.5	113.5	86.1	96.5
#钢材 Steel	103.6	106.4	109.6	87.4	95.5
3.有色金属材料和电线类 Nonferrous Metals Material and Wire	109.9	111.3	116.6	94.9	94.3
4.化工原料类 Raw Chemical Materials	112.2	106.1	110.8	94.6	97.5
5.木材及纸浆类 Timber and Paper Pulp	97.5	100.7	99.4	99.3	101.2
6.建筑材料及非金属矿类 Building Materials and Nonmetal Minerals	97.0	105.9	102.8	97.6	98.9
7.其他工业原材料及半成品类 Other Industrial Raw and Semi-products	105.6	104.8	101.9	98.8	99.4
8.农副产品类 Agricultural Products	96.2	94.0	117.8	96.4	100.3
9.纺织原料类 Textile Materials	107.8	102.9	106.9	98.0	100.6

8-6 居民消费价格指数(2016年)

Consumer Price Indices(2016)

单位：以上年为100 (preceding year=100)

项目 Item	全省 Province	城市 Urban	农村 Rural
居民消费价格指数 Consumer Price Index	**101.7**	**101.8**	**101.5**
一、按商品和非商品分 By Good			
消费品价格指数 Consumption Price Index	101.8	101.7	101.8
服务项目价格指数 Services Price Index	101.6	101.8	100.7
二、按类别分 By Category			
食品烟酒 Food and Tobacco	103.9	104.0	103.6
衣着 Clothing	100.3	100.1	101.1
居住 Residence	100.7	100.9	99.9
生活用品及服务 Articles and Services	99.8	99.7	100.2
交通和通信 Transport and Communication Services	99.4	99.4	99.5
教育文化和娱乐 Education,Cultural Services and Recreation	101.2	101.1	101.4
医疗保健 Medicine and Medical Services	102.9	103.6	101.1
其他用品和服务 Others	102.5	102.6	102.2

8-7 居民消费价格分类指数

Consumer Price Indices by Category

单位：以上年为100 (preceding year=100)

项目	Item	2000	2005	2010	2014	2015
居民消费价格指数	**Consumer Price Index**	**102.1**	**102.2**	**103.2**	**102.0**	**101.7**
1.食品	**Food**	**98.4**	**103.7**	**107.8**	**103.3**	**102.3**
#粮食	Grain	88.8	99.8	117.0	101.9	101.7
淀粉及制品	Oil or Fat	99.1	104.4	113.3	103.4	102.9
干豆类及豆制品	Starches and Tubers	101.1	102.7	111.8	106.3	102.7
油脂	Bean and Its Products	95.5	96.5	101.6	93.7	95.2
肉禽及其制品	Meal,Poultry and Their Products	97.0	103.7	102.3	100.4	105.9
蛋	Eggs	83.6	103.6	108.3	107.5	94.6
水产品	Aquatic Products	101.5	106.0	108.6	105.7	101.0
菜	Vegetables	109.8	111.0	121.2	101.9	107.9
调味品	Flavoring	98.6	100.3	104.3	104.5	101.7
糖	Sugar	112.0	103.5	107.9	99.9	99.4
茶及饮料	Tea and Drink	98.5	99.8	98.7	100.5	100.7
干鲜瓜果	Dride and Fresh Melons and Fruits	102.7	104.8	115.5	116.6	96.8
糕点饼干	Cake	100.4	99.5	101.5	101.7	101.4
液体乳及乳制品	Milk and Daily Products	99.5	98.1	100.4	106.0	100.2
在外用膳食品	Dining out	99.5	102.5	103.2	101.3	101.7
其他食品	Others	98.1	99.7	101.3	103.3	101.9
2.烟酒及用品	**Tobacco and Artides**	**100.8**	**99.8**	**101.4**	**99.2**	**102.3**
3.衣着	**Clothing**	**98.5**	**97.1**	**95.7**	**102.6**	**102.9**
#服装	Garments	98.1	96.4	96.0	102.7	103.1
衣着材料	Clothing material	99.3	100.5	103.4	99.7	101.2
鞋袜帽	Footgear and Hats	99.1	98.2	93.6	102.5	102.0
衣着加工服务费	Tailoring and Laundering Service Fees	100.4	102.1	102.4	105.6	106.4
4.家庭设备用品及维修服务费	**Household Facilities, Articles and Services**	**98.7**	**99.6**	**99.2**	**100.4**	**100.8**
#耐用消费品	Durable Consumer Goods	96.6	98.3	98.1	99.4	99.4
室内装饰品	Room Decorate	99.2	99.2	99.0	99.5	99.3
床上用品	Bed Using	99.2	98.4	97.5	98.0	99.5
家庭日用杂品	Daily Use Household Articles	98.3	100.2	100.2	100.9	100.8
5.医疗保健和个人用品	**Health Cares**	**107.9**	**98.8**	**103.1**	**100.7**	**104.5**
6.交通和通信	**Transportation and Communication**	**96.4**	**97.7**	**99.5**	**100.2**	**98.3**
#交通	Transportation	98.5	100.8	101.7	100.2	96.9
通信	Communication	94.5	95.4	97.9	100.2	99.9
7.娱乐教育文化用品及服务	**Recreation,Education and Culture Articles**	**120.6**	**104.7**	**100.2**	**101.7**	**101.2**
#文娱用耐用消费品及服务	Durable Consumer Goods for Recreation Use	92.3	94.7	95.3	95.5	97.9
教育	Education	170.7	109.6	100.6	102.3	102.3
文化娱乐类	Cultural and Entertainment	99.5	101.4	100.6	100.8	101.3
8.居住	**Residence**	**106.7**	**106.8**	**105.4**	**102.3**	**101.3**
#建房及装修材料	Building Materials	98.9	101.7	104.8	100.9	99.7
水、电、燃料	Water,Electricity ,Fuels	110.1	112.0	106.4	101.5	98.1

8-8 城市居民消费价格分类指数

Consumer Price Indices of Urban Households by Category

单位：以上年为100　　(preceding year=100)

项目	Item	2000	2005	2010	2014	2015
居民消费价格指数	**Consumer Price Index**	**103.2**	**101.9**	**103.1**	**102.1**	**101.7**
1.食品	**Food**	**98.7**	**103.7**	**107.9**	**103.2**	**102.2**
#粮食	Grain	90.0	99.9	117.0	101.9	101.8
淀粉	Oil or Fat	98.8	105.3	114.0	103.3	103.2
干豆类及豆制品	Starches and Tubers	99.9	102.5	112.2	107.0	102.5
油脂	Bean and Its Products	94.8	96.8	101.9	92.8	94.8
肉禽及其制品	Meal,Poultry and Their Products	96.2	102.3	102.4	100.2	106.2
蛋	Eggs	83.5	103.5	109.2	108.0	94.0
水产品	Aquatic Products	103.3	106.4	108.5	105.1	100.5
菜	Vegetables	107.8	110.9	120.4	102.2	108.0
调味品	Flavoring	97.6	100.5	104.8	104.6	102.2
糖	Sugar	106.9	103.2	106.8	100.4	99.7
茶及饮料	Tea and Drink	98.0	99.5	98.2	100.0	100.4
干鲜瓜果	Dride and Fresh Melons and Fruits	101.8	105.3	115.6	116.0	96.0
糕点饼干	Cake	101.8	99.5	101.3	101.7	101.7
液体乳及乳制品	Milk and Daily Products	99.9	97.8	100.8	105.7	100.0
在外用膳食品	Dining out	97.4	102.9	103.8	101.4	102.0
其他食品	Others	100.8	101.1	102.1	102.8	102.3
2.烟酒及用品	**Tobacco and Articles**	**98.6**	**99.6**	**101.6**	**99.0**	**102.4**
3.衣着	**Clothing**	**97.8**	**96.3**	**95.6**	**102.9**	**102.8**
#服装	Garments	97.4	95.8	96.2	102.8	103.0
衣着材料	Clothing material	99.2	99.9	102.9	99.2	101.1
鞋袜帽	Footgear and Hats	98.7	97.2	93.0	103.5	102.0
衣着加工服务费	Tailoring and Laundering Service Fees	100.5	101.3	101.6	105.5	106.8
4.家庭设备用品及维修服务费	**Household Facilities, Articles and Services**	**100.0**	**99.2**	**99.0**	**100.5**	**101.1**
#耐用消费品	Durable Consumer Goods	98.7	97.7	97.8	99.3	99.3
室内装饰品	Room Decorate	99.9	98.9	98.5	99.5	99.0
床上用品	Bed Using	98.2	97.4	97.5	97.9	99.5
家庭日用杂品	Daily Use Household Articles	98.1	100.4	100.0	101.2	101.0
5.医疗保健和个人用品	**Health Cares**	**112.8**	**98.6**	**103.2**	**100.7**	**103.9**
6.交通和通信	**Transportation and Communication**	**96.9**	**96.9**	**99.2**	**100.3**	**98.4**
#交通	Transportation	99.5	101.1	101.3	100.3	97.1
通信	Communication	96.2	94.8	97.9	100.2	100.0
7.娱乐教育文化用品及服务	**Recreation,Education and Culture Articles**	**115.1**	**103.8**	**100.2**	**101.7**	**101.3**
#文娱用耐用消费品及服务	Durable Consumer Goods for Recreation Use	92.7	94.0	95.2	94.7	97.6
教育	Education	187.4	110.1	100.6	102.6	102.3
文化娱乐类	Cultural and Entertainment	100.9	101.9	100.7	100.9	101.4
8.居住	**Residence**	**107.5**	**106.2**	**104.9**	**102.5**	**101.6**
#建房及装修材料	Building Materials	99.0	101.9	104.5	101.3	99.8
水、电、燃料	Water,Electricity ,Fuels	108.3	108.7	105.5	101.7	98.3

8-9 农村居民消费价格指数

Consumer Price Indices Rural Households by Category

单位：以上年为100　　(preceding year=100)

项目	Item	2000	2005	2010	2014	2015
居民消费价格指数	**Consumer Price Index**	**101.3**	**102.8**	**103.4**	**101.9**	**101.7**
1.食品	**Food**	**98.1**	**103.7**	**107.5**	**103.5**	**102.6**
#粮食	Grain	88.3	99.6	117.1	102.1	101.6
淀粉	Bean and Its Products	99.0	103.2	110.9	103.6	101.8
干豆类及豆制品	Starches and Tubers	101.5	102.9	110.6	104.5	103.4
油脂	Oil or Fat	95.9	96.2	101.0	95.4	96.0
肉禽及其制品	Meal,Poultry and Their Products	97.5	105.3	102.1	100.9	105.4
蛋	Eggs	83.7	103.8	106.0	106.3	95.9
水产品	Aquatic Products	100.2	105.1	109.2	107.7	102.6
菜	Vegetables	111.1	111.5	123.6	101.1	107.5
调味品	Flavoring	99.1	100.2	103.1	104.3	100.7
糖	Sugar	114.0	103.8	110.4	98.9	98.9
茶及饮料	Tea and Drink	98.9	100.9	100.6	102.0	101.4
干鲜瓜果	Dride and Fresh Melons and Fruits	103.3	103.4	115.5	118.5	99.2
糕点饼干	Cake	98.8	99.6	102.0	101.9	100.7
液体乳及乳制品	Milk and Daily Products	99.3	99.4	98.6	107.0	101.0
在外用膳食品	Dining Out	101.8	101.9	101.6	100.9	100.6
其他食品	Others	97.0	98.9	99.8	104.2	101.2
2.烟酒及用品	**Tobacco and Articles**	**101.5**	**100.1**	**101.0**	**99.6**	**102.1**
3.衣着	**Clothing**	**98.8**	**98.2**	**95.7**	**101.7**	**103.1**
#服装	Garments	98.5	97.5	95.5	102.3	103.5
衣着材料	Clothing material	99.4	101.0	104.6	100.4	101.2
鞋袜帽	Footgear and Hats	99.3	99.3	95.4	99.4	101.8
衣着加工服务费	Tailoring and Laundering Service Fees	100.2	103.5	104.4	105.7	105.3
4.家庭设备用品及维修服务费	**Household Facilities, Articles and Services**	**98.2**	**100.3**	**99.9**	**100.0**	**100.0**
#耐用消费品	Durable Consumer Goods	95.4	99.1	99.1	99.6	99.6
室内装饰品	Room Decorate	98.6	100.0	100.4	99.5	99.9
床上用品	Bed Using	99.7	100.0	97.4	98.3	99.5
家庭日用杂品	Daily Use Household Articles	98.4	100.0	100.8	100.3	100.2
5.医疗保健和个人用品	**Health Cares and Individual Articles**	**107.8**	**99.0**	**103.0**	**100.7**	**106.3**
6.交通和通信	**Transportation and Communication**	**95.4**	**98.7**	**100.3**	**100.2**	**97.8**
#交通	Transportation	98.1	100.5	102.5	100.2	96.1
通信	Communication	92.7	96.8	97.8	100.2	99.8
7.娱乐教育文化用品及服务	**Recreation,Education and Culture Articles**	**121.8**	**105.9**	**100.4**	**101.7**	**100.9**
#文娱用耐用消费品及服务	Durable Consumer Goods for Recreation Use	92.0	96.0	95.7	98.3	98.6
教育	Education	157.3	109.2	100.7	101.5	102.4
文化娱乐类	Cultural and Entertainment	98.7	100.1	100.2	100.4	100.9
8.居住	**Residence**	**106.0**	**107.5**	**106.9**	**101.7**	**100.6**
#建房及装修材料	Building Materials	98.8	101.5	105.4	99.9	99.3
水、电、燃料	Water,Electricity ,Fuels	111.3	118.9	110.2	100.9	97.4

8-10 居民消费价格分类指数（2016年）

Consumer Price Indices by Category(2016)

单位：以上年为100 (preceding year=100)

项目	Item	总计 Total	城市 Urban	农村 Rural
居民消费价格总指数	Consumer Price Index	101.7	101.8	101.5
食品烟酒	Food,Tobacco and Liquor	103.9	104.0	103.6
食品	Food	104.7	104.8	104.5
粮食	Grain	100.0	100.1	99.7
薯类	Tubers	115.5	115.0	117.3
豆类	Peas and Beans	101.2	101.2	101.2
食用油	Edible Oil	100.1	99.7	101.3
菜	Vegetables	115.0	113.9	119.0
畜肉类	Livestock Meat	111.3	111.4	111.3
禽肉类	Poultry	99.4	99.6	98.9
水产品	Aquatic Products	104.1	104.7	101.7
蛋类	Eggs	96.0	96.5	94.9
奶类	Dairy	99.0	98.8	99.5
干鲜瓜果类	Dride and Fresh Melons and Fruits	96.3	96.7	95.1
糖果糕点类	Sweets and Cakes	100.3	100.3	100.2
调味品	Flavoring	100.5	100.4	100.8
其他食品类	Other Foods	99.9	99.7	100.4
茶及饮料	Tea and Beverages	100.0	99.9	100.3
烟酒	Tobacco and Liquor	101.5	101.5	101.5
烟草	Tobacco	102.3	102.3	102.4
酒类	Liquor	100.2	100.3	99.9
在外餐饮	Outside Catering	103.0	103.3	101.8
衣着	Clothing	100.3	100.1	101.1
服装	Garments	100.4	100.2	101.3
服装材料	Clothing material	101.7	101.9	101.5
其他衣着及配件	Others	99.8	99.7	100.5
衣着加工服务费	Clothing Manufacturing Services	101.7	101.9	101.2
鞋类	Shoes	99.9	99.6	100.7
居住	Residence	100.7	100.9	99.9
租赁房房租	Rental Housing Rent	101.0	101.1	99.7
住房保养维修及管理	Housing Maintenance	101.0	101.3	99.9
水电燃料	Water,Electricity ,Fuels	98.6	98.3	99.4
自有住房	Private Housing	101.6	102.0	100.3
生活用品及服务	Daily Necessities and Services	99.8	99.7	100.2
家具及室内装饰品	Furniture and Ornament	100.3	100.1	100.8
家用器具	Household Facilities	97.2	96.5	99.0
家用纺织品	Household Textiles	99.7	99.6	100.0
家庭日用杂品	Daily Use Household Articles	100.7	100.8	100.6
个人护理用品	Personal Care Articles	100.7	100.7	100.8
家庭服务	Domestic Services	103.1	103.1	103.0
交通和通信	Transportation and Communication	99.4	99.4	99.5
交通	Transportation	99.6	99.7	99.4
通信	Communication	99.1	98.9	99.7
教育文化和娱乐	Education Culture and Recreation	101.2	101.1	101.4
教育	Education	101.6	101.5	101.8
文化娱乐	Culture and Recreation	100.7	100.7	100.3
医疗保健	Health Care	102.9	103.6	101.1
药品及医疗器具	Medicine and Medical Instrument	103.4	103.5	102.9
医疗服务	Health Services	102.7	103.7	100.6
其他用品和服务	Others Articles and Services	102.5	102.6	102.2
其他用品类	Other Articles	103.9	104.2	102.8
其他服务类	Other Services	101.4	101.3	101.7

注：本表按国家统计局2015年10月制定的《流通和消费价格统计报表制度》进行分类。

8-11 农业生产资料价格指数

Price Indices of Means Agriculture Production

单位：以上年为100 (preceding year=100)

项目	Item	2000	2005	2010	2015	2016
总指数	**General Index**	**97.4**	**108.1**	**102.4**	**101.4**	**100.2**
1.农用手工工具	Small Farm Tools	102.0	107.2	101.5	101.8	100.3
2.饲料	Forage	94.3	102.8	105.5	100.2	96.9
3.仔畜幼禽及产品畜	Young Livestock & Fowls	112.3	102.5	107.8	109.8	120.7
4.半机械化农具	Semi-Mechanized Farm Tools	98.9	100.0	101.0	100.7	99.8
5.机械化农具	Mechanized Farm Machinery	98.4	103.0	101.5	100.1	100.3
6.化学肥料	Chemical Fertilizer	92.1	114.1	97.4	100.4	98.7
7.农药及农药器械	Pesticide & Its Appliances	95.1	108.5	100.3	99.4	99.1
8.农机用油	Oil for Farm Machinery	126.2	110.2	109.3	89.7	98.0
9.其他农业生产资料	Others	98.0	105.3	106.2	100.7	99.8
10.农业生产服务	Agricultural Production Service			105.0	104.1	101.5

注：2016年之前，“仔畜幼禽及产品畜”称为“幼禽家畜”，“农药及农药器械”称为“农药及农药械”，“农机用油”称为“农用机油”。

8-12 固定资产投资价格指数

Price Indices for Investment in Fixed Assets

单位：以上年为100 (preceding year=100)

项目	Item	2000	2005	2010	2015	2016
固定资产投资价格总指数	**General Index**	**100.2**	**100.7**	**103.3**	**98.3**	**100.0**
一、建筑安装工程投资	**Construction and Installation**	**102.4**	**101.1**	**104.9**	**97.6**	**99.8**
人工费	Labors	108.5	104.9	107.0	103.8	102.4
材料费	Materials	102.0	99.8	104.7	94.4	98.5
#钢材	Steel Products	103.1	98.8	105.6	87.7	98.0
水泥	Cement	99.5	96.7	104.3	96.5	96.5
机械费	Instruments	100.2	100.1	102.2	101.0	100.2
二、设备、工器具投资	**Purchase of Equipment,Tools And Instruments**	**94.9**	**97.6**	**99.8**	**99.5**	**100.0**
三、其他费用投资	**Others**	**98.8**	**102.8**	**102.4**	**100.1**	**100.7**

8-13 农产品生产者价格指数

Producer Price Indices for Farm Products

单位：以上年为100 (preceding year=100)

项目	Item	2005	2010	2013	2014	2015	2016
总指数	**Total Price Index**	**103.9**	**111.5**	**103.0**	**100.3**	**101.2**	**108.3**
一、农业产品	**Agricultural Products**	**105.1**	**115.3**	**104.7**	**105.9**	**100.8**	**108.8**
谷物	Rice	97.6	107.6	102.0	106.7	106.3	98.8
早籼稻	Early Rice	95.3	103.3	102.9	105.1	103.4	101.0
晚籼稻	Late Rice	96.7	111.2	104.1	106.6	102.8	101.1
薯类	Potato	106.9	121.9	109.6	102.7	103.0	106.8
豆类	Bean	97.0	125.1	105.1	106.6		
大豆	Soybean	93.4	127.9	105.1	106.6		
油料	Oil-bearing Crops	106.3	115.8	107.6	103.9	101.5	100.5
蔬菜	Vegetables			112.7	105.9	105.3	111.7
烤烟叶	Flue-cured Tobacco	101.7	98.5	104.0	99.4	103.0	103.6
食用菌（干鲜混合）	Edible Bacterium	103.0	115.7	104.1	103.7	96.9	99.6
水果	Fruit	108.8	115.2	104.6	109.4	94.8	127.8
茶叶	Tea	101.3	111.5	104.5	101.9	96.8	97.6
二、林业产品	**Forest Products**	**104.0**	**107.6**	**106.4**	**101.7**	**93.3**	**95.7**
原木	Log	104.7	104.3	101.2	101.0	98.6	96.6
竹材	Bamboo	104.1	108.0	98.8	97.9	87.8	96.4
三、饲养动物及其产品	**Breeding Animals and Products**	**100.9**	**101.2**	**101.2**	**97.4**	**108.0**	**115.7**
活猪（毛重）	Pigs	97.4	97.9	99.4	93.9	111.2	123.5
家禽（毛重）	Poultry	104.2	107.0	103.9	109.5	103.3	102.0
四、渔业产品	**Fishery Products**	**103.7**	**113.7**	**102.1**	**96.9**	**100.5**	**107.3**
#海水养殖产品	Seawater Culturing			102.6	95.8	100.0	110.1
海水捕捞产品	Seawater Catching			102.7	102.2	100.9	107.8
淡水养殖产品	Freshwater Culturing			100.3	96.7	97.4	97.1

8-14 主要城市房地产价格指数

Price Indices for Real Estate in Selected Cities

单位：以上年为100 (preceding year=100)

项目 Item	2015			2016		
	福州市 Fuzhou	厦门市 Xiamen	泉州市 Quanzhou	福州市 Fuzhou	厦门市 Xiamen	泉州市 Quanzhou
新建住宅销售价格指数 New Residential Buildings	95.4	101.1	93.3	116.7	131.5	103.3
新建商品住宅 Residential Buildings	95.4	101.1	93.0	116.9	131.8	103.4
90平方米及以下 under 90 sq.m.	96.0	102.3	93.7	118.7	131.6	103.2
90-144平方米 90-144 sq.m.	94.6	101.0	93.0	116.7	132.9	103.1
144平方米以上 Over 144 sq.m.	95.9	100.5	92.5	116.2	130.1	104.0
二手住宅销售价格指数 Secondhand Buildings	97.3	99.3	95.9	110.1	125.8	100.8
90平方米及以下 under 90 sq.m.	98.0	99.5	95.7	109.8	127.2	101.3
90-144平方米 90-144 sq.m.	97.2	99.6	96.0	109.8	125.5	100.2
144平方米以上 Over 144 sq.m.	96.9	98.8	96.2	111.3	124.7	101.4

8-15 各设区市居民消费价格指数(2016年)

Consumer Price Indices by City(2016)

单位：以上年为100 (preceding year=100)

地区	Area	居民消费价格指数 Consumer Price Index
福州市	Fuzhou	102.3
厦门市	Xiamen	101.7
莆田市	Putian	101.3
三明市	Sanming	101.1
泉州市	Quanzhou	101.7
漳州市	Zhangzhou	101.5
南平市	Nanping	101.3
龙岩市	Longyan	101.5
宁德市	Ningde	101.4

主要统计指标解释

居民消费价格指数 是反映一定时期内城乡居民所购买的生活消费品和服务项目价格变动趋势和程度的相对数，是对城市居民消费价格指数和农村居民消费价格指数进行综合汇总计算的结果。通过该指数可以观察和分析消费品的零售价格和服务项目价格变动对城乡居民实际生活费支出的影响程度。

城市居民消费价格指数 是反映一定时期内城市居民家庭所购买的生活消费品价格和服务项目价格变动趋势和程度的相对数。通过该指数可以观察和分析消费品的零售价格和服务项目价格变动对城镇居民收入和消费支出的影响。

农村居民消费价格指数 是反映一定时期内农村居民家庭所购买的生活消费品价格和服务项目价格变动趋势和程度的相对数。该指数可以观察农村消费品的零售价格和服务项目价格变动对农村居民收入和生活消费支出的影响。

商品零售价格指数 是反映一定时期内城乡商品零售价格变动趋势和程度的相对数。商品零售价格的变动与国家的财政收入、市场供需的平衡、消费与积累的比例关系有关。因此，该指数可以从一个侧面对上述经济活动进行观察和分析。

工业生产者出厂价格指数 是反映一定时期内全部工业产品出厂价格总水平的变动趋势和程度的相对数，包括工业企业售给本企业以外所有单位的各种产品和直接售给居民用于生活消费的产品。该指数可以观察出厂价格变动对工业总产值及增加值的影响。

工业生产者购进价格指数 是反映工业企业作为生产投入，而从物资交易市场和能源、原材料生产企业购买原材料、燃料和动力产品时，所支付的价格水平变动趋势和程度的统计指标，是扣除工业企业物质消耗成本中的价格变动影响的重要依据。目前，我国编制的工业生产者购进价格指数所调查的产品包括燃料动力、黑色金属、有色金属、化工、建材等九大类。

农业生产资料价格指数 指反映一定时期内农业生产资料价格变动趋势和程度的相对数。其编制目的是了解农业生产中投入物质资料价格的变动状况，服务于国民经济核算。1994 年以前，农业生产资料价格指数仅仅是商品零售价格指数的一个类别，此后，从商品零售价格指数中分离出来，单独编制。

农产品生产者价格指数 是反映一定时期内，农产品生产者出售农产品价格水平变动趋势及幅度的相对数。该指数可以客观反映全国农产品生产价格水平和结构变动情况，满足农业与国民经济核算需要。其中某代表品生产价格指数是通过对全部有出售该产品行为的调查单位的个体指数进行几何平均求得的，类价格指数是通过对其所属的类（或代表品）的价格指数进行加权平均求得的。季度累计价格指数的计算方法与分季指数的计算方法相同。

固定资产投资价格指数 是反映一定时期内固定资产投资品及取费项目的价格变动趋势和程度的相对数。固定资产投资额是由建筑安装工程投资完成额、设备工器具购置投资完成额和其他费用投资完成额三部分组成的。编制固定资产投资价格指数应首先分别编制上述三部分投资的价格指数，然后采用加权算术平均法求出固定资产投资价格总指数。

房地产价格指数 是反映一定时期内房地产价格变动趋势和程度的相对数，包括住宅销售价格指数、住宅租赁价格指数、土地交易价格指数和物业服务价格指数。通过它们可以观察土地交易、住宅销售、住宅租赁、物业服务等方面价格的变动趋势和变动幅度，消除按现价计算的房地产投资中的价格变动因素，反映房地产投资的真实规模、速度和结构。

Explanatory Notes on Main Statistical Indicators

Consumer Price Indices reflect the trend and degree of changes in prices of consumer goods and services purchased by urban households during a given period,and is a composite index derived from the urban consumer price index and the rural consumer price index. Consumer price index can be used to analyze the impact of consumer price change on actual expenditure for living cost of urban and rural residents.

Urban Consumer Price Indices reflect the trend and degree of changes in prices of consumer goods and services purchased by urban households. It can be used to observe and analyze the impact of price changes in consumer goods and services on money wages of staff and workers, and provide basis for policymaking concerning the living cost and wages of staff and workers.

Rural Consumer Price Indices reflect the trend and degree of changes in prices of consumer goods and services purchased by rural households. It can be used to observe the impact of change in retail prices of consumer goods and service prices in rural areas on living expenditure of rural households, and to show the changes in the living standard of peasants. It provides basis for analysis and research on condition of life in rural areas.

Retail Price Indices reflect the trend and degree of change in retail prices of commodities during a given period. The change in retail prices of commodities directly affect the living expenses of urban and rural residents, government revenue, purchasing power of residents and the equilibrium of market supply and demand, and the ratio of consumption to accumulation. Therefore, the retail price indices are useful from an oblique perspective for observing and analyzing the changes of the above economic activities.

Ex-factory Price Indices of Industrial Products reflect the trend and degree of changes in general ex-factory prices of all industrial products during a given period,including sales of industrial products by an industrial enterprise to all units outside the enterprise,as well as sales of consumer goods to residents.It can be used to analyze the impact of ex-factory prices on gross output value and value-added of the industrial sector.

Price Indices for Means of Agricultural Production reflect the trend and degree of changes in the prices of the means of agricultural production during a given period. Compilation of these indices helps to understand the price changes of material input in agricultural production and facilitate the compilation of national accounts. Before 1994, price indices for means of agricultural production were a sub-category in the retail price indices for commodities, and it has been compiled separately since 1994.

Indices of Producers' Prices for Farm Products reflect the trend and degree of changes in producers' prices received by farmers when they sell farm products during a given period. These indices depict the change in the level and structure of producers' prices of farm products of the country and meet the needs of agriculture statistics and national account statistics. The producers' price index of a given product is calculated through geometrical mean of individual indices of all surveyed units who sell such product, and the indices of a product category is obtained through weighted mean of price indices of all products in the category. Method for calculating accumulative quarterly indices is the same as for calculating the distinctive quarterly indices.

Producer Prices Indices for Farm Products reflect the trend and degree of changes in producers' prices received by farmers when they sell farm products during a given period. These indices depict the change in the level and structure of producer prices for farm products of the country and meet the needs of agricultural statistics and national accounts statistics. The producer price index for a given product is calculated as the geometrical mean of individual indices for all surveyed units which sell such product, and the indices for a product category is obtained as the weighted mean of price indices for all products in the category. Method for calculating accumulative quarterly indices is the same as for calculating the individual quarterly indices.

Price Indices of Investment in Fixed Assets reflects the trend and degree of changes in prices of investment in fixed assets. The investment in fixed assets consists of three components, namely the investment in construction and installation, the investment in purchases of equipment and instrument,and the investment in other items. Price index of investment in fixed assets is calculated as the weighted arithmetic mean of the price indices of the three components of investment in fixed assets.

Removing the factor of price change in the aggregates of investment at current prices, this indicator shows the changes in the prices of commodities and fees involved in the investment of fixed assets, and can be used to observe the actual size, growth, structure,and efficiency of investment in fixed assets and provides reliable and scientific data for government planning, management, decision making, and further improving the current national accounting system.

Price Indices for Real Estate reflect the trend and degree of changes in prices of real estate during a given period, including sale price indices for houses, price indices for renting houses, price indices for land transactions and price indices for management of properties. The methods for the compilation of these four sets of indices are similar in that they all use the super-collecting approach.

第九篇　城市概况

Chapter 9　General Survey of Cities

资料整理：林红　陈浩明

Database Editor:Linhong Chenhaoming

简 要 说 明

本篇资料的主要内容及来源

本篇资料反映我省社会、经济发展和城市建设的规模、效益及综合水平等基本情况，

城市资料主要包括城市公用事业基本情况，主要经济指标，市场设施，园林绿化，环境卫生，供水供气，公用交通等。

全省数据是全省 22 个城市市辖区的汇总数，22 个城市分别是福州市、厦门市、莆田市、三明市、泉州市、漳州市、南平市、龙岩市、宁德市、福清市、长乐市、永安市、石狮市、晋江市、南安市、龙海市、邵武市、武夷山市、建瓯市、漳平市、福安市、福鼎市。

本篇资料由省统计局能源统计处根据福建省住房和城乡建设厅、交通运输厅和福建省统计局相关处室提供的年度数据整理。

Brief Introduction

Main Content and Source of Data

Data in this chapter show the social and economic development as well as the scale, economic efficiency, overall level and other basic conditions of cities at the prefecture in Fujian Province.

Data on the general survey cities include the basic condition of urban public facilities ,main economic indicators, civil greenery , environment and sanitation ,supply of gas and water ,public transportation ,etc.

The total provice data is the sum of 22 cities, 22 cities were Fuzhou、Xiamen、Putian、Shanming、Quanzhou、Zhangzhou、Nanpin、Longyan、Linde、Fuqing、Changle、Yongan、Shishi、Jinjiang、Nan'an、Longhai、Shaowu、Wuyishan、Jian'ou、Zhangping、Fuan and Fuding。

Data on chapter are complied by the Division of Energy of the Fujian Bureau of Statistics according to the data of yearly statistics ,which are provided by the Construction Bureau of Fujian, Transportation Bureau of Fujian and related Departments of Fujian Provincial Bureau of Statistics.

9-1 各城市建设情况(2016年)

Statistics on City Construction by City(2016)

地区	Area	城市面积(平方公里) Area of City (sq km)	#建成区面积 Developed Area	本年征用土地面积(公顷) Area of The requisition land This Year (hectare)	城市人口密度(人/平方公里) Population Density of City Districts (person/sq.km)	年末实有道路长度(公里) Length of Paved Roads (km)	年末实有道路面积(万平方米) Area of Paved Roads (10000 sq.m)	城市桥梁数量(座) Number of City Bridges (unit)
合 计	**Total**	**4440.87**	**1469.16**	**9014**	**2758**	**8656**	**17657.07**	**1841**
福州市	Fuzhou	1043.00	265.33	521	2390	1467	3228.00	434
福清市	Fuqing	224.50	50.00	600	1538	199	438.80	30
长乐市	Changle	176.37	23.10	246	1309	125	178.92	98
厦门市	Xiamen	351.32	334.64	2845	9268	1828	3835.21	469
莆田市	Putian	244.00	89.88	280	2689	691	1273.35	117
三明市	Sanming	220.00	38.70	145	1010	281	326.43	45
永安市	Yong'an	300.00	24.62	56	573	183	345.81	28
泉州市	Quanzhou	539.00	214.00		2494	890	1959.00	150
石狮市	Shishi	48.00	37.50	65	7296	177	573.52	56
晋江市	Jinjiang	60.00	38.00	200	5583	323	897.14	34
南安市	Nan'an	130.00	34.81	280	2192	248	443.72	38
漳州市	Zhangzhou	95.24	67.25	193	5408	410	1291.78	56
龙海市	Longhai	27.00	22.85	480	7678	152	281.44	29
南平市	Nanping	199.51	41.24	513	1770	341	430.62	38
邵武市	Shaowu	95.00	19.50	75	1207	118	170.20	36
武夷山市	Wuyishan	135.10	10.00	125	689	124	187.80	15
建瓯市	Jian'ou	35.00	15.00	50	3943	123	148.07	7
龙岩市	Longyan	200.00	61.65	409	2096	462	717.43	73
漳平市	Zhangping	45.00	15.00	132	3087	74	128.90	7
宁德市	Ningde	107.50	32.10	1676	2391	202	453.70	20
福安市	Fu'an	41.33	14.79		3854	129	136.61	17
福鼎市	Fuding	124.00	19.20	123	1331	108	210.62	44

9-2 各城市供水情况(2016年)

Basic Statistics on Tap Water Supply in Cities by City(2016)

地区	Area	年底供水综合生产能力(万立方米/日) Production Capacity of Top Water Supply at the Year-end (10000cu.m/day)	年末供水管道长度(公里) Length of Sewage Pipes (km)	全年供水总量(万立方米) Volume of Top Water Supply (10000 cu.m)	#生活用水 Water Consumption for Residential Use	#生产用水 Water Consumption for Productive Use	用水人口(万人) Number of Residents with Access to Tap Water (10000 persons)	人均日生活用水量(升) Per Capital Water Consumption for Residential Use(L)
合 计	**Total**	**737.04**	**18824.37**	**164602.57**	**85224.29**	**34463.62**	**1202.15**	**194.23**
福州市	Fuzhou	167.50	3059.71	40550.77	22899.69	2434.77	249.22	251.74
福清市	Fuqing	18.86	723.00	6310.18	2463.28	2512.59	34.51	195.56
长乐市	Changle	27.40	334.71	2315.45	1460.77	440.00	23.06	173.55
厦门市	Xiamen	156.90	3965.33	43282.45	21162.00	10948.00	308.00	188.24
莆田市	Putian	32.00	2391.00	7833.00	3477.00	2377.00	65.30	145.88
三明市	Sanming	24.00	523.73	3725.91	1853.77	1398.99	22.18	228.98
永安市	Yong'an	10.00	293.36	2067.82	1153.84	660.10	16.94	186.61
泉州市	Quanzhou	60.00	2897.99	13585.53	8968.05	1525.97	133.20	184.46
石狮市	Shishi	44.00	482.01	5540.62	2630.98	1730.51	34.97	206.12
晋江市	Jinjiang	40.00	599.50	5900.00	2120.65	2600.00	33.28	174.58
南安市	Nan'an	10.00	285.81	2024.66	1306.48	516.08	26.69	134.11
漳州市	Zhangzhou	31.50	530.10	7668.48	3403.38	2224.08	51.51	181.02
龙海市	Longhai	12.00	215.41	1063.00	798.00	27.00	20.73	105.47
南平市	Nanping	19.00	521.84	3669.20	2257.76	643.57	35.32	175.13
邵武市	Shaowu	7.50	148.00	1121.00	696.00	211.00	11.47	166.25
武夷山市	Wuyishan	4.00	134.85	941.00	764.00	11.00	9.30	225.07
建瓯市	Jian'ou	3.50	94.52	817.89	649.00	60.15	13.75	129.32
龙岩市	Longyan	31.90	863.70	8701.37	2671.28	3302.86	41.62	175.84
漳平市	Zhangping	7.00	112.80	1043.68	527.86	244.58	13.45	107.52
宁德市	Ningde	13.70	309.04	2022.13	1171.65	85.30	25.50	125.88
福安市	Fu'an	8.28	140.74	1897.87	1230.07	95.54	15.80	213.29
福鼎市	Fuding	8.00	197.22	2520.56	1558.78	414.53	16.35	261.20

9-3 各城市排水和污水处理情况(2016年)

Basic Statistics on Drainage and Swage Treatment in Cities by City(2016)

地区	Area	排水管道长度（公里） Length of Sewage Pipes (km)	污水处理厂数（座） Number of Waste Water Treated Factory (unit)	城市污水厂日处理能力（万立方米／日） Per Day Volume of Waste Water Treated (10000 cu.m/day)	污水处理总量（万立方米） Volume of Waste Water Treated (10 000 cu.m)	污水处理率（%） Percentage of Sewage Disposal of City (%)	污水处理厂集中处理率（%） Percentage of Sewage Collection Disposal in Factory of City (%)
合　计	**Total**	**14329**	**51**	**369.30**	**112226**	**91.3**	**90.1**
福州市	Fuzhou	2598	8	95.50	26460	93.2	93.2
福清市	Fuqing	415	1	12.00	3846	87.0	87.0
长乐市	Changle	280	1	3.80	1742	87.5	73.8
厦门市	Xiamen	2775	7	88.20	30283	93.6	93.6
莆田市	Putian	1596	4	27.80	6199	85.0	85.0
三明市	Sanming	228	2	5.50	2270	87.0	63.7
永安市	Yong'an	191	1	4.00	1392	89.8	89.8
泉州市	Quanzhou	1395	5	29.00	10325	95.0	89.9
石狮市	Shishi	450	1	10.00	3995	89.2	89.2
晋江市	Jinjiang	1159	2	20.00	4240	88.7	88.7
南安市	Nan'an	367	1	5.00	1525	88.9	88.9
漳州市	Zhangzhou	856	2	15.00	3897	90.8	90.8
龙海市	Longhai	245	1	2.50	801	88.7	88.7
南平市	Nanping	252	4	13.00	2560	86.9	86.9
邵武市	Shaowu	109	1	2.00	709	90.3	90.3
武夷山市	Wuyishan	217	2	2.50	746	92.1	92.1
建瓯市	Jian'ou	81	1	1.50	620	88.2	88.2
龙岩市	Longyan	406	3	17.00	5630	89.8	89.8
漳平市	Zhangping	103	1	2.00	648	87.3	87.3
宁德市	Ningde	248	1	4.00	1322	87.5	87.5
福安市	Fu'an	195	1	5.00	1123	83.3	83.3
福鼎市	Fuding	164	1	4.00	1893	85.4	85.4

9-4 各城市公共交通情况(2016年)

Basic Statistics on Public Transportation in Cities by City(2016)

地区	Area	公交车标准运营车数（标台）Public Vehicles(set)	出租车运营车辆数（辆）Taxis(set)	总客运量（万人次）Total Passengers(10000 person)
合　计	**Total**	**20326**	**24961**	**317259**
福州市	Fuzhou	5506	6495	77578
福清市	Fuqing	357	408	3907
长乐市	Changle	194	331	2736
厦门市	Xiamen	6093	5860	107855
莆田市	Putian	1102	1296	11589
三明市	Sanming	433	404	9151
永安市	Yong'an	201	148	3812
泉州市	Quanzhou	1424	2080	16668
石狮市	Shishi	224	272	1783
晋江市	Jinjiang	427	118	3550
南安市	Nan'an	155	60	2278
漳州市	Zhangzhou	518	995	7486
龙海市	Longhai	166	144	1374
南平市	Nanping	418	608	9547
邵武市	Shaowu	136	213	2071
武夷山市	Wuyishan	168	174	2654
建瓯市	Jian'ou	82	133	1694
龙岩市	Longyan	380	614	9614
漳平市	Zhangping	13	20	162
宁德市	Ningde	259	776	8801
福安市	Fu'an	121	310	3473
福鼎市	Fuding	94	418	2665

注：总客运量包含公交车、出租车、地铁、轮渡客运量。
Note:Total Passengers include Public Vehicles,Taxis,Subway and Ferry.

9-5 各城市绿地和园林(2016年)
Basic Statistics on Parks and Green Areas in Cities by City(2016)

地区	Area	绿化覆盖面积（公顷） Green Areas (hectare)	#建成区 Green Areas of Developed City	园林绿地面积（公顷） Park and Green Areas (hectare)	#建成区 Green Areas of Developed City	公园个数（个） Number of Parks and Zoos (unit)	公园面积（公顷） Area of Parks and Zoos (hectare)
合　计	**Total**	**75097**	**63649**	**67248**	**58423**	**590**	**12426**
福州市	Fuzhou	12326	11639	11661	10773	101	3414
福清市	Fuqing	2457	2340	2497	2200	36	453
长乐市	Changle	1215	985	1018	916	34	345
厦门市	Xiamen	21462	14367	20137	13061	120	2604
莆田市	Putian	3895	3895	3493	3493	42	509
三明市	Sanming	1964	1705	1745	1570	6	154
永安市	Yong'an	1117	1098	1020	1002	8	155
泉州市	Quanzhou	9245	9244	8624	8623	37	825
石狮市	Shishi	1685	1685	1474	1474	6	421
晋江市	Jinjiang	1672	1672	1516	1516	11	382
南安市	Nan'an	1539	1539	1366	1349	14	318
漳州市	Zhangzhou	2871	2864	2723	2680	35	657
龙海市	Longhai	1022	979	928	914	14	266
南平市	Nanping	1876	1850	1677	1603	16	348
邵武市	Shaowu	958	858	817	804	10	172
武夷山市	Wuyishan	2839	384	425	369	22	120
建瓯市	Jian'ou	616	605	590	590	14	133
龙岩市	Longyan	2788	2514	2382	2382	31	320
漳平市	Zhangping	718	630	602	568	5	139
宁德市	Ningde	1312	1277	1191	1189	9	382
福安市	Fu'an	670	668	595	581	15	159
福鼎市	Fuding	851	851	767	767	4	150

9-6 各城市市容环境卫生情况(2016年)

Basic Statistics on Urban Sanitation in Cities by City(2016)

地区	Area	道路清扫保洁面积（万平方米）Area under Cleaning Program (10000 sq.m)	生活垃圾清运量（万吨）Volume of Garbage Disposal(10000 tons)	市容环卫专用车辆设备总数（台）Number of Special Vehicles for Environmental Sanitation (unit)	公共厕所（座）Number of Public Lavatories (unit)	#三类以上 Third Grade and Above
合　计	**Total**	**16336.00**	**656.97**	**3029**	**2629**	**2602**
福州市	Fuzhou	3626.00	108.24	608	366	366
福清市	Fuqing	416.00	33.35	39	63	63
长乐市	Changle	164.00	9.16	40	76	76
厦门市	Xiamen	3541.00	166.21	1028	557	557
莆田市	Putian	1041.00	48.95	255	161	161
三明市	Sanming	265.00	10.41	76	78	78
永安市	Yong'an	137.00	5.65	46	67	67
泉州市	Quanzhou	1980.00	44.18	178	436	420
石狮市	Shishi	501.00	31.06	39	31	28
晋江市	Jinjiang	747.00	36.40	144	125	125
南安市	Nan'an	432.00	40.41	102	57	57
漳州市	Zhangzhou	1004.00	27.07	77	119	119
龙海市	Longhai	156.00	11.27	46	37	37
南平市	Nanping	414.00	12.62	63	85	85
邵武市	Shaowu	165.00	4.30	31	43	38
武夷山市	Wuyishan	159.00	3.82	33	24	24
建瓯市	Jian'ou	153.00	5.30	36	30	30
龙岩市	Longyan	610.00	24.01	98	145	145
漳平市	Zhangping	110.00	4.56	11	21	21
宁德市	Ningde	376.00	15.22	39	41	38
福安市	Fu'an	138.00	9.70	23	35	35
福鼎市	Fuding	201.00	5.08	17	32	32

9-7 各城市设施水平(2016年)

Level of Public Facilities in Cities by City(2016)

地区	Area	城市用水普及率(%) Pecentage of Population with Access to Tap Water (%)	城市燃气普及率(%) Percentage of City Population with Access to Gas (%)	人均城市道路面积(平方米) Per Area of Paved Roads (sq.m)	人均公园绿地面积(平方米) Per Capita Public Green Areas (sq.m)	生活垃圾无害化处理率(%) Percentage of Garbage Disposal with Standard (%)	建成区绿化覆盖率(%) Ratio of Green Areas to City Areas(%)
合　计	**Total**	**98.1**	**97.2**	**14.41**	**13.08**	**98.4**	**43.3**
福州市	Fuzhou	100.0	97.2	12.95	14.07	99.0	43.9
福清市	Fuqing	99.9	99.0	12.71	14.68	99.2	46.8
长乐市	Changle	99.9	99.1	7.75	14.96	99.9	42.6
厦门市	Xiamen	94.6	96.4	11.78	11.47	97.8	42.9
莆田市	Putian	99.5	95.0	19.41	12.70	99.1	43.3
三明市	Sanming	99.9	99.6	14.70	14.76	98.6	44.1
永安市	Yong'an	98.5	98.3	20.11	12.09	99.1	44.6
泉州市	Quanzhou	99.1	97.5	14.58	14.20	98.7	43.2
石狮市	Shishi	99.9	98.9	16.38	13.06	98.6	44.9
晋江市	Jinjiang	99.3	97.2	26.78	11.39	98.6	44.0
南安市	Nan'an	93.7	99.0	15.57	12.03	98.6	44.2
漳州市	Zhangzhou	100.0	99.5	25.08	14.64	99.7	42.6
龙海市	Longhai	100.0	98.0	13.58	15.00	98.6	42.9
南平市	Nanping	100.0	93.1	12.19	13.11	95.3	44.9
邵武市	Shaowu	100.0	99.6	14.84	15.87	98.4	44.0
武夷山市	Wuyishan	99.9	94.3	20.17	13.32	98.2	38.4
建瓯市	Jian'ou	99.6	94.2	10.73	11.23	98.3	40.4
龙岩市	Longyan	99.3	99.7	17.11	12.51	99.7	40.8
漳平市	Zhangping	96.8	96.1	9.28	11.45	98.9	42.0
宁德市	Ningde	99.2	99.1	17.65	15.64	96.5	39.8
福安市	Fu'an	99.2	98.5	8.58	13.69	94.4	45.2
福鼎市	Fuding	99.0	97.1	12.76	10.40	95.9	44.3

主要统计指标解释

供水综合生产能力　指按供水设施取水、净化、送水、出厂输水干管等环节设计能力计算的综合生产能力。包括在原设计能力的基础上，经挖、革、改增加的生产能力。计算时，以四个环节中最薄弱的环节为主确定能力。

年末供水管道长度　指从送水泵到用户水表之间所有管道的长度。但不包括新安装未使用的管道长度。

全年供水总量　指报告期供水企业(单位)供出的全部水量。包括有效供水量和漏损水量。

生活用水量　包括公共服务用水和居民家庭用水。公共服务用水指为城市社会公共生活服务的用水。包括行政事业单位、部队营区和公共设施服务、社会服务业、批发零售贸易业、旅馆饮食业以及其他公共服务业等单位的用水。居民家庭用水指城市范围内所有居民家庭的日常生活用水。包括城市居民、农民家庭、公共供水站用水。

城市人口用水普及率　指城市用水的非农业人口数(不包括临时人口和流动人口)与城市非农业人口总数之比。计算公式为：

用水普及率＝(城市用水的非农业人口数 / 城市非农业人口数)×100%

人工煤气生产能力　指城市煤气厂制气、净化、输送等环节的综合实际生产能力。

供气管道长度　指报告期末从气源厂压缩机的出口或门站出口至各类用户引入管之间的全部已经通气投入使用的管道长度。不包括煤气生产厂、输配站、液化气储存站、灌瓶站、储配站、气化站、混气站、供应站等厂(站)内的管道。

全年供气总量　指全年燃气企业(单位)向用户供应的燃气数量。包括销售量和损失量。

城市用气普及率　指使用煤气(包括人工煤气、液化石油气、天然气)的城市非农业人口数(不包括临时人口和流动人口)与城市非农业人口总数之比。计算公式为：

城市煤气普及率＝(城市用气的非农业人口数 / 城市非农业人口总数)×100%

年底实有铺装道路长度　指除土路外，路面经过铺装宽度在 3.5 米以上的道路，包括高级、次高级道路和普通道路。

城市桥梁　指城市范围内，修建在河道上的桥梁和道路与道路立交、道路跨越铁路的立交桥及人行天桥。包括永久性桥和半永久性桥，不包括临时性桥、铁路桥、涵洞。

城市下水道总长度　指所有排水总管、干管、支管及暗渠、检查井、连接井进出水口等长度之和。

城市污水日处理能力　指污水处理厂每昼夜处理污水量的设计能力。

年末实有公共汽(电)车　指年底可参加营运的全部车辆数，包括营运车辆数和库存查封未参加营运的车辆。不包括非营运车辆，如架线车、油罐车、工程车、货车及其他专用车辆和借入的客运车辆。

城市园林绿地面积　指城市公共绿地、专用绿地、生产绿地、防护绿地、郊区风景名胜区的全部面积。

公共绿地　指供游览休息的各种公园、动物园、植物园、陵园以及花园、游园和供游览休息用的林荫道绿地、广场绿地，不包括一般栽植的行道树及林荫道的面积。

Explanatory Notes on Main Statistical Indicators

Production Capacity of Water Supply refers to the designed comprehensive production capacity of water facilities, covering the 4 links of water collection, purification, conveyance, and outflow through trunk pipelines. Increase capacity through transformation and innovation projects are included as well. The capacity is determined mainly on the weakest of the above-mentioned 4 links.

Length of Water Supply Pipelines at the Year-end refers to the total length of all the pipelines between the water pumps and the user water meters, excluding pipelines newly installed but not used yet.

Annual Volume of Water Supply refers to the total volume of water supplied by water-works (units) during the reference period, including both the effective water supply and loss during the water supply.

Consumption of Water for Residential Use refers to the water consumption of households for daily life and the water consumption of public service facilities. The latter refers to water consumption for urban public services, including the consumption of government agencies and public institutions, military barracks, public facilities, wholesale and retail outlets, restaurants, hotels, and other units providing public services. Household water consumption refers to consumption of water for daily life of all households in the boundary of cities, including households of urban residents and farmers, and public water supply stations.

Percentage of Urban Population with Access to Tap Water refers to the ratio of the urban non-agricultural population (excluing temporary and mobile population) with access to tap water to the total urban non-agricultural population.The formula is:

Percentage of Population with Access to Tap Water =（Urban Non-agricultural Population with Access to Tap Water /Urban Non-agricultural Population）×100%

Production Capacity of Gaswork Gas refers to the actual comprehensive production capacity of the urban gasworks in gas generation, purification and delivery.

Length of Gas Pipelines refers to the total length of pipelines between the outlet of the compressor, blower or gas tank and the gas meters of users. excluding pipelines within gasworks, delivery stations, LPG storage stations, refilling stations, gas-mixing stations and supply stations.

Volume of Gas Supply refers to the total volume of gas sold to users in a year, including the volume sold and the volume lost.

Percentage of Urban Population with Access to Gas refers to the ratio of the urban non-agricultural population with access to gas (including gas, liquefied petroleum gas and natural gas) to the urban non-agricultural population(excluding temporary and mobile population). The formula is:

Percentage of Population with Access to Gas =(Urban Non-agricultural Population with Access to Gas/Urban Non-agricultural Population)×100%

Length of Paved Roads at the Year-end refers to the length of roads with a paved surface, and with a width of more than 3-5 meters, including high quality,medium quality and ordinary roads.

Urban Bridges refer to bridges over river courses, great separated junctions and overpasses in urban areas.Permanent bridges and semi-permanent bridges are included.Temporary bridges,railway bridges and culverts are excluded.

Length of Urban Sewage Pipes refers to the total length of general drainage, trunks. branch and blind drainage, inspection wells, connection wells, inlets and outlets, etc.

Daily Disposal Capacity of Urban Sewage refers to the designed 24 hour capacity of sewage disposal at the sewage treatment works.

Number of Public Vehicles (Buses and Trolley buses) at the Year-end refers to the total number of operational buses available at the year-end, including the year-end operational vehicles and vehicles in stock.Non-operational vehicles such as stringing cars,tank cars,machine shop cars,trucks and other special vehicles and the borrowed passenger vehicles are excluded.

Area of Urban Gardens and Green Areas refers to the total area of urban public green land,special green land,production green land,protection green land and suburban scenic spots.

Public Green Area refers to green areas of various parks, zoos, botanical gardens, cemeteries, amusement parks, tree-flanked boulevards greenland squares for tourism and relaxing.Areas with trees planted along-side the streets and boulevards are excluded.

第十篇　财政金融

Chapter 10　Finance

资料整理：饶晓燕 廖捷

Database Editor:Raoxiaoyan Liaojie

简要说明

本篇资料的主要内容及来源

本篇资料反映了全省财政收支、金融和保险方面的情况，主要包括财政收入、财政支出、金融机构存贷款、现金收支、保险机构、保险业务开展等方面的资料。

财政部分的资料来源于省财政厅；金融方面的资料来源于中国人民银行福州分行;保险方面的资料来源于中国保监会福建监管局、省人力资源和社会保障厅、省医疗保障管理委员会办公室。

本篇资料由省统计局综合统计处、社会和科技统计处根据以上资料整理。

Brief Introduction

Main Content and Source of Data

Data in this chapter show the conditions of local government budgetary finance, banking and insurance, including government revenue and expenditure, credit funds, cash income and expenses, statistics on insurance companies.

Data on local government finance are provided by Fujian Provincial Department of Finance; Data on banking are provided by Fuzhou Branch of the People's Bank of China; Data on insurance are provide by China Insurance Regulatory Commission of Fujian Bureau, Provincial Human Resource and Social Guarantee Bureau Provincial Medical Insurance Management Committee Office.

Data in this chapter are collected and compiled by the Division of Comprehensive Statistics and the Division of Social, Science and Technology Statistics of Fujian Provincial Bureau of Statistics on the basic of data from the relative departments.

10-1 主要年份公共财政收支总额及增长速度

Budgetary Revenue and Expenditure in Selected Years

单位：亿元 (100 million yuan)

年份	一般公共预算总收入 Total Revenue		地方一般公共预算收入 Expenditure of Local Government		一般公共预算支出 Total Expenditure	
Year	数值 Value	比上年增长(%) Ratio(%)	数值 Value	比上年增长(%) Ratio(%)	数值 Value	比上年增长(%) Ratio(%)
1952	2.20				1.25	
1957	3.22				2.47	
1962	5.07				3.60	
1965	6.60				4.99	
1970	6.45				8.34	
1975	9.59				9.86	
1978	15.13				15.14	
1979	12.72	-15.9			16.03	5.9
1980	15.33	20.5			15.05	-6.1
1981	14.52	-5.3			14.27	-5.2
1982	13.67	-5.9			16.42	15.1
1983	12.37	-9.5			17.55	6.9
1984	16.78	35.7			20.52	16.9
1985	25.08	49.5			30.64	49.3
1986	29.14	16.2			37.62	22.8
1987	33.16	13.8			39.99	6.3
1988	40.16	21.1			49.29	23.3
1989	53.01	32.0			60.48	22.7
1990	57.06	7.6			68.45	13.2
1991	69.70	22.2			78.13	14.1
1992	75.35	8.1			84.50	8.2
1993	110.58	46.8			113.88	34.8
1994	149.66	35.3			137.73	20.9
1995	184.58	23.3	117.37		171.58	24.6
1996	215.11	16.5	142.12	21.1	200.31	16.7
1997	251.30	16.8	162.91	14.6	224.36	12.0
1998	281.42	12.0	187.92	15.4	254.87	13.6
1999	312.57	11.1	208.92	11.2	279.24	9.6
2000	369.67	18.3	234.11	12.1	324.18	16.1
2001	428.33	15.9	274.28	17.2	373.19	15.1
2002	476.20	11.2	272.89	-0.5	397.56	6.5
2003	551.00	15.7	304.71	10.6	452.30	13.8
2004	622.57	13.0	333.52	10.5	516.68	14.2
2005	788.11	26.6	432.60	29.7	593.07	14.8
2006	1012.77	28.5	541.17	25.1	728.70	22.9
2007	1282.84	26.7	699.46	29.2	910.64	25.0
2008	1516.51	18.2	833.40	19.1	1137.72	24.9
2009	1694.63	11.7	932.43	11.9	1411.82	24.1
2010	2056.01	21.3	1151.49	23.5	1695.09	20.1
2011	2597.01	26.3	1501.51	30.4	2198.18	29.7
2012	3008.88	15.9	1776.17	18.3	2607.50	18.6
2013	3430.35	14.0	2119.45	19.3	3068.80	17.7
2014	3828.40	11.6	2362.21	11.5	3306.70	7.8
2015	4144.03	8.2	2544.24	7.7	4001.58	21.0
2016	4295.36	3.7	2654.83	4.3	4275.40	6.8

注：本部分所采用的财政数字均为当年决算定案数。2002年起口径有调整。

Note:Financial figures in this chapter are all final accounts of current year.Since 2002,The Statistic scope had adjusted.

10-2 地方一般公共预算收入

General Budgetary Revenue of Local Government

单位：万元 (10000 yuan)

项目 Item	2000	2005	2010	2015	2016
收入合计 Total Revenue	**2341061**	**4326003**	**11514923**	**25442357**	**26548324**
1.增值税 Value-added Tax	353461	731267	1411033	2717512	5456801
2.营业税 Operation Tax	582053	1246076	3197000	6082414	2982682
3.企业所得税 Enterprises' Income Tax	321959	542646	1569118	3417230	3500153
4.个人所得税 Individual Income Tax	247517	274137	563374	948636	1234985
5.资源税 Resources Tax	7007	21436	64550	114540	92544
6.城市维护建设税 Tax on Town Maintenance and Construction	97646	185544	431149	1086017	1120416
7.房产税 Tax on Real Estates	95496	169576	317362	632318	637394
8.印花税 Stamp Tax	18309	55267	171193	295035	313218
9.城镇土地使用税 Tax on the Use of Urban Land	15746	29400	263343	375933	361271
10.土地增值税 Land Value Added Tax	4326	40785	628057	1964286	2158728
11.车船税 Tax on the Use of Vehicles and Ships	6055	12662	59863	164689	175927
12.烟叶税 Tobacco Leaf Tax			32896	68162	65560
13.耕地占用税 Tax on The Occupancy of Cultivated Land	13474	32003	181050	281268	164345
14.契税 Contract Tax	55799	209093	770908	1239020	1363181
15.国有资本经营收入 State-downed Assets Profit			219530	545135	537896
16.国有资源(资产)有偿使用收入 Income from use of State-downed resources			414662	1793039	2098405
17.行政性收费收入 Income from Adiministr-ative Fees	74946	290876	481761	1032537	971389
18.罚没收入 Penalty and Confiscatory Income	101764	213993	292226	464079	558375
19.专项收入 Expert Project Income	64036	120693	352274	1930886	2146263
20.其他收入 Other Income	127716	48254	93574	289621	608791

10-3 一般公共预算支出
General Budgetary Expenditure of Local Government

单位：万元 (10000 yuan)

项目 Item	2010	2012	2013	2014	2015	2016
支出合计 Total Expenditure	**16950906**	**26075020**	**30688006**	**33066986**	**40015778**	**42754043**
1.一般公共服务 Expenditure for General Public Service	2119124	2931509	3270569	2934031	3080207	3382106
2.外交 Expenditure for Foreign Affairs					10646	3000
3.国防 Expenditure for National Defense	32680	55117	76108	65557	68544	63361
4.公共安全 Expenditure for Public Safety	1206017	1623883	1894405	1916303	2252409	2573245
5.教育 Expenditure for Operating Expense of Education	3277681	5623008	5749113	6345984	7575096	7891067
6.科学技术 Expenditure for Operating Expense of Department of Science	323057	484695	606228	673956	766007	802823
7.文化体育与传媒 Expenditure for Operating Expense of Culture , Sport Broadcasting	271014	460722	578796	641780	848159	812542
8.社会保障和就业 Expenditure for Operating Expense of Social Welfare and Employment	1482366	2052848	2406553	2587105	3417705	3489923
9.医疗卫生 Expenditure for Public Health	1175835	1859917	2242313	2921356	3511905	3775786
10.环境保护 Expenditure for Enviromental Protection	397865	485982	586029	617958	955694	1303491
11.城乡社区事务 Expenditure for Neithbourhood Service Centre of Urbam and Rural	1076788	1788641	2597774	2697434	3786992	5722395
12.农林水事务 Expenditure for Agriculture , Foresty and Water Conservancy	1603355	2441622	3122226	3203234	4418607	4105751
13.交通运输 Expenditure for Transportation	1252071	2720829	2793122	3109307	3461952	2876640
14.工业商业金融等事务 Expenditure for Industry Trade and Finance	1044916	1649455	2316137	2459730	4080809	4768708
15.其他支出 Other Expenditure	1688137	1896792	2448633	2893251	1781046	1183205

10-4 金融机构人民币各项存款和贷款余额（1990-2016年）

RMB Deposits and Loans of Financial Institutions(1990-2016)

单位：亿元 (100 million yuan)

年份 Year	各项存款 Total Deposits	#城乡居民储蓄存款 Savings Deposit in Urban and Rural Household	财政存款 Fiscal Deposits	各项贷款 Total Loans	#短期贷款 Short-term Loans	中长期贷款 Medium-term &Long-term Loans
1990	359.45	183.26		381.93		
1991	477.45	245.60		453.10		
1992	667.01	327.00		589.74		
1993	824.37	394.06		774.65	554.06	153.33
1994	1101.81	558.97		954.73	698.86	180.89
1995	1451.68	795.43		1176.63	860.09	221.09
1996	1901.71	1106.33		1467.79	1060.12	294.42
1997	2192.74	1324.37	15.40	1750.38	1279.40	329.60
1998	2557.30	1565.18	28.11	1942.78	1423.39	368.87
1999	2924.61	1739.01	41.24	2255.50	1612.59	476.85
2000	3114.32	1767.59	39.59	2438.82	1728.01	510.32
2001	3614.26	2030.94	45.94	2864.76	1656.70	902.35
2002	4253.07	2430.46	55.21	3110.05	1809.88	1065.11
2003	5178.29	2924.65	51.74	3837.51	2039.25	1422.42
2004	5984.32	3322.26	92.63	4367.05	2213.05	1799.83
2005	7248.40	3903.05	128.33	5068.68	2366.93	2350.80
2006	8836.26	4478.26	219.38	6447.72	2956.98	3203.04
2007	10040.15	4711.23	328.32	8065.67	3555.92	4318.81
2008	11804.40	5861.17	457.26	9585.92	3895.16	5146.37
2009	14702.34	7078.81	549.46	12360.32	5215.58	6625.53
2010	18309.45	8101.02	678.08	15231.36	6594.50	8372.64
2011	21055.49	9068.62	834.38	18165.19	7836.03	9906.51
2012	24283.68	10507.39	741.75	21209.82	9451.96	11133.74
2013	28043.82	11847.25	905.62	24487.53	10752.70	13137.82
2014	30747.61	12578.95	1450.40	28417.70	11785.72	15861.63
2015	35576.06	13243.35	1169.62	32132.96	12209.64	18530.82
2016	39275.82	14366.68	1230.32	36356.06	12620.98	21631.79

注：1.2004年起含外资银行。
Note:Since 2004,the data include foreign banks.

10-5 金融机构年末人民币分项存贷款余额（2016年）

RMB Deposits and Loans Balance of Financial Institutions by Item(2016)

单位：亿元 (100 million yuan)

项目 Item	数值 Value	比上年增长（%） Ratio(%)
金融机构各项存款余额	39275.82	10.4
境内存款	38800.62	10.6
住户存款	15122.76	8.6
储蓄存款	14366.68	8.5
保证金存款	28.99	-10.4
结构性存款	473.62	-14.3
非金融企业存款	13416.02	12.0
企业活期存款	5018.78	10.7
企业定期存款	2057.49	-13.3
企业保证金存款	1559.16	-8.2
企业结构性存款	1721.33	50.4
政府存款	7595.76	13.2
财政性存款	1230.32	5.2
非银行业金融机构存款	2666.08	8.7
境外存款	475.20	-4.3
金融机构各项贷款余额	36356.06	13.1
境内贷款	36230.65	13.2
住户贷款	15225.40	19.6
短期贷款	4350.23	4.6
个人消费贷款	2379.79	24.0
个人经营性贷款	1970.45	-12.1
中长期贷款	10875.17	26.9
个人消费贷款	8979.38	29.9
个人经营性贷款	1895.79	14.1
非金融企业及机关团体贷款	21004.89	9.0
短期贷款	8270.75	2.8
单位经营贷款	7542.70	1.0
单位固定资产贷款	72.34	62.0
单位并购贷款	0.50	-24.2
贸易融资	643.46	21.5
中长期贷款	10756.62	8.0
单位经营贷款	1484.80	25.0
单位固定资产贷款	9088.64	5.4
单位并购贷款	85.00	60.3
贸易融资	98.18	8.9
融资租赁	16.49	42.8
票据融资	1862.13	65.2
各项垫款	98.90	-16.5
非银行业金融机构贷款	0.35	-96.9
境外贷款	125.41	1.5

10-6 金融机构人民币存贷款基准利率

Benchmark Intetests rate of RMB Deposit and Loan for Financial Institutions

单位：年利率 %

调整时间 Adjust Time	金融机构存款基准利率 Deposit	金融机构贷款基准利率 Loan	中央银行对金融机构贷款基准利率 Loan
1978	3.24	5.04	
1980	3.96-5.76	5.04	
1985	5.40-7.20	3.60-7.92	
1990.01.01	11.34	11.34	
1990.04.15	10.08	10.08	
1990.08.21	8.64	9.36	
1991.04.21	7.56	8.64	
1993.05.15	9.18	9.36	
1993.07.11	10.98	10.98	
1995.07.01	10.98	12.06	
1996.05.01	9.18	10.98	10.98
1996.08.23	7.47	10.08	10.98
1997.10.23	5.67	8.64	9.36
1998.03.25	5.22	7.92	7.92
1998.07.01	4.77	6.93	5.67
1998.12.07	3.78	6.39	5.13
1999.06.10	2.25	5.85	3.78
2002.02.21	1.98	5.31	3.24
2004.03.25	1.98	5.31	3.87
2004.10.29	2.25	5.58	3.87
2006.04.28	2.25	5.85	3.87
2006.08.19	2.52	6.12	3.87
2007.03.18	2.79	6.39	3.87
2007.05.19	3.06	6.57	3.87
2007.07.21	3.33	6.84	3.87
2007.08.22	3.60	7.02	3.87
2007.09.15	3.87	7.29	3.87
2007.12.21	4.14	7.47	3.87
2008.09.16	4.14	7.20	4.68
2008.10.09	3.87	6.93	4.68
2008.10.30	3.60	6.66	4.68
2008.11.27	2.52	5.58	3.60
2008.12.23	2.25	5.31	3.33
2010.10.20	2.50	5.56	3.33
2010.12.26	2.75	5.81	3.85
2011.02.09	3.00	6.06	3.85
2011.04.06	3.25	6.31	3.85
2011.07.07	3.50	6.56	3.85
2012.06.08	3.25	6.31	3.85
2012.07.06	3.00	6.00	3.85
2014.11.22	2.75	5.60	3.85
2015.03.01	2.50	5.35	3.85
2015.05.11	2.25	5.10	3.85
2015.06.28	2.00	4.85	3.85
2015.08.26	1.75	4.60	3.85
2015.10.24	1.50	4.35	3.85
2015.11.05	1.50	4.35	3.50

10-7 主要年份保险业务情况

Basic Statistics of Insurance in Selected Years

单位：万元 (10000 yuan)

项目	Item	2005	2010	2013	2014	2015	2016
保险费收入	**Premium Income**	**1490886**	**4236124**	**5748454**	**6858173**	**7775781**	**9175913**
财产保险	Property Insurance	413723	1327403	2160363	2517089	2745518	2929528
#机动车辆险	Motor Vehicle Insurance	273882	981696	1571722	1845415	2070193	2237359
企业财产险	Enterprise Property Insurance	45813	84930	123125	127441	124024	118529
家庭财产险	Family Property Insurance	2109	8965	12603	11515	14044	14918
人身保险	Life Insurance	1077163	2908721	3588091	4341084	5030263	6246386
人寿保险	Life Insurance	927841	2616312	3104130	3639254	4081091	4871931
健康保险	Health Insurance	121248	228322	371586	562520	784114	1190898
意外伤害	Accident Insurance	28074	64086	112374	139310	165058	183557
有效保单赔款及给付金额	**Claim and Payment**	**405525**	**1028986**	**1873222**	**2149899**	**2450773**	**3175600**
财产保险	Property Insurance	272304	654417	1102616	1301425	1472506	1798965
#机动车辆险	Motor Vehicle Insurance	173923	460282	844220	962719	1068129	1198341
企业财产险	Enterprise Property Insurance	56455	75590	60285	67858	92346	174422
家庭财产险	Family Property Insurance	743	9198	4963	4004	9729	24049
人身保险	Life Insurance	133221	374569	770606	848474	978267	1376635
人寿保险	Life Insurance	89362	271750	634378	663594	729538	1087134
健康保险	Health Insurance	33285	82822	110371	155290	210014	248242
意外伤害	Accident Insurance	10575	19997	25858	29589	38716	41259

10-8 保险系统机构和人员数(2016年)

Number of Institutions and Members in Insurances System(2016)

项目 Item	财产保险公司 Property Insurance Companies			人寿保险公司 Life Insurance Companies		
	机构数（个） Institutions (unit)	职工人数（人） Staff and Workers (person)	代理制销售人员数（人） Agent Salesmen (person)	机构数（个） Institutions (unit)	职工人数（人） Staff and Workers (person)	代理制销售人员数（人） Agent Salesmen (person)
保险公司 Total	**984**	**18181**	**31139**	**1380**	**14194**	**162667**
#省级分公司 Provincial Branches	41	3496	554	45	5010	2935
中心支公司 Central Branches	131	6828	4886	120	5107	13444
支公司 Branches	345	5453	16064	267	2543	44730
营业部 Business Departments	3	175	3018	3	45	799
营销服务部 Business Services	462	1639	6367	944	1257	100716

10-9 各设区市保险业务情况(2016年)

Statistics of Insurance Business by City(2016)

单位：万元 (10000 yuan)

地区	Area	保险费收入 Premium Income	财产保险 Property Insurance	#机动车辆险 Motor Vehicle Insurance	#企业财产险 Enterprise Property Insurance	#家庭财产险 Family Property Insurance	人身保险 Life Insurance	人寿保险 Life Insurance	健康保险 Health Insurance	意外伤害 Accident Insurance
福建省	**Fujian**	**9175913**	**2929528**	**2237359**	**118529**	**14918**	**6246386**	**4871931**	**1190898**	**183557**
福州市	Fuzhou	2688565	739488	533003	39242	2276	1949077	1322844	571731	54503
厦门市	Xiamen	1625953	655522	496051	29840	928	970431	765224	167189	38018
莆田市	Putian	464138	153600	122848	5205	927	310538	247238	54816	8484
三明市	Sanming	527717	123053	93001	4576	845	404664	367232	30564	6869
泉州市	Quanzhou	1794325	588598	487120	22058	4578	1205727	989172	181649	34907
漳州市	Zhangzhou	687446	247622	187640	5914	1139	439824	362794	62561	14469
南平市	Nanping	496837	130803	93767	4047	837	366034	326753	33235	6046
龙岩市	Longyan	487639	183279	143963	5450	2148	304360	253666	40255	10439
宁德市	Ningde	403293	107563	79967	2198	1239	295730	237008	48899	9823

10-9 续表

Continued

单位：万元 (10000 yuan)

地区	Area	有效保单赔款及给付金额 Claim and Payment	财产保险 Property Insurance	#机动车辆险 Motor Vehicle Insurance	#企业财产险 Enterprise Property Insurance	#家庭财产险 Family Property Insurance	人身保险 Life Insurance	人寿保险 Life Insurance	健康保险 Health Insurance	意外伤害 Accident Insurance
福建省	**Fujian**	**3175600**	**1798965**	**1198341**	**174422**	**24049**	**1376635**	**1087134**	**248242**	**41259**
福州市	Fuzhou	869925	452710	315894	26618	8864	417215	303997	104725	8493
厦门市	Xiamen	747242	522538	307442	93916	1970	224704	173677	40494	10533
莆田市	Putian	152755	75875	54938	1753	827	76880	61551	13899	1430
三明市	Sanming	149028	64961	41420	4335	835	84067	75563	6520	1984
泉州市	Quanzhou	576167	316649	240216	24697	5581	259518	216786	35200	7532
漳州市	Zhangzhou	249099	141788	88045	8255	1026	107311	92914	10330	4067
南平市	Nanping	149731	64850	42873	2348	762	84881	73750	8893	2239
龙岩市	Longyan	167217	98910	63133	8939	2264	68306	57332	8166	2808
宁德市	Ningde	114437	60685	44380	3561	1920	53753	31564	20015	2174

10-10 保险公司业务经济技术指标(2016年)

Economic and Technical Indicators of Insurance Companies(2016)

单位：亿元 (100 million)

项目 Item	保险金额 Amount Insured	保费收入 Premium	赔款及给付 Claim and Payment
财产保险公司 Property Insurance Companies	**237988.16**	**292.95**	**179.90**
# 企业财产险 Enterprise Property Insurance	23042.17	11.85	17.44
家庭财产险 Family Property Insurance	3218.17	1.49	2.40
机动车辆险 Motor Vehicle Insurance	51684.81	223.74	119.83
船舶险 Ship Insurance	1176.50	2.25	1.44
货物运输险 Freight Transport Insurance	10567.97	3.01	1.69
特殊风险保险 Special Risk Insurance	832.53	1.47	0.24
建筑、安装工程 Construction and Installation Projects	1889.96	3.63	4.16
责任险 Liability Insurance	36130.50	10.96	5.48
信用险 Credit Insurance	1817.41	6.02	5.78
保证保险 Guarantee Insurance	295.98	4.82	2.91
农业险 Agriculture Insurance	637.07	4.42	6.18
人寿保险公司 Life Insurance Companies	**139348.78**	**624.64**	**137.66**
人身保险 Personal Insurance	**12820.27**	**487.19**	**108.71**
个人业务 Ondividual	11783.23	485.92	102.12
团体业务 Team	1037.04	1.27	6.59
健康险 Health Insurance	**78795.87**	**119.09**	**24.82**
人身意外伤害险 Unforeseen Human Insurance	**47732.63**	**18.36**	**4.13**

10-11 各设区市主要社会保险参保人数(2016年)

Basic Statistics on Social Insurance by City(2016)

单位：万人 (10000 persons)

地区	Area	参加城镇基本养老保险人数 Basic Pension Insurance in Urban	参加城乡居民社会养老保险人数 Social Endowment Insurance in Urban and Rural	参加基本医疗保险人数 Basic Medical Insurance	参加失业保险人数 Unemployment Insurance	参加工伤保险人数 Work Injury Insurance	参加生育保险人数 Maternity Insurance
全 省	**Total**	**967.83**	**1489.11**	**1297.90**	**575.52**	**733.77**	**625.50**
省 直	Province	51.16		36.31		23.93	24.75
福州市	Fuzhou	194.30	230.59	309.00	121.40	154.85	111.40
#平潭	Pingtan	4.26	18.24	6.69	1.89	3.05	2.13
厦门市	Xiamen	229.42	24.77	351.37	192.46	192.30	181.88
莆田市	Putian	39.15	153.24	63.09	27.84	46.29	33.65
三明市	Sanming	57.59	120.85	71.21	32.04	37.90	30.62
泉州市	Quanzhou	143.58	364.48	175.62	65.68	105.61	97.10
漳州市	Zhangzhou	84.48	208.59	72.01	39.34	54.67	42.97
南平市	Nanping	62.85	128.50	42.25	36.49	44.07	29.18
龙岩市	Longyan	55.31	132.05	116.29	38.29	39.85	43.60
宁德市	Ningde	49.99	126.02	91.67	21.98	34.30	30.35

注：参加城镇基本养老保险人数包含城镇职工参保人数和领取基本养老保险金离退休人数。

Note:Number of People Participated in Urban Employees Basic Pension Insurance includes Urban Employees and Retirees Beneficiary of Pension Insurance.

10-12 各设区市城镇基本养老保险人数(2016年)

Basic Statistics on the Coverage of Basic Insurance in Urban arca by City(2016)

单位：万人 (10000 persons)

地区	Area	参加城镇基本养老保险职工人数 Population Vovered Pension Insurance in Urban	参加城镇企业基本养老保险人数 Coverd Enterprises Pension Insurance in Urban	参加城镇机关事业养老保险人数 Covered Institutions and state organs Insurance	期末领取基本养老保险金离退休人数 Retirees Beneficiary of Pension Insurance at the Year-end	企业单位领取人数 Enterprises	机关事业单位领取人数 Institutions and State Organs
全 省	**Total**	**795.46**	**709.62**	**85.84**	**172.38**	**129.23**	**43.15**
省 直	Province	34.59	25.29	9.30	16.57	8.66	7.91
福州市	Fuzhou	157.34	142.81	14.53	36.96	29.30	7.66
#平潭	Pingtan	3.00	2.20	0.80	1.26	0.82	0.44
厦门市	Xiamen	202.86	196.53	6.33	26.56	24.43	2.13
莆田市	Putian	31.96	25.05	6.91	7.20	4.47	2.73
三明市	Sanming	41.41	33.25	8.16	16.18	12.45	3.73
泉州市	Quanzhou	131.44	124.41	7.03	12.14	9.59	2.55
漳州市	Zhangzhou	66.59	57.48	9.11	17.89	13.50	4.39
南平市	Nanping	44.21	36.63	7.58	18.64	14.09	4.55
龙岩市	Longyan	44.72	36.39	8.33	10.59	6.74	3.85
宁德市	Ningde	40.34	31.78	8.56	9.66	6.01	3.65

10-13 主要年份社会保险情况

Basic Statistics on Social Insurance in Selected Years

项目	Item	2010	2015	2016
养老保险	**Pension Insurance**			
城镇企业职工养老保险	**Pension Insurance for Staff and Workers of Urban Enterprises**			
期末参加基本养老保险职工人数（万人）	Number of Employment Covered at the Year-end(10000 persons)	466.88	676.76	709.62
期末领取基本养老保险离退休人数（万人）	Retiress as Covered at the Year-end(10000 persons)	93.33	124.10	129.23
基本养老保险基金收入（亿元）	Revenue(100 million yuan)	149.55	372.47	442.63
基本养老保险基金支出（亿元）	Expenses(100 million yuan)	135.85	336.18	370.80
基本养老保险基金累计结余（亿元）	Balance(100 million yuan)	104.63	501.74	573.57
机关事业单位养老保险	**Pension Insurance for Government Agencies and Institutions**			
期末参加基本养老保险职工人数（万人）	Number of Staff Covered at the Year-end(10000 persons)	54.93	59.82	85.84
期末领取基本养老保险离退休人数（万人）	Number of Retirees at the Year-end(10000 persons)	20.13	22.99	43.15
基本养老保险基金收入（亿元）	Revenue(100 million yuan)	55.32	81.49	202.94
基本养老保险基金支出（亿元）	Expenses(100 million yuan)	52.65	97.78	214.10
基本养老保险基金累计结余（亿元）	Balance(100 million yuan)	36.60	75.39	127.56
城乡居民社会养老保险	**Social Endowment Insurance in Urban and Rural**			
期末参加基本养老保险人数（万人）	Number of Staff Covered at the Year-end(10000 persons)		1480.41	1489.10
基本养老保险基金收入（亿元）	Revenue(100 million yuan)		73.78	78.98
基本养老保险基金支出（亿元）	Expenses(100 million yuan)		53.58	57.86
基本养老保险基金累计结余（亿元）	Balance(100 million yuan)		102.81	123.93
医疗保险	**Insurance for Medical Care**			
期末参加基本医疗保险人数（万人）	Number of Staff Covered at the Year-end(10000 persons)	1226.25	1301.24	1297.90
城镇职工	Urban Workers	554.67	759.38	792.12
城镇居民	Urban Non-Retirees employment	671.58	541.86	505.78
基本医疗保险基金收入（亿元）	Revenue(100 million yuan)	113.72	267.09	331.72
城镇职工	Urban Workers	106.22	244.59	259.97
城镇居民	Urban Non-Retirees employment	7.50	22.50	71.75
基本医疗保险基金支出（亿元）	Expenses(100 million yuan)	96.01	205.90	274.68

10-13 续表

Continued

项目	Item	2010	2015	2016
城镇职工	Urban Workers	88.96	184.90	207.77
城镇居民	Urban Non-Retirees employment	7.05	21.01	66.91
基本医疗保险基金累计结余（亿元）	Balance(100 million yuan)	174.86	426.79	497.27
城镇职工	Urban Workers	169.99	411.94	464.13
城镇居民	Urban Non-Retirees employment	4.87	14.86	33.84
基本医疗保险基金收缴率（%）	Insurance Paid Rate(%)	99.29	99.51	99.40
失业保险	**Unemployment Insurance**			
期末参加失业保险人数（万人）	Number of Population Covered at the Year-end(10000 persons)	374.18	546.27	575.52
期末领取失业保险金人数（万人）	Number of Beneficiaries Unemployment Insurance at the Year-end(10000 persons)	3.17	5.02	5.17
失业保险基金收入（亿元）	Revenue(100 million yuan)	11.63	34.54	29.23
失业保险基金支出（亿元）	Expenses(100 million yuan)	5.60	11.06	16.82
失业保险基金累计结余（亿元）	Balance(100 million yuan)	52.25	151.50	163.90
工伤、生育保险	**Insurance for Work Injury and Maternity**			
期末参加工伤保险的城镇企业职工人数（万人）	Contributors of Work Injury Insurance at the Year-end (10000 persons)	417.74	691.03	733.77
工伤保险基金收入（亿元）	Revenue of Work Injury Insurance(100 million yuan)	5.90	19.39	17.78
工伤保险基金支出（亿元）	Expenses of Work Injury Insurance(100 million yuan)	2.86	13.01	13.54
工伤保险基金累计结余（亿元）	Balance of Work Injury Insurance(100 million yuan)	22.37	54.05	58.13
期末参加生育保险的职工人数（万人）	Beneficiaries of Maternity at the Year-end(10000 persons)	374.41	598.32	625.50
生育保险基金收入（亿元）	Revenue of Maternity Insurance(100 million yuan)	4.32	16.53	12.46
生育保险基金支出（亿元）	Expenses of Maternity Insurance(100 million yuan)	2.95	13.83	14.99
生育保险基金累计结余（亿元）	Balance of Maternity Insurance(100 million yuan)	8.18	25.42	20.94

地方一般公共预算收入 属于地方财政的收入包括营业税，地方企业所得税，个人所得税，城镇土地使用税，固定资产投资方向调节税，城镇维护建设税，房产税，车船使用税，印花税，屠宰税，牧业税，耕地占用税，契税，增值税 25%部分，证券交易税(印花税)50%部分和除海洋石油资源税以外的其他资源税。

一般公共预算支出 包括地方行政管理和各项事业费，地方统筹的基本建设、技术改造支出，支援农村生产支出，城市维护和建设经费，价格补贴支出等。

信贷资金 指金融机构以信用方式积聚和分配的货币资金。金融机构信贷资金的来源有各项存款、对国际金融机构负债、流通中货币、银行自有资金及当年结益等；信贷资金的运用有各项贷款、黄金占款、外汇占款、财政借款及在国际金融机构中的资产等。

存款 指企业、机关、团体或居民根据资金必须收回的原则，把货币资金存入银行或其他信用机构保管并取得一定利息的一种信用活动形式。根据存款对象的不同可划分为企业存款、财政存款、机关团体存款、基本建设存款、城镇储蓄存款、农村存款等科目。它是银行信贷资金的主要来源。

贷款 指银行或其他信用机构根据资金必须归还的原则，按一定利率，为企业、个人等提供资金的一种信用活动形式。我国银行贷款分为流动资金贷款、固定资产贷款、城乡个体工商户贷款以及农业贷款等科目。

保险金额 指保险人承担赔偿或者给付保险金责任的最高限额。

保费 指投保人为取得保险人在约定范围内所承担赔偿责任而支付给保险人的费用。

赔款 指保险人根据保险合同的规定，向被保险人支付的赔偿保险责任损失的金额。

给付 包括死伤医疗给付和满期给付。死伤医疗给付是指保险人根据人寿保险及长期健康保险合同的规定，因被保险人在保险期内发生保险责任范围内的保险事故支付给被保险人(或受益人)的金额。满期给付是指被保险人生存期满，保险人按人寿保险合同规定支付给被保险人的满期保险金额。

基本养老保险

参加基本养老保险人数：指报告期末按照国家法律、法规和有关政策规定参加基本养老保险的职工人数。包括不能正常缴费、已中断缴费但未终止保险关系的职工人数。

基本医疗保险

参加基本医疗保险人数：指报告期末按国家有关规定参加基本医疗保险的人数。包括参加保险的职工人数和退休人员人数。

失业保险

参加失业保险人数：指报告期末按照国家法律、法规和有关政策规定参加了失业保险的城镇企业事业单位的职工及地方政府规定参加失业保险的其他人员的人数。

Explanatory Notes on Main Statistical Indicators

Revenue of the Local Governments The revenue of the local governments includes business tax, income tax of the enterprises subordinate to the local government, personal income tax, tax on the use of urban land, tax on the adjustment of the investment in fixed assets, tax on town maintenance and construction, tax on real estates, tax on the use of vehicles and ships, stamp tax, slaughter tax, tax on animal husbandry, tax on the occupancy of cultivated land, contract tax, 25% of the value added tax, 50% of the tax on stock dealing (stamp tax) and tax on resources other than the ocean petroleum resources.

Expenditure of the Local Governments The expenditure of the local governments includes mainly the administrative expenses and various operating expenses at the vel of local governments, the expenditure for capital construction and technological innovation with the funds raised by the local government, expenditure for supporting rural production, expenditure for city maintenance and construction and expenditure for price subsidies, etc.

Credit Funds refer to the funds issued as loans by banking institutions. The sources of credit funds of the banking institutions included deposits, liabilities to international financial institutions, currency in circulation, self-owned funds and current retained profits, etc. The credit funds can be used in forms of loans, gold, foreign exchange, government debt and assets in the international financial institutions.

Deposit is a form of credit by which enterprises, institutions, organizations or households can put money into banks and other credit institutions for safekeeping and interest earning under the principle of free withdrawal. According to different depositors, deposits are divided into enterprise deposits,treasury deposits, deposits of government agencies and organizations,capital construction deposits, urban savings deposits, rural deposits and other deposits. Deposits are major sources of the credit funds of banks.

Loan is a form of credit by which banks and other credit institutions provide funds at certain interest rate to enterprises and individuals in the light of the principle of unconditional repayment. Loans from Chinese banks include circulating capital loans, fixed assets loans, loans to urban and rural individuals engaged in industrial and commercial business and agricultural loans.

Amount Insured refers to the maximum that the insurant will get for the claim of the case insured.

Premium is the fee paid by the insurant to the insurer to obtain the obligation of compensation from the insurance within the agreed terms.

Settled Claim is the compensation paid by the insurer to the insurant in accordance with the insurance contract.

Payment includes payment for death, injury or medical treatment and mature payment. Payment for death, injury or medical treatment refers to the money paid to the insurant (or the beneficiary) in accordance with the life or health insurance contract when the insurant encounters accidents within the insured period covered in the contract. Mature payment refers to the mature payment to thc insurant in accordance with the life insurance contract at the end of the insured period.

Basic Endowment Insurance

Number of people participating in the insurance program: by the end of reference period, number of staff and workers participating in the insurance program in line with national laws, regulations and related policies, including those who can not make regular payment or interrupt payment but not terminate the insurance program.

Basic Medical Care Insurance:

Number of people participated in the insurance program: refer to number of people participated in the basic medical care insurance program according to related regulation by the end of reference period, including: number of staff and workers and retired persons participated in this insurance program.

Unemployment Insurance

Number of people participated in unemployment insurance program: number of staff and workers in urban enterprises or institutions and other people according to local government regulations participated in unemployment insurance program in line with national law, regulations and related policies by the end of the reference period.

第十一篇　农业

Chapter 11　Agriculture

资料整理：吴新榕 林卿 周万春

Database Editor: Wuxinrong Linqing Zhouwanchun

简 要 说 明

本篇资料的主要内容及来源

本篇资料反映了全省农业生产和农村经济的基本情况，主要包括农林牧渔业总产值、增加值，农村劳动力，主要农产品产量，农业机械年末拥有量，农村电气化以及农田水利建设等方面的统计资料。

本篇资料的统计范围包括省内所属的各种经济类型、各个系统的全部农林牧渔业生产单位以及各非农行业附属的农林牧渔业生产活动单位。军委系统的农业生产（除军马外）也包括在内，但不包括农业科学试验机构进行的农业生产。

本篇资料中 2003 年及以后年份的农林牧渔业总产值、增加值按新口径计算。即取消农业中种植业和其他农业的分类，将原属于其他农业的农民家庭兼营商品性工业剔除，作为附记指标统计；林业中竹木采运统计范围由村及村以下改为全社会；增加农林牧渔服务业统计;2010 年起执行 2010《统计用品分类目录》，坚果类划归农业，采集野生植物划归林业。2002-2007 年主要农产品的生产情况以及农林牧渔业产值等数据，以全省第二次农业普查数据为基础，进行了调整和衔接。

本篇资料来源于农村综合统计年报，由省统计局农村统计处整理提供。

Brief Introduction

Main Content and Source of Data

Data in this chapter show the basic conditions of agricultural production and rural economy, mainly including agricultural output, value added, rural labor force, output of main agricultural produces, cultivated land, agricultural machinery and basic construction on irrigation and drainage.

The coverage of the comprehensive statistical reporting includes all productive units of farming, forestry, animal husbandry and fishery and those related non agricultural affiliated units with various ownership and the activities of horse raising for military purpose and those undertaken by agricultural research institutions are excluded.

Since 2003, data on the gross output value and value added have been calculated under the new classification of economic activities. Crop plantation and other agricultural activities have been excluded according to the classification. Value of industrial output by rural households is not included in agriculture and used only as supplementary indicators. Since 2010, we carry out the product of category statistics,nut fruits belongs to farming and collection of wild plants belongs to forestry. Transport of bamboo and timber cover all the units related. Services to farming, forestry, animal husbandry are included in farming In order to be comparable; data on Farming, Forestry, Animal Husbandry and Fishery in from 2002 to 2007 have been adjusted according to the data obtained from the Second National Agricultural Census.

Data in this chapter are based on the statistical reporting summary tables and are prepared and compiled by the Division of Countryside Statistics of Fujian Provincial Bureau of Statistics.

11-1 农村基层组织和劳动力情况

Basic Rural Units and Resource of Rural Labour

项目 Item	2000	2005	2010	2015	2016
农村基层组织情况 Basic Rural Units					
乡(镇)政府（个） Township and Town Governments(unit)	942	934	929	927	927
乡政府 Township Governments	365	341	334	296	287
镇政府 Town Governments	577	593	595	631	640
村民委员会（个） Villagers' Committees(unit)	14988	14630	14434	14401	14377
自来水受益村数（个） Number of Villages which have Running Water(unit)	8341	9589	12592	13533	13581
通有线电视村数（个） Number of Villages Where TV can used(unit)				13634	13660
通宽带村数（个） Number of Villages Where Network can used(unit)				14146	14141
农村劳动力资源情况 Resource of Rural Labour					
乡村劳动力资源总数（万人） Amount Resource of Rural Labour (10000 persons)	**1367.65**	**1490.55**	**1579.32**	**1654.76**	**1658.62**
乡村从业人员（万人） Actural Employment in Rural (10000 persons)	**1253.46**	**1320.51**	**1395.81**	**1438.83**	**1436.48**
按性别分 By Male					
男 Male	674.32	712.20	752.57	772.45	771.53
女 Female	579.15	608.31	643.23	666.39	664.95
#农林牧渔业从业人员 Employment of Farming, Forestry, Animal Husbandy and Fishery	778.07	699.67	623.73	599.31	598.70

11-2 农业机械化情况

Statistics on Agriculture Machinery

项目 Item	2000	2005	2010	2015	2016
农业机械动力（万千瓦） Total Agricultural Machinery(10000kw)	**873.28**	**999.99**	**1206.16**	**1384.13**	**1269.09**
柴油发动机 Diesel Engines	700.59	810.27	891.66	961.36	833.86
汽油发动机 Petrol Engines	38.46	37.47	64.01	123.77	136.49
电动机 Electric Engines	133.85	152.25	250.47	298.67	298.65
其它机械 Other	0.38		0.03	0.32	0.09
农业机械化拥有量情况 Major Agricultural Machinery and Equipment					
大中型拖拉机（台） Large and Medium Tractors(set)	1897	1409	2603	3868	4834
大中型拖拉机动力（万千瓦） Capacity(10000kw)	6.50	5.10	10.46	17.01	20.54
小型拖拉机（台） Mini-tractors(set)	153250	98806	107739	97973	97727
小型拖拉机动力（万千瓦） Capacity(10000kw)	158.70	94.01	107.02	106.01	103.74
大中型拖拉机配套农具（台） Number of Large and Medium Tractor Towing Farm Machinery(set)	435	406	2674	5105	5901
小型拖拉机配套农具（台） Number of Mini-Tractor Towing Farm Machinery(set)	58986	69970	115384	133520	136918
农用排灌电动机（台） Agricultural Electromotors(set)	31845	60351	55714	71299	72399
农用排灌电动机动力（万千瓦） Capacity(10000kw)	27.80	41.96	36.42	41.00	39.78
农用排灌柴油机（台） Agricultural Diesel Engines(set)	59150	81036	94944	101600	101049
农用排灌柴油机动力（万千瓦） Capacity(10000kw)	41.40	49.45	59.18	62.78	66.75
联合收割机（台） Combine Harvesters(set)	577	1253	4411	8275	9090
联合收割机动力（万千瓦） Capacity(10000kw)	0.80	3.02	15.48	32.13	35.82
自走式机动割晒机（台） Motorized Autormatic Cutter-rowers(set)		33	566	797	626
自走式机动割晒机动力（万千瓦） Capacity(10000kw)		0.02	0.09	0.12	0.11
机动脱粒机（台） Motorized Threshing Machines(set)	46512	59932	93484	108401	100445
养殖渔船（艘） Breeding Fishing Boats(set)				23389	23079
捕捞渔船（艘） Fishing Boats(set)				33853	32159
机电井（眼） Electrical Wells(set)	14781	15794	17866	316231	316008
农用水泵（台） Farm Water Pump(set)	71404	123181	150632	197385	196714
节水灌溉类机械（套） Water Saving Irrigation Machines(set)		8351	11608	21267	23036

11-3 主要年份农业生产条件

Agricultural Production Basic Conditions in Selected Years

年份 Year	农业机械动力（万千瓦） Total Power of Agricultural Machinery (10000 kw)	有效灌溉面积（千公顷） Irrigated Area (1000 hectare)	化肥施用量（吨） Consumption of Chemical Fertilizers (ton)	农药使用量（吨） Consumption of Chemical Pesticides (ton)	农村用电量（万千瓦小时） Electricity Consumed in Rural Area(10000 kwh)	农用塑料薄膜使用量（吨） Plastic Film Use for Agriculture (ton)
1952	0.25	643.33	7000			
1957	1.97	774.00	20300			
1962	6.83	950.00	24300			
1965	15.07	1066.67	80800		3900	
1970	34.64	852.00	105800		9800	
1975	87.83	904.21	118600		32239	
1978	167.72	862.55	212800		48946	
1979	204.60	878.63	295075		57597	
1980	240.19	933.07	369918		64315	
1981	271.27	836.05	389908		71252	
1982	310.76	812.62	455196		79882	
1983	323.99	822.90	475615		80056	
1984	344.42	804.22	502265		89244	
1985	374.85	925.00	491010		112380	
1986	455.77	917.62	572200		146500	
1987	508.10	921.66	624300		140600	
1988	546.94	924.00	670606		165286	
1989	574.17	910.61	749095		200384	
1990	587.09	933.63	763900	30400	203900	7200
1991	614.44	939.67	807194	34082	233902	10996
1992	645.62	943.87	930581	34769	269194	10510
1993	693.50	945.20	922399	37305	291718	13371
1994	729.70	937.57	1014537	42236	360372	17229
1995	757.25	936.52	1049699	48000	456814	18423
1996	786.49	935.18	1109907	55161	500352	25467
1997	792.42	933.66	1164151	52281	578096	21455
1998	818.42	931.88	1180778	50298	609966	19246
1999	838.71	932.23	1243322	56387	650923	19589
2000	873.28	940.18	1233311	51777	724290	21152
2001	889.59	942.35	1173704	52841	868090	22697
2002	915.84	938.80	1199068	55313	1065019	25553
2003	951.91	939.95	1202870	55266	1184550	26491
2004	980.99	941.45	1216646	53503	1375738	29538
2005	999.99	949.71	1220157	56044	1605843	36023
2006	1027.83	950.48	1209000	56498	1720000	48452
2007	1063.08	952.91	1196930	56951	1834388	60881
2008	1112.47	955.45	1186741	57500	2096791	61800
2009	1175.01	960.12	1206801	57844	2300894	58350
2010	1206.16	964.77	1210372	58238	2574895	57053
2011	1250.81	967.48	1209317	58276	2705792	57814
2012	1286.80	1120.98	1208660	57846	3128548	58692
2013	1336.76	1122.42	1205733	57804	3466813	59154
2014	1368.41	1118.78	1226138	56391	3676659	60932
2015	1384.13	1061.65	1238017	55770	3810646	62067
2016	1269.09	1055.37	1238417	55387	3844476	62424

11-4 农业基础设施

Agricultural Fundamental Facilities

项目　Item	2000	2005	2010	2015	2016
1.农业机械使用 Use of Motorized Cultivation					
机耕地面积（千公顷） Cultivated Areas by Tractors(1000 hectare)	405.49	421.85	908.68	1071.79	1130.60
机械播种面积（千公顷） Sown Area by Machinery(1000 hectare)	1.95	0.75	25.77	135.50	147.78
机械收获面积（千公顷） Cut Area by Machinery(1000 hectare)	18.48	64.25	222.74	398.73	440.27
2.化肥施用量（万吨） Consumption of Chemical Fertilizer(10000 tons)					
按折纯量计算 By Pure	123.33	122.02	121.04	123.80	123.84
氮肥 Nitrogenous Fertilizer	55.66	51.29	47.74	47.64	47.53
磷肥 Phosphate Fertilizer	16.83	16.48	17.06	17.72	17.70
钾肥 Potash Fertilizer	23.78	24.41	24.67	24.86	24.83
复合肥 Compound Fertilizer	27.07	29.84	31.56	33.58	33.79
3.农用塑料薄膜使用量（万吨） Consumption of Agricultural Plastic Film(10000 tons)	**2.12**	**3.60**	**5.71**	**6.21**	**6.24**
#地膜使用量 Consumption of Agricultural Plastic Film	0.98	1.65	2.66	3.08	3.15
4.农用柴油使用量（万吨） Consumption of Agricultural Diesel(10000 tons)	**47.95**	**74.19**	**83.17**	**86.23**	**86.30**

11-5 主要年份农作物播种面积

Total Sown Areas of Farm Crops in Selected Years

单位：千公顷 (1000 hectares)

年份 Year	合计 Total	粮食作物 Grain Crops	#谷物 Cereal	#稻谷 Rice	非粮作物 Non-grain Crops	#油料作物 Oil-Bearing Crops
1952	2109.80	1938.87	1537.27	1431.07	170.93	93.81
1957	2377.67	2148.73	1646.67	1474.49	228.94	106.71
1962	2061.27	1897.60	1448.87	1303.49	163.67	74.26
1965	1976.27	1726.13	1425.40	1316.40	250.14	79.60
1970	2350.53	2000.47	1611.61	1477.67	350.06	
1975	2756.40	2290.87	1892.23	1715.40	465.53	106.08
1978	2701.05	2213.13	1879.52	1689.13	487.92	108.39
1979	2662.27	2149.54	1843.79	1670.13	512.73	126.43
1980	2573.93	2175.55	1800.39	1673.87	398.38	130.30
1981	2526.59	2137.51	1782.74	1650.77	389.08	135.65
1982	2469.47	2083.54	1729.99	1613.19	385.93	135.24
1983	2428.38	2008.99	1738.06	1617.99	419.39	108.36
1984	2386.71	2017.04	1686.64	1587.18	369.67	102.50
1985	2335.71	1888.49	1568.08	1477.22	447.22	105.71
1986	2401.03	1897.72	1602.25	1484.61	503.31	107.76
1987	2543.93	1961.53	1653.20	1493.69	582.40	119.54
1988	2588.62	1961.95	1606.84	1483.25	626.67	113.09
1989	2656.64	2045.34	1647.45	1509.22	611.30	109.20
1990	2745.92	2080.57	1657.72	1512.30	665.35	111.69
1991	2826.85	2087.23	1641.69	1492.51	739.62	115.11
1992	2881.05	2085.05	1628.47	1476.97	796.00	116.76
1993	2786.95	1967.21	1502.76	1383.12	819.74	114.22
1994	2800.97	2002.25	1512.07	1402.60	798.72	114.36
1995	2835.09	2017.35	1510.46	1406.25	817.74	118.19
1996	2900.75	2031.85	1507.09	1405.19	868.90	121.62
1997	2943.63	2041.29	1501.25	1401.53	902.34	119.56
1998	2918.81	2028.64	1484.80	1387.95	890.17	119.81
1999	2915.41	2009.52	1466.49	1373.21	905.89	121.62
2000	2793.25	1828.51	1303.21	1222.31	964.74	125.04
2001	2713.07	1725.72	1227.13	1156.57	987.35	123.65
2002	2661.37	1630.28	1146.67	1082.98	1031.09	121.87
2003	2486.90	1424.40	1016.87	957.88	1062.50	123.48
2004	2457.12	1389.77	1036.27	975.54	1067.36	125.10
2005	2392.92	1308.41	1003.53	937.78	1084.52	122.40
2006	2236.35	1226.94	932.99	890.64	1009.42	105.88
2007	2191.18	1201.05	911.88	868.69	990.13	101.54
2008	2220.68	1210.27	906.86	861.22	1010.41	107.36
2009	2258.01	1231.01	911.04	864.60	1027.00	110.42
2010	2270.89	1232.30	903.09	854.82	1038.59	111.66
2011	2285.80	1226.79	895.05	845.34	1059.02	112.54
2012	2281.64	1201.13	880.21	827.60	1080.51	113.56
2013	2317.05	1202.05	872.36	817.52	1115.00	115.20
2014	2335.48	1197.75	860.96	839.49	1137.73	117.11
2015	2367.01	1193.22	849.28	788.96	1173.79	119.00
2016	2366.42	1176.73	829.80	769.39	1189.69	120.05

11-6 粮食作物播种面积
Sown Areas of Grain Crops

单位：千公顷 (1000 hectares)

项目	Item	2000	2005	2010	2015	2016
总 计	**Total**	**1828.51**	**1308.41**	**1232.30**	**1193.22**	**1176.73**
按收获季节分	By Harvest Season					
春收粮食	Spring Harvest	163.24	101.51	86.25	92.95	94.55
夏收粮食	Summer Harvest	509.57	322.23	275.68	260.30	250.46
秋收粮食	Autumn Harvest	1155.70	884.67	870.38	840.13	831.72
按品种分	By Crop					
稻谷	Rice					
早稻	Early Rice	414.30	267.94	208.01	180.09	169.57
中稻	Middle Rice	393.59	295.91	310.03	304.57	301.71
晚稻	Late Rice	414.41	373.92	336.78	304.30	298.10
大小麦	Barley and Wheat	51.13	6.78	4.58	2.53	2.40
#小麦	Wheat	38.68	5.34	3.59	2.09	1.95
甘薯	Sweet Potato	280.73	215.68	177.76	173.79	174.07
马铃薯	Potato	88.56	79.01	73.61	82.54	84.21
杂粮	Food Grains other than Wheat and Rice	47.03	40.41	43.69	57.79	58.01
大豆	Soybean	105.38	77.85	61.12	68.41	69.18
杂豆	Sundry Soybean	33.37	24.86	16.73	19.20	19.48

11-7 非粮作物播种面积
Sown Areas of Non-grain Crops

单位：千公顷 (1000 hectares)

项目	Item	2000	2005	2010	2015	2016
总计	**Total**	**964.74**	**1084.52**	**1038.59**	**1173.79**	**1189.69**
#油料	Oil-bearing Crops	125.04	122.40	111.66	119.00	120.05
#花生	Peanuts	106.05	107.16	99.06	104.81	105.69
油菜籽	Rape Seeds	17.40	13.76	11.23	12.73	12.93
芝麻	Sesame	1.41	1.25	1.27	1.35	1.35
甘蔗	Sugercane and Fruitcane	14.40	14.93	9.85	7.50	6.79
麻类	Fiber Crops	0.33	0.14	0.12	0.12	0.11
烟叶	Tobacco	55.30	66.78	64.85	68.03	68.30
#烤烟	Flue-cured Tobacco	53.72	65.85	64.30	67.44	67.69
莲籽	Lotus Seed	6.70	5.40	5.55	6.65	7.01
蔬菜	Vegetables	538.12	632.05	667.03	755.79	767.39
西瓜	Watermelon	25.41	29.46	28.52	30.46	30.69
绿肥	Green Manure	71.82	43.53	39.25	40.61	40.57
青饲料	Greenfeed	58.24	62.18	54.87	54.23	53.41

11-8 水产品养殖面积

Culture Areas of Aquatic Products

单位：千公顷 (1000 hectares)

项目	Item	2000	2005	2010	2015	2016
总　计	**Total**	**221.46**	**205.62**	**231.47**	**267.95**	**277.08**
海水养殖	Seawter Culturing	130.28	124.01	137.64	166.08	174.55
#滩涂养殖	Beach Culturing	57.64	54.09	55.21	55.81	55.70
淡水养殖	Freshwater Culturing	91.18	81.61	93.83	101.87	102.53
#池塘养殖	Pond Culturing	35.53	32.15	34.36	40.76	41.03
湖泊养殖	Lakes Culturing	0.73	0.97	0.80	0.87	0.90
河沟养殖	Stream Culturing	6.20	5.16	4.91	4.95	5.08
水库养殖	Reservoir Culturing	44.91	40.29	51.63	52.98	53.23

11-9 年末各类园林水果实有面积

Actually Areas of Fruit and Subtropical Plant at the Year-end

单位：公顷 (hectare)

项目	Item	2000	2005	2010	2015	2016
园林水果合计	**Fruits**	**563700**	**550669**	**536152**	**545673**	**541698**
#柑　桔	Citrus	137888	170327	175365	191758	191386
龙　眼	Longan	90809	81605	70205	63890	61743
荔　枝	Lychee	40210	39010	34094	28986	27902
香　蕉	Banana	33017	29792	28892	27508	27422
枇　杷	Loquat	19091	32728	35204	35663	35116
菠　萝	Pineapple	3609	4031	3703	3040	3002
橄　榄	Chinese Olive	13027	9966	10817	10761	10806
柿	Persimmon	29326	27091	24965	24341	25132
桃	Peach	25037	25735	26301	25777	25556
李	Plum	35066	33593	31987	33363	33663
梨	Pear	20921	22956	21940	22134	21925
苹　果	Apple	234	31	15	2	1
葡　萄	Grape	2615	4993	5837	9127	9061
杨　梅	Red Bayberry	13808	15149	17542	19173	18525

11-10 主要年份农林牧渔业总产值和指数

Gross Output Value and Indices of Farming,Forest,Animal Husbandry and Fishery in Selected Years

年份	农林牧渔业总产值（亿元） Gross Output Value(100 million yuan)					农林牧渔业总产值指数（1952年=100） Indices of Gross Output(Year of 1952=100)				
Year	总产值 Total	#农业 Agriculture	#林业 Forestry	#牧业 Animal Husbandry	#渔业 Fishery	总指数 Total	#农业 Agriculture	#林业 Forestry	#牧业 Animal Husbandry	#渔业 Fishing
1952	11.07	8.44	0.65	1.42	0.56	100.0	100.0	100.0	100.0	100.0
1957	17.05	11.32	2.16	2.35	1.22	143.8	126.6	283.6	165.0	189.6
1962	14.81	11.23	0.63	1.75	1.20	93.6	94.5	91.7	69.8	142.2
1965	18.80	13.50	1.23	2.84	1.23	140.4	130.7	188.5	162.6	175.8
1970	21.12	15.49	1.49	2.66	1.48	153.6	147.4	186.8	152.3	213.3
1975	27.06	20.45	1.86	3.24	1.51	181.6	166.0	249.8	209.6	237.0
1978	36.33	28.22	2.31	3.82	1.98	217.3	204.2	280.3	216.8	282.8
1979	43.11	29.29	3.27	7.00	3.55	232.0	214.5	301.1	257.0	304.1
1980	45.49	31.13	3.41	7.38	3.57	244.0	227.8	313.6	260.3	305.7
1981	56.11	37.93	4.62	8.75	4.81	258.2	239.4	366.3	276.5	312.2
1982	63.73	42.74	4.90	10.38	5.71	277.8	257.5	382.4	300.2	343.6
1983	68.08	44.11	5.57	11.48	6.92	292.0	259.8	447.7	339.8	403.8
1984	80.66	50.81	7.07	14.39	8.39	332.6	286.6	593.6	410.9	447.4
1985	99.05	59.34	9.13	19.62	10.96	360.6	302.9	644.5	478.7	515.5
1986	107.07	60.76	10.29	22.02	14.00	368.7	300.3	642.8	529.3	581.8
1987	132.97	72.08	13.57	27.75	19.57	402.1	324.6	703.0	553.0	722.2
1988	182.00	94.08	17.50	39.65	30.77	433.1	341.2	789.5	609.7	826.0
1989	209.92	108.10	18.41	51.95	31.46	461.4	360.9	834.4	646.9	926.3
1990	227.12	118.31	21.54	51.93	35.34	478.9	368.4	911.6	675.4	991.7
1991	253.51	133.34	25.40	54.36	40.40	517.7	398.6	974.0	722.0	1089.9
1992	295.24	150.64	29.21	61.75	53.63	560.7	424.1	1076.1	784.1	1212.8
1993	386.34	190.28	36.39	74.86	84.82	621.8	453.6	1220.0	838.2	1482.3
1994	574.05	260.69	46.95	113.35	153.06	710.1	493.1	1370.9	950.5	1882.9
1995	738.63	340.48	59.24	144.45	194.47	806.7	547.3	1510.7	1062.7	2288.2
1996	850.67	383.18	66.94	165.50	235.05	893.0	599.8	1654.2	1122.2	2613.1
1997	925.56	391.30	75.80	193.66	264.80	1002.8	645.4	1819.6	1268.1	3138.3
1998	973.37	410.96	78.35	200.18	283.78	1064.0	667.3	1874.2	1373.4	3439.6
1999	1010.82	425.19	80.16	201.99	303.48	1132.1	726.7	1932.3	1421.5	3642.5
2000	1037.27	420.98	82.29	208.18	325.82	1167.6	714.3	2046.2	1499.1	3907.6
2001	1061.61	433.25	82.34	215.50	330.52	1213.7	752.0	2021.9	1556.7	4073.3
2002	1125.29	450.75	78.49	213.08	332.92	1256.2	775.3	2064.4	1623.6	4236.2
2003	1170.54	461.72	79.25	234.54	341.40	1284.4	786.8	2095.5	1691.1	4307.6
2004	1315.10	514.53	86.18	284.86	374.26	1326.3	807.9	2217.0	1773.1	4438.7
2005	1373.01	552.74	96.92	266.81	396.78	1368.8	820.7	2383.3	1874.9	4539.3
2006	1449.78	602.00	105.78	266.75	410.75	1389.6	833.0	2500.1	1891.7	4554.2
2007	1692.16	685.34	120.72	340.27	474.32	1448.4	881.8	2663.8	1822.6	4835.7
2008	1965.02	763.02	149.76	425.68	549.35	1524.4	922.1	2880.1	1907.1	5136.8
2009	2001.24	826.22	162.20	366.91	565.58	1600.0	966.9	3074.7	1963.2	5446.2
2010	2307.06	976.58	189.35	380.28	674.18	1656.0	992.5	3297.5	2010.2	5677.5
2011	2730.94	1136.18	237.70	479.20	782.64	1723.8	1039.2	3528.5	2055.7	5870.8
2012	3007.40	1263.71	256.45	481.28	903.36	1798.8	1080.2	3638.2	2163.9	6142.6
2013	3281.96	1376.30	293.83	513.76	986.28	1879.4	1124.2	3837.9	2249.4	6440.3
2014	3522.31	1529.57	323.25	522.89	1025.19	1964.9	1174.2	4049.7	2284.1	6810.4
2015	3717.87	1618.59	314.28	571.27	1082.31	2042.4	1227.5	4214.3	2255.6	7175.9
2016	4155.68	1782.01	315.14	681.68	1235.48	2119.0	1264.9	4384.2	2333.4	7507.9

注：1.2003年起采用国民经济行业分类GB/T 4754-2002，其他年份均采用GB/T 4754-94。2.2002-2007年数据根据2006年农普结果进行了调整。

Note: a)The data from 2003 are adopted the national economic classified standard of GB/T 4754-2002, others are adopted GB/T 4754-94. b) The data from 2002 to 2007 are adjusted according to the result of Agriculture census in 2006.

11-11 农林牧渔业分类产值和增速

Gross Output Value of and Ratio Farming,Forestry,Animal Husbandry and Fishery by Item

单位：万元 (10000 yuan)

项目	Item	数值（万元） Value(10000 yuan)			比上年增长(%) Ratio(%)		
		2014	2015	2016	2014	2015	2016
农林牧渔业总产值	**Total**	**35223053**	**37178711**	**41556808**	**4.5**	**3.9**	**3.7**
农业产值	**Agriculture**	**15295705**	**16185930**	**17820113**	**4.5**	**4.5**	**3.0**
谷物及其他作物	Cereal and Others	3238068	3402935	3356842	-0.2	0.6	-3.9
谷物	Cereal	1574671	1623799	1569437			
薯类	Sweet Potato	527080	502128	550565			
油料	Oil-bearing Crops	256128	357837	292298			
豆类	Bean	138185	151240	159910			
棉花	Cotton	117	103	98			
麻类	Fiber Crops	206	204	204			
糖料	Sugar	62571	61947	47611			
烟草	Tobacco	388913	417076	445215			
其他农作物	Other Crops	290197	288601	291504			
蔬菜、食用菌及花卉盆景园艺作物	Vegetable、Edible Fungus and Gardening Crops	7112306	7657832	8701199	4.7	3.9	6.7
#蔬菜	Vegetable	4483756	4849579	5787035			
食用菌	Edible Fungus	1705868	1795339	1898814			
花卉	Flower	585054	741754	736906			
水果、坚果、茶、饮料和香料作物	Fruit、Tea、Drink and Perfume Crops	4678862	4806490	5207190	6.5	7.1	0.6
#水果	Fruit	2492796	2655068	2905674			
园林水果	Gardening Fruit	2315883	2486669	2703511			
果用瓜	Fruited Melon	176914	168399	202164			
茶叶	Tea	2083475	2042461	2198365			
香料作物	Perfume Crops	1878	2906	2621			
中草药材	Traditional Chinese Medicine Materials	266469	318673	554882	27.0	23.6	27.1
林业产值	**Forestry**	**3232506**	**3142803**	**3151394**	**5.5**	**4.1**	**4.0**
林木的培育和种植	Breeding and Planting of Forest	299352	307865	316358	-17.3	5.3	-0.2
木竹采运	Cutting and Transport of Bamboo and Trees	1549227	1496610	1421809	10.3	2.6	-1.3
#村及村以下	Rural and under Rural	970521	953922	184902			
林产品	Forest Products	1383928	1338329	1413227	6.0	5.4	10.9
牧业产值	**Animal Husbandry**	**5228944**	**5712734**	**6816780**	**1.5**	**-1.2**	**3.4**
牲畜饲养	Livestock Raising	513123	614698	632811	6.2	10.9	1.8
牛	Cow	202752	264567	276776			
羊	Sheep	196928	207904	224805			
奶类	Dairy	113443	142226	131230			
#牛奶	Milk	105399	133248	122743			
猪的饲养	Hogs Raising	2936107	2843381	3515059	-4.3	-14.2	0.7
家禽饲养	Poultry Raising	1493779	1949128	2361833	15.2	20.2	9.1
肉禽	Meat Poultry	1234948	1703597	2100751			
禽蛋	Poultry Eggs	258831	245531	261083			
捕猎野兽、野禽	Hunting Animals	33690	35217	37273	0.3	4.1	2.7
其他畜牧业	Other Poultry Products	252244	270310	269803	6.7	4.3	-2.7
渔业产值	**Fishery**	**10251946**	**10823129**	**12354827**	**5.7**	**5.4**	**4.6**
海水产品	Seawater Products	8291407	8879843	10271416	6.0	5.4	3.9
淡水产品	Freshwate Products	1960539	1943285	2083411	4.6	5.2	8.0
农林牧渔服务业产值	**Services of Agriculture , Forestry ,Animal Husbandry and Fishery**	**1213952**	**1314114**	**1413695**	**6.5**	**6.5**	**5.8**

11-12 主要年份主要农业产品产量

Output of Major Farm Products in Selected Years

单位：万吨 (10000 tons)

年份 Year	粮食 Grain	油料 Oil- bearing Crops	蔬菜 Vegetable	园林水果 Fruits
1952	372.00	9.89		6.01
1957	444.00	9.42		11.77
1962	358.50	6.46		4.64
1965	455.50	8.03		8.26
1970	566.50	11.14		11.04
1975	640.50	13.56		9.01
1978	744.90	13.80		10.10
1980	801.90	13.48		12.66
1986	751.49	17.18		34.72
1987	839.26	17.48		45.68
1988	837.43	14.89		53.54
1989	884.57	16.20		69.90
1990	879.64	17.66		75.78
1991	889.65	15.64		110.53
1992	897.08	19.90		117.18
1993	869.00	20.66		153.75
1994	887.40	21.60		198.13
1995	919.93	23.28		239.33
1996	952.20	22.99		283.81
1997	961.78	24.36		334.34
1998	958.11	24.62		343.04
1999	942.17	25.81		394.10
2000	854.68	25.79	1161.11	356.44
2001	817.28	26.08	1099.96	401.19
2002	763.23	25.86	1233.77	424.93
2003	695.04	26.03	1289.23	441.68
2004	699.50	27.82	1317.83	468.90
2005	662.04	27.42	1346.66	479.36
2006	632.90	23.63	1358.16	495.40
2007	635.06	23.30	1376.10	517.29
2008	652.21	25.40	1409.15	553.37
2009	666.88	26.27	1449.30	564.08
2010	661.89	26.64	1487.34	564.48
2011	672.80	27.46	1541.42	605.93
2012	659.30	28.07	1586.14	625.82
2013	664.36	28.83	1633.72	658.54
2014	667.03	29.82	1697.10	701.72
2015	661.10	30.67	1790.37	744.79
2016	650.87	31.03	1833.43	761.60

11-13 主要年份粮食总产量及单产
Gross Output and Output Per Mu of Grain in Selected Years

年份	粮食总产量（万吨） Total Output of Grain(10000 tons)		粮食单产（公斤/亩） Output of Grain Rice per Mu(kg/mu)	
Year	产量 Value	#稻谷 Rice	产量 Value	#稻谷 Rice
1952	372.00	281.00	128	131
1957	444.00	328.50	138	149
1962	358.50	268.50	126	138
1965	455.50	355.00	176	180
1970	566.50	452.50	189	204
1975	640.50	511.00	186	199
1978	744.90	618.69	219	240
1980	801.90	669.25	246	267
1986	751.49	654.95	264	294
1987	839.26	715.80	285	319
1988	837.43	687.74	278	322
1989	884.57	744.36	288	338
1990	879.64	731.24	282	322
1991	889.65	725.66	284	324
1992	897.08	732.96	287	331
1993	869.00	694.47	295	335
1994	887.40	699.17	296	332
1995	919.93	724.92	304	344
1996	952.20	743.34	312	353
1997	961.78	739.24	314	352
1998	958.11	728.81	315	350
1999	942.17	712.28	313	346
2000	854.68	632.75	312	345
2001	817.28	606.80	316	350
2002	763.23	557.52	312	367
2003	695.04	520.89	322	363
2004	699.50	540.32	328	369
2005	662.04	518.91	326	372
2006	632.90	499.00	344	374
2007	635.06	501.00	352	384
2008	652.21	508.81	362	394
2009	666.88	515.33	361	397
2010	661.89	507.94	358	396
2011	672.80	514.15	366	405
2012	659.30	503.78	366	406
2013	664.36	502.02	368	409
2014	667.03	497.06	371	390
2015	661.10	485.03	369	410
2016	650.87	471.47	369	409

注：1988年起粮食总产量及单产中稻谷部分为抽样调查数据。
Note:Total Output of grain and Output of grain Per Mu since 1988 are from the sample survey ,similarly in following tables.

11-14 主要年份非粮作物总产量及单位播种面积产量

Gross Output and Output per Mu of Non-grain Crops in Selected Years

年份 Year	总产量（万吨）Total Output(10000 tons)				单产（公斤/亩）Output of per(kg/mu)			
	油料 Oil-bearing Grops	花生 Peanuts	甘蔗 Sugarcane and Fruit Cane	烤烟 Flue-cured Tobacco	油料 Oil-bearing Grops	花生 Peanuts	甘蔗 Sugarcane and Fruit Cane	烤烟 Flue-cured Tobacco
1952	9.89	9.15	71.26	0.10	70	84	2620	40
1957	9.42	8.64	123.57	0.14	59	78	3325	60
1962	6.46	6.05	41.55	0.12	58	72	1721	43
1965	8.03	7.51	130.35	0.27	67	80	3656	97
1970	11.14	10.60	125.48	0.45	91	106	3244	78
1975	13.56	12.56	120.83	0.85	85	111	2868	66
1978	13.80	12.68	288.03	1.23	85	110	4500	74
1980	13.48	11.17	351.21	1.30	69	92	4985	79
1985	17.39	16.34	536.67	3.40	110	126	4882	82
1986	17.18	16.20	472.90	2.38	106	121	4593	79
1987	17.48	16.32	413.46	2.61	97	119	4735	80
1988	14.89	13.53	387.37	3.59	88	101	4586	73
1989	16.20	14.83	338.67	3.59	99	113	4570	76
1990	17.66	16.05	344.28	4.26	105	121	4595	82
1991	15.64	13.64	385.43	5.48	91	101	4813	87
1992	19.90	17.91	364.85	8.59	114	132	4803	93
1993	20.66	19.03	279.34	12.43	121	135	4625	89
1994	21.60	20.08	276.77	6.06	126	139	4602	87
1995	23.28	21.35	248.60	5.72	131	146	4416	94
1996	22.99	20.91	253.94	7.56	126	140	4467	102
1997	24.36	22.25	249.90	12.32	136	150	4568	110
1998	24.62	22.64	219.33	7.18	137	151	4461	106
1999	25.81	23.69	138.76	8.57	142	155	4153	112
2000	25.79	23.82	82.71	9.14	138	150	3830	113
2001	26.08	24.17	95.54	9.87	141	152	4116	115
2002	25.86	24.05	117.91	10.72	141	151	4258	112
2003	26.03	24.25	118.12	10.13	141	149	4316	115
2004	27.82	25.88	101.57	11.31	148	157	4260	122
2005	27.42	25.47	93.33	11.51	149	158	4169	117
2006	23.63	25.01	58.10	12.20	148	157	4127	124
2007	23.30	21.91	56.36	12.39	153	161	4122	132
2008	25.40	23.95	70.90	13.85	158	166	4416	138
2009	26.27	24.62	65.85	14.46	159	167	4282	141
2010	26.64	25.03	61.55	12.45	159	168	4166	129
2011	27.46	25.70	55.97	14.22	163	172	4060	141
2012	28.07	26.22	56.47	14.71	165	174	4044	141
2013	28.83	26.88	58.62	16.14	167	176	4077	143
2014	29.82	27.80	53.12	15.38	170	180	4126	144
2015	30.67	28.60	43.57	14.35	172	182	3873	142
2016	31.03	28.88	37.02	14.33	172	182	3636	141

11-15 各类粮食产量

Output of Grain by Sort

单位: 万吨 (10000 tons)

项目	Item	2000	2005	2010	2014	2015	2016
合　计	**Total**	**854.68**	**662.04**	**661.89**	**667.03**	**661.10**	**650.87**
按收获季节分	**By Harvest Season**						
春收粮食	Spring Harvest	51.24	35.46	31.66	36.54	37.92	38.63
夏收粮食	Summer Harvest	229.86	158.45	140.71	139.55	136.14	129.83
秋收粮食	Autumn Harvest	573.58	468.12	489.52	490.94	487.04	482.41
按品种分	**By Crop**						
稻谷	Rice	632.75	518.91	507.94	497.06	485.03	471.47
早稻	Early Rice	206.63	146.33	120.29	113.90	109.13	102.19
中稻	Middle Rice	221.96	173.12	192.87	194.15	190.41	188.16
晚稻	Late Rice	204.16	199.46	194.78	189.01	185.49	181.11
大小麦	Barley and Wheat	14.29	2.40	1.30	0.86	0.75	0.70
#小麦	Wheat	11.01	1.95	1.02	0.68	0.61	0.55
甘薯	Sweet Potato	136.81	88.20	90.90	92.98	94.93	96.54
马铃薯	Potato	29.04	25.55	26.47	32.01	33.46	34.28
杂粮	Food Grains other than Wheat and Rice	14.22	10.22	16.60	21.82	23.65	23.89
豆类	Bean						
大豆	Soybean	20.48	12.38	14.45	17.20	17.92	18.45
杂豆	Sundry Soybean	7.09	4.38	4.23	5.11	5.36	5.55

注：2004年之前中稻含一季晚稻，晚稻为双季晚稻。
Note:The data of middle rice before 2004 include one crop late rice,that of late rice include two crops.

11-16 非粮作物产量

Output of Non-grain Crops

单位: 吨 (ton)

项目	Item	2000	2005	2010	2015	2016
蔬菜	Vegetables	11611096	13466611	14873438	17903729	18334274
油菜籽	Rape Seeds	18404	18007	14521	18825	19470
芝麻	Sesame	1120	1242	1508	1757	1774
黄(红)麻	Jute and Ambary Hemp	462	251	267	273	243
苎麻	Ramie	300	109	83	63	63
烟叶	Tobacco	93996	116643	125646	144874	144786
莲籽	Lotus Seed	4678	5638	6397	9640	10420
西瓜	Watermelon	533486	658063	639450	756997	770803

11-17 主要年份茶叶园林水果实有面积及产量

Actual Areas and Output of Tea and Fruits in Selected Years

年份 Year	茶叶 Tea		园林水果 Fruit	
	面积（千公顷） Areas(1000 hectare)	产量（万吨） Output(10000 tons)	面积（千公顷） Areas(1000 hectare)	产量（万吨） Output(10000 tons)
1952	23.16	0.49	12.10	6.01
1957	35.37	0.69	25.20	11.77
1962	31.04	0.43	31.57	4.64
1965	36.40	0.56	40.98	8.26
1970	51.93	1.05	40.33	11.04
1975	70.49	1.67	57.52	9.01
1978	94.15	2.03	70.84	10.10
1980	109.87	2.58	83.07	12.66
1986	119.85	4.42	183.43	34.72
1987	122.52	4.99	227.89	45.68
1988	120.33	5.54	250.65	53.54
1989	118.55	5.52	278.33	69.90
1990	116.74	5.82	298.40	75.78
1991	119.44	6.53	355.24	110.53
1992	125.22	7.05	415.79	117.18
1993	130.74	7.70	459.18	153.75
1994	133.53	8.24	504.76	198.13
1995	132.04	9.45	532.37	239.33
1996	130.41	10.18	556.55	283.81
1997	126.62	10.99	576.28	334.34
1998	124.23	11.89	568.60	343.04
1999	128.91	12.35	567.08	394.10
2000	129.21	12.60	563.70	356.44
2001	130.65	13.39	558.19	401.19
2002	133.35	14.33	553.81	424.93
2003	138.58	15.02	554.43	441.68
2004	145.06	16.44	547.65	468.90
2005	155.23	18.48	550.67	479.36
2006	159.82	20.01	542.08	495.40
2007	169.76	22.39	536.43	517.29
2008	189.07	24.73	541.43	553.37
2009	194.84	26.57	538.04	564.08
2010	201.20	27.26	536.15	564.48
2011	211.34	29.60	531.18	605.93
2012	221.46	32.10	534.93	625.82
2013	232.29	34.70	539.20	658.54
2014	242.93	37.21	541.91	701.72
2015	250.12	40.23	545.67	744.79
2016	251.32	42.68	541.70	761.60

11-18 各类茶叶 园林水果 食用菌产量

Output of Tea, Fruits and Edible Fungus by Sort

单位：吨 (ton)

项目	Item	2000	2005	2010	2015	2016
茶叶	**Tea**	**126000**	**184800**	**272616**	**402328**	**426834**
#红茶	Black Tea	1615	1652	13473	47419	49947
绿茶	Green Tea	72431	88923	102438	121239	129962
青茶	Wulong Tea	50685	85924	147789	215753	228256
园林水果	**Fruit**	**3564400**	**4793600**	**5644800**	**7447893**	**7616014**
#柑桔	Critrus	1306027	2153154	2722988	3662541	3789023
龙眼	Longyan	104068	216452	241138	316542	305709
荔枝	Lychee	79580	160289	147281	193948	181614
香蕉	Banana	746454	855398	882087	950147	965917
枇杷	Loquat	54268	112596	222273	272248	235781
菠萝	Pineapple	30267	37731	39348	40750	42678
橄榄	Chinese Olive	24009	33714	54931	88601	91794
柿	Persimmon	99896	160475	141094	217964	235068
桃	Peach	143377	199653	222371	285336	293544
李	Plum	179121	243224	232943	343091	354713
梨	Pear	96394	147755	185345	233874	240945
苹果	Apple	380	198	309	13	12
葡萄	Grape	38702	59066	100171	168715	177783
杨梅	Red Bayberry	42734	63235	99003	126472	130270
食用菌	**Edible Fungus**	**462484**	**559993**	**762663**	**1131974**	**1181884**
#蘑菇	Mushroom	272106	283828	341758	427667	432938
香菇	Xianggu Mushroom	88292	77680	92345	116731	120320
白木耳	Tremella	12401	16508	30589	42707	44704
黑木耳	Black Tremella	29105	28009	35491	56208	58893

11-19 主要年份林业牧业水产品产量

Output of Forestry,Animal Husbandry and Fishery in Selected Years

年份 Year	造林面积（千公顷） Afforested Areas (1000 hectare)	肉类总产量(万吨） Output of Pork Beef and Mutton (10000 tons)	猪出栏数（万头） Number of Slaughtered Fattened Hogs(10000 heads)	奶类产量（万吨） Milk (10000 tons)	水产品产量（万吨） Output of Aquatic Products (10000 tons)
1952	34.31				15.93
1957	127.60				28.34
1962	55.89				23.82
1965	172.65				32.55
1970	173.49		219.18		38.75
1975	192.75		336.66	0.61	39.61
1978	194.71		321.86	0.93	54.44
1980	175.13		401.48	1.47	59.80
1985	282.83	49.70	578.09	4.21	100.26
1986	209.67	54.23	617.29	4.60	105.23
1987	166.12	59.32	665.12	5.05	126.22
1988	192.39	65.07	713.40	5.08	132.66
1989	242.94	69.44	750.40	4.82	137.97
1990	303.91	71.83	766.46	4.87	145.59
1991	306.02	75.07	780.72	5.12	166.23
1992	223.03	78.93	820.61	5.72	200.57
1993	63.77	84.10	863.20	5.94	237.04
1994	45.56	92.23	908.78	6.06	278.78
1995	41.74	102.66	1000.84	6.32	317.56
1996	34.45	107.49	1047.48	6.49	358.23
1997	29.99	125.02	1231.98	6.07	429.31
1998	25.12	135.24	1365.13	6.71	475.92
1999	23.93	138.84	1453.38	7.95	502.32
2000	24.50	145.92	1560.81	9.91	527.89
2001	21.01	153.91	1665.55	11.39	542.49
2002	17.49	162.09	1770.33	14.16	558.71
2003	16.72	161.96	1803.61	19.28	553.13
2004	16.31	163.92	1850.65	20.67	551.36
2005	24.22	164.85	1881.92	19.10	542.37
2006	23.18	161.81	1866.14	16.65	523.59
2007	35.45	150.65	1645.94	15.85	532.00
2008	32.81	169.42	1840.13	14.87	554.20
2009	33.26	175.15	1922.93	15.56	569.67
2010	29.87	180.21	1963.31	15.74	587.42
2011	212.72	182.96	1950.43	15.79	603.78
2012	63.06	200.85	2069.05	15.39	628.61
2013	100.18	211.21	2092.05	15.30	658.76
2014	44.34	213.71	1990.47	15.36	695.98
2015	87.11	216.55	1707.76	15.37	733.89
2016	10.30	225.64	1720.52	15.86	767.98

11-20 造林面积

Areas of Afforestation

项目	Item	2000	2005	2010	2014	2015	2016
当年造林面积（千公顷）	**Afforested Area in Current Year(1000 hectare)**	**24.50**	**24.22**	**29.87**	**44.34**	**87.11**	**10.30**
#用材林	Commercial Forest	8.07	15.20	15.34	28.98	45.81	4.71
经济林	Economic Forest	6.47	3.14	3.35	7.52	32.47	3.80
防护林	Shelter Forest	8.04	5.66	11.15	5.68	7.25	1.54
薪炭林	Fuel Forest	1.90	0.19	0.03			0.07
迹地更新面积（千公顷）	**Areas of Slash Reforestation (1000 hectare)**	**54.91**	**80.59**	**103.83**	**31.91**	**53.58**	**56.90**
零星植树(万株)	**Fragmentary Forest (10000 plants)**	**3559.00**	**1745.14**	**1806.89**	**3538.26**	**2845.61**	**3903.96**
封山育林面积（千公顷）	**Areas of Afforestation in Hill (1000 hectare)**	**1060.37**	**412.41**	**419.34**	**696.13**	**522.03**	**543.59**
育苗面积(千公顷)	**Areas of Grown Seedings (1000 hectare)**	**0.32**	**0.54**	**1.40**	**7.70**	**8.40**	**8.65**
幼林抚育作业面积(千公顷)	**Areas of Tending Young Forest(1000 hectare)**	**232.00**	**223.00**	**340.22**	**542.61**	**471.45**	**473.38**
成林抚育作业面积(千公顷)	**Areas of Tending Grown Forest(1000 hectare)**	**188.05**	**150.56**	**101.93**	**276.99**	**418.11**	**371.57**

11-21 主要林产品产量

Output of Major Forest Products

项目	Item	2000	2005	2010	2015	2016
木材产量（万立方米）	Output of cut wood（10000 cu.m)	334.90	1446.40	1455.38	1525.92	1493.50
毛竹采伐量（万根）	Mao Bamboo(10000 unit)	15872	15504	26602	46572	48651
篙竹采伐量（万根）	Lofty Bamoo(10000 unit)	6631	10061	14787	24960	40258
油桐籽（吨）	Tung-oil Seeds(ton)	18121	20928	23244	26959	28052
油茶籽（吨）	Tea-oil Seeds(ton)	62983	72597	94815	166949	169008
乌桕籽（吨）	Chinese Tallow Tree Seeds(ton)	121	1145	532	437	427
棕片（吨）	Piece of Palm(ton)	10891	12162	14847	17501	17239
松脂（吨）	Rosin(ton)	72949	72299	87758	105471	106814
笋干（吨）	Dried Bamboo Shoots(ton)	120970	153497	215123	319673	343723
山苍籽（吨）	Litsea Cueba(ton)	7845	9552	12174	15127	15372
板栗（吨）	Chinese Chestnut(ton)	19439	49134	80793	114866	119072

11-22 主要畜禽产品产量

Output of Main Livestock Products

项目 Item	2000	2005	2010	2015	2016
肉类产量（万吨）Output of Meat(10000 tons)	**145.92**	**164.85**	**180.21**	**216.55**	**225.64**
#猪肉 Pork	114.79	134.69	146.62	134.53	136.00
牛肉 Beaf	2.12	2.17	2.25	3.07	3.21
羊肉 Mutton	1.33	1.45	1.82	2.36	2.52
禽肉 Meat of Poultry	26.21	24.57	26.32	73.17	80.48
兔肉 Rabbit Meat	1.47	1.97	2.56	2.91	2.84
牛奶产量（万吨）Output of Cow Milk(10000 tons)	**9.60**	**18.77**	**15.41**	**14.95**	**15.45**
羊奶产量（万吨）Output of Ewe Milk(10000 tons)	**0.31**	**0.34**	**0.33**	**0.42**	**0.42**
蜂蜜产量（万吨）Output of Honey(10000 tons)	**0.54**	**0.85**	**0.86**	**1.36**	**1.41**
禽蛋产量（万吨）Output of Poultry Eggs(10000 tons)	**40.69**	**37.91**	**26.28**	**25.51**	**27.85**
猪出栏数（万头）Number of Slaughtered Hogs (10000 heads)	**1560.81**	**1881.92**	**1963.31**	**1707.76**	**1720.52**
出栏率(%) Rate of Slaughter(%)	148.7	152.3	149.2	148.6	161.4
羊出栏数（万头）Number of Slaughtered Sheep(10000 heads)	**97.80**	**107.00**	**133.29**	**170.25**	**179.58**
出栏率(%) Rate of Slaughter(%)	104.3	96.2	128.9	140.2	140.6
牛出栏数（万头）Number of Slaughtered Cows(10000 heads)	**21.31**	**21.60**	**22.35**	**29.18**	**30.19**
家禽出栏数（万只）Number of Slaughtered Poultry(10000 heads)	**20633.89**	**19140.51**	**19934.33**	**52882.52**	**57062.06**
家兔出栏数（万只）Number of Slaughtered Domestic Rabbit(10000 heads)	**1178.96**	**1559.27**	**1825.38**	**1995.20**	**1927.63**

11-23 畜禽存栏数

Number of Livestock and Poultry on Hand

单位：万头

项目	Item	2000	2005	2010	2015	2016
牛存栏数（万头）	**Bull(10000 heads)**	**111.44**	**75.63**	**70.17**	**67.31**	**66.62**
#乳牛	Cow	3.59	4.99	5.04	5.02	5.03
猪存栏数（万头）	**Number of Hogs on Hand(10000 heads)**	**1087.66**	**1249.83**	**1272.57**	**1066.16**	**983.18**
#能繁殖母猪	Number of Female Hogs with Fertility	76.27	97.97	125.56	110.61	102.49
羊存栏数（万头）	**Number of sheep on Hand(10000 heads)**	**96.22**	**93.56**	**106.24**	**127.73**	**127.99**
蜜蜂年末箱数（万箱）	**Number of Beehive at the Year-end(10000 cases)**	**23.09**	**35.32**	**36.26**	**48.63**	**46.01**
家兔年末数（万只）	**Number of Domestic Rabbit at the Year-end(10000 heads)**	**714.40**	**822.67**	**909.23**	**978.05**	**945.51**
家禽年末数（万只）	**Number of Poultry at the Year-end(10000 heads)**	**10930.19**	**9937.04**	**7707.70**	**11048.74**	**10840.85**

11-24 淡水产品产量

Output of Freshwater Products

单位：万吨 (10000 tons)

项目	Item	2000	2005	2010	2014	2015	2016
淡水产品产量	**Output of Freshwater Aquatic Products**	**57.39**	**63.47**	**74.16**	**92.45**	**97.58**	**102.50**
#养殖产量	Output of Freshwater Culturing	49.73	55.81	65.97	83.71	88.81	93.62
按类别分	By Kind						
#淡水鱼类	Freshwater-fish	50.11	54.05	62.68	77.00	81.18	85.32
虾蟹类	Shrimps,Prawns and Crabs	1.14	3.34	5.10	7.71	8.36	8.99
贝类	Shell-fish	4.46	4.43	4.84	5.54	5.89	5.97
主要品种产量	**By Product**						
淡水鳗	Freshwater Eel	6.99	8.29	8.75	8.49	9.15	9.67
草鱼	Grass Carp	10.97	12.24	13.84	18.65	19.44	20.24
鲢鱼	Silver Carp	8.27	6.06	6.21	7.94	8.26	8.77
鲤鱼	Carp	4.36	5.48	5.08	6.23	6.58	7.02
罗非鱼	Ribber Carp	10.56	9.50	11.08	13.30	13.68	14.49

11-25 海水产品产量

Output of Seawater Aquatic Products

单位：吨 (ton)

项目	Item	2000	2005	2010	2015	2016
海水产品产量	**Output of Seawater Aquatic Products**	**4705066**	**4788957**	**5132598**	**6363101**	**6654836**
#鱼类	Fish	1668816	1678551	1787085	2053885	2113424
虾蟹类	Shrimps,Prawns and Crabs	357794	319406	388610	523982	547232
贝类	Shell-fish	2318397	2226300	2221429	2662349	2814868
藻类	Algac	317830	420709	599357	896791	981551
#海水养殖产量	**Output of Seawater Culturing**	**2627057**	**2782535**	**3038990**	**4041301**	**4323815**
#鱼类	Fish	102040	133450	170308	330575	356604
虾蟹类	Shrimps,Prawns and Crabs	42875	64973	95816	173962	191487
贝类	Shell-fish	2161334	2163472	2171544	2610822	2763588
藻类	Algac	317106	417929	598225	894083	979472
主要品种产量	**Output of Main Seawater Culturing**					
大黄鱼	Big Yellow Croaker	48146	59398	75660	135115	150071
带鱼	Hairtail	173578	198905	240362	199020	178488
鲳鱼	Butterfish	52443	66244	62817	65697	67365
鳓鱼	Chinese Herring	11477	18640	15425	14549	14213
马鲛鱼	Spanish Mackerel	59519	40739	54226	51773	55138
鲷鱼	Porgy	10052	36078	76902	103065	100949
鲐鱼	Chub mackerel	52789	57966	62656	234412	298810
鳗鱼	Eel	50705	68734	70186	72133	73559
墨鱼	Inkfish	57263	27379	30085	43076	37474
海蜇皮	Jellyfish	13260	6944	11819	15875	14944
对虾	Prawn	28490	48767	72282	130417	142111
毛虾	Shrimp	65262	49057	56383	60863	62868
梭子蟹	Swimming Crab	58705	70032	89261	133660	133126
蛏	Razor Clam	168095	177891	193708	249278	264531
蛤	Clam	214264	260168	288793	355506	380828
蚶	Blood Clam	24203	40687	37469	52909	55291
牡蛎	Oyster	1558984	1539167	1456106	1659572	1746591
海带	Kelp	276867	337892	452096	642494	693533
紫菜	Laver	26828	34258	51313	52908	66440

主要统计指标解释

农林牧渔业总产值 指以货币形式表现的农、林、牧、渔业全部产品的总量和对农、林、牧、渔业生产活动进行的各种支持性服务活动的价值，它反映一定时期内农业生产总规模和总成果。农林牧渔业总产值的核算采用“产品法”进行计算，即用产品产量乘以价格求得各种产品的产值，然后把它们加总求得各业的产值，最后相加求得农林牧渔业总产值。1957 年以前的农林牧渔业总产值中包括了厩肥和农民自给性手工业(如农民自制衣服、鞋、袜，自己从事粮食初步加工等)。1958 年及以后，林业中增加了村及村以下竹木采伐产值; 牧业中取消了厩肥产值; 副业中取消了农民自给性手工业产值，增加了村及村以下办的工业产值;渔业中增加了海洋捕捞水产品产值。1980 年及以后，在副业中增加了农民家庭兼营工业商品部分的产值。从 1984 年起村及村以下工业产值划归工业。从 1993 年起取消副业，将野生动物的捕猎划入牧业、野生植物采集和农民家庭兼营商品性工业划归农业。1996 年第一次农业普查以后，由于畜牧业产品年报数据与普查数据之间存在一定的差距，国家统计局对畜牧业年报数据与普查数据进行衔接，相应的畜牧业产值进行调整。2002-2007 年农林牧渔业产值，以全省第二次农业普查数据为基础，对农业、牧业、渔业和服务业进行了调整和衔接。

粮食产量 指稻谷、小麦、玉米、高粱等谷物及薯类和豆类的全社会产量。包括国有经济经营的、集体统一经营的和农民家庭经营的粮食产量，还包括工矿企业办的农场和其他生产单位的产量。其产量计算方法，豆类按去豆荚后的干豆计算; 薯类(包括甘薯和马铃薯，不包括芋头和木薯)1963 年以前按每 4 公斤鲜薯折 1 公斤粮食计算，从 1964 年开始改为按 5 公斤鲜薯折 1 公斤粮食计算。城市郊区作为蔬菜的薯类(如马铃薯等)按鲜品计算，并且不作粮食统计。其他粮食一律按脱粒后的原粮计算。1989 年以前全国粮食产量数据的取得主要是靠全面报表取得，1989 年以后开始使用抽样调查数据。

棉花产量 指春播棉和夏播棉的全社会产量。产量按皮棉计算。3 公斤籽棉折 1 公斤皮棉，不包括木棉。

油料产量 指全部油料作物的生产量。包括花生、油菜籽、芝麻、向日葵籽、胡麻籽(亚麻籽)和其他油料。不包括大豆、木本油料和野生油料。花生以带壳干花生计算。

水产品产量 指人工养殖的水产品和天然生长的水产品的捕捞量。包括全部海水和淡水鱼类、虾蟹类、贝类、藻类和其他渔业产品的产品的最终产量。1995 年及以前，贝类中牡蛎按鲜肉计算; 蚶、蛤、蛙按 5 斤鲜品折 1 斤计算。1996 年以后则统一按鲜品计算。

猪、牛、羊肉产量 指当年出栏并已屠宰、除去头、蹄、下水后带骨肉(即胴体重) 的重量。其统计范围为全社会。1996 年前为各级逐级上报数据。1996 年第一次农业普查以后，由于畜牧业产品年报数据与普查数据之间存在一定的差距，国家统计局对畜牧业年报数据与普查数据进行了衔接。1999 年以后，国家统计局开展了猪、牛、羊、禽等主要畜禽品种的抽样调查，并用抽样数据作为国家定案数据使用。未开展抽样调查的品种，仍使用各级统计部门逐级上报数据。

期初(末)畜禽存栏头(只)数 指报告期初(末)农村各种合作经济组织和国营农场、农民个人、机关、团体、学校、工矿企业、部队等单位以及城镇居民饲养的大牲畜、猪、羊、家禽等畜禽的存栏数。数据上报方式及数据调整情况同猪、牛、羊肉产量。

农作物播种面积 指实际播种或移植有农作物的面积。凡是实际种植农作物的面积，不论种植在耕地上还是种植在非耕地上，均包括在农作物播种面积中。在播种季节基本结束后，因遭灾而重新改种和补种的农作物面积，也包括在内。该指标可以反映我国耕地面积的利用情况。目前，农作物播种面积主要包括粮食、棉花、油料、糖料、麻类、烟叶、蔬菜和瓜类、药材和其它农作物九大类。

有效灌溉面积 指具有一定的水源，地块比较平整，灌溉工程或设备已经配套，在一般年景下当年能够进行正常灌溉的耕地面积。在一般情况下，有效灌溉面积应等于灌溉工程或设备已经配备，能够进行正常灌溉的水田和水浇地面积之和。该指标可以反映我国耕地的抗旱能力。

农用化肥施用量 指本年内实际用于农业生产的化肥数量，包括氮肥、磷肥、钾肥和复合肥。化肥施用量要求按折纯量计算数量。折纯量是指把氮肥、磷肥、钾肥分别按含氮、含五氧化二磷、含氧化钾的百分之百成份进行折算后的数量。复合肥按其所含主要成分折算。

公式:折纯量= 实物量×某种化肥有效成份含量的百分比

农业机械总动力 指主要用于农、林、牧、渔业的各种动力机械的动力总和。包括耕作机械、排灌机械、收获机械、农用运输机械、植物保护机械、牧业机械、林业机械、渔业机械和其他农业机械(内燃机按引擎马力折成瓦(特)计算、电动机按功率折成瓦(特)计算)。不包括专门用于乡、镇、村、组办工业、基本建设、非农业运输、科学试验和教学等非农业生产方面用的动力机械与作业机械。这个指标的统计数据主要来源于农机部门。

乡村从业人员 指乡村人口中劳动年龄在 16 周岁以上实际参加生产经营活动并取得实物或货币收入的人员，包括劳动年龄内经常参加劳动的人员，也包括超过劳动年龄但经常参加劳动的人员，但不包括户口在家的在外学生、现役军人和丧失劳动能力的人，也不包括待业人员和家务劳动者。从业人员按从事主业时间最长(时间相同按收入)分为农业从业人员、工业从业人员、建筑业从业人员、交运仓储及邮电业从业人员、批零贸易及住宿餐饮业从业人员、其它行业从业人员。

Explanatory Notes on Main Statistical Indicators

Gross Output Value of Farming, Forestry, Animal Husbandry and Fishery refers to the total value of products of farming, forestry, animal husbandry and fishery, which reflects the total scale and result of agricultural production during a given period. Gross output value of agriculture is obtained by first multiplying the output of each product or by product by its price, resulting in t he output value of each s ingle item. For a small number of products, annual output of which is not available or difficult to get due to the long production growing process involved, t he output value is estimated through an indirect approach. The sum of out put value of all products of farming, forestry, animal husbandry, and fishery is then equal to the gross output value of agriculture. Prior to 1957, Chinas gross agricultural output value included barnyard manure and handicraft products for self-consumption (clothes, shoes, stockings, and initial grain processing undertaken by peasants). Since 1958, cutting and felling of bamboo and trees by villages and other cooperative organizations under villages have been included in forestry; value of barnyard manure has been excluded from animal husbandry; self consumed handicraft s has been excluded from sideline occupations, while the output value of industries run by villages and cooperative organizations under village had been included inside line occupations and the out put value of fish catches by motor fishing boats has been added to fishery. Since 1980, the value of handicraft products made for sale by individuals in households had been added to sideline occupations. Since 1984, industries run by villages and under villages have been included in the sector of industry. Since 1993, the subdivision of sideline occupations has been canceled, and the hunting of wild animals has been classified into animal husbandry, and the gathering of wild plants and commodity industry run by rural household have been included in farming. The Firs t Agriculture Census of China in 1996 revealed some discrepancy between the production of animal products from the annual reports and that from the census. Efforts were made by NBS to adjust the output value of animal husbandry to make the figures from the annual reports consistent with the census data. data on Farming, Forestry, Animal Husbandry and Fishery in from 2002 to 2007 have been adjusted according to the data obtained from the Second National Agricultural Census.

Grain Output refers to the total output of rice, wheat, corn, sorghum, millet and other miscellaneous grains as well as tubers and bean in the whole region including grains produced by state farms, collective units, industrial enterprises and mines. Output of beans refers to dry beans without pods. The output of tubers (sweet potatoes and potatoes, not including taros and cassava) was converted into that of grain at the ratio 4:1, i.e. 4 kilograms of fresh tubers was equivalent to 1 kilogram of grain up to 1963. Since 1964 the ratio for conversion has been 5:1.Tubers supplied as vegetables (such as potatoes) in cities and suburbs are calculated as fresh vegetables and their output is not included in the output of grain. Output of all other grains refers to husked grain. Data on grain production before 1989 were obtained through Comprehensive Statistical Reporting System, since then, sample survey data are used.

Cotton Output refers to the cotton production in the whole Region including cotton sown in spring and in autumn. Output is measured as the weight of ginned cotton. Three kilograms of seed-cotton are equivalent to 1 kilogram of ginned cotton, excluding ceiba.

Output of Oil-bearing Crops refers to the total production of oil-bearing crops of various kinds, including peanuts, (dry, in shell) rapeseeds, sesame, sunflower seeds, flax seeds, and other oil-bearing crops. Soybeans, oil-bearing woody plants, and wild oil-bearing crops are not included.

Output of Aquatic Products refers to catches of both artificially cultured and naturally grown aquatic products, including fish, shrimps, crabs and shellfish in sea and inland water as well as seaweed. Freshwater plants are not included. Data on output of aquatic products are reported by aquatic product and statistical agencies level by level. Before 1995, among the shellfish, the oyster was counted as fresh meat; 5 kilograms of ark shell, clams and frogs are equivalent to 1 kilogram of fresh aquatic products; they are all counted as fresh aquatic products since1996.

Output of Pork, Beef, and Mutton refers to the meat of slaughtered hogs, cattle, sheep and goats wit h head, feet, and offal taken away. The statistical scope is of the whole society. The first agriculture census of China in 1996 revealed some discrepancy between the production of animal products from the annual reports and that from the census. Efforts were made by NBS to adjust the output value of animal husbandry to make the figures from the annual rep orts consistent with the census data. Since 1999, NBS conducted sample survey for t he major animal husbandry products, such as hogs, cattle, sheep and goats and fowls, and the data from sample surveys are used as national finalized data. Those products, which are not covered by the sample survey, are still reported by statistical agencies level by level.

Number of Livestock or Poultry in Stock at Beginning (or End) of period refers to the total number of large animals, pigs, sheep, fowls, etc. raised by rural cooperative organizations, state farms, rural individuals, government agencies, schools, industrial and mining enterprises, army, and urban residents at the beginning (or end) of the reference period. Data reporting system and data adjustment are the same as that in the output of pork, beef and mutton.

Sown Area of Crops refers to area of land sown or transplanted with crops regardless of being in cultivated area or no cultivated area. Area of land re-sown due to natural disasters is also included. The indicator can reflect the utilization condition of the cultivated land in China. At p resent, t he sown area of crops mainly include the following 9 categories of crops: grain, cotton, oil-bearing crops, sugar crops, fiber crops, Tobacco, Vegetables and melons, medicinal materials and other farm crops.

Irrigated Area refers to areas that are effectively irrigated, i.e. level land, which has water source and complete sets of irrigation facilities to lift and move adequate water for irrigation purpose under normal conditions. Under normal conditions, irrigated area is the sum of watered fields and irrigated fields where irrigation systems or equipment have been installed for regular irrigation purpose. This indicator can reflect drought resistance capacity of the cultivated land in China.

Consumption of Chemical Fertilizers in Agriculture refers to the quantity of chemical fertilizers applied in agriculture in the year, including nitrogenous fertilizer, phosphate fertilizer, potash fertilizer, and compound fertilizer. The consumption of chemical fertilizers is required in calculation to convert the gross weight into weight containing 100% effective component (e.g. 100% nitrogen content in nitrogenous fertilizer, 100%phosphorous pent oxide contents in phosphate fertilizer, 100%potassium oxide contents in potash fertilizer). Compound fertilizer is converted with its major component. The formula is:

Volume of effective component = physical quantity×effective component of certain chemical fertilizer (%)

Total Power of Farm Machinery refers to total mechanical power of machinery used in farming, forestry, animal husbandry, and fishery, including ploughing, irrigation and drainage, harvesting, transport, plant protection, stock breeding, forestry and fishery. The power of internal combust ion engines is required to convert horsepower into watts and the power of electric motors is required to be converted into watts. Machinery employed for non-agricultural purposes, such as the machines used in township run and village-run industry, construction, nonagricultural transport, scientific experiments and teaching, is excluded. Data are mainly from agricultural machinery agencies.

Rural Employed Persons refer to rural labor forces aged over 16 years old who are engaged in real production and management activities and receive payment in kind or wages, including those covered within the age frame and regularly participating in production activities, and those who are out of the range of age frame and also participating in production activities regularly. Excluding students studying in other places with their permanent residence registered in local areas, servicemen and persons incapable of working; also excluding those who are waiting for jobs and those engaged in household work. Persons employed are classified as rural employed persons; industrial employed persons; construction industry employed persons; transport, storage and telecommunications industries employed persons; whole sales and retail sales Trades and catering industry employed persons and others according to the longest period of persons engaged in major activities (or using income indicator when periods are the same).

第十二篇　工业
Chapter 12 Industry

资料整理：林武兴 王昱 王施 赵清
Database Editor: Linwuxing Wangyu Wangshi Zhaoqing

简 要 说 明

本篇资料的主要内容及来源

本篇资料反映了全省工业生产和基本效益情况，主要包括历年工业总产值及指数、规模以上工业、国有控股工业、国有工业、集体工业、外商投资和港澳台投资工业、大中型工业企业的主要经济指标、相关的财务分析指标和主要工业产品产量等方面的内容。

本篇资料由省统计局工业交通统计处根据工业统计年报中有关资料整理。

Brief Introduction

Main Content and Source of Data

Data in this chapter show the basic condition of industry in Fujian, the output of major industrial products and major economic and relevant financial indicators of industrial enterprises , mainly including the gross industrial output value and indices.Industrial enterprises include enterprises above designated size, state share holding enterprises, state owned enterprises, collective owned enterprises, foreign funded enterprises, enterprises with funds from Hong Kong, Macao and Taiwan, large and medium sized enterprises.

Data in this chapter are based on the annual report of industrial statistics and are prepared and provide by the Division of Industry and Transport Statistics of Fujian Provincial Bureau of Statistics.

12-1 主要年份工业总产值

Gross Industrial Output Value in Selected Years

单位：亿元 (100 million yuan)

年份 Year	总计 Total	#国有企业 State-owned	#集体企业 Collective owned	#轻工业 Light Industry	#重工业 Heavy Industry
1952	4.20	0.51	0.02	3.74	0.46
1957	8.57	5.93	1.64	7.11	1.46
1962	11.23	8.72	2.44	8.17	3.06
1965	17.24	14.27	2.97	11.89	5.35
1970	24.41	20.78	3.63	15.72	8.69
1975	43.37	33.08	10.29	25.17	18.20
1978	63.14	46.85	16.29	36.91	26.23
1979	72.01	52.53	19.30	42.48	29.53
1980	81.45	57.65	23.77	49.48	31.97
1981	87.76	60.50	26.11	55.52	32.24
1982	95.77	65.97	28.29	60.04	35.73
1983	103.97	70.66	30.85	65.50	38.47
1984	131.11	82.74	40.53	82.60	48.51
1985	173.13	101.71	57.84	103.68	69.45
1986	205.10	114.28	72.75	122.61	82.49
1987	265.87	139.55	92.48	157.85	108.02
1988	388.85	192.69	132.41	237.87	150.98
1989	488.96	242.17	156.98	296.52	192.44
1990	531.49	239.82	166.91	329.72	201.77
1991	658.86	268.28	209.81	413.28	245.58
1992	915.51	314.17	323.69	587.20	328.31
1993	1522.37	391.55	566.47	908.20	614.17
1994	2128.61	422.58	785.29	1281.72	846.89
1995	2638.52	448.93	940.41	1600.51	1038.01
1996	2840.51	450.37	1060.49	1789.69	1050.82
1997	3066.76	433.55	946.14	1910.15	1156.61
1998	3218.51	368.30	219.60	1993.88	1224.63
1999	3479.84	376.66	202.71	2161.94	1317.90
2000	3994.86	395.67	211.49	2317.02	1677.84
2001	4398.08	360.54	192.92	2374.96	2023.12
2002	5260.20	329.12	216.11	2690.10	2570.10
2003	6616.61	358.20	236.63	3109.81	3506.80
2004	8544.50	598.92	171.41	3809.41	4735.09
2005	9995.89	403.26	185.99	4484.89	5511.00
2006	11855.68	753.56	228.55	5363.49	6492.19
2007	14425.06	720.16	271.92	6515.95	7909.11
2008	17141.44	750.36	221.12	7931.00	9210.44
2009	18681.48	917.66	228.10	8800.55	9880.93
2010	23805.32	1102.75	262.58	10935.92	12869.40
2011	30330.59	1410.10	310.90	13860.64	16469.95
2012	32379.94	1541.29	217.10	15267.35	17112.59
2013	36724.66	404.01	176.56	17611.81	19112.55
2014	41579.84	276.82	180.19	19914.45	21665.39
2015	43888.84	312.77	173.55	21682.76	22206.08
2016	47275.84	121.90	130.19	23713.86	23561.88

注：1.国有企业、集体企业1997年及以前年份的是按经济类型划分，1998年及以后年份是按登记注册类型划分。2.2013年，按登记注册分国有企业类型有调整。

Note:1.The Stated-owned Enterprises and Collective-owned Enterprises were grouped by ownership before 1997,grouped by status of registration after 1998. 2.In 2013, The Division of the Stated-owned Enterprises grouped by status of Registration has been adjusted.

12-2 主要年份工业总产值指数

Realated Indices of Industrial Enterprises in Selected Years

年份 Year	工业总产值指数（1952=100） Indices of Gross Industrial Output Value(1952=100)					工业总产值本年比上年增长(%) Growth Rates(%)				
	总计 Total	#国有企业 State-owned	#集体企业 Collective owned	#轻工业 Light Industry	#重工业 Heavy Industry	总计 Total	#国有企业 State-owned	#集体企业 Collective owned	#轻工业 Light Industry	#重工业 Heavy Industry
1952	100.0	100.0	100.0	100.0	100.0	31.3	121.7		25.5	109.1
1957	209.8	1190.2	8550.0	195.5	326.1	17.2	25.2	14.0	13.5	38.9
1962	279.5	1780.3	12929.3	228.4	694.6	-18.2	-22.9	2.1	-10.5	-33.5
1965	434.2	2946.4	15953.0	336.2	1230.6	24.2	28.0	11.3	22.7	27.8
1970	626.1	4371.4	19811.0	452.8	2034.7	16.9	21.4	-3.6	10.3	31.1
1975	1132.5	7182.3	53688.6	750.4	4219.4	9.4	8.9	11.2	5.2	15.9
1978	1635.5	10089.1	84353.2	1091.7	6031.6	19.7	19.9	19.2	17.1	23.6
1979	1830.5	11129.4	98310.2	1233.6	6664.9	11.9	10.3	16.5	13.0	10.5
1980	2068.8	12173.9	120672.0	1435.1	7208.0	13.0	9.4	22.7	16.4	8.2
1981	2260.4	12955.7	134425.3	1632.9	7370.9	9.3	6.4	11.4	13.8	2.3
1982	2425.8	13814.7	142670.7	1739.7	8008.3	7.3	6.6	6.1	6.5	8.6
1983	2640.1	14657.1	155963.3	1851.7	9038.7	8.8	6.1	9.3	6.4	12.9
1984	3308.2	16952.0	203636.8	2311.0	11397.2	25.3	15.7	30.6	24.8	26.1
1985	4149.1	19473.0	289888.8	2944.3	13940.1	25.4	44.9	42.4	27.4	22.3
1986	4786.3	21157.8	350355.2	3404.5	16018.8	15.4	8.7	20.9	15.6	14.9
1987	5894.3	23774.3	430360.7	4213.8	19563.2	23.1	12.4	22.8	23.8	22.1
1988	7854.0	27911.6	580627.2	5825.5	24437.9	33.2	17.4	34.9	38.2	24.9
1989	9044.6	29955.4	662981.4	6661.8	28504.2	15.2	7.3	14.2	12.0	15.2
1990	10205.0	30086.1	719949.7	7689.2	30824.9	12.8	0.4	8.6	15.4	8.1
1991	12489.5	32848.3	897745.8	9498.9	37105.3	22.4	9.2	24.7	23.5	20.4
1992	17149.9	37953.2	1360582.9	13312.9	49059.4	37.3	15.5	51.6	40.2	32.2
1993	25624.1	38810.8	2193320.1	19145.7	78531.6	49.4	2.3	61.2	43.8	60.1
1994	34914.6	39505.1	3062020.4	25873.0	108508.9	36.3	1.8	39.6	35.1	38.2
1995	41709.8	38550.9	3254811.9	30200.8	134592.3	23.3	0.9	10.2	20.8	27.4
1996	50427.1	39444.8	4293096.9	38385.2	149397.5	20.9	2.3	31.9	27.1	11.0
1997	60916.0	36994.0	4288803.8	45678.4	185252.9	20.8	-6.2	-0.1	19.0	24.0
1998	70175.2	33664.5	3628328.0	53854.8	204519.2	15.2	-9.0	-15.4	17.9	10.4
1999	80210.3	34708.1	3726292.9	59725.0	246650.2	14.3	3.1	2.7	10.9	20.6
2000	91519.9	35228.7	3934965.3	66653.1	290553.9	14.1	1.5	5.6	11.6	17.8
2001	103234.5	31987.7	3635907.9	71918.7	347212.0	12.8	-9.2	-7.6	7.9	19.5
2002	121403.8	25750.1	3857698.3	82994.2	419432.0	17.6	-19.5	6.1	15.4	20.8
2003	143256.5	29303.6	4328337.5	95443.3	507512.8	18.0	13.8	12.2	15.0	21.0
2004	168183.1	32849.3	4233114.1	112432.2	593789.9	17.4	12.1	-2.2	17.8	17.0
2005	196269.7	35280.2	4643726.2	135480.8	673951.6	16.7	7.4	9.7	20.5	13.5
2006	234738.6	40783.9	5307779.0	160680.2	810089.8	19.6	15.6	14.3	18.6	20.2
2007	287789.5	45351.7	6167639.2	193780.4	997220.5	22.6	11.2	16.2	20.6	23.1
2008	337000.9	45623.8	6846079.5	226529.3	1168742.5	17.1	0.6	11.0	16.9	17.2
2009	386877.0	50003.7	8105758.1	266851.5	1311329.1	14.8	9.6	18.4	17.8	12.2
2010	483983.1	59654.4	9272987.3	327960.5	1665388.0	25.1	19.3	14.4	22.9	27.0
2011	563840.3	67827.1	10775211.2	380434.2	1948504.0	16.5	13.7	16.2	16.0	17.0
2012	650107.9	70947.1	11906608.4	441303.7	2232985.6	15.3	4.6	10.5	16.0	14.6
2013	742423.2	79602.6	11763729.1	503968.7	2550069.4	14.2	12.2	-1.2	14.2	14.2
2014	832998.8	88040.5	12610717.6	559405.3	2886678.6	12.2	10.6	7.2	11.0	13.2
2015	912966.7	89889.4	13581742.9	615905.2	3158026.4	9.6	2.1	7.7	10.1	9.4
2016	991075.9	94811.7	13348615.9	668016.4	3434720.2	8.6	5.5	-1.7	8.5	8.8

注：1.国有企业、集体企业1997年及以前年份的是按经济类型划分，1998年及以后年份是按登记注册类型划分。2.2013年度数据是根据企业上报的当年数和上年数计算的。

Note:1.The Stated-owned Enterprises and Collective-owned Enterprises were grouped by ownership before 1997,grouped by status of registration after 1998. 2.The data of 2013 is calculated according to the data reported by Enterprises in this year and previous year.

12-3 规模以上工业企业主要指标(1998-2016年)

Main Indicators of Industrial Enterprises above Designated Size(1998-2016)

单位：亿元 (100 million yuan)

年份 Year	企业单位数（个） Number of Enterprises (unit)	工业总产值 Gross Industrial Output Value	工业增加值 Value- added of Industry	资产总计 Total Assets	流动资产合计 Circulating Funds	主营业务收入 Revenue from Principal Business	利润总额 Total Profits	税金总额 Total Tax
1998	6106	2037.52	601.54	2626.33	1101.12	1860.76	55.76	103.85
1999	5549	2210.28	665.02	2890.62	1209.61	2060.31	87.38	113.67
2000	6011	2616.12	797.12	3368.64	1401.27	2468.69	110.80	135.80
2001	6583	2945.02	875.39	3632.22	1514.43	2789.09	118.22	146.16
2002	7462	3676.37	1177.59	4059.60	1781.70	3522.47	204.30	164.91
2003	9208	4953.74	1448.50	4902.48	2306.49	4822.24	314.40	204.22
2004	11918	6783.42	1917.65	6034.04	2994.25	6581.07	382.00	253.11
2005	12396	8135.98	2291.26	6841.37	3393.30	7848.24	407.55	285.73
2006	13755	10005.08	2847.81	8168.75	4111.21	9661.48	586.52	377.21
2007	15178	12517.91	3598.69	10157.20	5056.06	12227.31	894.51	481.21
2008	17212	15212.81	4057.51	11694.91	5700.78	14816.17	896.11	560.87
2009	18154	16762.82	4675.31	13344.47	6564.47	16338.61	1104.05	649.12
2010	19227	21901.23	6111.44	16058.70	8420.83	21479.37	1754.18	824.27
2011	14116	27443.90	7378.62	18582.15	9797.20	26850.95	2114.54	992.88
2012	15333	29704.66	7810.89	21385.98	11419.24	29206.84	2023.27	1253.05
2013	16115	33853.36	8940.01	24959.37	12904.53	33111.10	2225.00	1396.21
2014	16744	38405.32	10051.67	27978.35	14189.64	37097.44	2344.27	1516.42
2015	17240	41251.49	10165.28	29647.54	14767.63	39591.28	2359.82	1614.97
2016	17262	44544.09	10644.79	32081.30	16286.10	42537.24	2889.26	1453.86

注：从2011年起，规模以上工业划分标准由年主营业务收入（销售收入）500万元及以上调整为2000万元及以上。(下同)

Note:Since 2011,Revenue from Principal Business of Industrial Enterprises above Designated Size become 20 million yuan frome 5 million yuan. The same applies to the tables following.

12-4 规模以上工业企业主要经济效益指标(1998-2016年)

Main Indicators on Economic Benefit of Industrial Enterprises above Designated Size(1998-2016)

单位：% (%)

年份 Year	工业增加值率 Ratio of Value-added to Industrial Output Value	总资产贡献率 Ratio of Assets to Industrial Output Value	资产负债率 Assets- Liability Ratio	流动资产周转次数（次/年） Number of Times of Turnover of Circulating Funds(times/year)	工业成本费用利润率 Ratio of Profits to Industrial Cost	全员劳动生产率（元/人） Overall Labor Productivity(yuan /person)	产品销售率 Proportion of Products Sold
1998	26.99	7.95	56.10	1.76	3.13	38250	95.52
1999	27.29	8.95	57.35	1.78	4.50	44967	96.39
2000	27.46	9.26	57.52	1.89	4.76	51244	96.95
2001	26.82	8.84	56.76	1.91	4.47	53016	96.99
2002	29.06	10.91	55.82	2.10	6.22	65802	97.50
2003	26.43	12.74	54.34	2.30	7.07	65168	97.59
2004	25.54	12.74	52.96	2.39	6.21	70420	97.13
2005	27.47	11.89	52.71	2.41	5.52	78898	97.33
2006	27.74	14.08	53.81	2.51	6.58	87655	96.96
2007	27.98	16.27	55.53	2.58	8.05	100197	97.71
2008	27.89	14.86	53.72	2.67	6.44	116619	97.54
2009	27.50	15.27	53.44	2.66	7.28	123205	97.34
2010	27.60	18.80	52.74	2.87	8.83	148426	97.76
2011	26.47	18.04	52.20	2.77	8.42	182719	97.50
2012	26.17	16.70	53.39	2.58	7.40	188811	97.83
2013	26.31	15.79	54.43	2.59	7.16	210899	97.45
2014	25.09	15.02	54.37	2.64	6.74	239802	97.31
2015	24.51	14.65	53.56	2.71	6.38	244913	96.71
2016	24.08	14.63	52.30	2.64	7.29	261519	96.36

12-5 主要年份规模以上工业企业主要经济指标

单位：亿元

年份 Year	固定资产原价 Original Value of Fixed Assets 合计 Total	国有 State-owned	集体 Collective-owned	其他 Others	固定资产合计 Total Value of Fixed Assets 合计 Total	国有 State-owned	集体 Collective-owned	其他 Others
1978	44.84	40.62	4.22			29.52		
1980	56.78	49.65	7.13		41.11	35.83	5.28	
1985	103.41	83.83	17.26	2.32	74.01	59.40	12.57	2.04
1990	244.56	173.52	38.76	32.28	180.75	127.49	26.37	26.89
1995	991.98	482.24	93.97	415.77	783.88	368.76	69.46	345.66
1996	1197.03	551.93	107.01	538.09	923.98	411.57	77.81	434.60
1997	1444.47	585.53	128.06	730.88	1106.79	434.63	95.68	576.48
1998	1539.99	613.18	84.78	842.03	1150.38	450.25	62.28	637.85
1999	1768.61	681.74	82.28	1004.59	1307.18	493.17	59.01	755.00
2000	2032.18	679.99	85.13	1267.06	1479.53	477.71	60.21	941.61
2001	2351.09	711.63	76.29	1563.17	1690.78	492.17	53.55	1145.06
2002	2596.43	591.72	59.92	1944.79	1812.38	410.75	41.84	1359.79
2003	2979.24	624.78	58.20	2296.26	2020.47	416.94	40.99	1562.54
2004	3435.92	640.44	35.79	2759.69	2343.14	427.74	22.86	1892.53
2005	3838.40	330.01	36.72	3471.67	2565.23	204.17	24.82	2336.23
2006	4499.35	710.81	40.54	3747.99	2970.84	450.69	25.57	2494.57
2007	5227.60	712.79	45.22	4469.59	3504.89	472.30	28.72	3003.87
2008	5994.98	785.89	45.36	5163.73	4043.82	507.56	28.52	3507.74
2009	7039.82	1110.16	44.94	5884.71	4740.79	741.70	28.74	3970.35
2010	7967.50	1146.31	54.30	6766.88	5324.49	742.54	33.50	4548.45
2011	8855.37	1383.56	44.60	7427.21	5826.21	890.04	27.30	4908.86
2012	10220.10	1598.14	33.20	8588.76	6502.59	1011.83	19.47	5471.30
2013	11806.75	240.16	26.32	11540.27	7325.46	141.44	13.77	7170.25
2014	13572.81	128.40	22.56	13421.85	9246.62	79.22	13.04	9154.36
2015	14677.62	386.54	23.88	14267.20	9657.01	253.93	12.91	9390.17
2016	16342.12	129.55	15.17	16197.40	9931.69	87.03	9.86	9834.80

注：1.表内1998年起统计口径为规模以上工业企业,以前为乡及乡以上独立核算工业企业；2.2013年，按登记注册类型分国有企业类型有调整。

Note:a)Statistics scope from 1998 covers industrial enterprises above designated size. b)In 2013, The Division of the Stated-owned Enterprises grouped by status of Registration has been adjusted.

Main Financial Indicators of Industrial Enterprises above Designated Size in Selected Years

(100 million yuan)

主营业务收入 Sale Revenue				利税总额 Total Profit and Tax			
合计 Total	国有 State-owned	集体 Collective-owned	其他 Others	合计 Total	国有 State-owned	集体 Collective- owned	其他 Others
				12.21	10.25	1.96	
67.25	52.86	14.38	0.01	14.44	12.13	2.31	
136.58	99.06	30.79	6.73	25.74	21.10	3.98	0.66
352.56	213.01	68.65	70.90	44.97	33.14	5.98	5.85
1469.28	442.04	225.29	801.95	130.54	58.91	18.30	53.33
1617.13	438.70	242.70	935.73	145.20	72.80	18.73	53.67
1858.56	417.02	269.98	1171.56	170.38	75.02	21.96	73.40
1860.76	387.59	183.71	1289.46	159.61	69.24	12.57	77.80
2060.31	424.73	170.05	1465.53	201.05	74.54	12.80	113.71
2468.69	445.30	176.52	1846.87	246.60	81.60	14.16	150.84
2789.09	431.74	169.13	2188.22	264.38	86.09	14.98	163.31
3522.47	344.91	146.80	3030.76	369.21	73.79	12.49	282.93
4822.24	390.11	163.67	4268.46	518.62	85.46	16.65	416.51
6581.07	590.08	101.07	5889.92	635.11	91.22	8.95	534.94
7848.24	398.85	106.91	7342.48	693.28	85.47	9.41	598.40
9661.48	738.51	137.89	8785.08	963.72	113.02	16.01	834.69
12227.31	709.38	168.53	11349.40	1375.71	122.57	22.34	1230.81
14816.17	727.08	176.15	13912.93	1456.97	101.75	20.00	1335.22
16338.61	898.97	192.06	15247.58	1753.17	97.57	22.26	1633.34
21479.37	1080.59	222.89	20175.89	2578.45	157.13	27.55	2393.77
26850.95	1373.72	249.65	25227.58	3107.42	240.36	31.85	2835.21
29206.84	1508.80	171.44	27526.60	3276.32	299.84	19.86	2956.62
33111.10	377.08	129.97	32604.05	3621.20	129.88	15.21	3476.11
37097.44	239.58	129.37	36728.49	3860.69	117.12	12.78	3730.79
39591.28	302.30	128.98	39160.00	3974.80	28.22	12.45	3934.12
42537.24	102.16	114.65	42320.42	4343.12	6.26	8.50	4328.36

12-5 续表

单位：亿元

年份 Year	利润总额 Total Profit				工业增加值 Value Added of Industry	
	合计 Total	国有 State-owned	集体 Collective- owned	其他 Others	合计 Total	国有 State-owned
1978	6.75	5.53	1.22			
1980	8.26	6.82	1.44			
1985	13.55	11.07	2.15	0.33		
1990	16.09	11.91	1.79	2.39		
1995	48.16	15.17	5.35	27.64	410.29	145.42
1996	55.12	25.28	5.31	24.53	488.04	144.34
1997	68.62	30.24	6.40	31.98	581.40	137.84
1998	55.76	18.47	3.40	33.89	601.54	158.49
1999	87.38	22.22	4.38	60.78	665.02	167.73
2000	110.80	24.21	5.29	81.30	797.12	172.80
2001	118.22	26.37	6.21	85.64	875.39	183.37
2002	204.30	20.11	5.73	178.46	1177.59	153.43
2003	314.40	24.82	7.97	281.60	1448.50	157.92
2004	382.00	21.92	3.73	356.35	1917.65	179.53
2005	407.55	19.84	3.47	384.25	2291.26	148.85
2006	586.52	26.61	8.04	551.87	2847.81	209.66
2007	894.51	44.99	12.39	837.13	3598.69	205.47
2008	896.11	25.45	9.68	860.98	4057.51	211.48
2009	1104.05	18.37	10.18	1075.50	4675.31	243.05
2010	1754.18	53.91	15.54	1684.73	6111.44	306.11
2011	2114.54	61.54	18.12	2034.88	7378.62	412.95
2012	2023.27	74.82	9.57	1938.88	7810.89	481.79
2013	2225.00	28.90	7.25	2188.84	8940.01	176.16
2014	2344.27	17.10	5.44	2321.73	10051.67	160.24
2015	2359.82	7.61	5.81	2346.41	10165.28	69.03
2016	2889.26	1.55	4.48	2883.23	10644.79	29.01

Continued

(100 million yuan)

		工业总产值 Gross Industrial Output Value			
集体 Collective- owned	其他 Others	合计 Total	国有 State-owned	集体 Collective- owned	其他 Others
		55.46	43.69	11.77	
		71.86	55.47	16.38	0.01
		141.40	98.35	34.00	9.05
		393.65	225.17	78.77	89.71
60.78	204.09	1558.04	433.67	240.51	883.86
78.45	265.25	1770.54	436.10	282.04	1052.40
92.35	351.21	2028.43	417.00	307.45	1303.98
57.99	385.06	2037.52	389.20	205.99	1442.33
51.10	446.19	2210.28	406.11	184.70	1619.47
52.37	571.95	2616.12	447.09	189.96	1979.07
49.19	642.83	2945.02	421.07	180.11	2343.84
45.06	979.10	3676.37	329.12	154.34	3192.91
52.23	1238.35	4953.74	358.20	171.78	4423.76
31.43	1706.69	6783.42	598.92	103.58	6080.91
38.24	2104.16	8135.98	403.27	111.97	7620.74
48.85	2589.30	10005.08	753.56	139.52	9112.00
55.56	3337.66	12517.91	717.16	168.56	11632.19
60.91	3785.12	15212.81	740.26	174.96	14297.59
64.82	4367.43	16762.82	908.68	190.23	15663.91
79.68	5725.65	21901.23	1092.57	219.84	20588.81
87.09	6878.58	27443.90	1394.67	246.11	25803.12
62.09	7267.01	29704.66	1526.17	174.09	28004.41
46.21	8717.64	33853.36	388.10	131.30	33333.96
47.73	9843.70	38405.32	259.20	130.07	38016.05
42.06	10054.19	41251.49	298.05	131.65	40821.80
36.48	10579.30	44544.09	109.12	115.66	44319.32

12-6 规模以上工业企业单位数

Number of Industrial Enterprises above Designated Size

单位：个　　(unit)

项目　Item	2000	2005	2010	2015	2016
合　计 Total	**6011**	**12396**	**19227**	**17240**	**17262**
按轻重分 Grouped by Light &Heavy Industry					
轻工业 Light Industry	3656	7131	10654	9703	9825
重工业 Heavy Industry	2355	5265	8573	7537	7437
按注册类型分 Grouped by Status of Registration					
内资企业 Pomestic Funded Enterprises	3320	7453	13524	13286	13531
港澳台商投资企业 Enterprises With Funds from HongKong,Macao and TaiWan	2076	3165	3705	2566	2477
外商投资企业 Foreign Funded Enterprises	615	1778	1998	1388	1254
按经济类型分 Grouped by Ownership					
国有 Stated-owned	1046	481	273	169	170
集体 Collective-owned	1077	800	584	163	137
其他 Others	3888	11115	18370	16908	16955
#外商及港澳台商投资 Funds from HongKong,Macao,Taiwan and Foreign Area	2691	4943	5703	3954	3731
按经济组织分 Grouped by Organization					
独资 Sole Funded	3572	4871	5631	3316	3110
合作、合伙 Cooperated and Partnership	494	715	681	228	224
股份有限公司 Share Holding Enterprises	189	381	444	607	670
有限责任公司 Limited Liability Corporations	1756	6429	12471	13089	13258
按规模分 Grouped by Size					
大型 Large Scale	92	60	124	451	437
中型 Medium Scale	209	1142	2116	2909	2851
小型 Small Scale	5710	11194	16987	13105	13340
微型 Micro-Scale				775	634

12-7 规模以上工业企业增加值

Value-added of Industrial Enterprises above Designated Size

单位：亿元 (100 million yuan)

项目 Item	2000	2005	2010	2015	2016
合　计 Total	**797.12**	**2291.26**	**6111.44**	**10165.28**	**10644.79**
#国有及国有控股企业 State-owned and State-holding Industrial Enterprises	292.66	442.61	821.77	1192.39	1199.81
按轻重分 Grouped by Light &Heavy Industry					
轻工业 Light Industry	415.58	1121.49	2940.72	5324.36	5601.97
重工业 Heavy Industry	381.54	1169.76	3170.73	4840.92	5042.82
按经济类型分 Grouped by Ownership					
国有 Stated-owned	172.80	244.22	439.69	503.63	468.73
集体 Collective-owned	52.37	69.14	194.40	64.28	59.81
股份制 Share Holding	70.05	314.51	820.73	2654.13	2921.18
联营 Cooperation	1.87	3.91	5.85	14.88	16.92
私营 Private	36.55	395.39	1758.94	3259.35	3404.85
外商及港澳台商投资 Funds from HongKong,Macao, TaiWan and Foreign	462.12	1262.75	2881.16	3646.10	3764.28
其他 Others	1.36	1.34	10.69	22.90	9.02
按登记注册分 Grouped by Status of Registration					
国有 State-owned Enterprises	150.80	148.85	306.11	69.03	29.01
集体 Collective-owned Enterprises	52.37	38.24	79.68	42.06	36.48

注：1.工业增长速度按月报同口径计算，表内绝对数为年报数，因年度间调查单位数不同，不可直接对比。2.2003年起大中型企业划分标准改变，故大中型企业数与往年不可比。3.2011年起增加微型企业规模分类，故小型企业数与往年不可比。

Note:a)Increase rate of Industrial enterprises is according to monthly statistics.b)Changed by the standard of enterprise , number of enterprises by Large and Medium size from 2003 is not comparable with the previous years.c)Since 2011,including Micro-enterprises,Ssize from 2003 is not comparable with the previous years.

12-7 续表

Continued

单位：亿元 (100 million yuan)

项目 Item	2000	2005	2010	2015	2016
股份合作 Cooperative Enterprises	7.16	29.40	113.31	19.21	20.22
联　营 Joint Ownership Enterprises	19.65	28.40	41.01	18.22	20.10
有限责任公司 Limited-Liability Corporations	29.72	291.38	709.24	2640.34	2856.54
股份有限公司 Share Holding Corporations Ltd.	46.39	95.50	211.30	448.07	504.29
私营企业 Private Enterprises	36.55	395.39	1758.94	3259.35	3404.85
港澳台商投资企业 Funds from HongKong, Macao,TaiWan	333.05	670.47	1583.93	2163.91	2277.72
外商投资企业 Foreign Funded Enterprises	129.07	592.28	1297.22	1482.19	1486.56
其他企业 Other Enterprises	1.36	1.34	10.69	22.90	9.02
按经济组织分 Grouped by Organization					
独资 Sole Funded	480.16	987.98	2390.18	2554.61	2531.49
合作、合伙 Cooperated and Partnership	44.36	96.10	231.23	115.04	132.43
股份有限公司 Share Holding Enterprises	49.57	170.39	388.26	681.90	767.10
有限责任公司 Limited Liability Corporations	223.03	1036.78	3101.77	6813.72	7213.76
按规模分 Grouped by Size					
大型 Large Scale	164.11	416.15	1230.26	3164.41	3389.29
中型 Medium Scale	115.19	926.30	2400.64	3116.09	3223.90
小型 Small Scale	517.81	948.80	2480.54	3729.61	3919.54
微型 Micro-Scale				155.17	112.05

12-8 按行业分规模以上工业企业增加值

Value-added of Industry Enterprises above Designated Size by Industrial Sector

单位：亿元 (100 million yuan)

项目 Item	2015	2016
合　计 Total	**10165.28**	**10644.79**
采矿业 Mining	**203.74**	**182.33**
煤炭开采和洗选业 Coal Mining and Dressing	62.45	51.52
石油和天然气开采业 Petroleum and Natural Gas Mining		
黑色金属矿采选业 Ferrous Metals Mining and Dressing	41.33	28.22
有色金属矿采选业 Nonferrous Metals Mining and Dressing	23.18	25.09
非金属矿采选业 Nonmetal Minerals Mining and Dressing	76.78	77.50
开采辅助活动 Subsidiary Action		
其他采矿业 Others Mining and Quarrying		
制造业 Manufacturing	**9370.98**	**9883.33**
农副食品加工业 Agricultural and Sideline Products Processing	535.41	587.94
食品制造业 Food Manufacturing	334.85	358.72
酒、饮料和精制茶制造业 Wine，Drink and Tea Manufacturing	283.87	267.76
烟草制品业 Tobacco Processing	214.29	194.92
纺织业 Textile Industry	513.76	563.29
纺织服装、服饰业 Textile Garments Products	505.72	524.06
皮革、毛皮、羽毛及其制品和制鞋业 Leather , Furs , Down and Relate Products	939.91	972.52
木材加工和木、竹、藤、棕、草制品业 Timber Processing,Bamboo,Cane,Palm Fiber and Straw Products	249.13	253.98
家具制造业 Furniture Manufacturing	114.33	116.87
造纸和纸制品业 Papermaking and Paper Products	219.51	227.53
印刷和记录媒介复制业 Printing and Record Medium Reproduction	71.75	76.63
文教、工美、体育和娱乐用品制造业 Cultural , Educational and Sports Goods	398.58	422.49
石油加工、炼焦和核燃料加工业 Petroleum Processing , Coking and Nuclear Fuel Processing	340.58	354.63
化学原料和化学制品制造业 Raw Chemical Materials and Chemical Products	287.52	321.58

12-8 续表

Continued

单位：亿元 (100 million yuan)

项目 Item	2015	2016
医药制造业 Medical and Pharmaceutical Products	100.63	104.42
化学纤维制造业 Chemical Fiber	179.92	219.65
橡胶和塑料制品业 Rubber and Plastic Products	372.87	377.92
非金属矿物制品业 Nonmetal Minerals Products	759.85	758.81
黑色金属冶炼和压延加工业 Smelting and Pressing of Ferrous Metals	294.80	334.11
有色金属冶炼和压延加工业 Smelting and Pressing of Nonferrous Metals	244.39	259.62
金属制品业 Metal Products	261.50	275.32
通用设备制造业 General Equipment	257.36	252.93
专用设备制造业 Special Purpose Equipment	172.81	193.43
汽车制造业 Car Manufacturing	250.81	272.90
铁路、船舶、航空航天和其他运输设备制造业 Railway,Watercraft,Aviation and others transportation Manufacturing	94.35	83.93
电气机械和器材制造业 Electric Equipment and Machinery	477.85	520.18
计算机、通信和其他电子设备制造业 Computer,Communication and other Electronic Equipment	731.29	805.92
仪器仪表制造业 Instruments and Meters Machinery	55.76	68.18
其他制造业 Others Manufacturing	71.48	67.39
废弃资源综合利用业 Waste Resources and Materials Recovering	10.93	12.20
金属制品、机械和设备修理业 Metals,Machinery and Equipment maintenance	25.21	33.49
电力、热力、燃气及水生产和供应业 **Production and Supply of Electric Power and Hot Power**	**590.56**	**579.12**
电力、热力生产和供应业 Production and Supply of Electric Power and Hot Power	526.44	522.39
燃气生产和供应业 Production and Supply of Gas	42.42	33.74
水的生产和供应业 Production and Supply of Water	21.71	22.99

12-9 主要年份规模以上工业企业主要工业产品产量

Industry Enterprises above Designated Size Output of Major Industrial Products in Selected Years

年份 Year	化学纤维(万吨) Chemical Fiber (10000 tons)	原煤(万吨) Coal (10000 tons)	发电量(亿千瓦小时) Electricity (100 million kwh)	粗钢(万吨) Crude Steel (10000 tons)	水泥(万吨) Cement (10000 tons)	化学肥料(万吨) Chemical Fertilizer (10000 tons)	汽车(辆) Motor Vehicles (unit)	移动通信手持机(万部) Mobile Telephone (10000 unit)	微型计算机设备(万部) Micro-computer (10000 sets)
1952		0.30	0.12						
1957		8.25	0.57		5.26				
1962		55.77	4.99	0.12	6.05	0.31			
1965	0.03	60.19	7.41	0.66	20.37	4.46			
1970	0.10	110.03	13.12	3.62	32.85	5.22	317		
1975	0.28	280.67	26.83	9.84	89.13	9.54	765		
1978	1.19	423.05	40.69	16.16	120.45	16.40	907		
1979	1.13	479.04	44.40	20.93	139.84	19.51	1110		
1980	1.35	462.99	49.47	24.16	155.30	24.32	1029		
1981	1.50	416.55	52.46	21.90	161.62	24.88	60		
1982	1.35	440.23	57.18	24.90	163.71	27.21	40		
1983	1.04	524.26	61.55	23.79	206.66	28.14	257		
1984	1.03	575.94	67.53	28.71	234.03	32.37	641		
1985	1.65	606.53	77.20	31.75	290.69	32.88	652		
1986	2.06	678.52	86.21	34.42	321.76	32.89	870		
1987	2.50	787.19	98.54	39.23	379.50	39.93	1201		
1988	2.62	864.36	114.14	40.39	452.97	40.62	3225		
1989	2.55	944.83	129.56	43.23	499.63	42.28	1607		
1990	3.13	925.37	136.65	51.66	540.04	43.64	676		
1991	3.40	857.19	151.76	56.47	646.87	44.09	1796		
1992	3.56	909.68	176.55	61.87	747.62	47.31	3407		
1993	3.60	982.52	195.27	61.72	902.39	44.39	3949		
1994	4.95	977.38	228.93	56.24	1104.20	47.34	3299		
1995	12.96	1134.18	261.55	55.49	1511.17	51.04	3636		
1996	24.12	1167.97	284.10	80.49	1504.52	56.66	3223		
1997	26.91	776.04	310.18	89.34	1522.42	54.74	6083		
1998	31.59	727.18	322.70	113.32	1594.46	63.51	6276		
1999	37.17	577.14	356.00	128.98	1825.81	61.15	9279		
2000	41.22	375.03	403.73	124.94	1513.64	61.38	29606		88.77
2001	47.95	512.33	446.32	155.27	1525.53	55.84	32498		88.79
2002	65.97	644.51	533.08	211.98	1698.69	60.69	48356		174.25
2003	59.39	778.22	610.70	256.04	2116.27	56.69	86679		241.74
2004	71.47	1076.05	659.64	319.20	2245.34	60.27	65811		295.02
2005	79.12	1331.74	778.25	382.33	2713.62	60.27	70260	1165.96	371.44
2006	106.32	1759.18	904.25	465.48	3343.93	64.76	73215	1358.78	445.73
2007	137.69	1991.74	1038.28	588.43	4449.69	62.95	86514	1097.48	513.23
2008	169.78	2306.07	1085.38	727.28	4593.36	69.60	95098	716.56	647.32
2009	183.66	2466.13	1170.71	765.04	5446.50	59.67	135044	671.50	607.20
2010	206.15	2442.73	1356.32	1086.88	5921.20	57.87	194963	1064.25	738.27
2011	223.98	2480.86	1578.90	1166.89	6570.86	52.14	190835	1658.82	898.56
2012	272.09	1947.55	1622.62	1318.55	7197.60	48.15	186465	2968.01	929.04
2013	376.65	1614.81	1643.16	1997.16	7890.37	46.69	205764	3841.85	1284.76
2014	454.94	1504.45	1746.15	1820.79	7732.33	48.71	180947	1277.99	985.40
2015	576.20	1531.77	1764.90	1586.48	7746.18	52.06	193875	2133.56	818.78
2016	685.21	1346.68	1812.95	1516.80	8091.20	51.83	220171	2568.63	847.36

12-10 规模以上工业企业主要工业产品产量

Output of Major Industrial Products of Industrial Enterprise above Designated size

项目 Item	2000	2005	2010	2015	2016
原煤(吨) Coal(ton)	3750300	13317400	24427250	15317728	13466812
铁矿石原矿量(吨) Primary Iron ore(ton)	1690400	4838600	23272585	17009153	17766853
硫铁矿(折硫35%)(吨) Sulphur Iron(ton)	35000	16600	99177	186436	185325
原盐(吨) Salt(ton)	283700	344900	333929	206200	125024
配混合饲料(吨) Mixed Feed(ton)	974900	2185200	4830171	9107190	10694252
食用植物油(吨) Eatened Vegetable(ton)	62400	434800	1684343	2073867	2110391
糖(吨) Sugar(ton)	61100	62500	37279	21003	5594
罐头(吨) Tin(ton)	267800	785700	2032091	2840603	3031765
啤酒(千升) Beer(1000 L)	1104000	1573300	1887767	1702442	1609413
软饮料(吨) Soft Drink(ton)	398200	1112800	3869623	5186612	5686441
精制茶(吨) Highly Finished Tea(ton)	17000	39500	103310	216541	228174
卷烟(万箱) Cigarette(10000 cases)	98.62	121.00	168.75	188.26	166.43
纱(吨) Yarn(ton)	143641	680042	1847365	4453479	4846680
布(万米) Cloth(10000 m)	55867	201266	312003	736739	816014
棉布(万米) Cottoned Cloth(10000 m)	2938	13020	39708	64800	73422
棉混纺交织布(米) Blending Cloth(m)	11022	35790	110002	334247	385692
纯化纤布(米) Pure Chemical Fibre Cloth(m)	41907	152456	162292	337692	356900
印染布(万米) Printing and Dyeing Cloth(10000 m)	38744	162653	391229	382163	476695
毛线(吨) Kitting Wool(ton)	7523	9997	5020	2148	1984

12-10 续表1

Continued

项目 Item	2000	2005	2010	2015	2016
服装(万件) Clothes(10000 piece)	39877	81539	292273	394276	409647
轻革(平方米) Light Leather(10000 sq.m)	3591200	33335800	43511617	32053872	31379216
皮革鞋靴(万双) Leather Shoes(10000 pairs)	20931	50426	114358	164947	178872
人造板(立方米) Man-made Wood(cu.m)	677000	2664900	9979320	15836743	14412266
胶合板 Plywood	224800	1082700	4248677	8455731	9534027
纤维板 Fiberboond	294900	1145500	1936396	2380746	1981172
刨花板 Honghed Wood	145000	193600	2075427	1642342	883189
机制纸及纸板(吨) Machine-made Paper and Paperboard(ton)	850700	1871100	4320636	6653716	7269975
焦炭(吨) Coke(ton)	448900	909400	1430462	1522594	1273060
硫酸(折100%)(吨) Sulfuric Acid(ton)	338700	410600	597822	1874993	1874574
盐酸(含量31%以上)(吨) Hydrochloric(ton)	124500	140200	70749	178072	152185
烧碱(折100%)(吨) Caustic Soda(ton)	156400	255100	201120	322273	366451
纯碱(吨) Soda Ash(ton)	94500	192300	177867	9680	162381
电石(吨) Calcium Carbide(ton)	154900	142600	69599	29333	29307
合成氨(吨) Synthetic Ammonia(ton)	800900	941500	1021305	872313	817974
农用化肥(吨) Chemical Fertilizer(ton)	613800	602700	578746	520643	518326
#氮肥(吨) Nitrogerous Fertilizer(ton)	509600	557000	553717	299923	312649
#尿素(吨) Carbamine(ton)	278600	313400	329370	177914	100793
磷肥(吨) Phosphate Fertilizer(ton)	79600	45600	25028	220720	155177
油漆(吨) Paint(ton)	19096	44851	319064	746382	794285

12-10 续表2

Continued

项目　Item	2000	2005	2010	2015	2016
塑料(吨) Plastics(ton)	143470	337876	1524961	2279427	2007031
合成洗涤剂(吨) Synthetic Detergents(ton)	68	7004	39705	167345	174416
化学原料药(吨) Chemical Medicine(ton)	1205	2779	7266	32091	22074
中成药(吨) Mid-product chineses Medicine(ton)	3781	3904	6534	16361	17142
化学纤维(吨) Chemical Fiber(ton)	412198	791167	2061509	5761984	6852108
轮胎外胎(条) Tires(pcs)	9839600	17809700	27876136	34490276	36947439
塑料制品(吨) Plastics(ton)	557000	863000	1663088	3654469	3940489
水泥(吨) Cement(ton)	15136400	27136200	59212000	77461784	80912006
砖(万块) Bricks(10000 pcs)	23400	20700	303443	1490939	1855781
花岗石板材(平方米) Granite board(sq.m)	11266800	68322600	145464187	348597285	348882614
平板玻璃(重量箱) Plate glass(case)	4798700	6415100	27653500	50094507	54035867
生铁(吨) Pig Iron(ton)	1493700	3939600	5588053	9800866	9804419
粗钢(吨) Crude Steel(ton)	1249400	3823300	10868830	15864835	15168004
钢材(吨) Steel Products(ton)	2837900	7359000	13405616	28207310	28595760
铁合金(吨) Iron Alloy(ton)	39700	59000	240768	355500	279336
十种有色金属(吨) Ten Nonferrous Metals Total(ton)	34474	60362	138774	409115	455850
金属切削机床(台) Metal-cutting Machine Tools(set)	584	1815	3146	6828	7163
起重机械(吨) Crane Machine(ton)	1988	4105	4655	61296	9408
叉车(台) Fork Truck(set)	3301	6720	11081	18097	18113
泵(台) Pump(set)	1676900	4907200	8358576	7281606	5782071

12-10 续表3

Continued

项目 Item	2000	2005	2010	2015	2016
气体压缩机(台) Gas Compressor(set)	28506	42836	50472	75437	78482
轴承(万套) Bearing(10000 units)	1767	4690	11108	13060	13920
小型拖拉机(台) Small Tractors Motor(set)	17400	24700	6338	5499	4959
汽车(辆) Vehicles(unit)	29606	70260	194963	193875	220171
#载货汽车 Cargo Vehicles	10244	4158	8005	21839	25188
改装汽车(辆) Refitted Vehicles(unit)	7107	26555	16222	12448	11360
民用钢质船舶(载重吨) Civil Steelen Boats(tons)	44457	146816	727031	670798	934704
交流电动机(千瓦) Alternating Current Electromotor(kw)	1799600	2484300	5827571	10131641	7851025
变压器(千伏安) Power Transformer(kva)	2549000	3489300	5728012	6316219	6172747
电力电缆(千米) Electric Cable(km)	14629	18381	105487	272831	264174
电话单机(台) Telephone Set(set)	6646300	9728900	8452845	9245355	1753554
微型电子计算机(台) Personal Computers(set)	887678	3714387	7382707	8187775	8473638
集成电路(万块) Semiconductor Integrated Circuit(10000 units)	6888.00	13996.22	1158.40	7405.29	16331.00
彩色电视机(台) Color TV Sets(set)	2041900	3739000	9031009	14281435	10155745
照相机(台) Cameras(set)	3221684	1101899	4510909	1376047	1238529
钟(台) Clocks(set)	27474800	92983300	85595769	87922075	98461456
发电量(万千瓦小时) Electricity(10000 kwh)	4037300	7782500	13563200	17648972	18129532
#水电 Hydropower	1952200	2910000	4536900	3305285	4502817

12-11 规模以上工业企业主要指标(2016年)

单位：万元

项目 Item	工业总产值 Gross Industrial Output Value	工业增加值 Value added of Industry	资产总计 Total Assets	固定资产原价 Original Value of Fixed Assets
合　计 **Total**	**445440936**	**106447856**	**320812989**	**163421189**
#国有控股企业 State-holding Enterprises	43306966	11998110	78416014	58531591
#农村工业 Industy in Country	758007	201912	269775	142851
#亏损企业 Deficitted Enterprises	18967174	3722541	38325377	17438543
按轻重分 **Group by Light & Heary Industry**				
轻工业 Light Industry	222551725	56019661	127924336	54018487
重工业 Heavy Industry	222889211	50428194	192888653	109402702
按经济类型分 **Grouped by Ownership**				
国有 Stated-owned	15390694	4687289	21722536	20190531
集体 Collective-owned	1998458	598136	740641	284712
股份 Share Holding	124425283	29211751	115826915	60224690
联营 Cooperation	682359	169233	110901	95023
私营 Private	151437254	34048453	66710312	30474502
外商及港澳台商投资 Funds from HongKong,Macao,TaiWan and Foreign Area	151182579	37642813	115609093	52107677
其他 Others	324310	90180	92591	44053
按登记注册分 **Grouped by Status of Registration**				
内资企业 Sole Funded	294258358	68805042	205203896	111313512
港、澳、台商投资 Enterprises with Funds from HongKong, Macao and TaiWan	95568272	22777239	72921939	32570164
外商投资企业 Foreign Funded Enterprises	55614306	14865574	42687154	19537513
按经济组织分 **Grouped by Organization**				
独资企业 Sole Funded	102152000	25314918	69191308	31733923
合作、合伙 Cooperated and Partnership	6097780	1324340	3589602	1878552
股份有限公司 Share Holding Enterprises	31808529	7670953	45908015	18466326
有限责任公司 Limited Liability Corporations	305382629	72137645	202124064	111342388

Main Indicators of Industrial Enterprises above Designated Size(2016)

(10000 yuan)

固定资产合计 Total Value of Fixed Assets	流动资产合计 Circulating Finds	主营业务收入 Sale Revenue	利润总额 Total Profit	利税总额 Total Profits and Tax	所得税费用 Income Tax	应交增值税 Value Added Tax Payable
99316930	**162861008**	**425372353**	**28892561**	**43431185**	**3079083**	**9955301**
37385399	21734618	40787685	2258091	6055057	410764	1971729
125468	129983	746228	53865	75423	2823	13653
11199155	14901135	16705051	-1498690	-1158561	-38444	230944
33576949	75141552	213501628	15412350	22551814	1362099	4740088
65739980	87719456	211870725	13480212	20879371	1716984	5215213
12333365	4960313	15766761	427569	2581681	100964	770462
270208	391315	1957805	98159	160689	10977	39013
39427419	50357748	117895123	8369733	12219632	942562	3031614
58045	41892	681669	37875	39343	195	1402
19195213	37265323	145717967	8646901	12287837	607302	2855031
27993712	69812980	143029273	11295284	16118046	1416691	3253605
38968	31437	323755	17042	23957	392	4175
71323218	93048029	282343080	17597278	27313139	1662392	6701696
17916188	44433625	89388756	7091558	9372535	780414	1897991
10077524	25379355	53640517	4203726	6745511	636277	1355614
16836850	42508929	96705008	7317805	9677349	814988	1914587
1429770	1807144	5158845	219655	325410	31725	75966
10014522	22958317	29677046	2406924	3364085	242233	785925
71035788	95586618	293831454	18948178	30064341	1990138	7178822

12-11 续表1

单位：万元

项目 Item	工业总产值 Gross Industrial Output Value	工业增加值 Value added of Industry	资产总计 Total Assets	固定资产原价 Original Value of Fixed Assets
按规模分 **Grouped by Size of Enterprises**				
大型企业 Large Scale	129278377	33892890	124188275	65658749
中型企业 Medium Scale	133050467	32239000	96012556	51484223
小型企业 Small Scale	177953048	39195428	94823149	45113618
微型企业 Micro-Scale	5159044	1120538	5789009	1164598
按行业分 **Grouped by Sector**				
煤炭开采和洗选业 Coal Mining and Dressing	1090860	515208	1091998	535070
石油和天然气开采业 Petroleum and Natural Gas Mining				
黑色金属矿采选业 Ferrous Metals Mining and Dressing	1633570	282184	966888	554344
有色金属矿采选业 Nonferrous Metals Mining and Dressing	685232	250914	360436	330751
非金属矿采选业 Nonmetal Minerals Mining and Dressing	2481221	775032	1094600	727712
其他采矿业 Others Mining and Quarrying				
农副食品加工业 Agricultural and Sideline Products Processing	30326576	5879388	14217284	5389256
食品制造业 Food Manufacturing	14107914	3587226	8016981	2614567
酒、饮料和精制茶制造业 Wine，Drink and Tea Manufacturing	9325204	2677620	5469478	3071693
烟草制品业 Tobacco Processing	2350619	1949181	2560066	1288147
纺织业 Textile Industry	26598996	5632867	14993839	7974245
纺织服装、服饰业 Textile Garments Products	20522082	5240601	11866428	3823355
皮革、毛皮、羽毛及其制品和制鞋业 Leather , Furs , Down and Relate Products	34351685	9725175	16003336	5229000
木材加工和木、竹、藤、棕、草制品业 Timber Processing,Bamboo,Cane,Palm Fiber and Straw Products	10648640	2539850	3568138	1582017
家具制造业 Furniture Manufacturing	4731111	1168699	2312881	730547
造纸和纸制品业 Papermaking and Paper Products	10752114	2275327	7391654	3937390
印刷和记录媒介复制业 Printing and Record Medium Reproduction	3213623	766304	2145310	847912

Continued

(10000 yuan)

固定资产合计 Total Value of Fixed Assets	流动资产合计 Circulating Finds	主营业务收入 Sale Revenue	利润总额 Total Profit	利税总额 Total Profits and Tax	所得税费用 Income Tax	应交增值税 Value Added Tax Payable
39290390	60851400	121358073	9613489	16099509	1232845	3525768
30802931	47075186	127647156	8886071	12780410	942656	3222146
28416033	51333655	171494283	10188273	14250632	887846	3137172
807576	3600767	4872841	204729	300634	15737	70215
385741	358770	1107072	-10659	76209	-5831	69906
393843	284857	1573249	32320	74659	3374	29225
205176	102784	619368	19443	44839	2652	12782
400955	379416	2383107	151897	266955	13057	69192
3641864	8813187	29333165	1741035	2449000	79878	624982
1706873	4468618	14167644	1475584	1913987	122516	381241
2010354	2791223	9184969	800044	1154815	77587	230364
638553	1712132	2337907	134822	1749033	35342	289260
4786271	8144097	25489656	1409457	1851332	90625	349904
2168310	7449420	19377594	1422074	1987762	142896	461775
3173261	10382072	33253932	2467239	3450133	235332	783966
967277	1940067	10234524	494313	736050	28545	183745
463051	1487081	4575168	288092	424355	25458	108430
2442691	4071827	9697104	816691	1147178	79974	277475
522108	1057993	3122544	176259	265870	20429	71712

12-11 续表2

单位：万元

项目 Item	工业总产值 Gross Industrial Output Value	工业增加值 Value added of Industry	资产总计 Total Assets	固定资产原价 Original Value of Fixed Assets
文教、工美、体育和娱乐用品制造业 Cultural , Educational and Sports Goods	16420840	4224876	7093730	2518735
石油加工、炼焦和核燃料加工业 Petroleum Processing , Coking and Nuclear Fuel Processing	10301157	3546253	8652861	6592577
化学原料和化学制品制造业 Raw Chemical Materials and Chemical Products	16715417	3215823	15532106	6029250
医药制造业 Medical and Pharmaceutical Products	3129268	1044194	3043161	1122794
化学纤维制造业 Chemical Fiber	11249986	2196488	8200107	5971366
橡胶和塑料制品业 Rubber and Plastic Products	16647961	3779239	9769782	5289517
非金属矿物制品业 Nonmetal Minerals Products	31736589	7588138	22384374	10422601
黑色金属冶炼和压延加工业 Smelting and Pressing of Ferrous Metals	17681775	3341080	9223533	5968765
有色金属冶炼和压延加工业 Smelting and Pressing of Nonferrous Metals	15982854	2596199	13987348	4299811
金属制品业 Metal Products	12039597	2753209	7530091	2614386
通用设备制造业 General Equipment	11126044	2529340	7568992	2961143
专用设备制造业 Special Purpose Equipment	8853484	1934252	7240761	2198589
汽车制造业 Car Manufacturing	12062714	2729008	8945367	3691253
铁路、船舶、航空航天和其他运输设备制造业 Railway,Watercraft,Aviation and others transportation Manufacturing	3787505	839270	3480429	1180200
电气机械和器材制造业 Electric Equipment and Machinery	19320390	5201827	16339837	4745623
计算机、通信和其他电子设备制造业 Computer,Communication and other Electronic Equipment	36198569	8059232	28254061	11568230
仪器仪表制造业 Instruments and Meters Machinery	2363429	681811	1439405	590153
其他制造业 Others Manufacturing	2884007	673917	1899356	534683
废弃资源综合利用业 Waste Resources and Materials Recovering	909536	122044	245589	103613
金属制品、机械和设备修理业 Metals,Machinery and Equipment maintenance	1820427	334895	946739	681740
电力、热力生产和供应业 Production and Supply of Electric Power and Hot Power	18719044	5223933	41816519	42242851
燃气生产和供应业 Production and Supply of Gas	2174194	337398	2120989	1275762
水的生产和供应业 Production and Supply of Water	496704	229860	3038535	2181541

Continued

(10000 yuan)

固定资产合计 Total Value of Fixed Assets	流动资产合计 Circulating Finds	主营业务收入 Sale Revenue	利润总额 Total Profit	利税总额 Total Profits and Tax	所得税费用 Income Tax	应交增值税 Value Added Tax Payable
1803470	4318544	15755784	1065126	1464773	78655	307925
2147599	3560078	8459203	1124246	2925923	263814	692329
3876408	6032685	16195982	677535	1083341	93705	343415
698360	1800784	2894362	385301	510647	51631	104154
3289178	3793751	10055666	511550	630547	21535	105981
3018710	5241444	16189380	1095162	1505124	135840	336477
6716004	11668780	30894148	2319872	3281690	187375	720232
3864232	4131872	16308632	672435	1074625	60531	351115
2949235	6431992	14965258	391367	703564	38740	257488
1717719	4368617	11446195	919010	1209772	88380	234270
1632148	4698709	10803261	794410	1081457	73305	227706
1208988	4841356	8339653	566052	811744	61328	197194
1935196	5589082	11627791	877935	1341156	103867	348210
817547	2360036	3544806	143101	247722	18877	80326
3026365	11220163	18304618	1802264	2234920	239132	332995
5456693	18789232	33725958	1924556	2268673	284139	259774
306748	941804	2256391	191033	254234	14240	52409
327863	1112144	2749351	154649	240344	20629	75127
75526	141613	885946	28928	68606	1105	34282
443780	361527	1797237	100917	125665	11183	17980
27314438	6686253	19049019	1484365	2483850	216516	895529
1130426	594336	2166747	215643	241003	53679	19639
1653970	732662	499965	28492	49631	9047	16785

12-12 规模以上工业企业主要经济效益指标(2016年)

Main Indicators of Economic Benefit of Industrial Enterprises above Designated Size(2016)

单位：%　　(%)

项目 Item	工业增加值率 Ratio of Value Added to Gross Industrial Output Value	总资产贡献率 Ratio of Total Assets to Industrial Output Value	资产负债率 Ratio of Assets to Liability	流动资产周转次数(次/年) Number of Times of Turnover Circulating Funds(times/year)	工业成本费用利润率 Ratio of Profits to Industrial Cost	产品销售率 Proportion of Products Sold
合计 Total	**24.08**	**14.63**	**52.30**	**2.64**	**7.29**	**96.36**
#国有控股企业 State-holding Enterprises	27.81	9.06	61.49	1.91	5.99	93.72
#农村工业 Industy in Country	26.03	29.02	40.79	5.74	7.88	98.24
按轻重分 Group by Light & Heary Industry						
轻工业 Light Industry	25.55	18.69	47.14	2.87	7.79	97.01
重工业 Heavy Industry	22.61	11.94	55.73	2.44	6.79	95.71
按经济类型分 Grouped by Ownership						
国有 Stated-owned	30.85	13.05	59.26	3.23	3.00	98.15
集体 Collective-owned	31.18	22.32	44.34	5.14	5.23	98.89
股份 Share Holding	23.48	11.81	55.95	2.38	7.58	95.77
联营 Cooperation	24.89	40.30	47.23	16.27	6.35	98.79
私营 Private	22.22	19.64	46.22	3.92	6.34	97.67
外商及港澳台商投资 Funds from HongKong, Macao,TaiWan and Foreign Area	25.06	14.77	50.93	2.07	8.53	95.29
其他 Others	29.84	26.21	38.62	10.30	5.90	99.92
按登记注册分 Grouped by Status of Registration						
内资企业 Sole Funded	23.46	14.55	53.08	3.06	6.67	96.91
港、澳、台商投资企业 Enterprises with Funds from HongKong, Macao and TaiWan	23.90	13.70	50.15	2.03	8.50	94.68

12-12 续表1

Continued

单位：% (%)

项目 Item	工业增加值率 Ratio of Value Added to Gross Industrial Output Value	总资产贡献率 Ratio of Total Assets to Industrial Output Value	资产负债率 Ratio of Assets to Liability	流动资产周转次数（次/年） Number of Times of Turnover Circulating Funds(times/year)	工业成本费用利润率 Ratio of Profits to Industrial Cost	产品销售率 Proportion of Products Sold
外商投资企业 Foreign Funded Enterprises	27.01	16.62	52.26	2.14	8.58	96.35
按经济组织分 **Grouped by Organization**						
独资企业 Sole Funded	24.85	14.64	46.75	2.29	8.12	96.04
合作、合伙 Cooperated and Partnership	21.82	11.09	54.07	2.88	4.48	85.85
股份有限公司 Share Holding Enterprises	24.19	8.21	50.15	1.34	8.42	94.30
有限责任公司 Limited Liability Corporations	23.80	16.15	54.66	3.10	6.95	96.89
按规模分 **Grouped by Size of Enterprises**						
大型企业 Large Scale	26.28	14.04	57.04	2.02	8.65	93.70
中型企业 Medium Scale	24.26	14.42	50.46	2.74	7.45	97.12
小型企业 Small Scale	20.63	16.13	48.17	3.36	6.32	97.67
微型企业 Micro-Scale	11.58	6.12	48.98	1.36	4.38	98.15
按行业分 **Grouped by Sector**						
煤炭开采和洗选业 Coal Mining and Dressing	47.20	7.46	50.71	3.14	-0.95	101.26
石油和天然气开采业 Petroleum and Natural Gas Mining						
黑色金属矿采选业 Ferrous Metals Mining and Dressing	17.25	8.41	52.56	5.53	2.11	97.88
有色金属矿采选业 Nonferrous Metals Mining and Dressing	38.34	14.10	50.44	6.07	3.31	96.42
非金属矿采选业 Nonmetal Minerals Mining and Dressing	31.61	25.13	31.84	6.29	6.94	99.74
其他采矿业 Others Mining and Quarrying						

12-12 续表2

Continued

单位：%　　(%)

项目 Item	工业增加值率 Ratio of Value Added to Gross Industrial Output Value	总资产贡献率 Ratio of Total Assets to Industrial Output Value	资产负债率 Ratio of Assets to Liability	流动资产周转次数（次/年） Number of Times of Turnover Circulating Funds(times/year)	工业成本费用利润率 Ratio of Profits to Industrial Cost	产品销售率 Proportion of Products Sold
农副食品加工业 Agricultural and Sideline Products Processing	19.50	18.46	51.75	3.35	6.30	97.43
食品制造业 Food Manufacturing	25.44	25.12	36.42	3.18	11.38	97.85
酒、饮料和精制茶制造业 Wine，Drink and Tea Manufacturing	28.84	21.88	41.10	3.32	9.52	97.61
烟草制品业 Tobacco Processing	82.93	68.95	32.30	1.47	12.74	101.32
纺织业 Textile Industry	21.16	13.95	48.53	3.16	5.82	96.96
纺织服装、服饰业 Textile Garments Products	25.42	17.33	37.70	2.62	7.92	96.49
皮革、毛皮、羽毛及其制品和制鞋业 Leather , Furs , Down and Relate Products	28.37	22.65	49.20	3.21	8.08	96.68
木材加工和木、竹、藤、棕、草制品业 Timber Processing,Bamboo,Cane,Palm Fiber and Straw Products	23.65	22.31	41.82	5.28	5.11	97.92
家具制造业 Furniture Manufacturing	24.87	19.23	49.50	3.09	6.72	98.54
造纸和纸制品业 Papermaking and Paper Products	21.23	17.12	55.00	2.42	9.06	95.25
印刷和记录媒介复制业 Printing and Record Medium Reproduction	23.78	13.32	41.07	2.97	6.05	98.90
文教、工美、体育和娱乐用品制造业 Cultural , Educational and Sports Goods	25.75	21.59	46.23	3.66	7.31	98.27
石油加工、炼焦和核燃料加工业 Petroleum Processing , Coking and Nuclear Fuel Processing	34.16	35.82	61.95	2.42	17.61	83.33
化学原料和化学制品制造业 Raw Chemical Materials and Chemical Products	19.27	8.31	59.34	2.70	4.37	99.03
医药制造业 Medical and Pharmaceutical Products	33.53	17.47	31.36	1.63	15.13	95.26
化学纤维制造业 Chemical Fiber	19.64	9.37	62.28	2.74	5.19	93.42
橡胶和塑料制品业 Rubber and Plastic Products	23.11	16.36	46.52	3.13	7.16	97.51
非金属矿物制品业 Nonmetal Minerals Products	24.34	15.67	45.33	2.67	8.05	97.61

12-12 续表3

Continued

单位：% (%)

项目 Item	工业增加值率 Ratio of Value Added to Gross Industrial Output Value	总资产贡献率 Ratio of Total Assets to Industrial Output Value	资产负债率 Ratio of Assets to Liability	流动资产周转次数(次/年) Number of Times of Turnover Circulating Funds(times/year)	工业成本费用利润率 Ratio of Profits to Industrial Cost	产品销售率 Proportion of Products Sold
黑色金属冶炼和压延加工业 Smelting and Pressing of Ferrous Metals	18.89	13.14	61.34	4.03	4.25	94.06
有色金属冶炼和压延加工业 Smelting and Pressing of Nonferrous Metals	16.15	6.11	63.77	2.36	2.75	94.66
金属制品业 Metal Products	23.17	16.61	42.75	2.64	8.68	96.21
通用设备制造业 General Equipment	22.82	15.13	41.91	2.32	7.91	95.74
专用设备制造业 Special Purpose Equipment	21.97	12.25	54.07	1.73	7.28	95.48
汽车制造业 Car Manufacturing	22.10	15.80	56.93	2.12	8.13	97.13
铁路、船舶、航空航天和其他运输设备制造业 Railway,Watercraft,Aviation and others transportation Manufacturing	22.23	8.18	67.20	1.52	4.24	97.61
电气机械和器材制造业 Electric Equipment and Machinery	27.24	14.22	48.94	1.67	10.71	96.04
计算机、通信和其他电子设备制造业 Computer,Communication and other Electronic Equipment	22.13	8.39	54.01	1.81	5.95	94.05
仪器仪表制造业 Instruments and Meters Machinery	29.20	18.53	39.90	2.42	9.19	95.95
其他制造业 Others Manufacturing	23.35	13.43	36.89	2.47	5.98	96.22
废弃资源综合利用业 Waste Resources and Materials Recovering	13.14	29.39	50.85	6.26	3.38	98.52
金属制品、机械和设备修理业 Metals,Machinery and Equipment maintenance	18.52	13.90	44.02	4.97	5.97	99.74
电力、热力生产和供应业 Production and Supply of Electric Power and Hot Power	27.06	7.56	64.32	2.86	8.38	98.18
燃气生产和供应业 Production and Supply of Gas	15.51	12.28	57.36	3.72	10.60	99.86
水的生产和供应业 Production and Supply of Water	49.33	2.04	50.59	0.74	5.44	98.81

12-13 大中型工业企业主要经济指标(2016年)

单位：万元

项目 Item	企业单位数(个) Number of Enterprises (unit)	工业总产值 Gross Industrial Output Value	工业增加值 Value added Of Industry	资产总计 Total Assets
合　计 **Total**	**3288**	**262328844**	**66131890**	**220200831**
#**煤炭开采和洗选业** Coal Mining and Dressing	14	316686	184657	681059
黑色金属矿采选业 Ferrous Metals Mining and Dressing	4	248793	38455	559715
有色金属矿采选业 Nonferrous Metals Mining and Dressing	3	124230	66999	98091
非金属矿采选业 Nonmetal Minerals Mining and Dressing	16	592445	228096	386655
农副食品加工业 Agricultural and Sideline Products Processing	157	12691483	2531648	8160348
食品制造业 Food Manufacturing	130	7752971	2062235	4730970
酒、饮料和精制茶制造业 Wine，Drink and Tea Manufacturing	96	4475147	1412947	3185683
烟草制品业 Tobacco Processing	6	2347065	1946235	2559173
纺织业 Textile Industry	218	16539706	3563652	9295872
纺织服装、服饰业 Textile Garments Products	325	13059274	3480843	7772211
皮革、毛皮、羽毛及其制品和制鞋业 Leather , Furs , Down and Relate Products	514	26047301	7601352	12284859
木材加工和木、竹、藤、棕、草制品业 Timber Processing,Bamboo,Cane,Palm Fiber and Straw Products	57	2451383	592299	1179404
家具制造业 Furniture Manufacturing	59	2336824	580803	1170338
造纸和纸制品业 Papermaking and Paper Products	71	6320319	1357231	5022825
印刷和记录媒介复制业 Printing and Record Medium Reproduction	28	1097533	247851	808739
文教、工美、体育和娱乐用品制造业 Cultural , Educational and Sports Goods	179	6649416	1828772	2682961
石油加工、炼焦和核燃料加工业 Petroleum Processing , Coking and Nuclear Fuel Processing	6	9643678	3375427	8217392
化学原料和化学制品制造业 Raw Chemical Materials and Chemical Products	81	5012603	1114614	9435197
医药制造业 Medical and Pharmaceutical Products	33	1604414	624144	2132547

Main Financial Indicators of Large and Medium Industrial Enterprises(2016)

(10000 yuan)

固定资产原价 Original Value of Fixed Assets	固定资产合计 Total Value of Fixed Assets	流动资产合计 Circulating Funds	主营业务收入 Sale Revenue	利润总额 Total Profit	利税总额 Total Profits and Tax	所得税费用 Income Tax	应交增值税 Value Added Tax Payable
117142972	**70093321**	**107926586**	**249005230**	**18499560**	**28879920**	**2175501**	**6747914**
300387	170867	236499	338265	-63094	-19448	-8583	35073
301750	263530	92541	230866	3224	13258	1038	7728
151699	71485	9181	121401	8716	21325	1326	6366
219918	168422	69549	592722	61242	105894	2928	27656
2993268	2108962	5069648	12296359	850049	1213521	31347	331169
1628824	1040398	2499765	8060727	996550	1289230	79794	260153
1988641	1232032	1622018	4552025	472386	707376	55558	152623
1287748	638186	1711606	2334353	134946	1749150	35342	289260
5265299	2988928	5046164	15913577	924374	1228196	68284	245270
2485338	1374443	4764878	12089870	975002	1351861	103369	313312
4018482	2352458	8086082	25061794	1952917	2738338	192687	627943
455507	258844	668843	2369746	146834	232678	10121	65721
357490	202299	794674	2269757	149848	225504	16580	62939
2837572	1729882	2716379	5422345	563362	771487	60834	178810
293257	206692	373175	1059898	57772	95362	4041	31125
1213045	758797	1535641	6265029	473510	648746	35205	142154
6481069	2064754	3307025	7812199	1105867	2896728	262506	684591
3304426	2274191	2684533	4927568	82638	262751	36668	158036
711510	458169	1230146	1498062	275005	359648	40084	71879

12-13 续表

单位：万元

项目 Item	企业单位数(个) Number of Enterprises (unit)	工业总产值 Gross Industrial Output Value	工业增加值 Value added Of Industry	资产总计 Total Assets
化学纤维制造业 Chemical Fiber	34	9607858	1867289	6974477
橡胶和塑料制品业 Rubber and Plastic Products	142	8396492	2085455	5441986
非金属矿物制品业 Nonmetal Minerals Products	255	12398648	3218204	12114710
黑色金属冶炼和压延加工业 Smelting and Pressing of Ferrous Metals	41	12168389	2395015	7383716
有色金属冶炼和压延加工业 Smelting and Pressing of Nonferrous Metals	29	12188854	2150391	13002021
金属制品业 Metal Products	84	5682084	1421493	4456202
通用设备制造业 General Equipment	76	5080067	1291758	4152996
专用设备制造业 Special Purpose Equipment	48	2780049	660129	3941750
汽车制造业 Car Manufacturing	75	8595069	1890337	6137169
铁路、船舶、航空航天和其他运输设备制造业 Railway,Watercraft,Aviation and others transportation Manufacturing	32	2214381	521644	2382579
电气机械和器材制造业 Electric Equipment and Machinery	154	12489999	3642378	11382271
计算机、通信和其他电子设备制造业 Computer,Communication and other Electronic Equipment	160	30799007	6915603	24216565
仪器仪表制造业 Instruments and Meters Machinery	33	1080668	344800	758005
其他制造业 Others Manufacturing	45	1856105	469990	1220046
金属制品、机械和设备修理业 Metals,Machinery and Equipment maintenance	5	1190407	196058	714885
电力、热力生产和供应业 Production and Supply of Electric Power and Hot Power	62	14855147	3851293	31852450
燃气生产和供应业 Production and Supply of Gas	6	1358228	246318	1664585
水的生产和供应业 Production and Supply of Water	10	276122	125476	2040380

Continued

(10000 yuan)

固定资产原价 Original Value of Fixed Assets	固定资产合计 Total Value of Fixed Assets	流动资产合计 Circulating Funds	主营业务收入 Sale Revenue	利润总额 Total Profit	利税总额 Total Profits and Tax	所得税费用 Income Tax	应交增值税 Value Added Tax Payable
5583856	3020712	3033169	8473907	428890	535635	18346	97593
3291548	1943467	2540039	8170991	693492	933827	96785	204259
5999237	3566907	6239685	12118162	1095130	1499340	82813	325569
5191038	3449002	2997606	10892723	536606	863118	49209	293897
3921673	2700465	5808555	11233741	272634	554364	26129	233410
1368536	964069	2462915	5343765	554062	698238	57099	123535
1701493	953514	2595057	4915194	448609	599223	48488	123751
693143	431808	2903845	2644175	150359	260610	24796	98374
2298355	1218088	3972355	8331818	683949	1060607	76680	277220
728499	530742	1671860	2115624	80530	143057	10521	46461
3453294	2277829	7774787	11844728	1390703	1678485	203641	218400
10085766	4531384	16265098	28905782	1707112	2016148	262988	247124
377587	207874	446064	1041374	81085	108374	7893	23112
284570	148223	716065	1768540	105511	169560	15786	58257
559167	346009	238653	1171845	51777	72936	9184	15501
32695613	21242999	4890213	15183068	897631	1614319	115193	646099
1106842	992645	398278	1348136	153766	170413	38503	13036
1507525	1204247	453998	285097	-3433	10062	2324	10513

12-14 国有控股工业企业主要经济指标(2016年)

单位：万元

项目 Item	企业单位数(个) Number of Enterprises (unit)	工业总产值 Gross Industrial Output Value	工业增加值 Value added of Industry	资产总计 Total Assets
合计 **Total**	**499**	**43306966**	**11998110**	**78416014**
按隶属关系分 **Grouped by Subordination**				
中央企业 Central Enterprises	77	18152634	5430070	34338368
地方企业 Local Enterprises	422	25154332	6568040	44077645
按轻重分 **Grouped by Light &Heavy Industry**				
轻工业 Light Industry	112	4360296	2578462	7625177
重工业 Heavy Industry	387	38946670	9419648	70790837
按规模分 **Grouped by Size of Enterprises**				
大型企业 Large Scale	46	26061090	7384857	48407465
中型企业 Medium Scale	134	11739541	3036385	18366923
小型企业 Small Scale	290	5338792	1511584	10915975
微型企业 Micro-Scale	29	167542	65283	725650
按行业分 **Grouped by Sector**				
#**煤炭开采和洗选业** Coal Mining and Dressing	14	232727	141380	656694
黑色金属矿采选业 Ferrous Metals Mining and Dressing	5	204414	35768	597887
有色金属矿采选业 Nonferrous Metals Mining and Dressing	9	185141	94116	162161
非金属矿采选业 Nonmetal Minerals Mining and Dressing	12	87459	46204	382756

Main Financial Indicators of State-holding Industrial Enterprise(2016)

(10000 yuan)

固定资产原价 Original Value of Fixed Assets	固定资产合计 Total Value of Fixed Assets	流动资产合计 Circulating Funds	主营业务收入 Sale Revenue	利润总额 Total Profit	利税总额 Total Profits and Tax	所得税费用 Income Tax	应交增值税 Value Added Tax Payable
58531591	**37385399**	**21734618**	**40787685**	**2258091**	**6055057**	**410764**	**1971729**
31540248	20244448	6113987	16310016	1078639	3182717	149571	1036024
26991342	17140952	15620631	24477669	1179451	2872340	261194	935705
4459596	2715183	3507392	4261472	318963	2029545	70811	365139
54071995	34670217	18227226	36526214	1939128	4025512	339953	1606590
31578998	20699287	14299443	23842909	1236580	4172345	161234	1226239
17187150	10405444	4329997	11540971	487268	1046553	139374	483148
9201422	5849866	2884568	5242156	496878	789215	106045	254549
564021	430802	220611	161649	37364	46944	4112	7792
285413	160213	220466	259404	-61610	-25470	-8596	30019
314553	268820	110595	187618	1202	12594	1055	8784
187601	107089	33559	189598	14671	29850	1706	7817
181302	150023	76514	90207	16890	26965	3901	8193

12-14 续表1

单位：万元

项目 Item	企业单位数(个) Number of Enterprises (unit)	工业总产值 Gross Industrial Output Value	工业增加值 Value added of Industry	资产总计 Total Assets
其他采矿业 Others Mining and Quarrying				
农副食品加工业 Agricultural and Sideline Products Processing	8	271037	32322	112225
食品制造业 Food Manufacturing	11	138059	32498	475891
酒、饮料和精制茶制造业 Wine，Drink and Tea Manufacturing	10	79853	29146	107940
烟草制品业 Tobacco Processing	6	2347065	1946235	2559173
纺织业 Textile Industry	2	163659	22153	91444
纺织服装、服饰业 Textile Garments Products	3	15364	3913	24728
木材加工和木、竹、藤、棕、草制品业 Timber Processing,Bamboo,Cane,Palm Fiber and Straw Products	3	255973	52177	497717
造纸和纸制品业 Papermaking and Paper Products	5	202729	47834	614524
印刷和记录媒介复制业 Printing and Record Medium Reproduction	13	131752	46141	130917
石油加工、炼焦和核燃料加工业 Petroleum Processing , Coking and Nuclear Fuel Processing	3	4214470	1076651	3928642
化学原料和化学制品制造业 Raw Chemical Materials and Chemical Products	23	1301301	188488	2151905
医药制造业 Medical and Pharmaceutical Products	7	315520	177280	647452
橡胶和塑料制品业 Rubber and Plastic Products	2	7293	1563	5775
非金属矿物制品业 Nonmetal Minerals Products	44	826872	174795	1051150
黑色金属冶炼和压延加工业 Smelting and Pressing of Ferrous Metals	9	3304003	719697	3349059

Continued

(10000 yuan)

固定资产原价 Original Value of Fixed Assets	固定资产合计 Total Value of Fixed Assets	流动资产合计 Circulating Funds	主营业务收入 Sale Revenue	利润总额 Total Profit	利税总额 Total Profits and Tax	所得税费用 Income Tax	应交增值税 Value Added Tax Payable
29183	17438	68124	276688	4397	5151	444	542
96397	60549	104524	142980	10296	18070	1658	6935
110323	69286	34174	78383	-904	9991	138	4192
1287748	638186	1711606	2334353	134946	1749150	35342	289260
78956	26750	50220	100066	3003	7092	507	3557
12340	5816	18431	15606	1385	4021		2351
139416	85547	263621	233550	8795	15049		3838
728366	271497	285598	213836	5484	14538	509	7575
102470	42208	74712	116424	16670	25375	4235	7241
2786309	4050	1380025	2410539	312787	892687	68540	354735
1689318	1260395	539884	1158493	-66678	-11220	20395	52748
120670	72206	410050	284470	108208	138266	18661	25948
3134	1547	3387	6871	42	199	12	120
727403	448624	431432	776061	15786	40001	9603	21110
2723932	1738403	1227005	3120650	164392	252973	28816	79251

12-14 续表2

单位：万元

项目 Item	企业单位数(个) Number of Enterprises (unit)	工业总产值 Gross Industrial Output Value	工业增加值 Value added of Industry	资产总计 Total Assets
有色金属冶炼和压延加工业 Smelting and Pressing of Nonferrous Metals	11	2489173	518604	8380275
金属制品业 Metal Products	3	59261	3262	53082
通用设备制造业 General Equipment	12	231832	72511	538701
专用设备制造业 Special Purpose Equipment	9	328890	38637	1153935
汽车制造业 Car Manufacturing	11	2885000	457288	2407705
铁路、船舶、航空航天和其他运输设备制造业 Railway,Watercraft,Aviation and others transportation Manufacturing	9	1003097	202616	1999018
电气机械和器材制造业 Electric Equipment and Machinery	12	266025	45660	513884
计算机、通信和其他电子设备制造业 Computer,Communication and other Electronic Equipment	21	2605395	700645	4093963
仪器仪表制造业 Instruments and Meters Machinery	1	24745	6945	22718
其他制造业 Others Manufacturing				
金属制品、机械和设备修理业 Metals,Machinery and Equipment maintenance	3	22077	2119	17528
电力、热力生产和供应业 Production and Supply of Electric Power and Hot Power	171	17495547	4686175	37531148
燃气生产和供应业 Production and Supply of Gas	8	1029268	175502	1484502
水的生产和供应业 Production and Supply of Water	33	341685	176484	2555694

Continued

(10000 yuan)

固定资产原价 Original Value of Fixed Assets	固定资产合计 Total Value of Fixed Assets	流动资产合计 Circulating Funds	主营业务收入 Sale Revenue	利润总额 Total Profit	利税总额 Total Profits and Tax	所得税费用 Income Tax	应交增值税 Value Added Tax Payable
1851634	1221358	2977839	2236458	29212	173890	-16971	114632
16803	9146	42393	103891	-3376	-1579	430	1739
152310	95807	283908	222973	33154	44529	2526	9980
183644	103248	814938	280924	-53784	-38244	219	13635
994920	501440	1541007	2722158	38262	190664	5360	74872
649957	487910	1428947	921231	-15838	-7514	1768	6898
83619	95515	345129	269042	11512	16633	9278	4245
1382812	1086688	1568176	2534884	159048	156598	14758	-13082
440	84	19524	24744	3650	3974	492	299
4546	1425	11055	22219	586	550	84	-68
38798260	25975298	4664957	17845019	1220933	2135490	165750	820957
970117	882676	353467	1028108	115179	124919	31626	7549
1785671	1431530	601779	356818	17799	31698	6189	10597

12-15 规模以上外商及港澳台投资工业企业主要经济指标(2016年)

单位：万元

项目 Item	企业单位数(个) Number of Enterprises (unit)	工业总产值 Gross Industrial Output Value	工业增加值 Value added of Industry	资产总计 Total Assets
合计 Total	**3731**	**151182579**	**37642813**	**115609093**
按登记注册类型分 Grouped by Status of Registration				
港、澳、台商投资企业 Enterprises with Funds from HongKong, Macao and TaiWan	**2477**	**95568272**	**22777239**	**72921939**
合资经营企业 Joint Ventures Enterprises	537	24584128	5855202	20216789
合作经营企业 Cooperative Operation Enterprises	16	429104	82123	131621
独资企业 Sole Investment	1864	64567823	15609885	44979402
股份有限公司 Share-holding Corporations Ltd with Investment	60	5987217	1230030	7594127
外商投资企业 Foreign Funded Enterprises	**1254**	**55614306**	**14865574**	**42687154**
中外合资经营企业 Joint Ventures Enterprises	358	21066628	6037639	19364703
中外合作经营企业 Cooperative Operation Enterprises	10	549298	136580	451039
外资企业 Sole Foreign Investment Enterprises	850	32347467	8297807	21319759
外商投资股份有限公司 Foreign Investment share Enterprises	36	1650914	393548	1551652
按轻重分 Grouped by Light &Heavy Industry				
轻工业 Light Industry	2518	84138390	21620900	53177555
重工业 Heavy Industry	1213	67044189	16021913	62431538
按规模分 Grouped by Size of Enterprises				
大型企业 Large Scale	223	67472114	17917515	51643692
中型企业 Medium Scale	1089	48194156	11877110	38537243
小型企业 Small Scale	2328	34598590	7663519	24131284

Main Finanical Indicators of Industrial Enterprises with Foreign Capital above Designated Size(2016)

(10000 yuan)

固定资产原价 Original Value of Fixed Assets	固定资产合计 Total Value of Fixed Assets	流动资产合计 Circulating Funds	主营业务收入 Sale Revenue	利润总额 Total Profit	利税总额 Total Profits and Tax	所得税费用 Income Tax	应交增值税 Value Added Tax Payable
52107677	**27993712**	**69812980**	**143029273**	**11295284**	**16118046**	**1416691**	**3253605**
32570164	**17916188**	**44433625**	**89388756**	**7091558**	**9372535**	**780414**	**1897991**
9130930	5037181	12862818	23487089	1888654	2544948	207187	541838
50473	32831	69009	430069	19438	25878	2523	4622
20470640	10985374	27381900	60689127	4769504	6268656	532993	1249130
2918121	1860802	4119898	4782472	413962	533053	37711	102401
19537513	**10077524**	**25379355**	**53640517**	**4203726**	**6745511**	**636277**	**1355614**
9414044	5075424	9934861	20598489	1784620	3559772	347251	746618
227364	99285	329850	581358	65997	78335	8233	9147
9346017	4530894	14138091	30930282	2226270	2930527	263801	556313
550089	371921	976554	1530388	126840	176877	16992	43536
22331123	12413011	33187738	79604869	6435082	8631809	651795	1802545
29776554	15580701	36625241	63424404	4860201	7486237	764896	1451059
23700230	12525948	32315657	63188232	5635849	8396588	769816	1581575
17735160	9601952	21897273	45672667	3410489	4692763	402243	1050643
10479977	5754327	14722258	33340666	2225909	2983565	242834	606066

12-15 续表1

单位：万元

项目 Item	企业单位数(个) Number of Enterprises (unit)	工业总产值 Gross Industrial Output Value	工业增加值 Value added of Industry	资产总计 Total Assets
微型企业 Micro-Scale	91	917719	184669	1296874
按行业分 **Grouped by Sector**				
#**有色金属矿采选业** Nonferrous Metals Mining and Dressing	3	41383	19343	10023
非金属矿采选业 Nonmetal Minerals Mining and Dressing	4	139362	48187	22479
农副食品加工业 Agricultural and Sideline Products Processing	161	6946554	1265583	3590101
食品制造业 Food Manufacturing	113	4009722	1121438	2608365
酒、饮料和精制茶制造业 Wine，Drink and Tea Manufacturing	65	2733760	877903	2586791
纺织业 Textile Industry	245	7363301	1592653	4877339
纺织服装、服饰业 Textile Garments Products	509	10809312	2855295	7137267
皮革、毛皮、羽毛及其制品和制鞋业 Leather , Furs , Down and Relate Products	451	18530204	5525875	9334066
木材加工和木、竹、藤、棕、草制品业 Timber Processing,Bamboo,Cane,Palm Fiber and Straw Products	39	1036724	307668	533103
家具制造业 Furniture Manufacturing	65	1402853	357862	920754
造纸和纸制品业 Papermaking and Paper Products	103	4454503	861963	3643718
印刷和记录媒介复制业 Printing and Record Medium Reproduction	26	357096	101241	357789
文教、工美、体育和娱乐用品制造业 Cultural , Educational and Sports Goods	260	5310490	1418799	2314181
石油加工、炼焦和核燃料加工业 Petroleum Processing , Coking and Nuclear Fuel Processing	7	5249932	2272097	4229268
化学原料和化学制品制造业 Raw Chemical Materials and Chemical Products	110	3002833	628729	5732052
医药制造业 Medical and Pharmaceutical Products	24	698612	255625	809122
化学纤维制造业 Chemical Fiber	36	5903236	1151186	4040591

Continued

(10000 yuan)

固定资产原价 Original Value of Fixed Assets	固定资产合计 Total Value of Fixed Assets	流动资产合计 Circulating Funds	主营业务收入 Sale Revenue	利润总额 Total Profit	利税总额 Total Profits and Tax	所得税费用 Income Tax	应交增值税 Value Added Tax Payable
192310	111486	877791	827708	23037	45130	1798	15321
1584	632	4811	41383	807	3148		538
5137	4248	14709	138727	9068	21246	199	6838
1233020	628399	2559635	6742817	416591	565847	20608	133150
810554	495987	1603375	4380045	673838	833911	45129	141911
1524174	934162	1375725	2817640	281168	443633	49737	104475
2442036	1148191	2973820	7028275	482235	636038	43208	122730
2319425	1287715	4617529	9979142	797069	1099277	85635	249389
2936618	1649964	6220235	17719513	1451496	1958459	145387	413690
190444	130865	296122	958272	70582	103373	6516	27570
308017	160258	666660	1378137	70295	104782	9260	28200
1694376	1162898	2074320	3516795	339163	478070	39197	121742
173273	95411	147495	357973	31632	46790	4505	12902
1004746	591324	1346987	5050992	366462	504617	30613	111508
3644722	2012077	1892850	5243708	786350	1996789	194414	329300
1536799	910226	2003953	2990911	84366	154187	30249	58267
349852	275715	448475	662115	97245	123055	15489	21771
3330941	1593247	1827947	4920527	182499	273144	13084	83729

12-15 续表2

单位：万元

项目 Item	企业单位数(个) Number of Enterprises (unit)	工业总产值 Gross Industrial Output Value	工业增加值 Value added of Industry	资产总计 Total Assets
橡胶和塑料制品业 Rubber and Plastic Products	211	5939487	1509536	5624984
非金属矿物制品业 Nonmetal Minerals Products	191	4766817	1225927	7230072
黑色金属冶炼和压延加工业 Smelting and Pressing of Ferrous Metals	35	5214318	1085089	3011159
有色金属冶炼和压延加工业 Smelting and Pressing of Nonferrous Metals	25	1656821	322706	1478003
金属制品业 Metal Products	129	3980401	1021319	3495271
通用设备制造业 General Equipment	113	3905384	1010140	3288563
专用设备制造业 Special Purpose Equipment	105	1791667	452659	1634309
汽车制造业 Car Manufacturing	146	8285648	1868167	5999626
铁路、船舶、航空航天和其他运输设备制造业 Railway,Watercraft,Aviation and others transportation Manufacturing	25	404336	103795	352882
电气机械和器材制造业 Electric Equipment and Machinery	157	8651888	2341225	6896959
计算机、通信和其他电子设备制造业 Computer,Communication and other Electronic Equipment	170	22708925	4476355	17059642
仪器仪表制造业 Instruments and Meters Machinery	59	1217753	367316	702857
其他制造业 Others Manufacturing	91	1912459	482470	1271210
废弃资源综合利用业 Waste Resources and Materials Recovering	3	17007	2868	29127
金属制品、机械和设备修理业 Metals,Machinery and Equipment maintenance	8	1391272	236776	803438
电力、热力生产和供应业 Production and Supply of Electric Power and Hot Power	21	724310	307254	3012736
燃气生产和供应业 Production and Supply of Gas	9	496288	130086	656822
水的生产和供应业 Production and Supply of Water	10	112580	30699	285902

Continued

(10000 yuan)

固定资产原价 Original Value of Fixed Assets	固定资产合计 Total Value of Fixed Assets	流动资产合计 Circulating Funds	主营业务收入 Sale Revenue	利润总额 Total Profit	利税总额 Total Profits and Tax	所得税费用 Income Tax	应交增值税 Value Added Tax Payable
3621700	1964662	2826323	5773067	430859	601806	57288	137066
2730313	1772924	4021892	4690192	583352	718460	35685	105500
1998359	1275397	1312359	4410489	245432	424017	11295	162096
1050172	649522	678491	1421483	123668	145350	10005	15690
1277899	763226	2338819	3749666	399055	474387	43839	61140
1465435	728776	2280355	3733073	310502	434960	41798	103751
534676	250352	1109610	1719542	178291	235925	21617	49670
2611444	1218473	4047902	8089173	701733	1072245	88761	274277
128460	55959	279567	358606	13098	19731	3068	4708
2388188	1357103	4796504	8388108	856251	1041773	127393	146106
6502438	3124570	12460573	21009351	806407	918577	154781	71634
375638	174622	441129	1174080	108103	132734	7160	20661
307156	169986	769365	1863853	132232	192439	16292	53432
5705	4460	20314	16349	10	-542	113	-765
618785	372512	308785	1374328	42085	57702	8779	10797
2259836	574452	1713067	721584	163639	222671	39251	53931
360659	248750	260628	490382	67153	79463	15143	10283
339990	189959	68037	103451	-4975	666	1196	4457

12-16 工业产品分行业三大市场销售情况(2016)

Sales Statisics in Three Major Markets of Industrial Products by Sector(2016)

单位：亿元 (100 million yuan)

项目	Item	产品销售收入 Product Sales Revenue	销售区域比重(%) Indicator 省内 In the Province	省外 Outside the Province	境外 Overseas
工业	**Industry**	**44799.65**	**46.50**	**36.80**	**16.70**
#采矿业	Mining	681.53	83.45	15.48	1.07
煤炭开采和洗选业	Coal Mining and Dressing	130.93	83.73	16.27	
黑色金属矿采选业	Ferrous Metals Mining and Dressing	166.67	91.37	8.63	
有色金属矿采选业	Nonferrous Metals Mining and Dressing	64.31	72.73	27.27	
非金属矿采选业	Nonmetal Minerals Mining and Dressing	319.62	81.37	16.36	2.27
#制造业	Manufacturing	41990.44	43.15	39.01	17.84
农副食品加工业	Agricultural and Sideline Products Processing	3045.06	50.66	28.01	21.33
食品制造业	Food Manufacturing	1461.92	32.35	54.28	13.37
酒、饮料和精制茶制造业	Wine，Drink and Tea Manufacturing	991.26	61.00	37.13	1.87
烟草制品业	Tobacco Processing	233.80	61.26	38.60	0.14
纺织业	Textile Industry	2728.30	44.84	47.81	7.35
纺织服装、服饰业	Textile Garments Products	2120.77	35.41	35.78	28.81
皮革、毛皮、羽毛及其制品和制鞋业	Leather , Furs , Down and Relate Products	3516.99	40.08	34.37	25.55
木材加工和木、竹、藤、棕、草制品业	Timber Processing,Bamboo,Cane,Palm Fiber and Straw Products	1118.43	52.92	37.45	9.63
家具制造业	Furniture Manufacturing	485.05	41.65	29.41	28.94
造纸和纸制品业	Papermaking and Paper Products	1072.70	65.99	31.43	2.58
印刷和记录媒介复制业	Printing and Record Medium Reproduction	362.87	75.17	22.19	2.64
文教、工美、体育和娱乐用品制造业	Cultural , Educational and Sports Goods	1670.70	30.98	34.98	34.04
石油加工、炼焦和核燃料加工业	Petroleum Processing , Coking and Nuclear Fuel Processing	827.94	68.52	31.20	0.28
化学原料和化学制品制造业	Raw Chemical Materials and Chemical Products	1676.46	50.84	42.76	6.40
医药制造业	Medical and Pharmaceutical Products	286.93	32.60	59.15	8.25
化学纤维制造业	Chemical Fiber	1011.51	64.61	31.27	4.12
橡胶和塑料制品业	Rubber and Plastic Products	1777.14	31.67	55.17	13.16
非金属矿物制品业	Nonmetal Minerals Products	3508.78	54.15	36.46	9.39
黑色金属冶炼和压延加工业	Smelting and Pressing of Ferrous Metals	1674.66	68.69	29.24	2.07
有色金属冶炼和压延加工业	Smelting and Pressing of Nonferrous Metals	1508.06	53.10	41.08	5.82
金属制品业	Metal Products	1231.08	44.55	40.01	15.44
通用设备制造业	General Equipment	1160.70	33.12	53.83	13.05
专用设备制造业	Special Purpose Equipment	884.97	34.78	58.48	6.74
汽车制造业	Car Manufacturing	1210.45	24.28	65.93	9.79
铁路、船舶、航空航天和其他运输设备制造业	Railway,Watercraft,Aviation and others transportation Manufacturing	362.38	37.43	34.84	27.73
电气机械和器材制造业	Electric Equipment and Machinery	1894.46	31.28	44.74	23.98
计算机、通信和其他电子设备制造业	Computer,Communication and other Electronic Equipment	3364.84	17.80	29.50	52.70
仪器仪表制造业	Instruments and Meters Machinery	243.67	23.43	31.17	45.40
其他制造业	Others Manufacturing	294.10	35.85	27.69	36.46
废弃资源综合利用业	Waste Resources and Materials Recovering	85.14	62.73	37.27	
金属制品、机械和设备修理业	Metals,Machinery and Equipment maintenance	179.32	11.54	12.12	76.34

工业　指从事自然资源的开采，对采掘品和农产品进行加工和再加工的物质生产部门。具体包括：(1)对自然资源的开采，如采矿、晒盐等(但不包括禽兽捕猎和水产捕捞)；(2)对农副产品的加工、再加工，如粮油加工、食品加工、缫丝、纺织、制革等；(3)对采掘品的加工、再加工，如炼铁、炼钢、化工生产、石油加工、机器制造、木材加工等，以及电力、自来水、煤气的生产和供应等；(4)对工业品的修理、翻新，如机器设备的修理、交通运输工具(包括小卧车)的修理等。

1984 年以前农村的村及村以下办工业归属农业，1984 年以后划归工业。

工业统计调查单位为独立核算法人工业企业。

独立核算法人工业企业指从事工业生产经营活动的单位。独立核算法人工业企业应同时具备以下条件：①依法成立，有自己的名称、组织机构和场所，能够承担民事责任；②独立拥有和使用资产，承担负债，有权与其他单位签订合同；③独立核算盈亏，并能够编制资产负债表。

轻工业

指主要提供生活消费品和制作手工工具的工业。按其所使用的原料不同，可分为两大类：(1)以农产品为原料的轻工业，是指直接或间接以农产品为基本原料的轻工业。主要包括食品制造、饮料制造、烟草加工、纺织、缝纫、皮革和毛皮制作、造纸以及印刷等工业；(2)以非农产品为原料的轻工业，是指以工业品为原料的轻工业。主要包括文教体育用品、化学药品制造、合成纤维制造、日用化学制品、日用玻璃制品、日用金属制品、手工工具制造、医疗器械制造、文化和办公用机械制造等工业。

重工业

指为国民经济各部门提供物质技术基础的主要生产资料的工业。按其生产性质和产品用途，可以分为下列三类：(1)采掘(伐)工业，是指对自然资源的开采，包括石油开采、煤炭开采、金属矿开采、非金属矿开采等工业；(2)原材料工业，指向国民经济各部门提供基本材料、动力和燃料的工业。包括金属冶炼及加工、炼焦及焦炭、化学、化工原料、水泥、人造板以及电力、石油和煤炭加工等工业；(3)加工工业，是指对工业原材料进行再加工制造的工业。包括装备国民经济各部门的机械设备制造工业、金属结构、水泥制品等工业，以及为农业提供的生产资料如化肥、农药等工业。

根据上述划分原则，修理业中以重工业产品为修理作业对象的划为重工业，反之划为轻工业。

工业总产值

(1)定义：工业总产值是以货币形式表现的，工业企业在一定时期内生产的工业最终产品或提供工业性劳务活动的总价值量。它反映一定时间内工业生产的总规模和总水平。

(2)计算原则：

工业生产的原则，即凡是企业在报告期生产的经检验合格的产品，不管是否在报告期销售，均包括在内。

最终产品的原则，即凡是计入工业总产值的产品，必须是本企业生产的经检验合格的，不需要再进行任何加工的最终产品。如果企业有中间产品(半成品)对外销售，则对外销售的中间产品应视为企业的最终产品。

工厂法原则，即工业总产值是以工业企业作为基本计算(核算)单位，即按企业的最终产品计算工业总产值。按这种方法计算的工业总产值，不允许同一产品价值在企业内部重复计算，不能把企业内部各个车间(分厂)生产的成果相加，但允许企业间的重复计算。

(3)内容及计算方法：1995 年全国工业普查对工业总产值(原规定)的内容及计算原则和方法做了某些修订，修订后的工业总产值(新规定)包括三项内容：即本期生产成品价值、对外加工费收入、在制品半成品期末期初差额价值三部分。

本期生产成品价值：指企业本期生产，并在报告期内不再进行加工，经检验、包装入库的全部工业成品(半产品)价值合计，包括企业生产的自制设备及提供给本企业在建工程、其他非工业部门和福利部门等单位使用的成品价值。本期生产成品价值为按自备原材料生产的产品的数量乘以本期不含增值税(销项税额)的产品实际销售平均单价计算；会计核算中按成本价格转帐的自制设备和自产自用的成品，按成本价格计算生产成品价值。生产成品价值中不包括用定货者来料加工的成品(半产品)价值。

对外加工费收入：指企业在报告期内完成的对外承接的工业品加工(包括用定货者来料加工产品)的加工费收入和对外工业修理作业所取得的加工费收入。对外加工费收入按不含增值税(销项税额)的价格计算，可根据会计“主营业务收入”科目的有关资料取得。

对于本企业对内非工业部门提供的加工修理、设备安装的劳务收入，如果企业会计核算基础较好，能取得这部分资料，而且这部分价值所占比重较大，应包括在对外加工费收入中。

自制半成品在制品期末期初差额价值：指企业报告期在制品期末减期初的差额价值，本指标一般可以从会计核算资料中取得。如果会计产品成本核算中不计算半成品、在制品的成本，则总产值中也不包括这部分价值，反之则包括。

(4)工业总产值统计范围变化和计算方法修订情况：

1984 年以前工业总产值不包括村办工业，村办工业总产值划归农业。1984 年以后工业总产值包括村办工业。

1995 年工业普查对工业总产值计算方法做了修订，即从 1995 年始按新修订(新规定)方法计算工业总产值。新规定与原规定的区别如下：

全价与加工费的计算原则不同：新规定为凡自备原材料，不论其生产繁简程度如何，一律按全价计算工业总产值；凡来料加工，允许按加工费计算工业总产值。原规定则视生产加工的繁简程度不同，规定哪些行业按全价，哪些行业按加工费计算工业总产值。

自制半成品、在产品期末期初差额价值的计算原则不同：新规定要求，凡会计产品成本核算时计算了成本的差额价值，总产值中就应包括，否则可不包括；原规定则按生产周期六个月的界限区分，凡生产周期六个月以上的企业，总产值计算中应包括这部分差额价值，否则可不包括。

计算价格不同：新规定按不含增值税(销项税额)的价格计算；原规定则按含增值税(销项税额)的价格计算。

工业增加值

指工业企业在报告期内以货币表现的工业生产活动的最终成果。

工业增加值有两种计算方法：一是生产法，即工业总产出减去工业中间投入加上应交增值税；二是收入法，即从收入的角度出发，根据生产要素在生产过程中应得到的收入份额计算，具体构成项目有固定资产折旧、劳动者报酬、生产税净额、营业盈余，这种方法也称要素分配法。本年鉴中的工业增加值是以生产法计算的。

生产法工业增加值的计算方法为：

工业增加值=工业总产出-工业中间投入+应交增值税

(1)工业总产出：指工业企业在一定时期内工业生产活动的总成果。工业总产出包括：成品生产价值，对外加工费收入，自制半成品、在产品期末期初差额价值。1995 年后用新规定计算的工业总产值代替。

(2)工业中间投入：指工业企业在工业生产活动中消耗的外购物质产品和对外支付的服务费用。服务费用包括支付给物质生产部门(工业、农业、批发零售贸易业、建筑业、运输邮电业)的服务费用和支付给非物质生产部门(如保险、金融、文化教育、科学研究、医疗卫生、行政管理等)的服务费用。工业中间投入的确定须遵循以下原则：必须从外部购入的，并已计入工业总产出的产品和服务价值；必须是本期投入生产，并一次性消耗掉(包括本期摊销的低值易耗品等)的产品和服务价值。

工业中间投入包括直接材料费用、制造费用中的工业中间投入、管理费用中的工业中间投入、销售费用中的工业中间投入和利息支出五部分。

资产总计

指企业拥有或控制的能以货币计量的经济资源，包括各种财产、债权和其他权利。资产按流动性分为流动资产、长期投资、固定资产、无形资产、递延资产和其他资产。该指标根据企业会计“资产负债表”中“资产总计”项目的期末数增列。

流动资产平均余额

指企业在报告期内全部流动资产的平均余额。

固定资产净值年平均余额

指固定资产净值在报告期内余额的平均数。计算公式为：

固定资产净值年平均余额=1至12月各月月初、月末固定资产净值之和/24

该指标根据“资产负债表”中“固定资产原价”、“累计折旧”指标的期初、期末数计算填列。

固定资产净值指固定资产原价减去历年已提折旧额后的净额。计算公式为：

固定资产净值=固定资产原价-累计折旧

负债合计

指企业所承担的能以货币计量，将以资产或劳务偿付的债务，偿还形式包括货币、资产或提供劳务。负债一般按偿还期长短分为流动负债和长期负债。根据会计“资产负债表”中“负债合计”的年末数填列。

所有者权益

指企业投资人对企业净资产的所有权。企业净资产等于企业全部资产减去全部负债后的余额，包括企业投资人对企业的最初投入的实际到位的资产及资本公积金、盈余公积金和未分配利润。所有者权益合计数小于零，表示企业资不抵债。

主营业务收入

指企业销售产品和提供劳务等主要经营业务取得的业务总额。

主营业务成本

指企业销售产品和提供劳务等主要经营业务的实际成本。

主营业务税金及附加

指企业销售产品和提供工业性劳务等主要经营业务应负担的城市维护建设税、消费税、资源税和教育费附加。

利润总额

指企业生产经营活动的最终成果，是企业在一定时期内实现的盈亏相抵后的利润总额(亏损以“-”号表示)，它等于营业利润加上补贴收入加上投资收益加上营业外净收入再加上以前年度损益调整。

本年应交增值税

指企业在报告期内应交纳的增值税额。它等于本年销项税额加上出口退税加上进项税额转出数减去本年进项税额。小规模纳税企业直接按全年计税销售额乘以征收率计算取得。

从业人员平均人数　是指报告期内每天拥有的从业人员人数。其计算公式为：

月平均人数=报告月内每天实有人数之和/报告月日历日数

季平均人数=季内各月平均人数之和/3

年平均人数=年内各月平均人数之和/12

工业经济效益综合指数

是指现行综合评价工业经济效益总体水平及工业经济运行质量的指数。它是以若干项代表性经济效益指标，分别除以各项指标的标准值，再乘以各自的权数，加总后除以总权数求得。其计算公式为：

工业经济效益综合指数=(某项经济效益指标报告期数值/该项指标标准值×权数)/总权数

上式总权数为100。

总资产贡献率

反映企业全部资产的获利能力，是企业经营业绩和管理水平的集中体现，是评价和考核企业盈利能力的核心指标。计算公式为：

总资产贡献率（%）=(利润总额+税金总额+利息支出/平均资产总额)×100%

公式中：税金总额为产品销售税金及附加与应交增值税之和；平均资产总额为期初期末资产之和的算术平均值。

资产负债率

该指标既反映企业经营风险的大小，也反映企业利用债权人提供的资金从事经营活动的能力。计算公式为：

资产负债率（%）=(负债总额/资产总额)×100%

资产与负债均为报告期期末数。

流动资产周转次数

指一定时期内流动资产完成的周转次数，反映投入工业企业流动资金的周转速度。计算公式为：

流动资产周转次数=产品销售收入/全部流动资产平均余额

公式中：全部流动资产平均余额为期初和期末的流动资产之和的算术平均值。

成本费用利润率

反映企业投入的生产成本及费用的经济效益，同时也反映企业降低成本所取得的经济效益。计算公式为：

成本费用利润率（%）=(利润总额/成本费用总额)×100%

公式中：成本费用总额为产品销售成本、销售费用、管理费用、财务费用之和。

Explanatory Notes on Main Statistical Indicators

Industry refers to the material production sector which is engaged in extraction of natural resources and processing and reprocessing of minerals and agricultural products, including (1) extraction of natural resources, such as mining, salt production (but not including hunting and fishing); (2) processing and reprocessing of farm and sideline produces, such as rice husking, flour milling, wine making, oil pressing, silk reeling, spinning and weaving, and leather making; (3) manufacture of industrial products, such as steel making, iron smelting, chemicals manufacturing, petroleum processing, machine building, timber processing; water and gas production and electricity generation and supply; (4)repairing of industrial products such as the repairing of machinery and means of transport (including cars).

Prior to 1984, the rural industry run by villages and cooperative organizations under village was classified into agriculture. Since 1984, it has been grouped into industry.

Units of industrial statistics survey corporate industrial enterprises with independent accounting system.

Corporate industrial enterprises with independent accounting system refer to enterprises engaging in industrial production activities, which meet the following requirements: ① They are established legally, having their own names, organizations, location, able to take civil liability; ②They possess and use their assets independently, assume liabilities, and arc entitled to sign contracts with other units; ③ They are financially independent and compile their own balance sheets.

Light Industry refers to the industry that produces consumer goods and hand tools. It consists of two categories, depending on the materials used:

(1) Industries using farm products as raw materials. These are branches of light industry which directly or indirectly use farm products as basic raw materials, including the manufacture of food and beverages, tobacco processing, textile, clothing, fur and leather manufacturing, paper making, printing, etc.

(2) Industries using non farm products as raw materials. These are branches of light industry which use manufactured goods as raw materials, including the manufacture of cultural, educational articles and sports goods, chemicals, synthetic fiber, chemical products for daily use, glass products for daily use, metal products for daily use, hand tools, medical apparatus and instruments, and the manufacture of cultural and office machinery.

Heavy Industry refers to the industry which produces capital goods, and provides various sectors of the national economy with necessary material and technical basis. It consists of the following three branches according to the purpose of production or the use of products:

(1) Mining, quarrying and logging industry refers to the industry that extracts natural resources, including extraction of petroleum, coal, metal and non-metal ores.

(2) Raw materials industry refers to the industry that provides various sectors of the national economy with raw materials, fuels and power. It includes smelting and processing of metals, coking and coke chemistry, chemical materials and building materials such as cement, plywood, and power, petroleum refining and coal dressing.

(3) Manufacturing industry refers to the industry that processes raw materials. It includes machine-building industry which equips sectors of the national economy, industries of metal structure and cement products, industries producing means of agricultural production, such as chemical fertilizers and pesticides.

According to the above principle of classification, the repairing tradesss, which are engaged primarily in repairing products of heavy industry are classified as heavy industry while these engaged in repairing products of light industry are classified as light industry.

Gross Industrial Output Value

(1) Definition: Gross industrial output value is the total volume of final industrial products produced and industrial services provided during a given period. It reflects the total achievements and overall scale of industrial production during a given period.

(2) Principles for calculation:

Statistics on industrial production follow the principle that all products produced by the enterprises and accepted during the reference period are to be included no matter whether they are sold or not during the reference period.

Determination of final products follow the principle that all products that are included in the calculation of grow industrial output value are the final products of the enterprise which have been accepted through quality check and require no further processing. If an enterprise has intermediate (semi-finished) products to sell, these intermediate products are considered as the final products of the enterprise.

Gross industrial output value is calculated following the principle of factory approach, i.e. industrial enterprise is used as the basic accounting unit in calculating the gross industrial output value. By this approach, value of the same product is not to be double counted, and the output value of different workshops (branch factories) should not be added. However, this approach does not exclude the possibility of double counting between enterprises.

(3) Content and calculation method: The old definition of gross industrial output value was modified during the national industrial census in 1995. The revised (new) definition of gross industrial output value consists of 3 components: value of the finished products during the reference period, income from external processing, and value of change in semi-finished products at the end and at the beginning of the reference period.

Value of the finished products during the reference period: refers to the value of all finished (semi-finished) industrial products that are produced during the reference period without the need for further processing, checked for acceptance, packed and put into the warehouse of the enterprise, including the value of own-produced equipment and the value of products provided to the projects under construction of the enterprise, and to other non-industrial or welfare units. Value of finished products during the reference period is calculated by the quantity of products produced using own materials multiplied by the average unit prices at which products are sold (excluding value-added tax). Own-produced equipment and products produced for own use are value at cost prices as in the case of enterprise accounting. Value of finished products does not include the value of finished products (semi-finished products) that are produced using the materials from the clients who make the orders.

Income from external processing: refers to income from contracted external processing of industrial products (including processing of industrial products using materials from the clients), and the income from industrial repairing work provided to other units. Income from external processing is calculated using information from the item "products sales income" in the enterprise accounting at the prices excluding value-added tax.

For income from services such as processing, repairing and installation of equipment provided to non-industrial units within the enterprise, if the accounting work of the enterprise is good enough to separate it from other records, and the share of such services is significant, it should also be included in the income from external processing.

Value of change in semi-finished products at the end and at the beginning of the reference period: refers to the value of change in semi-finished products at the end and at the beginning of the reference period, which generally can be obtained from accounting records of enterprises. If the enterprise accounting excludes the cost of semi-finished products, then it should not be included in the gross industrial output value, and vice versa.

(4) Changes in the coverage and method of calculation of gross industrial output value

Prior to 1984, the value of rural industry run by villages was classified into agriculture instead of industry. Since 1984, it has been included in the gross industrial output value. Method of calculation for the gross industrial output value was modified in the industrial census in 1995. The difference in the new method as compared with the old one is outlined below:

Principle in using full value vs. processing fee: The new method stipulates that all products produced using own materials are to be calculated with full value in reporting the gross industrial output value irrespective of sophistication of production, and for external processing, it allows calculation using processing fee. In the old method, however, the use of full value or processing fee was determined by the degree of sophistication of production in different branches of industries.

Principle in determining the value of change in semi-finished products: The new method requires that value of the change in semi-finished products should be included in the gross industrial output value if it is included in the accounting record of the enterprise, otherwise it should not be included. By the old method, it is determined by the type of enterprises in terms of production cycle. If the production cycle is over 6 months, the value of change in semi-finished products is included in the gross industrial output value, otherwise it is excluded.

Difference in prices: The new method uses prices excluding value-added tax in the calculation of gross industrial output value, while the old method used prices including value-added tax.

Value-added of Industry refers to the final results of industrial production of industrial enterprises in money terms during the reference period.

Industrial value-added can be calculated by two approaches: the production approach, i.e. gross industrial output value minus intermediate input plus value-added tax, and the income approach, i.e. income for various factors used in the course of production, including depreciation of fixed assets, remuneration of labourers, net of production tax, and operating surplus. Value-added of industry in the Yearbook is calculated by production approach as following:

Value-added of industry = gross industrial output industrial intermediate input + value-added tax

(1) Gross industrial output: refers to the total achievements of industrial production during a given period. Gross industrial output includes value of finished products, income from external processing, and value of change in semi-finished products at the end and at the beginning of the reference period. Since 1995, it was substituted by the gross industrial output value by new method.

(2) Industrial intermediatc input: refers to purchased goods and paid services consumed during the industrial production of enterprises. Fees paid for services include fees paid for the services provided by material production sectors (industry, agriculture, wholesale and retail Tradess, construction, transport, post and telecommunications) and by non-material production sectors (insurance, banking, culture, education, scientific research, health and medical care, public administration, etc.). The determination of industrial intermediate input follows the principle that the goods and services must be purchased from outside and included in the gross industrial output, and that the goods and services are inputted into production and consumed (include low-value consumables) during the reference period.

Industrial intermediate input includes 5 components, namely direct consumption of materials, industrial intermediate input in manufacturing cost, industrial intermediate input in management cost, industrial intermediate input in marketing cost and expenditure on interest.

Total Assets refer to all economic resources, in monetary terms, that is owned or controlled by enterprises, including properties, creditors Equities and other economic rights of all forms. Classified by the degree of equitability, total assets include circulating assets, long-term investment, fixed assets, intangible assets and deferred assets, and other assets. Data on this indicator can be obtained by the year-end figures of total assets in the Assets and Liability Table of accounting records of enterprises.

Annual Average Value of Working Capitals refers to the average value of all working capitals of the enterprise during the reference period.

Annual Average of Net Value of Fixed Assets refer to average of the net value of fixed assets during the reference period, calculated with the following formula:

Annual Average of Net Value of Fixed Assets = sum of net value of fixed assets at the beginning and at the end of each month from January to December / 24.

Information on this indicator can be obtained from the beginning and ending figures of the original value of fixed assets and cumulative depreciation from the Assets and Liability Table of enterprises.

Net value of fixed assets refers to the original value of fixed assets minus depreciation over the years, i.e.:

Net value of fixed assets = original value of fixed assets -cumulative depreciation

Total Liabilities refer to payable liabilities of enterprises that have to repay in terms of money, assets or labour services. In terms of payment, it can be divided into Total Working liabilities and long-term liabilities. Data on this item is obtained from the ending figures on total liabilitics from the Assets and Liability Table from the enterprises.

Owner's Equities refers to the wonershiip of net assets of enterprises by its investors.The net assets equal the total assets minus total liabilities of the enterprise,including the actual assets invested into the enterprise by investors,accumulation of capitals and operating surplus and non-distributed profits.The enterprise's assets is less than its liabilities if the sum of owner's Equities is smaller than zero.

Revenue from Principal Business refers to the annual accumulation of corresponding item in the "profit table"of the accountant. For enterprises that do not follow the 2001 Enterprises Accounting Standards,the year-end accumulation of revenue from the sales of products is used as a substitute.

Cost of Principal Business refers to the annual accumulation of corresponding item in the "profit table" of the accountantForenterprises that do not follow the 2001 Enterprise Accounting Standards,the year-end accumulation of cost for the sales of products is used as a substitute.

Tax and Extra Charges from Principal Business refers to the annual accumulation of correspongding item in the "profit table"of the accountant.For enterprises that do not follow the 2001 Enerprise Accounting Standards,the year-end accumulation of tax and extra charges from the sales of products is used as a substitute.

Total Profits refer to the final achievements of production and operation of the enterprises, represented by the total profits after deducting losses (loss is expressed by the negative figure). It is the sum of profits from operation, income from subsidies, investment earnings, net income from activities other than operation, and adjustment of profits and losses of previous years.

Value-added Tax Payable refers to the amount of the value-added tax which should be paid by the enterprises during the reference period. It is the sum of tax on sales, export rebate, and transferred tax on purchases of the current year, minus the tax on purchases of the current year. Value-added tax payable of small-size enterprises is determined by the taxable sales of the year multiplied by the tax rate.

Average Annual Number of Employed Persons Employed persons refer to all those who are employed in enterprises and receive remunerations there from, including currently working employees, retirees who are re-employed, teachers of local-run schools, as well as foreigners, staff from Hong Kong, Macao and Taiwan, part-time employees and persons with second job who are employed by the enterprise, and employees of other units temporarily working in the enterprises, but excluding former employees who left the enterprise with their employment records still kept by the enterprises.

Average number of employed persons refers to the number of employees everyday during the reference period, calculated with the following formula:

calendar dates in reference month

Quarterly average number = sum of monthly average number in reference quarter/3

Annual average number = sum of monthly average number in reference year/12

Aggregative Index on Economic Results of Industry refers to the current comprehensive index to evaluate the general level of economic results of industry and the performance quality of industrial economy. It is calculated as follows:

Aggregative Index on Economic Results of Industry=(Value of an Indicator on Economic Results in Reference Period/Standard Value of the Indicator×Weight) ÷Total Weight

Total Weight=100

Ratio of Profits, Taxes and Interests to Average Assets reflects the profit-making capability of all assets of the enterprise and is a key indicator manifesting the performance and management and evaluating the profit-making potential of the enterprise. It is calculated as follows:

Ratio of Profits, Taxes and Interests to Average Assets (%) = [(total profits + total taxes + interest payment) / average assets]×100%

In the above formula, total taxes is the sum of tax and extra charges on the sales of products and value-added tax payable; and average assets is the arithmetic mean of the sum of beginning assets and ending assets.

Monthly average number = sum of actual employees everyday in reference month/number of

Ratio of Debts to Assets reflect both the operation risk and the capability of the enterprise in making use of the capital from the creditors. It is calculated as follows:

Ratio of Debts to Assets (%) = (total debts / total assets)×100%

Both assets and debts are figures at the end of the reference period.

Turnover of Working Capita refers to the number of times of turnover of working capital in a given period of time, which reflects the speed of the turnover of working capital of industrial enterprises, and is calculated as follows:

Turnover of Working Capital=(sales revenue of products) / (average balance of total working capital)

In the above formula, average balance of total working capital refers to the arithmetic mean of the sum of working capital at the beginning and at the end of the reference period.

Ratio of Profits to Total Industrial Costs refers to the ratio of profits realized in a given period to the total costs in the same period, which reflects the economic efficiency of input cost and is calculated as follows:

Ratio of Profits to Total Industrial Cost (%)=(total profits/ total costs)×100%

Total Costs in the above formula is the sum of cost of products sold, marketing cost, management cost and financial cost.

第十三篇　建筑业

Chapter 13　Construction

资料整理：吴锦洛

Database Editor: Wujinluo

简 要 说 明

本篇资料的主要内容及来源

本篇资料反映了全省建筑业基本情况，主要包括主要年份建筑业总产值及从业人员、建筑企业生产指标、财务指标等方面的内容。

本篇资料来源于建筑业统计年报，由省统计局固定资产投资统计处整理提供。

Brief Introduction

Main Content and Source of Data

Data in this chapter show the basic conditions of the construction industry in Fujian Province, mainly including the gross output value of construction, number of employed persons, major production indices and financial indicators.

Data in this chapter are based on the annual report of construction industry, and are compiled and provided by the Division of Investment and Construction Statistics of Fujian Provincial Bureau of Statistics.

13-1 建筑企业基本情况(1978-2016年)

Basic Situation of Construction Enterprises(1978-2016)

年份 Year	单位数（个） Number of Construction Enterprises (unit)	#国有 State- owned	#集体 Collective - owned	从业人员（万人） Number of Persons Employed (10000 persons)	#国有 State- owned	#集体 Collective - owned	总产值（亿元） Gross Output Value (100 million yuan)	#国有 State- owned	#集体 Collective - owned
1978	146	65	81	4.54	2.34	2.20	3.31	1.88	1.32
1979	152	33	119	12.79	6.60	6.19	4.33	2.39	1.94
1980	241	34	207	15.15	7.11	8.04	4.93	2.30	2.63
1981	257	41	216	15.88	7.58	8.30	5.44	2.43	3.01
1982	273	41	232	15.99	7.56	8.39	6.33	2.91	3.42
1983	267	43	224	17.06	8.30	8.76	7.11	3.49	3.62
1984	832	51	243	30.45	9.17	9.79	12.97	4.88	4.22
1985	956	51	278	30.62	9.12	11.18	16.66	6.80	5.87
1986	951	47	280	30.48	9.17	11.01	17.40	7.44	5.78
1987	1037	47	296	33.25	10.55	11.50	20.75	9.12	6.74
1988	1028	47	293	28.99	8.85	9.76	23.20	10.58	6.95
1989	1001	48	307	30.67	8.48	11.17	29.87	12.33	9.95
1990	1009	49	308	30.98	8.24	11.51	32.54	13.36	11.30
1991	967	49	315	31.75	9.07	11.98	39.11	16.32	14.09
1992	985	70	314	34.45	10.42	13.03	54.13	22.65	19.43
1993	1236	146	441	41.00	13.37	14.81	101.97	46.89	35.61
1994	1379	163	567	40.60	13.50	14.86	149.69	73.91	53.60
1995	1376	170	552	46.90	15.24	20.36	190.85	97.53	62.56
1996	1576	202	1051	47.15	15.44	27.11	211.88	106.21	84.94
1997	1585	236	1056	47.36	17.44	22.46	227.00	107.49	84.43
1998	1707	263	1133	47.93	13.96	28.65	244.67	115.66	95.61
1999	1849	295	1069	47.28	13.53	23.54	251.17	123.23	90.74
2000	1846	283	976	41.37	13.46	19.99	271.15	131.82	89.53
2001	1708	237	787	44.09	12.49	19.12	369.06	139.51	129.47
2002	1672	224	465	49.34	12.42	16.09	408.81	149.02	102.91
2003	1606	138	326	59.99	10.48	15.15	557.31	158.37	107.40
2004	1782	141	266	58.45	9.37	9.66	679.35	181.08	91.05
2005	1878	132	210	81.72	12.93	9.30	889.41	194.89	88.01
2006	1914	106	113	95.33	11.05	5.99	1189.37	198.12	57.81
2007	2022	104	114	124.97	11.96	8.09	1596.69	243.22	90.29
2008	2398	101	90	153.90	18.15	6.51	1921.26	282.88	85.13
2009	2479	93	75	182.97	26.39	5.41	2302.37	361.57	60.09
2010	2606	93	73	229.57	29.32	4.21	3062.17	448.16	61.44
2011	2734	92	79	219.09	14.82	4.28	3873.87	507.57	75.13
2012	2959	93	81	249.64	12.49	4.50	4713.38	535.97	84.08
2013	3233	68	50	300.60	10.97	5.70	5812.37	397.91	100.02
2014	3734	75	46	321.76	14.48	5.89	7056.89	415.15	102.31
2015	4011	78	43	339.06	12.48	6.02	8003.09	461.08	103.72
2016	4223	82	39	360.63	13.01	4.16	8986.78	549.98	97.01

注：1996年及以前年份含农村建筑队；1997至2002年为乡及乡以上四级以上建筑企业；2003年起统计范围为具有新资质等级的建筑企业。

Note: In this table,the data in 1996 and before include the individual construction team in rural,the data since 1997 to 2002 include the construction enterprises over town and town level, from 2003 the statistical coverage include the construction enterprises with new grade.

13-1 续表

Continued

年份 Year	增加值（亿元） Total Value-added of Construction Enterprises (100 million yuan)	资产合计（亿元） Total Assets (100 million yuan)	利润总额（亿元） Total Profits (100 million yuan)	税金总额（亿元） Total Tax (100 million yuan)	房屋建筑面积(万平方米) Floor Space of Building Construction(10000 sq.m) 施工面积 Under Construction	竣工面积 Completed	按总产值计算的劳动生产率（元/人） Overall Labor Productivity by Gross Output Value
1978					416.57	183.40	3038
1979					610.14	275.90	3326
1980					673.38	30.70	3461
1981	1.87		0.30		758.34	358.86	3801
1982	1.74		0.46		802.22	366.12	4083
1983	2.80		0.59		805.37	385.80	4296
1984	3.53		0.65		832.13	426.68	7366
1985	3.34		0.70		951.87	475.25	8425
1986	3.50		0.60		892.56	457.40	9226
1987	4.58		0.66		930.84	463.20	9998
1988	5.03		0.44		987.97	399.30	12053
1989	6.12		0.48		1033.22	502.70	15359
1990	7.16		0.50		969.35	499.30	16788
1991	5.90		0.70		1061.58	519.10	19246
1992	11.78		0.77		1313.86	588.73	23863
1993	22.24	127.32	1.69	2.96	1863.70	747.20	28480
1994	31.78	189.05	2.16	4.21	2462.50	1029.30	37976
1995	41.72	237.86	1.86	5.43	3283.60	1371.10	48560
1996	57.14	312.93	2.39	7.42	3523.30	1424.10	47347
1997	63.32	357.46	2.84	8.16	3478.50	1546.70	47043
1998	74.74	410.03	2.61	10.34	3742.41	1494.34	56860
1999	81.39	427.84	2.55	9.54	3991.20	1825.00	63364
2000	82.26	445.80	2.55	11.65	4085.40	1729.00	64884
2001	101.56	461.10	8.85	14.72	4931.31	2436.95	86280
2002	76.26	511.06	9.04	13.28	5237.11	2393.50	93020
2003	103.23	631.12	11.58	19.10	6440.08	2952.12	108288
2004	132.71	641.72	15.70	23.10	7587.15	3587.05	117831
2005	205.50	784.23	19.46	31.42	10268.29	4191.35	120406
2006	298.41	906.31	30.98	40.60	13854.50	4825.62	127097
2007	440.45	1061.70	37.91	57.51	17743.89	6010.26	123490
2008	632.77	1274.48	52.40	71.76	20028.29	7637.76	111960
2009	756.18	1494.09	66.05	94.82	21690.97	7435.06	118616
2010	969.86	1767.68	87.91	107.69	28406.86	9095.78	134520
2011	1180.79	2147.00	127.02	139.61	35674.45	10943.78	120330
2012	1627.40	2628.52	152.82	166.44	41821.78	12343.77	182738
2013	2044.89	3236.95	187.17	204.90	48254.03	13860.99	183213
2014	2331.32	3925.84	235.38	245.39	57385.67	15392.71	204770
2015	2597.04	4395.38	264.56	275.24	59277.33	16631.27	218782
2016	2684.39	4921.27	282.60	299.75	62920.69	18121.20	225271

13-2 建筑企业主要经济指标
Major Indicators of Construction Enterprises

项目 Item	2000	2005	2010	2015	2016
企业单位数（个） Number of Enterprises(unit)	**1846**	**1878**	**2606**	**4011**	**4223**
建筑业总产值（亿元） Gross Output Value (100 million yuan)	**271.15**	**889.41**	**3062.17**	**8003.09**	**8986.78**
建筑业增加值 Value Added	82.26	205.50	969.86	2597.04	2684.39
建筑业竣工产值 Output Value of Completed	196.70	608.01	1742.46	4730.97	5013.32
房屋施工面积（万平方米） Floor Space of Building under (10000 sq.m)	**4085.40**	**10268.29**	**28406.86**	**59277.33**	**62920.69**
#本年新开工 Newly Started Building in Current Year	1937.23	5282.23	14349.31	19474.59	20742.25
房屋竣工面积（万平方米） Floor Space of Building(10000 sq.m)	**1729.00**	**4191.35**	**9095.78**	**16631.27**	**18121.20**
#住宅 Residential Building	995.08	2257.72	5474.72	10715.31	11987.42
年末从业人员（万人） Number of Staff & Workers at the Year-end(10000 persons)	**41.37**	**81.72**	**229.57**	**339.06**	**360.63**
全员劳动生产率（元/人） Overall Labor productivity (yuan/person)					
按总产值计算 In Terms of Gross Output Value	64884	120406	134520	218782	225271
按增加值计算 In Terms of Value-added	20402	26597	42605	70996	67289
工资总额（亿元） Total Wages(100 million yuan)	**34.21**	**146.97**	**713.35**	**2027.20**	**2064.47**
财务指标（亿元） Financial Indicators(100 million yuan)					
资本金合计 Total Capital	103.39	247.70	511.59	1296.99	1396.06
流动资产年末数 Circulating Funds at Year-end	343.64	608.16	1321.15	3404.72	3864.07
固定资产原值 Original Value of Fixed Assets	96.59	161.89	327.21	596.79	626.64
固定资产净值 Net Value of Fixed Assets	72.15	129.21	268.69	519.89	502.50
企业总收入 Total Income	274.06	883.22	2816.29	7122.82	7833.81
工程结算收入 Project Settle Accounts	267.96	872.12	2801.82	7102.54	7784.59
工程结算成本 Actual Cost of Projects Settle	239.53	787.44	2512.58	6344.86	6925.25
利润总额 Total Profits	2.55	19.46	87.91	264.56	282.60
#工程结算利润 Profits of Project Settle Accounts	17.24	51.10	168.45	495.18	571.06
利税总额 Total Pre-Tax Profits	14.20	51.46	195.61	539.79	582.34

13-3 国有经济建筑企业主要经济指标

Major Indicators of State-Owned Construction Enterprises

项目　Item	2000	2005	2010	2015	2016
企业单位数（个） **Number of Enterprises(unit)**	**283**	**132**	**93**	**78**	**82**
建筑业总产值（亿元） **Gross Output Value (100 million yuan)**	**131.82**	**194.89**	**448.16**	**461.08**	**549.98**
建筑业增加值 Value Added	42.15	41.90	113.77	109.02	118.20
建筑业竣工产值 Output Value of Completed	90.38	136.78	167.59	290.00	300.15
房屋施工面积（万平方米） **Floor Space of Building under (10000 sq.m)**	**1574.56**	**1862.81**	**3063.41**	**3505.57**	**3174.23**
#本年新开工 Newly Started Building in Current Year	606.60	774.05	1417.80	631.79	542.60
房屋竣工面积（万平方米） **Floor Space of Building(10000 sq.m)**	**546.36**	**655.17**	**498.51**	**1022.66**	**889.78**
#住宅 Residential Building	381.47	401.27	376.06	712.81	674.13
年末从业人员（万人） **Number of Staff & Workers at the Year-end(10000 persons)**	**13.46**	**12.93**	**29.32**	**12.48**	**13.01**
全员劳动生产率（元/人） **Overall Labor productivity (person/yuan)**					
按总产值计算 In Terms of Gross Output Value	96111	140828	158901	330348	355950
按增加值计算 In Terms of Value-added	30731	30277	40339	78106	76497
工资总额（亿元） **Total Wages(100 million yuan)**	**14.46**	**26.56**	**88.03**	**81.55**	**91.91**
财务指标（亿元） **Financial Indicators(100 million yuan)**					
资本金合计 Total Capital	29.60	33.00	44.25	69.60	74.99
流动资产年末数 Circulating Funds at Year-end	123.18	163.22	221.40	326.01	425.91
固定资产原值 Original Value of Fixed Assets	41.23	38.45	59.54	61.05	68.07
固定资产净值 Net Value of Fixed Assets	28.66	26.73	44.36	54.14	57.72
企业总收入 Total Income	133.52	219.39	424.75	418.20	507.64
工程结算收入 Project Settle Accounts	129.93	215.85	420.07	413.88	500.68
工程结算成本 Actual Cost of Projects Settle	115.89	196.03	386.16	377.53	418.28
利润总额 Total Profits	0.27	2.35	5.42	13.41	10.35
#工程结算利润 Profits of Project Settle Accounts	8.08	12.19	19.06	24.43	70.32
利税总额 Total Pre-Tax Profits	6.40	9.72	19.20	25.70	22.75

13-4 集体经济建筑企业主要经济指标
Major Indicators of Collective Construction Enterprises

项目 Item	2000	2005	2010	2015	2016
企业单位数（个） Number of Enterprises(unit)	**976**	**210**	**73**	**43**	**39**
建筑业总产值（亿元） Gross Output Value (100 million yuan)	**89.53**	**88.01**	**61.44**	**103.72**	**97.01**
建筑业增加值 Value Added	26.99	21.85	18.04	34.24	24.40
建筑业竣工产值 Output Value of Completed	69.59	63.57	43.29	78.73	66.97
房屋施工面积（万平方米） Floor Space of Building under (10000 sq.m)	**1783.01**	**1657.55**	**884.06**	**1213.77**	**1234.70**
#本年新开工 Newly Started Building in Current Year	944.55	724.47	339.27	248.32	347.88
房屋竣工面积（万平方米） Floor Space of Building(10000 sq.m)	**846.18**	**643.80**	**277.51**	**323.32**	**331.61**
#住宅 Residential Building	496.95	427.31	196.10	252.64	263.03
年末从业人员（万人） Number of Staff & Workers at the Year-end(10000 persons)	**19.99**	**9.30**	**4.21**	**6.02**	**4.16**
全员劳动生产率（元/人） Overall Labor productivity (yuan/person)					
按总产值计算 In Terms of Gross Output Value	44526	91269	137908	200664	218634
按增加值计算 In Terms of Value-added	13423	22659	40501	66251	54993
工资总额（亿元） Total Wages(100 million yuan)	**15.71**	**15.65**	**13.95**	**29.76**	**20.17**
财务指标（亿元） Financial Indicators(100 million yuan)					
资本金合计 Total Capital	43.55	26.27	9.97	11.35	10.45
流动资产年末数 Circulating Funds at Year-end	144.02	67.18	33.75	37.29	36.68
固定资产原值 Original Value of Fixed Assets	35.50	18.98	6.50	4.56	4.29
固定资产净值 Net Value of Fixed Assets	28.83	16.07	5.23	3.11	3.10
企业总收入 Total Income	93.00	89.07	51.92	81.29	79.11
工程结算收入 Project Settle Accounts	91.48	88.05	51.61	80.96	78.69
工程结算成本 Actual Cost of Projects Settle	82.83	80.92	46.52	74.40	73.99
利润总额 Total Profits	1.03	1.39	1.10	1.32	1.36
#工程结算利润 Profits of Project Settle Accounts	5.19	3.75	3.05	3.71	1.99
利税总额 Total Pre-Tax Profits	4.72	4.70	3.02	4.36	4.12

13-5 各种资质等级建筑企业主要经济指标(2016年)

Major Indicators of Construction Enterprises by Grade(2016)

项目 Item	合计 Total	#总承包 General Contract	一级及以上 First and Above	二级 Second	三级 Third	#专业承包 Special Contract	一级 First and Above	二级 Second	三级及不分等级 Third and Others
企业单位数（个） Number of Enterprises(unit)	**4223**	**2528**	**244**	**612**	**1671**	**1186**	**161**	**525**	**500**
建筑业总产值（亿元） Gross Output Value (100 million yuan)	**8986.78**	**7871.82**	**4684.50**	**1783.99**	**1396.98**	**659.63**	**303.98**	**181.51**	**174.13**
建筑业增加值 Value Added	2684.39	2145.28	1235.74	491.44	417.63	170.39	73.87	47.81	48.71
建筑业竣工产值 Output Value of Completed	5013.32	4611.84	2769.27	1024.85	817.72	401.48	164.53	119.64	117.30
房屋施工面积（万平方米） Floor Space of Building under (10000 sq.m)	**62920.69**	**62203.75**	**43177.92**	**11711.28**	**7314.56**	**716.94**	**584.74**	**110.99**	**21.21**
#本年新开工 Newly Started Building in Current Year	20742.25	20448.01	11985.71	4946.86	3515.44	294.24	213.81	70.14	10.30
房屋竣工面积（万平方米） Floor Space of Building (10000 sq.m)	**18121.20**	**17825.15**	**11382.77**	**3921.82**	**2520.56**	**296.05**	**219.46**	**64.05**	**12.54**
#住宅 Residential Building	11987.42	11966.42	8703.39	2315.56	947.46	21.00	20.59		0.41
年末从业人员（万人） Number of Staff & Workers at the Year-end(10000 persons)	**360.63**	**256.47**	**144.98**	**62.85**	**48.64**	**19.13**	**7.42**	**6.02**	**5.69**
全员劳动生产率（元/人） Overall Labor productivity(yuan/person)									
按总产值计算 In Terms of Gross Output Value	225271	264720	276984	253610	242188	267641	291540	250119	250112
按增加值计算 In Terms of Value-added	67289	72143	73066	69862	72403	69136	70850	65876	69968
工资总额（亿元） Total Wages(100 million yuan)	**2064.47**	**1601.29**	**970.60**	**348.61**	**281.91**	**114.60**	**49.14**	**32.18**	**33.29**
财务指标（亿元） Financial Indicators (100 million yuan)									
资本金合计 Total Capital	1396.06	1173.56	443.80	327.40	402.31	199.51	53.18	73.71	72.62
流动资产年末数 Circulating Funds at Year-end	3864.07	3335.40	1853.67	811.33	664.48	528.67	170.56	195.21	162.90
固定资产原值 Original Value of Fixed Assets	626.64	526.56	242.55	148.72	135.24	94.08	26.13	30.96	36.99
固定资产净值 Net Value of Fixed Assets	502.50	436.67	219.17	105.94	111.54	60.67	16.83	19.53	24.30
企业总收入 Total Income	7833.81	6737.87	3994.14	1532.63	1204.02	648.70	293.93	183.97	170.81
工程结算收入 Project Settle Accounts	7784.59	6696.13	3959.23	1528.30	1201.52	641.33	291.06	181.83	168.44
工程结算成本 Actual Cost of Projects Settle	6925.25	5947.07	3580.77	1332.89	1026.54	548.73	252.70	152.37	143.67
利润总额 Total Profits	282.60	253.22	124.05	64.54	64.42	26.68	13.05	6.88	6.75
#工程结算利润 Profits of Project Settle Accounts	571.06	498.55	252.30	129.92	116.20	71.07	28.44	23.10	19.53
利税总额 Total Pre-Tax Profits	582.34	512.98	252.56	133.85	126.28	50.18	23.72	13.80	12.66

13-6 按行业分建筑企业主要经济指标(2016年)
Major Indicators of Construction Enterprises by Sector(2016)

项目 Item	房屋建筑业 Building	土木工程建筑业 Civil Engineering	建筑安装业 Installation	建筑装饰和其他建筑业 Building Decontion and Others
企业单位数（个） **Number of Enterprises(unit)**	**1912**	**935**	**391**	**985**
建筑业总产值（亿元） **Gross Output Value(100 million yuan)**	**6246.13**	**1848.06**	**275.07**	**617.52**
建筑业增加值 Value Added	1777.66	502.88	81.43	322.42
建筑业竣工产值 Output Value of Completed	3681.75	954.68	164.04	212.85
房屋施工面积（万平方米） **Floor Space of Building under(10000 sq.m)**	**58281.47**	**4299.47**	**126.08**	**213.67**
#本年新开工 Newly Started Building in Current Year	18429.31	2113.97	44.25	154.73
房屋竣工面积（万平方米） **Floor Space of Building(10000 sq.m)**	**16448.60**	**1497.73**	**69.46**	**105.41**
#住宅 Residential Building	11263.45	684.52		39.45
年末从业人员（万人） **Number of Staff & Workers at the Year-end(10000 persons)**	**230.95**	**53.61**	**9.52**	**66.55**
全员劳动生产率（元/人） **Overall Labor productivity (yuan/person)**				
按总产值计算 In Terms of Gross Output Value	246292	263234	252526	96147
按增加值计算 In Terms of Value-added	70095	71629	74755	50201
工资总额（亿元） **Total Wages(100 million yuan)**	**1367.19**	**359.91**	**54.30**	**283.07**
财务指标（亿元） **Financial Indicators(100 million yuan)**				
资本金合计 Total Capital	818.70	377.35	86.33	113.68
流动资产年末数 Circulating Funds at Year-end	2375.60	921.52	339.35	227.59
固定资产原值 Original Value of Fixed Assets	335.12	198.72	45.27	47.53
固定资产净值 Net Value of Fixed Assets	312.82	131.45	27.91	30.32
企业总收入 Total Income	5306.60	1648.07	279.74	599.40
工程结算收入 Project Settle Accounts	5272.58	1640.06	275.90	596.05
工程结算成本 Actual Cost of Projects Settle	4689.53	1459.40	233.25	543.07
利润总额 Total Profits	189.58	64.56	14.64	13.81
#工程结算利润 Profits of Project Settle Accounts	386.83	118.47	33.64	32.12
利税总额 Total Pre-Tax Profits	392.84	129.27	24.24	36.00

13-7 按经济类型分建筑企业主要经济指标(2016年)

Major Indicators of Construction Enterprises by Ownership(2016)

项目 Item	国有经济 State-owned	集体经济 Collect-owned	港澳台经济 Hong Kong, Macao and Taiwan Funded	外商经济 Foreign Funded	其他经济 Others
企业单位数（个） **Number of Enterprises(unit)**	**82**	**39**	**25**	**3**	**4074**
建筑业总产值（亿元） **Gross Output Value(100 million yuan)**	**549.98**	**97.01**	**87.20**	**3.52**	**8249.08**
建筑业增加值 Value Added	118.20	24.40	22.54	1.12	2518.13
建筑业竣工产值 Output Value of Completed	300.15	66.97	41.19	1.58	4603.43
房屋施工面积（万平方米） **Floor Space of Building under(10000 sq.m)**	**3174.23**	**1234.70**	**1468.44**	**10.32**	**57033.00**
#本年新开工 Newly Started Building in Current Year	542.60	347.88	319.30	6.37	19526.10
房屋竣工面积（万平方米） **Floor Space of Building(10000 sq.m)**	**889.78**	**331.61**	**151.71**	**7.90**	**16740.20**
#住宅 Residential Building	674.13	263.03	151.71		10898.54
年末从业人员（万人） **Number of Staff & Workers at the Year-end(10000 persons)**	**13.01**	**4.16**	**2.88**	**0.05**	**340.54**
全员劳动生产率（元/人） **Overall Labor productivity(yuan/person)**					
按总产值计算 In Terms of Gross Output Value	355950	218634	307861	291688	219337
按增加值计算 In Terms of Value-added	76497	54993	79581	92796	66955
工资总额（亿元） **Total Wages(100 million yuan)**	**91.91**	**20.17**	**16.28**	**0.93**	**1935.18**
财务指标（亿元） **Financial Indicators(100 million yuan)**					
资本金合计 Total Capital	74.99	10.45	6.06	1.19	1303.38
流动资产年末数 Circulating Funds at Year-end	425.91	36.68	35.80	4.70	3360.97
固定资产原值 Original Value of Fixed Assets	68.07	4.29	1.53	0.74	552.02
固定资产净值 Net Value of Fixed Assets	57.72	3.10	0.62	0.25	440.82
企业总收入 Total Income	507.64	79.11	89.44	4.19	7153.44
工程结算收入 Project Settle Accounts	500.68	78.69	89.14	4.18	7111.91
工程结算成本 Actual Cost of Projects Settle	418.28	73.99	83.33	3.80	6345.85
利润总额 Total Profits	10.35	1.36	2.65	0.05	268.19
#工程结算利润 Profits of Project Settle Accounts	70.32	1.99	2.29	0.32	496.14
利税总额 Total Pre-Tax Profits	22.75	4.12	6.20	0.12	549.14

13-8 按构成分建筑企业增加值(2016年)

Value-added of Construction Enterprises by Composition(2016)

单位：亿元 (100 million yuan)

项目 Item	总计 Total	国有经济 state-Owned	集体经济 Collective-Owned	其他经济 Others
建筑业增加值 Value added	**2684.39**	**118.20**	**24.40**	**2541.79**
#固定资产折旧 Depreciation of Fixed Assets	39.06	3.73	0.11	35.22
应付工资 Wages Payable	2064.47	91.91	20.17	1952.39
工程结算税金及附加 Taxes and Extra charges on project Settle Accounts	209.05	6.95	1.63	200.47
管理费用中的税金 Taxes in Management Expenses	11.47	0.33	0.06	11.08
营业利润 Profits of project settle Account	281.11	10.16	1.35	269.60

13-9 房屋竣工建筑面积(2016年)

Floor Space of Completed Building(2016)

单位：万平方米 (10000 sq.m)

项目	Item	竣工面积 Floor Space Completed
合计	**Total**	**18121.20**
住宅房屋	Residential Building	11987.42
商业及服务用房屋	Building for Business and Service	1175.04
商厦房屋（批发和零售用房）	Wholesal and Retail Trade	560.17
宾馆用房屋（住宿用房）	Lodgings	61.98
餐饮用房屋（餐饮用房）	Gatering Services	18.99
商务会展用房屋	Business Showing	27.08
其他商业及服务用房屋（居民服务业用房）	Others	506.82
办公用房屋	Building for Office	1032.82
科研、教育、医疗用房屋	Building for Scientific Research,Education,Medical	541.29
科学研究用房屋	Scientific Research	24.23
教育用房屋	Education	423.64
医疗用房屋（卫生医疗用房）	Medical	93.42
文化、体育、娱乐用房屋	Building for Culture, Sports and Enterainment	97.00
厂房及建筑物	Factory Building	3055.17
#厂房	Factory	1294.68
仓库	Storehouse	125.52
其他未列明的房屋建筑物	Others	106.94

13-10 各设区市建筑企业数(2016年)

Number of Construction Enterprises by City(2016)

单位：个 (unit)

地区 Area	合计 Total	#总承包 Gereral Contract	一级及以上 First and Above	二级 Second	三级 Third	#专业承包 Special Contract	一级 First	二级 Second	三级及不分等级 Third and Others
全　省 total	**4223**	**2528**	**244**	**612**	**1671**	**1186**	**161**	**525**	**500**
福州市 Fuzhou	1174	592	74	157	361	367	56	152	159
厦门市 Xiamen	809	336	54	61	220	341	42	174	125
莆田市 Putian	295	245	15	45	185	37	1	24	12
三明市 Sanming	234	179	18	42	119	38	5	7	26
泉州市 Quanzhou	633	332	43	104	185	249	42	116	91
漳州市 Zhangzhou	289	228	11	49	168	39	3	16	20
南平市 Nanping	277	223	2	31	190	35		14	21
龙岩市 Longyan	350	270	21	89	160	60	9	21	30
宁德市 Ningde	162	123	6	34	83	20	3	1	16

13-11 各设区市建筑企业从业人员数(2016年)

Number of persons employed by Construction Enterprises by City(2016)

单位：人 (person)

地区 Area	合计 Total	#总承包 Gereral Contract	一级及以上 First and Above	二级 Second	三级 Third	#专业承包 Special Contract	一级 First	二级 Second	三级及不分等级 Third and Others
全　省 total	**3606300**	**2564650**	**1449750**	**628467**	**486375**	**191270**	**74156**	**60211**	**56903**
福州市 Fuzhou	1238579	861070	525052	182982	153036	72936	28616	21505	22815
厦门市 Xiamen	872352	318187	202308	58950	56871	40721	14796	15312	10613
莆田市 Putian	192526	189751	92608	36308	60835	2107	18	1626	463
三明市 Sanming	143256	138588	58447	37980	42161	4193	1717	376	2100
泉州市 Quanzhou	536024	477516	315559	112754	49203	37121	16738	10803	9580
漳州市 Zhangzhou	174013	167060	78682	57950	30428	4539	732	1915	1892
南平市 Nanping	50699	42263	4570	12099	25594	8099		4644	3455
龙岩市 Longyan	317359	298165	143297	105348	49520	16716	10695	4000	2021
宁德市 Ningde	81492	72050	29227	24096	18727	4838	844	30	3964

13-12 各设区市建筑企业劳动生产率(2016年)

Labor Productivity Construction Enterprises by City(2016)

单位：元/人 (yuan/person)

地区 Area	按总产值计算 In terms of Total Output value	#国有企业 State- Owned	#集体企业 Collective- Owned	按增加值计算 In terms of Added-value	#国有企业 State- Owned	#集体企业 Collective- Owned
全 省 total	**225271**	**355950**	**218634**	**67289**	**76497**	**54993**
福州市 Fuzhou	229416	464507	237018	64713	82853	56084
厦门市 Xiamen	179180	327109	105903	57250	81582	47740
莆田市 Putian	271076	126582	332500	86927	53035	284500
三明市 Sanming	243948	300603		71041	78590	
泉州市 Quanzhou	267296	280038	113449	81246	68296	51523
漳州市 Zhangzhou	273181	296412	150443	82498	49181	48689
南平市 Nanping	231532	144937	271926	60916	41818	64994
龙岩市 Longyan	210968	192837		64202	58936	
宁德市 Ningde	206096	197112		65077	78804	

13-13 各设区市建筑企业房屋施工情况(2016年)

Basic Statistics on Housing construction of Construction Enterprises by City(2016)

单位：万平方米 (10000 sq.m)

地区 Area	房屋建筑竣工面积 Floor Space of Buildings Completed	房屋建筑施工面积 Floor Space of Buildings under	本年新开工 Newly Started Building in Current Year
全 省 total	**18121.20**	**62920.69**	**20742.25**
福州市 Fuzhou	6709.48	26636.76	8580.67
厦门市 Xiamen	1610.70	8003.90	1907.61
莆田市 Putian	1086.74	4404.59	1753.04
三明市 Sanming	1811.11	4642.62	1575.70
泉州市 Quanzhou	3363.82	9585.36	3093.32
漳州市 Zhangzhou	685.58	2621.12	998.42
南平市 Nanping	180.23	669.48	280.63
龙岩市 Longyan	2406.75	4971.98	2181.09
宁德市 Ningde	266.79	1384.87	371.77

13-14 各设区市建筑企业总收入(2016年)

Gross Income of Construction Enterprises by City(2016)

单位：万元 (10000 yuan)

地区 Area	企业总收入 Total Incomes of Enterprises	#工程结算收入 Incomes of Project Settle Accounts	#工程结算成本 Costs ofProject Settle Accounts	#工程结算利润 Profits of Project Settle Accounts	#其他业务收入 Other Incomes	#其他业务利润 Profits of Others
全　省 total	**78338125**	**77845922**	**69252535**	**6502841**	**492203**	**42505**
福州市 Fuzhou	28769137	28611150	25757723	2170620	157987	20164
厦门市 Xiamen	15136438	15070836	13810024	975931	65602	14167
莆田市 Putian	4554581	4323512	3686530	462551	231069	125
三明市 Sanming	4658568	4655314	4080884	398393	3254	132
泉州市 Quanzhou	13001194	12980694	11145597	1457983	20500	1997
漳州市 Zhangzhou	3141402	3137148	2761699	274877	4254	1505
南平市 Nanping	1116248	1111819	960396	116684	4429	3146
龙岩市 Longyan	6518969	6515149	5742812	558996	3820	935
宁德市 Ningde	1441589	1440301	1306870	86808	1288	334

13-15 各设区市建筑企业利税总额(2016年)

Total Pre-tax Profits of Construction Enterprises by City(2016)

单位：万元 (10000 yuan)

地区 Area	利税总额 Total Pre-tax Profits	#利润总额 Total Profits	#工程结算税金及附加 Taxes and Extra Charges on Project Settle Accounts	#管理费用中的税金 Taxes in Management Expenses	产值利税率(%) Ratio of pre-tax Profits to Gross Output Value (%)	资产利税率(%) Ratio of pre-tax Profit to Assets (%)
全　省 Total	**5823446**	**2825952**	**2090546**	**114715**	**6.5**	**11.8**
福州市 Fuzhou	1753399	779271	682807	23986	5.4	10.1
厦门市 Xiamen	857836	400149	284881	14707	5.1	7.8
莆田市 Putian	463887	238825	174430	7391	8.7	14.8
三明市 Sanming	430067	192518	176038	20619	7.7	20.6
泉州市 Quanzhou	1192392	656694	377114	30169	8.4	16.2
漳州市 Zhangzhou	308623	158677	100572	5805	6.5	9.9
南平市 Nanping	105368	54143	34740	2523	8.0	10.0
龙岩市 Longyan	603581	300876	213341	7691	8.2	21.3
宁德市 Ningde	108294	44800	46624	1823	6.4	8.5

主要统计指标解释

建筑业统计单位 指从事房屋、构筑物建造和设备安装活动的法人企业。建筑业法人企业应同时具备的条件是：①依法成立，有自己的名称、组织机构和场所，能够承担民事责任；②独立拥有和使用资产，承担负债，有权与其他单位签订合同；③独立核算盈亏，能够编制资产负债表。

建筑业总产值(即自行完成施工产值) 指以货币表现的建筑安装企业在一定时期内生产的建筑业产品和提供的服务的总和。建筑业总产值包括：

(1)建筑工程产值：指列入建筑工程预算内的各种工程价值。

(2)设备安装工程产值：指设备安装工程价值，不包括被安装设备本身价值。

(3)房屋、构筑物修理产值：指房屋、构筑物修理所完成的价值，但不包括被修理房屋、构筑物本身的价值和生产设备的修理价值。

(4)非标准设备制造产值：指加工制造没有定型的、非标准的生产设备的加工费和原材料价值，以及附属加工厂为本企业承建工程制作的非标准设备的价值。

建筑业增加值 指建筑业企业在报告期内以货币表现的建筑业生产经营活动的最终成果。目前建筑业增加值采用分配法(收入法)计算，即从收入的角度出发，根据生产要素在生产过程中应得的收入份额计算。具体计算公式为：

建筑业增加值＝本年提取的固定资产折旧+主营业务应付工资+主营业务应付福利费+管理费用中的劳动待业保险费、税金+工程结算税金及附加+营业利润

房屋建筑施工面积 指在报告期内施工的全部房屋建筑面积，包括本期新开工的房屋面积、上期施工跨入本期继续施工的房屋面积、上期停缓建在本期恢复施工的房屋面积、本期竣工的房屋面积及本期施工后又停缓建的房屋面积。

房屋建筑竣工面积 指在报告期内房屋建筑按照设计要求全部完工，达到了住人和使用条件，经验收鉴定合格，正式移交使用单位的房屋建筑面积。

工程结算收入 指企业承包工程实现的工程价款结算收入，以及向发包单位收取的除工程价款以外的按规定列作营业收入的各种款项，如临时设施费、劳动保险费、施工机械调迁费等以及向发包单位收取的各种索赔款。

工程结算利润 指已结算工程实现的利润，如亏损以“－”号表示。计算公式为：

工程结算利润＝工程结算收入－工程结算成本－工程结算税金及附加

企业总收入 指与企业生产经营直接有关的各项收入，包括工程结算收入和其他业务收入。计算公式为：

企业总收入＝工程结算收入＋其他业务收入

Explanatory Notes on Main Statistical Indicators

Statistical Unit in the Construction Industry refers to corporate enterprise engaged in the construction of buildings and structures and in the installation of equipment.A corporate construction enterprise should have qualification certifieates with independent accounting system,and should meet the following 3 requirements:①being set up in line with relevant legal basis,having its full name,organization and location,and capable of taking civil liabilities;② independently possessing and using its assets and assuming its liabilities,and entitled to sign contracts with other institutions;and ③ making independent accounts of its profits and losses,and capable of compiling its own balance sheet.

Gross Output Value of Construction (Output Value of Projects Under Construction) refers to total of construction products and services, expressed in money terms, completed by construction and installation enterprises during a given period of time. It includes:

(1) Output value of construction projects, that is the value of projects covered by the project budgets;

(2) Output value of installation projects, that is the value of the installation of equipment, (excluding the value of the equipment to be installed);

(3) Output value of repair of buildings and structures, that is the value created through the repairs of buildings or structures,but does not include the value of buildings or structures being repaired and the value of the repair of production equipment;

(4) Output value of manufactured non-standard equipment, that is the value of non-standard production equipment (including raw materials and manufacturing cost) made for the construction project, and the equipment manufactured by subsidiary workshops.

Value-added of Construction refers to the final result of the activities of production and management of construction in monetary terms in the reference period. At present, the value-added of construction is calculated with the income approach. In other words, it is the sum of income of various production factors in the production process. The formula is as follows:

Value-added of construction=depreciation of fixed assets in the year+wages payable+welfare expenses payable+insurance premium and tax for waiting for employment in the administrative expenses +taxes and surcharges on project settlement+profit gained from project settlement.

Floor Space of Buildings Under Construction refers to floor space of buildings under construction during the reference period, including newly started buildings,buildings started earlier and Continued during the reference period,and buildings suspended earlier but restarted during the reference period, buildings completed during the reference period, and buildings under construction and then suspended during the reference period.

Floor Space of Buildings Completed refers to the floor space of buildings that are completed in the reference period in accordance with the requirements of the design, up to the standard for putting them into use, and have been checked and accepted by concerned departments as qualified ones.

Income from Settlement of Projects refers to the income received by the construction enterprise from the contracted project through settlement procedures, and other charges to the contractoree as operational costs in addition to the value of the project, such as temporary facility fee,labour insurance premium,moving cost of construction equipment,as well as various types of claims to the contractee.

Profit from Settlement of Projects refers to profit realized through settled projects. It is calculated with the following formula:

Profit from Settlement of Projects=Income from Settlement of Projects-Settled Cost-Settled Taxes and Other Cost

Total Revenue of Enterprises refers to the sum of income from production and operation of enterprises, including income from settlement of projects and other operational income, namely:

Total Revenue of Enterprises=Income from Settlement of Projects+Other Operational Income

第十四篇　交通运输和邮电通信业

Chapter 14　Transportation, Postal and Telecommunication Services

资料整理：陈姿 陈洁

Database Editor:Zhenzi Chenjie

简 要 说 明

本篇资料的主要内容及来源

本篇资料反映了全省交通运输业与邮电通讯业发展的基本状况，主要包括交通设施基本情况、客货运量及周转量、交通运输企业主要技术经济指标、沿海主要港口货物吞吐量、邮政和电信基本情况、民用汽车拥有量等方面的内容。

铁路资料来源于南昌铁路局，公路、水路和港口资料来源于福建省交通厅，民航运输资料来源于福建省民航局，邮电信资料来源于福建省通信管理局和福建省邮政管理局。

本篇资料由省统计局服务业处收集整理。

Brief Introduction

Main Content and Source of Data

Data in this chapter cover mainly the basic conditions of the development of transport, post and telecommunications in Fujian Province, including the basic conditions of transport, the freight traffic and passenger traffic accomplished by various means, major financial indices of related enterprises, cargo handled at principal sea ports and the basic conditions of post and telecommunication services.

Data on railways transportation come from the Nanchang Bureau of the Railway. Data on highways waterway and port come from the Bureau of the Transportation. Data on the civil aviation transport come from the Bureau of Fujian Aviation Administration. Data on telecommunication services come from the Telecommunication Bureau. Data on post are provided by the Post Company.

Data in this chapter are compiled and provided by the Division of Services Statistics of Fujian Provincial Bureau of Statistics.

14-1 主要年份各类运输总量

Passenger Traffic and Freight Traffic in Selected Years

年份 Year	客运量（万人） Passenger Traffic (10000 persons)	旅客周转量（亿人公里） Passenger-Kilometers (100 million passenger-km)	货运量（万吨） Freight Traffic (10000 tons)	货物周转量（亿吨公里） Freight ton-kilometers (100 million ton-km)
1952	251	1.72	156	1.44
1957	1966	8.81	1553	10.07
1962	2634	16.97	1845	21.65
1965	3226	16.22	2948	39.47
1970	3324	17.59	2862	40.92
1975	5887	28.36	3747	53.73
1978	7928	35.73	4871	74.03
1979	9996	43.71	5149	80.63
1980	16676	62.37	7979	100.34
1981	20013	73.45	8302	103.34
1982	22570	82.01	9077	120.39
1983	24620	91.50	10175	131.78
1984	29155	109.50	11479	151.61
1985	33984	130.33	13317	161.97
1986	34426	137.09	16931	195.48
1987	35693	159.38	18231	225.02
1988	37216	175.91	20131	242.02
1989	39622	173.66	19859	270.06
1990	39495	175.40	20321	272.71
1991	34038	186.70	12124	267.26
1992	36283	205.17	19836	347.28
1993	40465	232.27	25824	434.02
1994	36416	240.56	28447	577.73
1995	40080	247.65	28922	608.61
1996	42956	267.20	30593	590.58
1997	43658	253.15	30496	605.78
1998	42047	279.76	30010	661.61
1999	41413	301.58	28637	746.71
2000	44203	333.97	29483	687.65
2001	47393	372.72	30547	779.92
2002	49134	392.00	31837	827.44
2003	48097	386.19	33422	1223.82
2004	53950	441.40	37279	1401.26
2005	55615	477.82	40400	1576.12
2006	59369	524.99	44304	1904.36
2007	64244	587.90	50500	2083.72
2008	72742	561.77	57254	2401.41
2009	76121	597.75	58231	2477.46
2010	77153	648.76	66159	2983.52
2011	81082	723.83	75272	3404.11
2012	83725	771.93	84417	3877.73
2013	56965	785.01	96718	3943.77
2014	60765	902.36	111779	4783.48
2015	54031	915.21	111063	5450.96
2016	54237	987.52	120379	6074.83

注：2013年客运量数据因交通运输业统计范围变化有调整。

Note:Because the scope of Transportation Statistics changes, The Data of Traffic Passengers in 2013 has been adjusted.

14-2 交通运输业基本情况

Basic Conditions of Transport

项目	Item	2000	2005	2010	2015	2016
铁路营业长度（公里）	**Length of Railways in Operation(km)**	**1454**	**1613**	**2110**	**3197**	**3197**
公路通车里程（公里）	**Length of Highway(km)**	**51073**	**58286**	**91015**	**104585**	**106757**
#高速公路	Expressway	351	1208	2350	4813	4831
内河通航里程（公里）	**Length of Navigable Inland Waterways(km)**	**3701**	**3245**	**3245**	**3245**	**3245**
客运量（万人）	**Passenger Traffic(10000 persons)**	**44203**	**55615**	**77153**	**54031**	**54237**
铁路	Railways	1428	1486	3640	9256	10496
公路	Highways	41696	52452	70714	40394	39137
水运	Waterways	726	985	1444	1996	2016
航空	Civil Aviation	353	692	1356	2385	2587
旅客周转量（亿人公里）	**Passenger-kilometers(100 million persons-km)**	**333.97**	**477.82**	**648.76**	**915.21**	**987.52**
铁路	Railways	71.57	87.90	137.70	305.34	338.61
公路	Highways	223.44	309.99	346.68	267.29	251.95
水路	Waterways	1.44	1.39	2.14	2.84	2.72
航空	Civil Aviation	37.52	78.54	162.23	339.74	394.25
货运量（万吨）	**Freight Traffic(10000 tons)**	**29483**	**40400**	**66159**	**111063**	**120379**
铁路	Railways	2475	3601	3765	2820	2918
公路	Highways	22924	27579	45575	79802	85770
水运	Waterways	4078	9210	16803	28419	31668
航空	Civil Aviation	6	10	16	22	23
货物周转量（亿吨公里）	**Freight Ton-Kilometers (100 million ton-km)**	**687.65**	**1576.12**	**2983.52**	**5450.96**	**6074.83**
铁路	Railways	152.51	201.95	184.20	128.71	129.45
公路	Highways	175.83	238.25	578.32	1020.25	1094.70
水路	Waterways	358.63	1134.64	2218.88	4298.52	4846.44
航空	Civil Aviation	0.67	1.27	2.12	3.48	4.24
全社会机动车拥有量（辆）	**Number of Motor Vehicles(unit)**	**1954426**	**4198416**	**7249619**	**8541642**	**9108329**
汽车	Automobiles	321278	742611	1996529	4368030	4950939
沿海主要港口货物吞吐量（万吨）	**Freight Handled at Principal Seaports (10000 tons)**	**6944.17**	**19605.25**	**32687.01**	**50282.09**	**50776.09**
福州港	Fuzhou	2425.48	7443.45	7124.79	13967.23	14515.66
厦门港	Xiamen	1965.26	4770.76	12728.05	21022.52	20910.78
泉州港	Quanzhou	1712.18	4046.16	8455.37	12241.21	12560.57
漳州港	Zhangzhou	418.72	2081.31	1202.47		
湄州湾港	Meizhouwan	201.34	1050.03	1755.99	3051.13	2789.09
宁德港	Ningde	221.19	213.54	1420.33		

注：2011年起，漳州港并到厦门港，宁德港并到福州港。

Note:Since 2011, Zhangzhou seaports divided to Xiamen Seaports,Ningde seaports divided to Fuzhou Seaports.

14-3 运输线路长度（年底数）

Length of Transportation Routes,End of Year

单位：公里 (km)

项目 Item	2000	2005	2010	2015	2016
铁路营业长度 Length of Railways in Operation	**1454**	**1613**	**2110**	**3197**	**3197**
#电气化长度 Electrified Railways	821	821	1498	2584	2582
公路通车里程 Length of Highway	**53506**	**58286**	**91015**	**104585**	**106757**
#绿化里程 Length of Greened Highways	28068	31010	45906	87807	87947
#养护里程 Length of Maintenced Highways	52776	57430	91009	104585	106757
按行政等级分 By Administrative Level					
国道 National Highways	2443	3129	4206	5616	10404
省道 Provincial Highways	5451	5763	6151	7355	5196
县级公路 County Highways	12527	12814	13485	16977	14996
乡镇公路 Village Highways	27101	30579	35676	41167	41134
专用公路 Highway for Special Purpose	5984	6001	486	122	118
按技术等级分 By Technical Grade					
# 等级路里程合计 Total of Expressway and Class Highway	40637	47986	70655	87494	89829
高速公路 Expressway	351	1208	2351	4813	4831
一级 First Class	255	358	603	788	1035
二级 Second Class	5515	6262	7373	9507	10051
三级 Third Class	3440	4518	6419	8251	8384
四级 Fourth Class	31076	35640	53910	64134	65528
内河通航里程 Length of Navigable Inland Waterways	**3701**	**3245**	**3245**	**3245**	**3245**

14-4 各类运输工具拥有量（年底数）

Number of Means of Transport, End of Year

项目	Item	2000	2005	2010	2015	2016
公路	**Highway**					
全社会机动车拥有量（辆）	**Number of Motor Vehicles(unit)**	**1954426**	**4198416**	**7246919**	**8541642**	**9108329**
#民用汽车	Automobiles	321278	742611	1996529	4368030	4950939
#载客汽车	Possenger Vehicles	156890	449592	1502963	3677895	4271132
大型	Large-Size		15623	24704	31511	32201
中型	Medium-Size		31203	39736	30037	26919
小型	Small-Size		362861	1384498	3560075	4164053
微型	Mini-Size		39905	54025	56272	47959
载货汽车	Trucks	154219	231351	451130	654994	644292
重型	Large-Capacity		16437	64942	103154	102384
中型	Medium-Capacity		40678	47062	31005	23700
轻型	Small-Capacity		147566	329155	516264	514666
微型	Mini-Capacity		26670	9971	4571	3542
水路	**Waterway**					
内河	**Island River**					
客轮	Passenger Vesssel					
艘数（艘）	Number of Passenger Vesssel (unit)	139	465	319	233	219
载客量（客位）	Passenger Capacity(seat)	7671	15319	9395	8588	7974
货轮	Cargo Vessel					
艘数（艘）	Number of Cargo Vessel(unit)	865	830	722	525	515
净载重量（吨位）	Payload(ton)	67493	154777	313962	316315	322289
沿海	**Coastal**					
客轮	Passenger Vesssel					
艘数（艘）	Number of Passenger Vesssel (unit)	167	212	259	242	238
总吨（吨位）	Total Weight(ton)	4527	10706	16617	19338	20116
载客量（客位）	Passenger Capacity(seat)	7221	9764	15259	18610	18937
货轮	Cargo Vessel					
艘数（艘）	Number of Cargo Vessel(unit)	1313	1290	952	840	858
总吨（吨位）	Total Weight(ton)	787442	1681411	2593122	4390863	4727576
净载重量（吨位）	Payload(ton)	1128810	2736521	4061378	6508127	7027366
远洋	**Ocean**					
货轮	Cargo Vessel					
艘数（艘）	Number of Cargo Vessel(unit)	190	81	91	91	81
总吨（吨位）	Total Weight(ton)	384749	543878	818337	1274830	1184620
净载重量（吨位）	Payload(ton)	589392	769838	1297002	2096537	1948679

14-5 主要年份客货平均运距

Average Transport Distance of Passenger and Freight Traffic in Selected Years

单位：公里 (km)

年份 Year	平均运距 Average Transport Distance	铁路 Railway	公路 Highway	水运 Waterway	民用航空 Civil Aviation
旅客运输平均运距 **Average Transport Distance of Passenger**					
1978	45	184	33	21	
1980	44	212	31	27	
1985	38	261	29	29	71
1990	44	309	35	26	897
1995	61	403	41	35	949
1996	62	400	44	32	963
1997	58	429	39	29	967
1998	67	438	47	22	982
1999	73	449	52	20	995
2000	76	501	54	20	1062
2001	79	539	57	17	1045
2002	80	530	57	16	1040
2003	80	528	57	16	1074
2004	82	544	56	15	1095
2005	86	592	59	14	1135
2006	88	570	60	13	1151
2007	92	528	62	13	1187
2008	77	524	49	13	1182
2009	78	497	50	14	1187
2010	84	378	49	15	1196
2011	89	367	49	15	1234
2012	92	349	49	16	1282
2013	138	322	71	17	1305
2014	148	341	69	16	1367
2015	169	330	66	14	1425
2016	182	323	64	13	1524
货物运输平均运距 **Average Transport Distance of Freight**					
1978	151	400	31	166	
1980	125	429	41	188	
1985	122	537	42	280	391
1990	134	547	55	454	964
1995	210	593	62	1051	1062
1996	193	565	58	908	1139
1997	199	603	57	908	1008
1998	220	611	63	993	1145
1999	261	603	84	1021	1086
2000	233	616	77	879	1135
2001	255	586	81	942	1143
2002	260	595	81	935	1132
2003	366	606	81	1320	1167
2004	376	586	83	1275	1214
2005	390	561	86	1232	1254
2006	430	553	89	1324	1279
2007	413	583	91	1281	1296
2008	419	565	126	1124	1326
2009	426	503	126	1251	1327
2010	450	489	127	1321	1339
2011	452	491	125	1354	1399
2012	459	469	130	1385	1450
2013	408	450	118	1276	1479
2014	428	440	118	1418	1505
2015	491	456	128	1513	1581
2016	505	444	128	1530	1814

14-6 主要年份铁路运输情况

Railway Transportation in Selected Years

年份 Year	营业长度（公里） Length of Railways in Operation (km)	旅客发送量（万人） Passenger Traffic (10000 persons)	旅客周转量（亿人公里） Passenger-Kilometers (100 million person/km)	货物发送量（万吨） Freight Traffic (10000 tons)	货物周转量（亿吨公里） Freight Ton-kilometers (100 million ton-km)
1957	644	130	1.77	232	3.64
1962	841	476	8.17	267	12.47
1965	876	376	6.65	602	25.38
1970	876	432	7.56	694	27.97
1975	982	606	10.68	962	35.49
1978	1009	718	13.24	1261	50.40
1979	1009	840	16.20	1318	55.17
1980	1009	986	20.92	1320	56.56
1981	1009	997	23.16	1268	55.54
1982	1006	1102	24.34	1305	64.71
1983	1005	1223	28.44	1334	70.06
1984	1005	1349	32.71	1477	79.98
1985	1006	1349	35.25	1536	82.43
1986	1028	1363	37.18	1486	90.37
1987	1028	1423	40.40	1802	95.69
1988	1028	1551	46.24	1810	97.98
1989	1029	1485	44.49	1892	101.08
1990	1021	1234	38.13	1902	104.01
1991	1015	1235	41.10	1988	113.00
1992	1015	1332	49.01	2064	125.91
1993	1015	1556	62.28	2216	136.04
1994	1024	1685	68.01	2301	140.02
1995	1024	1662	67.05	2456	145.69
1996	1025	1466	58.63	2500	141.18
1997	1068	1401	60.09	2373	143.00
1998	1381	1399	61.25	2325	141.94
1999	1383	1480	66.38	2389	144.09
2000	1454	1428	71.57	2475	152.51
2001	1453	1372	73.90	2813	164.78
2002	1454	1446	76.65	2856	169.96
2003	1467	1417	74.85	3206	194.34
2004	1471	1568	85.30	3739	219.10
2005	1613	1486	87.90	3601	201.95
2006	1613	1730	98.60	3646	201.70
2007	1616	1911	100.98	3595	209.70
2008	1618	2066	108.30	3681	207.80
2009	2110	2083	103.60	3631	182.70
2010	2110	3640	137.70	3765	184.20
2011	2110	4696	172.30	3826	187.93
2012	2255	5295	184.78	3868	181.10
2013	2743	6502	209.21	3661	164.81
2014	2755	8345	284.91	3403	149.80
2015	3197	9256	305.34	2820	128.71
2016	3197	10496	338.61	2918	129.45

14-7 主要年份公路运输情况

Highway Transportation in Selected Years

年份 Year	公路通车里程（公里） Length of Highways (km)	汽车数(辆) Number of Vehicles(set)	客运量（万人） Passenger Traffic (10000 persons)	旅客周转量（亿人公里） Passenger-Kilometers (100 million person/km)	货运量（万吨） Freight Traffic (10000 tons)	货物周转量（亿吨公里） Freight Ton-kilometers (100 million ton-km)
1952	2839	1470	86	0.77	39	0.27
1957	6034	2118	1254	4.70	725	1.69
1962	13243	4872	1096	5.93	840	2.12
1965	14251	6304	2135	8.06	1455	3.30
1970	18136	7490	2195	8.52	1470	3.98
1975	24204	17189	4385	15.77	1972	6.46
1978	29109	26148	6285	20.53	2671	8.20
1979	32112	30611	8115	25.16	2832	9.14
1980	32577	35999	14593	38.54	5548	22.88
1981	32982	39862	17834	46.45	6041	24.54
1982	33827	44316	20197	53.73	6674	28.66
1983	34445	46662	22154	58.90	7633	31.72
1984	35020	50966	26487	72.51	8793	36.07
1985	35987	63062	31355	91.33	10531	44.54
1986	37175	74490	31643	96.04	13965	60.99
1987	38148	83405	32670	111.79	14970	78.65
1988	39124	92218	33955	121.30	16775	90.37
1989	39124	102413	36439	119.69	16276	89.53
1990	41011	110208	36639	128.27	16710	91.12
1991	41745	121247	31683	135.81	8924	74.43
1992	41882	137272	33668	142.47	15832	93.12
1993	43558	166299	37970	150.92	21276	111.48
1994	44608	210404	33916	149.08	23147	135.17
1995	46574	200765	37508	153.48	23444	145.41
1996	47196	201210	40474	177.30	24732	144.17
1997	47680	221208	41212	160.37	24562	139.18
1998	48021	248062	39618	187.37	23979	151.37
1999	50202	278218	38884	201.13	22162	185.35
2000	51073	321278	41696	223.44	22924	175.83
2001	53547	366707	44926	254.37	23193	187.03
2002	54155	436254	46570	264.89	24023	193.96
2003	54876	520751	45483	257.55	23884	193.50
2004	56208	632739	50862	286.52	25964	216.10
2005	58286	742611	52452	309.99	27579	238.25
2006	86560	935410	55713	335.28	29806	266.34
2007	86926	1143059	60088	375.46	34829	317.44
2008	88607	1339831	68409	338.06	38367	483.57
2009	89504	1622123	71586	360.26	40317	507.23
2010	91015	1996529	70714	346.68	45575	578.32
2011	92322	2422264	73259	360.15	52558	659.52
2012	94661	2861244	75044	368.52	59431	771.09
2013	99535	3349445	46895	330.64	69876	821.44
2014	101190	3884930	48580	334.95	82573	974.80
2015	104585	4368030	40394	267.29	79802	1020.25
2016	106757	4950939	39137	251.95	85770	1094.70

注：1.2006年及以后年份公路通车里程含村道,以前年份不含村道。2.2013年公路客运量不包含城市公交，出租车在公路上的客运量。

Note:1. Lengh of Highways in 2006 include village highways, but not the before.2.In 2013, Highway Passengers exclude the city bus、taxi passengers on the highway.

14-8 民用汽车拥有量

年份 Year	民用汽车总计(辆) Total(units)	载客汽车 Passenger Vehicles	大型 Large	中型 Medium	小型 Small	微型 Minicar	载货汽车 Trucks
1978	26148	5436					19056
1979	30611	6388					22756
1980	35999	7803					26719
1981	39862	9101					29226
1982	44316	10642					32006
1983	46662	11750					33012
1984	50966	14755					34710
1985	63062	20908					40259
1986	74490	25125					47244
1987	83405	27341					53716
1988	92218	29915					59180
1989	102413	33722					63283
1990	110208	37351					67320
1991	121247	42267					73081
1992	137272	50379					81086
1993	166299	63815					95476
1994	210404	76411					126228
1995	200765	82319					111129
1996	201300	87416					107480
1997	221808	102238					111109
1998	248062	115711					125044
1999	278218	129613					140924
2000	321278	156890					154219
2001	366707	174359					172847
2002	436254	226854	13602	31433	150756	31063	198201
2003	520751	294034	14534	32526	209701	37273	214292
2004	632739	354640	15112	32240	268634	38654	221759
2005	742611	449592	15623	31203	362861	39905	231351
2006	935410	601426	17877	35720	504444	43385	272312
2007	1143059	773989	19171	37642	672830	44346	306995
2008	1339836	947323	20815	38216	842699	45593	328518
2009	1622123	1192518	22393	38913	1081539	49673	384572
2010	1996529	1502963	24704	39736	1384498	54025	451130
2011	2422264	1863029	26795	40178	1737509	58547	517735
2012	2861244	2244527	28079	38936	2116229	61283	574870
2013	3349445	2685948	28376	34761	2562331	60480	623600
2014	3884930	3180576	28833	32621	3059603	59519	664812
2015	4368030	3677895	31511	30037	3560075	56272	654994
2016	4950939	4271132	32201	26919	4164053	47959	644292

Possession of Civil Vehicles

重型 Heavy	中型 Medium	轻型 Light	微型 Minicar	其他汽车 Other	机动车驾驶员（万人） Number of Motor Drivers (10000 persons)	#汽车 Automobile Drivers
				1656	12.93	3.41
				1467		
				1477	17.81	4.69
				1535		
				1668		
				1900		
				1501		
				1895	24.39	6.46
				2121	33.77	8.90
				2348	38.17	10.05
				3123	46.10	11.09
				5408	49.10	11.96
				5537	52.84	12.87
				5899	58.13	14.16
				5807	64.36	26.31
				7008	75.64	32.20
				7765	115.40	23.39
				7317	143.32	31.84
				6404	167.81	44.08
				8461	203.33	57.30
				7307	228.02	65.31
				7681	255.93	73.24
				10169	300.43	86.84
				19501	282.18	91.50
9808	50210	99815	38368	11199	315.51	104.59
9261	49862	117418	37751	12425	350.54	119.01
16420	41106	130409	33824	56340	379.30	148.29
16437	40678	147566	26670	61668	442.79	176.70
21261	45415	183797	21839	61672	485.50	201.19
25951	49610	213939	17495	62075	537.80	242.62
27647	48799	238084	13986	63995	571.65	248.55
51124	47155	274372	11921	45033	632.89	335.71
64942	47062	329155	9971	42436	692.10	395.26
75986	47773	385704	8272	41500	753.72	461.83
82234	45452	440384	6800	41847	818.16	533.87
91710	37363	487858	6669	39897	876.77	586.15
102045	34816	522174	5777	39542	943.46	662.96
103154	31005	516264	4571	35141	1014.52	743.58
102384	23700	514666	3542	35515	1102.05	838.86

14-9 私人汽车拥有量

Possession of Private Vehicles

单位：辆

年份 Year	私人汽车（辆） Total(units)	载客汽车 Passenger Vehicles	大型 Large	中型 Medium	小型 Small	微型 Minicar
1985	3610	308				
1986	5736	697				
1987	10869	1579				
1988	17537	3718				
1989	24894	7969				
1990	26786	8826				
1991	38693	11464				
1992	43801	13996				
1993	54632	17609				
1994	70125	21444				
1995	63513	23572				
1996	55805	19519				
1997	67289	26304				
1998	59282	20945				
1999	71788	24743				
2000	151664	64490				
2001	180452	81197				
2002	228318	116503	881	8759	82554	24309
2003	287760	167499	772	8896	128012	29819
2004	341427	217712	580	8422	177408	31302
2005	420734	292894	413	8327	250720	33434
2006	569852	414642	531	9812	367077	37222
2007	775574	564416	639	10879	513874	39024
2008	945292	717899	535	11349	665055	40960
2009	1206193	943872	630	12041	885907	45294
2010	1541509	1225667	720	12662	1162370	49915
2011	1915787	1550413	789	13364	1481737	54523
2012	2327918	1913841	795	13081	1842456	57509
2013	2792295	2337830	772	10528	2269122	57408
2014	3312330	2823431	858	9204	2756514	56855
2015	3792753	3308677	732	7540	3246439	53966
2016	4366767	3886916	462	5766	3834767	45921

14-9 续表

Continued

单位：辆

年份 Year	载货汽车 Trucks	大型 Large	中型 Medium	小型 Small	微型 Minicar	其他汽车 Others
1985	3292					10
1986	5038					1
1987	9286					4
1988	13782					37
1989	16864					61
1990	17940					20
1991	26674					555
1992	29539					266
1993	36642					381
1994	48237					444
1995	39500					441
1996	35938					348
1997	38987					1998
1998	37908					429
1999	46542					503
2000	86256					918
2001	97975					1280
2002	111078	3471	28928	51773	26906	737
2003	119459	3113	27535	62485	26326	802
2004	122833	5661	22336	71715	23121	882
2005	126890	5016	19010	83288	19576	950
2006	153818	6135	21503	109414	16766	1392
2007	179081	7389	23363	134076	14253	32077
2008	196626	7749	22467	154577	11833	30767
2009	234951	11450	22723	190293	10485	27370
2010	290366	15584	23792	241991	8999	25476
2011	341324	18746	24986	290048	7544	24050
2012	390001	20770	24691	338251	6289	24076
2013	431485	22614	20546	382194	6131	22980
2014	465590	26378	19895	414362	4955	23309
2015	464115	27890	17864	414047	4314	19961
2016	459121	27296	13933	414521	3371	20730

14-10 主要年份水路运输情况

Waterway Transportation in Selected Years

年份 Year	内河航运里程（公里） Length of Navigable Inland Waterways (km)	#通航里程 Length of Waterways	客运量（万人） Passenger Traffic (10000 persons)	旅客周转量（亿人公里） Passenger-Kilometers (100 million person/km)	货运量（万吨） Freight Traffic (10000 tons)	货物周转量（亿吨公里） Freight Ton-kilometers (100 million ton-km)
1952	4078		165	0.95	117	1.16
1957	4315		582	2.35	596	4.75
1962	5141		1062	2.87	742	7.06
1965	4723		715	1.51	891	10.79
1970	3726		697	1.51	698	8.97
1975	3793		895	1.91	812	11.78
1978	3629		924	1.96	939	15.43
1979	3857		1040	2.35	999	16.32
1980	3857		1095	2.91	1111	20.90
1981	3857		1179	3.54	993	23.26
1982	3857		1266	3.34	1098	27.02
1983	3857		1237	3.36	1208	30.00
1984	3849		1312	3.28	1209	35.56
1985	3888		1273	3.70	1250	35.00
1986	3888		1401	3.74	1480	44.09
1987	3888		1567	4.07	1458	50.63
1988	3888		1664	3.92	1545	53.59
1989	3888		1646	4.44	1689	79.36
1990	3888		1567	4.02	1708	77.50
1991	3888		1047	2.71	1211	79.72
1992	3888		1174	3.08	1938	128.08
1993	3888		784	3.53	2330	286.26
1994	3888		600	2.41	2996	302.28
1995	3888		649	2.30	3017	317.01
1996	3888		714	2.29	3355	304.57
1997	3725		729	2.13	3555	322.92
1998	3725		728	1.60	3700	367.55
1999	3701		721	1.44	4079	416.48
2000	3701		726	1.44	4078	358.63
2001	3701		680	1.13	4535	427.39
2002	3701		643	1.03	4950	462.62
2003	3955	3245	707	1.11	6324	835.07
2004	3955	3245	897	1.32	7567	964.99
2005	3955	3245	985	1.39	9210	1134.64
2006	3955	3245	1148	1.50	10841	1434.92
2007	3955	3245	1320	1.75	12130	1553.84
2008	3955	3245	1305	1.67	15193	1708.39
2009	3955	3245	1340	1.83	14271	1785.85
2010	3955	3245	1444	2.14	16803	2218.88
2011	3955	3245	1596	2.41	18872	2554.34
2012	3955	3245	1701	2.72	21100	2922.99
2013	3955	3245	1711	2.85	23162	2954.71
2014	3955	3245	1794	2.87	25782	3655.72
2015	3955	3245	1996	2.84	28419	4298.52
2016	3955	3245	2016	2.72	31668	4846.44

注：2003年起货物运输量及货物周转量含厦门远洋总公司，与往年不可比。

Note: Freight traffic and turnover ton-kilometers from 2003 include the data of Xiaman Ocean Company , and are not comparable with that in previous years.

14-11 民用航空情况（1978-2016年）

Basic Statistics of Civil Aviation(1978-2016)

年份 Year	空港数（个） Number of Air Ports (unit)	旅客发送量（万人） Passenger Departing (10000 persons)	货物发送量（万吨） Freight Departing (10000 tons)	旅客周转量（万人公里） Passenger-kilometers (10000 person km)	货物周转量（万吨公里） Freight Ton-kilometers (10000 ton-km)
1978	1	1.15	0.02		
1979	1	1.10	0.04		
1980	1	1.94	0.06		
1981	2	3.12	0.08		
1982	2	5.11	0.11		
1983	3	5.50	0.18		
1984	2	6.66	0.29		
1985	2	7.00	0.11	500	43
1986	2	18.94	0.28	1300	300
1987	2	32.61	0.54	31200	500
1988	2	45.55	0.69	44500	800
1989	2	51.55	0.82	50400	900
1990	2	55.49	0.83	49800	800
1991	2	72.90	1.06	70800	1100
1992	2	108.68	1.54	106100	1700
1993	3	155.20	2.27	155400	2400
1994	3	214.60	2.79	210600	2600
1995	3	261.50	4.71	248200	5000
1996	3	301.20	5.82	289799	6627
1997	4	316.10	5.81	305534	6856
1998	4	301.96	6.49	295519	7432
1999	4	327.85	7.20	326223	7816
2000	4	353.25	5.84	375163	6700
2001	4	414.56	6.30	433095	7200
2002	4	475.51	7.62	494742	8623
2003	4	490.61	7.84	526763	9146
2004	5	623.24	8.78	682610	10655
2005	5	692.19	10.09	785426	12655
2006	5	778.50	10.96	896084	14017
2007	5	924.92	12.15	1097429	15742
2008	5	961.89	12.41	1137307	16458
2009	5	1112.39	12.66	1320686	16770
2010	5	1356.10	15.81	1622300	21200
2011	5	1531.65	16.65	1889700	23300
2012	5	1684.39	17.58	2159100	25500
2013	5	1857.21	19.18	2423081	28087
2014	5	2045.90	20.98	2796316	31631
2015	5	2385.01	22.09	3397446	34789
2016	6	2587.34	23.39	3942475	42424

14-12 主要年份沿海港口货物吞吐量

Freight Handled at Principal Seaports in Selected Years

单位：万吨 (10000 tons)

年份 Year	总计 Total	福州港 Fuzhou	厦门港 Xiamen	泉州港 Quanzhou	宁德港 Ningde	湄州湾港 Meizhouwan	漳州港 Zhangzhou	吞吐总量指数(以1950年为100) Index (1950=100)
1952	56.68	32.00	5.76	6.50	5.00	7.42		169.6
1957	165.96	85.87	54.87	9.60	8.38	7.24		496.7
1962	135.14	49.33	48.68	13.49	5.56	18.08		404.5
1965	239.87	57.75	110.53	34.10	10.20	27.29		718.0
1970	211.23	59.26	102.94	25.37	9.91	13.75		632.2
1975	284.26	120.00	104.27	23.26	20.33	16.40		850.8
1978	408.13	172.04	120.44	29.54	18.75	22.11		1174.5
1980	685.40	208.89	164.87	31.30	25.60	19.77		1802.2
1981	761.05	217.98	162.28	25.36	26.49	17.85		1841.8
1982	816.44	259.87	190.44	21.54	28.26	21.77		2110.7
1983	869.55	311.15	200.02	24.29	29.31	22.06		2294.2
1984	943.46	347.00	250.52	23.36	30.36	22.38		2623.7
1985	1114.09	357.15	290.97	26.02	51.53	31.60	61.84	2813.8
1986	1159.90	442.46	203.89	38.04	44.39	33.52	107.90	3241.8
1987	1303.36	439.61	417.01	42.24	46.36	40.79	105.63	3565.0
1988	1396.79	445.36	457.12	60.01	43.67	57.88	124.34	3785.0
1989	1614.99	597.90	499.45	59.78	47.71	59.58	135.90	4833.9
1990	1496.50	560.89	519.11	52.65	49.27	27.55	115.60	4479.2
1991	1706.38	725.07	581.87	125.28	97.64	41.26	130.04	5107.4
1992	1862.12	720.51	661.07	217.27	46.53	92.75	120.24	5573.5
1993	2679.09	939.66	940.39	469.54	111.53	57.23	153.47	8018.8
1994	3002.33	914.39	1166.50	558.06	139.68	82.12	125.47	8986.3
1995	3460.80	1098.89	1313.87	680.47	137.94	99.65	116.61	10358.6
1996	3959.00	1248.00	1553.00	804.00	138.00	86.00	130.00	11849.7
1997	4485.00	1371.00	1754.00	1006.00	124.00	78.00	151.00	13424.1
1998	4518.00	1288.00	1639.00	1111.00	183.00	108.00	189.00	13522.9
1999	5285.00	1481.00	1773.00	1521.00	182.00	136.00	192.00	15818.9
2000	6944.17	2425.48	1965.26	1712.18	221.19	201.34	418.72	20785.1
2001	8278.42	2961.29	2098.91	2102.08	261.00	320.80	534.34	24778.7
2002	10200.62	3906.72	2734.51	2122.85	185.38	480.41	770.75	30532.2
2003	12495.48	4753.07	3403.88	2511.53	141.78	600.16	1085.06	37401.1
2004	15834.76	5938.63	4261.37	3093.82	184.17	836.04	1520.73	47396.1
2005	19605.25	7443.45	4770.76	4046.16	213.54	1050.03	2081.31	58681.8
2006	23687.61	8847.82	7792.07	5134.93	447.00	1301.11	164.68	70901.0
2007	23602.90	6433.32	8117.20	6215.32	691.13	1612.74	533.19	70647.5
2008	27070.06	6702.59	9701.96	7224.30	1007.26	1802.26	631.69	81025.2
2009	30541.81	8094.10	11096.28	7666.34	1240.45	1542.38	902.26	91416.7
2010	32687.01	7124.79	12728.05	8455.37	1420.33	1755.99	1202.47	97806.7
2011	37278.95	10221.08	15653.55	9330.48		2073.84		111546.8
2012	41359.23	11410.22	17227.32	10371.51		2350.19		123755.9
2013	45475.19	12759.03	19087.83	10804.09		2824.25		136071.8
2014	49166.24	14391.14	20503.96	11200.70		3070.44		147117.0
2015	50282.09	13967.23	21022.52	12241.21		3051.13		150455.9
2016	50776.09	14515.66	20910.78	12560.57		2789.09		151934.1

注：2011年起，漳州港并到厦门港，宁德港并到福州港。

Note:Since 2011,Zhangzhou seaports divided to Xiamen Seaports,Ningde seaports divided to Fuzhou Seaports.

14-13 主要年份邮电通信业务情况

Basic Conditions of Postal and Telecommunication Services in Selected Years

年份 Year	邮电业务总量（亿元） Business Volume of Post and Telecommunications Service (100 million yuan)	邮政业务总量（亿元） Business Volume of Post (100 million yuan)	电信业务总量（亿元） Business Volume of Telecommunications Service (100 million yuan)	函件（亿件） Number of Letters Delivered(100 million piece)	本地电话用户（万户） Number of Fixed Telephone Subscribers at Year-end (10000 household)	移动电话用户（万户） Mobile Phones Users (10000 household)
1952	0.13			0.18	0.60	
1965	0.60			0.80	3.24	
1970	0.60			0.67	3.19	
1975	0.86			0.84	4.46	
1978	1.01			0.88	5.88	
1980	1.22			1.15	6.57	
1981	1.35			1.19	6.86	
1982	1.40			1.19	7.28	
1983	1.53			1.21	7.84	
1984	1.72			1.32	8.83	
1985	2.08			1.52	10.14	
1986	2.31			1.61	11.15	
1987	2.80			1.75	11.07	
1988	3.72			1.90	14.45	
1989	5.42			1.77	17.91	
1990	7.32			1.62	22.82	
1991	9.51			1.68	29.04	
1992	14.69			2.04	42.75	
1993	24.22			2.56	75.00	
1994	36.48			2.84	117.73	
1995	52.75	4.26	48.50	3.16	168.65	15.50
1996	73.02	4.85	68.17	3.29	219.26	35.65
1997	99.52	5.62	86.98	3.03	285.51	77.82
1998	131.84	6.59	125.25	2.95	347.46	142.20
1999	179.93	7.98	171.95	2.50	436.25	281.29
2000	246.34	10.22	236.12	2.42	562.70	441.00
2001	194.43	17.71	176.72	2.38	750.28	619.97
2002	257.49	19.49	238.00	2.70	937.10	792.04
2003	318.24	22.36	295.88	2.82	1124.87	965.00
2004	426.76	22.62	404.14	2.62	1266.00	1134.00
2005	519.76	25.61	494.15	2.29	1398.53	1302.00
2006	633.04	27.93	605.11	3.05	1485.53	1538.91
2007	787.79	29.24	758.55	2.54	1482.00	1809.00
2008	883.43	32.65	850.78	2.67	1431.00	2368.00
2009	995.77	35.66	960.11	2.60	1245.00	2639.00
2010	1194.20	35.98	1158.22	2.52	1046.00	3022.00
2011	513.50	59.31	454.19	2.45	1015.00	3553.00
2012	594.90	78.69	516.21	2.46	1017.00	4049.00
2013	667.54	114.10	553.44	2.15	984.00	4303.00
2014	857.49	162.67	694.82	1.80	933.32	4276.73
2015	1065.89	217.23	848.66	1.29	888.54	4240.16
2016	889.21	300.69	588.52	1.09	815.70	4159.04

注：2011年邮政业务总量以2010年不变价计算，2016年电信业务总量以2015年不变价计算。

Note:Business Volume of Post Service was calculated at 2010 constant prices.Business Volume of Telecommunications Service was calculated at 2015 constant prices.

14-14 邮电业务总量(1995-2016年)

Business Volume of Postal and Telecommunication Services(1995-2016)

年份 Year	邮电业务总量（亿元） Business Volume of Post and Telecommunications Service (100 million yuan)	电信业务总量（亿元） Business Volume of Telecommu- nication Services (100 million yuan)	快递业务量（万件） Express Mail Services (10000 piece)	集邮业务（万枚） Stamp Collection Business(10000 pcs)	互联网用户（万户） Internet Service Users (10000 household)	固定电话交换机容量（万户） Capacity of Telephone Exchanges (10000 household)
1995	52.75	48.50				353
1996	73.02	68.17				396
1997	99.52	86.98				453
1998	131.84	125.25		13050.82	3.85	547
1999	179.93	171.95		13308.40	13.10	655
2000	246.34	236.12		11007.97	70.70	808
2001	194.43	176.72		8871.11	183.29	1048
2002	257.49	238.00		7775.50	253.57	1182
2003	318.24	295.88		5409.86	298.08	1445
2004	426.76	404.14		5569.77	285.44	1671
2005	519.76	494.15		4375.56	600.21	1813
2006	633.04	605.11		4364.30	760.83	1959
2007	787.79	758.55		4379.70	876.00	1941
2008	883.43	850.78	5577.00	4509.00	1240.00	1973
2009	995.77	960.11	6961.00	4196.80	1640.00	1942
2010	1194.20	1158.22	10069.00	3526.30	2388.00	1807
2011	513.50	454.19	15765.00	4567.70	2872.00	1748
2012	594.90	516.21	22594.00	5267.00	3461.00	1626
2013	667.54	553.44	44536.00	5606.00	3590.00	1548
2014	857.49	694.82	65417.31	5423.00	3859.04	1232
2015	1065.89	848.66	88786.20	5314.95	3963.83	884
2016	889.21	588.52	128985.77	6222.02	4412.12	

注：2011年起，邮政业务总量按2010年不变价计算；2016年起，电信业务总量按2015年不变价计算。

Note:Since 2011, usiness Volume of Post Services were calculated at 2010 constant prices.Since 2011,Business Volume of Telecommunications Service was calculated at 2015 constant prices.

14-15 电信主要通信能力
Condition of Postal and Telecommunication Services

年份 Year	长途电话业务电路（路） Capacity of Long-distance Telephone Exchanges (circuit)	局用交换机容量（万门） Capacity of Local Telephone Exchanges (10 000 lines)	移动电话交换机容量（万户） Capacity of Mobile Telephone Exchanges (10000 household)	移动电话基站（个） Base Stations of Mobile Telephones (unit)	光缆线路长度（公里） Length of Optical Cable Lines (km)	长途光缆线路总长度（公里） Length of Long Distance Optical Cable Lines (km)
2002	254805	1200	1109	7758	93212	18322
2003	348171	1409	1174	9844	107085	19008
2004	487320	1651	1371	16992	133894	23600
2005	1066980	1795	1574	17310	152162	24532
2006	1460640	1908	2296	20757	170943	24270
2007	10994310	1969	3721	26963	182844	18121
2008	15786480	1956	4629	33292	237445	20314
2009	25093230	1925	5741	50096	302749	20262
2010	38357820	1809	6282	60136	392803	21061
2011	48453510	1748	7180	78013	484873	21622
2012	60438210	1630	7703	87717	570312	22159
2013	79894800	1548	7726	98495	699226	21692
2014	110531763	1232	7895	138892	738003	22471
2015	129019338	922	8204	186535	831928	23278
2016	7690864	400	7964	218757	1025649	24282

14-16 邮政业网点及邮递路线
Postal Network and Postal Routes

项目	Item	2010	2012	2013	2014	2015	2016
营业网点（处）	Number of Offices (unit)	2254	3177	4275	4341	6467	7418
快递营业网点	Outlets for Express Services	2254	3117	4125	4222	6453	6058
信筒信箱（个）	Number of Post Boxes(unit)	14429	11414	9901	9623	8730	8368
农村投递路线（公里）	Rural Delivery Routes(km)	89432	93039	91687	93057	92262	93164
城市投递路线（公里）	Urban Delivery Routes(km)	40401	33904	32268	36047	33147	37707
邮政总长度（公里）	Length of Postal Routes(km)	218405	182584	182600	192848	203778	227354
航空邮路	Airway	160227		116466	129466	129466	129466
铁路邮路	Railway	13416	2834	2834	987	1302	1302
汽车邮路	Moter	43770	32648	62624	61700	72387	96088

注：2012年航空、铁路、汽车邮路不含EMS部分。

14-17 设区市交通运输业基本情况（2016）

Basic Conditions of Transportation by City(2016)

项目	Item	客运量（万人）Passenger Traffic (10000 persons)	旅客周转量（亿人公里）Passenger-Kilometers(100 million passenger-km)	货运量（万吨）Freight Traffic (10000 tons)	货物周转量（亿吨公里）Freight Ton-kilometers (100 million ton-km)	全社会机动车拥有量（万辆）Possession of Motor Vehicles (10000 units)	汽车 Automobiles
福建省	**Total**	**41153.60**	**254.7**	**117437.65**	**5941.1**	**910.83**	**495.09**
福州市	Fuzhou	10339.56	54.6	25494.54	1921.8	133.91	108.75
厦门市	Xiamen	4929.92	30.6	27108.27	1632.4	141.11	110.86
莆田市	Putian	3049.42	27.5	5464.79	108.3	61.00	26.03
三明市	Sanming	2376.92	18.7	9288.39	101.3	51.98	21.01
泉州市	Quanzhou	6592.10	50.7	24593.15	1713.5	221.89	113.31
漳州市	Zhangzhou	2668.79	18.1	9345.41	109.9	93.41	39.34
南平市	Nanping	2023.97	13.0	3410.98	112.7	65.69	20.65
龙岩市	Longyan	2073.11	12.1	8281.18	115.6	93.91	34.71
宁德市	Ningde	7099.82	29.3	4450.94	125.7	43.18	17.23
平潭综合实验区	Pingtan	830.42	4.0	1244.66	189.4	4.66	2.31

14-18 设区市邮电通信业务基本情况（2016）

Basic Conditions of Postal and Telecommunication by City(2016)

项目	Item	邮政业务总量（亿元）Business Volume of Postal Services (100 million yuan)	电信业务总量（亿元）Business Volume of Telecommunication Services (100 million yuan)	本地电话用户（万户）Number of Fixed Telephone Subscribers at Year-end (10000 household)	移动电话用户（万户）Number of Mobile Telephone Subscribers at Year-end (10000 household)	互联网用户（万户）Number of Internet Users (10000 household)	快递业务（万件）Pieces of Express Mail Services (10000 piece)	邮路单程长度（公里）Length of Postal Route (km)
福建省	**Total**	**300.69**	**588.52**	**815.70**	**4159.04**	**4412.12**	**128985.77**	**227354**
福州市	Fuzhou	62.05	149.04	178.62	899.50	971.49	26427.15	90447
厦门市	Xiamen	46.17	98.38	115.59	571.27	649.24	20303.90	82017
莆田市	Putian	30.02	39.11	63.61	289.22	309.42	10036.51	2636
三明市	Sanming	5.87	26.67	45.71	237.98	238.02	1727.78	6004
泉州市	Quanzhou	116.34	128.13	183.35	913.50	987.30	55419.52	27382
漳州市	Zhangzhou	15.66	56.82	80.75	465.37	462.21	6155.77	2363
南平市	Nanping	8.28	27.55	43.37	249.62	249.92	2594.37	6202
龙岩市	Longyan	7.38	29.12	55.61	247.26	256.74	2879.81	5895
宁德市	Ningde	8.94	33.70	49.09	285.32	587.78	3440.96	4408
平潭综合实验区	Pingtan	0.63	4.25	7.24	31.12	16.16	208.63	

铁路营业里程 又称营业长度(包括正式营业和临时营业里程)，指办理客货运输业务的铁路正线总长度。凡是全线或部分建成双线及以上的线路，以第一线的实际长度计算复线、站线、段管线、岔线和特殊用途线以及不计算运费的联络线都不计算营业里程。该指标可以反映铁路运输业基础设施的发展水平，也是计算客货周转量、运输密度和机车车辆运用效率等指标的基础资料。

铁路电气化里程 指在全部铁路营业里程中已安装了供电线路及设备，可以供电力机车牵引列车运行的区段的总里程。

公路里程 指在一定时期内实际达到《公路工程［WTBZ］技术标准 JTJ01-88》规定的等级公路，并经公路主管部门正式验收交付使用的公路里程数。包括大中城市的郊区公路以及通过小城镇街道部分的公路里程和桥梁、渡口的长度，不包括大中城市的街道、厂矿、林区生产用道和农业生产用道的里程。两条或多条公路共同经由同一路段，只计算一次，不得重复计算里程长度。该指标可以反映公路建设的发展规模，也是计算运输网密度等指标的基础资料。

货(客)运量 指在一定时期内，各种运输工具实际运送的货物(旅客)数量。该指标是反映运输业为国民经济和人民生活服务的数量指标，也是制定和检查运输生产计划、研究运输发展规模和速度的重要指标。货运按吨计算，客运按人计算。货物不论运输距离长短、货物类别，均按实际重量统计。旅客不论行程远近或票价多少，均按一人一次客运量统计；半价票、小孩票也按一人统计。

货物(旅客)周转量 指在一定时期内，由各种运输工具运送的货物(旅客)数量与其相应运输距离的乘积之总和。该指标可以反映运输业生产的总成果，也是编制和检查运输生产计划，计算运输效率、劳动生产率以及核算运输单位成本的主要基础资料。计算货物周转量通常按发出站与到达站之间的最短距离，也就是计费距离计算。计算公式为:

货物(旅客)周转量= 货物(旅客)运输量×运输距离

民用汽车拥有量 指报告期末，在公安交通管理部门按照《机动车注册登记工作规范》，已注册登记领有民用车辆牌照的全部汽车数量。汽车拥有量统计的主要分类：根据汽车结构分为载客汽车、载货汽车及其他汽车；根据汽车所有者不同分为个人(私人)汽车、单位汽车；根据汽车的使用性质分为营运汽车、非营运汽车和特种汽车；根据汽车大小规格不同载客汽车分为大型、中型、小型和微型，载货汽车分为重型、中型、轻型和微型。

邮电业务总量 指以价值量形式表现的邮电通信企业为社会提供各类邮电通信服务的总数量。邮电业务量按专业分类包括函件、包件、汇票、报刊发行、邮政快件、特快专递、邮政储蓄、集邮、公众电报、用户电报、传真、长途电话、出租电路、无线寻呼、移动电话、分组交换数据通信、出租代维等。计算方法为各类产品乘以相应的平均单价(不变价)之和，再加上出租电路和设备、代用户维护电话交换机和线路等的服务收入。该指标综合反映了一定时期邮电业务发展的总成果，是研究邮电业务量构成和发展趋势的重要指标。计算公式为:

邮电业务总量= Σ(各类邮电业务量×不变单价)+ 出租代维及其他业务收入= 邮电业务总量+电信业务总量

移动电话用户 指通过移动电话交换机进入移动电话网、占用移动电话号码的各类电话用户。包括签约用户和智能网预付费用户。一个移动电话号码统计为一户。

本地电话用户 指接入本地电信运营商固定电话网上的电话用户。包括：住宅用户、单位用户、公用电话用户等。按电话用户位置又分为市内电话用户和农村电话用户。1997 年以前，“市内电话用户”是指接入县城及县以上城市的电话网上的电话用户；“农村电话用户”是指接入县邮电局农话台及县以下农村电话交换点，以县城为中心(除市话用户外)联通县、乡(镇)、行政村、村民小组的用户。从 1997 年起，电话用户数分组调整为以用户所在区域划分为“城市电话用户”和“乡村电话用户”，与过去的按市内电话和农村电话划分方法不同。而电话用户总数、电话机总部数统计范围不变。

移动电话交换机容量 指移动电话交换机根据一定话务模型和交换机处理能力计算出来的最大同时服务用户的数量。

Explanatory Notes on Main Statistical Indicators

Length of Railways in Operation refers to the total length of the trunk line under passenger and freight transportation (including both full operation and temporary operation). The calculation is based on the actual length of the first line even if this line has a full or partial double track or more tracks, excluding double tracks, station sidings, tracks under the charge of stations, branch lines, special-purpose lines and the non-payable connecting lines. The length of railways in operation is an important indicator to show the development of the infrastructure for the railway transport, and also the essential data to calculate volume of passenger freight transport, traffic density and utilization efficiency of the locomotives and carriages.

Length of Electrified Railways refers to the length of the section of railways in operation in which the power supply lines and other equipment are installed for the running of electrified locomotives. The proportion of the length of electrified railways to the total length of railways in operation is an important indicator to show the modernization of railways.

Length of Highways refers to the length of highways which are built in conformity with the grades specified by the highway engineering standard formulated by the Ministry of Communications, and have been formally checked and accepted by the departments of highways and put into use. The length of highways includes that of the suburb highways at large and medium sized cities, highways passing through streets at small cities and towns, and also the length of bridges and ferries. It does not include the length of streets in big and medium-sized cities and highways built for the production purpose at factories, mines, forest areas and agricultural areas. If two or more highways go the same section of the way, the length of the section is only calculated for once and no duplication is allowed. The length of highways is an important indicator to show the development of the highway construction and to provide essential information to calculate the transport network density.

Freight (Passenger) Traffic refers to the volume of freight (passenger) transported with various means within a specific period of time. This indicator reflects the service of the transport industry towards the national economy and people's living conditions, as well as an important indicator used in formulating and monitoring transport production plans and research into the scale and pace of transport development. Freight transport is calculated in tons and passenger traffic is calculated in terms of number of persons. Freight transport is calculated in terms of the actual weight of the goods and takes no account of the type of freight and distance of travel. Passenger traffic is calculated by the principle that one person can be counted only once in one trip and takes no account of the travelling distance and ticket price. The passengers who travel with a half price ticket or a child's ticket is also calculated as one person.

Freight Ton-kilometers (Passenger-kilometers) refer to the sum of the products of the volume of transported cargo (passengers) multiplying by the transport distance. It is an important indicator to reflect the achievement of transportation industry. Normally, the shortest distance between the departure station and the destination station (i.e., the payable distance) is the basis to calculate the freight ton-kilometers. This is an import ant indicator to show the total results of the transport industry, to prepare and examine the transport plan and to measure the efficiency, the lab our productivity and t he unit cost of transport.The formula is as follows:

Possession of Civil Motor Vehicles refer to the total numbers of vehicles that are registered and received vehicles' license tags according to the Work Standard for Motor Vehicles Registration formulated by transport management office under department of public security at the end of reference period. They are divided into following categories according to the structure of motor vehicles: passenger vehicles, trucks and others; and private vehicles and vehicles for units use according to ownerships; working vehicles, non-working vehicles and special motor vehicles according to kind of usage; large passenger vehicles, medium passenger vehicles and small passenger vehicles, heavy trucks, light-heavy trucks and light trucks according to sizes of vehicles.

Business Volume of Post and Telecommunications refers to the total amount of post and telecommunication services, expressed in value terms, provided by the post and telecommunications departments for the society. Post and telecommunication services can be classified as letters, parcels, remittance, issue of newspapers and magazines, fast mail service, express mail service, savings deposits, stamps for collection, public and individual telegraph service, facsimiles, long-distance telephone service, leasing of telephone lines, urban paging service, mobilc tclephone service, data transfer and transmission, etc. The accounting approach is to multiply the service products of all types with their average unit price (constant price) to get sum of business value, plus income from other services such as leasing of telephone lines and equipment, maintenance of telephone switchboards and lines on behalf of customers . This indicator reflects the overall results of post and telecommunications service during a given period, and is important to study the composition of business service and the development of post and telecommunications service.The formula is as follows:

Business Volume of Post and Telecommunications= ∑(Transaction of Post and Telecommunication Service × Constant Price) + Income from Leasing, Maintenance and other Services

Mobile Telephone Subscribers refer to the persons who own mobile telephone numbers and are connected with the mobile telephone communication network through the mobile telephones witch boards, including contracted subscribers and prepaid subscribers for intelligent network. One mobile telephone is taken as a subscriber.

Local Telephone Subscribers refer to subscribers that are connected to the local telecommunication service provider through fix line network, including household subscribers, institutional subscribers and public telephones. They are also classified as city subscribers and rural subscribers according to locations. Before 1997, city subscribers referred to those connected to city telephone networks in county towns and cities, while village subscribers referred to those connected to village telephone stations at and below counties. Since 1997, the classification of telephone subscribers was modified on the basis of physical location of the subscribers as urban telephone subscribers and rural telephone subscribers , which is different from the previous classification of categorizing local telephones and rural telephones , while the definition of total subscribers and total number of telephones remain unchanged.

Capacity of Mobile Telephone Exchanges refers to the capacity of the maximum services provided to subscribers at onetime basing on a certain model and transacting capacity of the mobile telephone exchanges.

第十五篇　批发零售、住宿餐饮和旅游业

Chapter 15　Wholesales, Retail Sales, Hotels,Catering Service and Tourism

---

资料整理：薛萍　许红琳　戴斌

Database Editor:Xueping Xuhonglin Daibin

简 要 说 明

本篇资料的主要内容及来源

本篇资料反映了全省国内市场发展情况、批发和零售业、住宿和餐饮业经营情况和旅游业发展情况，主要包括批发和零售业商品流转情况及财务状况、住宿和餐饮业经营情况及财务状况、社会消费品零售总额、旅游业等内容。

本篇资料中限额以上批发和零售业、住宿和餐饮业资料来源于批发和零售业、住宿和餐饮业统计年报资料，限额以下批发和零售业、住宿和餐饮业经营情况来源于抽样调查，旅游资料来源于省旅游局。

本篇资料由省统计局贸易外经统计处整理提供。

Brief Introduction

Main Content and Source of Data

Data in this chapter show the development of Fujian's domestic market, wholesale and retail trade, hotels and catering services, mainly including the circulation of commodities in the wholesale and retail trade, the total retail sales of consumer goods and the financial indices of related businesses and tourism etc.

Except the data noted, all data in this chapter are based on the annual report of wholesale, retail, hotels and catering services and periodic statistical statements of 2011.Data on tourism are provided by Fujian Tourism Administration.

Data in this chapter are collected and compiled by the Division of Trade and External Economic Relations Statistics of Fujian Provincial Bureau of Statistics.

15-1 主要年份社会消费品零售总额

Total Retail Sales of Consumer Goods in Selected Years

单位：亿元 (100 million yuan)

年份 Year	社会消费品零售总额 Total Retail Sale of Consumer Goods	社会消费品零售总额指数 Ratio(%) 以上年为100 Preceding Year=100	以1950为100 Year of 1950=100	年份 Year	社会消费品零售总额 Total Retail Sale of Consumer Goods	社会消费品零售总额指数 Ratio(%) 以上年为100 Preceding Year=100	以1950为100 Year of 1950=100
1951	4.71	122.3	122.3	1994	504.66	134.9	13108.1
1952	5.54	117.6	143.9	1995	645.47	127.9	16765.5
1957	10.70	100.5	277.9	1996	801.67	124.2	20822.6
1962	13.96	118.1	362.6	1997	950.78	118.6	24695.6
1965	16.03	102.9	416.4	1998	1089.59	114.6	28301.0
1970	16.91	99.1	439.2	1999	1198.55	110.0	31131.2
1975	23.68	108.3	615.1	2000	1320.80	110.2	34306.5
1978	30.56	111.9	793.8	2001	1442.32	109.2	37462.9
1979	35.92	117.6	933.0	2002	1593.76	110.5	41396.4
1980	45.47	126.6	1181.0	2003	1797.76	112.8	46695.1
1981	51.47	113.2	1336.9	2004	2062.03	114.7	53559.2
1982	56.77	110.3	1474.5	2005	2351.72	114.0	61083.6
1983	62.59	110.3	1625.7	2006	2717.62	115.6	70587.5
1984	74.50	119.0	1935.1	2007	3212.34	118.2	83437.4
1985	96.04	128.9	2494.5	2008	3866.69	120.4	100433.5
1986	109.07	113.6	2833.0	2009	4481.00	115.9	116389.5
1987	126.06	115.6	3274.3	2010	5310.03	118.5	137922.9
1988	173.74	137.8	4512.7	2011	6276.17	118.2	163017.4
1989	202.30	116.4	5254.5	2012	7256.54	115.6	188481.6
1990	207.74	102.7	5395.8	2013	8275.35	114.0	214944.2
1991	230.99	111.2	5999.7	2014	9346.74	112.9	242772.5
1992	289.38	125.3	7516.4	2015	10505.93	112.4	272881.3
1993	374.10	129.3	9716.9	2016	11674.54	111.1	303234.8

15-2 限额以上批发零售与住宿餐饮业企业基本情况

Basic Conditions of Enterprises above Designated Size in Wholesale and Retail Trades,Hotels and Catering Services

项目	Item	2005	2010	2012	2013	2014	2015	2016
法人企业（个）	**Number of Corporation(unit)**	**3107**	**4997**	**7655**	**9308**	**10948**	**12324**	**13653**
批发和零售业	Wholesale and Retail Trades	2499	3924	6254	7770	9275	10554	11820
住宿和餐饮业	Hotels and Catering Services	608	1073	1401	1538	1673	1770	1833
批发和零售业（亿元）	**Wholesale and Retail Trades (100 million yuan)**							
商品购进总额	Total Goods Purchase	2796.41	7707.09	12548.57	14595.24	16719.48	18567.79	20947.86
商品销售总额	Total Goods Sales	3051.03	8304.12	13785.84	16029.30	18709.01	20516.43	23004.04
商品库存总额	Total Goods Inventory	192.07	657.42	974.00	1124.21	1122.82	1128.44	1177.17
住宿和餐饮业营业收入（亿元）	**Total Sales in Hotels and Catering Services(100 million yuan)**	**79.36**	**197.63**	**289.28**	**306.18**	**299.33**	**320.84**	**352.64**

15-3 限额以上批发和零售企业基本情况(2016年)

Basic Conditions of Wholesale and Retail Trades(2016)

项目 Item	法人企业（个） Number of Corporation (unit)	商品购进额（万元） Total Goods Purchase (10000 yuan)	商品销售额（万元） Sales (10000 yuan)	#批发额（万元） Wholesale (10000 yuan)	期末商品库存额（万元） Inventory at the Year-end (10000 yuan)
合计 Total	**11820**	**209478617**	**230040371**	**177010876**	**11771702**
批发业 Wholesale	**6226**	**170306975**	**182538359**	**172970606**	**8440934**
按登记注册类型分 By Registration Category					
内资企业 Domestic Funded Enterprises	6039	160096094	170812550	163313970	7832746
#国有企业 State-owned Enterprises	84	6572858	8523592	8514085	417141
集体企业 Collective-owned Enterprises	32	242296	273531	262276	31110
有限责任公司 Limited Liability Corporations	2187	71887178	77140532	74550930	3822582
股份有限公司 Share-holding Corporations Ltd.	78	25723145	25172031	24046617	865058
私营企业 Private Enterprises	3653	55615647	59645279	55893937	2694281
其他企业 Other Enterprises	4	38633	41002	29541	2285
港澳台商投资企业 Funds from Hong Kong, Macao and Taiwan	125	4854316	5634726	5351772	374417
外商投资企业 Foreign Funded Enterprises	62	5356564	6091084	4304865	233771
按行业分 By Sector					
农、林、牧产品批发 Wholesale of Farming,Forestry,Animal Husbandry Products	230	2445056	2608084	2479332	454932
食品、饮料及烟草制品批发 Wholesale of Food, Beverages and Tobaccos	727	18974390	22015797	20287856	1193285
#米、面制品及食用油批发 Sholesale of Rice, Wheat Products and Rdible Oil	106	2203857	2248870	2027966	371970
烟草制品批发 Wholesale of Tobaccos	17	7715016	9572101	9572101	247761
纺织、服装及家庭用品批发 Wholesale of Textiles, Garments and Daily Consumer Articles	1566	25512435	28812713	27475202	1156430

15-3 续表1
Continued

项目 Item	法人企业（个） Number of Corporation (unit)	商品购进额（万元） Total Goods Purchase (10000 yuan)	商品销售额（万元） Sales (10000 yuan)	#批发额（万元） Wholesale (10000 yuan)	期末商品库存额（万元） Inventory at the Year-end (10000 yuan)
#服装批发 Wholesale of Garments	395	6912799	7850198	7473481	353534
家用电器批发 Wholesale of Family Electrical Equipments	104	1294709	1497850	1409402	237041
文化、体育用品及器材批发 Wholesale of Culture, Sports Products and Appliances	219	2540680	2793045	2540690	288183
医药及医疗器材批发 Wholesale of Medicines and Medical Appliances	237	3568264	4150940	3728592	314675
矿产品、建材及化工产品批发 Wholesale of Mineral Products, Building Materials and Chemical Products	2346	97185199	100859651	96460249	3530142
#煤炭及制品批发 Wholesale of Coal and Its Products	190	4565123	4851466	4742538	165975
石油及制品批发 Wholesale of Petroleum and Its Products	308	24360624	25906641	22863391	398144
金属及金属矿批发 Wholesale of Metal and Metal Mineral	498	37517430	38083046	37907009	1080450
建材批发 Wholesale of Building Materials	687	13409677	13903703	13369961	625204
化肥批发 Wholesale of Chemical Fertilizer	75	884447	1012357	992809	88689
机械设备、五金产品及电子产品批发 Wholesale of Machinery, Equipment, Hardware,Transport and Electic Products	712	8827265	9821077	8737262	950023
#汽车批发 Wholesale of Motor Vehicles	107	1556370	1668074	1321976	94504
计算机、软件及辅助设备批发 Wholesale of Computer Software and Supplementary Equipments	55	1008031	1147348	1090698	73116
贸易经纪与代理 Trade Broker and Agent	39	1107281	1354262	1341288	64539
其他批发业 Other Wholesale not Classified Elsewhere	150	10146406	10122791	9920136	488725
零售业 Retail Trade	**5594**	**39171642**	**47502011**	**4040270**	**3330768**
按登记注册类型分 By Registration Category					

15-3 续表2

Continued

项目 Item	法人企业（个） Number of Corporation (unit)	商品购进额（万元） Total Goods Purchase (10000 yuan)	商品销售额（万元） Sales (10000 yuan)	#批发额（万元） Wholesale (10000 yuan)	期末商品库存额（万元） Inventory at the Year-end (10000 yuan)
内资企业 Domestic Funded Enterprises	5454	34682962	40191990	3370991	2876200
#国有企业 State-owned Enterprises	23	140984	155072	2065	13056
集体企业 Collective-owned Enterprises	71	245860	269576	46271	10376
联营企业 Joint Ownership Enterprises	3	3277	3899		132
有限责任公司 Limited Liability Corporations	2087	16053739	18744412	1547782	1402694
股份有限公司 Share-holding Corporations Ltd.	78	2328074	2502483	314221	117390
私营企业 Private Enterprises	3160	15812424	18379479	1451796	1329266
其他企业 Other Enterprises	31	97541	136010	8856	3257
港澳台商投资企业 Funds from Hong Kong, Macao and Taiwan	79	2597009	2805638	223666	201472
外商投资企业 Foreign Funded Enterprises	61	1891670	4504384	445614	253096
按行业分 **By Sector**					
综合零售 General Retail	582	5820642	6740218	106801	490815
#百货零售 Retail of Consumer Goods	171	1801543	2457676	38259	153514
超级市场零售 Retail of Supermarkets	298	3645705	3860287	25357	316120
食品、饮料及烟草制品专门零售 Retail of Food, Beverages and Tobaccos	1024	3164752	3725221	469027	181336
纺织、服装及日用品专门零售 Retail of Textiles, Garments, Shoes and Hats	431	2443825	3160441	451248	229578
#服装零售 Retail of Garments	149	797269	1109956	166782	99256

15-3 续表3

Continued

项目 Item	法人企业（个） Number of Corporation (unit)	商品购进额（万元） Total Goods Purchase (10000 yuan)	商品销售额（万元） Sales (10000 yuan)	#批发额（万元） Wholesale (10000 yuan)	期末商品库存额（万元） Inventory at the Year-end (10000 yuan)
文化、体育用品及器材专门零售 Retail of Culture, Sports Products and Equipments	283	1794529	2127178	297140	229489
#图书、报刊零售 Retail of Books,Newspapers and Magazines	9	445315	445244	196438	55001
医药及医疗器材专门零售 Retail of Medicines and Medical Appliances	172	1653308	1852650	350950	164750
#药品零售 Retail of Medicines	154	1563753	1739372	348731	153909
汽车、摩托车、燃料及零配件专门零售 Retail of Motor Vehicles, Motorcycles Fule and Parts	1299	15663948	19907571	1322882	1194792
#汽车零售 Retail of Motor Vehicles	914	12522440	13722833	568949	1096868
机动车燃料零售 Retail of Vehicles Fule	234	2621616	5584343	707424	61711
家用电器及电子产品专门零售 Retail of Family Electric Equipment and Product	576	2821771	3121248	336941	207775
#家用视听设备零售 Retail of Family Electric Equipment	54	247041	266945	14133	17321
日用家电设备零售 Retail of Daily-use Electric Equipment	279	1718100	1901748	190174	125395
计算机、软件及辅助设备零售 Wholesale of Computer Software and Supplementary Equipments	135	362138	397869	49250	19721
通信设备零售 Retail of Telecommunicate Equipment	75	368472	411393	66412	40041
五金、家具及室内装饰材料专门零售 Retail of Hardware, Furniture and Inside Decoration Materials	476	2355359	2607478	179464	328354
货摊、无店铺及其他零售业 Retail of No Stores and Others	751	3453508	4260009	525819	303880

15-4 限额以上批发和零售企业年末资产及负债情况(2016年)

Main Financial Indicators of Wholesale and Retail Trades Corporation Enterprises(2016)

单位：万元 (10000 yuan)

项目 Item	资产总计 Total Assess	#流动资产合计 Total Circulating Funds	固定资产原价 Oringinal Prices of Fixed Assets	负债总计 Total Liabilities	所有者权益合计 Total Creditors Equity
合计 **Total**	**107032386**	**80520342**	**7932530**	**69151721**	**37880665**
批发业 **Wholesale**	**90039425**	**68699542**	**4911395**	**59281144**	**30758281**
按登记注册类型分 **By Type of Registration**					
内资企业 Domestic Funded Enterprises	83377920	64044321	4302094	55420296	27957624
#国有企业 State-owned Enterprises	3601254	2895275	637427	1172737	2428516
集体企业 Collective-owned Enterprises	98954	83232	11515	77663	21290
有限责任公司 Limited Liability Corporations	37586300	28288469	1572872	26224785	11361515
股份有限公司 Share-holding Corporations Ltd.	15143953	9656509	801839	7965850	7178103
私营企业 Private Enterprises	26940895	23118138	1273784	19977305	6963590
其他企业 Other Onterprises	5336	2053	3188	1519	3817
港澳台商投资企业 Funds from Hong Kong, Macao and Taiwan	4123689	3104464	274971	2433873	1689816
外商投资企业 Enterprises with Sole Foreign Investment	2537816	1550757	334330	1426974	1110842
按行业分 **By Sector**					
农、林、牧产品批发 Wholesale of Farming,Forestry,Animal Husbandry Products	2075055	1835348	181746	1180845	894209
食品、饮料及烟草制品批发 Wholesale of Food, Beverages and Tobaccos	10462189	7189141	1247818	4703369	5758821
#米、面制品及食用油批发 Sholesale of Rice, Wheat Products and Rdible Oil	1141225	1000539	75973	893101	248124
烟草制品批发 Wholesale of Tobaccos	4216844	2954745	616404	931082	3285762

15-4 续表1

Continued

单位：万元 (10000 yuan)

项目 Item	资产总计 Total Assess	#流动资产合计 Total Circulating Funds	固定资产原价 Oringinal Prices of Fixed Assets	负债总计 Total Liabilities	所有者权益合计 Total Creditors Equity
纺织、服装及家庭用品批发 Wholesale of Textiles, Garments and Daily Consumer Articles	12836195	10751500	707527	8765448	4070747
#服装批发 Wholesale of Garments	5054107	4108950	220057	3399374	1654733
家用电器批发 Wholesale of Family Electrical Equipments	1069248	1023079	19887	753797	315451
文化、体育用品及器材批发 Wholesale of Culture, Sports Products and Appliances	1558027	1146346	93278	1064019	494008
医药及医疗器材批发 Wholesale of Medicines and Medical Appliances	1988972	1592591	92787	1395748	593225
矿产品、建材及化工产品批发 Wholesale of Mineral Products, Building Materials and Chemical Products	50770349	37778211	2163713	34851325	15919024
#煤炭及制品批发 Wholesale of Coal and Its Products	2426729	1620579	78706	1592885	833844
石油及制品批发 Wholesale of Petroleum and Its Products	8545246	5733814	1048399	5361006	3184240
金属及金属矿批发 Wholesale of Metal and Metal Mineral	22608331	16696789	408609	15705559	6902772
建材批发 Wholesale of Building Materials	8328253	6503934	332450	5752001	2576252
化肥批发 Wholesale of Chemical Fertilizer	463612	373361	18229	357457	106155
机械设备、五金产品及电子产品批发 Wholesale of Machinery, Equipment, Hardware,Transport and Electic Products	4790296	4155726	287198	3339677	1450619
#汽车批发 Wholesale of Motor Vehicles	800052	742259	30472	649457	150595
计算机、软件及辅助设备批发 Wholesale of Computer Software and Supplementary Equipments	421353	393490	14999	255325	166029
贸易经纪与代理 Trade Broker and Agent	701887	470953	46324	536015	165873
其他批发业 Other Wholesale not Classified Elsewhere	4856455	3779726	91004	3444699	1411757
零售业 Retail Trade	**16992961**	**11820801**	**3021135**	**9870577**	**7122384**

15-4 续表2

Continued

单位：万元 (10000 yuan)

项目 Item	资产总计 Total Assess	#流动资产合计 Total Circulating Funds	固定资产原价 Oringinal Prices of Fixed Assets	负债总计 Total Liabilities	所有者权益合计 Total Creditors Equity
按登记注册类型分 **By Type of Registration**					
内资企业 Domestic Funded Enterprises	14142285	10060530	2615077	8732545	5409740
#国有企业 State-owned Enterprises	48036	27349	17804	31818	16218
集体企业 Collective-owned Enterprises	43849	22013	20843	20289	23560
联营企业 Joint Ownership Enterprises	1793	1441	378	526	1267
有限责任公司 Limited Liability Corporations	6255847	4521245	1294563	4015259	2240588
股份有限公司 Share-holding Corporations Ltd.	1599555	892060	244662	700296	899259
私营企业 Private Enterprises	6138067	4562449	1021864	3945426	2192641
其他企业 Other Onterprises	55088	33924	14959	18895	36193
港澳台商投资企业 Funds from Hong Kong, Macao and Taiwan	2069628	1301149	252157	616135	1453493
外商投资企业 Enterprises with Sole Foreign Investment	781048	459122	153901	521897	259151
按行业分 **By Sector**					
综合零售 General Retail	4239187	2425419	819350	2279107	1960080
#百货零售 Retail of Consumer Goods	1731111	952720	358603	1200087	531025
超级市场零售 Retail of Supermarkets	2387308	1392923	432794	1019747	1367561
食品、饮料及烟草制品专门零售 Retail of Food, Beverages and Tobaccos	1026965	660150	320987	379927	647038
纺织、服装及日用品专门零售 Retail of Textiles, Garments, Shoes and Hats	682829	577530	85388	378005	304825

15-4 续表3

Continued

单位：万元 (10000 yuan)

项目 Item	资产总计 Total Assess	#流动资产合计 Total Circulating Funds	固定资产原价 Oringinal Prices of Fixed Assets	负债总计 Total Liabilities	所有者权益合计 Total Creditors Equity
#服装零售 Retail of Garments	316798	284841	20890	218169	98628
文化、体育用品及器材专门零售 Retail of Culture, Sports Products and Equipments	1169724	841823	178888	510527	659197
#图书、报刊零售 Retail of Books,Newspapers and Magazines	372923	236980	134071	145076	227847
医药及医疗器材专门零售 Retail of Medicines and Medical Appliances	906847	717523	98345	536466	370381
#药品零售 Retail of Medicines	859825	675112	94749	503914	355911
汽车、摩托车、燃料及零配件专门零售 Retail of Motor Vehicles, Motorcycles Fule and Parts	5790322	4162292	1080347	3845024	1945298
#汽车零售 Retail of Motor Vehicles	4562288	3602920	770689	3462544	1099744
机动车燃料零售 Retail of Vehicles Fule	1048677	418515	260185	282464	766213
家用电器及电子产品专门零售 Retail of Family Electric Equipment and Product	1158109	922115	109595	772047	386062
#家用视听设备零售 Retail of Family Electric Equipment	128535	116128	6491	100665	27870
日用家电设备零售 Retail of Daily-use Electric Equipment	661874	482351	68965	418278	243595
计算机、软件及辅助设备零售 Wholesale of Computer Software and Supplementary Equipments	163181	147611	12524	102880	60301
通信设备零售 Retail of Telecommunicate Equipment	181841	159670	18463	140617	41224
五金、家具及室内装饰材料专门零售 Retail of Hardware, Furniture and Inside Decoration Materials	819389	635948	130119	507504	311885
货摊、无店铺及其他零售业 Retail of No Stores and Others	1199590	878001	198117	661971	537619

15-5 限额以上批发和零售企业财务状况(2016年)

Main Financial Indicators of Wholesale and Retail Trades Corporation Enterprises(2016)

单位：万元　　(10000 yuan)

项目 Item	主营业务收入 Main Operating Income	主营业务成本 Main Operating Expenses	主营业务税金及附加 Main Operating Tax and Extra Charges	营业利润 Profits of Business
合计 **Total**	**203463741**	**189563427**	**1027804**	**3987570**
批发业	**163466433**	**154229013**	**833587**	**2869382**
按登记注册类型分 **By Type of Registration**				
内资企业 Domestic Funded Enterprises	152709773	144410194	815472	2580559
#国有企业 State-owned Enterprises	7287354	5686328	609080	585739
集体企业 Collective-owned Enterprises	257505	241691	608	4073
有限责任公司 Limited Liability Corporations	68305650	65308453	92404	802317
股份有限公司 Share-holding Corporations Ltd.	23117577	22108238	22358	425811
私营企业 Private Enterprises	53684704	51013598	90632	760626
其他企业 Other Onterprises	38757	33869	379	1980
港澳台商投资企业 Funds from Hong Kong, Macao and Taiwan	5070929	4673659	7016	95094
外商投资企业 Foreign Funded Enterprises	5685731	5145160	11099	193729
按行业分 **By Sector**				
农、林、牧产品批发 Wholesale of Farming,Forestry,Animal Husbandry Products	2523432	2391039	6349	4869
食品、饮料及烟草制品批发 Wholesale of Food, Beverages and Tobaccos	18734621	16106455	641051	1036575
#米、面制品及食用油批发 Sholesale of Rice, Wheat Products and Rdible Oil	2027513	1947101	1796	11094
烟草制品批发 Wholesale of Tobaccos	7504930	5872043	611067	726810

15-5 续表1

Continued

单位：万元 (10000 yuan)

项目 Item	主营业务收入 Main Operating Income	主营业务成本 Main Operating Expenses	主营业务税金及附加 Main Operating Tax and Extra Charges	营业利润 Profits of Business
纺织、服装及家庭用品批发 Wholesale of Textiles, Garments and Daily Consumer Articles	26360404	24413126	38732	543900
#服装批发 Wholesale of Garments	7263303	6635180	11582	148058
家用电器批发 Wholesale of Family Electrical Equipments	1306431	1209650	3174	81
文化、体育用品及器材批发 Wholesale of Culture, Sports Products and Appliances	2575905	2379908	11281	67818
医药及医疗器材批发 Wholesale of Medicines and Medical Appliances	3708412	3469508	9190	60786
矿产品、建材及化工产品批发 Wholesale of Mineral Products, Building Materials and Chemical Products	90318824	87214548	90247	970680
#煤炭及制品批发 Wholesale of Coal and Its Products	4360030	4198258	6995	-32084
石油及制品批发 Wholesale of Petroleum and Its Products	23892231	22935137	22073	429326
金属及金属矿批发 Wholesale of Metal and Metal Mineral	33030896	32085815	22528	251744
建材批发 Wholesale of Building Materials	12623295	12090421	24005	154937
化肥批发 Wholesale of Chemical Fertilizer	899062	846842	3544	10805
机械设备、五金产品及电子产品批发 Wholesale of Machinery, Equipment, Hardware,Transport and Electic Products	8863054	8217436	24393	166594
#汽车批发 Wholesale of Motor Vehicles	1531721	1459032	4609	25680
计算机、软件及辅助设备批发 Wholesale of Computer Software and Supplementary Equipments	1001754	935108	1793	25766
贸易经纪与代理 Trade Broker and Agent	1262034	1172028	1909	13859
其他批发业 Other Wholesale not Classified Elsewhere	9119747	8864967	10436	4302
零售业 **Retail Trade**	**39997307**	**35334413**	**194217**	**1118188**

15-5 续表2

Continued

单位：万元 (10000 yuan)

项目 Item	主营业务收入 Main Operating Income	主营业务成本 Main Operating Expenses	主营业务税金及附加 Main Operating Tax and Extra Charges	营业利润 Profits of Business
按登记注册类型分 By Type of Registration				
内资企业 Domestic Funded Enterprises	35916850	31901211	180495	937725
#国有企业 State-owned Enterprises	141926	127173	655	-963
集体企业 Collective-owned Enterprises	253266	226251	1883	6095
联营企业 Joint Ownership Enterprises	3528	2602	26	261
有限责任公司 Limited Liability Corporations	16397898	14581037	63867	353463
股份有限公司 Share-holding Corporations Ltd.	2114385	1901016	5598	41669
私营企业 Private Enterprises	16875131	14971906	107140	527668
其他企业 Other Onterprises	129621	90231	1321	9530
港澳台商投资企业 Funds from Hong Kong, Macao and Taiwan	2467143	2099303	7830	131024
外商投资企业 Foreign Funded Enterprises	1613315	1333899	5892	49438
按行业分 By Sector				
综合零售 General Retail	5922459	5024257	33227	151056
#百货零售 Retail of Consumer Goods	2128781	1786426	16327	42994
超级市场零售 Retail of Supermarkets	3396309	2895115	14177	98871
食品、饮料及烟草制品专门零售 Retail of Food, Beverages and Tobaccos	3487568	2845762	41654	192198
纺织、服装及日用品专门零售 Retail of Textiles, Garments, Shoes and Hats	2862576	2374397	15694	137076

15-5 续表3

Continued

单位：万元 (10000 yuan)

项目 Item	主营业务收入 Main Operating Income	主营业务成本 Main Operating Expenses	主营业务税金及附加 Main Operating Tax and Extra Charges	营业利润 Profits of Business
#服装零售 Retail of Garments	988442	839022	5275	45198
文化、体育用品及器材专门零售 Retail of Culture, Sports Products and Equipments	1920563	1624647	8523	71930
#图书、报刊零售 Retail of Books,Newspapers and Magazines	366942	304524	319	14981
医药及医疗器材专门零售 Retail of Medicines and Medical Appliances	1625928	1456985	3542	53290
#药品零售 Retail of Medicines	1525140	1377658	3018	50630
汽车、摩托车、燃料及零配件专门零售 Retail of Motor Vehicles, Motorcycles Fule and Parts	15202321	14167338	36140	205040
#汽车零售 Retail of Motor Vehicles	12555715	11803825	27245	123112
机动车燃料零售 Retail of Vehicles Fule	2116339	1875503	6393	74978
家用电器及电子产品专门零售 Retail of Family Electric Equipment and Electronic Products	2758013	2496346	10626	41501
#家用视听设备零售 Retail of Family Electric Equipment	233320	211556	1371	4906
日用家电设备零售 Retail of Daily-use Electric Equipment	1668174	1506595	5381	16225
计算机、软件及辅助设备零售 Wholesale of Computer Software and Supplementary Equipments	372786	335928	2067	15969
通信设备零售 Retail of Telecommunicate Equipment	359431	328276	1285	1855
五金、家具及室内装饰材料专门零售 Retail of Hardware, Furniture and Inside Decoration Materials	2350698	2030609	29365	127266
货摊、无店铺及其他零售业 Retail of No Stores and Others	3867181	3314074	15446	138831

15-6 限额以上批发和零售企业主要效益指标(2016年)

Main Indicators Economic Benefit of Whole Sale Enterprises and Retail Trade above Designated Size(2016)

单位：%　　(%)

项目 Item	资产负债率 Assets Liability Rate	销售毛利率 Ratio of Gross Profits to Sales Revenue	经营费用率 Ratio of Operating Costs to Total Costs	成本费用利润率 Ratio of Profits to Costs
合计 Total	**64.6**	**6.8**	**4.7**	**2.1**
批发业 Wholesale	**65.8**	**5.7**	**3.6**	**2.0**
按登记注册类型分 By Registration Category				
内资企业 Domestic Funded Enterprises	66.5	5.4	3.5	2.0
#国有企业 State-owned Enterprises	32.6	22.0	5.5	10.1
集体企业 Collective-owned Enterprises	78.5	6.1	5.4	1.8
有限责任公司 Limited Liability Corporations	69.8	4.4	3.2	1.7
股份有限公司 Share-holding Corporations Ltd.	52.6	4.4	3.4	1.9
私营企业 Private Enterprises	74.2	5.0	3.6	1.4
其他企业 Other Enterprises	28.5	12.6	7.8	3.7
港澳台商投资企业 Funds from Hong Kong, Macao and Taiwan	59.0	7.8	6.0	2.0
外商投资企业 Enterprises with Sole Foreign Investment	56.2	9.5	5.5	3.7
按行业分 By Sector				
农、林、牧产品批发 Wholesale of Farming,Forestry,Animal Husbandry Products	56.9	5.2	5.0	2.0
食品、饮料及烟草制品批发 Wholesale of Food, Beverages and Tobaccos	45.0	14.0	5.7	6.2
#米、面制品及食用油批发 Sholesale of Rice, Wheat Products and Rdible Oil	78.3	4.0	3.6	1.3
烟草制品批发 Wholesale of Tobaccos	22.1	21.8	5.3	11.8

15-6 续表1

Continued

单位：% (%)

项目 Item	资产负债率 Assets Liability Rate	销售毛利率 Ratio of Gross Profits to Sales Revenue	经营费用率 Ratio of Operating Costs to Total Costs	成本费用利润率 Ratio of Profits to Costs
纺织、服装及家庭用品批发 Wholesale of Textiles, Garments and Daily Consumer Articles	68.3	7.4	5.2	2.2
#服装批发 Wholesale of Garments	67.3	8.6	6.4	2.3
家用电器批发 Wholesale of Family Electrical Equipments	70.5	7.4	6.6	-0.1
文化、体育用品及器材批发 Wholesale of Culture, Sports Products and Appliances	68.3	7.6	5.4	2.7
医药及医疗器材批发 Wholesale of Medicines and Medical Appliances	70.2	6.4	4.7	1.5
矿产品、建材及化工产品批发 Wholesale of Mineral Products, Building Materials and Chemical Products	68.6	3.4	2.6	1.4
#煤炭及制品批发 Wholesale of Coal and Its Products	65.6	3.7	3.3	-0.9
石油及制品批发 Wholesale of Petroleum and Its Products	62.7	4.0	2.4	2.9
金属及金属矿批发 Wholesale of Metal and Metal Mineral	69.5	2.9	2.6	1.0
建材批发 Wholesale of Building Materials	69.1	4.2	3.3	1.3
化肥批发 Wholesale of Chemical Fertilizer	77.1	5.8	4.3	1.3
机械设备、五金产品及电子产品批发 Wholesale of Machinery, Equipment, Hardware,Transport and Electic Products	69.7	7.3	4.5	1.8
#汽车批发 Wholesale of Motor Vehicles	81.2	4.7	3.0	1.8
计算机、软件及辅助设备批发 Wholesale of Computer Software and Supplementary Equipments	60.6	6.7	3.9	2.4
贸易经纪与代理 Trade Broker and Agent	76.4	7.1	5.6	1.2
其他批发业 Other Wholesale not Classified Elsewhere	70.9	2.8	2.3	0.1
零售业 **Retail Trade**	**58.1**	**11.7**	**9.2**	**2.6**

15-6 续表2

Continued

单位：%　　　　(%)

项目 Item	资产负债率 Assets Liability Rate	销售毛利率 Ratio of Gross Profits to Sales Revenue	经营费用率 Ratio of Operating Costs to Total Costs	成本费用利润率 Ratio of Profits to Costs
按登记注册类型分 By Registration Category				
内资企业 Domestic Funded Enterprises	61.7	11.2	8.6	2.4
#国有企业 State-owned Enterprises	66.2	10.4	12.2	1.3
集体企业 Collective-owned Enterprises	46.3	10.7	7.5	2.2
联营企业 Joint Ownership Enterprises	29.3	26.3	18.6	6.9
有限责任公司 Limited Liability Corporations	64.2	11.1	9.3	2.1
股份有限公司 Share-holding Corporations Ltd.	43.8	10.1	8.7	2.0
私营企业 Private Enterprises	64.3	11.3	7.7	2.7
其他企业 Other Enterprise	34.3	30.4	22.0	7.4
港澳台商投资企业 Funds from Hong Kong, Macao and Taiwan	29.8	14.9	14.8	5.9
外商投资企业 Foreign Funded Enterprises	66.8	17.3	15.6	2.9
按行业分 By Sector				
综合零售 General Retail	53.8	15.2	15.8	2.7
#百货零售 Retail of Consumer Goods	69.3	16.1	16.3	1.2
超级市场零售 Retail of Supermarkets	42.7	14.8	16.0	3.6
食品、饮料及烟草制品专门零售 Retail of Food, Beverages and Tobaccos	37.0	18.4	11.6	5.5
纺织、服装及日用品专门零售 Retail of Textiles, Garments, Shoes and Hats	55.4	17.1	11.7	4.6

15-6 续表3

Continued

单位：%

(%)

项目 Item	资产负债率 Assets Liability Rate	销售毛利率 Ratio of Gross Profits to Sales Revenue	经营费用率 Ratio of Operating Costs to Total Costs	成本费用利润率 Ratio of Profits to Costs
#服装零售 Retail of Garments	68.9	15.1	10.1	5.1
文化、体育用品及器材专门零售 Retail of Culture, Sports Products and Equipments	43.6	15.4	11.7	3.7
#图书、报刊零售 Retail of Books,Newspapers and Magazincs	38.9	17.0	17.0	4.8
医药及医疗器材专门零售 Retail of Medicines and Medical Appliances	59.2	10.4	7.4	3.1
#药品零售 Retail of Medicines	58.6	9.7	6.7	3.2
汽车、摩托车、燃料及零配件专门零售 Retail of Motor Vehicles, Motorcycles Fule and Parts	66.4	6.8	5.8	1.3
#汽车零售 Retail of Motor Vehicles	75.9	6.0	5.4	0.9
机动车燃料零售 Retail of Vehicles Fule	26.9	11.4	7.6	3.6
家用电器及电子产品专门零售 Retail of Family Electric Equipment and Product	66.7	9.5	8.1	1.4
#家用视听设备零售 Retail of Family Electric Equipment	78.3	9.3	6.6	1.4
日用家电设备零售 Retail of Daily-use Electric Equipment	63.2	9.7	8.8	1.1
计算机、软件及辅助设备零售 Wholesale of Computer Software and Supplementary Equipments	63.0	9.9	5.4	3.5
通信设备零售 Retail of Telecommunicate Equipment	77.3	8.7	9.2	0.6
五金、家具及室内装饰材料专门零售 Retail of Hardware, Furniture and Inside Decoration Materials	61.9	13.6	6.9	3.3
货摊、无店铺及其他零售业 Retail of No Stores and Others	55.2	14.3	10.7	3.6

15-7 亿元以上商品交易市场主要经济指标(2016年)

Statistics on Commodity Markets with Trade over 100 Million Yuan(2016)

项目	Item	市场数（个）Number of Markets (unit)	摊位数（个）Number of Stalls (unit)	营业面积（平方米）Operation Area(sq.m)	市场成交额（万元）Transaction Value (10000 yuan)
总计	**Total**	**125**	**54702**	**3323888**	**16122106**
按经营环境分	**By Operating Circumstance**				
封闭式	Indoor	103	47145	3008173	14192242
露天式	Outdoor	7	1647	119477	1080846
其他	Others	15	5910	196238	849018
按营业状态分	**By Operating Status**				
常年营业	Perennial Operation	124	54674	3322388	16108156
季节性营业	Seasonal Operation	1	28	1500	13950
其他	Others				
按经营方式分	**By Operating Mode**				
批发（或以批发为主）	Whole Sale	57	29283	2392119	12593340
零售（或以零售为主）	Retail	68	25419	931769	3528766
按市场类别分	**By Market Category**				
综合市场	General Markets	48	24921	787491	4086827
生产资料综合市场	Product Materials Markets				
工业消费品综合市场	Industrial Products Consume Markets	3	5691	71358	750233
农副产品综合市场	Agricultural Products General Markets	35	14311	296012	2167247
其他综合市场	Other Markets	10	4919	420121	1169347
专业市场	and Hats	77	29781	2536397	12035279
生产资料市场	Markets for Food, Beverage, Tobacco	11	3049	649542	1986067
农产品市场	and Liquor	36	10186	728779	5266506
食品饮料及烟酒市场	Medicine and Medical Insurments	5	3742	204208	442904
纺织、服装、鞋帽市场	Markets for Furnitures	6	7269	305635	1717563
日用品及文化用品市场	Markets for Small Commodities	1	650	196050	139002
黄金、珠宝、玉器等首饰市场	Markets for Culture Products, VideoProducts	4	1525	49980	602071
电器、通讯器材、电子设备市场	Newspapers and Magazines	1	719	38000	111893
医药、医疗用品及器材市场	Markets for Second Hand	1	28	1500	13950
家具、五金及装饰材料市场	Markets for Mechanically-propelled Vehicles	6	1721	275000	1243021
汽车、摩托车及零配件市场	Markets for Metal Materials	3	319	41128	376137
花、鸟、鱼、虫市场	Markets for Coal	2	205	31855	125699
旧货市场	Markets for Wood	1	368	14720	10466
其他专业市场	Other Markets				

15-8 亿元以上商品交易市场成交情况(2016年)

Transaction Value of Commodity Markets with Trade over 100 Million Yuan by Region(2016)

项目	Item	出租摊位数（个）Number of Stalls (unit)	市场成交额（万元）Transaction Value (10000 yuan)
总计	**Total**	**48549**	**16122106**
粮油、食品类	Grain,Oil and Foods	22257	7763460
饮料类	Beverages	2710	507443
烟酒类	Tobacco and Liquor	399	250082
服装、鞋帽、针纺织品类	Garments,shoes,Caps and Textiles	11041	2380082
服装类	Clothing	9131	2032000
鞋帽类	Shoes and Hats	1237	169131
针纺织品类	Knitwear and Textiles	673	178951
化妆品类	Cosmetics	88	13758
金银珠宝类	Gold,Silver and Jewelry	1663	639115
日用品类	Articles for Daily Use	1260	231029
#儿童玩具类	Children Toys	113	8471
五金、电料类	Hardware and Electrical Materials	536	37746
体育、娱乐用品类	Sports and Recreation Articles	102	58630
书报杂志类	Newspapers and Magazines	6	55
电子出版物及音像制品类	E-journal and Video Products	12	521
家用电器和音像器材类	Household Appliances and Video Appliances	394	63574
中西药品类	Traditional Chinese and Western Medicines	99	16558
#西药类	Western Medicines	4	158
中草药及中成药类	Chinese Herbal Medicine and Mid-product Medicine	87	14633
文化办公用品类	Cultural and Official Goods	685	91374
家具类	Furniture	680	909922
通讯器材类	Communication Appliances	123	10183
煤炭及制品类	Coal and Related Products		
木材及制品类	Wood and Wooden Products	519	103213
石油及制品类	Petroleum and Related Products	2	56
化工材料及制品类	Raw Chemical Materials	222	41677
金属材料类	Metal Materrials	98	323911
建筑及装潢材料类	Building and Decoration Materials	3074	1695497
机电产品及设备类	Mechanical and Electrical Products and Equipment	134	7352
汽车类	Vehicles	313	376137
种子饲料类	Seed and Feedstuff	194	255978
棉麻类	Cotton and Ramie		
其他类	Others	1938	344753

15-9 限额以上住宿业企业基本情况(2016年)

Basic Conditions of Enterprises above Designated Size in Hotels(2016)

项目	Item	法人企业（个） Number of Corporation (unit)	床位数（个） Number of Beds at the year- end (unit)	餐位数（位） Number of seats at the year- end
住宿业	**Hotels**	**876**	**186406**	**329983**
按登记注册类型分	**By Registration Category**			
内资企业	Domestic Funded Enterprises	800	162974	281468
#国有企业	State-owned Enterprises	50	11914	24298
集体企业	Collective-owned Enterprises	8	923	2464
股份合作企业	Cooperative Enterprises	3	439	245
有限责任公司	Limited Liability Corporations	306	72329	120262
股份有限公司	Share-holding Corporations Ltd.	10	2618	2978
私营企业	Private Enterprises	411	72631	128477
其他企业	Other Enterprises	11	1482	2210
港澳台商投资企业	Funds from Hong Kong, Macao and Taiwan	47	13285	30836
外商投资企业	Foreign Funded Enterprises	29	10147	17679
按行业分	**By Sector**			
旅游饭店	Tourism Hotel	579	139946	269794
一般饭店	General Hotel	272	42740	51972
其他住宿服务	Other Hotel	25	3720	8217

15-10 限额以上餐饮业企业基本情况(2016年)

Basic Conditions of Enterprises above Designated Size in Catering Services(2016)

项目	Item	法人企业（个） Number of Corporation (unit)	年末餐饮营业面积（平方米） Operation Area (sq.m)	餐位数（位） Number of seats at the year- end
餐饮业	**Catering Services**	**957**	**1605094**	**447952**
按登记注册类型分	**By Registration Category**			
内资企业	Domestic Funded Enterprises	908	1358217	386860
#国有企业	State-owned Enterprises	5	17121	14683
集体企业	Collective-owned Enterprises	3	1988	950
有限责任公司	Limited Liability Corporations	255	428816	96512
股份有限公司	Share-holding Corporations Ltd.	6	9822	4235
私营企业	Private Enterprises	615	859109	262354
其他企业	Other Enterprises	24	41361	8126
港澳台商投资企业	Funds from Hong Kong, Macao and Taiwan	30	116613	35015
外商投资企业	Foreign Funded Enterprises	19	130264	26077
按行业分	**By Sector**			
正餐服务业	Dinner	883	1358593	371034
快餐服务业	Snack	45	209097	71428
饮料及冷饮服务业	Drink and Cold Drink	9	12624	1752
其他餐饮服务业	Other	20	24780	3738

15-11 限额以上住宿业和餐饮业企业经营情况(2016年)

Basic Conditions of Enterprises above Designated Size in Hotels and Catering Services(2016)

单位：万元 (10000 yuan)

项目	Item	营业额 Business Revenue	客房收入 From Hotel Rooms	餐费收入 From Meals	商品销售额 From Commodities Income	其他收入 From Others
合计	**Total**	**3526379**	**826319**	**2399494**	**174668**	**125898**
住宿业	**Hotels**	**1762513**	**750264**	**774599**	**131544**	**106107**
按登记注册类型分	**By Registration Category**					
内资企业	Domestic Funded Enterprises	1398927	612800	626632	80775	78720
#国有企业	State-owned Enterprises	125044	53192	57897	346	13609
集体企业	Collective-owned Enterprises	12093	3311	5863		2918
股份合作企业	Cooperative Enterprises	1958	360	1441	154	2
有限责任公司	Limited Liability Corporations	694933	310479	296195	51852	36407
股份有限公司	Share-holding Corporations Ltd.	25852	12676	9677	191	3308
私营企业	Private Enterprises	522563	223378	249913	27956	21317
其他企业	Other Enterprises	6533	3646	2608	127	153
港澳台商投资企业	Funds from Hong Kong, Macao and Taiwan	247007	85534	95587	47985	17900
外商投资企业	Foreign Funded Enterprises	116579	51929	52380	2784	9486
按行业分	**Bye Sector**					
旅游饭店	Tourism Hotel	1438294	578519	650049	117451	92276
一般饭店	General Hotel	287475	156088	110563	9197	11628
其他住宿服务	Other Hotel	36744	15657	13988	4896	2203
餐饮业	**Catering Services**	**1763866**	**76056**	**1624895**	**43124**	**19791**
按登记注册类型分	**By Registration Category**					
内资企业	Domestic Funded Enterprises	1323889	61287	1207550	41570	13482
#国有企业	State-owned Enterprises	10581	1321	9123	67	70
集体企业	Collective-owned Enterprises	9034	86	4767	4181	
有限责任公司	Limited Liability Corporations	326284	29051	275605	13884	7745
股份有限公司	Share-holding Corporations Ltd.	8177	1657	5874	434	213
私营企业	Private Enterprises	940587	29084	883112	22989	5401
其他企业	Other Enterprises	29226	89	29069	15	53
港澳台商投资企业	Funds from Hong Kong, Macao and Taiwan	224024	12788	203935	1249	6052
外商投资企业	Foreign Funded Enterprises	215952	1980	213410	305	257
按行业分	**Bye Sector**					
正餐服务业	Dinner	1224683	75598	1106382	29007	13696
快餐服务业	Snack	459001		441162	11794	6045
饮料及冷饮服务业	Drink and Cold Drink	14171	220	13179	740	32
其他餐饮服务业	Other	66011	238	64171	1584	19

15-12 限额以上住宿和餐饮业企业年末资产及负债情况(2016年)

Main Financial Indicators of Hotels and Catering Sevices Corporation Enterprises(2016)

单位：万元　　(10000 yuan)

项目	Item	资产总计 Total Assess	流动资产合计 Total Circhlating Funds	固定资产原价 Oringinal Prices of Fixed Assets	负债总计 Total Liabilities	所有者权益合计 Total Creditors Equity
合计	**Total**	**5963027**	**2133571**	**3312410**	**3722815**	**2240212**
住宿业	**Hotels**	**4923191**	**1630976**	**2881884**	**3094260**	**1828931**
按登记注册类型分	**By Registration Category**					
内资企业	Domestic Funded Enterprises	3846261	1318105	2163778	2322898	1523363
国有企业	State-owned Enterprises	319030	93188	261201	144992	174038
集体企业	Collective-owned Enterprises	11094	5075	9530	6831	4263
股份合作企业	Cooperative Enterprises	1108	412	2002	99	1009
有限责任公司	Limited Liability Corporations	2284092	804711	1186690	1469960	814133
股份有限公司	Share-holding Corporations Ltd.	56775	21541	43839	16524	40251
私营企业	Private Enterprises	1132125	373066	621249	663588	468538
其他企业	Other Enterprises	13732	7950	6343	10500	3232
港澳台商投资企业	Funds from Hong Kong, Macao and Taiwan	727589	226506	406837	537629	189960
外商投资企业	Foreign Funded Enterprises	349341	86366	311269	233733	115608
按行业分	**By Sector**					
旅游饭店	Tourism Hotel	4361439	1420119	2631821	2738100	1623340
一般饭店	General Hotel	514562	190754	216034	316616	197946
其他住宿服务	Other Hotel	47190	20103	34029	39545	7645
餐饮业	**Catering Services**	**1039836**	**502595**	**430526**	**628554**	**411282**
按登记注册类型分	**By Registration Category**					
内资企业	Domestic Funded Enterprises	789759	408866	301361	433730	356029
#国有企业	State-owned Enterprises	6353	4355	6885	2679	3674
集体企业	Collective-owned Enterprises	7478	5916	801	1339	6139
有限责任公司	Limited Liability Corporations	347220	175954	117600	224661	122559
股份有限公司	Cooperative Enterprises	6742	884	6865	2825	3917
私营企业	Private Enterprises	411349	217876	162737	199079	212270
其他企业	Other Enterprises	10616	3881	6472	3147	7470
港澳台商投资企业	Funds from Hong Kong, Macao and Taiwan	158377	72649	71421	130888	27489
外商投资企业	Foreign Funded Enterprises	91700	21080	57743	63936	27764
按行业分	**By Sector**					
正餐服务业	Dinner	817323	417739	332307	491759	325565
快餐服务业	Snack	195598	69744	92134	128541	67056
饮料及冷饮服务业	Drink and Cold Drink	6430	2343	3346	1633	4797
其他餐饮服务业	Other	20485	12769	2740	6622	13863

15-13 限额以上住宿和餐饮业企业主要财务指标(2016年)

Main Financial Indicators of Hotels and Catering Sevices Corporation Enterprises(2016)

单位：万元 (10000 yuan)

项目	Item	主营业务收入 Main Operating Income	主营业务成本 Main Operating Expenses	主营业务税金及附加 Main Operating Tax and Extra Charges	营业利润 Profits of Business
合计	**Total**	**3422265**	**1810568**	**84417**	**65033**
住宿业	**Hotels**	**1718198**	**752174**	**44577**	**-19662**
按登记注册类型分	**By Registration Category**				
内资企业	Domestic Funded Enterprises	1369544	619293	36388	-13338
国有企业	State-owned Enterprises	117694	41164	2834	833
集体企业	Collective-owned Enterprises	12080	8413	326	784
股份合作企业	Cooperative Enterprises	1405	475	111	128
有限责任公司	Limited Liability Corporations	673406	285954	17250	-14849
股份有限公司	Share-holding Corporations Ltd.	24928	9547	528	-41
私营企业	Private Enterprises	523504	268233	14821	-939
其他企业	Other Enterprises	6576	3728	323	321
港澳台商投资企业	Funds from Hong Kong, Macao and Taiwan	237350	100551	5404	-1422
外商投资企业	Foreign Funded Enterprises	111304	32330	2784	-4902
按行业分	**By Sector**				
旅游饭店	Tourism Hotel	1401950	594901	36443	-31866
一般饭店	General Hotel	279410	135054	7265	9580
其他住宿服务	Other Hotel	36838	22219	869	2624
餐饮业	**Catering Services**	**1704067**	**1058394**	**39840**	**84695**
按登记注册类型分	**By Registration Category**				
内资企业	Domestic Funded Enterprises	1272016	861064	31047	68169
#国有企业	State-owned Enterprises	10460	6756	112	-132
集体企业	Collective-owned Enterprises	8243	4393	126	360
有限责任公司	Limited Liability Corporations	311298	185745	8486	16837
股份有限公司	Share-holding Corporations Ltd.	5249	3323	127	311
私营企业	Private Enterprises	907933	639220	21331	48167
其他企业	Other Enterprises	28833	21626	865	2627
港澳台商投资企业	Funds from Hong Kong, Macao and Taiwan	216580	84109	4547	9013
外商投资企业	Foreign Funded Enterprises	215471	113221	4247	7513
按行业分	**By Sector**				
正餐服务业	Dinner	1186376	767130	31847	62741
快餐服务业	Snack	439270	243812	6414	14032
饮料及冷饮服务业	Drink and Cold Drink	14189	7236	379	906
其他餐饮服务业	Other	64231	40216	1201	7016

15-14 限额以上批发和零售业连锁企业基本经营情况(2016年)

Basic Conditions of Enterprises above Designated Size of Wholesale and Retail Trades(2016)

项目	Item	连锁总店数(个) Number of Head Chain Stores (unit)	年末门店数(个) Number of Stores (unit)	直营店(个) Regular Chain (unit)	加盟店(个) Franchi-se (unit)	年末营业面积(平方米) Operation Area (sq.m)	年末从业人员(人) Persons Employ (person)	商品销售总额(万元) Total Sales (10000 yuan)
总计	**Total**	**148**	**6619**	**4729**	**1890**	**9931220**	**93141**	**12368735**
批发业	Wholesale	8	1052	224	828	236195	4210	82071
零售业	Retail Trade	140	5567	4505	1062	9695025	88931	12286664
按登记注册类型分	**Grouped by Status of Registration**							
内资企业	Domestic Funded Enterprises	133	5106	3294	1812	2689421	40758	4635416
#国有企业	State-owned Enterprises	6	230	230		246173	2016	622543
有限责任公司	Limited-Liability Corporations	59	1461	1324	137	890807	14518	1595045
股份有限公司	Share Holding Corporations Ltd.	11	674	673	1	584222	4205	1415875
私营企业	Private Enterprises	55	2717	1043	1674	914827	19582	953471
港澳台商投资企业	Funds from HongKong,Macao,TaiWan	4	668	590	78	6096345	42947	4953335
外商投资企业	Foreign Funded Enterprises	11	845	845		1145454	9436	2779984

15-15 限额以上住宿和餐饮业连锁企业基本经营情况(2016年)

Basic Conditions of Enterprises above Designated Size in Hotels and Catering Services(2016)

项目	Item	连锁总店数(个) Number of Head Chain Stores (unit)	连锁门店数(个) Number of Stores (unit)	直营店(个) Regular Chain (unit)	加盟店(个) Franchise (unit)	营业面积(平方米) Operation Area (sq.m)	年末从业人员(人) Persons Employed (person)	营业收入(万元) Total Sales (10000 yuan)
总计	**Total**	**12**	**567**	**396**	**171**	**159177**	**21599**	**270986**
住宿业	Hotels							
餐饮业	Catering Services	12	567	396	171	159177	21599	270986
按登记注册类型分	**Grouped by Status of Registration**							
内资企业	Domestic Funded Enterprises	5	200	29	171	17073	2078	18906
#有限责任公司	Limited-Liability Corporations	2	102	6	96	1570	494	6678
私营企业	Private Enterprises	3	98	23	75	15503	1584	12228
港澳台商投资企业	Funds from HongKong, Macao,TaiWan	3	108	108		32884	3748	79983
外商投资企业	Foreign Funded Enterprises	4	259	259		109220	15773	172097

15-16 入境游客人数(1979-2016年)

Foreign Tourists(1979-2016)

单位：人次 (person-time)

年份 Year	合计 Total	#外国人 Foreigner	台湾同胞 Compatriots from Taiwan	港澳同胞 Compatriots from Hong Kong and Macao	#香港同胞 Compatriots from Hong Kong
1979	115214	37522	59	77633	
1980	135059	43724	119	91216	
1981	173351	50498	874	121979	
1982	177835	52130	1670	124035	
1983	211529	69628	6832	135069	
1984	270443	82996	6654	180793	
1985	355748	102190	8593	244965	
1986	362320	126183	8709	227428	
1987	410821	135488	15693	259640	
1988	522082	110338	145838	265906	
1989	504594	81734	209491	213369	
1990	707903	105374	362815	239714	
1991	686023	141137	282003	262883	
1992	816076	182252	333290	300534	
1993	880344	211919	348037	320388	
1994	844503	228404	272194	343905	
1995	906406	256940	251509	397957	
1996	1045658	311861	271798	461999	
1997	1173932	360091	312767	501074	
1998	1217795	373884	355626	488285	
1999	1356042	409035	414622	532385	
2000	1613349	497466	477894	637989	
2001	1634841	465152	494211	675478	598004
2002	1848214	528015	571668	748531	685742
2003	1497164	459448	475220	562496	517123
2004	1728997	629173	491526	608298	565927
2005	1973894	723621	589373	660900	608059
2006	2298960	791160	740232	767568	706215
2007	2687453	1007969	801587	877897	799571
2008	2931908	986440	984761	960707	894813
2009	3120348	978350	1234255	907743	841895
2010	3681353	1152748	1569186	959419	879506
2011	4274232	1400156	1850715	1023361	928931
2012	4936738	1670078	2111586	1155074	1050746
2013	5121304	1782769	2136279	1202256	1091397
2014	5449833	1950628	2253899	1245306	1140972
2015	5914501	2142819	2381467	1390215	1279323
2016	6807912	2541193	2671983	1594736	1440834

注：2000年起合计项含接待海外一日游游客人数。

Note:The data of total from 2000 include the foreign tourists of one day.

15-17 接待游客人数及旅游收入(1979-2016年)

Number of Tourists and Exchange Earnings(1979-2016)

年份 Year	入境旅游人数（人次） Number of International Tourists(person-time)	#外国人 Foreigners	国际旅游外汇收入（万美元） Foreigners Exchange Earnings(USD 10000)	国内旅游人数（万人次） Domestic Tourists (10000 person-time)	国内旅游收入（亿元） Domestic Tourism Earnings (100 million yuan)	国内游客人均花费（元） Domestic Per Capita Expenditure (yuan)
1979	115214	37522				
1980	135059	43724				
1981	173351	50498				
1982	177835	52130				
1983	211529	69628				
1984	270443	82996				
1985	355748	102190				
1986	362320	126183				
1987	410821	135488				
1988	522082	110338				
1989	504594	81734				
1990	707903	105374				
1991	686023	141137				
1992	816076	182252				
1993	880344	211919				
1994	844503	228404				
1995	906406	256940				
1996	1045658	311861	55486			
1997	1173932	360091	61373	1900	110	579
1998	1217795	373884	65109	2100	146	695
1999	1356042	409035	72536	2513	190	756
2000	1613349	497466	89382	2942	231	785
2001	1634841	465152	94202	3322	268	806
2002	1848214	528015	110022	3931	333	848
2003	1497164	459448	91487	3711	311	839
2004	1728997	629173	106507	4643	463	996
2005	1973894	723621	130529	5684	578	1017
2006	2298960	791160	147100	6779	694	1023
2007	2687453	1007969	216918	8041	838	1042
2008	2931908	986440	239353	8690	875	1007
2009	3120348	978350	259900	9851	981	996
2010	3681353	1152748	297824	11957	1202	1005
2011	4274232	1400156	363444	14230	1444	1015
2012	4936738	1670078	422567	16660	1702	1022
2013	5121304	1782769	457338	19542	2003	1025
2014	5449833	1950628	491179	22888	2406	1051
2015	5914501	2142819	556140	26129	2798	1071
2016	6807912	2541193	662569	30864	3495	1132

注：由于2012年泉州市旅游局进行旅游普查，故调整从2008-2011年国内旅游人数和国内旅游收入。

Note:Due to quanzhou tourism census,the domestic tourism and domestic tourism income have been adjusted from 2008 to 2011.

15-18 入境外国游客人数

Number of Foreign Tourists Arrivals by Country

单位：人次 (Person-time)

国别(地区) Country (Region)	2000	2005	2010	2013	2014	2015	2016
合计 Total	**497466**	**723621**	**1152748**	**1782769**	**1950628**	**2142819**	**2541193**
亚洲小计 Total of Asia	**324260**	**478130**	**554661**	**945299**	**1144093**	**1235503**	**1539786**
#日本 Japan	97816	163198	169913	252440	284597	258934	343113
菲律宾 Philippines	31974	30668	36655	52799	55007	79534	97548
新加坡 Singapore	83667	79658	95030	157186	180930	215959	248712
泰国 Thailand	4960	23093	12967	28079	30856	29860	36338
印度尼西亚 Indonesia	15748	16840	38728	63100	75034	65965	70858
马来西亚 Malaysia	69303	78826	94515	187387	229024	318983	374113
美洲小计 Total of Amercia	**66832**	**151136**	**426759**	**450390**	**340181**	**391121**	**421095**
#美国 United Kingdom	59256	136804	373081	379367	253974	285481	303981
加拿大 Canada	5727	11275	43576	42641	46143	58021	68770
欧洲小计 Total of Europe	**29824**	**75692**	**132425**	**272606**	**345575**	**365247**	**395016**
#英国 United Kingdom	5174	11832	24050	39165	52588	67286	70189
法国 France	3494	9233	15152	30081	40038	40255	44309
德国 German,FR	6887	17644	27639	47010	59121	69749	67181
意大利 Italy	3080	8414	15623	24562	35387	33051	36943
俄罗斯 Russia	1626	3063	8027	20402	20983	17428	27541
大洋洲小计 Total of Oceanic	**5845**	**12485**	**26010**	**74708**	**75261**	**100762**	**125505**
#澳大利亚 Australia	4587	10195	20125	57854	54390	69907	77493
新西兰 New Zealand	663	1606	5036	14055	12451	24782	33919
非洲小计 Total of Africa	**2185**	**6178**	**12895**	**39765**	**45518**	**50186**	**59791**

15-19 国内旅游人数及旅游收入

Number of Domestic Tourists and Exchange Earnings

项目 Item	2000	2005	2010	2013	2014	2015	2016
国内旅游者人数（万人次） Total Number of Domestic Tourist (10000 person-time)	**2942.00**	**5683.92**	**11956.61**	**19542.03**	**22887.70**	**26128.60**	**30864.30**
住宿设施接待人数 In Hotel	2010.00	3556.00	5935.03	8854.94	9917.23	11088.24	12882.67
居民家庭接待人数 In Household	262.00	373.36	736.47	1673.25	2019.04	2077.49	2586.71
一日游游客人数 For One Day	670.00	1754.56	5285.11	9013.84	10951.43	12962.87	15394.91
国内旅游收入（亿元） Domestic Tourism Receipts(100 million yuan)	**230.80**	**578.03**	**1202.25**	**2003.41**	**2405.84**	**2798.16**	**3495.21**
外省游客消费 Consumption of Tourists from Other Provinces	143.70	320.91	655.16	1034.66	1057.92	1285.42	1797.25
本省多日游游客消费 Consumption of Tourists Inside the Province	77.20	208.87	342.28	620.39	962.23	1047.21	1179.27
一日游游客消费 Consumption of Tourists for One Day	9.90	48.25	204.81	348.36	385.69	465.53	518.70

注：由于2012年泉州市旅游局进行旅游普查，故调整2010年和2011年国内旅游人数和收入及分项数。

Note:Due to quanzhou tourism census, the domestic tourism and domestic tourism income have been adjusted in 2010 and 2011

15-20 国内游客消费构成

Consumption Composition of Domestic Tourists

单位：%　　(%)

项目 Item	2000	2005	2010	2013	2014	2015	2016
交给旅行社 Fees Paid to Tour Agencies	12.3	14.4	11.5	11.2	7.8	6.1	5.8
长途交通 Long Distance Transportation	13.3	14.3	24.0	17.2	17.9	23.9	22.3
住宿 Accommodation	19.2	12.6	17.1	21.7	20.8	22.4	21.0
餐饮 Food	14.1	11.6	12.5	14.7	16.8	16.6	17.4
购物 Shopping	16.5	16.6	17.0	14.8	13.9	14.0	15.7
游览 Visiting	5.6	6.8	5.9	4.8	6.2	5.8	6.4
娱乐 Entertainment	5.5	5.0	5.1	5.2	5.7	4.9	5.8
市区交通 Transport within the City	3.0	2.5	2.3	2.0	4.5	4.2	4.0
邮电通讯 Postal and Telecommunications	2.0	1.8	1.2	0.7			
其他 Others	8.5	14.4	3.4	7.7	6.4	2.2	1.6

注：2014年报表将“邮电通讯”归入“其他”类。

Note:In 2014,Postal and Telecommunications Classified to Others.

15-21 国内游客构成

Composition of Domestic Tourists

单位：%　　　　(%)

项目 Item	2000	2005	2010	2013	2014	2015	2016
按性别分 By Sex							
男 Male	65.1	59.3	57.0	60.4	54.0	53.7	53.0
女 Female	34.9	40.7	43.0	39.6	46.0	46.3	47.0
按年龄分 By Age							
14岁以下 14 and under	1.3	1.5	0.9	0.9	1.2	0.9	0.6
15-24岁 Aged 15-24	26.9	25.6	18.8	29.7	24.6	27.2	27.8
25-44岁 Aged 25-44	48.8	50.9	54.9	53.1	54.3	58.0	60.0
45-59岁 Aged 45-59	18.1	17.7	20.4	14.8	17.8	12.6	10.6
60岁以上 60 and over	4.9	4.3	5.0	1.5	2.1	1.4	1.1
按旅游目的分 By Aim of Tourist							
休闲观光渡假 Sightseeing and Holiday	44.0	52.0	54.2	53.2	73.0	76.4	75.3
探亲访友 Visiting Relatives and Friends	12.3	13.1	10.7	10.9	7.4	6.8	7.2
公务 Offical	15.4	11.8	13.9	9.1	7.2	6.8	8.1
经商 Bussiness	11.1	8.1	7.5	9.8	2.0	1.7	1.4
会议 Meeting	4.7	4.4	6.1	4.5			
医疗 Medical Care	0.9	0.9	0.7	0.4	1.3	1.1	0.8
宗教朝拜 Religious Worship	2.8	1.9	1.6	1.2	1.8	2.2	2.6
文化科技交流 Exchange of Culture, Science and Technology	2.5	1.6	1.2	1.3			
其他 Others	6.3	6.2	4.0	9.8	7.3	4.9	4.7
按出游方式分 By Mode							
单位组织 Organized by Unit	20.9	20.8	24.4	17.0	7.9	7.6	7.4
旅行社 Travel Agency	10.3	13.2	13.8	6.8	4.8	4.6	4.5
个人亲友结伴 Relatives and Friends as Accompaniers	60.0	58.6	52.2	68.2	82.8	85.1	84.4
其他 Others	8.8	7.4	9.6	8.0	4.5	2.6	3.8

15-22 各设区市国际旅游外汇收入

Foreign Exchange Earnings from International Tourism by City

单位：万美元　(USD 10000)

地区	Area	2000	2005	2010	2013	2014	2015	2016
福州市	Fuzhou	22173	27266	84299	128932	124515	119980	134677
厦门市	Xiamen	29920	55233	108552	160712	178450	238009	323321
莆田市	Putian	3476	2585	12922	20061	19988	23611	27057
三明市	Sanming	79	541	2034	3958	4438	4839	5713
泉州市	Quanzhou	25428	37728	66737	105483	117846	112834	112640
漳州市	Zhangzhou	2902	1400	15455	21855	25741	32168	31468
南平市	Nanping	4792	5434	6680	11593	14078	17012	16518
龙岩市	Longyan	427	277	983	3684	4795	6002	8640
宁德市	Ningde	186	65	162	988	1182	1434	2165
平潭综合实验区	Pingtan				70	147	251	369

注：2012年以前，福州数据含平潭。
Note:Before 2012,The data of Fuzhou include Pingtan.

15-23 各设区市入境游客人数

Number of Foreign Tourists by City

单位：人次　(Person-time)

地区	Area	2000	2005	2010	2013	2014	2015	2016
福州市	Fuzhou	300269	308883	698607	904967	906886	966198	1086765
厦门市	Xiamen	494920	803144	1551864	2146923	2349245	2655924	2927156
莆田市	Putian	103103	110665	184737	257301	248144	269872	311406
三明市	Sanming	3037	9776	29018	45805	52407	5274	65102
泉州市	Quanzhou	485788	535381	770457	1016133	1089454	1110946	1309964
漳州市	Zhangzhou	49886	42089	247469	370846	406497	424399	554700
南平市	Nanping	162104	153595	173400	295477	288215	303955	370138
龙岩市	Longyan	8961	7969	22417	61432	80940	98168	138984
宁德市	Ningde	5281	2392	3384	18734	22986	25029	32922
平潭综合实验区	Pingtan				3686	5059	6836	10775

注：2012年以前，福州数据含平潭。
Note:Before 2012,The data of Fuzhou include Pingtan.

主要统计指标解释

社会消费品零售总额 指批发和零售业、住宿和餐饮业以及其他行业直接售给城乡居民和社会集团的消费品零售额。其中，对居民的消费品零售额，是指售予城乡居民用于生活消费的商品金额；对社会集团的消费品零售额，是指售给机关、社会团体、部队、学校、企事业单位、居委会或村委会等，公款购买的用作非生产、非经营使用与公共消费的商品金额。社会消费品零售总额包括：售给城乡居民作为生活消费用的商品和修建房屋用的建筑材料的金额，以及售给来华的外国人、华侨、港澳台同胞的消费品金额；售给社会集团用作非生产、非经营使用与公共消费的商品金额。

商品购进额 指从本企业以外的单位和个人购进（包括从国外直接进口）作为转卖或加工后转卖的商品金额（含增值税）。商品包括：（1）从工农业生产者、批发和零售业企业、住宿和餐饮业企业、出版社或报社的出版发行部门和其他服务业企业购进的商品；（2）从机关团体、事业单位购进的商品；（3）从海关、市场管理部门购进的缉私和没收的商品；（4）从居民收购的废旧商品等。

商品销售额 指对本单位以外的单位和个人出售的商品金额（包括售给本单位消费用的商品，含增值税）。商品包括（1）售给城乡居民和社会集团消费用的商品；（2）售给农业、工业、建筑业、运输邮电业、服务业、公用事业等国民经济各行业用于生产、经营用的商品，包括售予批发和零售业作为转卖或加工后转卖的商品；（3）对国（境）外直接出口的商品。

期末商品库存额 指报告期末各种登记注册类型的批发和零售业企业(单位)已取得所有权的商品。它反映批发和零售业企业(单位)的商品库存情况和对市场商品供应的保证程度。商品库存包括：(1)存放在批发和零售业经营单位(如门市部、批发站、经营处)仓库、货场、货柜和货架中的商品；(2)挑选、整理、包装中的商品；(3)已记入购进而尚未运到本单位的商品，即发货单或银行承兑凭证已到而货未到的商品；(4)寄放他处的商品，如因购货方拒绝承付而暂时存放在购货方的商品和已办完加工成品收回手续而未提回的商品；(5)委托其他单位代销(未作销售或调出)尚未售出的商品；(6)代其他单位购进尚未交付的商品。不包括所有权不属于本单位的商品、委托外单位加工生产尚未收回成品的商品、外贸企业代理其他单位从国外进口尚未付给订货单位的商品、代国家物资储备部门保管的商品等。

亿元商品交易市场成交额 指年成交额在亿元及以上的商品交易市场。商品交易市场是指经有关部门和组织批准设立，有固定场所、设施，有经营管理部门和监管人员，若干市场经营者入内，常年或实际开业三个月以上，集中、公开、独立地进行生活消费品、生产资料等现货商品交易以及提供相关服务的交易场所，包括各类消费品市场、生产资料市场等。

连锁企业（或称连锁店、连锁公司） 指在核心企业或总店的领导下，由分散的、经营同类商品或服务的企业或活动单位，采取共同方针，实行集中采购和分散销售的有机结合，通过规范化经营，实现规模效益的经济联合组织形式。一般连锁店应由若干个分店组成。其经营特征：(1)经营同类商品；(2)使用统一商号；(3)统一采购配送，采购与销售相分离（部分商品可根据物流合理和保质保鲜原则，由供应商直接送货到门店，其余均由总部统一配送）。

连锁门店包括下列两种形式：

直营连锁：指正规连锁。连锁门店均由总部独资或控股开设，在总部的直接领导下统一经营。

加盟连锁：指特许连锁。各连锁门店（被特许人）通过合同形式，取得使用总部（特许人）商标、商号、经营技术和销售总部开发的商品的特许权，各加盟连锁门店为独立法人，在总部指导下统一经营。

入境国际旅游者人数 指来中国参观、访问、旅行、探亲、访友、休养、考察、参加会议和从事经济、科技、文化、教育、宗教等活动的外国人、华侨、港澳同胞和台湾同胞的人数。不包括外国在我国的常驻机构，如使领馆、通讯社、企业办事处的工作人员；来我国常住的外国专家、留学生以及在岸逗留不过夜人员。

国际旅游(外汇)收入 指入境旅游的外国人、华侨、港澳同胞和台湾同胞在中国大陆旅游过程中发生的一切旅游支出，对于国家来说就是国际旅游(外汇)收入。

Explanatory Notes on Main Statistical Indicators

Total Retail Sales of Consumer Goods refer to the sum of retail sales of commodities sold by wholesale and retail trades, hotel and catering services, and other industries to urban and rural households for household consumption and to social institutions for public consumption. Of which, the ratail sales to households refer to the amount of money of commodities of daily use sold to the urban and rural households. The ratail sales to social institutions refer to the amount of money of commodities sold to the government agencies, social organizations, military units, schools, institutions, neighbourhood (village) committees on public funds for the pupose of non-production and non-operation usage and public consumption. Total retail sale of consumer goods include the amount of money of commodities sold to the urban and rural households for daily consumption and the amount of money of construction materials for building and repairing houses, the amount of money of comsumer goods sold to foreigners, overseas Chinese and Chinese compatriots from Hong Kong, Macao and Taiwan, the amount of money of commodities sold to the social organizations for the purpose of non-production and non-operation usage and public consumption.

Total Purchases of Commodities refer to the total value of purchases of commodities by enterprises (establishments) from other establishments or individuals (including direct import from abroad) for the purpose of re-selling, either with or without further processing of the commodities purchased. The commodities include: (1) commodities purchased from agricultural and industrial producer, wholesaler, retailer, publishing hourse and other service business; (2) commodities purchased from institutions and government departments; (3) confiscated goods purchased from the custums authorities or market management agencies; (4) second-hand goods and wastes purchased from residents.

Total Sales of Commodities refer to value of commodities sold by the establishments to other establishments and individuals (including goods sold for self consumption, including the value-added tax). The commodities include: (1) commodities sold to urban and rural residents and social groups for their consumption; (2) commodities sold to establishments in all industries for their production and operation, including agriculture, industry, construction, transportation, post and telecommunications, catering services, and public utility including commodities sold to wholesale and retail establishments for re-selling, with or without further processing; and (3) commodities for direct export to abroad.

Total Stock of Commodities refers to total commodities possessed by wholesaler and retailer of various types of registration status at the end of the reference period, reflecting the commodity stock level of various wholesaler and retailer and the potential for market supply. It includes: (1) commodities located in storage, garages, counters, and shelves of operating places (such as sale stores, wholesale centres, and operating offices); (2) commodities in the process of being selected, sorted, and packed; (3) commodities not arrived but recorded as purchase in the account, i.e. commodities not arrived but payment receipts for the commodities from the sellers or the banks arrived; (4) commodities deposited in other places rather than places mentioned above, for instance: commodities in the hold of purchasers temporarily due to the refusal of payment and commodities not taken back after going through the formalities; (5) commodities entrusted to other units to sell but not sold yet; (6) commodities purchased for other units but not delivered yet. Commodities not included as stock are those not owned by the enterprises (units), commodities on commission for processing but not yet delivered, imported commodities of agency of foreign trade enterprise but not yet delivered to ordering units and finally those put in stock on behalf of the state material reserves units.

Volume of Transaction at Large Commodity Markets with Transaction Value over 100 Million Yuan refers to the commodity markets with an annual transaction of over 100 million. The commodity market refers to the markets approved and managed by related departments, where there are fixed sites, facilities, managers and administration offices, where there are a certain number of traders to operate for three month and above or all the year, where the commodities including the articles for daily comsuption and capital goods and services are traded in a centralized, independent and open way., Such market includes markets of daily goods and market of capital goods, etc.

Chain Enterprises(also called chain stores or chain corporations) refer to a form of joint economic entities under which scattered enterprises or establishments engaged in providing homogeneous commodities or services, with the central leadership of core enterprise or headquarters and guided by common policies, conduct centralized purchase and distributed selling of commodities, in order to gain better efficiency through standardized operation. Consisting of a number of branch stores, the chain stores have in general following features: 1) homogeneous commodities, 2) unique name of stores, 3) centralized purchase and delivery which is separated from distributed selling operation (most commodities are delivered from the headquarters except some items which, from logistics, quality or freshness considerations, might be delivered by the suppliers directly).

Chain stores have two categories:

a) Chain stores under direct management: These are formal chain stores invested or controlled by the headquarters. They operate under the direct and unified management from the headquarters.

b) Chain stores through license arrangement: Through contracts, chain stores (their owners) obtain licenses from the headquarters to use designated Trades marks, names, operation know-how, and to sell the commodity developed by the headquarters. Under this arrangement, each store in the chain is an independent legal entity and operates under the guidance from the headquarters.

Number of Tourists Visitor arrivals refer to the number of foreigners, Chinese compatriots from Hong Kong, Macao and Taiwan Chinese (mainland) who come to China (mainland) for sight-seeing, vacation, visiting relatives, medical treatment, shopping, attending conference, or to engage in economic, cultural, sports and religious activities. In compiling statistics, each time of entering China is counted as one person-time.

Foreign Exchange Earnings from International Tourism refer to the total expenditures of foreigners, overseas Chinese, Chinese compatriots from Hong Kong, Macao and Taiwan during their stay in the mainland of China, which are earnings of foreign exchange from international tourism from the point of view from China.

第十六篇　科学和教育

Chapter 16　Science and Education

资料整理：廖捷 许光洁 陈昉

Database Editor:Liaojie Xuguangjie Chenfang

简 要 说 明

本篇资料的主要内容及来源

本篇反映全省科学技术活动和教育事业的发展情况。

科学技术部分主要包括了全省科技活动的规模、构成、布局和发展状况的资料，收录了全省有关部门年度的科技统计数据。反映科研机构、大中型工业企业和高等院校三大科技活动主体单位的机构数、人员数和经费收支等情况，根据省科技厅、省教育厅、省人力资源和社会保障厅、省统计局科技统计综合年报汇总。专利申请受理量和授权量由省知识产权局提供。

教育部分包括高等教育、中等教育、初等教育、幼儿教育和各种类型的各级成人教育等，主要指标有各级各类学校的校数、在校学生数、招生数、毕业生数、教职工数、教师数等。教育统计资料主要由省教育厅提供，技工学校的资料来源于省人力资源和社会保障厅。

本篇资料由省统计局社会和科技统计处整理提供。

Brief Introduction

Main Content and Source of Data

Data in this chapter show the basic conditions of the activities of science and technology and development of Fujian’s education.

In addition, data on the technical training schools are provided by the Department of Labor and Social Security.Data on science and technology cover mainly the scale, composition, distribution and development of the scientific and technological activities, including the statistical data of the departments concerned under the provincial government on science and technology in the table on the basic conditions of the scientific and technological activities show in a summary way the number of institutions and personnel in scientific and technological institutions, large and medium-sized industrial enterprises and universities and colleges, the three main bodies engaged in the scientific and technological activities as well as their income and expenditure. Data are collected and tabulated in accordance with the annual reporting scheme on science and technology statistics of the Provincial Commission of Science, Provincial Commission of Education, Provincial Human Resource and Social Guarantee Bureau,Provincial Office of Science, Technology and Industry for National Defence and the provincial Statistical Bureau.Data on the number of patent applications examined and certified are provided by Fujian Patent Office.

Data on education cover the situations on higher education, secondary education, primary education, kindergartens and all kinds of adult education etc. The main indicators cover the number of schools of various levels and categories, students enrolled, new students enrolled, graduates, staff and workers and number of teachers etc. Data on education are mainly provided by the Provincial Commission of Education.

Data in this chapter are provided and compiled by the Division of Social, Science and Technology Statistics of Fujian Provincial Bureau of Statistics.

16-1 主要年份科技活动基本情况

Basic Statistics on Scientific and Technological Activities in Selected Years

项目 Item	2000	2005	2010	2015	2016
科技活动人员（人） **Personnel Engaged in S&T Activities(person)**	**68188**	**86184**	**179271**	**252800**	**272770**
#科学研究与开发机构 Science Research & Technical Development Institutions	5754	4852	5573	7231	7450
高等院校 Higher Education Institutions	6350	8563	28895	48778	51366
大中型工业企业 Large-scale and Medium-scale Industrial Enterprises	17343	37174	86111	119465	125352
研究与试验发展人员折合全时当量（人年） **Full-time Equivalent of R&D Personnel(person/year)**	**22420**	**35815**	**76737**	**126572**	**132155**
#科学研究与开发机构 Science Research & Technical Development Institutions	2200	1726	2756	4091	4305
高等院校 Higher Education Institutions	3208	3938	5892	9915	10673
大中型工业企业 Large-scale and Medium-scale Industrial Enterprises		16661	44062	73920	74746
研究与试验发展经费内部支出（亿元） **Internal Expenditures on S&T Activities(100 million yuan)**	**21.19**	**53.73**	**170.90**	**392.93**	**454.29**
#科学研究与开发机构 Science Research & Technical Development Institutions		2.15	6.54	15.48	18.60
高等院校 Higher Education Institutions		2.27	6.94	15.37	27.16
大中型工业企业 Large-scale and Medium-scale Industrial Enterprises		34.70	116.12	261.63	291.37
研究与试验发展经费支出相当于国内生产总值比例（%） **Proportion of Expenditure on R&D to GDP Achievements in S&T and National Prizes Won(%)**	**0.56**	**0.82**	**1.16**	**1.51**	**1.59**
技术市场成交额（万元） **Transaction Value in Technical Market(10000 yuan)**	**172601**	**171959**	**381217**	**538645**	**1057125**
专利申请受理数（项） **Number of Patents Application Acceptance(unit)**	**4211**	**9460**	**21994**	**83146**	**130376**
#发明专利 Inventions	377	1202	5117	17663	27041
专利申请授权数（项） **Number of Patents Application Granted(unit)**	**3003**	**5147**	**18063**	**61621**	**67142**
#发明专利 Inventions	93	242	1224	5730	7170
发明专利拥有量（项） The Ownership of Invention Patents(unit)			3295	17868	26714
每万人口发明专利拥有量（件） The Ownership of Invention Patents per 10000 Persons(piece)			0.89	4.65	6.90

16-2 从事科技活动人员情况(1987-2016年)

Conditions of Personnel Engaged in Scientific and Technological Activities(1987-2016)

单位：人　　(person)

年份 Year	合计 Total	科研机构 Science Research & Technical Development Institutions	高等院校 Higher Education Institutions	大中型工业企业 Large-scale and Medium-scale Industrial Enterprises	其他 Others
1987	17893	9052	3557	5284	
1988	17778	8875	3565	5338	
1989	20010	9270	3985	6755	
1990	20428	8796	5392	6240	
1991	21012	9054	4452	7506	
1992	22263	7678	5291	9294	
1993	22305	7399	5516	9390	
1994	22990	6995	5423	10572	
1995	24085	6911	5883	11291	
1996	27621	6656	6051	14914	
1997	30988	6539	6618	17831	
1998	29316	6426	6626	16264	
1999	33621	6127	6563	20931	
2000	68188	5754	6350	17343	38741
2001	70860	4844	7149	26351	32516
2002	67508	4497	7764	25623	29624
2003	71504	4495	8280	28772	29957
2004	79953	4379	9018	30943	35613
2005	86184	4852	8563	37174	35595
2006	101099	5066	9296	46745	39992
2007	112758	5406	10479	53610	43263
2008	131454	5654	11475	65481	48844
2009	167132	5869	27036	77607	56620
2010	179271	5573	28895	86111	58692
2011	216082	5935	28900	118694	62553
2012	239938	6223	29778	130313	73624
2013	242094	6572	31325	135751	68446
2014	257397	7005	33041	141483	75868
2015	252800	7231	48778	119465	77326
2016	272770	7450	51366	125352	88602

注：1、高等院校科技活动人员不包括教学人员；2、2000年起统计范围扩大;3、其他包括小型工业企业、软件开发单位、农业企事业单位和卫生单位等。

Note:a)Persons engaged in science and technology activities in higher education institutions exclude persons engaged in teaching. b)Statistic coverage has been enlarged since 2000. c)Others include small-scale industrial enterprises,software development units,agriculture enterprises and institutions, health care units,etc.

16-3 主要年份研究与试验发展（R&D）活动指标
Indicators of Research and Development Activities in Selected Years

项目 Item	2000	2005	2010	2015	2016
R&D人员折合全时人员（人） **R&D Personnel(person)**	**22420**	**35815**	**76737**	**126572**	**132155**
基础研究 Fundamental Research	2033	1452	3435	5568	5629
应用研究 Applied Research	3635	7005	8090	11810	12561
试验发展 Experimental Development	16752	27358	65218	109193	113965
R&D经费内部支出(亿元) **Intramural Expenditure for R&D(100 million yuan)**	**21.19**	**53.73**	**170.90**	**392.93**	**454.29**
基础研究 Fundamental Research	0.66	1.17	4.19	10.00	11.83
应用研究 Applied Research	1.41	5.13	9.49	20.53	29.97
试验发展 Experimental Development	18.30	46.82	157.22	362.40	412.49
#科学研究与开发机构 Science Research & Technical Development Institutions	1.38	2.35	6.54	15.48	18.60
基础研究 Fundamental Research		0.56	1.99	6.07	6.93
应用研究 Applied Research		0.80	2.80	5.84	5.75
试验发展 Experimental Development		0.78	1.75	3.57	5.93
高等院校 Higher Education Institutions	1.31	2.31	6.94	15.37	27.16
基础研究 Fundamental Research		0.59	1.82	3.32	4.42
应用研究 Applied Research		1.11	4.31	11.19	21.31
试验发展 Experimental Development		0.57	0.82	0.85	1.42
大中型工业企业 Large-scale and Medium-scale Industrial Enterprises		34.89	116.12	261.63	291.37
基础研究 Fundamental Rcsearch				0.050	0.003
应用研究 Applied Research		1.34	0.43	0.79	0.56
试验发展 Experimental Development		33.36	115.68	260.79	290.81
R&D经费内部支出按支出来源分(亿元) Intramural Expenditure for R&D by Expenditure Source(100 million yuan)					
政府资金 Government Funds	3.09	5.32	17.61	33.99	49.82
企业资金 Enterprises Funds	15.79	47.14	148.45	346.51	390.85
国外资金 Abroad Funds	0.37	0.13	1.38	0.68	1.48
其他 Others	1.94	1.14	3.46	11.74	12.13
R&D经费内部支出占GDP比重（%） **Proportion of Intramural R&D Expenditure to GDP(%)**	**0.56**	**0.82**	**1.16**	**1.51**	**1.59**

16-4 规模以上工业企业研究与试验发展（R&D）活动情况（2016年）

Research and Development Activities of Industrial Enterprises above Designated Size(2016)

项目 Item	规模以上工业企业数（个） Number of Enterprises (unit)	有R&D活动（个） With R&D Activities (unit)	有研发机构（个） With R&D Institutions (unit)	R&D人员（人） R&D Personnel (person)	R&D人员折合全时当量（人年） Full-time Equivalent of R&D Personnel	R&D经费内部支出（万元） Intramural Expenditure for R&D (10000 yuan)	R&D经费外部支出（万元） External Expenditure for R&D (10000 yuan)
总计 Total	**17262**	**3486**	**1406**	**145083**	**102250**	**3882632**	**126983**
按企业规模分 Grouped by Size of Enterprises							
大型 Large	432	271	171	57242	42642	1834597	63960
中型 Medium	2847	963	412	46831	32104	1079078	41654
小型 Small	13340	2222	809	40673	27295	959749	21264
微型企业 Micro	643	30	14	337	208	9208	105
按隶属关系分 Grouped by Subordination							
中央 Central	80	24	12	2941	1581	90982	15612
地方 Region	17182	3462	1394	142142	100669	3791650	111372
按登记注册类型分 Grouped by Status of Registration							
内资企业 Sole Funded	13532	2605	1034	84968	59110	2262385	77321
国有企业 State-owned Enterprises	33	6	3	150	105	5995	120
集体企业 Collective-owned Enterprises	78	4	2	69	51	472	8
股份合作企业 Cooperative Enterprises	54	4		26	14	224	2
联营 Joint Ownership Enterprises	11						
国有联营企业 State Joint Ownership Enterprises	1						
集体联营企业 Collective-owned Joint Ownership Enterprises	5						
国有与集体联营企业 State and Collective-owned Joint Ownership Enterprises							
其他联营企业 Other Joint Ownership Enterprises	5						
有限责任公司 Limited-Liability Corporations	4074	851	336	32913	22409	1010941	43097
国有独资公司 State Sole Funded Corporations	136	25	10	2222	905	29077	12791
其他责任有限公司 Other Limited-Liability Corporations	3938	826	326	30691	21504	981865	30307
股份有限公司 Share Holding Corporations Ltd.	367	202	105	17400	13245	404410	20669
私营企业 Private Enterprises	8886	1537	586	34407	23283	840308	13425

16-4 续表1

Continued

项目 Item	规模以上工业企业数（个） Number of Enterprises (unit)	有R&D活动（个） With R&D Activities (unit)	有研发机构（个） With R&D Institutions (unit)	R&D人员（人） R&D Personnel (person)	R&D人员折合全时当量（人年） Full-time Equivalent of R&D Personnel	R&D经费内部支出（万元） Intramural Expenditure for R&D (10000 yuan)	R&D经费外部支出（万元） External Expenditure for R&D (10000 yuan)
私营独资企业 Private Sole Funded Enterprises	282	21	4	201	119	5701	163
私营合伙企业 Private Joint-venture Enterprises	62	3	1	19	9	715	
私营有限责任公司 Private Limited-Liability Corporations	8293	1417	533	29552	19808	727194	12190
私营股份有限公司 Private Share Holding Corporations Ltd.	249	96	48	4635	3347	106697	1072
其他企业 Other Enterprises	29	1	2	3	3	35	
港澳台商投资企业 Funds from HongKong, Macao,TaiWan	2476	566	242	35782	24564	1015032	10698
合资经营企业（港或澳、台资） Joint-venture Enterprises	537	171	78	10479	7051	284458	4060
合作经营企业（港或澳、台资） Cooperative Enterprises	16	4	1	59	41	3028	
港、澳、台商独资经营企业 Enterprises with Sole Fund	1863	372	156	23951	16558	692603	6637
港、澳、台商投资股份有限公司 Share Holding Corporations Ltd.	33	13	5	909	687	27158	
其他港澳台商投资企业 Others	27	6	2	384	227	7784	
外商投资企业 Foreign Funded Enterprises	1254	315	130	24333	18576	605216	38964
#中外合资 Joint Venture	358	119	45	11486	9526	270457	6092
中外合作 Cooperative Operation	10	4	2	301	265	10955	1130
外商独资 Venture Exclusively with Foreign Investment	849	184	80	11915	8387	301123	31271
外商投资股份有限公司 Share Holding Corporations Ltd.	22	5	2	543	367	19197	453
其他外商投资企业 Others	15	3	1	88	31	3484	18
按行业分 **Grouped by Sector**							
采矿业 Mining	405	32	11	541	303	9185	262
煤炭开采和洗选业 Coal Mining and Dressing	112	9	6	213	114	1745	19
黑色金属矿采选业 Ferrous Metals Mining and Dressing	76	9	1	118	97	1637	145
有色金属矿采选业 Nonferrous Metals Mining and Dressing	48	6	3	114	43	3978	42
非金属矿采选业 Nonmetal Minerals Mining and Dressing	169	8	1	96	50	1826	56
制造业 Manufacturing	16492	3431	1390	142617	101133	3842865	112392

16-4 续表2

Continued

项目 Item	规模以上工业企业数（个） Number of Enterprises (unit)	有R&D活动（个） With R&D Activities (unit)	有研发机构（个） With R&D Institutions (unit)	R&D人员（人） R&D Personnel (person)	R&D人员折合全时当量（人年） Full-time Equivalent of R&D Personnel	R&D经费内部支出（万元） Intramural Expenditure for R&D (10000 yuan)	R&D经费外部支出（万元） External Expenditure for R&D (10000 yuan)
农副食品加工业 Agricultural and Sideline Products Processing	1156	235	91	5424	3528	140155	2846
食品制造业 Food Manufacturing	606	143	63	3105	2002	98025	1443
酒、饮料和精制茶制造业 Wine，Drink and Tea Manufacturing	622	124	41	2161	1323	58154	1057
烟草制品业 Tobacco Processing	7	6	2	498	299	9078	228
纺织业 Textile Industry	885	148	51	5936	4238	165803	1072
纺织服装、服饰业 Textile Garments Products	1230	68	35	3228	2240	84950	2798
皮革、毛皮、羽毛及其制品和制鞋业 Leather , Furs , Down and Relate Products	1289	140	64	8027	5028	178057	2154
木材加工和木、竹、藤、棕、草制品业 Timber Processing,Bamboo,Cane,Palm Fiber and Straw Products	777	79	26	1174	720	31915	883
家具制造业 Furniture Manufacturing	335	29	11	717	457	18648	347
造纸和纸制品业 Papermaking and Paper Products	437	64	20	2334	1495	78789	508
印刷和记录媒介复制业 Printing and Record Medium Reproduction	234	31	12	548	409	17184	197
文教、工美、体育和娱乐用品制造业 Cultural , Educational and Sports Goods	1042	121	42	3842	2813	73213	1322
石油加工、炼焦和核燃料加工业 Petroleum Processing , Coking and Nuclear Fuel Processing	31	12	3	291	124	12480	1360
化学原料和化学制品制造业 Raw Chemical Materials and Chemical Products	736	217	88	4947	3354	150794	2458
医药制造业 Medical and Pharmaceutical Products	134	84	46	3378	2331	71929	9408
化学纤维制造业 Chemical Fiber	99	35	16	2217	1550	106528	2584
橡胶和塑料制品业 Rubber and Plastic Products	742	164	60	7307	5773	175634	1378
非金属矿物制品业 Nonmetal Minerals Products	1829	241	99	6951	4701	180142	1800
黑色金属冶炼和压延加工业 Smelting and Pressing of Ferrous Metals	288	35	14	2318	1814	126457	2376
有色金属冶炼和压延加工业 Smelting and Pressing of Nonferrous Metals	140	41	18	3390	2525	147377	905
金属制品业 Metal Products	599	130	49	4582	3373	112355	635
通用设备制造业 General Equipment	579	179	75	7414	5057	149801	35699
专用设备制造业 Special Purpose Equipment	520	209	79	7340	5450	164805	3510
汽车制造业 Car Manufacturing	368	139	55	6447	4734	184046	7188

16-4 续表3

Continued

项目 Item	规模以上工业企业数（个） Number of Enterprises (unit)	有R&D活动（个） With R&D Activities (unit)	有研发机构（个） With R&D Institutions (unit)	R&D人员（人） R&D Personnel (person)	R&D人员折合全时当量（人年） Full-time Equivalent of R&D Personnel	R&D经费内部支出（万元） Intramural Expenditure for R&D (10000 yuan)	R&D经费外部支出（万元） External Expenditure for R&D (10000 yuan)
铁路、船舶、航空航天和其他运输设备制造业 Railway,Watercraft,Aviation and others transportation Manufacturing	178	47	18	1836	1252	39884	4395
电气机械和器材制造业 Electric Equipment and Machinery	706	284	128	15510	10356	378691	8300
计算机、通信和其他电子设备制造业 Computer,Communication and other Electronic Equipment	518	309	141	27147	20876	819229	13091
仪器仪表制造业 Instruments and Meters Machinery	152	81	26	3143	2197	48356	1902
其他制造业 Others Manufacturing	174	26	13	1118	915	15764	421
废弃资源综合利用业 Waste Resources and Materials Recovering	56	4	3	49	26	1504	
金属制品、机械和设备修理业 Metals,Machinery and Equipment maintenance	23	6	1	238	170	3120	132
电力、热力、燃气及水生产和供应业 Production and Supply of Electric Power and Hot Power	365	23	5	1925	813	30583	14329
电力、热力生产和供应业 Production and Supply of Electric Power and Hot Power	277	19	4	1829	774	29134	14306
燃气生产和供应业 Production and Supply of Gas	32						
水的生产和供应业 Production and Supply of Water	56	4	1	96	39	1449	24
按地市分类 **Grouped by City**							
福州市 Fuzhou	2220	539	186	30706	21949	861705	35764
厦门市 Xiamen	1719	629	274	40358	31118	963023	47191
莆田市 Putian	1261	214	125	6807	4772	209284	2397
三明市 Sanming	1796	209	75	4814	3401	169882	4934
泉州市 Quanzhou	4514	737	293	26524	17390	671434	12721
漳州市 Zhangzhou	2228	443	151	16100	10956	370179	8382
南平市 Nanping	1124	230	106	5146	3345	150764	3110
龙岩市 Longyan	1205	331	138	8946	6056	294999	3113
宁德市 Ningde	1195	154	58	5682	3263	191363	9371

16-5 各设区市研究与试验发展（R&D）人员情况（2016年）

Personnel Condition of Research and Development by city(2016)

项目	Item	R&D人员（人） R&D Personnel (person)	R&D人员折合全时当量（人年） Full-time Equivalent of R&D Personnel(man-year)	基础研究 Basic Reseach	应用研究 Applied Reseach	试验发展 Experimental Development
福建省	**Fujian**	**201090**	**132155**	**5629**	**12561**	**113965**
福州市	Fuzhou	59290	38102	2653	6000	29450
厦门市	Xiamen	53924	38861	1818	3002	34040
莆田市	Putian	8072	5330	110	350	4871
三明市	Sanming	6103	4039	112	412	3514
泉州市	Quanzhou	31743	19334	343	1106	17885
漳州市	Zhangzhou	18681	11978	237	548	11193
南平市	Nanping	6457	4064	138	532	3394
龙岩市	Longyan	9896	6487	82	186	6219
宁德市	Ningde	6924	3961	137	426	3399

16-6 各设区市研究与试验发展（R&D）经费情况（2016年）

Expenditure Condition of Research and Development by city(2016)

单位：万元　(10000yuan)

项目	Item	R&D经费内部支出 Intramural Expenditure for R&D	基础研究 Experimental Development	应用研究 Experimental Development	试验发展 Experimental Development	R&D经费外部支出 External Expenditure for R&D
福建省	**Fujian**	**4542920**	**118341**	**299646**	**4124933**	**199041**
福州市	Fuzhou	1224559	85066	131244	1008251	64804
厦门市	Xiamen	1176599	24442	115935	1036220	87373
莆田市	Putian	214744	1014	3080	210650	2469
三明市	Sanming	174948	534	3312	171101	4978
泉州市	Quanzhou	719921	2878	34002	683040	15119
漳州市	Zhangzhou	381358	2682	4928	373746	8488
南平市	Nanping	154388	640	2630	151119	3201
龙岩市	Longyan	300941	444	2892	297606	3225
宁德市	Ningde	195462	640	1623	193199	9384

16-7 主要年份县级以上政府部门科学研究与开发机构情况

Govemment Institutions Engaged in Science Research and Development Activities above county Level in Selected Years

项目 Item	2000	2005	2010	2015	2016
机构数（个） **Number of Institutions(unit)**	**125**	**99**	**96**	**100**	**102**
职工人数（人） **Number of Staff(person)**	**6796**	**5246**	**6437**	**7469**	**7641**
自然科学 **Natural Sciences and Technology**					
机构数（个） Number of Institutions(unit)	107	83	80	84	84
职工人数（人） Number of Staff(person)	6215	4718	5850	6891	7005
#从事科技活动人员（人） Persons Engaged in Scientific and Technological Activities (person)	4723	3890	4618	5758	5791
经费收入总额（万元） Total Funds(1000 yuan)	42187	62057	151715	339057	328092
#政府拔款 Government Appropriations	22566	44249	106849	237813	232873
经费支出总额（万元） Total Expenditures(10000 yuan)	36449	57784	133247	331761	328923
社会、人文科学 **Social Sciences and Humanities**					
机构数（个） Number of Institutions(unit)	4	3	3	3	5
职工人数（人） Number of Staff(person)	236	207	218	215	273
#从事科技活动人员 Persons Engaged in Scientific and Technological Activities	207	183	189	191	264
经费收入总额(万元) Total Funds(10000 yuan)	1543	2540	5230	8379	9728
#政府拔款 Government Appropriations	1489	2433	4256	8182	9143
经费支出总额（万元） Total Expenditures(10000 yuan)	1443	2801	4874	7024	7860
科学情报和文献 **Scientific-Technical Information and Literature**					
机构数（个） Number of Institutions(unit)	14	13	13	13	13
职工人数（人） Number of Staff(person)	345	321	369	363	363
#从事科技活动人员（人） Persons Engaged in Scientific and Technological Activities (person)	305	288	326	345	342
经费收入总额(万元) Total Funds(10000 yuan)	2748	4808	6651	8756	7924
#政府拔款 Government Appropriations	2297	4266	5482	7570	7164
经费支出总额（万元） Total Expenditures(10000 yuan)	2680	4763	5744	8830	8372

16-8 各类型专利申请和授权情况(1985-2016年)

Patents Applicated and Granted by Category(1985-2016)

单位：项 (unit)

年份 Year	专利申请数 Number of Patent Applicated Accepted	发明 Creation and Inventions	实用新型 Utility Models	外观设计 Designs	专利授权数 Number Of Patent Applicated Granted	发明 Creation and Inventions	实用新型 Utility Models	外观设计 Designs
1985	137	74	63		1	1		
1986	195	67	125	3	23		23	
1987	305	84	206	15	78	3	73	2
1988	420	90	320	10	132	13	114	5
1989	445	90	318	37	203	20	176	7
1990	540	95	374	71	276	25	239	12
1991	672	102	512	58	277	21	206	50
1992	928	171	661	96	352	17	295	40
1993	1271	199	729	343	850	36	697	117
1994	1510	202	725	583	733	22	455	256
1995	1979	200	816	963	933	17	439	477
1996	2626	224	971	1431	1196	15	468	713
1997	3018	226	1113	1679	1547	24	468	1055
1998	3393	201	1071	2121	2318	20	689	1609
1999	3381	240	1099	2042	2934	32	1089	1813
2000	4211	377	1516	2318	3003	93	1074	1836
2001	4971	361	1757	2853	3296	82	1107	2107
2002	6521	562	2233	3726	4001	63	1306	2632
2003	7236	797	2554	3885	5377	137	1658	3582
2004	7498	850	2524	4124	4758	160	1776	2822
2005	9460	1202	3182	5076	5147	242	1793	3112
2006	10351	1437	3445	5469	6412	310	2578	3524
2007	11341	2170	3878	5293	7761	336	3323	4102
2008	13181	2701	5141	5339	7937	530	3921	3486
2009	17559	3842	7844	5873	11282	824	4939	5519
2010	21994	5117	10846	6031	18063	1224	9664	7175
2011	32325	6896	16688	8741	21857	1945	12697	7215
2012	42773	8492	22081	12200	30497	2977	17708	9812
2013	53701	9884	25769	18048	37511	2941	22152	12418
2014	58075	12529	25410	20136	37857	3426	21013	13418
2015	83146	17663	44339	21144	61621	5730	34086	21805
2016	130376	27041	78176	25159	67142	7170	42110	17862

16-9 各单位专利申请授权情况(1990-2016年)

Partents Applicated and Granted by Unit(1990-2016)

单位：项　　(unit)

项目 Item	合计 Total	个人 Individual	大专院校 Universities and College	科研单位 Research Institutions	企业 Enterprises	机关团体 Government Agencies and Organizations
申请专利数						
Number of Patent Applicated						
Accepted						
1990	540	371	22	27	71	49
1991	672	493	30	20	75	54
1992	928	699	29	11	76	113
1993	1271	853	36	29	163	190
1994	1510	964	25	33	157	331
1995	1979	1246	16	27	512	178
1996	2626	1608	47	22	923	26
1997	3018	1748	27	30	1202	11
1998	3393	2069	32	39	1245	8
1999	3381	2257	14	31	1074	5
2000	4211	2839	58	34	1271	9
2001	4971	3511	49	38	1361	12
2002	6521	4849	84	85	1493	10
2003	7236	5312	165	69	1677	13
2004	7498	5713	182	56	1536	11
2005	9460	7276	259	105	1812	8
2006	10351	7500	360	95	2376	20
2007	11341	7437	486	141	3249	28
2008	13181	7553	639	295	4632	62
2009	17559	7960	732	257	8552	58
2010	21994	8267	1035	422	12129	141
2011	32325	10625	1470	590	19340	300
2012	42773	14959	1863	650	25093	208
2013	53701	20771	2474	775	29362	319
2014	58075	17335	3632	807	35881	420
2015	83146	30317	5085	1200	45861	683
2016	130376	53104	6890	1560	68042	780
授权专利数						
Number Of Patent Applicated						
Granted						
1990	276	192	25	16	38	5
1991	277	168	19	15	39	36
1992	352	247	18	12	42	33
1993	850	589	29	14	93	125
1994	733	477	20	16	82	138
1995	933	534	19	10	154	216
1996	1196	638	13	9	395	141
1997	1547	776	21	10	722	18
1998	2318	1232	9	2	1071	4
1999	2934	1712	29	22	1158	13
2000	3003	1945	30	13	1006	9
2001	3296	2078	38	28	1144	8
2002	4001	2930	35	19	1006	11
2003	5377	3979	58	34	1298	8
2004	4758	3465	82	33	1170	8
2005	5147	3903	87	25	1125	7
2006	6412	4827	146	43	1391	5
2007	7761	5531	177	39	2001	13
2008	7937	5214	275	57	2382	9
2009	11282	6385	376	82	4402	37
2010	18063	7714	535	135	9587	92
2011	21857	7501	703	173	13334	146
2012	30497	10161	652	197	18703	784
2013	37511	13666	1207	408	22106	124
2014	37857	11176	1671	439	24381	190
2015	61621	21007	3256	689	36321	348
2016	67142	24738	3395	708	38026	275

16-10 技术市场基本情况(1990-2016年)

Basic Statistics of Technical Market(1990-2016)

项目 Item	合计 Total	技术开发 Technical Development	技术转让 Technical Transfer	技术咨询 Technical Advisory	技术服务 Technical Service
合同数（项）					
Number of Contract(unit)					
1990	8397	151	69	1029	7148
1991	3943	262	104	450	3127
1992	6140	354	270	782	4734
1993	4220	355	350	1172	2343
1994	5992	438	158	1010	4386
1995	4266	642	444	1051	2129
1996	6819	605	284	1310	4620
1997	6310	613	326	1812	3559
1998	5698	531	312	1094	3761
1999	6506	1041	404	1653	3408
2000	5597	731	393	1296	3177
2001	4589	688	346	567	2988
2002	4668	868	492	623	2685
2003	5496	1113	242	1149	2992
2004	5656	1191	204	1406	2855
2005	6510	1457	200	1503	3350
2006	5673	1585	122	1059	2907
2007	5047	1752	98	996	2201
2008	5196	1906	135	1173	1982
2009	4799	2265	231	781	1522
2010	5137	2811	290	639	1397
2011	4839	2954	272	575	1038
2012	5390	3654	216	926	594
2013	5361	3463	218	1135	545
2014	3797	2591	235	692	279
2015	4209	3064	314	327	504
2016	5220	3090	345	356	1429
合同金额（万元）					
Amount of Contracts(10000 yuan)					
1991	6485	2942	848	407	2288
1992	13545	2935	2472	1124	7014
1993	18758	4058	4437	3113	7150
1994	25118	7629	1938	2783	12768
1995	30550	8960	6404	3914	11272
1996	46206	12635	7766	4477	21328
1997	57459	12924	9836	9066	25633
1998	69363	17323	9228	6063	36749
1999	80868	28268	6888	12477	33235
2000	172601	25411	75045	6701	65444
2001	136941	26488	62482	7752	40219
2002	128988	53778	41271	7399	26540
2003	166778	65108	47015	13001	41654
2004	141395	46021	59653	8989	26732
2005	171959	51837	79761	12574	27787
2006	144122	64191	46261	11288	22382
2007	168662	68989	72069	9696	17908
2008	191223	95052	35414	12954	47803
2009	262349	132945	64562	9691	55151
2010	381217	194219	84986	8519	93494
2011	534130	247146	194359	9176	83450
2012	735768	305585	328475	9120	92588
2013	539868	290407	145476	12237	91747
2014	508271	240243	239584	8142	20301
2015	538645	332784	169587	2792	33382
2016	1057125	731769	201710	4075	119570

16-11 技术市场合同数与合同金额情况(2016年)

Basic Statistics of Technical Market Contract and Contract Amount(2016)

项目 Item	合同数（项） Number of Contracts(unit)	合同金额（万元） Amount of Contracts (10000 yuan)
合　计 Total	**5220**	**1057125**
按合同类别分 By Kind of Contract		
技术开发合同 Contract of Technical Development	3090	731769
技术转让合同 Contract of Technical Transfer	345	201710
技术咨询合同 Contract of Technical Advisory	356	4075
技术服务合同 Contract of Technical Service	1429	119570
按服务目标分 By Service Aim		
农、林、牧、渔业发展 Development of Farming, Forestry Animal Husbandry and Fishery	181	7085
工商业发展 Development of Industry	531	97539
能源生产、分配和合理利用 Production, Distribution and Use for Energy	73	6642
基础设施以及城市和农村规划 Infrastructure and Planning of Urban and Rural	235	12242
环境保护、生态建设及污染防治 Environmental Protection	381	33407
卫生事业发展 Health	147	10931
教育事业发展 Education	104	3762
社会发展和社会经济发展 Development of Social and Social Economy	2571	718594
非定向研究 Nondirectional Research	256	3445
民用空间探测及开发 Civil Space	54	1507
地球和大气层的探索与利用 Probe and Utilize of Earth and atmasphere	31	1747
国防 National defense	30	2995
其他民用目标 Others	626	157230
按技术流向分 By the Flaw of Technology		
本省 Native Province	3472	821200
省外 Outside the Province	1748	235925

16-12 各单位技术买卖情况(2016年)

Basic Statistics of Technology Trade by Unit(2016)

项目 Item	合计 Total	机关法人 Government Agencies	事业法人 Institutions	社团法人 Mass Organizations	企业法人 Enterprises	自然人 Natural Person	其他组织 Other Corporation
买卖项数（项） Number(unit)	**5220**		**410**	**2**	**4453**	**349**	**6**
机关法人 Government Agencies	926		35		797	93	1
事业法人 Institutions	539		51		445	43	
社团法人 Mass Organizations	14		1		12	1	
企业法人 Enterprises	3654		319	2	3116	212	5
自然人 Natural Person	38				38		
其他组织 Other Corporation	49		4		45		
买卖金额（万元） Value(10000 yuan)	**1057125**		**20920**	**63**	**1008836**	**3459**	**23848**
机关法人 Government Agencies	85537		1070		83836	616	15
事业法人 Institutions	38433		2072		36040	321	
社团法人 Mass Organizations	277		3		273	2	
企业法人 Enterprises	916751		16658	63	873677	2521	23833
自然人 Natural Person	1113				1113		
其他组织 Other Corporation	15013		1116		13897		

16-13 地方国有企事业单位专业技术人员数(1978-2016年)

Number of Professional and Technical Personnel in local State-owned Enterprises and Institutions(1978-2016)

单位：人 (person)

年份 Year	合计 Total	#工程技术人员 Engineering	#农业技术人员 Agriculture	#卫生技术人员 Health Care	#科学研究人员 Scientific Research	#教学人员 Teaching
1978	84117	30363	9290	24326	2789	17349
1979	89501	33507	10019	23181	3281	19513
1980	154241	39546	8292	25713	3186	49666
1981	168096	43823	9501	27664	3000	55607
1982	185383	51431	10602	30376	3232	59759
1983	291400	57852	13158	32492	2553	153274
1984	291913	52345	13670	32085	3663	158318
1985	308855	57986	15642	32697	3719	159859
1986	326646	65826	15351	35670	2711	169990
1987	363237	76424	15746	37189	2969	185971
1988	429162	78854	15800	40134	3005	201603
1989	470772	82248	16316	41377	3369	225623
1990	500783	88457	16211	44560	3571	240899
1991	478923	81500	13244	46346	2737	247627
1992	487634	83165	13290	45895	2695	255783
1993	484192	82631	12852	44972	2733	262393
1994	499806	84673	12854	46851	2519	269232
1995	509638	86132	12868	46421	3073	282294
1996	534016	87619	13500	50092	3179	300406
1997	555600	88338	14425	52211	3397	315846
1998	577184	88184	14517	54153	3652	337086
1999	590289	89012	14462	55498	3758	349978
2000	592765	86683	14495	56703	3798	354760
2001	587761	81635	14498	57343	4218	357930
2002	582288	74776	13844	58521	4128	361832
2003	574834	68822	13859	60623	4132	363626
2004	575058	65732	14218	61973	4232	363405
2005	581281	66294	14212	62967	4165	368136
2006	579696	65723	15425	64213	4411	363814
2007	586516	67607	13540	65439	4568	368380
2008	610062	67969	13023	85944	5836	370156
2009	611313	69135	13247	85901	6458	368590
2010	599406	66621	11781	90431	5070	361339
2011	626371	74246	11848	95128	6034	372207
2012	656091	71218	12617	97324	7144	367184
2013	672667	74872	13001	103566	8485	367894
2014	688199	76157	12962	106517	8771	372909
2015	703950	80289	13247	113119	9058	375467
2016	725593	86827	11973	114527	8798	380590

16-14 主要年份地方国有企事业单位各行业技术人员数

Number of Specialized Technical Personnel in local state-owned Enterprises and Institutions by Sector in Selected Years

单位：人 (person)

行业 Sector	2005	2010	2014	2015	2016
合　计 Total	**581281**	**599406**	**688199**	**703950**	**725593**
按行业分 By Sectors					
农、林、牧、渔业 Farming, Forestry, Animal Husbandy and Fishery	25496	22813	21459	22558	21858
采矿业 Mining and Quarrying	3233	3635	3442	3240	2859
制造业 Manufacturing	16425	13744	12577	12627	12710
电力、燃气及水的生产和供应业 Production and Supply of Electricity Gas and Water	4987	4175	4323	5267	5961
建筑业 Construction	10719	8766	11792	12809	13542
交通运输、仓储和邮政业 Transport, Storage and Post Services	12918	12670	15847	18627	17509
信息传输、计算机服务和软件业 Information Transmission, Computer Software and Services	1772	5261	7867	7926	9351
批发和零售业 Wholesale and Retail Trade	6301	5253	5271	4804	6397
住宿和餐饮业 Lodgings and Catering Services	829	703	1050	765	695
金融业 Finance	3690	6641	22825	23748	24618
房地产业 Real Estate	4100	3783	6369	5963	6723
租赁和商务服务业 Rent and Business Services	1936	2052	2497	2955	2951
科学研究、技术服务和地质勘查业 Scientific Reseach, Ploytechnic Services and Geological Prospecting	11919	11925	14676	14618	14745
水利、环境和公共设施管理业 Water Conservancy, Environment and Public Facilities Management	8304	7971	9542	9983	9680
居民服务和其他服务业 Resident Services and Others	3220	3674	6193	3962	6664
教育 Education	374351	370279	385487	389241	394471
卫生、社会保障和社会福利业 Health Care, Social Ensure and Walfare	63307	94348	125982	133027	139778
文化、体育和娱乐业 Culture, Sports and Entertainment	17116	14193	17159	16601	18376
公共管理和社会组织 Public Management and Social Organizations	10658	7520	13841	15229	16705
按三次产业分 By Three Strata of Industry					
第一产业 Primary Industry	25496	22813	21459	22558	21858
第二产业 Secondary Industry	35364	30320	32134	33943	35072
第三产业 Tertiary Industry	520421	546273	634606	647449	668663

16-15 主要年份专任教师数和在校学生数

Number of Full-time Teachers and Students in Selected Years

年份 Year	专任教师数（人） Full-time Teachers(person) 普通高等学校 Regular Institutions Of Higher Educations	普通中等学校 Regular Institutions Of Secondary Educations	#普通中学 Regular Secondary Schools	普通小学 Primary Schools	在校学生数（万人） Student Enrollment(10000 persons) 普通高等学校 Regular Institutions Of Higher Educations	普通中等学校 Regular Institutions Of Secondary Educations	#普通中学 Regular Secondary Schools	普通小学 Primary Schools	每万常住人口拥有大学在校学生数（人） University & College Student Enrollment per 10000 Population (person)
1952	611	5242	4159	31937	0.47	11.55	9.64	102.59	3.9
1957	1811	7929	6727	42442	0.75	18.69	16.78	137.61	5.4
1962	3484	14609	12328	61998	1.91	23.81	21.74	157.81	17.1
1965	3033	19170	14294	127368	1.52	35.34	27.54	290.11	17.5
1970	1783	18684	18683	85294	0.07	38.68	38.67	238.19	0.4
1975	3142	35782	34680	140353	1.03	80.49	79.34	398.32	6.9
1980	6106	61128	57124	141812	3.86	114.73	109.41	376.42	22.7
1985	8137	64848	55465	138673	4.41	121.39	109.92	372.40	27.8
1990	8926	84535	69000	148789	5.56	120.69	104.85	337.08	28.6
1995	8354	109879	90400	166191	7.17	185.82	155.25	379.96	38.7
1996	8373	117657	98558	170791	7.34	212.91	181.85	392.01	40.8
1997	8646	124842	105279	176591	7.81	240.46	207.36	404.91	42.9
1998	8279	131910	111986	180587	8.52	253.42	220.05	401.97	45.7
1999	8853	138044	117312	183601	10.26	264.11	228.14	386.85	50.4
2000	9779	140769	120667	183547	13.14	269.46	233.50	369.10	61.0
2001	10716	145152	125866	181816	16.74	275.04	238.30	354.62	74.7
2002	12701	149963	131263	181457	19.73	279.19	240.76	339.18	88.0
2003	16663	155858	135778	177248	25.74	291.62	247.19	311.98	110.8
2004	20980	159838	139549	170962	32.57	299.84	252.10	286.94	123.5
2005	24919	164888	144310	166465	40.70	302.74	250.17	273.27	148.8
2006	28724	169568	148055	163350	46.13	300.26	243.07	269.22	172.9
2007	31444	172288	150636	160911	50.95	291.76	233.71	258.29	186.6
2008	33637	172904	151271	160347	56.26	284.82	226.18	247.15	201.6
2009	35841	173887	151785	156779	60.63	276.25	213.43	239.76	203.9
2010	37733	172901	151469	156601	64.78	260.22	198.21	238.89	214.4
2011	39747	171636	150170	155337	67.48	260.61	186.68	246.09	220.2
2012	41119	170041	148687	153941	70.14	255.09	181.09	252.73	230.0
2013	42905	169245	148564	154490	73.05	235.84	176.47	259.84	241.8
2014	43902	169151	148856	158698	74.85	224.53	175.48	274.63	251.3
2015	44791	168453	148428	162496	75.85	221.09	175.97	288.31	250.8
2016	44751	168992	149213	165910	75.64	222.91	178.95	298.67	243.8

16-16 各级各类非学历教育学生情况(2016年)

Basic Statistics on Students by Level and Type of Non-formal Education(2016)

单位：万人 (10000 persons)

项目	Item	毕(结)业生数 Graduates with Degrees or Diplomas	注册学生数 Registered Students
总计	**Total**	**133.24**	**123.96**
高等教育	**Higher Education**	**23.78**	**22.84**
自考助学班	Classes for Self-learning Programs	0.10	0.80
普通预科生	Pre-students		0.10
进修及培训	In-service Training Courses	23.69	21.95
中等职业教育	**Vocational Secondary Education**	**14.59**	**9.23**
#资格证书培训	Training for Qualification Certificates	7.62	5.12
岗位证书培训	Training for Post Certificates	2.30	0.98
职业技术培训机构	**Vocational Training Institutes**	**94.87**	**91.89**
#资格证书培训	Training for Qualification Certificates	10.25	7.11
岗位证书培训	Training for Post Certificates	20.43	17.42

16-17 各级各类民办教育基本情况(2016年)

Basic Statistics on Private Schools by Level and Type of Schools(2016)

单位：人 (person)

项目	Item	学校数（所） Number of Schools(unit)	毕业生数 Number of Graduates	招生数 New Enrollment	在校学生数 Total Enrollment	教职工数 Teachers and Staff	#专任教师数 Full-time Teachers
民办高等教育	**Private Higher Education**	**36**	**55227**	**65041**	**221677**	**16863**	**11875**
民办高校	Private Institutions of Higher Education	29	33649	45351	139780	10675	7020
本科	Undergraduate Courses	8	15795	21690	73538	5587	3706
专科	Specialized Courses	21	17854	23661	66242	5088	3314
独立学院	Non-university Tertiary	7	21578	19690	81897	6188	4855
本科	Undergraduate Courses	7	21578	19690	81897	6188	4855
高中阶段教育	**Senior Secondary Education**	**108**	**31420**	**40160**	**103375**	**16976**	**12723**
高中	Private Regular Senior Secondary Schools	73	20171	24343	69856	15683	11816
中等职业学校	Private Vocational Secondary Education	35	11249	15817	33519	1293	907
初中阶段教育	**Junior Secondary Education**	**65**	**47780**	**50650**	**146437**	**6766**	**4931**
初中	Private Regular Junior Secondary Schools	65	47780	50650	146437	6766	4931
民办普通小学	**Private Regular Primary Schools**	**95**	**18345**	**21373**	**127747**	**4825**	**3610**
民办幼儿园	**Private Kindergartens**	**5466**	**272077**	**322802**	**847949**	**94648**	**50595**

16-18 主要年份各类学校数

Number of Schools by Field of Study in Selected Years

单位：所 (unit)

年份 Year	普通高等学校 Regular Institutions Of Higher Educations	成人高等学校 Adult Institions of Higher Educations	中等职业教育 Secondary Vocational Education	普通中学 Regular Secondary Schools	#高中 Senior Secondary Schools	技工学校 Technical Schools	小学 Primary Schools	幼儿园 Kinder gartens
1952	5		51	178	67		9081	320
1957	4		41	213	101		12850	1144
1962	18	19	52	408	150		15550	1373
1965	10	2	67	429	152	4	34583	1916
1970	3		1	1301	199		25743	
1975	7	43	36	1089	767	1	33946	1902
1980	16	25	82	1148	821	28	28170	3608
1985	36	18	94	1180	451	35	26607	5210
1990	36	20	103	1362	415	43	19472	7958
1995	30	20	109	1771	404	54	15765	12748
1996	30	20	110	1834	397	85	15603	13315
1997	30	20	111	1880	409	135	15535	13033
1998	30	20	112	1902	427	138	14824	12612
1999	30	20	118	1893	440	110	14355	12522
2000	28	18	118	1921	477	119	13935	11885
2001	32	17	109	1988	523	101	13664	7398
2002	33	16	106	1998	559	93	12924	7329
2003	49	15	355	2006	592	93	12406	7064
2004	53	13	389	2022	614	98	11614	7200
2005	66	9	391	2030	627	93	10560	7541
2006	67	10	403	2020	636	95	9867	7550
2007	74	8	364	1984	616	96	9388	7567
2008	83	7	350	1963	610	91	8566	7508
2009	86	7	312	1936	606	94	7849	7137
2010	84	4	298	1903	575	95	6974	6179
2011	85	4	262	1830	559	71	5947	6813
2012	86	4	251	1783	543	71	5414	7183
2013	87	3	230	1782	544	69	5228	7419
2014	88	3	226	1781	542	66	5167	7591
2015	88	3	217	1780	540	62	5141	7748
2016	88	3	207	1778	533	62	5188	7791

16-19 主要年份各类学校专任教师数

Number of Full-time Teachers by Type of School in Selected Years

单位：人　　(person)

年份 Year	普通高等学校 Regular Institutions Of Higher Educations	中等职业教育 Secondary Vocational Education	普通中学 Regular Secondary Schools	#高中 Senior Secondary Schools	技工学校 Technical Schools	小学 Primary Schools	幼儿园 Kinder gartens
1952	611	1083	4159	892		31937	641
1957	1811	1202	6727	1790		42442	2127
1962	3484	2030	12328	3039		61998	3200
1965	3033	1729	14294	3201	111	127368	4300
1970	1783		18683			85294	
1975	3142	1081	34680	9607		140353	3789
1980	6106	3017	57124	12555	800	141812	14026
1985	8137	4721	55465	13025	1300	138673	18586
1990	8926	5969	69000	13641	2100	148789	26907
1995	8354	6703	90400	13306	2300	166191	40640
1996	8373	6739	98558	13727	2100	170791	41409
1997	8646	6927	105279	14632	2100	176591	42446
1998	8279	7149	111986	16394	2100	180587	41771
1999	8853	7162	117312	19295	2800	183601	40033
2000	9779	6920	120667	23170	2800	183547	39409
2001	10716	6798	125866	27411	2500	181816	26647
2002	12701	6100	131263	31514	2500	181457	25790
2003	16663	17357	135778	35853	2700	177248	27238
2004	20980	17266	139549	40132	3000	170962	28846
2005	24919	17457	144310	45328	3100	166465	31228
2006	28724	18216	148055	49593	3268	163350	31845
2007	31444	18197	150636	52169	3455	160911	33381
2008	33637	18229	151271	52531	3812	160347	33774
2009	35841	18290	151785	52339	3879	156779	36750
2010	37733	18000	151469	52100	3439	156601	38900
2011	39747	17781	150170	52375	3685	155337	53216
2012	41119	17710	148687	52049	3644	153941	59163
2013	42905	17187	148403	51578	3655	154474	65226
2014	43902	17102	148856	50923	3193	158698	70405
2015	44791	17103	148428	50463	2922	162496	74840
2016	44751	16732	149213	50424	3047	165910	79381

16-20 主要年份各类学校在校学生数

Number of Students Enrollment by Type of School in Selected Years

单位：万人 (10000 persons)

年份 Year	普通高等学校 Regular Institutions Of Higher Educations	成人高等学校 Adult Institions of Higher Educations	中等职业教育 Secondary Vocational Education	普通中学 Regular Secondary Schools	#高中 Senior Secondary Schools	技工学校 Technical Schools	小学 Primary Schools	幼儿园 Kinder Gartens
1952	0.47		1.91	9.64	1.46		102.59	2.26
1957	0.75		1.91	16.78	3.88		137.61	7.11
1962	1.91	0.82	1.56	21.74	4.79		157.81	9.94
1965	1.52	1.46	2.00	27.54	5.18	0.14	290.11	12.52
1970	0.07		0.01	38.67	2.23		238.19	12.47
1975	1.03	0.52	1.10	79.34	20.76	0.05	398.32	12.38
1980	3.86	1.78	3.84	109.41	20.58	1.27	376.42	41.88
1985	4.41	2.94	4.34	109.92	19.90	1.61	372.40	52.03
1990	5.56	2.58	5.89	104.85	15.47	2.83	337.08	74.32
1995	7.17	4.71	9.68	155.25	16.52	4.55	379.96	103.24
1996	7.34	5.32	10.59	181.85	18.16	4.43	392.01	102.63
1997	7.81	5.70	11.27	207.36	21.38	4.73	404.91	92.11
1998	8.52	5.96	11.83	220.05	25.37	4.69	401.97	83.78
1999	10.26	5.79	12.89	228.14	30.78	5.02	386.85	81.91
2000	13.14	6.37	12.90	233.50	37.24	4.57	369.10	78.64
2001	16.74	7.17	13.40	238.30	44.04	4.88	354.62	73.40
2002	19.73	8.59	13.09	240.76	50.78	5.59	339.18	66.71
2003	25.74	9.86	37.76	247.19	57.52	6.64	311.98	69.58
2004	32.57	6.96	40.08	252.10	65.98	7.66	286.94	74.82
2005	40.70	7.45	44.77	250.17	73.25	7.87	273.27	82.67
2006	46.13	10.12	48.67	243.07	78.04	8.52	269.22	87.11
2007	50.95	10.11	49.43	233.71	77.68	8.62	258.29	91.93
2008	56.26	10.39	49.83	226.18	74.88	8.94	247.15	99.27
2009	60.63	9.95	54.00	213.43	71.91	8.29	239.76	107.72
2010	64.78	9.90	53.60	198.21	70.64	8.40	238.89	116.63
2011	67.48	10.37	57.31	186.68	70.95	8.72	246.09	131.92
2012	70.14	11.86	58.30	181.09	69.05	6.95	252.73	139.98
2013	73.05	14.39	52.51	176.47	65.65	5.68	259.84	143.29
2014	74.85	16.08	43.76	175.48	62.91	5.29	274.63	145.63
2015	75.85	15.47	39.67	175.97	62.63	5.45	288.31	151.26
2016	75.64	13.67	38.05	178.95	63.47	5.90	298.67	156.61

16-21 主要年份各类学校招生数

New Students Enrollment by Type of School in Selected Years

单位：万人 (10000 persons)

年份 Year	普通高等学校 Regular Institutions Of Higher Educations	成人高等学校 Adult Institions of Higher Educations	中等职业教育 Secondary Vocational Education	普通中学 Regular Secondary Schools	#高中 Senior Secondary Schools	技工学校 Technical Schools	小学 Primary Schools	幼儿园 Kinder gartens
1952	0.19		1.11	5.36	0.85		30.77	
1957	0.19		0.34	5.65	1.26		28.32	
1962	0.27		0.06	8.39	1.63		34.24	
1965	0.34		0.91	10.53	1.83	0.04	85.86	
1970	0.08		0.01	20.05	1.65		63.74	
1975	0.38		0.56	48.49	11.08	0.04	81.97	
1980	0.78		1.55	29.86	0.01	0.79	72.59	
1985	1.79		1.73	40.81	7.18	0.91	63.22	39.68
1990	1.72	0.77	1.91	40.17	5.69	1.16	56.74	50.12
1995	2.36	1.91	3.37	63.42	6.16	1.90	68.49	63.53
1996	2.47	1.97	3.57	69.85	7.05	1.84	71.45	61.89
1997	2.67	1.97	3.73	75.15	8.65	2.19	74.77	55.21
1998	2.91	2.04	3.93	77.16	10.18	1.95	63.50	49.71
1999	3.87	2.34	4.30	79.93	12.54	1.97	52.86	46.37
2000	5.06	2.56	3.48	81.81	15.18	2.12	49.34	43.67
2001	5.95	3.24	3.28	82.52	17.14	2.19	50.62	42.22
2002	6.89	3.54	4.23	82.49	19.35	2.60	47.52	36.86
2003	10.67	3.90	14.51	87.48	21.84	3.19	40.23	37.46
2004	11.99	3.73	15.46	87.10	25.57	3.36	36.49	40.09
2005	14.67	3.57	17.59	81.01	27.21	3.46	35.88	40.45
2006	15.17	3.62	19.45	79.78	27.41	3.60	41.24	42.36
2007	16.74	3.62	19.14	78.69	25.93	3.55	41.93	42.81
2008	18.91	3.55	18.94	73.84	24.25	3.58	39.91	44.78
2009	19.37	3.27	23.40	66.46	23.85	3.22	40.40	47.32
2010	20.25	3.60	20.15	62.62	24.31	3.30	42.60	52.91
2011	20.84	3.87	25.17	60.40	24.06	3.46	44.79	59.47
2012	21.35	4.71	24.08	60.05	21.87	2.79	46.75	60.94
2013	22.61	5.70	15.50	59.54	20.94	2.58	49.57	59.48
2014	21.91	6.07	14.09	58.04	20.86	2.13	52.95	59.86
2015	21.79	5.00	14.08	59.77	21.57	2.41	53.63	64.03
2016	21.16	3.37	13.70	62.60	21.71	3.22	53.08	62.48

16-22 主要年份各类学校毕业生数

Number of Graduates by Type of School in Selected Years

单位：万人 (10000 persons)

年份 Year	普通高等学校 Regular Institutions of Higher Educations	成人高等学校 Adult Institions of Higher Educations	中等职业教育 Secondary Vocational Education	普通中学 Regular Secondary Schools	#高中 Senior Secondary Schools	技工学校 Technical Schools	小学 Primary Schools
1952	0.09		0.20	1.75	0.33		3.90
1957	0.08		0.37	3.85	0.97		9.05
1962	0.46		0.94	5.29	1.48		11.89
1965	0.43		0.38	5.38	1.24	0.01	15.34
1970	0.47			1.48	0.28		46.66
1975	0.21		0.34	22.20	7.75		44.03
1978	0.35		0.19	46.16	12.54		47.62
1979	0.08		0.61	51.52	17.90	0.05	43.29
1980	0.90		1.49	14.33	13.63	0.30	44.37
1981	1.56		1.64	40.40	16.30	0.47	47.29
1982	1.16		1.60	25.06	3.54	0.78	48.07
1983	0.73		1.35	27.15	7.84	0.72	50.82
1984	0.76		1.06	23.41	4.55	0.48	51.97
1985	0.79		1.01	24.65	4.48	0.60	55.43
1986	0.94		1.34	27.95	5.45	0.68	58.66
1987	1.44		1.77	28.70	6.47	0.81	59.11
1988	1.68		1.74	30.01	6.51	0.75	51.60
1989	1.73		1.69	28.59	6.22	0.80	49.52
1990	1.79	0.54	1.64	27.11	5.45	1.05	53.33
1991	1.80	0.87	1.93	25.16	4.57	1.11	51.52
1992	1.73	0.65	1.83	28.21	4.78	0.98	51.53
1993	1.65	0.65	1.89	32.90	5.37	1.07	51.05
1994	1.69	0.53	1.87	34.43	5.68	1.12	56.06
1995	2.04	0.85	2.25	38.43	5.57	1.49	62.56
1996	2.23	1.07	2.61	40.51	4.94	1.73	64.67
1997	2.14		3.02	47.25	4.95	1.70	67.57
1998	2.15		3.29	58.75	5.60	1.64	68.63
1999	2.07	1.67	3.21	64.24	6.40	1.55	69.59
2000	2.19	1.67	3.31	69.04	7.84	1.59	68.64
2001	2.84	1.58	2.60	69.65	9.37	1.41	67.44
2002	3.68	1.80	3.78	71.72	11.58	1.51	64.77
2003	4.78	2.33	11.12	73.33	13.95	1.68	66.97
2004	5.28	2.76	11.03	75.03	15.92	1.86	62.58
2005	6.48	2.83	11.00	75.94	18.26	2.56	54.71
2006	9.50	1.01	12.49	80.41	20.18	2.75	52.61
2007	11.41	3.24	12.37	79.88	23.40	2.51	53.51
2008	13.04	3.07	13.65	73.75	24.22	2.55	50.50
2009	14.28	3.11	14.97	72.69	24.90	2.62	43.90
2010	15.34	3.47	15.53	71.88	24.03	2.63	39.60
2011	17.37	3.23	16.20	68.98	22.63	2.38	37.20
2012	17.85	2.93	17.59	63.03	22.56	1.91	39.13
2013	18.72	3.45	15.08	60.32	23.18	3.13	39.85
2014	19.01	4.12	15.21	57.03	22.72	1.76	37.89
2015	19.47	4.30	13.84	57.13	20.81	1.69	38.84
2016	19.95	4.38	13.17	57.21	19.70	1.75	41.56

16-23 主要年份平均每一专任教师负担学生数

Student-Teacher Ratio in Selected Years

单位：人 (person)

年份 Year	普通高等学校 Regular Institutions of Higher Education	成人高等学校 Adult Institions of Higher Educations	中等职业教育 Specialized Vocational Education	普通中学 Regular Secondary Schools	#高中 Senior Secondary Schools	技工学校 Technical Schools	小学 Primary Schools	幼儿园 Kinder Gartens
1952	7.76		17.62	23.19	16.42		32.12	35.29
1957	4.17		15.91	24.94	21.70		32.42	33.42
1962	5.49		7.67	17.64	15.77		25.45	31.32
1965	5.01		11.56	19.27	16.20	12.79	22.78	29.23
1970	0.41		89.00	20.70			27.93	
1975	3.29		10.22	22.88	21.61	23.81	28.38	32.67
1978	4.97		12.02	21.99	21.91	17.17	26.86	34.15
1980	6.31		11.70	19.15	16.39	15.27	26.54	29.86
1985	5.42		9.19	19.82	15.28	12.58	26.85	27.99
1990	6.23	29.21	9.86	14.83	11.34	13.67	22.65	27.62
1995	8.58	29.21	14.45	17.04	12.42	19.60	22.86	25.40
1996	8.77	38.76	15.71	18.45	13.23	20.64	23.00	24.80
1997	9.03	42.01	16.26	19.70	14.61	22.83	22.90	21.70
1998	10.28	45.97	16.55	19.65	15.47	17.30	22.26	20.06
1999	11.53	48.03	18.00	19.45	15.95	18.07	21.07	20.48
2000	13.40	44.98	18.70	19.35	16.05	16.32	20.11	19.96
2001	15.62	48.16	19.72	18.93	16.07	19.52	19.50	27.55
2002	15.78	47.80	21.44	18.34	16.12	22.16	18.69	25.86
2003	15.88	50.53	21.70	18.20	16.02	24.46	17.61	25.58
2004	15.36	46.95	22.68	18.07	16.44	25.69	16.78	25.98
2005	16.35	34.80	25.58	17.34	16.17	25.03	16.41	26.50
2006	16.07	35.94	26.74	16.41	15.73	26.07	16.48	27.39
2007	16.23	59.35	27.16	15.52	14.88	24.95	16.05	27.52
2008	16.74	103.90	27.38	14.95	14.26	23.45	15.42	29.37
2009	17.92	90.45	29.53	14.06	13.74	21.38	15.29	29.31
2010	17.18	162.89	29.77	13.08	13.56	24.44	15.25	29.98
2011	17.00	165.00	32.20	12.43	13.54	17.82	15.85	24.80
2012	17.07	197.00	32.84	12.18	13.28	14.37	16.42	23.65
2013	17.03	310.00	30.55	11.08	12.73	15.54	16.82	21.97
2014	17.05	369.58	25.58	11.79	12.35	16.56	17.30	20.68
2015	16.93	345.35	23.19	11.86	12.41	18.66	17.74	20.21
2016	16.90	630.09	22.74	11.99	12.59	19.37	18.00	19.73

16-24 主要年份研究生数

Number of Postgraduates in Selected Years

单位：人 (person)

年份 Year	在校学生数 Stuent Enrollment	招生数 New Student Enrollment	毕业生数 Graduates	年份 Year	在校学生数 Stuent Enrollment	招生数 New Student Enrollment	毕业生数 Graduates
1978	90	90		2000	5134	2179	929
1980	261	70		2001	6828	2877	1119
1985	1064	564	324	2002	8862	3667	1452
1986	1246	460	226	2003	13266	5860	1871
1987	1520	557	268	2004	18273	7275	2820
1988	1490	499	504	2005	19500	7442	3222
1989	1350	364	462	2006	22798	8150	4560
1990	1198	366	497	2007	25580	8741	5725
1991	1122	403	425	2008	27062	8781	6899
1992	1268	445	275	2009	29012	9934	7790
1993	1372	512	394	2010	30933	10313	8159
1994	1967	806	374	2011	33896	11561	8207
1995	2248	739	434	2012	36035	11927	9511
1996	2445	933	694	2013	38190	12620	10179
1997	2773	1026	661	2014	39312	12505	10878
1998	3281	1218	701	2015	41338	13288	10969
1999	3907	1562	889	2016	42731	14088	11968

16-25 职业技术培训机构基本情况（2016年）

Basic Statistics on Vocational/Technical Training Institutions(2016)

项目 Item	学校数（所） Number of Schools(unit)	注册学生数（人） Registered Students (person)	结业学生数（人） Graduates (person)	教职工数（人） Teachers and Staff (person)	#专任教师数 Full-time Teachers
总计 Total	**1700**	**918862**	**948683**	**11536**	**5973**
职工技术培训学校(机构) Vocational/Technical Training Schools	**80**	**313061**	**341632**	**1784**	**1601**
#教育部门和集体办 Run by Education Departments and Collectives	65	307402	336023	1706	1555
民办 Run by Private Institutions	15	5659	5609	78	46
农村成人文化技术培训学校(机构) Technical Training Schools for Adult Farmers	**1276**	**414309**	**414139**	**3582**	**458**
#教育部门和集体办 Run by Education Departments and Collectives	1274	413073	412803	3575	453
民办 Run by Private Institutions	2	1236	1336	7	5
其他培训机构(含社会培训机构) Others	**344**	**191492**	**192912**	**6170**	**3914**
#教育部门和集体办 Run by Education Departments and Collectives	21	56565	66229	638	491
民办 Run by Private Institutions	323	134927	126683	5532	3423

16-26 分科研究生数(2016年)

Number of Postgraduates by Field of Study(2016)

单位：人 (person)

项目	Item	在校学生数 Student Enrollment	招生数 New Student Enrollment	毕业生数 Graduates	博士生 Doctor 在校生数 Student Enrollment	博士生 Doctor 招生数 New Student Enrollment	博士生 Doctor 毕业生数 Graduates	硕士生 Master 在校生数 Student Enrollment	硕士生 Master 招生数 New Student Enrollment	硕士生 Master 毕业生数 Graduates
合计	**Total**	**42731**	**14088**	**11968**	**5700**	**1345**	**995**	**37031**	**12743**	**10973**
学术型学位	**Academic Degree**	**24710**	**7825**	**7157**	**5612**	**1327**	**989**	**19098**	**6498**	**6168**
哲学	Philosophy	253	71	65	86	15	12	167	56	53
经济学	Economics	1623	458	517	406	74	84	1217	384	433
法学	Law	1590	494	503	354	82	82	1236	412	421
教育学	Education	804	242	249	110	28	21	694	214	228
文学	Literature	1437	447	465	307	65	55	1130	382	410
历史学	History	408	114	112	130	28	24	278	86	88
理学	Science	6406	2205	1704	1755	495	325	4651	1710	1379
工学	Engineering	5724	1811	1645	1123	267	157	4601	1544	1488
农学	Agriculture	1259	420	331	310	72	34	949	348	297
医学	Medicine	2395	755	770	364	96	76	2031	659	694
管理学	Management	2346	659	635	611	91	106	1735	568	529
艺术学	Art	465	149	161	56	14	13	409	135	148
专业学位	**Professional Degree**	**18021**	**6263**	**4811**	**88**	**18**	**6**	**17933**	**6245**	**4805**
哲学	Philosophy									
经济学	Economics	813	297	223				813	297	223
法学	Law	859	316	273				859	316	273
教育学	Education	1713	764	517	88	18	6	1625	746	511
文学	Literature	566	216	195				566	216	195
历史学	History	39	10	15				39	10	15
理学	Science									
工学	Engineering	3779	1368	980				3779	1368	980
农学	Agriculture	655	364	227				655	364	227
医学	Medicine	2809	1117	815				2809	1117	815
管理学	Management	6320	1645	1435				6320	1645	1435
艺术学	Art	468	166	131				468	166	131

16-27 普通高等学校本科分科学生情况（2012-2016年）

Basic Statistics of Students in Higher Educational Institutions by Field of Study(2012-2016)

单位：人 (person)

项目	Item	2012	2013	2014	2015	2016
在校学生数	**Number of Student Enrollment**	**425131**	**457241**	**477753**	**491779**	**499185**
哲学	Philosophy	181	321	542	516	530
经济学	Economics	37048	39830	40412	39163	39882
法学	Law	15727	15585	15993	16423	16626
教育学	Education	13063	13693	14279	15040	15852
文学	Literature	73212	47549	46962	46540	44445
历史学	History	1698	1638	1571	1726	1447
理学	Science	38099	30821	30632	31260	29282
工学	Engineering	131557	149730	158764	165067	170337
农学	Agriculture	8960	9547	9235	9273	9766
医学	Medicine	21760	23200	24823	25768	26403
管理学	Management	83826	93282	98154	100154	102647
艺术学	Art		32045	36386	40849	41968
招生数	**Number of New Student Enrollment**	**120965**	**130506**	**127557**	**128633**	**124729**
哲学	Philosophy	32	205	222	194	215
经济学	Economics	9881	10734	9727	9918	9969
法学	Law	4204	4259	4268	4078	3618
教育学	Education	3882	4089	3962	4266	4332
文学	Literature	20871	12275	11535	11474	10749
历史学	History	401	356	340	382	334
理学	Science	10199	7765	7838	7910	6828
工学	Engineering	38890	43987	43946	44798	44124
农学	Agriculture	2554	2755	2612	2655	2555
医学	Medicine	5581	6068	6311	5682	5570
管理学	Management	24470	27203	26026	26263	25795
艺术学	Art		10810	10770	11013	10640
毕业生数	**Number of Graduates**	**88638**	**94450**	**102431**	**109789**	**112010**
哲学	Philosophy	81	63	46	39	29
经济学	Economics	7389	8181	9268	10395	9944
法学	Law	5039	4289	3809	3604	3799
教育学	Education	2433	2876	3158	3345	3375
文学	Literature	15404	11218	11770	11937	12087
历史学	History	451	417	419	497	398
理学	Science	8894	7187	7268	7765	7231
工学	Engineering	26037	30156	32283	35760	36261
农学	Agriculture	1785	2095	2393	2414	2042
医学	Medicine	4581	4353	4619	4654	4797
管理学	Management	16544	18321	21325	22561	24107
艺术学	Art		5294	6073	6818	7940

注：2013年以前，文学中含艺术学。

Note:Before 2013, Literature contains Art.

16-28 普通高等学校专科分科学生数(2016年)

Basic Statistics of Students in Higher Educational Institutions by Field of Study(2016)

单位：人　　(person)

项目	Item	在校学生数 Total Enrollment	招生数 New Enrollment	毕业生数 Graduates
合计	**Total**	**257207**	**86865**	**87455**
农林牧渔大类	Agriculture, Forestry, Animal Husbandry and Fishery	3348	1383	1160
交通运输大类	Transport	2132	814	652
生化与药品大类	Biology,Chemistry and Medica	1832	588	704
资源开发与测绘大类	Energy Exploitation and Mapping	34061	9786	11908
材料与能源大类	Material and Energy	1315	481	416
土建大类	Construction	18994	6768	5640
水利大类	Water Conservancy	1390	536	425
制造大类	Manufacturing	2118	852	532
电子信息大类	Electronic Information	6290	2081	2531
环保、气象与安全大类	Environment,Weather and Safety	10549	3861	2475
轻纺食品大类	Light Industry, Textile, and Food	28041	10501	10006
财经大类	Finance	30032	10474	9309
医药卫生大类	Medicine and Health	61288	18783	23543
旅游大类	Touring	8413	2862	2864
公共事业大类	Public Management and Services	15852	5292	5017
文化教育大类	Culture and Education	2721	923	724
艺术设计传媒大类	Arts and Medias	26621	10093	8716
法律大类	laws	2109	743	792

16-29 主要年份成人高等学校分科学生情况

Basic Statistics of Students in Adult Higher Educational Institutions by Field of Study in Selected Years

单位：人 (person)

项目	Item	2000	2005	2010	2015	2016
招生数	**Number of New Student Enrollment**	**25629**	**35695**	**36025**	**19092**	**16015**
经济学	Economics	7577	3284	1904	506	323
法　学	Law	2232	1618	798	334	253
教育学	Education	1876	3626	5063	2236	2087
文　学	Literature	5090	5952	2226	476	266
历史学	History	384	209	36	16	3
理　学	Science	1962	3052	352	122	101
工　学	Engineering	4733	6381	9142	6845	4333
农　学	Agriculture	359	429	338	454	200
医　学	Medicine	1416	2811	4545	2958	3776
管理学	Manage		8333	11621	5043	4605
艺术学	Art				102	68
在校学生数	**Number of Student Enrollment**	**63663**	**74472**	**99038**	**59981**	**58021**
经济学	Economics	19437	6464	5821	1462	1123
法　学	Law	5802	3897	2352	1115	867
教育学	Education	3991	7151	11746	6727	6928
文　学	Literature	11496	13501	7489	2004	1458
历史学	History	774	556	116	48	31
理　学	Science	3636	6404	1012	494	437
工　学	Engineering	13469	14255	24131	18720	17059
农　学	Agriculture	1054	725	1190	1223	996
医　学	Medicine	4004	5722	13041	11983	13771
管理学	Manage		15797	32140	15756	15026
艺术学	Art				449	325
毕业生数	**Number of Graduates**	**16742**	**28262**	**34699**	**16827**	**18966**
经济学	Economics	6231	2765	2854	446	571
法　学	Law	2149	2018	1120	555	468
教育学	Education	681	3266	4537	1505	1905
文　学	Literature	3368	5432	4309	656	745
历史学	History	245	307	75	11	22
理　学	Science	520	2970	1178	141	241
工　学	Engineering	2526	4812	6323	4812	5474
农　学	Agriculture	235	357	508	245	381
医　学	Medicine	787	1618	4025	3307	4032
管理学	Manage		4717	9770	4940	4965
艺术学	Art				209	162

注：1.由于学科分类变化，2015年起数据只含本科生。2.2000、2005、2010年文学中含艺术学。

Note:1.Due to the subject classification change, Since 2015,the data of contained only an undergraduate. 2.Literature of 2000、2005 and 2010 contains Art.

16-30 成人高等学校专科分科学生数(2016年)

Basic Statistics of Students in Adult Higher Educational Institutions by Field of Study(2016)

单位：人 (person)

项目	Item	在校学生数 Total Enrollment	招生数 New Enrollment	毕业生数 Graduates
合计	**Total**	**78710**	**17733**	**24825**
#农林牧渔大类	Agriculture, Forestry, Animal Husbandry and Fishery	6790	1911	272
交通运输大类	Transport	148	37	75
生化与药品大类	Biology,Chemistry and Medica	451	73	370
资源开发与测绘大类	Energy Exploitation and Mapping	10003	1934	5189
材料与能源大类	Material and Energy	100	57	32
土建大类	Construction	6447	1400	1286
水利大类	Water Conservancy	432	69	9
制造大类	Manufacturing	186	22	199
电子信息大类	Electronic Information	154	7	68
环保、气象与安全大类	Environment,Weather and Safety	998	100	249
轻纺食品大类	Light Industry, Textile, and Food	2895	531	732
财经大类	Finance	15064	2897	3378
医药卫生大类	Medicine and Health	22726	6481	9405
旅游大类	Touring	794	123	259
公共事业大类	Public Management and Services	1247	214	435
文化教育大类	Culture and Education	11		7
艺术设计传媒大类	Arts and Medias	8250	1341	2244
法律大类	laws	1976	521	611

16-31 中等职业教育分科学生数(2016年)

Students in Secondary Vocational Schools by Field of Study (2016)

单位：人 (person)

项目	Item	毕业生数 Graduates	招生数 New Enrollment	#招初中毕业生数 Junior Secondary School Graduates	在校学生数 Total Enrollment
合计	**Total**	**131698**	**137049**	**112206**	**380533**
农林牧渔类	Agriculture, Forestry, Animal Husbandry and Fishery	30388	8295	2691	52050
资源环境类	Resources and Environment	7	11	11	63
能源与新能源类	Energy and New Energy	263	240	240	512
土木水利类	Civil and Hydraulic Engineering	9162	7569	6289	23820
加工制造类	Manufacturing	7998	10965	9696	29140
石油化工类	Petroleum and Chemical	675	592	320	1049
轻纺食品类	Light Industry, Textile, and Food	2433	2383	1638	5807
交通运输类	Transport	11998	16984	12071	38625
信息技术类	Information Technologies	14794	21080	18766	54375
医药卫生类	Medicine and Health	8058	8796	8274	23522
休闲保健类	Leisure and Health	1163	1804	1775	5473
财经商贸类	Finance and Trade	17250	22290	18951	59287
旅游服务类	Tourism Services	7002	9343	7428	21350
文化艺术类	Culture and Arts	7127	9025	7900	23548
体育与健身	Sports and Fitness	697	1402	1264	3155
教育类	Education	9339	13961	13240	33265
司法服务类	Justice Services	64	164	126	412
公共管理与服务类	Public Management and Services	1705	627	548	1848
其他	Others	1575	1518	978	3232

16-32 主要年份技工学校数、学生数和专任教师数

Number of Technical Schools,Students,Full-time Teachers in Selected Years

年份 Year	学校数（所） Schools (unit)	招生数（人） New Enrollment (person)	在校学生数（人） Total Enrollment (person)	毕业生数（人） Graduates (person)	专任教师数（人） Number of Full-time Teachers (person)
1985	35	9100	16100	6000	1300
1990	43	11600	28300	10500	2100
1995	54	19000	45500	14900	2300
1996	85	18400	44300	17300	2100
1997	135	21900	47300	17000	2100
1998	138	19500	46900	16400	2100
1999	110	19700	50200	15500	2800
2000	119	21180	45672	15939	2463
2001	101	21938	48832	14074	2506
2002	93	26000	55864	15140	2521
2003	93	31872	66439	16826	2716
2004	98	33568	76606	18621	2982
2005	93	34589	78691	25625	3144
2006	95	36003	85199	27466	3268
2007	96	35452	86221	25123	3404
2008	91	35811	89429	25518	3812
2009	94	32190	82922	26220	5227
2010	95	32965	84040	26263	4752
2011	71	34606	87225	23763	4896
2012	71	27855	69457	19142	4834
2013	69	21102	56811	55546	3655
2014	66	26913	76678	27602	3193
2015	62	24130	54524	16948	2922
2016	62	32244	59016	17500	3047

注：2013年起毕业生数含非全日制教育。

Note:Since 2013,The graduates exclude full-time education.

16-33 学龄儿童入学率和各级普通学校毕业生升学率(1990-2016年)

Net Enrollment Ratio of Primary Schools and Promotion Rate of Various Schools(1990-2016)

单位：%　　(%)

年份 Years	学龄儿童入学率 Graduation Rate of Primary School	小学升学率 Graduation Rate of Junior high school	初中升学率 Enrollment Rate of Pre-primary	年份 Years	学龄儿童入学率 Graduation Rate of Primary School	小学升学率 Graduation Rate of Junior high school	初中升学率 Enrollment Rate of Pre-primary
1990	99.10	64.96	49.71	2004	99.72	98.34	69.42
1991	99.32	70.64	58.58	2005	99.79	98.34	77.66
1992	99.47	76.24	58.20	2006	99.84	99.57	77.80
1993	99.63	83.77	59.99	2007	99.93	98.59	87.80
1994	99.68	82.63	57.40	2008	99.97	98.20	94.14
1995	99.70	91.89	57.29	2009	99.97	97.05	98.86
1996	99.75	97.51	55.32	2010	100.00	96.70	92.90
1997	99.80	97.80	53.80	2011	99.98	97.69	84.08
1998	99.84	97.80	47.60	2012	99.99	97.60	89.57
1999	99.83	97.02	49.88	2013	99.90	96.89	84.42
2000	99.86	97.27	49.97	2014	99.99	98.10	92.79
2001	100.08	97.05	40.60	2015	100.00	98.36	88.28
2002	99.40	97.68	58.70	2016	99.99	98.38	87.80
2003	99.65	98.03	65.60				

主要统计指标解释

科技活动　指在自然科学、农业科学、医药科学、工程与技术科学、人文与社会科学领域(简称科学技术领域)中，与科技知识的产生、发展、传播和应用密切相关的有组织的活动。可分为研究与试验发展(R&D)、研究与试验发展成果应用及相关的科技服务三类活动。该定义是联合国教科文组织考虑成员国特别是发展中国家开展科技统计工作的需要，而对科技活动所作的统计界定。

科技活动人员　指直接从事科技活动、以及专门从事科技活动管理和为科技活动提供直接服务，累计的实际工作时间占全年制度工作时间 10%及以上的人员。(1)直接从事科技活动的人员包括：在独立核算的科学研究与技术开发机构、高等学校、各类企业及其他事业单位内设的研究室、实验室、技术开发中心及中试车间(基地)等机构中从事科技活动的研究人员、工程技术人员、技术工人及其它人员；虽不在上述机构工作，但编入科技活动项目(课题)组的人员；科技信息与文献机构中的专业技术人员；从事论文设计的研究生等。(2)专门从事科技活动管理和为科技活动提供直接服务的人员，包括：独立核算的科学研究与技术开发机构、科技信息与文献机构、高等学校、各类企业及其他事业单位主管科技工作的负责人，专门从事科技活动的计划、行政、人事、财务、物资供应、设备维护、图书资料管理等工作的各类人员，但不包括保卫、医疗保健人员、司机、食堂人员、茶炉工、水暖工、清洁工等为科技活动提供间接服务的人员。该指标用来反映投入科技活动人力的规模。

研究与试验发展(R&D)　指在科学技术领域，为增加知识总量、以及运用这些知识去创造新的应用进行的系统的创造性的活动，包括基础研究、应用研究、试验发展三类活动。国际上通常采用 R&D 活动的规模和强度指标反映一国的科技实力和核心竞争力。

基础研究　指为了获得关于现象和可观察事实的基本原理的新知识(揭示客观事物的本质、运动规律，获得新发现、新学说)而进行的实验性或理论性研究，它不以任何专门或特定的应用或使用为目的。其成果以科学论文和科学著作为主要形式。用来反映知识的原始创新能力。

应用研究　指为获得新知识而进行的创造性研究，主要针对某一特定的目的或目标。应用研究是为了确定基础研究成果可能的用途，或是为达到预定的目标探索应采取的新方法(原理性)或新途径。其成果形式以科学论文、专著、原理性模型或发明专利为主。用来反映对基础研究成果应用途径的探索。

试验发展　指利用从基础研究、应用研究和实际经验所获得的现有知识，为产生新的产品、材料和装置，建立新的工艺、系统和服务，以及对已产生和建立的上述各项作实质性的改进而进行的系统性工作。其成果形式主要是专利、专有技术、具有新产品基本特征的产品原型或具有新装置基本特征的原始样机等。在社会科学领域，试验发展是指把通过基础研究、应用研究获得的知识转变成可以实施的计划(包括为进行检验和评估实施示范项目)的过程。人文科学领域没有对应的试验发展活动。主要反映将科研成果转化为技术和产品的能力，是科技推动经济社会发展的物化成果。

研究与试验发展人员　指参与研究与试验发展项目研究、管理和辅助工作的人员， 包括项目(课题)组人员， 企业科技行政管理人员和直接为项目(课题)活动提供服务的辅助人员。反映投入从事拥有自主知识产权的研究开发活动的人力规模。

研究与试验发展人员全时当量　指全时人员数加非全时人员按工作量折算为全时人员数的总和。例如：有两个全时人员和三个非全时人员(工作时间分别为 20%、30% 和 70%)，则全时当量为 2+0.2+0.3+0.7=3.2 人年。为国际上比较科技人力投入而制定的可比指标。

专业技术人员　指从事专业技术工作和专业技术管理工作的人员，即企事业单位中已经聘任专业技术职务从事专业技术工作和专业技术管理工作的人员，以及未聘任专业技术职务，现在专业技术岗位上工作的人员。包括工程技术人员，农业技术人员，科学研究人员，卫生技术人员，教学人×100%员，经济人员，会计人员，统计人员，翻译人员，图书资料、档案、文博人员，新闻出版人员，律师、公证人员，广播电视播音人员，工艺美术人员，体育人员，艺术人员及企业政治思想工作人员，共十七个专业技术职务类别。用来反映科技人力资源情况。

专利　是专利权的简称，是对发明人的发明创造经审查合格后，由专利局依据专利法授予发明人和设计人对该项发明创造享有的专有权。包括发明、实用新型和外观设计。反映拥有自主知识产权的科技和设计成果情况。

发明　指对产品、方法或者其改进所提出的新的技术方案。是国际通行的反映拥有自主知识产权技术的核心指标。

实用新型　指对产品的形状、构造或者其结合所提出的适于实用的新的技术方案。反映具有一定技术含量的技术成果情况。

外观设计　指对产品的形状、图案、色彩或者其结合所作出的富有美感并适于工业上应用的新设计。反映拥有自主知识产权的外观设计成果情况。

普通高等学校　指按照国家规定的设置标准和审批程序批准举办的，通过全国普通高等学校统一招生考试，招收高中毕业生为主要培养对象，实施高等教育的全日制大学、独立设置的学院和高等专科学校、高等职业学校和其他机构。大学、独立设置的学院主要实施本科层次以上教育，高等专科学校、高等职业学校实施专科层次教育，其他机构是承担国家普通招生计划任务不计校数的机构。包括普通高等学校分校和批准筹建的普通高等学校等。

成人高等学校　指按照国家规定的设置标准和审批程序批准举办的，通过全国成人高等学校统一招生考试，招收具有高中毕业或同等学历的在职从业人员为主要培养对象，利用函授、业余、脱产等多种形式对其实施高等学历教育的学校。包括职工高等学校、农民高等学校、管理干部学院、教育学院、独立函授学院、广播电视大学、其他机构等。其他机构是承担国家成人招生计划任务不计校数的机构。

小学学龄儿童入学率　指调查范围内已入小学学习的学龄儿童占校内外学龄儿童总数(包括弱智儿童，不包括盲聋哑儿童)的比重。计算公式为:

小学学龄儿童入学率=已入小学学习的学龄儿童数/校内外学龄儿童总数×100%

Explanatory Notes on Main Statistical Indicators

Scientific and Technological Activities (S&T Activities) refer to organized activities which are closely related with the creation, development, dissemination and application of the scientific and technical knowledge in the fields of natural sciences, agricultural science, medical science, engineering and technological science, humanities and social sciences (referred to as scientific and technological fields). S&T activities can be classified into 3 categories: research and development (R&D) activities, application of R&D results, and related S&T services. This statistical definition is made by UNICHIEF for scientific and technological activities to meet the need of carrying out statistical work in this field for its member countries in particular those developing countries.

Personnel Engaged in S&T Activities refer to personnel directly engaged in S&T activities, in the management of S&T activities, and in providing direct service to S&T activities, who sp end over 10% of the total working hours in a year in S&T activities. (1) Personnel directly engaged in S&T activities include researchers, engineers, technicians and other related personnel engaged in S&T activities in independent-accounting R&D institutions, institutions of higher learning, and in research institutes, laboratories, technology development centers and central experiment workshops under enterprises and institutions. Also included are people working in S&T research project teams, professional and technical personnel working in S&T information archiving institutes, and graduate students working on the design of their thesis. (2) Personnel engaged in the management of S&T activities and in providing direct service to S&T activities include senior management people responsible for S&T activities in independent -accounting R&D institutions, S&T information archiving institutes, institutions of higher learning, and in enterprises and institutions where S&T activities are undertaken. Also included are people responsible for the planning, administration, personnel management, financial management, logistics supply, equipment maintenance, information and library management that are related with S&T activities. People providing indirect services are excluded, such as security, medical service, drivers, plumbers, cleaners and those providing catering and related service. This indicator reflects the size of personnel engaged in S&T activities.

Research and Development (R&D) refers to systematic and creative activities in the field of science and technology aiming at increasing the knowledge and using the knowledge for new application. R&D includes 3 categories of activities: basic research, applied research and experiments and development. The scale and intensity of R&D are widely used internationally to reflect the strength of S&T and the core competitiveness of a country in the world.

Basic Research refers to empirical or theoretical research aiming at obtaining new knowledge on the fundament al principles of phenomena of observable facts to reveal the nature and law of movement of objects and to acquire new discoveries or new theories. Basic research takes no specific or designated application as the aim of the research. Results of basic research are mainly released or disseminated in the form of scientific papers or monographs. This indicator reflects the original innovation capacity for original knowledge.

Applied research refers to creative research aiming at obtaining new knowledge on a specific objective or target. Purpose of the applied research is to identify the possible use of results from basic research, or to explore new (fundamental) methods or new approaches. Results of applied research are expressed in the form of scientific papers , monographs, fundamental models or invention patents. This indicator reflects the exploration of ways to apply the results of basic research.

Experiments and Development refer to systematic activities aiming at using the knowledge from basic and applied researches or from practical experience to develop new products, materials and equipment, to establish new production process, systems and services, or to make substantial improvement on the existing products, process or services. Results of experiment and development activities are embodied in patents, exclusive technology, and monotype of new products or equipment. In social sciences, experiment and development activities refer to the process of converting the knowledge from basic or applied researches in to feasible programs (including conduct of demonstration projects for assessment and evaluation). There are no experiment and development activities in the science of humanities. This indicator reflects the capability of transferring the results of S&T into technique and products, which is the materialized measurement of S&T pushing forward the economic and social development.

R&D Personnel refer to persons engaged in research, management and supporting activities of R&D, including persons in the project teams, persons engaged in the management of S&T activities of enterprises and sup porting staff providing direct service to the research projects. This indicator reflects the size of personnel engaged in R&D activities with independent intellectual property.

Full-time Equivalent of R&D Personnel refers to the sum of the full time persons and the full-time equivalent of part time persons converted by workload. For instance, if there are 2full-time persons and 3 part time workers (20%, 30% and 70%of working hours respectively on R&D activities), the full-time equivalent is 2+0.2+0.3+0.7=3.2 person-years. This is an internationally comp arable indicator of input of personnel in S&T activities.

Professional and Technical Personnel refer to persons engaged in professional and technical work or in the management of professional and technical activities, i.e., people with professional or technical posit ions who are engaged in professional and technical work or in the management of professional and technical activities, and people without professional or technical positions but are working on professional or technical posts. They include professionals and technicians working in 17 categories of technical occupations including engineering, agriculture, scientific researches, medical service, teaching, economic research and application, accounting, statistics, translation, libraries, archives, cultural and museum service, journalism and publication, lawyers, notarization service, radio and television broadcasting, handicraft and fine arts, sports, performing art, and political workers in enterprises. This indicator reflects the condition of human resources in S&T.

Patent is an abbreviation for the patent right and refers to the exclusive right of ownership by the inventors or designers for the creation or inventions, given from the patent offices after due process of assessment and approval in accordance wit h the Patent Law. Patents are grant ed for inventions, utility model sand designs. This indicator reflects the achievements of S&T and design with in dependent intellectual property.

Inventions refer to the new technical proposals to the products or methods or their modifications. This is universal core Indicator reflecting the technologies with independent intellectual property.

Utility Models refer to t he practical and new technical proposals on the shape and structure of the product or the combination of both. This indicator reflects the condition of technological results with certain technical content.

Designs refer to the aesthetics and industrially applicable new designs for the shape, pattern and color of the product, or their combinations. This indicator reflects the appearance design achievements with independent intellectual property.

Regular Institutions of Higher Learning refer to educational establishments set up according to the government evaluation and approval procedures, enrolling graduates from senior secondary schools and providing higher education courses and training for senior professionals. They include full-time universities, colleges, high professional schools, high professional vocational schools and others.Universities and colleges are mainly providing undergraduate courses; those high professional schools and high professional vocational schools are mainly providing professional trainings; and others refer to educational establishments, which hare responsible for enrolling students but not covered in the total number of schools, including: branch schools of universities and colleges, and universities and colleges that have been proved and prepared to construct.

Institutions of Higher Learning for Adults refer to educational establishments, set up in line with relevant rules approved by the government, enrolling staff and workers wit h senior secondary school or equivalent education, and providing higher education courses in many forms of correspondence, spare time, or full time for adults. Professionals thus trained receive a qualification equivalent to graduates studying regular courses at regular universities, colleges and professional colleges. Institutions of higher learning for adults include schools of high education for staff and workers, schools of high education for peasants, colleges for management cadres, pedagogical colleges, independent correspondence colleges, Radio and TV universities and other educational establishments. Other educational establishments are responsible for enrolling adult students but not covered in the number of schools.

Enrollment Rate of Primary School Age Children refers to the proportion of school age children enrolled at schools to the total number of school age children both in and outside schools (including retarded children, but excluding blind, deaf and mute children). The formula is:

Enrollment Rate of Primary School-age Children = (Total Primary School-age Children at Schools/Total Primary School-age Children Both at and Outside Schools) × 100%

第十七篇　文化和体育

Chapter 17　Culture and Sports

资料整理：廖捷
Database Editor:Liaojie

简 要 说 明

本篇资料的主要内容及来源

本篇主要反映全省文化和体育事业发展情况。文化部分主要包括艺术、图书馆、群众文化、文物、广播、电视、新闻出版等文化事业的机构、人员及业务活动情况。体育部分包括群众体育和竞技体育，主要内容有竞技体育情况、运动员、教练员和裁判员人数等。

上述资料分别由省文化厅、省新闻出版广电局、省体育局等部门提供，是根据有关部门制定的统计报表制度进行统计、汇总整理而成的。

本篇资料由省统计局社会和科技统计处整理提供。

Brief Introduction

Main Content and Source of Data

Data in this chapter show the development of culture, sports and public health. Data on culture cover mainly the situations on institutions, personnel and business activities of arts, libraries, mass culture, cultural relics, broadcasting, films, televisions, news and publication etc. Data on Sports cover mass sports (sports for all) and athletics sports, including mainly the number of staff and workers in sports departments, number of athletes, coaches and referees etc.Data on Public health include mainly the number of institutions, personnel, hospital beds, number of patients treated and inpatients.

The above mentioned data are provide By the Provincial Department of Culture , Provincial Administration of Broadcasting, film and Television，Provincial Press and Publication House，the Provincial Commission of Sports, Department of Public Health. Data are collected and tabulated in accordance with the statistical reporting schemes stipulated by the departments concerned.

Data in this chapter are provided and compiled by the Division of Social, Science and Technology Statistics of Fujian Provincial Bureau of Statistics.

17-1 主要年份文化事业情况

Statistics on Culture in Selected Years

年份 Year	艺术表演团体（个） Art Performance Troupes(unit)	公共图书馆（座） Public Libraries(unit)	博物馆(座) Museums(unit)	图书出版总印数（万份） Number of Books Published (10000 copies)	期刊出版总印数（万份） Number of Magazines Published (10000 copies)	报纸出版总印数（万份） Number of Newspapers Published (10000 copies)	广播综合人口覆盖率（%） Listener Rating (%)	电视综合人口覆盖率（%） Viewer Rating (%)
1952	62	2		127	109	1916		
1957	113	10	1	1041	63	3559		
1962	119	10	9	1846	96	4221		
1965	115	12	13	3956				
1970	66	10	6					
1975	77	14	10					
1978	101	23	13	6818	388	14784	1.00	
1980	107	26	15	8246	960	14913	40.00	60.00
1985	104	65	24	15603	3375	35847	55.00	65.00
1986	101	68	25	12465	3450	39596	63.00	76.00
1987	98	70	34	17101	4177	44858	63.00	80.00
1988	97	71	42	17047	3429	44135	63.00	80.00
1989	92	73	51	15859	2765	36961	63.00	80.00
1990	91	74	58	16312	3157	41455	67.00	82.00
1991	89	74	61	17667	3688	44176	71.00	84.00
1992	89	75	64	19399	4258	45021	73.00	87.00
1993	90	75	63	17044	4350	45845	76.00	88.00
1994	91	75	62	19745	4004	49208	84.00	89.00
1995	91	78	64	18448	4239	51526	86.00	90.00
1996	91	79	70	21348	3891	53608	90.00	91.00
1997	92	78	76	23282	3974	55027	91.00	94.00
1998	94	80	76	21596	3899	59543	93.00	95.00
1999	93	82	77	21875	3990	64195	95.00	97.00
2000	96	81	81	20298	4463	68897	95.81	97.14
2001	93	82	80	17891	4470	73185	95.97	97.47
2002	94	82	80	19953	4089	79061	96.12	97.62
2003	94	82	79	15595	3937	79809	96.44	97.82
2004	94	83	79	13907	3450	89681	96.45	97.83
2005	91	84	82	10643	2841	87962	96.96	98.10
2006	92	85	84	9840	2902	97246	96.99	98.13
2007	92	85	85	8463	2870	99836	97.05	98.25
2008	90	85	89	7793	2935	103791	97.37	98.34
2009	90	85	93	7689	2828	82900	97.64	98.41
2010	93	86	94	7749	2940	99982	97.80	98.45
2011	93	86	96	8294	3677	111850	98.00	98.54
2012	74	87	94	9078	3660	118783	98.04	98.58
2013	77	88	98	8870	4920	120576	98.20	98.63
2014	72	88	98	8619	4426	111945	98.31	98.70
2015	70	90	98	8800	3970	106072	98.68	98.94
2016	70	90	98	9709	4215	90608	98.96	99.12

注：艺术表演团体不含民间艺术表演团体。下同。

Note:Art Performance Troupes exclude Folk Performance Troupes.

17-2 主要年份各类文化事业机构数

Number of Cultural Institutions in Selected Years

单位：个　　(unit)

年份 Year	艺术事业 Art Institutions		公共图书馆 Public Libraries	博物馆 Museums	群众文化事业 Mass Culture	
	艺术表演团体 Art Performance Troups	表演场馆 Art Centers			艺术（文化）馆 Art(Cultural) Centers	文化站 Cultural Stations
1952	62	32	2		72	152
1957	113	74	10	1	69	149
1962	119	48	10	9	80	47
1965	115	52	12	13	81	40
1970	66	31	10	6	56	34
1975	77	31	14	10	74	37
1978	101		23	13	82	35
1980	107	26	26	15	85	55
1985	104	55	65	24	88	134
1986	101	64	68	25	88	140
1987	98	67	70	34	88	143
1988	97	71	71	42	88	144
1989	92	71	73	51	89	145
1990	91	75	74	58	90	145
1991	89	75	74	61	90	128
1992	89	77	75	64	90	143
1993	90	77	75	63	90	126
1994	91	78	75	62	90	115
1995	91	78	78	64	90	159
1996	91	79	79	70	90	146
1997	92	78	78	76	90	149
1998	94	79	80	76	90	142
1999	93	79	82	77	90	143
2000	96	80	81	81	90	995
2001	93	83	82	80	90	1042
2002	94	78	82	80	90	1042
2003	94	76	82	79	88	1066
2004	94	74	83	79	88	1001
2005	91	76	84	82	90	1026
2006	92	69	85	84	90	1018
2007	92	67	85	85	91	1050
2008	90	68	85	89	92	1090
2009	90	53	85	93	94	1093
2010	93	51	86	94	95	1095
2011	93	49	86	96	95	1104
2012	74	53	87	94	95	1104
2013	77	49	88	98	98	1139
2014	72	57	88	98	97	1118
2015	70	56	90	98	97	1125
2016	70	58	90	98	97	1125

17-3 群众文化（艺术）馆站业务活动及经费情况(2016年)

Basic Statistics on Activities and Expenditures of Mass Art Centers and Cultural(2016)

项目	Item	总计 Total	群众文化（艺术）馆 Mass Cultural(Art) Centers	文化站 Cultural Stations
单位数（个）	Number of Units(unit)	1222	97	1125
从业人员（人）	Persons Employed(person)	3989	992	2997
举办展览（个）	Number of Exhibitions(unit)	3956	1025	2931
组织文艺活动（次）	Art Performances and Story-telling Sessions(time)	17333	3922	13411
藏书（千册）	Collections (1000 volume)	5699.8	148.5	5551.3
举办训练班（次）	Training Courses(time)	17724	8060	9664
培训人次（千人次）	Number of Persons Completing Courses(1000 person-times)	1033	543	490
组织公益性讲座次数（次）	Number of Organization Public Lectures(time)	671	671	
本年收入总额（千元）	Total Income(1000 yuan)(1000 yuan)	490796	258266	232530
本年支出合计（千元）	Total Expenditures(1000 yuan)	473995	226187	247808

17-4 艺术表演团体按剧种分演出情况(2016年)

Basic Statistics on Performance of Art Troupes in Culture(2016)

项目	Item	剧团数（个） Number of Institutions (unit)	从业人员（人） Number of Employed Persons (person)	本年新排上演剧目（个） Plays Showed this Year (unit)	演出场次（千场） Total Number of Performance (1000 shows)	演出观众人数（千人次） Number of Audience (1000 person-times)	艺术表演团体演出收入（千元） Total Income (1000 yuan)
艺术表演团体	**State-owned Art Performance Group**	**70**	**3657**	**84**	**11.07**	**7714**	**56443**
话剧、儿童剧、滑稽剧种	Drama, Children's play and Comedy Troupes	1	84	4	0.15	75	725
歌舞、音乐类	Class of Song, Dance and Music	13	974	18	1.93	1035	17094
杂技、魔术、马戏类	Class of Acrobatics, Magic and Circus	1	94	2	0.19	170	1115
京剧、昆曲类	Class of Beijing Opera and Kunqu Opera	1	114	1	0.14	144	1495
京剧	Beijing Opera	1	114	1	0.14	144	1495
地方戏曲类	Local Opera	43	2038	57	6.66	5471	32066
曲艺类	Folk Art	7	266	1	1.66	599	3613
综合性艺术表演团体	Comprehensive Performing Arts Groups	4	87	1	0.34	220	335

17-5 图书、博物馆情况(2012-2016年)
Basic Statistics on Libraries and Museums(2012-2016)

项目 Item	2012	2013	2014	2015	2016
图书馆 Libraries					
公共图书馆图书总藏量（千册） Total Collections of Public Library(1000 volumes)	20796	24667	26602	28211	30510
#图书藏量（千册） Total Collections of Books(1000 volumes)	15578	18398	20645	22076	24140
报刊藏量（千册） Total Collections of Newspapers(1000 volumes)	2304	2351	2171	2341	2437
视听文献、缩微制品藏量（千册） Total Collections of Public Library(1000 volumes)	639	601	639	696	712
电子图书（千册） Electronic Books(1000 volumes)	8144	15061	16605	18543	21516
组织各类讲座次数（次） All kinds of Sessions for reader(time)	1669	2265	2364	2891	3384
各类讲座参加人次（千人次） Number of Visitors(1000 person-times)	275	301	323	287	416
举办展览次数（次） Number of Exhibitions(time)	503	638	751	712	836
参观展览人次（千人次） Number of Exhibitions Persons (1000 person-times)	1883	1795	1357	1420	1738
举办培训班次数（次） Training Courses(time)	578	674	740	1083	1368
参加培训班人次（千人次） Number of Persons Completing Courses (1000 person-times)	78	51	41	58	119
总流通人次（千人次） Total Number of Circulation(1000 person-times)	15262	18092	20519	23963	26035
图书购置费（千元） Purchase Expenses for Books(1000 yuan)	33569	38043	45208	52063	60998
博物馆 Museums					
文物藏品（件） Collection of Cultural Relics(piece)	455526	482562	483880	514057	541462
#一级品 Grade one	1027	1038	1060	1081	1085
二级品 Grade two	2764	2833	2912	3043	2999
三级品 Grade three	86980	93643	94310	97883	100066
参观人次（千人次） Number of Visitors(1000 person-times)	18430	21250	23082	24121	25883
#文物机构青少年参观人次 Number of Visitors	6306	6932	8132	8451	9206

17-6 图书出版情况(1978-2016年)

Basic Statistics of Book Published(1978-2016)

年份 Year	图书种数(种) Number of Publications (kind)	本版图书种数 Book Publications of Original Edition	#新出 New Publications	总印数(万册、万张) Total Printed Copies (10000 copies)	#租型 Copies for Rent	总印张(千印张) Total Pointed Sheets (1000 sheets)	#租型 Copies for Rent	定价总金额(万元) Total Priced Value (10000 yuan)
1978	347	180	150	6818	3709	258719	160714	
1979	335	157	152	7316	4557	293006	174064	
1980	448	224	197	8246	5459	318718	230922	
1981	606	405	358	12113	5716	448673	220433	3377
1982	620	430	376	9988	5324	335147	196042	2747
1983	903	694	520	11757	5084	374473	182416	3293
1984	979	782	588	11870	4523	424764	168286	4107
1985	1219	976	783	15603	5339	609847	183552	8495
1986	1341	1119	874	12465	5132	443306	192474	6572
1987	1454	1207	823	17101	5431	609655	203602	9702
1988	1434	1183	716	17047	5233	614164	202373	13970
1989	1734	1449	1035	15859	5164	579815	195930	16998
1990	1799	1518	1034	16312	5370	588903	198660	18774
1991	1956	1709	1096	17667	5367	687789	212078	26176
1992	2200	1939	1089	19399	6229	747055	255252	28563
1993	2237	1988	1404	17044	5820	692582	269185	33137
1994	2658	2379	1548	19745	6316	786552	306980	52794
1995	2346	2041	1285	18448	6554	799268	350580	60411
1996	2765	2456	1457	21348	7316	923246	392633	87917
1997	2713	2403	1400	23282	7740	1012534	444673	94820
1998	2864	2545	1551	21596	8188	1004826	475610	105493
1999	3250	2956	1688	21875	7942	1021736	458774	107293
2000	2879	2637	1518	20298	7062	969527	444525	99604
2001	2395	2140	1464	17891	7470	933277	475153	83157
2002	3011	2692	2127	19953	7752	1079027	511177	106245
2003	2950	2591	1881	15595	7236	935650	496601	96910
2004	3049	2641	1771	13907	6306	1123920	726166	91232
2005	2943	2623	1693	10643	5066	691813	394674	74571
2006	3002	2692	1793	9840	4458	687082	346972	71235
2007	2966	2678	2009	8463	3902	622153	285318	68507
2008	3471	3259	2265	7793	2501	491166	152947	76128
2009	3422	3246	2052	7689	2197	561484	147631	83165
2010	3574	3415	2320	7749	2169	585841	146601	86650
2011	3774	3568	2401	8294	2621	591332	182355	94065
2012	3629	3417	2329	9078	3078	683578	217612	106475
2013	3547	3320	2283	8870	3208	699137	233615	109569
2014	3653	3456	2442	8619	3099	660192	226916	108127
2015	3579	3395	2318	8800	3197	700447	234302	116504
2016	4154	4154	2620	9709	3309	792968	246575	143426

17-7 图书出版分类情况(2016年)
Composition of Books Published(2016)

项目 Item	图书种数(种) Book Publications of Original Edition (kind)	#本版图书新出 New Publications	总印数(万册、万张) Printed Copies (10000 copies)	#本版图书新出 New Publications	总印张(千印张) Printed sheets (1000 sheets)	本版图书新出 New Publications
总　计 **Total**	**4154**	**2620**	**9709**	**2310**	**792968**	**240370**
#使用"中国标准书号"合计 **Publications with "China International Standard Book Number"**	**4154**	**2620**	**9709**	**2310**	**792968**	**240370**
马列主义、毛泽东思想 Marxism-Leninism,Mao Zedong Thought	4	2	1		193	170
哲学 Philosophy	67	52	46	32	5173	3636
社会科学总论 General Social Sciences	26	22	9	9	1282	1219
政治、法律 Politics and Law	162	131	120	76	16492	8511
军事 Military Affairs	9	8	15		3056	825
经济 Economics	210	156	66	48	10425	7415
文化、科学、教育、体育 Culture, Science, Education and Sports	1975	867	8481	1472	660410	149172
语言、文字 Languages	74	47	23	12	3269	1912
文学 Literature	596	477	470	267	42455	26958
艺术 Arts	280	261	146	140	7402	6715
历史、地理 History and Geography	275	229	128	92	14977	12126
自然科学总论 General Natural Sciences	8	8	3	3	331	331
数理科学、化学 Mathematics and Chemistry	18	7	4	2	751	415
天文学、地球科学 Astronomy and Geology	18	14	13	10	635	584
生物科学 Biology	15	14	4	3	328	298
医学、卫生 Medicine and Health Care	124	100	70	59	10032	8536
农业科学 Agricultural Science	59	38	24	16	2625	1819
工业技术 Industrial Technology	159	113	70	46	9694	6311
交通运输 Transportation	7	6	2	2	198	178
环境科学 Environmental Science	7	7	1	1	177	177
综合性图书 General Books	59	59	10	10	3015	3015

17-8 主要年份书刊报纸出版情况

Books, Magazines and Newspapers Published in Selected Years

年份 Year	出版社（个） Publishing Houses (unit)	出版种数（种） Number of Publications(kinds)			总印数（万份） Printed Copies(10000 copies)		
		图书 Books	期刊 Magazines	报纸 Newspaper	图书 Books	期刊 Magazines	报纸 Newspaper
1978	1	347	8	4	6818	388	14784
1980	4	448	28	6	8246	960	14913
1985	9	1219	114	32	15603	3375	35847
1986	9	1341	119	31	12465	3450	39596
1987	9	1454	124	38	17101	4177	44858
1988	10	1434	126	31	17047	3429	44135
1989	10	1734	128	31	15859	2765	36961
1990	10	1799	123	31	16312	3157	41455
1991	10	1956	126	32	17667	3688	44176
1992	10	2200	134	35	19399	4258	45021
1993	10	2237	139	41	17044	4350	45845
1994	11	2658	150	43	19745	4004	49208
1995	11	2346	159	47	18448	4239	51526
1996	11	2765	159	47	21348	3891	53608
1997	11	2713	157	48	23282	3974	55027
1998	11	2864	159	48	21596	3899	59543
1999	11	3250	134	49	21875	3990	64195
2000	11	2879	187	61	20298	4463	68897
2001	11	2395	189	64	17891	4470	73185
2002	11	3011	186	66	19953	4089	79061
2003	11	2950	186	66	15595	3937	79809
2004	11	3049	176	58	13907	3450	89681
2005	11	2943	174	58	10643	2841	87962
2006	11	3002	174	59	9840	2902	97246
2007	11	2966	176	59	8463	2870	99836
2008	12	3471	174	59	7793	2935	103791
2009	12	3422	175	59	7689	2828	82900
2010	12	3574	175	59	7749	2940	99982
2011	12	3774	177	60	8294	3677	111850
2012	12	3629	176	46	9078	3660	118783
2013	11	3547	176	42	8870	4920	120576
2014	11	3653	176	42	8619	4426	111945
2015	11	3579	176	45	8800	3970	106072
2016	11	4154	176	42	9709	4215	90608

注：2012年起报纸出版种类及印数不含校报。
Note:Since 2012,Newspaper exclude school-paper.

17-9 音像电子出版物出版情况(2012-2016年)

Publication of Video Products and E-journals(2012-2016)

项目	Item	2012		2013		2014		2015		2016	
		种数(种) Type (kinds)	数量(万张) Volume (10000 sheets)	种数(种) Type (kinds)	数量(万张) Volume (10000 sheets)	种数(种) Type (kinds)	数量(万张) Volume (10000 sheets)	种数(种) Type (kinds)	数量(万张) Volume (10000 sheets)	种数(种) Type (kinds)	数量(万张) Volume (10000 sheets)
出版	**Publication**										
录音制品	Audio Products	26	14.97	72	11.31	54	18.81	31	6.79	32	9.60
录像制品	Video Products	109	88.60	45	43.50	35	29.65	28	16.72	42	7.43
电子出版物	E-journals	63	19.06	95	16.26	32	8.05	39	24.58	52	21.33
复制	**Reproduction**										
磁带制品	Tape Products		29.00		29.50		14.83		8.33		7.89
光盘制品	CD Products		4418.87		3534.82		1803.53		1082.88		1201.53

17-10 广播电视事业发展情况(2012-2016年)

Statistics on Broadcasting and Television(2012-2016)

项目	Item	2012	2013	2014	2015	2016
广播电台数量（座）	Number of Radio and TV(unit)					
广播电台	Radio	10	8	6	6	4
电视台	TV	11	8	6	7	5
广播电视台	Radio and TV	61	65	65	65	67
节目套数（套）	Number of Radio Programs(sets)					
广播	Radio	89	89	90	90	91
电视	TV	41	41	41	41	103
全年播出节目时间（万小时）	Length of Public Radio Programs Broadcasted(10000 hours)					
广播	Radio	51.37	51.93	51.65	52.41	52.34
电视	TV	33.31	34.06	34.92	36.49	36.92
全年节目制作时间（万小时）	Length of Radio Programs Produced (10000 hours)					
广播	Radio	25.97	25.23	25.63	25.37	25.84
电视	TV	6.08	6.62	6.78	7.40	6.90
人口覆盖率（%）	Coverage Rate of the Population(%)					
广播	Radio	98.04	98.20	98.31	98.68	98.96
电视	TV	98.58	98.63	98.70	98.94	99.12
有线广播电视用户（万户）	Users of Cable Radio and TV(10000 households)(10000 household)	659.67	691.53	724.03	730.68	738.89
#数字电视用户	Users of Digital TV	383.95	489.12	594.66	689.18	715.37
付费数字电视用户	Paying Users	55.95	173.07	123.85	306.81	305.52
#双向电视用户	Both-way Users	12.89	14.21	22.42	53.51	94.85
广播电视网络互联网用户数（万户）	Indicator(10000 household)	10.73	32.16	30.62	33.60	78.20
有线电视入户率（%）	Coverage Rate of the Population(%)	64.61	66.92	69.26	69.07	69.25
广播电视总收入（亿元）	Income of Radio and TV(100 million yuan)	65.92	89.18	91.36	99.34	105.80
实际创收收入（亿元）	Realized Income(100 million yuan)	45.26	60.78	63.75	71.96	74.33
#广告收入	Advertising Income	20.87	21.39	22.25	19.85	17.40
#广播广告收入	Radio	3.00	3.21	3.61	4.05	3.74
电视广告收入	TV	15.63	15.76	16.33	13.66	10.77
网络收入	Network Income	14.62	20.88	23.36	26.11	28.87
广播电视节目销售收入	Sales Revenue	3.78	3.38	1.99	3.65	3.73

17-11 广播电视制作播出情况(2012-2016年)
Statisticts on Wireless Broadcasting and Television(2012-2016)

项目 Item	2012	2013	2014	2015	2016
广播 **Broadcasting**					
本年广播节目制作（小时） Produced Programs of Broadcasting the Current Year(hours)	259744	252275	256277	253719	258355
#新闻资讯类 News and Messages	51048	58729	63278	52818	55549
专题服务类 Special Servics	62928	67694	68040	66807	66184
综艺益智类 General arts	76603	69517	68624	76749	83184
广告类 Adierticsement	23117	20023	16499	17001	16435
平均每日播音时间（小时） Average Broadcasting Time per-day(hours)	1403	1423	1415	1436	1434
#播出自制节目 Homemade Program	868	853	851	855	853
购买交换节目 Purchased Exchange Program	63	90	87	86	95
电视 **Television**					
有线电视总用户数（万户） Users of Cable TV(10000 household)	659.67	691.53	724.03	730.68	738.89
#数字电视用户数（万户） Users of Digital TV(10000 household)	383.95	489.12	594.66	689.18	715.37
本年电视节目制作（小时） Programs of Television the Current Year(hours)	60812	66181	67805	73986	68977
#新闻资讯类 News and Messages	22678	25189	23388	25814	25769
专题服务类 Special Servics	18886	18162	19478	18265	15473
综艺益智类 General arts	6421	4839	5300	5519	5983
影视剧类 Films and Plays	628	2437	809	495	627
广告类 Adierticsement	5878	8885	5475	5914	5365
本年制作电视剧（集） Produced Television Plays the Current Year(volumes)	326	245	186	108	192
平均每周播出时间（小时） Average Television Time Per-week(hours)	6371	6549	6714	6997	7100
全年电视剧播出数（集） Number of Television Plays the Current Year(volumes)	107902	102883	101173	108101	106744

17-12 主要年份各设区市有线电视用户数

Number of Users of Cable Television by City in Selected Years

单位：万户 (10000 households)

地区	Area	2000	2005	2010	2012	2013	2014	2015	2016
全 省	**Total**	**280.00**	**422.98**	**613.16**	**659.67**	**691.53**	**724.03**	**730.68**	**738.89**
福州市	Fuzhou	67.82	111.75	163.91	173.69	181.82	184.59	187.66	187.21
厦门市	Xiamen	25.19	37.28	64.60	72.77	77.35	81.03	80.83	80.01
莆田市	Putian	19.85	25.34	36.70	34.09	36.67	39.82	45.82	46.87
三明市	Sanming	19.98	31.20	39.69	42.06	46.86	47.49	49.93	49.79
泉州市	Quanzhou	41.64	68.07	97.47	105.87	118.19	129.15	126.48	135.25
漳州市	Zhangzhou	19.57	37.86	73.04	78.08	79.97	86.40	81.80	79.62
南平市	Nanping	35.31	44.69	55.58	67.81	66.77	67.79	64.85	65.64
龙岩市	Longyan	24.35	29.04	33.20	33.63	37.00	40.25	41.33	40.88
宁德市	Ningde	26.29	37.75	48.97	46.12	46.90	47.51	51.98	53.62

17-13 主要年份各设区市电视节目综合人口覆盖率

Television Coverage of Population by City in Selected Years

单位：% (%)

地区	Area	2000	2005	2010	2012	2013	2014	2015	2016
全 省	**Total**	**97.14**	**98.10**	**98.45**	**98.58**	**98.63**	**98.70**	**98.94**	**99.12**
福州市	Fuzhou	97.65	98.28	98.59	99.04	99.12	99.08	99.17	100.00
厦门市	Xiamen	97.05	99.59	98.68	100.00	100.00	100.00	100.00	100.00
莆田市	Putian	97.35	98.09	98.30	98.30	98.31	98.38	98.59	98.60
三明市	Sanming	98.28	98.59	99.08	99.12	99.14	99.15	99.17	99.24
泉州市	Quanzhou	97.60	98.15	98.18	98.16	98.19	98.39	98.39	98.43
漳州市	Zhangzhou	97.30	98.11	99.02	99.07	99.10	99.12	99.15	99.18
南平市	Nanping	96.07	97.44	98.13	98.45	98.56	98.58	98.64	98.71
龙岩市	Longyan	96.00	98.48	98.92	98.02	98.14	98.18	98.57	98.62
宁德市	Ningde	95.95	96.93	97.34	97.41	97.60	97.61	99.30	99.42

17-14 当年在聘技术等级运动员人数(2012-2016年)

Full-time Technological Athletes by Grade(2012-2016)

单位：人 (person)

项目	Item	2012	2013	2014	2015	2016
等级运动员	Number of Athletes in Grades	1564	1463	1282	1469	1544
#女	Female	616	555	541	585	606
国际级运动健将	International Master of Sports	6	3	15	7	
#女	Female	3	3	5	5	
国家级运动健将	National Master of Sports	52		62	66	8
#女	Female	29		27	32	2
一级运动员	First Grade Sportsman	335	201	320	405	398
#女	Female	152	78	171	163	165
二级运动员	Second Grade Sportsman	1171	1259	885	991	1138
#女	Female	432	474	338	365	439

17-15 主要年份竞技体育比赛奖牌情况

Medals of Athletic Games in Selected Years

单位：枚

项目	Item	2000	2005	2010	2012	2013	2014	2015	2016
世界比赛	**International Games**	**8**	**25**	**37**	**21**	**9**	**22**	**18**	**12**
金牌	Gold Medals	6	15	15	13	7	12	12	8
银牌	Silver Medals	1	8	12	5	2	5	4	1
铜牌	Bronze Medals	1	2	10	3		5	2	2
亚洲比赛	**Asia Games**	**20**	**19**	**40**	**26**	**14**	**40**	**25**	**24**
金牌	Gold Medals	10	8	22	13	4	18	15	12
银牌	Silver Medals	6	8	7	6	5	17	5	9
铜牌	Bronze Medals	4	3	11	7	5	5	5	3
全国比赛	**National Games**	**191**	**134**	**111**	**7**	**127**	**117**	**108**	**97**
金牌	Gold Medals	67	46	48	2	41	32	40	39
银牌	Silver Medals	59	51	32	2	34	37	34	32
铜牌	Bronze Medals	65	37	31	3	34	48	34	26

主要统计指标解释

文化事业机构　指从事专业文化工作和为专业文化工作服务的独立建制的单位。不包括这些单位另外举办独立核算的其他机构和各部门的业余文化组织。该指标主要反映文化事业机构发展规模水平。

艺术表演团体　指从事戏曲、音乐、舞蹈、杂技等专业艺术表演，有独立帐户的单位，不包括半工半艺、半农半艺和民间职业剧团。该指标主要反映专业艺术表演团体发展规模水平。

艺术表演观众人数(人次)　指售票、包场演出或民族地区免费演出的艺术表演观众人次数，不包括彩排审查和内部观摩演出的观看人次数。该指标主要反映观看专业艺术表演团体演出的效益规模。

等级运动员人数　指经考核正式批准授予等级运动员称号的人数。运动员等级分为国际级运动健将、运动健将、一级运动员、二级运动员、三级运动员、少年级运动员。该指标主要反映运动员队伍的技术质量水平。

等级裁判员人数　指经考核正式批准授予等级裁判员称号的人数。裁判员等级分为国际裁判、国家级裁判、一级裁判、二级裁判、三级裁判。该指标主要反映裁判员队伍的技术质量水平。

Explanatory Notes on Main Statistical Indicators

Cultural Institutions refer to units, which have their own organizational system and independent accounting system and specialize in or serve cultural development. They exclude other establishments run by these cultural institutions and amateur cultural groups established by various departments. This indicator reflects the development of cultural units.

Art Troupe refers to t he troupe which is engaged in drama, opera, music, dance, acrobatics or other art performance, opens independent accounts with banks and has self-supporting accounting system; excluding the troupes which are engaged partly in industrial or agricultural activities, partly in art performance and the professional troupes organized by the people. This indicator reflects the development of national professional art troupes.

Number of Spectators at Art Performance refers to the number of attendants at commercial shows, completely booked shows or free shows given in minority national areas, and does not include the number of spectators at rehearsals for examination and internal shows for study. This indicator reflects beneficial results of.

Number of Athletes in Grades refers to the number of athletes who have been given titles through examination. The titles of athletes include international masters of sports, masters of sports, first-grade, second- grade and third-grade sportsmen and young athletes. This indicator reflects skill of the athletes.

Number of Referees in Grades refers to the number of referees who have been given titles after examination. They are classified as international referees, national referees and referees of the first, second and third grades. This indicator reflects the skill of referees.

第十八篇　卫生事业
Chapter 18　Health

资料整理：廖捷
Database Editor:Liaojie

简 要 说 明

本篇资料的主要内容及来源

本篇主要反映全省卫生事业发展情况。主要内容为卫生机构、人员、床位数，医院诊疗人次及入院人数。

上述资料由省卫生和计划生育委员会提供，是根据有关部门制定的统计报表制度进行统计、汇总整理而成的。

本篇资料由省统计局社会和科技统计处整理提供。

Brief Introduction

Main Content and Source of Data

Data in this chapter show the development of culture, sports and public health. Data on culture cover mainly the situations on institutions, personnel and business activities of arts, libraries, mass culture, cultural relics, broadcasting, films, televisions, news and publication etc. Data on Sports cover mass sports (sports for all) and athletics sports, including mainly the number of staff and workers in sports departments, number of athletes, coaches and referees, number of stadiums and gymnasiums etc.Data on Public health include mainly the number of institutions, personnel, hospital beds, number of patients treated and inpatients.

The above mentioned data are provide By the Provincial Department of Public Health. Data are collected and tabulated in accordance with the statistical reporting schemes stipulated by the departments concerned.

Data in this chapter are provided and compiled by the Division of Social, Science and Technology Statistics of Fujian Provincial Bureau of Statistics.

18-1 主要年份卫生机构和人员情况

Statistics of Health Institutions and Personnels in Select year

项目 Item	卫生机构数（个） Number of Health Institutions (unit)	#医院、卫生院 Hospitals	卫生机构床位数（张） Number of Beds in Health Institution (set)	#医院、卫生院 Hospitals	卫生机构技术人员数（人） Medical Technical Personnel (person)	#医生 Doctors	每千人口拥有 Per 10 000 Persons 卫生机构床位数（张） Number of Beds (set)	医生数（人） Doctors (persons)
1952	633	113	6933	5902	17281	11416	0.5	0.9
1957	2068	132	10898	9902	26076	15022	0.7	1.0
1962	7434	211	27058	16958	40560	18001	1.7	1.1
1965	6757	420	28246	21818	42692	20437	1.6	1.2
1970	4297	922	31520	25322	34876	15795	1.6	0.8
1975	3403	1070	44905	38746	47059	20404	1.9	0.9
1978	3809	1111	51505	45331	54855	22097	2.1	0.9
1979	4118	1117	52779	46121	56913	21393	2.1	0.9
1980	4191	1130	53001	46772	58764	21033	2.1	0.8
1985	4816	1154	58414	52041	74204	26992	2.1	1.0
1990	4885	1198	68073	60664	86772	35696	2.2	1.2
1995	4537	1257	73644	65919	92811	39130	2.3	1.2
1996	4543	1298	83684	75676	93614	40253	2.6	1.2
1997	10059	1306	88710	80935	94993	40775	2.7	1.2
1998	10159	1315	89280	81759	97361	41924	2.7	1.3
1999	10154	1313	90091	82259	97548	31652	2.7	1.0
2000	9807	1323	90091	82389	97569	41461	2.6	1.2
2001	9765	1331	89769	82125	99440	42414	2.6	1.2
2002	8740	1318	84599	80463	95059	40253	2.5	1.2
2003	8525	1323	86634	79503	96902	41252	2.5	1.2
2004	8672	1315	87836	80523	100502	43586	2.5	1.2
2005	7932	1318	88239	81268	100937	44309	2.5	1.2
2006	9652	1307	91533	84289	106586	46051	2.6	1.3
2007	9230	1307	89366	82603	111192	46628	2.5	1.3
2008	7773	1302	98482	90811	119250	50659	2.7	1.4
2009	6984	1288	104222	95980	127446	51959	2.8	1.4
2010	6999	1325	112334	103933	140133	55402	3.0	1.5
2011	7285	1355	123784	114824	155729	59225	3.3	1.6
2012	7584	1399	139172	129194	172532	63449	3.7	1.7
2013	7672	1421	156149	144132	189187	67087	4.1	1.8
2014	27913	1437	164781	152529	206545	75372	4.3	1.9
2015	27921	1450	173199	160011	213162	78173	4.5	2.0
2016	27658	1470	178902	165177	220889	80131	4.6	2.1

注：1.2002年及以后卫生机构数为登记注册数，医生系执业(助理)医师数。2.每千人口拥有床位数和每千人口拥有医生数，2005年以前以户籍人口为分母计算，2005年起以常住人口为分母计算。3.2014年起数据含村卫生室。

Note:a)Number of health institutions are the number of registeration since 2002, doctors also refer to the certified (assistant) doctors. b)Before 2005, Number of Beds and Doctors per 1000 Persons was Calculated by the Registered Population.Since 2005,Number of Beds and Doctors per 1000 Persons was Calculated by the Population of Permanent Residents.c)The data includes village Health Institutions Since 2014.

18-2 主要年份各类卫生机构数

Number of Health Institutions

单位：个 (unit)

项目 Item	2000	2005	2010	2012	2013	2014	2015	2016
合 计 Total	**9807**	**7932**	**6999**	**7584**	**7672**	**27913**	**27921**	**27658**
医院 Hospitals	**333**	**365**	**457**	**519**	**541**	**557**	**570**	**590**
基层医疗卫生机构 Grassroots Health Institutions	**9059**	**7220**	**6174**	**6682**	**6743**	**25877**	**25875**	**26190**
社区卫生服务中心(站) Health service centers in Communities		392	499	532	533	531	528	555
卫生院 Rural Township Hospitals	990	953	868	880	880	880	880	880
门诊部 Clinics	87	303	432	462	482	492	512	615
诊所、卫生所、医务室 Clinigues,Health Clinic,Infirmaries	7982	5572	4375	4808	4848	4849	4945	5195
村卫生室 Village Clinics						19125	19010	18945
专业公共卫生机构 Professional Public Health Institutions	**218**	**276**	**296**	**307**	**311**	**1405**	**1402**	**808**
疾病预防控制中心 Sanitation and Antiepidemic Stations	101	93	94	96	96	96	96	96
专科疾病防治院 Specialized Prevention & Treatment Centers	73	34	25	25	25	24	23	24
健康教育所 Health Education Centers	33	7	1	1	1	1		
妇幼保健院、所、站 Maternity and Child Care Centers	11	89	87	87	88	87	87	87
急救中心 First-aid Centers		10	7	7	7	7	7	7
采供血机构 Blood Collected and Supplied Centers		10	9	9	9	9	9	9
卫生监督所 Sanitation Supervision Centers		33	73	82	85	86	86	86
计划生育技术服务机构 Family Planning Technical Service Institution						1095	1094	499
其他卫生机构 Other Health Institutions	**197**	**71**	**72**	**76**	**76**	**74**	**74**	**70**
疗养院 Sanatorium	12	16	11	12	12	11	11	11
医学科学研究机构 Research Institutions of Medical Science	13	9	8	7	8	8	8	8
医学在职培训机构 Sanitation Supervision and Inspection Centers	36	26	25	25	23	23	23	22
其他 Other Institutions	136	20	28	32	33	32	32	29

注：2013年前各类卫生机构数不含村卫生室。

Note:Before 2013,The Data of Health Institutions exclude Village Clinics.

18-3 主要年份各类卫生机构床位数

Number of Beds in Health Institutions

单位：张 (set)

项目 Item	2000	2005	2010	2012	2013	2014	2015	2016
合 计 Total	**90091**	**88239**	**112334**	**139172**	**156149**	**164781**	**173199**	**178902**
#医院 Hospitals	58505	58694	80938	102205	114849	122843	129609	134790
疗养院 Sanatorium		2497	1769	2373	2433	2374	2527	2600
社区卫生服务中心(站) Health service centers in Communities		516	2426	2581	2928	3045	3201	3377
卫生院 Rural Township Hospitals	23884	22574	22995	26989	29283	29686	30402	30387
门诊部 Clinics	485	116	77	38	8	10	39	26
妇幼保健院、所、站 Maternity and Child Care Centers		2107	3383	3978	5197	5338	5709	6036
专科疾病防治院 Specialized Prevention & Treatment Centers		1628	706	1008	1420	1454	1681	1655

18-4 主要年份各类卫生技术人员数

Number of Medical Technical Personnel by Category

单位：人 (person)

项目 Item	2000	2005	2010	2012	2013	2014	2015	2016
合 计 Total	**97569**	**100937**	**140133**	**172532**	**189187**	**206545**	**213162**	**220889**
#执业医师 Chartered Doctors	31966	36668	48789	56415	59320	64444	66162	69307
执业助理医师 Assistant Chartered Doctors	9495	7641	6613	7034	7767	10928	12011	10824
注册护士 Certified Nurses	31430	34195	53820	70859	78548	85673	90503	96250
药师（士） Pharmacists	9212	9128	10027	11770	13202	13798	13865	14410
检验人员 Laboratory Technicians	3764	4620	7582	9057	9792	7446	7720	8145

注：2014年起各类卫生技术人员数含村卫生室卫生技术人员。
Note:The data includes village Health Institutions Since 2014.

18-5 各类卫生机构情况(2016年)

Statistics of Health Institutions by Category(2016)

项目 Item	卫生机构（个） Number of Health Institutions (unit)	医疗床位（张） Hospital Beds (set)	卫生技术人员（人） Medical Technical Personnel (person)	#医生 Doctors	#注册护士 Certified Nurses
合　计 Total	**27658**	**178902**	**220889**	**80131**	**96250**
医院 Hospitals	**590**	**134790**	**134551**	**43210**	**68226**
综合医院 Integrated Hospitals	356	93193	98520	31784	50876
中医医院 Hospitals of Traditional Chinese Medicine	80	17965	18685	6226	8289
中西医结合医院 Hospitals Integrating Traditional Chinese Medicine with Western Medicine	10	2811	2946	950	1501
民族医院 National Hospital	1	60	38	14	17
专科医院 Specialized Hospitals	141	20681	14304	4218	7518
护理院 Nursing Home	2	80	58	18	25
基层医疗卫生机构 Grassroots Health Institutions	**26190**	**33790**	**68205**	**30158**	**22355**
社区卫生服务中心(站) Health service centers in Communities	555	3377	10746	4367	3903
卫生院 Rural Township Hospitals	880	30387	29905	9902	10572
门诊部 Clinics	615	26	8940	4504	3032
诊所、卫生所、医务室 Clinigues,Health Clinic,Infirmaries	5195		14444	7576	4487
村卫生室 Village Clinics	18945		4170	3809	361
专业公共卫生机构 Professional Public Health Institutions	**808**	**7722**	**17303**	**6513**	**5329**
疾病预防控制中心 Sanitation and Antiepidemic Stations	96		3678	2080	247
专科疾病防治院 Specialized Prevention & Treatment Centers	24	1655	844	354	200
妇幼保健院、所、站 Maternity and Child Care Centers	87	6036	8909	3170	3978
急救中心 First-aid Centers	7	31	284	118	149
采供血机构 Blood Collected and Supplied Centers	9		576	64	326
卫生监督所 Sanitation Supervision Centers	86		1343		
计划生育技术服务机构 Family Planning Technical Service Institution	499		1669	727	429
其他卫生机构 Other Institutions	**70**	**2600**	**830**	**250**	**340**
疗养院 Sanatorium	11	2600	505	126	299
医学科学研究机构 Research Institutions of Medical Science	8		92	55	6
医学在职培训机构 Sanitation Supervision and Inspection Centers	22		64	27	25
其他 Others	29		169	42	10

注：医生为执业（助理）医师数。

Note:The Doctors is Medical Practitoner.

18-6 基层医疗卫生机构情况(2016年)
Statistics of Grassroots Health Institutions by Category(2016)

项目 Item	社区卫生服务中心(站) Health Service Stations in Communities	卫生院 Health Institutes	门诊部 Outpatient Department	诊所、卫生所、医务室 Clinic,Health Clinic,Infirmaries	村卫生室 Village Clinics
机构数（个） Number of Institutions(unit)	**555**	**880**	**615**	**5195**	**18945**
卫生技术人员数（人） Number of Health Technical Personnel (person)	**12573**	**35862**	**11013**	**14783**	**4170**
#执业医师 Chartered Doctors	10746	29905	8940	14444	1500
执业助理医师 Assistant Chartered Doctors	4367	9902	4504	7576	2309
注册护士 Certified Nurses	3609	7107	3966	6394	361
药师（士） Pharmacists	758	2795	538	1182	
检验人员 Laboratory Technicians	1008	2943	595	1510	

18-7 主要年份农村村级卫生组织情况
Health Organizations in Rural Areas at Village Level in Selected Years

项目 Item	2000	2005	2010	2012	2013	2014	2015	2016
村设置医疗点数（个） Medical Treatment Stations of Villages(unit)	**17476**	**18222**	**19976**	**19691**	**19408**	**19125**	**19010**	**18945**
执业（助理）医师（人） Chartered(Assistant) Doctors		2478	3390	3359	3413	3563	3513	3809
注册护士（人） Certified Nurses(person)			264	298	294	291	329	361
乡村医生和卫生人员数（人） Number of Rural Doctors and Medical Personnel (person)	**30769**	**30384**	**28868**	**28268**	**27936**	**27240**	**26902**	**26502**
乡村医生 Rural Doctors	20974	29139	28405	27536	27094	26532	26113	25697
卫生员 Medical Personnel	9795	1245	463	732	842	708	789	805

18-8 主要年份各类医院医疗服务情况

Medical Services of Hospitals in Selected Years

年份 Year	诊疗人数（万人次） Total Number Of Patients Treated	#门急诊 Out-patients And Emergency Patients	入院人数（万人） Hospital Admissions (10000 persons)	出院人数（万人） Hospital Discharged (10000 persons)	病床周转数（次） Turnover of Beds (time)
1980	1561.87	1543.53	51.58	51.47	22.90
1985	1895.08	1794.93	70.98	58.39	24.60
1986	1931.00	1828.71	72.62	72.43	24.30
1987	2425.69	2293.21	83.22	68.38	24.90
1988	2460.94	2428.99	88.62	88.56	25.70
1989	2299.53	2272.22	89.57	89.65	25.00
1990	2410.01	2380.83	91.62	57.60	24.70
1991	2471.20	2328.25	97.55	79.39	26.00
1992	2496.94	2488.74	93.18	93.14	24.90
1993	2930.23	2629.02	94.29	94.33	22.60
1994	2749.75	2614.02	100.03	98.29	23.50
1995	2709.47	2580.12	91.68	91.19	21.70
1996	2838.69	2565.51	79.10	79.09	19.00
1997	3249.23	2772.14	81.58	81.44	17.60
1998	3351.09	2932.52	85.10	84.54	18.10
1999	3157.56	2984.98	89.91	89.57	18.40
2000	3326.20	3097.08	98.76	99.26	20.77
2001	3201.92	2990.75	105.81	105.81	22.21
2002	3288.68	3027.07	128.70	110.23	22.73
2003	3430.00	3315.44	115.45	116.29	23.72
2004	3767.08	3685.85	129.57	129.53	24.79
2005	4248.77	4039.31	137.95	139.26	26.26
2006	4421.39	4305.12	152.28	152.13	26.81
2007	4674.58	4522.88	167.07	166.15	30.30
2008	5872.06	5786.21	205.17	204.78	30.97
2009	5850.61	5785.27	206.81	207.10	32.53
2010	6558.16	6525.56	271.45	270.89	34.08
2011	7200.56	7161.82	308.97	308.37	35.12
2012	8182.96	8121.59	364.95	364.41	37.32
2013	8772.14	8683.32	390.81	388.85	35.90
2014	9333.62	9238.56	411.46	410.71	35.20
2015	9310.82	9230.45	409.86	408.94	33.73
2016	9642.67	9569.44	425.27	424.45	33.49

18-9 医院、卫生院、妇幼保健院医疗服务情况(2016年)

Medical Services of Hospitals,Institutes of Health and Health-Centers(2016)

项目 Item	诊疗人数（万人次） Number of Patients Treated (10000 person-times)	#门急诊 Out-patients And Emergency Patients	入院人数（万人） Hospital Admissions (10000 persons)	出院人数（万人） Hospital Discharged (10000 persons)	死亡率（%） Death Rate (%)	病床周转数（次） Turnover of Beds (time)	病床使用率（%） Usage of Beds (%)
医院 Hospitals	**9642.67**	**9569.44**	**425.27**	**424.45**	**0.16**	**33.49**	**81.47**
#综合医院 Integrated Hospitals	7062.52	7010.63	328.19	327.73	0.18	37.14	82.39
中医医院 Hospitals of Traditional Chinese Medicine	1574.09	1560.67	50.74	50.53	0.13	30.19	77.48
专科医院 Specialized Hospitals	778.61	776.47	37.59	37.50	0.06	19.89	80.29
卫生院 Rural Township Hospitals	**2678.02**	**2623.38**	**82.21**	**82.03**	**0.01**	**28.55**	**48.02**
妇幼保健院 Maternity and Child Care Centers	**978.69**	**954.25**	**20.23**	**20.20**	**0.01**	**40.14**	**60.11**

注：本表死亡率是指入院后死亡人数与入院人数之比。
Note:The Death Rate is the proportion deaths after admissions.

18-10 防病工作情况（2010-2016年）

Basic Condition of Disease Prevention and Cure(2010-2016)

项目	Item	2010	2012	2013	2014	2015	2016
甲乙类传染病发病总例数（万个）	Number of Incidence from infectious disease(A、B) (10000 unit)	10.61	24.32	22.42	25.33	22.82	22.63
传染病发病率(1/10万)	Incidence Disease Rate (1/100 000)	559.18	653.70	598.11	671.08	599.62	589.38
传染病死亡总人数（人）	Number of Death from infectious disease(person)	231	204	166	171	172	184
传染病死亡率(1/10万)	Death Rate (1/100 000)	0.64	0.55	0.44	0.45	0.45	0.48
结核病登记病人数(例)	Number of register of Tuberculosis (person)	20850	18862	17765	17469	16602	15922
登记患病率（‰）	Register sicken Rate(‰)	0.57	0.51	0.48	0.46	0.44	0.42
结核病新发病人数(例)	Number of New Incidence from Tuberculosis(person)	19439	17724	16817	16507	16016	15063
结核病登记新发病率(1/10万)	Register New Incidence Disease Rate (1/100 000)	54.00	48.00	45.21	43.74	42.44	39.58
"五苗"接种率（%）	Five Type of bacterins inoculability Rate (%)	99.50	99.85	99.82	99.92	99.91	99.88
乙肝疫苗全程接种率（%）	Hepatitis B Bacterins Quite inoculability Rate(%)	99.75	99.89	99.65	99.94	99.94	99.91

18-11 法定报告传染病发病及死亡情况(2016年)

Incidence and Death from Infectious Diseases(2016)

项目	Item	发病率(1/10万) Incidence Disease Rate (per100 000)	死亡率(1/10万) Death Rate(per 100 000)	病死率(%) Mortality Rate (%)
总计	**Total**	**589.38**	**0.48**	**0.08**
病毒性肝炎	Viral Hepatitis	130.22	0.03	0.02
痢疾	Dysentery	1.27		
伤寒副伤寒	Typhoid and Paratyphoid Fever	1.84		
艾滋病	AIDS	2.43	0.29	11.79
淋病	Gonorrhea	15.42		
梅毒	Syphilis	58.51	0.01	0.01
麻疹	Measles	0.63		
百日咳	Whooping Cough	0.01		
流脑	Epidemic Encephalitis			
猩红热	Scarlet Fever	1.59		
出血热	Hemorrhage Fever	0.95		
狂犬病	Hydrophobia			100.00
布氏杆菌病	Brucellosis	0.20		
乙脑	Encephalitis B	0.01		
疟疾	Malaria	0.30		
新生儿破伤风	Newborn Tetanus	0.02		
肺结核	Pulmonary Tuberculosis	42.74	0.14	0.33

注：传染病死亡率指传染病死亡人数与全省常住人口之比，病死率指传染病死亡人数与患病人数之比。
Note:The Death Rate is the proportion deaths of Total Population.

18-12 前十位疾病死亡原因及构成(2016年)

Death Rate of 10 Major Diseases(2016)

项目 Item	占疾病死亡总人数比重(%) Mortality(%)	项目 Item	占疾病死亡总人数比重(%) Mortality(%)
城市 Urban	**92.23**	**农村 Rural**	**92.47**
恶性肿瘤 Malignant Tumour	29.21	恶性肿瘤 Malignment Tumour	30.01
心脏病 Heart Trouble	17.59	脑血管病 Cerebrovasular Disease	18.61
脑血管病 Cerebrovasular Disease	16.05	心脏病 Heart Trouble	14.30
呼吸系统疾病 Diseases of the Respi- ratory System	9.11	损伤和中毒 Trauma and Toxicosis	10.79
损伤和中毒 Trauma and Toxicosis	8.83	呼吸系统疾病 Diseases of the Respiratory System	10.58
内分泌、营养和代谢疾病 Endocrine,Nutritional & Metabolite Disease	4.72	内分泌、营养和代谢疾病 Endocrine,Nutritional & Metabolite Disease	2.44
消化系统疾病 Disease of the Digestive System	2.63	消化系统疾病 Disease of the Digestive System	2.13
神经系统疾病 Diseases of the Nervous System	1.53	神经系统疾病 Nervous System	1.40
精神障碍 Mental Disorders	1.44	精神障碍 Mental Disorders	1.12
泌尿生殖系统疾病 Diseases of the Genitou-rinary System	1.12	泌尿生殖系统疾病 Diseases of the Genitou- rinary System	1.08

主要统计指标解释

卫生机构 包括医疗机构、疾病预防控制中心(防疫站)、采供血机构、卫生监督及监测(检验)机构、医学科研和在职培训机构、健康教育所等。医疗机构包括医院、社区卫生服务中心(站)、疗养院、卫生院、门诊部、诊所(卫生所、医务室)、妇幼保健院(所、站)、专科疾病防治院(所、站)、急救中心(站)和临床检验中心。医疗机构分为非赢利性医疗机构和赢利性医疗机构。

医院 指设有固定床位，能收容病人住院并能为病人提供医疗、护理服务的医疗机构，包括县及县以上医院、农村乡卫生院和其他医院。医院按业务性质不同分为综合医院、中医医院、中西医结合医院、民族医院和专科医院。

卫生技术人员 包括执业（助理）医师、注册护士、药剂人员、检验和影像技师（士、员）等卫生专业人员，不包括从事管理工作的卫生技术人员。

医生 指在医疗、预防保健机构工作且取得《执业医师证书》的执业医师和执业助理医师。

Explanatory Notes on Main Statistical Indicators

Health Care Institutions refer to the units which have been qualified the Certification of Health Care Institution by the administration of public health, or qualified the Certification of Corporate Unit by the civil affairs, administration for industry and commerce, commission office for public sector reform, and engaging in medical care, disease prevention and control, health supervision and inspection, medicine research and health education, etc., including: hospitals, sanatoriums, community health service centers (stations), health centers, clinics (health stations and infirmaries), first-aid centres (stations), blood gathering and supplying institutions, women and children care agencies (centres and stations), special disease prevention and curing agencies (centres and stations), disease prevention and control centres (epidemic prevention stations), health supervision and inspection agencies, sanitary inspection institutions, medicinal scientific research and on-job training institutions, health education centres and so on.

Hospitals include: polyclinics, traditional Chinese medical hospitals, hospitals integrated with traditional Chinese therapeutics and western therapeutics, ethical hospitals, various specialties hospitals and nursing hospitals.

Medical Technical Personnel refers to doctors, assistant nurses, pharmacists, and laboratory technicians working in medical institutions.

Doctors refer to certified physicians and certified assistant physicians with certifications working in medical and health care and prevention agencies.

第十九篇　环境保护

Chapter 19　Environment Protection

资料整理：林红 陈浩明

Database Editor:Linhong Chenhaoming

简 要 说 明

本篇资料的主要内容及来源

本篇主要反映福建环境保护事业情况。主要内容包括城、乡水环境、大气环境、固体废物、生态环境、自然灾害和环境污染治理投资以及分行业工业污染治理情况。

本篇资料来源于省环保厅、水利厅、住建厅、交通厅、国土厅、林业厅、卫生厅、农业厅等。

本篇资料由省统计局能源统计处整理提供。

Brief Introduction

Main Content and Source of Data

This chapter contain information that reflect the condition and natural resources and data on development of environment protection ,Social welfare ,the judicial conditions, basic statistics on traffic accidents and fires etc in Fujian. including natural resources and natural condition, total water resources ,atmospheric environment, solid waste, environment noise , eco- environment protection , natural disasters and investments in the treatment of environmental pollution control ; the number of institutions and personnel, social welfare relief, and marital status etc.

The above mentioned data are provide By the Provincial Environment Protection Bureau， the Provincial Department of Water Resources, the Construction Bureau, the Transportation Bureau, the National Land Bureau, the Forestry Bureau, the Health Bureau ,the Agriculture Bureau.

Data in this chapter are provided and compiled by the Division of Energy of Fujian Provincial Bureau of Statistics.

19-1 环境保护基本情况

Basic Statistics on Environmental Protection

项目	Item	2010	2014	2015	2016
水环境	**Water**				
降水量（毫米）	Precipitation(millimeters)	2084.30	1705.00	1992.94	2432.60
水资源总量（亿立方米）	Water Resources(100 million cu.M)	1652.93	1219.62	1325.93	2109.04
地表水	Surface Water Resources	1651.68	1218.42	1324.67	2107.14
地下水	Grounwater Resources	353.81	330.48	332.33	450.69
人均水资源量（立方米/人）	Per Capita Water Resources(cu.m/person)	4480.19	3027.00	3454.00	5468.80
用水总量（亿立方米）	Water Supply(100 million cu.M)	202.45	205.63	201.33	189.06
#农业	Agriculture	98.85	95.65	93.34	84.22
工业	Industry	81.26	86.71	72.47	68.54
生活	Living Consumption	21.05	20.09	32.22	33.13
废水排放总量（亿吨）	Waste Water Discharge(100 million ton)	23.85	26.06	25.69	23.70
化学需氧量排放量（万吨）	Discharge Amount of COD(10000 tons)	37.26	62.98	60.94	39.16
氨氮排放量（万吨）	Ammounia Nitrogen Discharge(10000 tons)	2.98	8.93	8.51	5.33
大气环境	**Atmosphere Environment**				
二氧化硫排放量（万吨）	Sulphur Dioxide Emission(10000 tons)	40.91	35.60	33.79	18.93
工业	Industry	39.12	33.76	31.71	16.79
城镇生活	Urban Living Consumption	1.78	1.83	2.08	2.14
氮氧化物排放量（万吨）	Nitrogen and Oxide(10000 tons)		41.17	37.90	26.18
工业	Industry		30.13	27.98	17.03
城镇生活	Urban Living Consumption		0.24	0.30	0.28
烟（粉）尘排放量（万吨）	Smoke Dust(10000 tons)		36.79	34.17	23.79
工业	Industry	24.01	34.92	32.18	21.89
城镇生活	Urban Living Consumption		0.97	1.15	1.15
固体废物	**Solid Waste**				
工业固体废物产生量（万吨）	Industrial Solid Wastes Produced(10000 tons)	7486.58	4843.90	4956.27	4449.23

注：1.2011年废水排放总量、化学需氧量排放量、氨氮排放量包括农业源、集中式治理设施等，工业固体废物产生量及综合利用量只包含一般工业固体废物。2.2015年工业污染治理投资数据仅指“三同时”峻工验收项目实际环保投资，2014年为同口径数。

Note:In 2011 the Waste Water Discharge Amount, Chemical Oxygen Demand (COD) Emissions, Ammonia Nitrogen Emissions include only General Industrial Solid Waste.

19-1 续表

Continued

项目	Item	2010	2014	2015	2016
工业固体废物综合利用量（万吨）	Industrial Solid Wastes Utilizeed(10000 tons)	6214.89	4277.69	3784.27	3090.82
危险废物产生量（万吨）	Hazardous Wastes(10000 tons)	8.01	28.23	37.31	86.62
生态环境	**Eco-Environment Protection**				
森林覆盖率（%）	Forest Coverage(%)	63.10	65.95	65.95	65.95
当年造林面积（万公顷）	Area of Reforestation of the Year(10000 hectare)	2.99	4.43	8.73	1.03
自然保护区数（个）	Number of Nature Reserves(unit)	92	90	92	93
#国家级	National Level	12	16	16	17
自然保护区面积（万公顷）	Area of Nature Reserves(10000 hectare)	45.36	44.80	45.50	45.50
自然灾害	**Natural Disaster**				
发生地质灾害起数（起）	Geological Disaster	4189	87	225	1327
发生地震灾害次数（次）	Seismic Disaster(time)				
海洋灾害发生次数（次）	Red Tide(time)	21	33	35	44
森林火灾次数（次）	Forest Fire(time)	131	130	114	29
环境污染治理投资	**Investment in the Treatment of Environmental Pollution**				
城市环境基础设施投资（亿元）	Investment in Urban Environmental Infrastructure(100 million yuan)	78.04	141.96	137.61	70.30
燃气	Gas Supply	6.08	16.53	12.34	4.44
排水	Drainage Works	14.54	43.28	40.29	31.40
园林绿化	Gardening and Greening	36.06	73.37	73.85	25.67
市容环境卫生	Environmental Sanitation	21.35	8.78	11.13	8.79
工业污染治理投资（亿元）	Investment Completed this Year(100 million yuan)	15.33	20.34	29.82	22.63
治理废水	Waste Water	7.09	5.60	6.94	7.35
治理废气	Waste Gas	4.98	6.47	7.54	6.28
治理固体废物	Solid Wastes	0.77	4.58	1.98	5.70
治理噪声	Noise Pollution	0.06	0.33	0.18	0.01

19-2 城市环境情况

Basic Statistics on City Enviroment

项目	Item	2010	2014	2015	2016
城市个数（个）	**Number of Cities(unit)**	**23**	**23**	**22**	**22**
城区人口（万人）	**Population of City(10000 persons)**	**750.41**	**1134.15**	**1181.23**	**1224.99**
城市基础设施投资额（亿元）	**Investment on Fundation Facilities (100 million yuan)**	**385.08**	**481.89**	**597.17**	**621.40**
城市面积（平方公里）	**Area of City(sq km)**	**4361.84**	**4318.09**	**4368.15**	**4440.87**
#建成区面积（平方公里）	Developed Area(sq.km)	1059.00	1326.42	1413.54	1469.16
年底供水综合生产能力（万立方米/日）	**Production Capacity of Top Water Supply at the Year-end(10000 cu.m/day)**	**676.42**	**717.24**	**717.03**	**737.04**
全年供水总量（亿立方米）	Volume of Top Water Supply(100 million cu.m)	13.26	15.65	16.16	16.46
#生活用量	Water Consumption for Residential Use (100 million cu.m)	6.75	7.45	7.59	7.61
人均日生活用水量（升）	Per Capital Water Consumption for Residential Use(L)	186.62	180.98	176.93	194.23
用水普及率（%）	Percentage of Population with Access to Tap Water(%)	99.5	99.5	99.6	98.1
公交车标准运营车数（标台）	**Number of Standard Public Vehicles under Operation(set)**	**11917**	**16642**	**18783**	**20326**
出租车运营车数（辆）	Number of Taxis under Operation at the Year-end(unit)	18684	23384	24785	24961
煤气供应总量	**Gaswork Gas Supply**	**0.27**	**0.30**	**0.30**	**0.30**
#家庭用量（亿立方米）	Consumption of Gaswork Gas for Residential Use(100 million cu.m)	0.19	0.25	0.23	0.26
液化石油气家庭用量（万吨）	Consumption of Liguefied Petroleum Gas for Residential Use(10000 tons)	18.89	17.15	18.79	18.27
用气普及率（%）	Percentage of City Population with Access to Gas(%)	98.9	98.8	98.6	97.2
道路长度（公里）	**Length of Paved Roads(km)**	**6756**	**7987**	**8415**	**8656**
道路面积（万平方米）	Area of Paved Roads(10000 sq.m)	12560	15436	16303	17657
排水管道长度（公里）	Length of Sewage Pipes(km)	9686	13495	13340	14329
建成区绿化覆盖面积（公顷）	**Green Areas of Developed City(hectare)**	**43385**	**56767**	**60736**	**63649**
建成区绿化覆盖率（%）	Ratio of Green Areas to City Areas(%)	41.0	42.8	43.0	43.3
公园绿地面积（公顷）	Green Areas of Park(hectare)	10972	14475	15327	16017
人均公园绿地面积（平方米）	Per Capita Public Green Areas(sq.m)	10.99	12.76	12.98	13.08
公园个数（个）	**Number of Parks and Zoos(unit)**	**392**	**557**	**555**	**590**
公园面积（公顷）	Area of Parks and Zoos(hectare)	8819	11402	11913	12426
生活垃圾清运量（万吨）	**Volume of Garbage, Excrement and Urine Disposal(10000 tons)**	**417.30**	**598.89**	**608.06**	**656.97**
城市生活垃圾无害化处理率（%）	Percentage of Garbage Disposal with Standard(%)	92.0	97.9	99.2	98.4
城市污水处理率(%)	**Percentage of Sewage Disposal of City(%)**	**84.4**	**88.7**	**89.5**	**91.3**
城市污水处理厂集中处理率（%）	Percentage of Sewage Collection Disposal in Factory of City(%)	76.9	83.8	87.5	90.1

注：2011年以前城区人口不含城区暂住人口。

Note:Before 2011,Population of City is excluding Temporary Population.

19-3 农村环境情况

Basic Statistics on Rural Environment

项目	Item	2010	2014	2015	2016
农村总户数（万户）	**Number of Rural Households(10000 household)**	**693.53**	**803.59**	**720.32**	**753.79**
累计卫生厕所户数（万户）	**Number of Households with Lavatories (10000 household)**	**552.68**	**737.26**	**676.81**	**707.82**
农村卫生厕所普及率（%）	**Pencentage of Villages with Access to Lavatories(%)**	**79.7**	**91.8**	**94.0**	**93.9**
当年新增无害化卫生厕所户数（万户）	**Number of Households with Newly Built Lavatories Current Year(10000 household)**	**45.77**	**14.39**	**10.46**	**37.57**
累计使用卫生公厕户数（万户）	**Number of Households with Public Lavatories (10000 household)**	**45.15**	**74.16**	**74.27**	**56.89**
当年用于改厕投资（万元）	**Investment on Rebuilt Lavatories Current Year (10000 yuan)**	**60429.77**	**26515.25**	**22444.19**	**28127.12**
#国家	National	13134.26	3812.18	3632.32	4629.94
集体	Collective	1754.08	1723.46	1437.89	1862.23
个人	Individual	44536.20	20621.61	17092.99	21101.97
其他	Others	1005.23	358.00	281.00	533.00
农村可再生能源利用情况	**Utilization of Repeat Energy in Rural**				
沼气池产气总量（亿立方米）	Marsh Gas Production(100 million cu.m)	2.44	2.07	2.18	1.49
农村户用沼气池（万口）	Number of Methane-generating Pits Used by Rural Household(10000 pits)	46.03	48.60	48.47	47.24
生活污水净化沼气池（处）	Methane-generating Pits Used for Waste Water Treatment(set)	1319	965	970	970

19-4 工业污染排放及处理利用情况

Emission and Treatment of Industrial Pollution

项目	Item	2010	2014	2015	2016
企业基本情况	**Enterprises Status**				
汇总企业数（个）	Number of Enterprises(unit)	6080	5767	5971	5224
工业废水	**Industrial Waste Water**				
废水治理设施数（套）	Number of Facilities for Treatment of Waste Water(sets)	3153	3529	3547	3160
废水治理设施处理能力（万吨/日）	Handling Ability of Facilities for Treatment of Waste Water (10000 tons-day)	1135.44	718.38	661.44	732.87
废水治理设施设备运行费用（亿元）	Operation Expenditure of Facilities(100 million yuan)	12.68	17.35	17.36	17.20
工业废水排放量（万吨）	Volume of Waste Water Discharged(10000 tons)	124168.21	102051.74	90741.41	68872.15
#直接排入环境的	Discharged Directly	59215.46	87804.16	76350.78	53346.67
工业废水中污染物排放量（吨）	Volume of Pollutants in Waste Water Discharged(ton)				
汞	Hydrargyrum	0.06	0.01	0.02	
镉	Cadmium	0.45	0.63	0.62	0.04
六价铬	Hexadic Chromium	62.13	2.14	0.92	0.67
铅	Plumum	2.05	3.68	3.55	0.36
砷	Arsenic	1.32	3.74	3.08	0.37
挥发酚	Volatile Hydroxybenzene	10.06	1.68	1.97	0.35
氰化物	Cyanide	58.95	3.46	6.68	2.03
化学需氧量	Volume of Oxygen Required chemically	82946.13	77630.91	72646.00	577426.17
石油类	Petroleum	565.24	368.07	335.38	3025.99
氨氮	Ammonia and Nitrogen	6613.60	5494.27	4066.34	27558.28
工业废气	**Industrial Waste Gas**				
工业废气排放总量（亿立方米）	Total Volume of Waste Gas Emission(100 million cu.m)		18383.25	17204.24	17761.03
废气治理设施数（套）	Number of Facilities for Treatment for Waste Gas(sets)	6470	8579	9016	8508
#脱硫设施数（套）	Number of Sulphur Removed Facilities (sets)	159	225	257	399
废气治理设施设备运行费用（亿元）	Expenditure on Facilities for Treatment of Waste Gas(100 million yuan)	23.73	42.22	43.21	41.43

注：2010年以前工业废水中直接排入环境的只含直接排入海的，2011年工业固体废物只含一般工业固体废物。

Note:Before 2010,Discharged Directly only contained Discharged Directly into sea.2011,Industrial Solid Wastes only contained ordinary Solid Wastes.

19-4 续表

Continued

项目	Item	2010	2014	2015	2016
工业二氧化硫排放量（万吨）	Volume of Sulphur Dioxide Emission(10000 tons)		33.76	31.71	18.93
工业烟（粉）尘排放量（万吨）	Volume of soot Emission and Dust Emission (10000 tons)	24.01	34.92	32.18	23.79
工业固体废物	**Industrial Solid Wastes**				
工业固体废物产生量（万吨）	Volume of Industrial Solid Wastes Produced (10000 tons)	7486.58	4843.90	4956.27	4449.23
工业固体废物综合利用量（万吨）	Volume of Industrial Solid Wastes Utilized in a Comprehesive way(10000 tons)	6214.89	4277.69	3784.27	3090.82
综合利用往年贮存量（万吨）	Volume of Industrial Solid Wastes Accumulated in Previous Years and utilized in a Comprehensive way(10000 tons)	10.88	79.08	71.92	52.44
工业危险废物产生量（万吨）	Volume of Dangerous Wastes Produced (10000 tons)(10000 tons)	8.01	28.23	37.31	86.62
危险废物综合利用量（万吨）	Volume of Dangerous Wastes Utilized in a Comprehesive way(10000 tons)	3.44	10.47	12.05	56.67
工业固体废物贮存量（万吨）	Volume of Industrial Solid Wastes Accumulated(10000 tons)	107.73	51.38	86.78	246.80
危险废物贮存量（吨）	Volume of Dangerous Wastes Accumulated (ton)	393.31	50004.31	61916.02	141100.00
工业固体废物处置量（万吨）	Volume of Industrial Solid Wastes Treated (10000 tons)	1181.14	585.08	1157.39	1165.66
#处置往年贮存量	Volume of Industrial Solid Wastes Treated, Which have been Accumulated in Previous years	8.55	0.21	0.25	1.62
危险废物处置量（万吨）	Volume of Dangerous Wastes Treated (10000 tons)	4.98	14.11	22.84	27.33
工业固体废物倾倒丢弃量（万吨）	Volume of Industrial Solid Wastes Discharged(10000 tons)	3.52	0.04	0.01	0

19-5 各设区市工业污染治理投资额

Investment on Industrial Pollution Treatment by City

单位：万元 (10000 yuan)

地区	Area	2005	2010	2012	2013	2014	2015	2016
全　省	**Total**	**345431**	**153296**	**237635**	**384150**	**203441**	**298220**	**226267**
福州市	Fuzhou	34416	11641	24571	76812	2240		13811
厦门市	Xiamen	65063	11854	7868	17947	18663	16422	19081
莆田市	Putian	11679		1102	6735			6635
三明市	Sanming	28978	14782	19342	11049	2122	2323	3569
泉州市	Quanzhou	113684	96421	149950	178570	18020	4168	131439
漳州市	Zhangzhou	78020	9054	1432	61475	155774	129907	15189
南平市	Nanping	4687	3021	7573	4319	1590		2003
龙岩市	Longyan	3301	6323	7031	4174	5032	145345	8172
宁德市	Ningde	5574	200	18766	23069			26366
平潭综合实验区	Pingtan						56	

注：2015年工业污染治理投资数据仅指“三同时”竣工验收项目实际环保投资。2014年为同口径数。

19-6 设区市一般工业固体废物产生和处置情况(2016年)

Discharge and Treatment of Industrial Sold Waste by City(2016)

单位：万吨 (10000 tons)

项目	Item	工业固体废物产生量 Volume of Industrial Solid Wastes Produced	工业固体废物综合利用量 Industrial Solid Wastes Utilized	综合利用往年工业固体废物贮存量 Industrial Solid Wastes Utilized in Stocks	工业固体废物处置量 Volume of Industrial Solid Wastes Treated	处置往年工业固体废物贮存量 Industrial Solid Wastes Treated in Stocks	工业固体废物贮存量 Volume of Industrial Solid Wastes in Stocks	一般工业固体废物倾倒丢弃量 Volume of Industrial Solid Wastes Discharged
全　省	**Total**	**4449.23**	**3090.82**	**52.44**	**1165.66**	**1.62**	**246.80**	**0.01**
福州市	Fuzhou	489.05	478.04	0.10	11.21	0.20	0.10	
厦门市	Xiamen	82.06	69.29	0.26	12.95	0.23	0.31	
莆田市	Putian	73.72	60.19		13.53			
三明市	Sanming	803.52	757.98	23.19	58.34	0.95	11.35	
泉州市	Quanzhou	620.13	589.34	1.73	28.35	0.05	4.21	
漳州市	Zhangzhou	260.74	259.20	12.04	5.55	0.16	8.20	
南平市	Nanping	120.99	114.18	10.18	16.68		0.31	
龙岩市	Longyan	1605.28	439.47	3.11	985.10	0.03	183.84	
宁德市	Ningde	393.63	323.10	1.84	33.88		38.47	0.01
平潭综合实验区	Pintan	0.11	0.03		0.08			

19-7 设区市废气排放情况(2016年)

单位：吨

项目	Item	二氧化硫排放量 Sulfur Dioxide	工业 Industry	城镇生活 Urban Living Consumption	集中式治理设施 Centralized Treatment Facilities	氮氧化物排放量 Nitrogen and Oxide	工业 Industry
全　省	**Total**	**189257**	**167874**	**21375**	**8**	**261835**	**170296**
福州市	Fuzhou	41525	39196	2329		48972	30329
厦门市	Xiamen	4205	4033	171	1	21072	2884
莆田市	Putian	8560	6798	1761	1	12084	7036
三明市	Sanming	24848	20907	3941		34923	28804
泉州市	Quanzhou	47292	44525	2764	3	65283	50561
漳州市	Zhangzhou	19687	18839	848		24361	15438
南平市	Nanping	11680	8547	3130	3	12516	5223
龙岩市	Longyan	14180	9539	4641		27378	19322
宁德市	Ningde	17217	15431	1786		15210	10662
平潭综合实验区	Pintan	64	59	5		37	37

19-8 设区市废水排放情况(2016年)

项目	Item	废水排放总量（万吨） Waste Water Discharge (10000 tons)	工业 Industry	城镇生活 Urban Living Consumption	集中式治理设施 Centralized Treatment Facilities	化学需氧量排放量（吨） Discharge Amount of COD (ton)	工业 Industry
全　省	**Total**	**237016.09**	**68872.15**	**167854.75**	**289.19**	**391645**	**32261**
福州市	Fuzhou	42259.94	3696.26	38474.00	89.68	86081	2433
厦门市	Xiamen	45324.62	18259.31	27048.82	16.49	24661	1680
莆田市	Putian	13304.37	2503.88	10786.54	13.95	29735	3612
三明市	Sanming	15960.91	6566.24	9365.00	29.67	28806	4556
泉州市	Quanzhou	49474.19	13349.10	36072.79	52.29	91274	7750
漳州市	Zhangzhou	33698.75	15386.89	18285.36	26.49	51941	4843
南平市	Nanping	12539.65	3296.79	9220.71	22.15	29392	3159
龙岩市	Longyan	12213.16	4431.81	7759.29	22.06	18372	1347
宁德市	Ningde	10673.40	1303.19	9353.80	16.41	27077	2688
平潭综合实验区	Pintan	1567.12	78.68	1488.44		4306	193

Waste Gas Discharge by City(2016)

(ton)

城镇生活 Urban Living Consumption	机动车 Indicator	集中式治理设施 Centralized Treatment Facilities	烟（粉）尘排放量 Smoke Dust	工业 Industry	城镇生活 Urban Living Consumption	机动车 Indicator	集中式治理设施 Centralized Treatment Facilities
2842	**88626**	**71**	**237868**	**218894**	**11528**	**7426**	**20**
324	18311	8	70244	67548	1096	1599	
26	18153	9	2685	1183	107	1390	5
549	4497	3	5348	3538	1417	387	5
173	5945	1	50221	47471	2257	493	
508	14188	25	58431	55689	1530	1207	4
107	8816		9519	8303	499	716	2
388	6880	25	9717	7593	1550	572	1
546	7509	1	22922	20047	2184	690	1
221	4327		8716	7459	885	372	
1			65	62	3		

Waste Water Discharge by City(2016)

农业 Agriculture	城镇生活 Urban Living Consumption	集中式治理设施 Centralized Treatment Facilities	氨氮排放量（吨） Ammounia Nitrogen Discharge (ton)	工业 Industry	农业 Agriculture	城镇生活 Urban Living Consumption	集中式治理设施 Centralized Treatment Facilities
29225	**328183**	**1976**	**53252**	**2122**	**1457**	**49473**	**201**
22142	61487	18	9652	151	967	8534	1
1470	21421	90	5585	100	170	5301	13
1257	24838	28	4134	319	21	3793	1
2005	21923	322	3521	318	62	3117	23
1	83343	180	12862	406	...	12439	16
230	46781	88	6917	227	5	6680	6
33	25745	455	3654	290	7	3315	42
294	16042	689	2979	150	64	2696	68
207	24076	106	3388	156	7	3195	29
1585	2528		561	6	152	402	

主要统计指标解释

水资源总量　一定区域内的水资源总量指当地降水形成的地表和地下产水量，即地表径流量与降水入渗补给量之和，不包括过境水量。

地表水资源量　指河流、湖泊、冰川等地表水体中由当地降水形成的、可以逐年更新的动态水量，即天然河川径流量。

地下水资源量　指当地降水和地表水对饱水岩土层的补给量。

地表水与地下水资源重复量　指地表水和地下水相互转化的部分，即在河川径流量中包括一部分地下水排泄量，地下水补给量中包括一部分来源于地表水的入渗量。

供水总量　指各种水源工程为用户提供的包括输水损失在内的毛供水量。

用水总量　指分配给用户的包括输水损失在内的毛用水量。按用户特性分为农业、工业、生活和生态用水四大类。

农业用水　包括农田灌溉和林牧渔业用水。林牧渔业用水指林果地灌溉、草地灌溉和鱼塘补水。

工业用水　按新水取用量计，不包括企业内部的重复利用水量。

生活用水　包括城镇生活用水和农村生活用水。城镇生活用水由居民用水和公共用水（含服务业、商饮业、货运邮电业及建筑业等用水）组成；农村生活用水除居民生活用水外，还包括畜用水在内。

城镇生活污水排放量　指城镇居民每年排放的生活污水。用人均系数法测算。测算公式为：

城镇生活污水排放量=城镇生活污水排放系数×市镇非农业人口×365

城镇生活污水中化学需氧量（COD）产生量　指城镇居民每年排放的生活污水中的COD的产生量。用人均系数法测算。测算公式为：

城镇生活污水中 COD 产生量=城镇生活污水中 COD 产生系数×市镇非农业人口×365

化学需氧量（COD）　测量有机和无机物质化学所消耗氧的质量浓度的水污染指数。

工业固体废物产生量　指报告期内企业在生产过程中产生的固体状、半固体状和高浓度液体状废弃物的总量，包括危险废物、冶炼废渣、粉煤灰、炉渣、煤矸石、尾矿、放射性废物和其他废物等；不包括矿山开采的剥离废石和掘进废石(煤矸石和呈酸性或碱性的废石除外)。酸性或碱性废石指采掘的废石其流经水、雨淋水的 pH 值小于 4 或 pH 值大于 10.5 者。

危险废物　指列入国家危险废物名录或根据国家规定的危险废物鉴别标准和鉴别方法认定的，具有爆炸性、易燃性、易氧化性、毒性、腐蚀性、易传染疾病等危险特性之一的废物。

工业固体废物综合利用量　指报告期内企业通过回收、加工、循环、交换等方式，从固体废物中提取或者使其转化为可以利用的资源、能源和其他原材料的固体废物量(包括当年利用往年的工业固体废物贮存量)，如用作农业肥料、生产建筑材料、筑路等。综合利用量由原产生固体废物的单位统计。

工业固体废物综合利用率　指工业固体废物综合利用量占工业固体废物产生量(包括综合利用往年贮存量)的百分率。计算公式为：

工业固体废物综合利用率−工业固体废物综合利用量/（工业固体废物产生量+综合利用往年贮存量）×100%

工业固体废物贮存量　指报告期内企业以综合利用或处置为目的，将固体废物暂时贮存或堆存在专设的贮存设施或专设的集中堆存场所内的数量。专设的固体废物贮存场所或贮存设施必须有防扩散、防流失、防渗漏、防止污染大气、水体的措施。

工业固体废物处置量　指报告期内企业将固体废物焚烧或者最终置于符合环境保护规定要求的场所，并不再回取的工业固体废物量(包括当年处置往年的工业固体废物贮存量)。处置方式有填埋(其中危险废物应安全填埋)、焚烧、专业贮存场(库)封场处理、深层灌注、回填矿井及海洋处置(经海洋管理部门同意投海处置)等。

工业固体废物排放量

指报告期内企业将所产生的固体废物排到固

体废物污染防治设施、场所以外的数量，不包括矿山开采的剥离废石和掘进废石(煤矸石和呈酸性或碱性的废石除外)。

生活垃圾清运量 指报告期内收集和运送到垃圾处理厂(场)的生活垃圾数量。生活垃圾指城市日常生活或为城市日常生活提供服务的活动中产生的固体废物以及法律行政规定的视为城市生活垃圾的固体废物。包括：居民生活垃圾、商业垃圾、集市贸易市场垃圾、街道清扫垃圾、公共场所垃圾和机关、学校、厂矿等单位的生活垃圾。

生活垃圾无害化处理率 指报告期生活垃圾无害化处理量与生活垃圾产生量比率。在统计上，由于生活垃圾产生量不易取得，可用清运量代替。计算公式为：

生活垃圾无害化处理率=生活垃圾无害化处理量/生活垃圾产生量×100%

环境污染治理投资 指在工业污染源治理和城市环境基础设施建设的资金投入中，用于形成固定资产的资金。包括工业新老污染源治理工程投资、建设项目“三同时”环保投资，以及城市环境基础设施建设所投入的资金。

Explanatory Notes on Main Statistical Indicators

Total Water Resources refers to total volume of water resources measured as run-off for surface water from rainfall and recharge for groundwater in a given area, excluding transit water.

Surface Water Resources refers to total renewable resources which exist in rivers, lakes, glaciers and other collectors from rainfall and are measured as run-off of rivers.

Groundwater Resources refers to replenishment of aquifers with rainfall and surface water.

Duplicated Measurement Between Surface Water and Groundwater refers to mutual exchange between surface water and groundwater, i.e. run-off of rivers includes some depletion with groundwater while groundwater includes some replenishment with surface water.

Water Supply refers to gross water supply by supply systems from sources to consumers, including losses during distribution.

Water Use refers to gross water use distributed to users, including loss during transportation, broken down with use by agriculture, industry, living consumption and biological protection.

Water Use by Agriculture includes uses of water by irrigation of farming fields and by forestry, animal husbandry and fishing. Water use by forestry, animal husbandry and fishing includes irrigation of forestry and orchards, irrigation of grassland and replenishment of fishing pools.

Water Use by Industry refers to new withdrawals of water, excluding reuse of water within enterprises.

Water Use by Living Consumption includes use of water for living consumption in both urban and rural areas. Urban water use by living consumption is composed of household use and public use (including services, commerce, restaurants, cargo transportation, posts, telecommunication and construction). Rural water use by living consumption includes both households and animals.

Urban Non-industrial Waste Water Discharge refers to annual discharge of non-industrial waste water by urban households. It is estimated by per capita coefficient using the formula:

Urban non-industrial waste water discharge = urban non-industrial waste water discharge coefficient urban non-agricultural population 365

Volume of Chemical Oxygen Demand (COD) Generated by Urban Non-industrial Waster Water refers to chemical oxygen demand generated through the annual discharge of non-industrial waste water by urban households. It is estimated as:

Volume of chemical oxygen demand (cod) generated by urban non-industrial waster water = Coefficient of COD generated through urban non-industrial waste water× urban non-agricultural population ×365

Chemical Oxygen Demand (COD) refers to index of water pollution measuring the mass concentration of oxygen consumed by the chemical breakdown of organic and inorganic matter.

Industrial Solid Wastes Produced refers to total volume of solid, semi-solid and high concentration liquid residues produced by industrial enterprises from production process in a given period of time, including hazardous wastes, slag, coal ash, gangue, tailings, radioactive residues and other wastes, but excluding stones stripped or dug out in mining (gangue and acid or alkaline stones not included). A stone is acid or alkaline depending on the pH value of the water below 4 or above 10.5 when the stone is in, or soaked by, the water.

Hazardous Wastes refers to those included in the national hazardous wastes catalogue or specified as any one of the following properties in the national hazardous wastes identification standards: explosive, ignitable, oxidizable, toxic, corrosive or liable to cause infectious diseases or lead to other dangers.

Industrial Solid Wastes Utilized refers to volume of solid wastes from which useful materials can be extracted or which can be converted into usable resources, energy or other materials by means of reclamation, processing, recycling and exchange (including utilizing in the year the stocks of industrial solid wastes of the previous year). Examples of such utilizations include fertilizers, building materials and road materials. The information shall be collected by the producing units of the wastes.

Ratio of Industrial Solid Wastes Utilized refers to the percentage of industrial solid wastes utilized over industrial solid wastes produced (including stocks of the previous years). It is calculated as:

Ratio of industrial solid wastes utilized = volume of industrial solid wastes utilized / (industrial solid wastes produced + stock of previous years) 100%

Stocks of Industrial Solid Wastes refers to volume of solid wastes placed in special facilities or special sites for purposes of utilization or disposal. The sites or facilities should take measures against dispersion, loss, seepage, and air and water contamination.

Industrial Solid Wastes Disposed refers to quantity of industrial solid wastes which are burnt or placed ultimately in the sites meeting the requirements for environmental protection and not salvaged or recycled (including disposition in the year of those wastes of previous years). The disposition includes landfill (Safe landfills should be conducted for hazardous wastes), incineration, containment spaces, deep underground disposal, backfill in mining pits and disposal at sea.

Industrial Solid Wastes Discharged refers to volume of industrial solid wastes discharged by producing enterprises to disposal facilities or to other sites. The wastes exclude stones stripped or dug from mining (gangue and acid or alkaline waste stones not included).

Consumption Wastes Transported refers to volume of consumption wastes collected and transported to disposal factories or sites. Consumption wastes are solid wastes produced from urban households or from service activities for urban households, and solid wastes regarded by laws and regulations as urban consumption wastes, including those from households, commercial activities, markets, cleaning of streets, public sites, offices, schools, factories, mining units and other sources.

Ratio of Consumption Wastes Treated refers to consumption wastes treated over that produced. In practical statistics, as it is difficult to estimate, the volume of consumption wastes produced is replaced with that transported. It is calculated as:

Ratio of consumption wastes treated = (consumption wastes treated / consumption wastes produced) ×100%

Investment in Environment Pollution Harnessing Projects refers to the proportion of investment in fixed assets in the total investment in harnessing industrial pollution and in the construction of urban environment infrastructure facilities. It includes investment in harnessing sources of industrial pollution, investment in environment protection facilities designed concurrently with construction projects, and investment in urban environment infrastructure facilities.

第二十篇　公共管理及其他社会活动

Chapter　20　Publish Administration and Others

资料整理：廖捷

Database Editor:Liaojie

简 要 说 明

本篇资料的主要内容及来源

本篇主要反映全省社会福利，司法情况、交通事故、火灾事故等情况。主要内容包括社会福利事业的单位机构、社会福利救济、婚姻状况等。

本篇资料来源于省民政厅、省司法厅等。

本篇资料由省统计局社会和科技统计处整理提供。

Brief Introduction

Main Content and Source of Data

This chapter contain information that reflect the condition and natural resources and data on development of environment protection ,Social welfare ,the judicial conditions, basic statistics on traffic accidents and fires etc in Fujian. including natural resources and natural condition, total water resources ,atmospheric environment, solid waste, environment noise , eco- environment protection , natural disasters and investments in the treatment of environmental pollution control ; the number of institutions and personnel, social welfare relief, and marital status etc.

The above mentioned data are provide By the Department of Public Security and the Provincial Meteorological Bureau.

Data in this chapter are provided and compiled by the Division of Social, Science and Technology Statistics of Fujian Provincial Bureau of Statistics.

20-1 婚姻登记情况(2000-2016年)

Statistics of Marriages(2000-2016)

单位：对

年份 Year	结婚登记件数 Total number of Registered Marriages	内地居民登记结婚 Registered Marriages of Mainland	涉外及华侨、港澳台居民登记结婚 Regisered Marriages with Foreigner and the Citizen of Hong Kong,Macao,Taiwan	离婚登记件数 Total Number of Divorces	内地居民登记离婚 Divorces Marriages of Mainland	涉外及华侨、港澳台居民登记离婚 Divorces with Foreigner and the Citizen of Hong Kong,Macao,Taiwan
2000	261314	246171	15143	12035	11982	53
2001	252815	231327	21488	11546	11392	154
2002	256323	236695	19628	15321	15175	146
2003	280770	256112	24658	21541	21058	483
2004	294973	279488	15485	26515	25553	962
2005	272172	258551	13621	25786	23536	2250
2006	328698	314784	13914	35227	33759	1468
2007	350877	342916	7961	32646	30112	2534
2008	364892	356814	8078	33251	31414	1837
2009	360613	351989	8624	41441	40272	1169
2010	378792	371045	7747	43935	42703	1232
2011	382772	372761	10011	48413	47132	1281
2012	381887	371041	10846	56815	55467	1348
2013	395926	386043	9883	65007	63749	1258
2014	375330	368993	6337	70341	69168	1173
2015	349417	344309	5108	72589	71632	957
2016	314648	309569	5079	80169	79323	846

注：离婚对数不包括法院判决数。

Note:Number of divorce not including court number

20-2 社会救济与捐赠情况

Statistics of Social Relief and Donation

项目	Item	2010	2015	2016
社会救济	**Social Relief**			
城镇居民最低生活保障人数（人）	Number of Family Receiving Minimum Living Allowance in Urban Areas(household)	181530	129477	85879
#女性	Female	59498	50814	35546
#残疾人	Disabled Persons	19764	20875	17207
#老年人	Old People	35936	33308	20924
城市居民最低保障家庭数（户）	Number of Family Receiving Minimum Living Allowance in Urban Areas(household)	84876	75518	54017
城市低保资金全年计划支出（万元）	The Annual Plan Expenditure of Minimum Living Allowance in Urban Areas(10000 yuan)	28851	53548	44415
农村最低生活保障人数（人）	Number of Persons Receiving Minimum Living Allowance in Rural Areas(person)	713217	716811	461493
#老年人	Old People	174188	227503	139439
#女性	Female	194465	260786	186463
#未成年人	Minors	80935	78654	59365
#残疾人	Disabled Persons	85429	103180	78853
农村居民最低生活保障家庭数（户）	Number of Family Receiving Minimum Living Allowance in Rural Areas(household)	305692	375987	242437
社会捐赠	**Social Donation**			
直接接受捐赠情况	**Donation Directing Received**			
捐赠款数额（万元）	Donated Funds(10000 yuan)	124204.40	616.80	5076.00
捐赠其他物资价值（万元）	Valus of Other Materials Donated(10000 yuan)	294.00	5.70	20.80
受益人数（次）	**Persons Receiving Donation(time)**	**162286**	**15514**	**13391**
社会接收工作站、点数（个）	**Working Stations for Social Donation(unit)**	**1233**	**799**	**804**

20-3 提供住宿的社会服务机构数(2011-2016年)

Number of Social Service agency of Accommodation Provider(2011-2016)

单位：个 (unit)

项目	Item	2011	2012	2013	2014	2015	2016
合计	Total	1173	1362	1235	494	440	432
光荣院	Homes for Disabled Veterans	57	57	56	50	26	25
社会福利院	Social Welfare Homes	70	73	73	69	66	65
城市养老服务机构	City endowment service agencies	129	153	171	112	118	117
农村养老服务机构	Rural endowment service agencies	739	821	767	94	94	88
社会福利医院	Social Welfare Hospitals	15	15	14	14	14	15
儿童福利院	Baby Welfare Homes	9	10	10	12	11	11
救助类服务机构	Salvage Service Agencies	48	62	68	69	42	43
军队离退休干部供应站	Mental Hospitals for Veterans	2	2	3	3	4	3

注：2014年起农村养老服务机构中不含未登记的乡镇敬老院。
Note:Since2014,The Rural endowment service agencies excludes village Gerocomium.

20-4 提供住宿的社会服务机构基本情况(2016年)

Basic Statistics on Social Service agency of Accommodation Provider(2016)

项目	Item	床位数（张）Number of Beds (set)	年末在院人数（人）Number of Persons Housed in the year-end (person)	社会（助理）工作师人数（人）Social(Assistant) Staff (person)
总计	**Total**	**57146**	**25131**	**310**
#光荣院	Homes for Disabled Veterans	1713	524	10
社会福利院	Social Welfare Homes	11811	3706	98
城市养老服务机构	City endowment service agencies	24733	11538	37
农村养老服务机构	Rural endowment service agencies	5384	2248	3
社会福利医院	Social Welfare Hospitals	3806	3451	36
儿童福利机构	Baby Welfare Homes	1504	756	29
救助类服务机构	Salvage Service Agencies	2003	336	57
军队离退休干部供应站	Mental Hospitals for Veterans	596	543	3

20-5 老龄事业发展情况

Basic Statistics on Old People

项目	Item	2010	2015	2016
老年维权	**Old People's Right-safeguarding**			
老年法律援助中心（个）	Old People Legal aid center(unit)	891	1306	1375
维权协调组织数（个）	Numbers of Right-safeguarding(unit)	1851	2011	2112
老年服务设施	**Old People Service Equipment**			
老年活动站（中心、室）（个）	Action Stations，Center，Room number(unit)	15166	18332	16301
老年福利	**Elderly Welfare**			
享受高龄补贴的老年人数（人）	Numbers of Age Allowance Old People(person)	197587	518541	559137
老年医疗护理机构	**Old People Medical care**			
老年医院（个）	Old People Hospitals(unit)	38	42	44
#床位数（张）	Beds(set)	2115	3065	3165
老年临终关怀医院（个）	Old People Hospice care Hospitals(unit)	6	33	33
#床位数（张）	Beds(set)	844	1798	1798
年底在院人数（人）	Numbers of Old People in Hospital(person)	396	954	958
老年群众组织	**Mass organizations of Old People**			
老年协会（个）	Elderly association(unit)	13827	16072	15551
参加人数（人）	Number of attendees(person)	2243303	2275301	2250262
老年基金会（个）	Elderly Foundation(unit)	470	261	216
事业投入经费（万元）	Funds(10000 yuan)	3370	7588	4386
其他老年社团组织（个）	Other Mass organizations(unit)	1164	512	773
参加人数	Number of attendees	261839	247984	293718
老年教育	**Older Education**			
老年大学个数（个）	Number of Older University (unit)	11268	12032	11119
在校人数（人）	Number of Old People Enrollment(person)	592429	1041805	930784

20-6 主要年份律师 公证 调解工作情况

Basic Statistics on Lawyers, Notarization and Mediation in Select year

项目 Item	2000	2005	2010	2014	2015	2016
律师工作 **Lawyers**						
律师事务所（个） Number of Law Office(unit)	269	333	454	607	660	751
专职律师（人） Full-time Lawyers(person)	1803	3115	4455	6581	7211	8055
兼职律师（人） Part-time Lawyers(person)	544	230	332	404	426	445
聘请常年法律顾问单位（个） Number of Units with Permanent Legal Advisors(unit)	8384	9889	12876	15493	16310	20194
律师业务情况 **Status of Lawyers'Business**						
民事诉讼（件） Civil Cases(case)	41213	56352	78765	108258	128245	140959
行政诉讼（件） Administrative Action(case)	2321	2221	2280	2963	4010	5559
非诉讼法律事务（件） Agent of Non-Litigious Legal Affairs(case)	14649	12259	10331	13488	16905	18596
解答法律咨询和代写法律事务文书（件） Agent of Legal Advisory Services (cases)	139391	129436	148256	163599	180682	164685
公证工作 **Notarization**						
公证处（个） Number of Notary Offices(unit)	95	94	90	90	90	90
公证人员（人） Notarial Personnel(person)	612	644	726	913	979	999
#公证员 Notaries	397	373	374	399	417	433
办理公证书（件） Number of Notarized Documents(piece)	400748	418052	422154	458320	491618	538332
国内公证 Domestic Notarization	108344	79364	130143	202133	229152	279941
涉外及港澳台 Notarization of Foreign-related,Hongkong, Macao & Taiwan Affairs	292404	338688	292011	256851	262466	258391
调解工作 **Number of Mediation**						
人民调解委员会（个） Number of People's Mediation Committees(unit)	17180	18354	18868	19650	19817	19986
调解人员（万人） Number of Mediators(10000 persons)	26.16	19.15	12.40	9.54	9.60	9.66
调解纠纷（万件） Number of Disputes Mediated(10000 cases)	15.87	14.52	15.30	15.86	17.26	14.20
专职司法助理员（人） Number of Full-time Judicial Assistants(person)	1103	1356	1842	2496	2481	2498

注：1.调解纠纷数不含口头达成协议。2.民事诉讼代理已包括经济诉讼代理.

Note:a)Disputes Mediated do mot exclude those mediated by oral agreements. b)The data Number of Lawyers in 2007 is the number of lawyers with license.

20-7 国内公证业务分类情况(2016年)

Domestic Notarial Services by Type(2016)

单位：件　　(piece)

项目	Item	办证件数 Number of Certificates Handling	项目	Item	办证件数 Number of Certificates Handling
合计	**Total**	**279941**	现场监督	Supervision	2107
合同（协议）	Contract(Agreement)	30412	#招标投标	Tendering and Bidding	1480
#买卖合同	Sales contract	6566	拍卖	Auction	152
赠与合同	Gift contract	4001	开奖、评选	Lottery and Selection	21
借款合同	Loan contract	2442	公司会议	Company meeting	39
租赁合同	Lease contract	61	抽签（摇号）	Draw	231
承揽合同	Hired work contract		保全证据	Evidence preservation	9474
建设工程合同	Construction project contract	8	公司章程	Article of association	19
委托合同	Agency appointment contract	3654	组织资格	Organize qualification	113
担保合同	Guaranty contract	1680	财产权	Property right	138
土地使用权合同	Land user contract	51	身份	Identity	832
知识产权合同	IPR Contract	21	收养关系	Adoptive relationship	12
承包合同	The contract	3	婚姻状况	Marital status	491
企业经营合同	Business contract		亲属关系	Kinship	1682
劳动（劳务）合同	Labor contract		有无违法犯罪记录	Illegal and criminal record	409
其他合同	Other contract	1590	其他有法律意义事实	Other legal facts	1120
合伙协议	Partnership agreement	15	#出生	Birth	324
财产分割协议	Division of property agreement	1893	死亡	Death	154
财产约定协议	Property agreement	2255	生存、居住	Survival and living	59
扶养协议	Maintenance agreement	122	学历（学位）	Degree	286
出国留学协议	Studying abroad agreement	221	经历	Experience	132
拆迁安置协议	Resettlement agreement	69	职务（职称）	Title	38
赔偿协议	Compensation agreement	1964	证书（执照）	Certificate(license)	1276
还款协议	Repayment agreement	708	签名（印章）	Certificate	49058
继承	Inheritance	29029	文本相符	Text consistent	25431
单方法律行为	Unilateral legal act	106690	赋予执行效力	Effectiveness	9564
#委托	Delegation	73675	执行证书	Perform certificate	2016
声明	Statement	24347	抵押登记	Mortgage registration	1916
赠与	Bestowal	1945	提存	Escrow	35
遗嘱	Testament	4686	保管	Safekeeping	
保证（担保）	Guaranty	1617	其他	Others	8117
承诺（要约）	Promise	57			

社会福利事业单位 指集中收养社会孤老、残、幼的机构，包括由民政部门管理的社会福利院、儿童福利院、精神病人福利院和城镇集体举办的福利院及农村集体举办的敬老院以及优抚医院和具有收养能力的社区服务中心等。该指标主要反映我国在社会福利性单位投入的水平。

社会福利事业单位收养人数 包括民政部门管理和城镇、农村集体举办的社会福利事业单位中收养的老人、少年儿童、缺乏生活自理能力的残疾人员和精神病人。该指标主要反映收养性社会福利单位的收养能力。

社会福利企业单位 指以安置城镇有一定劳动能力的盲、聋、哑和肢体残疾人员就业为目的，享受国家减免税待遇的国有或集体企业。包括福利工厂、福利商业和服务业、假肢厂和安置农场等单位。该指标主要反映我国对残疾人照顾的特殊政策。

农村五保户 指农村中既无劳动能力，又无经济来源的老、弱、孤、残的农民，其生活由集体供养，实行保吃、保穿、保住、保医、保葬(孤儿保教)，简称“五保”，享受五保待遇的家庭叫五保户。该指标主要反映农村弱势群体的人员数量。

律师 指依法取得律师执业证书，担任法律顾问，民事(刑事、行政)案件代理人、刑事案件辩护人、办理非诉讼业务，解答法律询问，代写法律事务文书等，为社会提供法律服务的人员。

公证人员 指在公证处工作的人员总称，包括公证处主任、副主任、公证员、公证员助理(助理公证员)和其他从事辅助性工作的人员。

公证文书 指公证处根据当事人申请，依照事实和法律，按照法定程序制作的，具有法律效力的司法证明文书。根据公证书用途和使用地，公证书分为国内公证书、国内经济公证书、涉外民事公证书、涉外经济公证书四类。

Explanatory Notes on Main Statistical Indicators

Social Welfare Institutions refer to institutions taking care of old pople without children, handicapped people and orphans. They include social welfare institutions run by civil affairs departments, children welfare institutions, social welfare institutions for mental patients, collective-owned old peoples homes in rural areas, convalescent homes and community service centers with the capaCity of receiving those people. This indicator reflects the input in social welfare institutions.

Number of People Taken in by Social Welfare Institutions refers to the number of old people, children, totally dependent handicapped people and mental patients taken in by social welfare institutions run by civil affairs departments and those run by collective units in urban and rural areas. This indicator reflects the cap a City of social welfare institutions.

Social Welfare Enterprises are collective owned enterprises which employ the blind, deaf-mute, and other handicapped people who are able to work in cities and towns and enjoy exemption from state taxes, including welfare plants, welfare commercial services, artificial limb plants and farms, etc. This indicator reflects the preferential policies toward disabled persons.

Rural Households with Livelihood Guaranteed in Five Aspects refer to the households in which there are old people without child, orphans and handicapped people who are unable to work and without financial resources in rural areas. They are taken care of by the collective units and their food, clothing, housing, medical care, funeral expenses (or schooling for orphans) are guaranteed to be provided for. This indicator reflects the total number of disadvantageous groups of rural population.

Lawyers are certified legal workers according to law, and who are employed by legal counseling firms to act as legal advisers, agents in criminal or civil lawsuits, or defenders in criminal lawsuits, or to handle non-litigious legal affairs, to advise on matters of law or t o write legal papers for others, and provide service to the public.

Notary Personnel refers to people working for notary offices including: directors, deputy direct or, notaries, assistant notaries, and other people providing assistance.

Notary Documents refer to the judicatory notary documents drawn up by the request of the party and are in accordance with facts and laws and following certain legal proceedings. According to usage and locality, the notary documents are divided into following 4 types: domestic notary documents, domestic economic notary documents, foreign-related civil notary documents and foreign-related economic notary documents.

第二十一篇　企业调查

Chapter 21　Enterprise Survey

资料整理：林武兴　吴锦洛　许红琳

Database Editor: Linwuxing Wujinluo Xuhonglin

简 要 说 明

本篇资料的主要内容及来源

本篇资料主要包括工业、建筑业和贸易企业的主要企业名录。

销售额前 300 家工业企业由省统计局工业交通统计处整理提供，建筑业总产值前300家建筑企业由省统计局固定资产投资统计处提供，主营业务收入前 300 家贸易企业由省统计局贸易外经统计处提供。

Brief Introduction

Main Content and Source of Data

The data in this chapter mainly include main enterprises group in Industrial Enterprises, Construction Enterprises and Sale Enterprises.

Data on Industrial Enterprises before the three hunderdth by Main Operating Income are provided by the Division of Industry and Transport Statistics of Fujian Provincial Bureau of Statistics. Data on Construction Enterprises before the three hunderdth by Output Value Completed by self , are provided by the Division of Investment in Fixed Assets Statistics of Fujian Provincial Bureau of Statistics. Data on Sale Enterprises before the three hunderdth by Main Operating Income are provided by the Division of Trade and Extermal Economic Relations Statistics of Fujian Provincial Bureau of Statistics.

21-1 主营业务收入前300家工业企业(2016年)

Industrial Enterprises before the three hunderdth by Main Operating Income(2016)

位次 No.	企业名称 Name	位次 No.	企业名称 Name
1	福建省电力有限公司	51	达运精密工业（厦门）有限公司
2	福建联合石油化工有限公司	52	联盛纸业(龙海)有限公司
3	戴尔（中国）有限公司	53	长乐力恒锦纶科技有限公司
4	中化泉州石化有限公司	54	福建三安钢铁有限公司
5	福建青拓镍业有限公司	55	福建百宏聚纤科技实业有限公司
6	紫金铜业有限公司	56	福建星网锐捷通讯股份有限公司
7	正兴车轮集团有限公司	57	福建通达集团有限公司
8	宸鸿科技（厦门）有限公司	58	福建福清核电有限公司
9	福建捷联电子有限公司	59	福建宏旺实业有限公司
10	友达光电（厦门）有限公司	60	福建奔驰汽车工业有限公司
11	冠捷显示科技（厦门）有限公司	61	安踏体育用品集团有限公司
12	宸美（厦门）光电有限公司	62	福建省闽发铝业股份有限公司
13	特步（中国）有限公司	63	闽东赛岐经济开发区福华轧钢有限公司
14	福建鼎信科技有限公司	64	福建省晋江福源食品有限公司
15	宁德时代新能源科技有限公司	65	福建圣农发展股份有限公司
16	福建华映显示科技有限公司	66	捷太格特转向系统（厦门）有限公司
17	福建省三钢（集团）有限责任公司	67	福建铂阳精工设备有限公司
18	福建三宝特钢有限公司	68	福建省长乐市长源纺织有限公司
19	福建省金纶高纤股份有限公司	69	福建省长汀金龙稀土有限公司
20	龙岩烟草工业有限责任公司	70	中宇建材集团有限公司
21	长乐恒申合纤科技有限公司	71	福建省长乐市山力化纤有限公司
22	连江清禄鞋业有限公司	72	国网福建长乐市供电有限公司
23	华映光电股份有限公司	73	飞毛腿（福建）电子有限公司
24	紫金矿业集团黄金冶炼有限公司	74	厦门钨业股份有限公司
25	宁德新能源科技有限公司	75	福建福欣特殊钢有限公司
26	东南（福建）汽车工业有限公司	76	福建福日电子股份有限公司
27	厦门烟草工业有限责任公司	77	福建省辉源金属制品有限公司
28	福建鼎信实业有限公司	78	泉州福海粮油工业有限公司
29	祥兴(福建)箱包集团有限公司	79	福建省长乐市金源纺织有限公司
30	福建明辉电力系统有限公司	80	石狮市佳龙石化纺纤有限公司
31	福建奋安铝业有限公司	81	厦门正新橡胶工业有限公司
32	中海福建天然气有限责任公司	82	柯林(福建)服饰有限公司
33	福建宁德核电有限公司	83	福建甬金金属科技有限公司
34	福建锦江科技有限公司	84	纬恒(福建)轻纺有限公司
35	泉州明恒纺织有限公司	85	厦门太古发动机服务有限公司
36	捷星显示科技（福建）有限公司	86	中国重汽集团福建海西汽车有限公司
37	福建中锦新材料有限公司	87	福建东山县海之星水产食品有限公司
38	国网福建晋江市供电有限公司	88	福建凯邦锦纶科技有限公司
39	福建元成豆业有限公司	89	厦门市三安半导体科技有限公司
40	厦门金龙联合汽车工业有限公司	90	福建省长乐市锦源纺织有限公司
41	厦门银鹭食品集团有限公司	91	莆田市鑫龙鞋业有限公司
42	厦门金龙旅行车有限公司	92	福建省长乐市第二棉纺织厂
43	宝钢德盛不锈钢有限公司	93	达利食品集团有限公司
44	戴尔（厦门）有限公司	94	联想移动通信科技有限公司
45	厦门天马微电子有限公司	95	九牧厨卫股份有限公司
46	福建龙净环保股份有限公司	96	福建傲农生物科技集团有限公司
47	福建吴航不锈钢制品有限公司	97	福建罗源闽光钢铁有限责任公司
48	厦门太古飞机工程有限公司	98	路达（厦门）工业有限公司
49	福建三宝钢铁有限公司	99	如意情集团股份有限公司
50	南靖万利达科技有限公司	100	鸿一粮油资源股份有限公司

21-1 续表1
Continued

位次 No.	企业名称 Name	位次 No.	企业名称 Name
101	赛得利（福建）纤维有限公司	151	福州大通机电有限公司
102	福耀玻璃工业集团股份有限公司	152	福建三钢小蕉实业发展有限公司罗源分公司
103	明达实业(厦门)有限公司	153	荣兴（福建）特种钢业有限公司
104	国网福建南安市供电有限公司	154	福建龙麟集团有限公司
105	中铝瑞闽股份有限公司	155	安踏（中国）有限公司
106	漳州立达信光电子科技有限公司	156	宁德祥全工贸有限公司
107	福建泉州宝辉珠宝首饰有限公司	157	厦门ABB开关有限公司
108	百威英博雪津啤酒有限公司	158	福建经纬新纤科技实业有限公司
109	紫金矿业集团股份有限公司	159	福建金牛水泥有限公司
110	福建龙和食品实业有限公司	160	福建翔升纺织有限公司
111	福建华峰新材料有限公司	161	福州德通容器有限公司
112	福建中景石化有限公司	162	福建省长乐市新华源纺织有限公司
113	福建美明达鞋业发展有限公司	163	福建省轻工机械设备有限公司
114	华阳电业有限公司	164	福建上润精密仪器有限公司
115	福建冠盖金属包装有限公司	165	福建亿鑫钢铁有限公司
116	广福鑫（福建）有色金属工业有限公司	166	福建永春县图图服饰有限公司
117	福建新世纪电子材料有限公司	167	长乐市聚泉食品有限公司
118	福建公元食品有限公司	168	泉州市燃气有限公司
119	福建省鑫东华实业有限公司	169	福建省闽太消防水暖有限公司
120	国网福建福安市供电有限公司	170	福建万华实业有限公司
121	漳州华荣纸业有限公司	171	珠穆朗玛（中国）有限公司
122	福建欧美龙体育用品有限公司	172	厦门正新海燕轮胎有限公司
123	福州翔隆纺织有限公司	173	厦门松下电子信息有限公司
124	万利（中国）有限公司	174	泉州市天纶纺织科技有限公司
125	福建省东鑫石油化工有限公司	175	石狮市大帝集团有限公司
126	欧浦登（顺昌）光学有限公司	176	蜡笔小新(福建)食品工业有限公司
127	厦门中盛粮油集团有限公司	177	福建三嘉钢铁有限公司
128	厦门厦顺铝箔有限公司	178	莆田市力天红木艺雕有限公司
129	福建佳通轮胎有限公司	179	稻兴电子科技（厦门）有限公司
130	福建龙峰纺织科技实业有限公司	180	福建圣农发展（浦城）有限公司
131	三六一度（中国）有限公司	181	兴业皮革科技股份有限公司
132	金莱克（中国）体育用品有限公司	182	厦门长塑实业有限公司
133	林德（中国）叉车有限公司	183	福建省永安万年水泥有限公司
134	漳州蒙发利实业有限公司	184	福建省晋江市陈埭安盛鞋服有限公司
135	厦门ABB低压电器设备有限公司	185	厦门宏发电声股份有限公司
136	福建南平太阳电缆股份有限公司	186	厦门中禾实业有限公司
137	福建天辰耀隆新材料有限公司	187	福建正麒高纤科技股份有限公司
138	漳州旗滨玻璃有限公司	188	厦门银祥油脂有限公司
139	福建省鸿山热电有限责任公司	189	泉州闽华电器有限公司
140	乔丹体育股份有限公司	190	福建上杭太阳铜业有限公司
141	福州开发区钜联鞋业有限公司	191	福建谊辉光电科技有限公司
142	泉州瑞光珠宝有限公司	192	福建思嘉环保材料科技有限公司
143	福建省长乐市泰源纺织实业有限公司	193	福建省晋江市浩沙制衣有限公司
144	福州吴航钢铁制品有限公司	194	国电泉州热电有限公司
145	莆田市永丰鞋业有限公司	195	福建省马尾造船股份有限公司
146	福建省南平铝业有限公司	196	厦门TDK有限公司
147	福建恒利集团有限公司	197	福建省长乐市金磊纺织有限公司
148	福建省福清供电有限公司	198	中海福建燃气发电有限公司
149	厦门三安光电有限公司	199	福建省长乐市华源纺织有限公司
150	福建省源威涤锦科技有限公司	200	福建省长乐市正隆纺织有限公司

21-1 续表2
Continued

位次 No.	企业名称 Name	位次 No.	企业名称 Name
201	福建晋江天然气发电有限公司	251	福建省金燕海洋生物科技股份有限公司
202	福建省南安市鑫源鞋业有限公司	252	福建亚伦电子电器科技有限公司
203	华能国际电力股份有限公司福州电厂	253	福建省长乐市金鑫纺织有限公司
204	福建南平南孚电池有限公司	254	福建龙马环卫装备股份有限公司
205	申鹭达股份有限公司	255	福建晶安光电有限公司
206	福建省海安橡胶有限公司	256	三棵树涂料股份有限公司
207	福建亚通新材料科技股份有限公司	257	福建省德化县佳美工艺品有限责任公司
208	晋江毅恒鞋材有限公司	258	盈丰食品股份有限公司
209	漳州大北农农牧科技有限公司	259	辉煌水暖集团有限公司
210	周宁县和兴工贸有限公司	260	福建省蓝建集团公司
211	厦门翔鹭化纤股份有限公司	261	漳州天福茶业有限公司
212	福建华电可门发电有限公司	262	福建森源家具有限公司
213	华昌珠宝有限公司	263	福建康宏股份有限公司
214	福建省国联混凝土有限责任公司	264	福州瑞华印制线路板有限公司
215	福建莆田南华电路板有限公司	265	福建海壹食品饮料有限公司
216	福建省联盛纸业有限责任公司	266	福建省永安林业（集团）股份有限公司
217	厦门船舶重工股份有限公司	267	莆田标准木业有限公司
218	正大（中国）服饰有限公司	268	金保利（泉州）科技实业有限公司
219	通达（厦门）科技有限公司	269	厦门金鹭特种合金有限公司
220	福建东南造船有限公司	270	福建福贞金属包装有限公司
221	福建大唐国际宁德发电有限责任公司	271	福建省台福食品有限公司
222	国网福建石狮市供电有限公司	272	福建景丰科技有限公司
223	漳州泉丰食品开发有限公司	273	福建宝德集团有限公司
224	三六一度(福建)体育用品有限公司	274	福建申达钢铁有限公司
225	晋江市慷慨橡塑制品有限公司	275	厦门建松电器有限公司
226	星泉（福建）鞋塑有限公司	276	国网福建龙海市供电有限公司
227	晋江新奥燃气有限公司	277	泉州市全福珠宝首饰有限公司
228	福建乐隆隆食品科技有限公司	278	九牧王股份有限公司
229	神华福能发电有限责任公司	279	厦门建霖工业有限公司
230	福建省闽中有机食品有限公司	280	福州龙福食品有限公司
231	莆田市涵江区章圣鞋业有限公司	281	福建省万达汽车玻璃工业有限公司
232	联港金属制品（福建）有限公司	282	福建日丰布业有限公司
233	漳州一帆重工有限公司	283	福建建华管桩有限公司
234	福建联迪商用设备有限公司	284	福建福马食品集团有限公司
235	福州祥龙鞋业有限公司	285	漳州灿坤实业有限公司
236	锐珂(厦门)医疗器材有限公司	286	福建省长乐市宝顺羽绒服装有限公司
237	福建鑫华股份有限公司	287	莆田市华港制油有限公司
238	厦门阳光恩耐照明有限公司	288	福建省长乐市华亚纺织有限公司
239	福建水口发电集团有限公司	289	福建省晋江优兰发纸业有限公司
240	福建浔兴拉链科技股份有限公司	290	腾龙特种树脂(厦门)有限公司
241	漳州百佳实业有限公司	291	福建统一马口铁有限公司
242	漳州新格有色金属有限公司	292	厦门厦工机械股份有限公司
243	福建柒牌集团有限公司	293	福建安井食品股份有限公司
244	贵人鸟股份有限公司	294	漳州万利达生活电器有限公司
245	金强（福建）建材科技股份有限公司	295	泉州来亚丝卫生用品有限公司
246	福建力道鞋服有限公司	296	福建华阳超纤有限公司
247	德通（连江）金属容器有限公司	297	南安市华益塑胶制造有限公司
248	厦门华特集团有限公司	298	福州港发机电工业有限公司
249	福建省名乐体育用品有限公司	299	漳州联盛纸业有限公司
250	福建飞越鞋服有限公司	300	福建经纬集团有限公司

21-2 建筑业总产值前300家企业(2016年)

Construction Enterprises before the three hunderdth by Output Value Completed by self(2016)

位次 No.	企业名称 Name	位次 No.	企业名称 Name
1	中建海峡建设发展有限公司	51	福建成森建设集团有限公司
2	福建省泷澄建设集团有限公司	52	泉发建设股份有限公司
3	福建六建集团有限公司	53	福建荣建集团有限公司
4	福建省闽南建筑工程有限公司	54	福建磊鑫（集团）有限公司
5	福建九鼎建设集团有限公司	55	宏基置业(集团)有限责任公司
6	中交一公局厦门工程有限公司	56	中城建设有限责任公司
7	福建建工集团总公司	57	福建博业建设集团有限公司
8	福建省九龙建设集团有限公司	58	福建省桃城建设工程有限公司
9	福建省惠五建设工程有限公司	59	中铁二十四局集团福建铁路建设有限公司
10	福建宏盛建设集团有限公司	60	中国水利水电第十六工程局有限公司
11	鑫泰建设集团有限公司	61	福建省凯源市政园林有限公司
12	宏峰集团（福建）有限公司	62	福建省涵城建设工程有限公司
13	恒晟集团有限公司	63	中铁一局集团厦门建设工程有限公司
14	福建省中马建设工程有限公司	64	海峡金岸集团有限公司
15	福建省永富建设集团有限公司	65	福建省同源建设工程有限公司
16	福建省惠东建筑工程有限公司	66	中铁二十二局集团第三工程有限公司
17	福建省第五建筑工程公司	67	福建省晓沃建设工程有限公司
18	福建省永泰建筑工程公司	68	方圆建设集团有限公司
19	福建省来宝建设工程有限公司	69	福建省高华建设工程有限公司
20	福建省杭辉建设工程有限公司	70	福建省荔隆建设工程有限公司
21	福建二建建设集团公司	71	福建省隧道工程有限公司
22	福建卓越建设工程开发有限公司	72	中标建设集团股份有限公司
23	中交三航（厦门）工程有限公司	73	福建省南安市第一建设有限公司
24	福建省八方建筑工程有限公司	74	福建发展集团有限公司
25	福建巨岸建设工程有限公司	75	福建恒盛建筑集团有限公司
26	福建璟榕工程建设发展有限公司	76	福建省亿方建筑工程有限公司
27	福建省华荣建设集团有限公司	77	福建中宏建设投资有限公司
28	中建鑫宏鼎环境集团有限公司	78	中建富林集团有限公司
29	福建省安泰建筑工程有限公司	79	福建省中嘉建设工程有限公司
30	福建省中木建设集团有限公司	80	福建省海天建设工程有限公司
31	中建海峡（厦门）建设发展有限公司	81	飞阳建设工程有限公司
32	福建省恒基建设股份有限公司	82	福建省融旗建设工程有限公司
33	福建路港（集团）有限公司	83	厦门特房建设工程集团有限公司
34	厦门中联建设工程有限公司	84	福建省兴岩建设集团有限公司
35	福建一建集团有限公司	85	福建联谊建筑工程有限公司
36	福州市一建建设股份有限公司	86	福建省榕源建设工程有限公司
37	福建省透堡建筑工程有限公司	87	福建华通路桥建设有限公司
38	福建省泉州市东海建筑有限公司	88	福州三桥建筑工程有限公司
39	福建路桥建设有限公司	89	福建省水利水电工程局有限公司
40	福建省东霖建设工程有限公司	90	福建闽清一建建设发展有限公司
41	福建省长乐市新纪建筑工程有限责任公司	91	福建华建工程建设有限公司
42	福建联泰建设工程有限公司	92	厦门源昌城建集团有限公司
43	福建登凯成龙建设集团有限公司	93	福能联信建设集团有限公司
44	福建华鸿建设工程有限公司	94	福建省工业设备安装有限公司
45	中建三局（厦门）建设有限公司	95	大成工程建设有限公司
46	福州建工(集团)总公司	96	中建远南集团有限公司
47	中建协和建设有限公司	97	福建省雄盛建筑工程有限公司
48	福建省隆盛建设工程有限公司	98	福建省第一公路工程公司
49	福建省百盛建设发展有限公司	99	永太建设集团有限公司
50	中铁十七局集团第六工程有限公司	100	福州市第三建筑工程公司

21-2 续表1
Continued

位次 No.	企业名称 Name	位次 No.	企业名称 Name
101	宏晖建设工程有限公司	151	福建恒声建设发展有限公司
102	星华昌源集团有限公司	152	福建省第一电力建设公司
103	福建省莆田市老区建设工程有限公司	153	泉州市亿民建设发展有限公司
104	福建省兴创建设集团有限公司	154	福州亿力电力工程有限公司
105	福建凌志建设工程有限公司	155	福建省永泰县第三建筑工程公司
106	福建章诚隆建设工程有限公司	156	福建惠丰建筑工程有限公司
107	中建（福建）建设有限公司	157	福建省五洲建设发展有限公司
108	福建金鼎建筑发展有限公司	158	中建大闽台建设发展有限公司
109	福建省惠三建设发展有限公司	159	福建漳龙建投集团有限公司
110	福建联美建设集团有限公司	160	厦门集三建设集团有限公司
111	厦门安能建设有限公司	161	福建省交建集团工程有限公司
112	名筑建工集团有限公司	162	福建省中晟建设投资有限公司
113	福建新华夏建工有限公司	163	福建闽盛建设工程有限公司
114	福建省巨龙建设工程有限公司	164	福建省埕坤建设集团有限公司
115	福建省吴航建筑工程有限公司	165	亿晟建设有限公司
116	福建省国泰建设有限公司	166	亚投（厦门）工程建设有限公司
117	福建地矿建设集团公司	167	福建恒泰建设工程有限责任公司
118	福建省送变电工程有限公司	168	中建力天集团有限公司
119	厦门海投工程建设有限公司	169	福建七建集团有限公司
120	福建三建工程有限公司	170	中环建筑工程有限公司
121	福建宏禹市政园林有限公司	171	福建省东风建筑工程有限公司
122	福建省惠建发建设工程有限公司	172	福建省惠房建设工程有限公司
123	中闽建设有限公司	173	福州东辉建筑工程有限公司
124	福建环宇建筑集团有限公司	174	福建省亿鑫建设有限公司
125	莆田市秀湄建筑工程有限公司	175	福建省金通建设集团有限公司
126	福建省长鸿建筑工程有限公司	176	福建省龙津建筑工程有限公司
127	神州建设集团有限公司	177	福建省土木建设实业有限公司
128	福建省华航建设工程有限公司	178	福建省中禹水利水电工程有限公司
129	中汇建筑集团有限公司	179	厦门市政工程公司
130	厦门思总建设有限公司	180	福建径坊建造工程有限公司
131	福建省海坛隧道建设工程有限公司	181	福建中联建设工程有限公司
132	福建蓝海市政园林建筑有限公司	182	福建森磊建设有限公司
133	福建才溪建设集团有限公司	183	福建省正鹏建设工程有限公司
134	福建普尔泰集团有限公司	184	福建博成建筑工程有限公司
135	福建闽东建工投资有限公司	185	福建省惠一建设工程有限公司
136	福建省利恒建设工程有限公司	186	恒亿集团有限公司
137	福建弘祥建设工程有限公司	187	福建省隆恩建设集团有限公司
138	福建永东南建设集团有限公司	188	福建大华鑫建设工程有限公司
139	福建京源建设工程有限公司	189	华盛置业集团建设工程有限公司
140	厦门电力工程集团有限公司	190	漳州市建筑工程有限公司
141	福建省正泰建设工程有限公司	191	三明客家源建设工程有限公司
142	福建省莆田市联发建筑工程有限公司	192	福建兴港建工有限公司
143	福建亨立建设集团有限公司	193	龙岩市西安建筑工程有限公司
144	恒富建设集团有限公司	194	福建省华辉建设发展有限公司
145	厦门中宸集团有限公司	195	福建省明丰建设有限公司
146	福建省中大工程建设有限公司	196	福建勘察基础工程公司
147	福建兴万祥建设集团有限公司	197	福建福环建设发展集团有限公司
148	中交四航局第五工程有限公司	198	厦门树鑫建设集团有限公司
149	福建省上杭县宏庄建筑工程有限公司	199	福建名城建工有限公司
150	福建祥荣建设投资集团有限公司	200	福建嘉宜建筑工程有限公司

21-2 续表2
Continued

位次 No.	企业名称 Name	位次 No.	企业名称 Name
201	福建省日晟建设工程有限公司	251	中耀建设（福建）有限公司
202	厦门地山建设发展集团有限公司	252	福州第七建筑工程有限公司
203	中星联丰幕墙装饰工程有限公司	253	福建省华昊市政工程有限公司
204	福建大舟建设集团有限公司	254	福建五岳建设工程有限公司
205	中铁海峡建设集团有限公司	255	福建铭泰集团有限公司
206	厦门市吉兴集团建设有限公司	256	福建景翔建设工程有限公司
207	福建省邮电工程有限公司	257	福建省榕圣市政工程股份有限公司
208	中交上航（福建）交通建设工程有限公司	258	福建省八闽建设工程有限公司
209	福建福阳建筑工程有限公司	259	福建省南铝铝材工程有限公司
210	福建百益建设集团有限公司	260	福建省南安市第三建设有限公司
211	福建龙舜建设工程有限公司	261	中建富泉股份有限公司
212	福建省恒杰建筑工程有限公司	262	亿创电力建设集团有限公司
213	福建冠鼎建设有限公司	263	福建省大源建设工程有限公司
214	福建省正辉建设工程有限公司	264	福建省华厦建设发展有限公司
215	福建省福圣建设发展有限公司	265	福建隆晟集团有限公司
216	福建省顺安建筑工程有限公司	266	福建省豪城建设工程有限公司
217	福建省闽楚建设工程有限公司	267	福建省永辉霞建设工程有限公司
218	福建省双源路港园林有限公司	268	福建益新建筑工程有限公司
219	福建省浦口建筑工程有限公司	269	福建省泉州市第一建设有限公司
220	福建省天闽建筑装饰有限公司	270	中铁（厦门）投资有限公司
221	福建省九建建筑工程有限公司	271	福建省富茂建筑工程有限公司
222	中国武夷实业股份有限公司	272	宏都建设集团有限公司
223	福建建隆建筑工程有限公司	273	福建省龙江建设有限公司
224	向洋建设实业有限公司	274	福建省崇禹水利水电建设工程有限公司
225	福建省金正建设工程有限公司	275	福建求实建设工程有限公司
226	福建省长龙建筑工程有限公司	276	福建省凯信建设工程有限公司
227	福建省兴盛建设工程有限公司	277	福建省华高建设工程有限公司
228	福建省昊立建设工程有限公司	278	福州铁建建筑有限公司
229	福建省筑信工程建设有限公司	279	宏建建工集团有限公司
230	福建省兴泰建筑工程有限公司	280	福建纵横建筑工程有限公司
231	福建省溪石建筑工程有限公司	281	福建永旺建设集团有限公司
232	福建屹立建设工程有限公司	282	福建省安溪县砖文建筑工程有限公司
233	福建省城乡建设工程有限公司	283	福建省汤头建筑工程有限公司
234	福建省长汀县第一建筑工程有限公司	284	福建兴艺建设集团有限公司
235	紫金矿业建设有限公司	285	福建省富森建设工程有限公司
236	福建创邦建筑工程有限公司	286	厦门纵横集团建设开发有限公司
237	中泛建设集团有限公司	287	福建省奋发建设工程有限公司
238	中环宏岸建设发展有限公司	288	福建省惠裕建设工程有限公司
239	福建省麒麟建设工程集团有限公司	289	福建祥瑞建设发展有限公司
240	福建凤凰山装饰工程有限公司	290	福建省樟榕建设工程有限公司
241	福建根茂建筑有限公司	291	福建亿麟建设工程有限公司
242	福建省汀江水电工程有限公司	292	福建省实盛建设工程有限公司
243	漳州新源电力工程有限公司	293	福建建鼎建设工程有限公司
244	福建省东昇建设工程有限公司	294	中建远大建设有限公司
245	福建省新华都工程有限责任公司	295	福建省骏业市政工程有限公司
246	福建上河建筑工程有限公司	296	中建名城集团有限公司
247	福建新纪建设集团有限公司	297	永安市宏盛工程有限公司
248	厦门市建安集团有限公司	298	福建省鸿达电子技术开发有限公司
249	福建省燕城建设工程有限公司	299	中建远泰幕墙装饰工程有限公司
250	福建省上杭县广厦建筑工程有限公司	300	福建省坤亿建设集团有限公司

21-3 主营业务收入前300家贸易企业(2016年)

Sale Enterprises before the three hunderdth by Main Operating Income(2016)

位次 No.	企业名称 Name	位次 No.	企业名称 Name
1	厦门建发股份有限公司	51	厦门港务贸易有限公司
2	厦门国贸集团股份有限公司	52	厦门安踏有限公司
3	中石化森美（福建）石油有限公司	53	大生（福建）农业有限公司
4	厦门象屿物流集团有限责任公司	54	晋江市进出口有限公司
5	厦门信达股份有限公司	55	福建三钢国贸有限公司
6	福建中烟工业有限责任公司	56	福建闽侯永辉商业有限公司
7	福建省福化工贸股份有限公司	57	厦门夏商农产品集团有限公司
8	福建兴大进出口贸易有限公司	58	福建裕华石油化工有限公司
9	华信石油有限公司	59	福州喜盈门实业有限公司
10	福建炼油化工有限公司	60	福建大生控股有限公司
11	福建三安集团有限公司	61	厦门市明穗粮油贸易有限公司
12	中国石油天然气股份有限公司福建销售分公司	62	厦门信和达电子有限公司
13	厦门成大进出口贸易有限公司	63	荣鑫盛(厦门)商贸有限公司
14	均和（厦门）控股有限公司	64	厦门嘉联恒进出口有限公司
15	福建闽海石化有限公司	65	福建省烟草公司莆田市公司
16	中石化化工销售（福建）有限公司	66	厦门万翔网络商务有限公司
17	福建省烟草公司泉州市公司	67	福建省三明钢联有限责任公司
18	永辉超市股份有限公司	68	福建南方建材发展有限公司
19	福建国能化工有限公司	69	泉州中国水暖城有限公司
20	厦门三安信达供应链管理有限责任公司	70	福建柯普森物流发展有限公司
21	中储北方（厦门）油品国际贸易有限公司	71	信达点矿（厦门）矿业有限公司
22	中石化炼油销售（福建）有限公司	72	厦门佰年能源有限公司
23	福建石油化工集团华南联合营销有限公司	73	福建山福国际能源有限责任公司
24	福建省烟草公司福州市公司	74	中国厦门国际经济技术合作公司
25	中化石油成品油销售有限公司	75	鹭燕医药股份有限公司
26	福建信通贸易有限公司	76	福建大生进出口有限公司
27	均和（厦门）石化有限公司	77	福建省烟草公司宁德市公司
28	中国石化销售有限公司福建石油分公司	78	中油海峡（厦门）有限公司
29	集岭（厦门）石化有限公司	79	厦门展志投资有限公司
30	中拓（福建）实业有限公司	80	晋江市恒丰进出口贸易有限公司
31	福建省福能电力燃料有限公司	81	厦门宙航船舶燃料有限公司
32	福建省烟草公司漳州市公司	82	冠捷(福州保税区)贸易有限公司
33	福建省传祺能源科技有限公司	83	中海石油气电集团有限责任公司福建贸易分公司
34	福建海峡农博汇商业管理有限公司	84	厦门象屿化工有限公司
35	中化石油福建有限公司	85	福建新华发行（集团）有限责任公司
36	盛屯金属有限公司	86	福建山野物流有限公司
37	厦门市嘉晟对外贸易有限公司	87	晋江市大长江钢管贸易有限公司
38	厦门市信达安贸易有限公司	88	厦门育哲进出口有限公司
39	厦门宝拓资源有限公司	89	厦门宝达纺织有限公司
40	福建省烟草公司厦门烟草分公司	90	福建盛世欣兴格力贸易有限公司
41	福建匹克能源有限公司	91	厦门轨道物资有限公司
42	中国航油集团福建石油有限公司	92	尧山国际控股股份有限公司
43	福建创世化工有限公司	93	龙工（中国）机械销售有限公司
44	福建省烟草公司三明市公司	94	福建省润通汽车销售服务有限责任公司
45	福建省烟草公司南平市公司	95	国投京闽（福建）工贸有限公司
46	福建阳光集团有限公司	96	华东（福建）石油有限公司
47	鑫东森集团有限公司	97	福建漳龙三宝进出口有限公司
48	福建省龙岩烟草分公司	98	厦门市鑫浩联合能源有限公司
49	厦门特步投资有限公司	99	福建同春药业股份有限公司
50	漳州路桥物资发展有限公司	100	晋江辉豪化工有限公司

21-3 续表1

Continued

位次 No.	企业名称 Name	位次 No.	企业名称 Name
101	福建新中冠信息科技集团有限公司	151	厦门路桥工程物资有限公司
102	厦门嘉晟供应链股份有限公司	152	福建省晋江市长城石化有限公司
103	晋江锦兴贸易有限公司	153	泉州新华都购物广场有限公司
104	福建省榕江进出口公司	154	厦门百城商贸有限公司
105	福州麦多万嘉超市有限公司	155	福建省福农农资集团有限公司
106	厦门大正贸易有限公司	156	中国石油天然气股份有限公司泉州销售分公司
107	福州中宝销售服务有限公司	157	厦门象屿农林资源有限责任公司
108	均达升（厦门）控股有限公司	158	福州速传保税供应链管理有限公司
109	福建苏闽石油有限公司	159	常升（厦门）石化有限公司
110	福州民天实业有限公司	160	厦门海沧保税港区供应链
111	厦门恒兴集团有限公司	161	中国石油天然气股份有限公司福建福州销售分公司
112	富华（福建）能源有限公司	162	福州臻盛贸易有限公司
113	中海石油福建新能源有限公司	163	泉州港丰能源有限公司
114	福建漳龙集团有限公司	164	厦门大亮贸易有限公司
115	沃芙妮投资（集团）有限公司	165	厦门夏商国际贸易有限公司
116	全骏达实业有限公司	166	泉州亲亲商贸有限公司
117	福建苏宁云商商贸有限公司	167	福州联合闽津茶业有限公司
118	紫金矿业集团（厦门）金属材料有限公司	168	元泰昌（厦门）石化有限公司
119	厦门鑫通贸易有限公司	169	福建紫金贸易有限公司
120	国药控股福建有限公司	170	隆鑫集团（福建）有限公司
121	中国工艺福建实业有限公司	171	福建福日实业发展有限公司
122	福建省南安市闽南建材第一市场有限公司	172	三和进出口贸易（三明）有限公司
123	厦门古龙进出口有限公司	173	福建华闽进出口有限公司
124	厦门同歆贸易有限公司	174	福州朝畅贸易有限公司
125	福建闽台农产品市场有限公司	175	福建九州通医药有限公司
126	厦门新五菱汽车销售有限公司	176	斐乐服饰有限公司
127	福建三木建设发展有限公司	177	福建汇丰物流有限公司
128	福州开发区新电燃料有限公司	178	福建省储备粮管理有限公司
129	泉州福宝汽车销售服务有限公司	179	厦门安踏电子商务有限公司
130	莆田启峰木业有限公司	180	厦门安踏贸易有限公司
131	国药控股福州有限公司	181	中国石油天然气股份有限公司华南化工销售厦门分公司
132	厦门东华兴工贸有限公司	182	厦门融银贸易有限公司
133	新华都购物广场股份有限公司	183	泉州市丰泽区新亚贸易有限公司
134	福清江阴港银河国际汽车进出口贸易有限公司	184	厦门益电能源股份有限公司
135	均和（厦门）融资租赁有限公司	185	神华（福建）能源有限责任公司
136	丰昱（厦门）石化有限公司	186	福建省医药有限责任公司
137	厦门合兴包装印刷股份有限公司	187	厦门金圆产业发展有限公司
138	福建省龙润凯达石化有限公司	188	福建省晋江市电商发展有限公司
139	厦门维多利商贸有限公司	189	福建省超盛化工工贸有限公司
140	厦门启润实业有限公司	190	福州港燃油供应有限公司
141	厦门路桥国际贸易有限公司	191	福建省华龙集团饲料有限公司
142	福建国海燃料有限公司	192	福州威石艺术品贸易有限公司
143	福州展纳贸易有限公司	193	沃尔玛深国投百货有限公司福州山姆会员商店
144	福建省福润水泥销售有限公司	194	福州中维实业有限公司
145	厦门航空开发股份有限公司	195	福建聚丰珠宝有限公司
146	福建中天药业有限公司	196	福建福泰钢铁有限公司
147	裕华能源（厦门）有限公司	197	厦门海峡供应链发展有限公司
148	泉州象屿石化有限公司	198	福建省南平市立远贸易有限公司
149	厦门海投经济贸易有限公司	199	福州永力通汽车贸易有限公司
150	厦门象屿铭晟有限公司	200	斐乐体育有限公司

21-3 续表2

Continued

位次 No.	企业名称 Name	位次 No.	企业名称 Name
201	厦门青岛啤酒东南营销有限公司	251	厦门联信诚有限公司
202	盛世达（厦门）石油化工有限公司	252	厦门锦厦科技有限公司
203	中国石油天然气股份有限公司福建厦门销售分公司	253	福州龙泽投资有限公司
204	漳州兴路贸易有限公司	254	厦门中鲁石油有限公司
205	华鹭（厦门）石油有限公司	255	中海油销售福建有限公司
206	福建七匹狼实业股份有限公司	256	厦门中宝汽车有限公司
207	福清市众汇汽车进出口贸易有限公司	257	福建省漳州市对外贸易有限责任公司
208	福州高泽贸易有限公司	258	厦门新纸源电子商务有限公司
209	福建星之宝汽车销售服务有限公司	259	石狮市卡宾服饰发展有限公司
210	中国卷烟销售公司厦门卷烟调拨站	260	福建省闽光现代物流有限公司
211	福建新华都综合百货有限公司	261	厦门国贸实业有限公司
212	福建省盛屯贸易有限公司	262	厦门市鹭欣嘉贸易有限公司
213	福州迪光商贸有限公司	263	厦门市华东海石油仓储有限公司
214	道普（厦门）石化有限公司	264	厦门宾捷汽车有限公司
215	厦门乔丹发展有限公司	265	三明市振洋贸易有限公司
216	晋江昌博贸易有限公司	266	福州轻工进出口有限公司
217	福建省莆田富力进出口有限公司	267	晋江裕福集团有限公司
218	福建浩永贸易有限公司	268	泉州展志钢材有限公司
219	华信（福建）石油有限公司	269	中海油销售厦门有限公司
220	晋江特步贸易有限公司	270	福建省物资（集团）有限责任公司
221	福建美京服饰发展有限公司	271	恒瑞（中国）进出口贸易有限公司
222	福州国美电器有限公司	272	福州东星汽车维修服务有限公司
223	福建璟旭宏发有限公司	273	厦门启铭贸易有限公司
224	长乐国际机场航空油料有限责任公司	274	泉州日声商贸有限公司
225	新储（厦门）农业有限公司	275	中化（泉州）石油销售有限公司
226	漳州商贸集团有限公司	276	福州天赐建材有限公司
227	福建科宝金属制品有限公司	277	厦门市天虹商场有限公司
228	厦门中兵贸易有限公司	278	厦门夏商集团有限公司
229	福建益源废物利用股份有限公司	279	福建省闽粮购销有限公司
230	厦门煜鸿鑫国际贸易有限公司	280	厦门坤健工贸有限公司
231	福建泉州市嘉晟供应链有限公司	281	达齐（厦门）石油化工有限公司
232	北新集团厦门国际贸易有限公司	282	均达升（厦门）能源有限公司
233	福建裕华能源有限公司	283	厦门信和达科技有限公司
234	厦门市东之星汽车销售有限公司	284	福建中庚国际贸易有限公司
235	金潞（厦门）能源有限公司	285	厦门庆通新材料科技有限公司
236	厦门空港航星汽车维修服务有限公司	286	厦门昊凯进出口有限公司
237	晋江市深沪海上供油有限公司	287	福建盈和实业有限公司
238	福清市驰辰汽车进出口贸易有限公司	288	厦门福慧达果蔬股份有限公司
239	厦门市旺紫洲工贸有限公司	289	宁德万达广场商业物业管理有限公司
240	东琦（厦门）石化有限公司	290	福州建发汽车销售服务有限公司
241	福州福百祥壹玖伍捌文化创意园有限公司	291	福建波士骏达汽车销售服务有限公司
242	厦门市海澳石油有限公司	292	福建广捷经贸有限公司
243	福建斯兰供应链服务有限公司	293	福建鹰思进出口贸易有限公司
244	福建省新世纪经贸发展有限公司	294	泉州市江滨商贸发展有限公司
245	厦门西海控股有限公司	295	晋江宝华钢材有限公司
246	厦门良和国际贸易有限公司	296	厦门国贸化纤有限公司
247	厦门中艺抽纱进出口有限公司	297	厦门厦工国际贸易有限公司
248	厦门市嘉琳对外贸易有限公司	298	厦门苏宁云商销售有限公司
249	盛屯矿业集团股份有限公司	299	福建青企实业有限公司
250	品尚电子商务有限公司	300	厦门永乐思文家电有限公司

第二十二篇　市县国民经济主要指标

Chapter 22　Main Economic Indicators of City Prefecture and County

资料整理：邓文颖 李丽精 林增武 范李功 李君 陈思 张凤园 饶晓燕 吴新榕 林卿 连晓毅 王洵 廖捷 戴斌

Database Editor: Dengwenying Lilijing linzengwu Fanligong Lijun Chensi Zhangfengyuan Raoxiaoyan Wuxinrong Linqing Lianxiaoyi Wangxun Liaojie Daibin

简 要 说 明

本篇资料的主要内容及来源

本篇资料反映了全省各市（县）经济社会事业发展基本情况，主要包括地区生产总值、人口、从业人员、农业、工业、投资、社会消费品零售总额、财政、职工工资和教育、卫生等方面的内容。

本篇资料由省统计局各相关专业处室整理提供。

Brief Introduction

Main Content and Source of Data

Data in this chapter show the development in society and economy of Urban districts or counties or cities on the county level, mainly including GDP, population, employed persons, agriculture, industry, investment, total retail sales of consumer good，finance, income of rural households, wage of staff and works, education and public health.

Data on this chapter are compiled and provided by the related department of Bureau of Fujian Provincial Bureau of Statistics.

22-1 地区生产总值（2016年）

Gross Domestic Products(2016)

单位：亿元　　　　(100 million yuan)

地区	Area	地区生产总值 Gross Domestic Product	第一产业 Primary Industry	第二产业 Secondary Industry	第三产业 Tertiary Industry	工业 Industry	建筑业 Construction	人均GDP（元） Per Capita GDP(yuan)
全　省	**Fujian**	**28519.15**	**2363.22**	**13844.96**	**12310.97**	**11449.29**	**2421.34**	**73951**
福州市	**Fuzhou**	**6197.64**	**492.25**	**2590.43**	**3114.96**	**1978.83**	**621.46**	**82251**
福州市辖区	District under Fuzhou							
鼓楼区	Gulou	1283.16		235.39	1047.77	66.62	172.94	177232
台江区	Taijiang	402.83		79.55	323.28	24.41	56.18	84985
仓山区	Cangshan	478.46	2.62	253.37	222.47	232.70	21.90	59179
马尾区	Mawei	426.10	6.12	264.55	155.43	243.04	22.22	168419
晋安区	Jin'an	553.73	5.12	189.69	358.93	121.31	68.83	65221
福清市	Fuqing	857.85	102.76	421.10	333.99	334.65	86.45	66526
长乐市	Changle	630.46	51.37	399.11	179.97	371.59	27.62	87808
闽侯县	Minhou	484.00	38.65	288.71	156.63	255.96	33.98	68799
连江县	Lianjiang	387.80	138.98	149.75	99.07	132.23	18.15	66690
罗源县	Luoyuan	195.54	38.81	117.56	39.18	110.46	7.36	93560
闽清县	Minqing	148.16	27.68	78.49	41.99	64.84	13.72	62252
永泰县	Yongtai	143.80	44.26	53.33	46.20	13.59	39.75	57063
平潭县	Pingtan	205.76	35.82	59.81	110.13	7.45	52.37	47301
厦门市	**Xiamen**	**3784.27**	**23.19**	**1544.59**	**2216.49**	**1307.47**	**254.81**	**97282**
厦门市辖区	District under Xiamen							
思明区	Siming	1174.35	1.51	147.22	1025.62	78.76	68.46	118025
海沧区	Haicang	530.04	1.04	313.62	215.37	274.67	38.96	157375
湖里区	Huli	819.73		343.66	476.07	319.17	42.19	80405
集美区	Jimei	547.50	1.81	262.74	282.95	217.11	45.64	84231
同安区	Tong'an	328.84	9.96	197.98	120.90	175.59	22.39	59822
翔安区	Xiang'an	383.82	8.86	279.37	95.59	242.19	37.18	113221
莆田市	**Putian**	**1823.43**	**126.45**	**1022.45**	**674.53**	**843.21**	**192.66**	**63314**
莆田市辖区	District under Putian							
城厢区	Chengxiang	318.92	11.73	136.85	170.34	99.09	39.34	74081
涵江区	Hanjiang	428.72	17.67	288.70	122.35	265.67	27.26	88396
荔城区	Licheng	367.61	18.66	215.61	133.34	178.85	39.61	70830
秀屿区	Xiuyu	368.86	46.02	211.93	110.91	154.45	59.93	62519
仙游县	Xianyou	339.32	32.37	169.36	137.59	145.15	26.52	39663
三明市	**Sanming**	**1860.82**	**275.59**	**932.20**	**653.03**	**751.82**	**180.38**	**73261**
三明市辖区	District under Sanming							
梅列区	Meilie	246.92	4.43	125.92	116.58	113.23	12.68	137026
三元区	Sanyuan	131.75	13.33	68.82	49.61	56.11	12.71	65711
永安市	Yong'an	337.24	30.37	193.01	113.86	171.57	21.44	95916
明溪县	Mingxi	64.53	15.49	27.96	21.08	20.95	7.01	63203
清流县	Qingliu	89.02	17.26	42.31	29.44	29.12	13.20	65312
宁化县	Ninghua	118.70	27.68	51.25	39.76	34.68	16.58	42018
大田县	Datian	174.52	32.56	87.52	54.44	76.34	11.18	55491
尤溪县	Youxi	205.78	51.48	86.63	67.67	66.21	20.42	57714
沙县	Shaxian	205.90	29.06	109.94	66.90	93.33	16.61	89386
将乐县	Jiangle	108.64	17.87	56.99	33.78	40.51	16.48	72138
泰宁县	Taining	90.27	16.94	38.78	34.56	28.15	10.63	80204
建宁县	Jianning	87.55	19.12	43.08	25.35	21.63	21.46	71616
泉州市	**Quanzhou**	**6646.63**	**198.49**	**3886.68**	**2561.46**	**3465.02**	**425.88**	**77784**
泉州市辖区	District under Quanzhou							
鲤城区	Licheng	410.11	0.13	235.95	174.04	216.93	19.33	94387
丰泽区	Fengze	518.18	1.47	180.03	336.68	120.85	59.19	91229
洛江区	Luojiang	154.59	4.33	113.88	36.39	102.10	11.77	73439
泉港区	Quangang	407.39	11.60	294.91	100.88	257.02	37.89	124584
石狮市	Shishi	703.68	23.57	370.54	309.57	333.42	37.43	102652

22-1 续表

Continued

单位：亿元 (100 million yuan)

地区	Area	地区生产总值 Gross Domestic Product	第一产业 Primary Industry	第二产业 Secondary Industry	第三产业 Tertiary Industry	工业 Industry	建筑业 Construction	人均GDP（元） Per Capita GDP(yuan)
晋江市	Jinjiang	1744.24	21.32	1060.03	662.89	997.83	66.42	83657
南安市	Nan'an	898.14	28.17	541.28	328.69	499.31	42.16	60583
惠安县	Hui'an	819.23	30.29	548.97	239.97	472.73	76.31	82005
安溪县	Anxi	466.37	41.62	245.40	179.36	215.09	30.39	46244
永春县	Yongchun	329.62	25.72	181.00	122.90	161.34	19.66	71813
德化县	Dehua	194.31	10.28	112.56	71.46	87.23	25.34	68060
漳州市	**Zhangzhou**	**3125.35**	**415.59**	**1461.11**	**1248.64**	**1220.17**	**241.00**	**62196**
漳州市辖区	District under Zhangzhou							
芗城区	Xiangcheng	526.00	9.18	227.08	289.74	184.46	42.67	89228
龙文区	Longwen	190.80	5.63	96.28	88.89	73.53	22.75	100952
龙海市	Longhai	723.24	64.42	393.84	264.98	324.92	68.92	77249
云霄县	Yunxiao	179.72	30.13	83.29	66.31	72.23	11.06	42841
漳浦县	Zhangpu	342.79	74.43	120.09	148.27	89.09	31.00	41634
诏安县	Zhao'an	220.66	44.46	93.94	82.26	79.90	14.04	36141
长泰县	Changtai	209.15	16.36	127.79	65.00	122.20	5.59	94617
东山县	Dongshan	175.90	33.66	82.37	59.87	72.38	9.98	79973
南靖县	Nanjing	242.87	50.78	116.02	76.08	105.18	10.84	70705
平和县	Pinghe	195.04	57.57	60.20	77.27	45.87	14.33	38333
华安县	Hua'an	119.18	28.99	60.22	29.97	50.41	9.81	72871
南平市	**Nanping**	**1457.74**	**322.30**	**614.24**	**521.19**	**455.66**	**158.58**	**55009**
南平市辖区	District under Nanping							
延平区	Yanping	298.66	38.72	146.36	113.58	87.99	58.37	63075
建阳区	Jianyang	164.59	35.29	79.30	50.00	65.68	13.62	53094
邵武市	Shaowu	205.96	31.79	98.39	75.78	83.86	14.53	75168
武夷山市	Wuyishan	150.33	27.27	58.68	64.38	34.20	24.48	64519
建瓯市	Jian’ou	218.11	56.85	83.39	77.87	62.17	21.22	48254
顺昌县	Shunchang	98.67	21.48	36.32	40.87	29.60	6.72	52206
浦城县	Pucheng	135.03	40.60	48.73	45.70	38.58	10.15	45388
光泽县	Guangze	82.98	38.58	25.27	19.13	22.48	2.79	61695
松溪县	Songxi	46.64	13.48	17.32	15.84	13.09	4.23	38867
政和县	Zhenghe	56.77	18.25	20.48	18.04	18.01	2.47	34096
龙岩市	**Longyan**	**1895.67**	**223.39**	**966.67**	**705.61**	**765.95**	**200.72**	**72354**
龙岩市辖区	District under Longyan							
新罗区	Xinluo	692.26	29.51	398.60	264.15	326.28	72.31	96214
永定区	Yongding	214.61	32.77	107.06	74.77	87.35	19.71	59285
漳平市	Zhangping	203.76	27.85	87.78	88.12	67.23	20.54	84373
长汀县	Changting	184.85	31.25	87.08	66.52	64.03	23.05	46097
上杭县	Shanghang	276.33	35.54	151.52	89.27	116.41	35.10	74083
武平县	Wuping	161.66	35.03	66.15	60.48	46.83	19.33	58467
连城县	Liancheng	162.21	31.44	68.48	62.29	57.81	10.67	65805
宁德市	**Ningde**	**1623.11**	**285.97**	**806.70**	**530.44**	**663.17**	**145.04**	**56358**
宁德市辖区	District under Ningde							
蕉城区	Jiaocheng	300.19	38.06	135.25	126.88	84.51	50.94	67489
福安市	Fu'an	378.76	48.96	231.42	98.37	210.89	21.00	66072
福鼎市	Fuding	333.08	47.07	198.76	87.25	181.52	17.67	61825
霞浦县	Xiapu	201.67	59.62	59.67	82.38	39.56	20.20	43323
古田县	Gutian	161.27	41.54	63.62	56.10	54.50	9.24	48877
屏南县	Pingnan	69.74	15.38	29.12	25.24	23.84	5.33	50173
寿宁县	Shouning	74.59	16.80	35.16	22.63	24.16	11.05	41670
周宁县	Zhouning	52.86	9.58	26.88	16.41	21.06	5.86	44142
柘荣县	Zherong	50.94	8.96	26.81	15.17	23.12	3.74	56600

22-2 地区生产总值指数（2016年）

Indices of Gross Domestic Products(2016)

单位：以上年为100 (preceding year=100)

地区	Area	地区生产总值 Gross Domestic Product	第一产业 Primary Industry	第二产业 Secondary Industry	第三产业 Tertiary Industry	工业 Industry	建筑业 Construction	人均GDP（元） Per Capita GDP(yuan)
全　省	**Fujian**	**108.4**	**103.6**	**106.8**	**111.3**	**106.8**	**106.9**	**107.5**
福州市	**Fuzhou**	**108.5**	**104.1**	**106.7**	**110.7**	**106.7**	**107.3**	**107.4**
福州市辖区	District under Fuzhou							
鼓楼区	Gulou	109.3		102.9	111.0	93.3	107.1	108.4
台江区	Taijiang	108.3		102.8	109.8	93.7	106.9	106.8
仓山区	Cangshan	109.3	101.5	106.1	113.4	105.9	108.2	108.1
马尾区	Mawei	108.1	104.0	106.9	110.4	106.7	108.1	106.6
晋安区	Jin'an	110.1	105.0	107.7	111.5	107.9	107.2	108.9
福清市	Fuqing	108.5	102.6	107.4	111.9	107.4	107.1	107.8
长乐市	Changle	109.5	105.0	107.6	115.5	107.5	108.3	108.6
闽侯县	Minhou	109.3	105.7	107.9	112.8	107.9	107.5	108.5
连江县	Lianjiang	106.5	105.6	108.6	104.4	108.8	107.1	106.0
罗源县	Luoyuan	106.5	105.5	105.5	110.3	105.4	107.3	106.2
闽清县	Minqing	104.4	104.1	101.2	111.3	99.6	109.2	104.0
永泰县	Yongtai	107.7	105.3	108.1	109.4	107.4	108.3	107.2
平潭县	Pingtan	106.2	91.9	102.7	113.6	84.0	106.2	103.7
厦门市	**Xiamen**	**107.9**	**94.9**	**105.7**	**109.8**	**105.5**	**106.7**	**106.4**
厦门市辖区	District under Xiamen							
思明区	Siming	108.3	84.1	98.3	109.8	104.1	93.0	107.4
海沧区	Haicang	107.0	89.6	105.1	110.5	102.0	135.5	104.4
湖里区	Huli	107.5		105.7	109.1	106.4	102.1	106.6
集美区	Jimei	108.7	82.6	106.7	111.2	107.2	104.7	106.8
同安区	Tong'an	108.1	97.2	108.4	108.6	107.6	114.7	106.1
翔安区	Xiang'an	107.5	103.1	107.4	108.2	106.2	116.4	104.8
莆田市	**Putian**	**108.9**	**100.9**	**107.8**	**112.4**	**107.8**	**107.6**	**108.2**
莆田市辖区	District under Putian							
城厢区	Chengxiang	108.9	100.1	106.5	111.4	108.2	102.7	108.1
涵江区	Hanjiang	108.0	101.1	107.6	110.2	108.0	103.2	107.5
荔城区	Licheng	108.9	100.6	106.8	113.5	108.0	102.1	108.0
秀屿区	Xiuyu	110.4	102.0	110.1	114.5	108.3	114.9	109.6
仙游县	Xianyou	108.8	99.8	107.5	112.9	106.5	113.1	108.0
三明市	**Sanming**	**107.8**	**104.2**	**107.3**	**110.0**	**107.6**	**106.4**	**106.9**
三明市辖区	District under Sanming							
梅列区	Meilie	107.0	101.8	107.4	106.8	107.5	106.1	106.3
三元区	Sanyuan	107.4	103.1	107.3	108.7	107.4	106.8	106.8
永安市	Yong'an	108.0	105.1	107.5	109.7	107.5	107.7	107.2
明溪县	Mingxi	108.9	105.9	107.6	113.1	107.3	108.5	108.3
清流县	Qingliu	109.0	105.8	107.7	113.1	107.5	108.1	108.4
宁化县	Ninghua	108.4	104.1	108.0	111.9	107.8	108.5	106.6
大田县	Datian	108.6	103.4	107.5	113.5	108.1	103.5	107.7
尤溪县	Youxi	107.9	103.3	107.0	112.6	108.2	103.6	107.1
沙县	Shaxian	107.2	104.3	107.8	107.4	104.9	107.3	106.5
将乐县	Jiangle	106.7	104.3	107.3	106.8	106.7	108.7	105.9
泰宁县	Taining	107.8	104.8	106.0	111.4	106.4	104.8	106.7
建宁县	Jianning	108.2	104.8	105.5	116.1	106.8	104.2	107.5
泉州市	**Quanzhou**	**108.0**	**102.3**	**107.0**	**110.1**	**107.0**	**106.9**	**107.1**
泉州市辖区	District under Quanzhou							
鲤城区	Licheng	107.1	109.3	105.9	108.8	105.8	106.8	105.9
丰泽区	Fengze	108.3	104.6	102.3	112.0	100.3	106.9	106.8
洛江区	Luojiang	108.1	102.2	108.2	108.5	108.3	107.1	107.1
泉港区	Quangang	108.1	101.3	108.6	107.4	108.9	106.8	107.2
石狮市	Shishi	108.1	102.5	106.3	110.9	106.3	106.7	107.1

22-2 续表

Continued

单位：以上年为100　　　　(preceding year=100)

地区	Area	地区生产总值 Gross Domestic Product	第一产业 Primary Industry	第二产业 Secondary Industry	第三产业 Tertiary Industry	工业 Industry	建筑业 Construction	人均GDP（元） Per Capita GDP(yuan)
晋江市	Jinjiang	107.8	102.7	104.9	113.1	105.1	106.9	107.1
南安市	Nan'an	108.6	104.1	109.4	107.6	109.6	106.6	107.7
惠安县	Hui'an	108.0	99.9	108.4	108.3	108.6	106.9	107.0
安溪县	Anxi	108.0	103.2	107.9	109.1	108.0	107.1	107.2
永春县	Yongchun	108.3	103.8	108.4	109.1	108.7	106.5	107.7
德化县	Dehua	106.2	101.6	103.9	110.8	102.9	107.2	105.2
漳州市	**Zhangzhou**	**109.3**	**104.1**	**107.8**	**113.1**	**108.0**	**107.3**	**108.4**
漳州市辖区	District under Zhangzhou							
芗城区	Xiangcheng	110.0	104.3	110.1	110.2	110.2	109.9	109.4
龙文区	Longwen	112.0	101.4	108.3	117.2	110.5	101.8	110.4
龙海市	Longhai	109.7	102.6	107.4	115.3	108.2	103.8	108.8
云霄县	Yunxiao	111.8	105.1	110.9	116.5	111.4	107.6	111.2
漳浦县	Zhangpu	101.9	103.8	92.3	110.6	86.9	112.0	100.9
诏安县	Zhao'an	112.5	105.8	111.4	117.8	111.6	110.8	111.4
长泰县	Changtai	110.2	99.4	110.6	112.7	110.9	106.0	108.7
东山县	Dongshan	109.7	105.1	109.9	112.4	110.2	107.7	108.9
南靖县	Nanjing	110.3	104.5	110.3	114.4	110.8	106.0	109.4
平和县	Pinghe	108.8	104.3	112.2	109.4	112.1	112.4	107.3
华安县	Hua'an	110.5	105.6	111.1	114.3	111.4	109.8	109.8
南平市	**Nanping**	**106.8**	**104.3**	**106.7**	**108.3**	**107.0**	**105.9**	**105.9**
南平市辖区	District under Nanping							
延平区	Yanping	106.5	103.3	106.5	107.5	107.8	104.6	105.9
建阳区	Jianyang	106.8	102.7	105.9	111.4	105.4	108.0	103.3
邵武市	Shaowu	105.8	97.8	107.0	107.9	106.9	107.4	105.7
武夷山市	Wuyishan	106.4	104.2	106.1	107.5	107.4	104.3	105.7
建瓯市	Jian’ou	107.9	105.8	107.5	109.8	107.2	108.5	107.8
顺昌县	Shunchang	106.8	103.5	107.2	108.1	107.0	107.9	105.9
浦城县	Pucheng	109.3	114.1	106.8	108.4	107.5	104.3	109.3
光泽县	Guangze	102.5	98.1	106.4	106.2	106.6	105.4	101.7
松溪县	Songxi	106.8	104.1	107.4	108.5	107.2	108.3	105.5
政和县	Zhenghe	109.0	115.0	107.1	106.2	107.1	107.7	108.4
龙岩市	**Longyan**	**108.1**	**103.6**	**107.4**	**110.5**	**107.5**	**106.8**	**107.3**
龙岩市辖区	District under Longyan							
新罗区	Xinluo	107.9	104.0	106.8	110.2	106.9	106.2	106.5
永定区	Yongding	107.6	103.3	107.7	109.3	107.5	108.1	107.0
漳平市	Zhangping	108.1	103.4	106.8	111.0	107.2	105.1	107.4
长汀县	Changting	108.3	103.8	108.2	110.5	108.3	108.0	107.7
上杭县	Shanghang	108.6	103.7	108.2	111.3	108.6	106.8	108.0
武平县	Wuping	108.5	103.6	108.4	111.4	108.6	108.1	107.9
连城县	Liancheng	108.0	103.6	107.2	111.2	107.2	107.4	107.3
宁德市	**Ningde**	**107.5**	**103.9**	**107.3**	**109.5**	**107.6**	**105.9**	**106.7**
宁德市辖区	District under Ningde							
蕉城区	Jiaocheng	108.1	104.6	106.6	110.6	110.0	101.8	107.4
福安市	Fu'an	107.0	104.2	107.2	107.9	107.2	107.6	106.5
福鼎市	Fuding	107.7	104.0	107.8	109.2	107.4	112.2	107.2
霞浦县	Xiapu	107.3	103.2	107.0	110.3	107.1	106.9	106.9
古田县	Gutian	107.2	104.2	106.0	111.0	106.4	103.3	106.5
屏南县	Pingnan	108.2	104.5	109.2	109.4	108.2	113.7	106.9
寿宁县	Shouning	107.5	103.6	110.3	106.1	108.4	114.6	106.4
周宁县	Zhouning	107.1	102.8	106.7	110.3	108.4	101.1	103.2
柘荣县	Zherong	107.0	103.6	107.3	108.1	108.3	101.6	106.1

22-3 年末户籍统计人口数（2016年）

Total Population at the Year-end(2016)

单位：万人 (10000 persons)

地区	Area	年末户籍统计总人口 Total Population at the Year-end	按城乡分 By Residence		按性别分 By sex	
			非农业 Non-agriculture	农业 Agriculture	男 Male	女 Female
全　省	**Fujian**	**3769.98**	**1716.44**	**2053.54**	**1942.86**	**1827.12**
福州市	**Fuzhou**	**687.06**	**386.63**	**300.44**	**351.64**	**335.42**
福州市辖区	District under Fuzhou	203.06	194.69	8.37	100.54	102.53
鼓楼区	Gulou	57.84	57.84		28.71	29.14
台江区	Taijiang	32.63	32.63		16.20	16.43
仓山区	Cangshan	55.59	55.59		27.36	28.23
马尾区	Mawei	17.45	12.48	4.97	8.72	8.73
晋安区	Jin'an	39.55	36.15	3.40	19.55	20.00
福清市	Fuqing	135.87	57.43	78.44	70.11	65.76
长乐市	Changle	72.55	35.49	37.07	38.15	34.40
闽侯县	Minhou	67.34	29.24	38.10	34.55	32.79
连江县	Lianjiang	67.09	28.78	38.31	34.79	32.31
罗源县	Luoyuan	26.65	9.56	17.09	13.93	12.73
闽清县	Minqing	32.36	10.46	21.90	17.04	15.33
永泰县	Yongtai	38.35	9.87	28.48	20.37	17.98
平潭县	Pingtan	43.78	11.10	32.68	22.18	21.61
厦门市	**Xiamen**	**219.51**	**175.71**	**43.80**	**108.68**	**110.82**
厦门市辖区	District under Xiamen	219.51	175.71	43.80	108.68	110.82
思明区	Siming	74.98	74.98		36.60	38.38
海沧区	Haicang	17.89	15.35	2.54	8.79	9.10
湖里区	Huli	29.86	29.86		14.99	14.87
集美区	Jimei	26.25	22.50	3.74	13.00	13.25
同安区	Tong'an	36.68	20.05	16.63	18.36	18.32
翔安区	Xiang'an	33.86	12.97	20.89	16.95	16.90
莆田市	**Putian**	**349.88**	**142.64**	**207.24**	**178.81**	**171.07**
莆田市辖区	District under Putian	234.55	99.77	134.78	119.32	115.23
城厢区	Chengxiang	41.30	19.72	21.58	20.84	20.47
涵江区	Hanjiang	44.60	28.72	15.89	22.15	22.45
荔城区	Licheng	55.94	30.25	25.70	28.14	27.80
秀屿区	Xiuyu	92.70	21.09	71.61	48.19	44.51
仙游县	Xianyou	115.33	42.87	72.46	59.49	55.84
三明市	**Sanming**	**286.85**	**102.58**	**184.26**	**150.06**	**136.79**
三明市辖区	District under Sanming	28.36	22.72	5.64	14.31	14.05
梅列区	Meilie	14.37	13.03	1.34	7.20	7.17
三元区	Sanyuan	13.99	9.69	4.30	7.11	6.88
永安市	Yong'an	33.26	18.43	14.83	17.12	16.14
明溪县	Mingxi	11.87	3.76	8.11	6.15	5.72
清流县	Qingliu	15.70	4.71	10.99	8.19	7.51
宁化县	Ninghua	37.91	9.17	28.74	19.88	18.03
大田县	Datian	40.24	11.25	28.99	21.86	18.38
尤溪县	Youxi	44.47	10.55	33.92	23.84	20.63
沙县	Shaxian	26.92	9.47	17.46	13.86	13.06
将乐县	Jiangle	18.63	5.36	13.27	9.67	8.96
泰宁县	Taining	13.78	3.57	10.21	7.13	6.66
建宁县	Jianning	15.70	3.60	12.10	8.04	7.65
泉州市	**Quanzhou**	**732.30**	**358.17**	**374.14**	**379.42**	**352.89**
泉州市辖区	District under Quanzhou	109.50	74.34	35.16	55.19	54.31
鲤城区	Licheng	25.33	25.33		12.48	12.85
丰泽区	Fengze	24.47	24.47		11.94	12.53
洛江区	Luojiang	19.04	5.17	13.87	9.93	9.10
泉港区	Quangang	40.67	19.38	21.29	20.84	19.83
石狮市	Shishi	33.20	24.42	8.78	16.91	16.29
晋江市	Jinjiang	113.23	60.91	52.32	57.99	55.24

22-3 续表

Continued

单位：万人 (10000 persons)

地区	Area	年末户籍统计总人口 Total Population at the Year-end	按城乡分 By Residence 非农业 Non-agriculture	农业 Agriculture	按性别分 By sex 男 Male	女 Female
南安市	Nan'an	161.32	85.82	75.50	84.68	76.64
惠安县	Hui'an	101.65	46.36	55.28	51.07	50.58
安溪县	Anxi	120.05	28.48	91.56	64.23	55.81
永春县	Yongchun	59.72	27.57	32.14	31.50	28.21
德化县	Dehua	33.64	10.25	23.38	17.84	15.80
漳州市	**Zhangzhou**	**508.19**	**185.74**	**322.45**	**260.96**	**247.24**
漳州市辖区	District under Zhangzhou	60.46	45.45	15.01	29.96	30.50
芗城区	Xiangcheng	45.82	35.86	9.96	22.64	23.18
龙文区	Longwen	14.64	9.59	5.05	7.32	7.33
龙海市	Longhai	87.43	29.67	57.75	43.97	43.45
云霄县	Yunxiao	45.74	10.16	35.58	24.10	21.64
漳浦县	Zhangpu	91.32	32.12	59.20	46.96	44.36
诏安县	Zhao'an	66.02	10.51	55.50	34.49	31.53
长泰县	Changtai	20.84	6.09	14.75	10.58	10.27
东山县	Dongshan	21.67	12.05	9.63	10.91	10.76
南靖县	Nanjing	36.17	10.98	25.19	18.47	17.69
平和县	Pinghe	61.69	22.18	39.51	32.80	28.89
华安县	Hua'an	16.85	6.52	10.33	8.72	8.13
南平市	**Nanping**	**321.26**	**110.50**	**210.75**	**165.85**	**155.41**
南平市辖区	District under Nanping	86.13	36.26	49.87	44.25	41.88
延平区	Yanping	50.45	24.73	25.72	25.95	24.50
建阳区	Jianyang	35.68	11.53	24.15	18.30	17.38
邵武市	Shaowu	30.87	13.16	17.71	15.80	15.06
武夷山市	Wuyishan	24.29	10.01	14.28	12.36	11.93
建瓯市	Jian’ou	55.54	16.89	38.66	28.64	26.90
顺昌县	Shunchang	23.85	8.71	15.14	12.27	11.58
浦城县	Pucheng	43.52	9.49	34.03	22.44	21.08
光泽县	Guangze	16.53	4.58	11.95	8.63	7.91
松溪县	Songxi	16.86	4.88	11.97	8.77	8.09
政和县	Zhenghe	23.65	6.51	17.14	12.69	10.96
龙岩市	**Longyan**	**313.29**	**130.28**	**183.00**	**162.54**	**150.75**
龙岩市辖区	District under Longyan	103.09	52.91	50.18	52.77	50.32
新罗区	Xinluo	52.26	37.09	15.18	26.27	25.99
永定区	Yongding	50.82	15.82	35.00	26.50	24.33
漳平市	Zhangping	29.72	11.48	18.25	15.64	14.09
长汀县	Changting	53.79	20.38	33.41	28.43	25.36
上杭县	Shanghang	52.62	18.28	34.34	27.01	25.61
武平县	Wuping	39.56	15.26	24.30	20.49	19.07
连城县	Liancheng	34.50	11.98	22.52	18.20	16.30
宁德市	**Ningde**	**351.64**	**124.19**	**227.45**	**184.91**	**166.73**
宁德市辖区	District under Ningde	48.81	21.55	27.26	24.98	23.83
蕉城区	Jiaocheng	48.81	21.55	27.26	24.98	23.83
福安市	Fu'an	66.93	25.78	41.14	35.33	31.60
福鼎市	Fuding	59.94	19.67	40.27	31.18	28.76
霞浦县	Xiapu	54.82	18.41	36.41	28.98	25.84
古田县	Gutian	43.17	13.66	29.51	22.77	20.40
屏南县	Pingnan	19.25	5.60	13.65	10.30	8.95
寿宁县	Shouning	26.52	8.19	18.34	14.19	12.34
周宁县	Zhouning	21.24	7.29	13.95	11.43	9.80
柘荣县	Zherong	10.97	4.05	6.92	5.76	5.21

22-4 年末常住人口数（2016年）

Total Population at the Year-end(2016)

单位：万人 (10000 persons)

地区	Area	常住人口数 Total Population on Census	城镇人口 Urban	乡村人口 Rural	城镇化水平(%) Lever of Township (%)
全　省	**Fujian**	**3874.00**	**2463.93**	**1410.07**	**63.6**
福州市	**Fuzhou**	**757.00**	**518.80**	**238.20**	**68.5**
福州市辖区	District under Fuzhou	313.00	305.51	7.49	97.6
鼓楼区	Gulou	72.80	72.80		100.0
台江区	Taijiang	47.80	47.80		100.0
仓山区	Cangshan	81.40	81.40		100.0
马尾区	Mawei	25.50	18.61	6.89	73.0
晋安区	Jin'an	85.50	84.90	0.60	99.3
福清市	Fuqing	129.30	63.74	65.56	49.3
长乐市	Changle	72.10	36.05	36.05	50.0
闽侯县	Minhou	70.50	38.28	32.22	54.3
连江县	Lianjiang	58.20	26.13	32.07	44.9
罗源县	Luoyuan	20.90	9.25	11.65	44.3
闽清县	Minqing	23.80	9.33	14.47	39.2
永泰县	Yongtai	25.20	10.10	15.10	40.1
平潭县	Pingtan	44.00	20.41	23.59	46.4
厦门市	**Xiamen**	**392.00**	**348.90**	**43.10**	**89.0**
厦门市辖区	District under Xiamen	392.00	348.90	43.10	89.0
思明区	Siming	99.90	99.90		100.0
海沧区	Haicang	34.16	31.09	3.07	91.0
湖里区	Huli	102.40	102.40		100.0
集美区	Jimei	65.60	57.07	8.53	87.0
同安区	Tong'an	55.54	38.60	16.94	69.5
翔安区	Xiang'an	34.40	19.84	14.56	57.7
莆田市	**Putian**	**289.00**	**167.91**	**121.09**	**58.1**
莆田市辖区	District under Putian	203.10	131.07	72.03	64.5
城厢区	Chengxiang	43.20	30.24	12.96	70.0
涵江区	Hanjiang	48.60	38.15	10.45	78.5
荔城区	Licheng	52.10	37.30	14.80	71.6
秀屿区	Xiuyu	59.20	25.38	33.82	42.9
仙游县	Xianyou	85.90	36.84	49.06	42.9
三明市	**Sanming**	**255.00**	**146.62**	**108.38**	**57.5**
三明市辖区	District under Sanming	38.24	34.91	3.33	91.3
梅列区	Meilie	18.14	17.76	0.38	97.9
三元区	Sanyuan	20.10	17.15	2.95	85.3
永安市	Yong'an	35.32	23.84	11.48	67.5
明溪县	Mingxi	10.22	5.21	5.01	51.0
清流县	Qingliu	13.66	6.34	7.32	46.4
宁化县	Ninghua	28.40	12.13	16.27	42.7
大田县	Datian	31.60	15.39	16.21	48.7
尤溪县	Youxi	35.81	15.44	20.37	43.1
沙县	Shaxian	23.07	14.54	8.53	63.0
将乐县	Jiangle	15.12	8.04	7.08	53.2
泰宁县	Taining	11.31	5.52	5.79	48.8
建宁县	Jianning	12.25	5.26	6.99	42.9
泉州市	**Quanzhou**	**858.00**	**553.41**	**304.59**	**64.5**
泉州市辖区	District under Quanzhou	154.90	129.16	25.74	83.4
鲤城区	Licheng	43.70	43.70		100.0
丰泽区	Fengze	57.10	57.10		100.0
洛江区	Luojiang	21.20	11.98	9.22	56.5

22-4 续表

Continued

单位：万人 (10000 persons)

地区	Area	常住人口数 Total Population on Census	城镇人口 Urban	乡村人口 Rural	城镇化水平（%） Lever of Township (%)
泉港区	Quangang	32.90	16.38	16.52	49.8
石狮市	Shishi	68.80	53.94	14.86	78.4
晋江市	Jinjiang	209.20	135.77	73.43	64.9
南安市	Nan'an	148.90	84.58	64.32	56.8
惠安县	Hui'an	100.30	56.54	43.76	56.4
安溪县	Anxi	101.20	45.24	55.96	44.7
永春县	Yongchun	46.00	26.91	19.09	58.5
德化县	Dehua	28.70	21.27	7.43	74.1
漳州市	**Zhangzhou**	**505.00**	**283.81**	**221.19**	**56.2**
漳州市辖区	District under Zhangzhou	78.20	70.51	7.69	90.2
芗城区	Xiangcheng	59.10	53.66	5.44	90.8
龙文区	Longwen	19.10	16.85	2.25	88.2
龙海市	Longhai	93.95	52.71	41.24	56.1
云霄县	Yunxiao	42.00	20.24	21.76	48.2
漳浦县	Zhangpu	82.77	41.63	41.14	50.3
诏安县	Zhao'an	61.41	26.16	35.25	42.6
长泰县	Changtai	22.31	11.94	10.37	53.5
东山县	Dongshan	22.09	12.53	9.56	56.7
南靖县	Nanjing	34.50	17.11	17.39	49.6
平和县	Pinghe	51.36	22.65	28.71	44.1
华安县	Hua'an	16.41	8.33	8.08	50.8
南平市	**Nanping**	**266.00**	**145.77**	**120.23**	**54.8**
南平市辖区	District under Nanping	78.70	49.42	29.28	62.8
延平区	Yanping	47.50	31.92	15.58	67.2
建阳区	Jianyang	31.20	17.50	13.70	56.1
邵武市	Shaowu	27.50	18.65	8.85	67.8
武夷山市	Wuyishan	23.40	13.15	10.25	56.2
建瓯市	Jian'ou	45.30	22.42	22.88	49.5
顺昌县	Shunchang	19.00	9.35	9.65	49.2
浦城县	Pucheng	29.80	13.77	16.03	46.2
光泽县	Guangze	13.50	6.17	7.33	45.7
松溪县	Songxi	12.10	5.44	6.66	45.0
政和县	Zhenghe	16.70	7.40	9.30	44.3
龙岩市	**Longyan**	**263.00**	**141.49**	**121.51**	**53.8**
龙岩市辖区	District under Longyan	108.80	67.99	40.81	62.5
新罗区	Xinluo	72.50	51.55	20.95	71.1
永定区	Yongding	36.30	16.44	19.86	45.3
漳平市	Zhangping	24.20	13.12	11.08	54.2
长汀县	Changting	40.20	19.45	20.75	48.4
上杭县	Shanghang	37.40	17.13	20.27	45.8
武平县	Wuping	27.70	13.13	14.57	47.4
连城县	Liancheng	24.70	10.67	14.03	43.2
宁德市	**Ningde**	**289.00**	**157.22**	**131.78**	**54.4**
宁德市辖区	District under Ningde	44.60	28.41	16.19	63.7
蕉城区	Jiaocheng	44.60	28.41	16.19	63.7
福安市	Fu'an	57.45	35.96	21.49	62.6
福鼎市	Fuding	54.00	31.37	22.63	58.1
霞浦县	Xiapu	46.65	21.46	25.19	46.0
古田县	Gutian	33.10	14.27	18.83	43.1
屏南县	Pingnan	14.00	5.98	8.02	42.7
寿宁县	Shouning	18.00	8.37	9.63	46.5
周宁县	Zhouning	12.15	5.94	6.21	48.9
柘荣县	Zherong	9.05	5.46	3.59	60.3

22-5 城镇单位年末从业人员数（2016年）

Persons Employed in Urban Units at the Year-end (2016)

单位：人 (person)

地区	Area	单位从业人员数 Number of persons Employed in Units	在岗职工 Number of Staff and Workers on the Job	国有 State-Owned Units	城镇集体 Urban Collective - Owned Units	其他 Units of Other Types of Ownerships	其他从业人员 Other Employed Persons
全　省	**Fujian**	**6688257**	**5695738**	**1338846**	**81148**	**4275744**	**992519**
福州市	**Fuzhou**	**1568274**	**1192325**	**302919**	**21888**	**867518**	**375949**
福州市辖区	District under Fuzhou	965762	661077	176663	9957	474457	304685
鼓楼区	Gulou	453537	290809	89250	2394	199165	162728
台江区	Taijiang	142493	70313	26077	1135	43101	72180
仓山区	Cangshan	133985	120941	26312	2943	91686	13044
马尾区	Mawei	104762	87502	9669	1063	76770	17260
晋安区	Jin'an	130985	91512	25355	2422	63735	39473
福清市	Fuqing	184517	170138	31721	1199	137218	14379
长乐市	Changle	98884	90588	19286	631	70671	8296
闽侯县	Minhou	96087	86910	26720	4981	55209	9177
连江县	Lianjiang	51268	44203	13320	1584	29299	7065
罗源县	Luoyuan	30774	25865	7307	818	17740	4909
闽清县	Minqing	56284	52365	9000	2236	41129	3919
永泰县	Yongtai	57253	38598	8097	482	30019	18655
平潭县	Pingtan	27445	22581	10805		11776	4864
厦门市	**Xiamen**	**1391506**	**1186943**	**153452**	**4412**	**1029079**	**204563**
厦门市辖区	District under Xiamen	1391506	1186943	153452	4412	1029079	204563
思明区	Siming	540324	403442	83769	1964	317709	136882
海沧区	Haicang	153150	136595	8968	241	127386	16555
湖里区	Huli	330440	302254	18393	407	283454	28186
集美区	Jimei	167185	160506	23518	1275	135713	6679
同安区	Tong'an	95939	89256	11788	456	77012	6683
翔安区	Xiang'an	104468	94890	7016	69	87805	9578
莆田市	**Putian**	**519633**	**469294**	**80638**	**4699**	**383957**	**50339**
莆田市辖区	District under Putian	436681	392081	63021	3295	325765	44600
城厢区	Chengxiang	106328	91859	28769	1152	61938	14469
涵江区	Hanjiang	116046	103341	10791	917	91633	12705
荔城区	Licheng	147713	134732	10161	386	124185	12981
秀屿区	Xiuyu	66594	62149	13300	840	48009	4445
仙游县	Xianyou	82952	77213	17617	1404	58192	5739
三明市	**Sanming**	**240126**	**208122**	**104923**	**8144**	**95055**	**32004**
三明市辖区	District under Sanming	82956	72078	25699	1381	44998	10878
梅列区	Meilie	27753	25244	6521	925	17798	2509
三元区	Sanyuan	28121	25901	3872	233	21796	2220
永安市	Yong'an	31192	26945	13294	636	13015	4247
明溪县	Mingxi	8997	6717	4508	182	2027	2280
清流县	Qingliu	19263	17080	6198	258	10624	2183
宁化县	Ninghua	13274	11173	8525	638	2010	2101
大田县	Datian	20221	17989	10658	2865	4466	2232
尤溪县	Youxi	17816	15167	10946	529	3692	2649
沙县	Shaxian	20158	17965	8313	963	8689	2193
将乐县	Jiangle	10550	9165	7015	286	1864	1385
泰宁县	Taining	7607	6737	5087	153	1497	870
建宁县	Jianning	8092	7106	4680	253	2173	986
泉州市	**Quanzhou**	**1495919**	**1415432**	**220718**	**14667**	**1180047**	**80487**
泉州市辖区	District under Quanzhou	371851	348048	95485	3616	248947	23803
鲤城区	Licheng	95111	84992	29278	650	55064	10119
丰泽区	Fengze	105056	101816	15410	1109	85297	3240
洛江区	Luojiang	40531	38774	3538	225	35011	1757
泉港区	Quangang	30336	27989	9077	449	18463	2347

22-5 续表

Continued

单位：人 (person)

地区	Area	单位从业人员数 Number of persons Employed in Units	在岗职工 Number of Staff and Workers on the Job	国有 State-Owned Units	城镇集体 Urban Collective - Owned Units	其他 Units of Other Types of Ownerships	其他从业人员 Other Employed Persons
石狮市	Shishi	120911	107870	6426	931	100513	13041
晋江市	Jinjiang	374880	363314	27492	2793	333029	11566
南安市	Nan'an	133385	126507	27437	2027	97043	6878
惠安县	Hui'an	268215	259897	20117	1838	237942	8318
安溪县	Anxi	138112	130520	24599	1679	104242	7592
永春县	Yongchun	60471	53030	10747	1052	41231	7441
德化县	Dehua	28094	26246	8415	731	17100	1848
漳州市	**Zhangzhou**	**560007**	**455901**	**127408**	**9190**	**319303**	**104106**
漳州市辖区	District under Zhangzhou	166708	128598	38780	1262	88556	38110
芗城区	Xiangcheng	133051	100293	34168	1236	64889	32758
龙文区	Longwen	33657	28305	4612	26	23667	5352
龙海市	Longhai	122998	94990	16508	1433	77049	28008
云霄县	Yunxiao	36279	28180	9646	567	17967	8099
漳浦县	Zhangpu	61511	49788	14640	1853	33295	11723
诏安县	Zhao'an	38526	30821	10831	939	19051	7705
长泰县	Changtai	42770	41769	6222	671	34876	1001
东山县	Dongshan	17333	13573	7519	221	5833	3760
南靖县	Nanjing	26890	24905	8000	647	16258	1985
平和县	Pinghe	26230	24441	10620	930	12891	1789
华安县	Hua'an	20762	18836	4642	667	13527	1926
南平市	**Nanping**	**246974**	**206785**	**104230**	**5431**	**97124**	**40189**
南平市辖区	District under Nanping	101400	82899	38017	1268	43614	18316
延平区	Yanping	80221	64597	27777	780	36040	15624
建阳区	Jianyang	21179	18302	10240	488	7574	3062
邵武市	Shaowu	37462	32197	10442	855	20900	5265
武夷山市	Wuyishan	24118	19887	10926	684	8277	4231
建瓯市	Jian’ou	20004	17663	12011	1005	4647	2341
顺昌县	Shunchang	15296	12079	7300	594	4185	3217
浦城县	Pucheng	19960	16965	8649	510	7806	2995
光泽县	Guangze	7616	6877	5568	123	1186	739
松溪县	Songxi	9232	7743	5402	209	2132	1489
政和县	Zhenghe	11886	10475	5915	183	4377	1411
龙岩市	**Longyan**	**313607**	**267617**	**106891**	**7742**	**152984**	**45990**
龙岩市辖区	District under Longyan	135787	107733	52932	3117	51684	28054
新罗区	Xinluo	105190	81113	38017	1530	41566	24077
永定区	Yongding	30597	26620	14915	1587	10118	3977
漳平市	Zhangping	33573	30898	10225	874	19799	2675
长汀县	Changting	49230	45838	11833	2013	31992	3392
上杭县	Shanghang	48801	43925	13200	188	30537	4876
武平县	Wuping	27776	23722	9277	716	13729	4054
连城县	Liancheng	18440	15501	9424	834	5243	2939
宁德市	**Ningde**	**315122**	**261909**	**106257**	**4975**	**150677**	**53213**
宁德市辖区	District under Ningde	124779	92695	30286	496	61913	32084
蕉城区	Jiaocheng	124779	92695	30286	496	61913	32084
福安市	Fu'an	45324	41791	17629	1060	23102	3533
福鼎市	Fuding	61527	57530	14121	1113	42296	3997
霞浦县	Xiapu	18462	15220	11066	785	3369	3242
古田县	Gutian	22973	19886	9453	973	9460	3087
屏南县	Pingnan	9650	7946	5931	217	1798	1704
寿宁县	Shouning	12672	10586	7055	17	3514	2086
周宁县	Zhouning	10551	8153	5754	299	2100	2398
柘荣县	Zherong	9184	8102	4962	15	3125	1082

22-6 固定资产投资（2016年）

Fixed Asset Investment(2016)

单位：亿元 (100 million)

地区	Area	固定资产投资 Investment in Fixed Assets 投资额 Value	增长 Rate(%)	项目投资 Project Investment 投资额 Value	增长 Rate(%)	房地产开发 Real Estate Development 投资额 Value	增长 Rate(%)
全　省	**Fujian**	**23107.49**	**8.5**	**18518.66**	**10.0**	**4588.83**	**2.7**
福州市	**Fuzhou**	**5184.36**	**6.8**	**3504.92**	**0.9**	**1679.44**	**21.6**
福州市辖区	District under Fuzhou	2181.98	3.1	1235.03	-10.9	946.95	29.8
鼓楼区	Gulou	459.18	2.3	379.06	0.9	80.12	9.0
台江区	Taijiang	261.29	-32.9	156.50	-43.7	104.79	-5.9
仓山区	Cangshan	558.34	13.1	162.66	-0.6	395.68	19.9
马尾区	Mawei	309.74	13.1	155.68	-16.1	154.06	74.7
晋安区	Jin'an	560.62	15.8	348.32	-2.7	212.30	68.1
福清市	Fuqing	867.52	13.3	747.12	13.4	120.40	12.8
长乐市	Changle	497.68	11.3	389.27	13.4	108.41	4.3
闽侯县	Minhou	461.58	20.4	211.60	-1.9	249.98	49.0
连江县	Lianjiang	474.25	-8.6	391.58	-9.1	82.67	-6.1
罗源县	Luoyuan	137.82	0.4	130.65	43.9	7.17	-84.6
闽清县	Minqing	77.61	25.2	60.34	40.8	17.28	-9.8
永泰县	Yongtai	89.10	11.4	43.31	27.1	45.79	-0.2
平潭县	Pingtan	396.81	15.6	296.03	9.8	100.78	36.9
厦门市	**Xiamen**	**2159.81**	**14.4**	**1394.01**	**25.2**	**765.80**	**-1.1**
厦门市辖区	District under Xiamen						
思明区	Siming	274.30	16.1	141.81	27.1	132.49	6.3
海沧区	Haicang	430.22	16.4	283.36	20.4	146.86	9.5
湖里区	Huli	366.97	16.4	280.92	35.6	86.05	-20.4
集美区	Jimei	377.92	-1.4	178.01	4.2	199.91	-5.9
同安区	Tong'an	271.76	19.8	156.33	9.0	115.43	38.2
翔安区	Xiang'an	438.64	23.1	353.58	44.3	85.06	-23.6
莆田市	**Putian**	**1938.08**	**11.8**	**1584.77**	**20.3**	**353.31**	**-15.1**
莆田市辖区	District under Putian	1609.96	10.7	1308.81	18.3	301.14	-13.3
城厢区	Chengxiang	211.11	-7.1	95.34	5.0	115.77	-15.2
涵江区	Hanjiang	387.63	18.4	325.70	24.1	61.92	-4.9
荔城区	Licheng	296.97	5.4	190.26	22.0	106.70	-15.2
秀屿区	Xiuyu	705.90	16.5	689.15	17.6	16.75	-16.3
仙游县	Xianyou	328.12	17.3	275.96	30.6	52.16	-23.9
三明市	**Sanming**	**2141.72**	**12.0**	**2037.36**	**14.3**	**104.37**	**-19.9**
三明市辖区	District under Sanming	59.66	-36.1	59.66	-36.1		
梅列区	Meilie	174.31	17.5	141.73	24.6	32.58	-6.0
三元区	Sanyuan	199.27	16.5	194.65	15.0	4.62	144.1
永安市	Yong'an	284.47	10.0	271.09	14.4	13.38	-38.2
明溪县	Mingxi	91.05	19.6	89.10	18.2	1.95	164.7
清流县	Qingliu	98.83	8.5	98.14	9.5	0.68	-53.0
宁化县	Ninghua	175.37	14.1	163.59	18.3	11.78	-23.4
大田县	Datian	272.04	18.7	267.64	19.9	4.41	-27.8
尤溪县	Youxi	220.85	14.7	217.25	21.1	3.60	-72.7
沙县	Shaxian	229.09	10.8	214.38	11.3	14.71	4.2
将乐县	Jiangle	122.40	13.0	112.22	19.3	10.18	-28.6
泰宁县	Taining	102.38	17.2	98.43	17.6	3.95	7.6
建宁县	Jianning	112.01	17.4	109.48	18.6	2.52	-18.9
泉州市	**Quanzhou**	**3748.01**	**10.0**	**3041.86**	**11.6**	**706.14**	**3.6**
泉州市辖区	District under Quanzhou	768.43	11.6	517.04	21.8	251.39	-4.8
鲤城区	Licheng	145.11	11.5	113.72	18.0	31.39	-7.3
丰泽区	Fengze	295.33	6.7	115.11	41.3	180.21	-7.8
洛江区	Luojiang	100.35	17.4	80.00	21.9	20.35	2.8

注：本表数据由各设区市上报。
Note:Data in this Table is Reported by Districts.

22-6 续表

Continued

单位：亿元 (100 million)

地区	Area	固定资产投资 Investment in Fixed Assets 投资额 Value	增长 Rate(%)	项目投资 Project Investment 投资额 Value	项目投资 增长 Rate(%)	房地产开发 Real Estate Development 投资额 Value	房地产开发 增长 Rate(%)
泉港区	Quangang	227.64	16.1	208.21	14.9	19.43	30.0
石狮市	Shishi	449.15	10.0	385.55	11.7	63.60	0.8
晋江市	Jinjiang	914.90	3.2	720.03	1.2	194.87	11.1
南安市	Nan'an	558.17	12.0	516.10	12.1	42.07	11.1
惠安县	Hui'an	490.27	12.8	429.37	11.0	60.90	27.9
安溪县	Anxi	326.41	16.0	258.18	17.7	68.23	10.0
永春县	Yongchun	129.04	16.5	118.62	17.9	10.42	2.1
德化县	Dehua	111.65	14.1	96.98	26.9	14.67	-31.6
漳州市	**Zhangzhou**	**2827.93**	**12.4**	**2365.08**	**17.5**	**462.85**	**-7.9**
漳州市辖区	District under Zhangzhou	37.43	-2.1	37.43	-2.1		
芗城区	Xiangcheng	188.30	5.8	122.56	-13.0	65.75	77.4
龙文区	Longwen	243.07	17.2	133.94	67.6	109.12	-14.4
龙海市	Longhai	571.50	14.0	427.94	14.4	143.57	12.9
云霄县	Yunxiao	245.44	25.1	233.48	36.4	11.96	-52.1
漳浦县	Zhangpu	365.94	12.9	302.21	28.5	63.73	-28.2
诏安县	Zhao'an	243.89	26.5	232.74	30.2	11.15	-20.6
长泰县	Changtai	229.72	-18.0	213.34	-15.6	16.38	-40.3
东山县	Dongshan	176.12	9.9	166.79	16.1	9.33	-43.5
南靖县	Nanjing	246.40	19.4	232.87	23.6	13.53	-24.5
平和县	Pinghe	179.62	18.7	165.39	23.3	14.22	-17.3
华安县	Hua'an	100.49	25.2	96.40	26.2	4.09	5.4
南平市	**Nanping**	**1694.40**	**-4.5**	**1536.60**	**-5.3**	**157.79**	**3.3**
南平市辖区	District under Nanping	452.82	-12.1	368.84	-17.9	83.97	28.3
延平区	Yanping	152.36	-22.2	120.66	-31.0	31.70	51.7
建阳区	Jianyang	275.87	2.9	224.42	-7.2	51.46	21.4
邵武市	Shaowu	339.81	-1.4	325.12	1.1	14.70	-36.7
武夷山市	Wuyishan	259.61	-13.8	243.87	-15.3	15.74	20.9
建瓯市	Jian'ou	262.18	3.5	247.21	9.0	14.97	-43.6
顺昌县	Shunchang	71.89	17.8	67.84	18.9	4.05	1.6
浦城县	Pucheng	133.90	2.9	130.77	6.3	3.12	-56.1
光泽县	Guangze	49.06	0.7	43.97	0.8	5.09	0.4
松溪县	Songxi	54.88	1.0	44.32	-14.0	10.56	276.5
政和县	Zhenghe	70.26	5.2	64.67	5.7	5.59	-0.8
龙岩市	**Longyan**	**2188.04**	**15.2**	**2007.94**	**17.6**	**180.10**	**-6.8**
龙岩市辖区	District under Longyan	1002.95	16.3	864.44	22.2	138.52	-10.5
新罗区	Xinluo	759.10	15.0	628.40	22.6	130.70	-11.3
永定区	Yongding	243.85	20.4	236.04	21.0	7.81	4.6
漳平市	Zhangping	216.40	15.8	208.40	15.3	8.00	30.8
长汀县	Changting	231.99	14.2	225.01	14.5	6.98	4.7
上杭县	Shanghang	257.31	17.8	253.69	19.6	3.62	-42.6
武平县	Wuping	259.32	13.6	250.60	14.2	8.71	-3.1
连城县	Liancheng	220.08	9.6	205.80	8.1	14.28	36.7
宁德市	**Ningde**	**1225.15**	**-2.6**	**1046.11**	**2.5**	**179.04**	**-24.8**
宁德市辖区	District under Ningde	40.00	77.7	40.00	77.7		
蕉城区	Jiaocheng	296.55	-12.0	241.27	5.6	55.28	-49.1
福安市	Fu'an	204.70	-12.3	159.36	-22.1	45.34	57.1
福鼎市	Fuding	272.78	2.3	252.63	18.4	20.15	-62.2
霞浦县	Xiapu	129.93	10.1	114.34	24.8	15.58	-40.8
古田县	Gutian	71.85	2.3	46.05	-22.3	25.79	135.2
屏南县	Pingnan	48.60	12.7	44.19	4.1	4.40	561.0
寿宁县	Shouning	65.11	2.6	63.15	5.6	1.96	-46.9
周宁县	Zhouning	50.61	10.1	42.24	-5.1	8.37	478.6
柘荣县	Zherong	45.03	-22.3	42.87	-20.3	2.16	-48.3

22-7 城镇单位在岗职工平均工资（2016年）

Average Annual Wages of Staff and Worker on the Job in Urban Areas(2016)

单位：元 (yuan)

地区	Area	在岗职工平均工资 Total Wages of Staff and Workers on the Job	国有 State-Owned Units	城镇集体 Urban Collective-Owned Unit	其他 Units of Other Types of Ownerships	在岗职工平均工资比上年增长(%) Ratio(%)
全　省	**Fujian**	**63138**	**80833**	**59466**	**57629**	**7.5**
福州市	**Fuzhou**	**67630**	**84476**	**48249**	**62447**	**8.2**
福州市辖区	District under Fuzhou	69011	89169	46482	62870	9.2
鼓楼区	Gulou	70366	90370	48214	63197	6.7
台江区	Taijiang	69381	93938	51326	61295	9.5
仓山区	Cangshan	67843	80728	48288	64466	11.8
马尾区	Mawei	67149	81704	47137	65546	9.6
晋安区	Jin'an	66653	91691	39774	57812	11.8
福清市	Fuqing	67180	77072	48489	64934	12.4
长乐市	Changle	64845	72403	45601	62771	1.5
闽侯县	Minhou	68348	84448	43995	62066	7.2
连江县	Lianjiang	61103	77518	64869	53510	7.2
罗源县	Luoyuan	59810	73144	59320	54169	7.6
闽清县	Minqing	64412	70564	49217	63511	-0.3
永泰县	Yongtai	62688	65979	56335	61793	1.1
平潭县	Pingtan	67269	87418		47682	6.3
厦门市	**Xiamen**	**69218**	**109606**	**66928**	**63267**	**7.6**
厦门市辖区	District under Xiamen	69218	109606	66928	63267	7.6
思明区	Siming	76599	118278	68206	67099	7.5
海沧区	Haicang	69158	92337	50878	67509	6.3
湖里区	Huli	66757	94217	67136	64748	8.2
集美区	Jimei	62384	100055	66900	56009	8.9
同安区	Tong'an	60530	99472	74556	54057	8.4
翔安区	Xiang'an	59739	115065	33771	55129	5.5
莆田市	**Putian**	**56511**	**79465**	**60776**	**51572**	**7.9**
莆田市辖区	District under Putian	57477	82977	59576	52612	7.1
城厢区	Chengxiang	63854	94070	64980	50339	8.4
涵江区	Hanjiang	50500	79264	56438	47200	6.4
荔城区	Licheng	56655	75590	68206	55040	4.4
秀屿区	Xiuyu	61541	66991	51774	60209	10.9
仙游县	Xianyou	51694	68387	63091	45636	11.3
三明市	**Sanming**	**62712**	**69602**	**52392**	**55885**	**8.5**
三明市辖区	District under Sanming	69353	79171	50583	64417	8.7
梅列区	Meilie	68673	80824	49745	65224	9.6
三元区	Sanyuan	61791	61704	61467	61813	7.9
永安市	Yong'an	63699	77420	56276	50356	10.6
明溪县	Mingxi	57974	61474	44943	51113	7.8
清流县	Qingliu	51291	63702	59036	43684	3.2
宁化县	Ninghua	64781	70757	48963	44317	3.1
大田县	Datian	53670	61367	48484	37019	8.2
尤溪县	Youxi	62501	65944	64580	52113	9.2
沙县	Shaxian	60129	70225	50886	50939	12.0
将乐县	Jiangle	58221	58916	71123	53518	5.8
泰宁县	Taining	60398	60819	61968	58764	8.0
建宁县	Jianning	57921	61527	56210	49440	6.4
泉州市	**Quanzhou**	**57141**	**81537**	**69162**	**52326**	**5.7**
泉州市辖区	District under Quanzhou	60141	80072	73900	52080	3.6
鲤城区	Licheng	50031	61070	71199	43608	6.5
丰泽区	Fengze	61482	76339	86333	58498	3.5
洛江区	Luojiang	48654	81136	71066	44569	7.4
泉港区	Quangang	61954	71769	47262	57261	6.4

22-7 续表

Continued

单位：元 (yuan)

地区	Area	在岗职工平均工资 Total Wages of Staff and Workers on the Job	国有 State-Owned Units	城镇集体 Urban Collective-Owned Unit	其他 Units of Other Types of Ownerships	在岗职工平均工资比上年增长(%) Ratio(%)
石狮市	Shishi	59354	74226	40637	58601	-0.6
晋江市	Jinjiang	53025	94000	74253	49289	9.3
南安市	Nan'an	58860	77327	71431	53270	5.9
惠安县	Hui'an	55189	72842	54190	53481	-1.0
安溪县	Anxi	58906	85036	86502	52617	10.1
永春县	Yongchun	55600	80929	74235	48901	12.9
德化县	Dehua	53049	71670	49697	43882	20.3
漳州市	**Zhangzhou**	**61085**	**76813**	**78023**	**54344**	**8.6**
漳州市辖区	District under Zhangzhou	63487	92291	46755	51379	9.1
芗城区	Xiangcheng	64851	93604	46318	50344	9.1
龙文区	Longwen	58885	83195	60821	54109	9.3
龙海市	Longhai	64634	75592	114389	61420	6.0
云霄县	Yunxiao	57028	66172	78739	51198	6.9
漳浦县	Zhangpu	57248	65953	75492	52431	6.0
诏安县	Zhao'an	52268	59483	62073	47768	13.1
长泰县	Changtai	57746	81098	95031	52747	6.6
东山县	Dongshan	64937	78482	101314	46345	9.5
南靖县	Nanjing	59548	73662	56245	52402	16.7
平和县	Pinghe	58165	63348	87650	51507	15.6
华安县	Hua'an	64907	71650	64917	62316	11.2
南平市	**Nanping**	**59537**	**68844**	**52055**	**49936**	**8.1**
南平市辖区	District under Nanping	63743	76202	55895	53533	8.7
延平区	Yanping	64892	79024	54827	54808	8.6
建阳区	Jianyang	59430	68452	57892	46750	9.4
邵武市	Shaowu	55014	70291	57098	46400	7.4
武夷山市	Wuyishan	57273	61275	47788	48037	7.2
建瓯市	Jian'ou	60583	64260	46565	54375	5.5
顺昌县	Shunchang	55907	65240	43249	42154	12.7
浦城县	Pucheng	57940	69995	61799	44164	7.2
光泽县	Guangze	57486	61046	46120	41178	9.5
松溪县	Songxi	57775	63835	55200	40689	10.6
政和县	Zhenghe	50244	56524	41330	41608	10.4
龙岩市	**Longyan**	**59329**	**69003**	**60987**	**51958**	**7.0**
龙岩市辖区	District under Longyan	65925	72505	65892	58988	7.1
新罗区	Xinluo	68818	75572	70218	62130	6.5
永定区	Yongding	57004	64003	60747	47176	8.0
漳平市	Zhangping	52310	64418	75388	43461	4.5
长汀县	Changting	50697	66672	59097	44453	6.6
上杭县	Shanghang	62472	71673	25856	58350	6.4
武平县	Wuping	51078	65167	44248	39789	7.7
连城县	Liancheng	54070	57668	54014	46723	13.6
宁德市	**Ningde**	**61309**	**63617**	**57371**	**59712**	**8.3**
宁德市辖区	District under Ningde	67072	69547	80443	65611	10.1
蕉城区	Jiaocheng	67072	69547	80443	65611	10.1
福安市	Fu'an	64936	67161	38009	64473	12.2
福鼎市	Fuding	57858	67408	64899	54075	2.6
霞浦县	Xiapu	55920	57403	53624	51267	6.0
古田县	Gutian	52452	59998	52737	43918	7.7
屏南县	Pingnan	54537	56093	80802	45319	8.4
寿宁县	Shouning	53899	57518	50706	46977	4.1
周宁县	Zhouning	52745	54424	44909	49206	5.2
柘荣县	Zherong	56746	52575	55400	63393	5.9

22-8 城乡居民人均可支配收入（2016年）

Annual Per Capita Disposable Income of Urban and Rural Households(2016)

单位：元 (yuan)

项目	Item	城镇居民人均可支配收入 Annual Per Capita Disposable Income of Urban Households		农村居民人均可支配收入 Per Capita Net Income of Rural Residence	
		数值 Value	增长（%） Ratio(%)	数值 Value	增长（%） Ratio(%)
全　省	**Fujian**	**36014**	**8.2**	**14999**	**8.7**
福州市	**Fuzhou**	**37833**	**8.2**	**16346**	**7.5**
福州市辖区	District under Fuzhou				
鼓楼区	Gulou	44364	8.6		
台江区	Taijiang	41133	8.8		
仓山区	Cangshan	34736	7.6		
马尾区	Mawei	41415	8.2	21241	7.2
晋安区	Jin'an	38467	8.0	16701	6.7
福清市	Fuqing	38077	8.9	19230	7.8
长乐市	Changle	39231	7.7	18835	8.5
闽侯县	Minhou	35531	7.2	15646	7.5
连江县	Lianjiang	30942	7.0	14967	8.2
罗源县	Luoyuan	28120	7.8	12790	7.0
闽清县	Minqing	26781	7.4	12168	6.3
永泰县	Yongtai	26135	8.5	11790	6.5
平潭县	Pingtan	33296	8.4	13609	7.6
厦门市	**Xiamen**	**46254**	**8.6**	**18885**	**7.6**
厦门市辖区	District under Xiamen				
思明区	Siming	55840	8.5		
海沧区	Haicang	42146	8.7	23551	7.0
湖里区	Huli	45850	8.4		
集美区	Jimei	41110	8.7	22999	7.8
同安区	Tong'an	38688	8.3	17439	7.2
翔安区	Xiang'an	32988	10.3	16991	8.0
莆田市	**Putian**	**31818**	**8.7**	**15131**	**9.0**
莆田市辖区	District under Putian				
城厢区	Chengxiang	36426	8.5	17002	8.6
涵江区	Hanjiang	30273	8.2	14680	8.4
荔城区	Licheng	35816	8.8	16875	8.9
秀屿区	Xiuyu	26475	7.9	15602	9.3
仙游县	Xianyou	27313	9.3	13711	9.1
三明市	**Sanming**	**29677**	**8.3**	**13918**	**8.7**
三明市辖区	District under Sanming				
梅列区	Meilie	33803	8.6	15393	9.4
三元区	Sanyuan	32301	10.1	16170	9.6
永安市	Yong'an	30804	8.0	15085	8.8
明溪县	Mingxi	25558	7.7	12861	6.3
清流县	Qingliu	25863	8.1	13217	7.2
宁化县	Ninghua	23975	9.0	12538	10.3
大田县	Datian	29700	9.1	14094	9.0
尤溪县	Youxi	28483	7.5	14429	9.2
沙县	Shaxian	30522	8.9	15736	8.3
将乐县	Jiangle	28349	6.6	13714	8.3
泰宁县	Taining	27185	7.2	13106	8.4
建宁县	Jianning	24283	8.8	12849	9.6
泉州市	**Quanzhou**	**39656**	**6.4**	**17179**	**8.3**
泉州市辖区	District under Quanzhou				
鲤城区	Licheng	38652	3.6		
丰泽区	Fengze	46991	6.0		
洛江区	Luojiang	34911	6.3	14597	8.1
泉港区	Quangang	30018	6.2	16866	8.2
石狮市	Shishi	50730	7.5	21097	7.5

22-8 续表

Continued

单位：元　(yuan)

项目	Item	城镇居民人均可支配收入 Annual Per Capita Disposable Income of Urban Households		农村居民人均可支配收入 Per Capita Net Income of Rural Residence	
		数值 Value	增长（%） Ratio(%)	数值 Value	增长（%） Ratio(%)
晋江市	Jinjiang	42597	6.4	19882	9.4
南安市	Nan'an	39093	6.9	18250	8.7
惠安县	Hui'an	37526	6.1	17336	8.6
安溪县	Anxi	27247	7.6	14004	7.6
永春县	Yongchun	27885	6.5	13517	7.7
德化县	Dehua	28887	7.0	13015	8.8
漳州市	**Zhangzhou**	**30726**	**9.4**	**15320**	**10.5**
漳州市辖区	District under Zhangzhou				
芗城区	Xiangcheng	34009	10.0	15356	10.9
龙文区	Longwen	35067	9.4	16687	10.7
龙海市	Longhai	31621	9.7	16101	10.5
云霄县	Yunxiao	27588	9.0	14047	10.1
漳浦县	Zhangpu	30689	9.9	16535	11.3
诏安县	Zhao'an	25432	7.1	13708	10.6
长泰县	Changtai	31604	10.4	16136	9.5
东山县	Dongshan	30845	9.6	17888	11.5
南靖县	Nanjing	28202	8.1	14313	10.0
平和县	Pinghe	27556	9.0	14827	9.8
华安县	Hua'an	28746	9.2	14974	9.7
南平市	**Nanping**	**27818**	**6.5**	**13331**	**8.7**
南平市辖区	District under Nanping				
延平区	Yanping	28984	5.8	14822	8.1
建阳区	Jianyang	28065	5.3	13357	8.1
邵武市	Shaowu	29159	6.2	15286	7.9
武夷山市	Wuyishan	28958	6.8	14622	9.0
建瓯市	Jian'ou	27827	6.0	14600	8.8
顺昌县	Shunchang	25324	8.1	12734	9.6
浦城县	Pucheng	26075	7.2	12134	7.5
光泽县	Guangze	25178	7.6	11444	8.4
松溪县	Songxi	24364	5.8	10267	9.5
政和县	Zhenghe	24849	7.0	10559	9.9
龙岩市	**Longyan**	**30408**	**7.8**	**14429**	**8.7**
龙岩市辖区	District under Longyan				
新罗区	Xinluo	33952	7.1	17501	9.2
永定区	Yongding	32138	7.3	15352	8.6
漳平市	Zhangping	29056	8.1	14496	8.3
长汀县	Changting	21268	7.7	12766	9.5
上杭县	Shanghang	33019	8.0	14074	9.0
武平县	Wuping	28439	8.6	13676	8.7
连城县	Liancheng	26265	8.4	12810	8.0
宁德市	**Ningde**	**28164**	**8.2**	**13516**	**9.1**
宁德市辖区	District under Ningde				
蕉城区	Jiaocheng	29134	7.6	13565	10.3
福安市	Fu'an	30084	9.0	14146	9.0
福鼎市	Fuding	29957	8.0	13903	9.9
霞浦县	Xiapu	28249	8.9	13736	9.6
古田县	Gutian	26405	8.3	14209	8.4
屏南县	Pingnan	23093	8.6	12144	9.5
寿宁县	Shouning	21897	8.2	11691	8.8
周宁县	Zhouning	24411	7.2	12620	9.2
柘荣县	Zherong	23028	8.0	12105	8.5

22-9 地方一般公共预算收入（2016年）

Budgetary Revenue of Local Government(2016)

单位：万元 (10000 yuan)

地区	Area	地方一般公共预算收入 Budgetary Revenue of Local Government	#增值税 Value-added Tax	#营业税 Business Tax	#企业所得税 Enterprises' Income Tax	#个人所得税 Individual Income Tax
全　省	**Fujian**	**26548324**	**5456801**	**2982682**	**3500153**	**1234985**
福州市	**Fuzhou**	**5989113**	**1105992**	**565742**	**905241**	**353531**
福州市辖区	District under Fuzhou	2250736	371594	227316	315162	232212
鼓楼区	Gulou	402507	81996	16577	114088	
台江区	Taijiang	147439	34563	14243	34315	
仓山区	Cangshan	306232	55781	28990	60152	
马尾区	Mawei	214610	43093	11723	44642	3249
晋安区	Jin'an	250525	47569	18415	53540	
福清市	Fuqing	566306	111383	44961	60909	58469
长乐市	Changle	387919	76115	32806	36062	10771
闽侯县	Minhou	654903	127619	68882	69684	14521
连江县	Lianjiang	286431	42940	36769	50273	7442
罗源县	Luoyuan	88763	23361	11605	12623	3759
闽清县	Minqing	88080	29571	7514	12014	7115
永泰县	Yongtai	80100	11918	12666	11116	1804
平潭县	Pingtan	264562	48489	33275	30661	14189
厦门市	**Xiamen**	**6479366**	**1426419**	**643286**	**1012322**	**408857**
厦门市辖区	District under Xiamen	4599414	1016187	454023	685094	272755
思明区	Siming	512000	110974	54214	94742	77730
海沧区	Haicang	342008	75610	24699	43932	7931
湖里区	Huli	392347	94431	42540	98731	27859
集美区	Jimei	308165	54976	32010	45731	12736
同安区	Tong'an	166384	45514	18221	21347	5678
翔安区	Xiang'an	159048	28727	17579	22745	4168
莆田市	**Putian**	**1157255**	**218324**	**137314**	**143961**	**45904**
莆田市辖区	District under Putian	170533	18051	11871	12604	6831
城厢区	Chengxiang	197029	33842	31983	22945	5841
涵江区	Hanjiang	202536	43023	26628	29168	4316
荔城区	Licheng	224519	49771	31671	32217	5670
秀屿区	Xiuyu	178058	38434	17933	33043	4274
仙游县	Xianyou	184580	35203	17228	13984	18972
三明市	**Sanming**	**946978**	**194937**	**74828**	**51836**	**29438**
三明市辖区	District under Sanming	188969	60620	14306	8465	6072
梅列区	Meilie	73663	8767	7239	4912	3083
三元区	Sanyuan	38764	7247	2327	2485	1043
永安市	Yong'an	174391	34762	8798	8939	4068
明溪县	Mingxi	28287	5565	1018	1953	2722
清流县	Qingliu	33189	6656	1830	2119	1968
宁化县	Ninghua	58051	6886	9619	3785	1608
大田县	Datian	69150	14323	4041	2301	1574
尤溪县	Youxi	73639	17611	5979	3744	2593
沙县	Shaxian	90384	15436	11020	6476	2205
将乐县	Jiangle	62006	9279	4477	2461	1028
泰宁县	Taining	26500	4309	1958	1521	691
建宁县	Jianning	29985	3476	2216	2675	783
泉州市	**Quanzhou**	**4240759**	**1111515**	**294457**	**523180**	**211737**
泉州市辖区	District under Quanzhou	724494	146078	44988	62666	25887
鲤城区	Licheng	108996	28706	10288	14739	5922
丰泽区	Fengze	216975	37375	31117	23913	12564
洛江区	Luojiang	94500	22711	8358	11008	2824
泉港区	Quangang	299991	154193	7703	28789	4634
石狮市	Shishi	403359	78346	28346	47754	15001

22-9 续表

Continued

单位：万元 (10000 yuan)

地区	Area	地方一般公共预算收入 Budgetary Revenue of Local Government	#增值税 Value-added Tax	#营业税 Business Tax	#企业所得税 Enterprises' Income Tax	#个人所得税 Individual Income Tax
晋江市	Jinjiang	1206806	328786	81969	168315	74292
南安市	Nan'an	384721	108518	22878	46951	44344
惠安县	Hui'an	340789	112690	17901	65022	11012
安溪县	Anxi	243142	50118	23508	33244	6568
永春县	Yongchun	107501	22805	8371	12149	4597
德化县	Dehua	109485	21189	9030	8630	4092
漳州市	**Zhangzhou**	**1876410**	**393342**	**197524**	**210783**	**58024**
漳州市辖区	District under Zhangzhou	704737	147121	80775	96077	20063
芗城区	Xiangcheng	139302	31696	11264	16609	7681
龙文区	Longwen	105394	20266	17408	13488	2529
龙海市	Longhai	199023	44052	19103	28172	5729
云霄县	Yunxiao	57556	10273	5973	4740	2129
漳浦县	Zhangpu	194856	30679	26492	17432	5262
诏安县	Zhao'an	57364	11146	5725	4719	1616
长泰县	Changtai	117901	29113	11525	11224	6883
东山县	Dongshan	116989	31625	6324	7652	1559
南靖县	Nanjing	81850	15578	7025	5292	2284
平和县	Pinghe	57961	9757	3993	3396	1364
华安县	Hua'an	43477	12036	1917	1982	925
南平市	**Nanping**	**829718**	**149520**	**74152**	**61277**	**34634**
南平市辖区	District under Nanping	185753	45803	20640	23509	10447
延平区	Yanping	68932	12262	6808	6702	3982
建阳区	Jianyang	109293	16767	8181	4962	5508
邵武市	Shaowu	107426	18336	8340	6388	2639
武夷山市	Wuyishan	86831	11501	6515	3337	2928
建瓯市	Jian'ou	80596	13969	5267	4007	2169
顺昌县	Shunchang	42649	8961	3078	1782	1062
浦城县	Pucheng	53532	9354	5322	2688	1706
光泽县	Guangze	40631	4353	5797	4514	2111
松溪县	Songxi	21842	3350	1334	1036	387
政和县	Zhenghe	32233	4864	2870	2352	1695
龙岩市	**Longyan**	**1314144**	**285432**	**102395**	**101824**	**55644**
龙岩市辖区	District under Longyan	557813	154927	41737	32739	13620
新罗区	Xinluo	201915	38800	21340	17316	8411
永定区	Yongding	81749	21446	9269	5522	4062
漳平市	Zhangping	62044	13999	5392	5382	4644
长汀县	Changting	64802	11486	6354	6681	2905
上杭县	Shanghang	229305	23280	8165	23238	16289
武平县	Wuping	73389	12760	6263	6269	3760
连城县	Liancheng	43127	8734	3875	4677	1953
宁德市	**Ningde**	**1009731**	**235064**	**82630**	**105065**	**37207**
宁德市辖区	District under Ningde	215608	52231	22084	27915	9446
蕉城区	Jiaocheng	120890	33533	11865	24756	5865
福安市	Fu'an	186314	54060	8555	20442	6436
福鼎市	Fuding	183960	36889	13120	10134	6451
霞浦县	Xiapu	92471	12858	10963	4658	2613
古田县	Gutian	69093	14125	7264	5293	2668
屏南县	Pingnan	36475	8307	2380	3335	1253
寿宁县	Shouning	42287	6424	2255	2687	966
周宁县	Zhouning	36844	9839	2394	3985	659
柘荣县	Zherong	25789	6798	1750	1860	850

22-10 一般公共预算支出（2016年）

Budgetary Expenditures of Local Government(2016)

单位：万元 (10000 yuan)

地区	Area	一般公共预算支出 Budgetary Expenditure	#一般公共服务支出 Expenditure for General Public Service	#教育支出 Expenditure for Education	#科学技术支出 Expenditure for Science	#农林水事务支出 Expenditure for Agriculture Forestry and Water Conservancey
全　省	**Fujian**	**42754043**	**3382106**	**7891067**	**802823**	**4105751**
福州市	**Fuzhou**	**8299274**	**575353**	**1530806**	**112461**	**621048**
福州市辖区	District under Fuzhou	2334065	131378	304172	38732	148692
鼓楼区	Gulou	346042	33434	92374	6806	3544
台江区	Taijiang	147893	19924	36651	2950	2232
仓山区	Cangshan	325687	30115	81328	5403	27251
马尾区	Mawei	347846	43392	66000	10625	24354
晋安区	Jin'an	305409	23395	60997	4124	15215
福清市	Fuqing	791051	64185	200263	11979	61205
长乐市	Changle	508420	32431	112870	12063	44132
闽侯县	Minhou	905678	52557	217648	12082	61663
连江县	Lianjiang	546823	39075	140364	4877	72916
罗源县	Luoyuan	254358	22004	34097	1490	42267
闽清县	Minqing	286980	19147	50640	622	44758
永泰县	Yongtai	280117	19424	52500	321	44580
平潭县	Pingtan	918905	44892	80902	387	28239
厦门市	**Xiamen**	**7586381**	**569059**	**1090629**	**212673**	**211347**
厦门市辖区	District under Xiamen	4618963	326597	287831	127822	100687
思明区	Siming	654540	47292	197075	20950	785
海沧区	Haicang	526830	42217	121700	15014	13053
湖里区	Huli	415663	51382	115838	4282	2586
集美区	Jimei	544084	40102	153133	22003	33745
同安区	Tong'an	478504	33684	113962	18493	33214
翔安区	Xiang'an	347797	27785	101090	4109	27277
莆田市	**Putian**	**2069116**	**163785**	**545006**	**24704**	**181249**
莆田市辖区	District under Putian	443474	46816	74587	6568	22127
城厢区	Chengxiang	241753	20083	64890	4392	19319
涵江区	Hanjiang	282575	28946	70971	4791	19585
荔城区	Licheng	283191	15877	100481	3572	21311
秀屿区	Xiuyu	344296	24952	98403	2153	41547
仙游县	Xianyou	473827	27111	135674	3228	57360
三明市	**Sanming**	**2538020**	**245141**	**514457**	**44261**	**425372**
三明市辖区	District under Sanming	416560	32555	57706	5723	24391
梅列区	Meilie	96741	11005	20128	766	19937
三元区	Sanyuan	78660	7378	20074	1192	11752
永安市	Yong'an	276620	48439	62788	13315	37386
明溪县	Mingxi	136276	13657	30303	2239	30679
清流县	Qingliu	151591	9929	27798	2339	47342
宁化县	Ninghua	246683	17892	46652	3023	49265
大田县	Datian	206750	18250	56311	4436	31576
尤溪县	Youxi	238454	20157	65803	3023	42542
沙县	Shaxian	218292	22102	45962	1563	35121
将乐县	Jiangle	182675	18913	33614	3991	33711
泰宁县	Taining	142051	11961	22576	436	27312
建宁县	Jianning	146667	12903	24742	2215	34358
泉州市	**Quanzhou**	**5976651**	**416927**	**1286821**	**132399**	**578454**
泉州市辖区	District under Quanzhou	1101120	84204	188332	31660	41645
鲤城区	Licheng	122955	11393	37338	3040	2365
丰泽区	Fengze	187039	17524	48909	3847	8770
洛江区	Luojiang	133165	15327	28851	3366	13355

22-10 续表

Continued

单位：万元 (10000 yuan)

地区	Area	一般公共预算支出 Budgetary Expenditure	#一般公共服务支出 Expenditure for General Public Service	#教育支出 Expenditure for Education	#科学技术支出 Expenditure for Science	#农林水事务支出 Expenditure for Agriculture Forestry and Water Conservancey
泉港区	Quangang	302151	22727	78094	9270	24282
石狮市	Shishi	488535	42611	76870	10727	46558
晋江市	Jinjiang	1374144	68887	258711	34373	155889
南安市	Nan'an	661270	42737	155763	12554	68806
惠安县	Hui'an	498766	33406	128923	7601	47937
安溪县	Anxi	540525	39592	157765	9910	73822
永春县	Yongchun	315262	21049	71959	2712	46158
德化县	Dehua	251719	17470	55306	3339	48867
漳州市	**Zhangzhou**	**3691462**	**266057**	**661874**	**45000**	**487446**
漳州市辖区	District under Zhangzhou	735034	65622	109447	14007	30497
芗城区	Xiangcheng	182008	19093	34353	2737	7100
龙文区	Longwen	168406	15526	32823	3520	7105
龙海市	Longhai	400562	35327	82006	1222	65540
云霄县	Yunxiao	252406	11809	58597	879	38132
漳浦县	Zhangpu	507436	19796	93140	7023	64120
诏安县	Zhao'an	275299	17491	47172	3057	63327
长泰县	Changtai	222106	17671	44753	2858	36995
东山县	Dongshan	268947	15704	35230	1913	65490
南靖县	Nanjing	230636	19507	39043	2471	31810
平和县	Pinghe	299336	15842	61013	3993	52357
华安县	Hua'an	149286	12669	24297	1320	24973
南平市	**Nanping**	**2498214**	**176668**	**463089**	**18099**	**440082**
南平市辖区	District under Nanping	381614	30835	55065	4216	10721
延平区	Yanping	223322	16181	51578	2475	49465
建阳区	Jianyang	260359	17665	48765	2093	43215
邵武市	Shaowu	237194	20114	52454	551	37140
武夷山市	Wuyishan	227430	16580	32198	1975	53801
建瓯市	Jian’ou	283361	13747	57899	1339	46003
顺昌县	Shunchang	187432	12047	38463	430	32678
浦城县	Pucheng	252236	16863	46149	1039	69232
光泽县	Guangze	149573	11013	25882	1136	30161
松溪县	Songxi	143444	11688	25046	1863	23501
政和县	Zhenghe	152249	9935	29590	982	44165
龙岩市	**Longyan**	**2742714**	**238765**	**550790**	**55758**	**401614**
龙岩市辖区	District under Longyan	643640	69632	86723	7934	20283
新罗区	Xinluo	320524	31396	72817	6274	53855
永定区	Yongding	251537	20878	58590	1750	41683
漳平市	Zhangping	210216	19623	45885	3650	40185
长汀县	Changting	330611	20603	71532	2801	71840
上杭县	Shanghang	435973	35546	95497	8482	66417
武平县	Wuping	302287	23989	59552	18506	54501
连城县	Liancheng	247926	17098	60194	6361	52850
宁德市	**Ningde**	**2669204**	**217798**	**505394**	**18212**	**401282**
宁德市辖区	District under Ningde	339414	40640	47405	10086	17197
蕉城区	Jiaocheng	276213	26853	67925	509	46924
福安市	Fu'an	406995	31608	83396	2240	56672
福鼎市	Fuding	386471	26217	76683	1179	53212
霞浦县	Xiapu	311210	21178	63012	255	65825
古田县	Gutian	259815	21225	48187	332	47277
屏南县	Pingnan	188835	12286	32917	1175	31706
寿宁县	Shouning	204378	11573	36694	471	37078
周宁县	Zhouning	160161	14191	29151	1575	29873
柘荣县	Zherong	135712	12027	20024	390	15518

22-11 金融机构货币存贷款余额（2016年）

Deposits and Loans of Financial institutions by Country and City(2016)

单位：亿元 (100 million yuan)

地区	Area	金融机构人民币各项存款余额 RMB Deposits of National Banking System	#非金融企业存款 Non-Financial Enterprises	#储蓄存款 Savings Deposits	金融机构人民币各项贷款余额 RMB Loans of National Banking System	#短期贷款 Short-term Loans	#中长期贷款 Medium-term & Long-term Loans
全 省	**Fujian**	**39275.82**	**13416.02**	**14366.68**	**36356.06**	**12620.98**	**21631.79**
福州市	**Fuzhou**	**12076.50**	**4597.93**	**3871.26**	**12124.69**	**3170.82**	**8398.43**
福州市辖区	District under Fuzhou	8361.84	3709.62	1926.22	9073.02	2101.08	6446.34
鼓楼区	Gulou						
台江区	Taijiang						
仓山区	Cangshan						
马尾区	Mawei	546.63	137.51	290.04	426.32	123.52	297.64
晋安区	Jin'an						
福清市	Fuqing	931.03	167.57	581.76	707.31	228.64	470.73
长乐市	Changle	658.48	185.72	301.53	783.26	408.15	361.16
闽侯县	Minhou	452.03	101.23	231.53	256.86	83.49	171.86
连江县	Lianjiang	371.21	58.08	207.80	314.74	80.04	234.06
罗源县	Luoyuan	110.17	23.97	56.73	153.83	34.79	118.88
闽清县	Minqing	130.95	13.09	91.63	64.42	37.01	27.39
永泰县	Yongtai	121.34	12.11	71.92	86.91	29.91	57.00
平潭县	Pingtan	392.82	189.03	112.12	258.03	44.19	213.37
厦门市	**Xiamen**	**9188.49**	**3669.42**	**2038.99**	**7745.00**	**2213.20**	**5000.01**
厦门市辖区	District under Xiamen						
思明区	Siming						
海沧区	Haicang						
湖里区	Huli						
集美区	Jimei						
同安区	Tong'an						
翔安区	Xiang'an						
莆田市	**Putian**	**1692.68**	**334.24**	**994.54**	**1650.58**	**683.44**	**940.80**
莆田市辖区	District under Putian	1362.29	299.78	757.38	1406.22	568.15	814.50
城厢区	Chengxiang						
涵江区	Hanjiang						
荔城区	Licheng	282.22	49.78	184.77	237.10	109.59	127.38
秀屿区	Xiuyu						
仙游县	Xianyou	330.39	34.46	237.15	244.37	115.29	126.30
三明市	**Sanming**	**1490.09**	**387.46**	**743.49**	**1264.48**	**381.95**	**831.82**
三明市辖区	District under Sanming	447.18	162.9	159.26	473.39	139.67	293.51
梅列区	Meilie						
三元区	Sanyuan						
永安市	Yong'an	203.53	63.02	100.63	199.25	69.68	128.28
明溪县	Mingxi	69.42	11.56	36.13	22.38	6.81	15.57
清流县	Qingliu	54.41	10.85	30.16	26.51	8.61	17.81
宁化县	Ninghua	122.74	30.22	68.73	67.46	13.54	53.92
大田县	Datian	96.74	20.86	57.99	75.56	28.96	46.60
尤溪县	Youxi	126.57	16.89	87.59	111.74	30.77	72.12
沙县	Shaxian	162.34	46.69	90.89	167.48	47.48	119.74
将乐县	Jiangle	76.11	8.57	44.92	55.68	15.30	40.38
泰宁县	Taining	60.57	5.48	32.77	33.63	8.93	24.70
建宁县	Jianning	70.48	10.42	34.41	31.40	12.20	19.20
泉州市	**Quanzhou**	**6639.82**	**2007.32**	**3123.06**	**5788.42**	**2745.60**	**2644.72**
泉州市辖区	District under Quanzhou	2383.02	932.91	727.32	2009.39	806.17	995.43
鲤城区	Licheng						
丰泽区	Fengze						
洛江区	Luojiang						
泉港区	Quangang	35.09	15.23	8.57	49.72	18.89	30.26

22-11 续表

Continued

单位：亿元 (100 million yuan)

地区	Area	金融机构人民币各项存款余额 RMB Deposits of National Banking System	#非金融企业存款 Non-Financial Enterprises	#储蓄存款 Savings Deposits	金融机构人民币各项贷款余额 RMB Loans of National Banking System	#短期贷款 Short-term Loans	#中长期贷款 Medium-term & Long-term Loans
石狮市	Shishi	667.74	144.03	392.37	716.77	357.00	322.26
晋江市	Jinjiang	1482.18	487.23	760.05	1286.42	762.95	457.83
南安市	Nan'an	849.34	154.42	537.76	788.81	453.25	283.16
惠安县	Hui'an	524.83	164.82	273.42	397.52	144.62	227.93
安溪县	Anxi	351.82	75.55	223.82	310.72	98.33	211.80
永春县	Yongchun	194.27	18.01	126.33	110.82	54.28	49.46
德化县	Dehua	186.62	30.36	82.00	167.98	69.01	96.85
漳州市	**Zhangzhou**	**2519.89**	**672.64**	**1260.69**	**2140.71**	**893.83**	**1177.63**
漳州市辖区	District under Zhangzhou	958.22	382.56	359.24	985.78	428.76	494.12
芗城区	Xiangcheng						
龙文区	Longwen						
龙海市	Longhai	472.13	127.9	248.04	485.46	139.25	342.27
云霄县	Yunxiao	125.00	12.87	77.90	68.85	30.57	38.26
漳浦县	Zhangpu	317.00	62.67	162.85	222.82	103.42	119.04
诏安县	Zhao'an	120.89	12.84	79.58	56.70	31.69	24.98
长泰县	Changtai	128.71	27.43	69.68	69.86	39.19	30.56
东山县	Dongshan	95.66	13.6	59.83	82.17	27.02	55.11
南靖县	Nanjing	108.40	14.39	71.96	75.18	45.92	28.22
平和县	Pinghe	142.47	12.65	98.57	65.00	33.63	31.37
华安县	Hua'an	51.41	5.73	33.03	28.90	14.39	13.71
南平市	**Nanping**	**1568.67**	**349.19**	**848.11**	**1168.76**	**389.43**	**761.02**
南平市辖区	District under Nanping	442.10	122.59	193.40	428.05	94.14	320.89
延平区	Yanping						
建阳区	Jianyang	225.87	95.15	96.09	163.14	45.67	113.07
邵武市	Shaowu	152.50	25.49	98.37	105.80	40.85	64.88
武夷山市	Wuyishan	131.96	18.19	84.15	119.81	42.58	77.06
建瓯市	Jian’ou	170.92	22.72	117.83	116.07	46.14	69.73
顺昌县	Shunchang	95.26	15.51	56.53	49.01	22.35	26.21
浦城县	Pucheng	140.45	13.58	93.30	62.50	27.80	34.71
光泽县	Guangze	75.02	14.99	38.85	58.76	31.05	27.71
松溪县	Songxi	61.56	9.85	32.64	34.66	24.28	10.38
政和县	Zhenghe	73.05	11.11	36.95	30.96	14.58	16.38
龙岩市	**Longyan**	**1753.76**	**476.67**	**809.30**	**1434.19**	**502.45**	**903.58**
龙岩市辖区	District under Longyan	888.92	291.52	349.28	865.95	264.90	579.70
新罗区	Xinluo						
永定区	Yongding	149.43	20.52	88.04	93.70	35.03	58.50
漳平市	Zhangping	107.98	15.16	64.50	80.79	39.18	41.56
长汀县	Changting	160.12	21.62	90.82	107.77	46.38	60.51
上杭县	Shanghang	262.41	104.12	105.19	145.80	58.77	81.35
武平县	Wuping	104.33	15.32	62.56	79.23	26.90	52.33
连城县	Liancheng	80.57	8.41	48.91	60.95	31.30	29.64
宁德市	**Ningde**	**1347.45**	**223.06**	**668.02**	**1489.95**	**471.93**	**943.23**
宁德市辖区	District under Ningde	443.21	91.79	151.13	467.17	107.65	295.67
蕉城区	Jiaocheng						
福安市	Fu'an	211.56	44.52	122.15	233.17	120.00	107.85
福鼎市	Fuding	216.87	34.71	123.74	414.29	81.10	332.11
霞浦县	Xiapu	114.62	12.09	63.07	129.43	47.25	82.15
古田县	Gutian	140.81	16.25	91.89	98.38	48.82	47.05
屏南县	Pingnan	58.43	6.84	31.38	58.54	27.14	31.39
寿宁县	Shouning	66.03	8.75	35.18	35.03	18.73	16.31
周宁县	Zhouning	55.88	3.73	31.29	27.58	9.24	16.35
柘荣县	Zherong	40.05	4.36	18.20	26.37	12.02	14.34

22-12 农作物播种面积（2016年）

Sown Areas of Farm Crops(2016)

单位：千公顷 (1000 hectares)

项目	Item	农作物播种面积 Sown Areas of Farm Crops	粮食作物 Grain Crops	稻谷 Rice	薯类 Sweet Potato	豆类 Bean	非粮作物 Non-grain Crops
全　省	**Fujian**	**2366.42**	**1176.73**	**769.39**	**258.28**	**88.65**	**1189.69**
福州市	**Fuzhou**	**270.82**	**99.71**	**52.00**	**36.59**	**8.28**	**171.11**
福州市辖区	District under Fuzhou	12.95	1.38	0.87	0.49		11.57
鼓楼区	Gulou						
台江区	Taijiang						
仓山区	Cangshan	3.37					3.37
马尾区	Mawei	4.02	0.57	0.51	0.07		3.45
晋安区	Jin'an	5.56	0.80	0.36	0.43	0.01	4.76
福清市	Fuqing	58.35	20.61	9.06	9.40	2.01	37.74
长乐市	Changle	31.15	12.97	8.09	4.65	0.22	18.18
闽侯县	Minhou	44.24	12.14	6.64	3.86	1.16	32.09
连江县	Lianjiang	19.64	9.45	5.52	2.59	1.23	10.20
罗源县	Luoyuan	13.42	6.89	4.04	2.14	0.68	6.53
闽清县	Minqing	32.73	10.57	8.08	1.59	0.72	22.17
永泰县	Yongtai	46.35	21.00	9.70	7.39	2.05	25.35
平潭县	Pingtan	11.99	4.71	0.01	4.46	0.21	7.28
厦门市	**Xiamen**	**25.91**	**6.58**	**3.32**	**2.82**	**0.18**	**19.32**
厦门市辖区	District under Xiamen	25.91	6.58	3.32	2.82	0.18	19.32
思明区	Siming						
海沧区	Haicang	0.90	0.10	0.05	0.03	0.02	0.81
湖里区	Huli						
集美区	Jimei	2.01	0.38	0.32	0.05	0.01	1.63
同安区	Tong'an	11.30	3.57	2.29	0.96	0.08	7.73
翔安区	Xiang'an	11.69	2.53	0.66	1.78	0.08	9.16
莆田市	**Putian**	**106.98**	**46.14**	**25.18**	**13.55**	**5.24**	**60.84**
莆田市辖区	District under Putian	64.96	25.76	10.93	10.02	3.59	39.20
城厢区	Chengxiang	6.46	6.48	4.22	1.57	0.56	-0.01
涵江区	Hanjiang	14.25	3.09	1.48	1.03	0.43	11.16
荔城区	Licheng	19.29	5.28	3.82	0.76	0.54	14.01
秀屿区	Xiuyu	24.96	10.91	1.42	6.65	2.05	14.05
仙游县	Xianyou	42.02	20.38	14.25	3.53	1.66	21.64
三明市	**Sanming**	**454.78**	**221.31**	**144.18**	**35.80**	**26.79**	**233.46**
三明市辖区	District under Sanming	14.10	5.88	3.77	0.78	1.05	8.22
梅列区	Meilie	4.37	1.64	0.98	0.24	0.25	2.73
三元区	Sanyuan	9.73	4.23	2.79	0.54	0.80	5.50
永安市	Yong'an	33.67	15.02	10.67	1.69	1.39	18.64
明溪县	Mingxi	31.57	18.97	10.66	3.13	2.96	12.59
清流县	Qingliu	43.26	18.03	11.30	3.80	2.28	25.23
宁化县	Ninghua	70.84	40.39	24.91	5.80	4.86	30.45
大田县	Datian	63.06	26.37	12.81	8.43	3.33	36.69
尤溪县	Youxi	77.08	36.49	20.92	7.30	6.92	40.59
沙县	Shaxian	31.03	15.83	11.82	2.05	1.24	15.20
将乐县	Jiangle	26.33	14.83	11.97	1.25	0.98	11.50
泰宁县	Taining	22.92	12.69	9.86	1.10	1.08	10.23
建宁县	Jianning	40.92	16.81	15.49	0.47	0.71	24.11
泉州市	**Quanzhou**	**254.18**	**137.10**	**72.63**	**53.09**	**5.16**	**117.08**
泉州市辖区	District under Quanzhou	20.24	10.22	3.31	3.78	0.74	10.02
鲤城区	Licheng	0.43	0.08	0.02	0.04	0.02	0.34
丰泽区	Fengze	0.49	0.09	0.05	0.04		0.40
洛江区	Luojiang	7.93	3.82	1.84	1.13	0.06	4.11

22-12 续表

Continued

单位：千公顷 (1000 hectares)

项目	Item	农作物播种面积 Sown Areas of Farm Crops	粮食作物 Grain Crops	稻谷 Rice	薯类 Sweet Potato	豆类 Bean	非粮作物 Non-grain Crops
泉港区	Quangang	11.39	6.23	1.39	2.58	0.66	5.17
石狮市	Shishi	3.48	1.39	0.17	1.00	0.18	2.09
晋江市	Jinjiang	25.84	7.46	1.43	5.01	0.17	18.38
南安市	Nan'an	55.24	31.70	24.08	6.80	0.43	23.54
惠安县	Hui'an	40.43	24.00	5.23	13.88	2.91	16.43
安溪县	Anxi	41.67	23.19	12.70	9.70	0.35	18.47
永春县	Yongchun	40.82	24.90	18.07	6.52	0.31	15.92
德化县	Dehua	26.47	14.24	7.65	6.40	0.08	12.23
漳州市	**Zhangzhou**	**264.72**	**109.77**	**70.47**	**23.59**	**10.33**	**154.95**
漳州市辖区	District under Zhangzhou	7.09	1.40	0.37	0.62	0.38	5.69
芗城区	Xiangcheng	5.40	1.36	0.37	0.59	0.37	4.04
龙文区	Longwen	1.69	0.05		0.03	0.01	1.65
龙海市	Longhai	31.09	12.82	9.22	3.11	0.05	18.27
云霄县	Yunxiao	27.32	15.31	10.65	2.83	1.23	12.01
漳浦县	Zhangpu	67.61	31.13	16.85	9.09	4.08	36.48
诏安县	Zhao'an	34.06	17.45	11.24	3.71	2.07	16.62
长泰县	Changtai	18.63	7.06	4.56	0.24	0.37	11.56
东山县	Dongshan	5.53	1.24	0.09	1.03	0.09	4.29
南靖县	Nanjing	25.25	7.92	6.56	0.67	0.59	17.33
平和县	Pinghe	38.15	12.91	8.94	1.93	1.44	25.24
华安县	Hua'an	9.99	2.53	1.98	0.36	0.04	7.46
南平市	**Nanping**	**436.59**	**247.35**	**180.58**	**27.43**	**18.40**	**189.24**
南平市辖区	District under Nanping	91.64	51.82	41.85	4.65	2.65	39.82
延平区	Yanping	35.11	17.12	11.16	3.01	1.52	17.99
建阳区	Jianyang	56.52	34.70	30.69	1.64	1.13	21.82
邵武市	Shaowu	59.30	38.64	26.40	4.61	3.63	20.66
武夷山市	Wuyishan	37.74	21.60	16.82	2.11	1.60	16.14
建瓯市	Jian'ou	76.17	39.90	25.83	4.43	3.67	36.27
顺昌县	Shunchang	23.32	12.75	9.19	1.73	1.23	10.57
浦城县	Pucheng	82.48	42.84	31.93	3.80	3.43	39.64
光泽县	Guangze	21.94	13.91	11.88	1.01	0.73	8.03
松溪县	Songxi	20.29	11.94	8.57	0.97	0.69	8.35
政和县	Zhenghe	23.72	13.95	8.11	4.11	0.78	9.76
龙岩市	**Longyan**	**312.80**	**182.11**	**146.13**	**22.58**	**7.79**	**130.69**
龙岩市辖区	District under Longyan	62.01	34.51	29.20	3.32	0.72	27.50
新罗区	Xinluo	22.10	11.04	9.22	1.11	0.18	11.06
永定区	Yongding	39.91	23.46	19.98	2.21	0.55	16.44
漳平市	Zhangping	25.95	13.07	10.54	1.29	0.40	12.88
长汀县	Changting	60.01	36.42	27.75	6.10	2.15	23.60
上杭县	Shanghang	55.72	31.52	27.80	1.91	0.98	24.19
武平县	Wuping	60.75	37.84	30.98	2.56	2.33	22.91
连城县	Liancheng	48.36	28.76	19.86	7.40	1.21	19.61
宁德市	**Ningde**	**239.65**	**126.67**	**74.90**	**42.83**	**6.47**	**112.98**
宁德市辖区	District under Ningde	239.65	126.67	74.90	42.83	6.47	112.98
蕉城区	Jiaocheng	18.29	9.47	5.15	3.21	0.67	8.82
福安市	Fu'an	46.02	20.78	10.77	8.03	1.70	25.24
福鼎市	Fuding	34.83	15.42	7.89	6.36	0.99	19.41
霞浦县	Xiapu	29.65	15.16	6.83	7.41	0.65	14.49
古田县	Gutian	34.72	25.62	21.07	4.00	0.34	9.10
屏南县	Pingnan	21.69	11.27	8.09	2.80	0.27	10.41
寿宁县	Shouning	21.97	12.21	7.10	3.80	0.85	9.76
周宁县	Zhouning	15.28	8.03	4.22	3.32	0.39	7.26
柘荣县	Zherong	17.21	8.72	3.79	3.89	0.61	8.50

22-13 主要农产品产量（2016年）

Output of Major Agricultural Products(2016)

单位：吨 (ton)

地区	Area	粮食 Grain Crops	油料 Oil-bearing	蔬菜 Vegetables	食用菌 Edible Fungus	茶叶 Tea	园林水果 Fruit	肉类 Meat	水产品 Aquatic Products
全　省	**Fujian**	**6508722**	**310317**	**18334274**	**1181821**	**426834**	**7616014**	**2256429**	**7679811**
福州市	**Fuzhou**	**528672**	**56701**	**3729699**	**185729**	**30873**	**545119**	**247321**	**2384783**
福州市辖区	District under Fuzhou	8016	5	273476	402	1718	23815	8163	137609
鼓楼区	Gulou								103087
台江区	Taijiang								
仓山区	Cangshan			72250			1374	679	9608
马尾区	Mawei	3183	5	84982			15929	2992	23285
晋安区	Jin'an	4833		116244	402	1718	6512	4492	1629
福清市	Fuqing	108250	36964	734378	1827	243	79740	109443	450710
长乐市	Changle	75853	1754	515901	5939	83	28699	23157	172051
闽侯县	Minhou	64029	1651	967590	16052	778	82673	35816	31034
连江县	Lianjiang	50335	1578	133843	7574	8663	29230	15311	1010437
罗源县	Luoyuan	33437	208	92752	110654	8151	11631	11332	162590
闽清县	Minqing	57673	1059	443924	24851	2184	140178	14151	9484
永泰县	Yongtai	108828	5205	502225	18430	9053	147170	14482	12055
平潭县	Pingtan	22251	8277	65610			1983	15466	398813
厦门市	**Xiamen**	**35272**	**7113**	**522918**	**27343**	**1238**	**15975**	**49674**	**44402**
厦门市辖区	District under Xiamen	35272	7113	522918	27343	1238	15975	49674	44402
思明区	Siming								22906
海沧区	Haicang	421	131	16258			2425	712	1564
湖里区	Huli								
集美区	Jimei	2160	487	15221	723		4033	4136	2265
同安区	Tong'an	19116	2477	208505	1855	1238	6049	25328	4670
翔安区	Xiang'an	13575	4018	282934	24765		3468	19498	12997
莆田市	**Putian**	**258358**	**50653**	**1246594**	**78398**	**6209**	**222891**	**114330**	**918144**
莆田市辖区	District under Putian	141857	35730	920701	32027	1804	100408	89385	898316
城厢区	Chengxiang	36827	3427	63489	5138	61	35346	36649	52758
涵江区	Hanjiang	16454	5439	221505	12511	1726	52366	13106	61205
荔城区	Licheng	30677	4353	468415	14378	17	12330	13990	85057
秀屿区	Xiuyu	57899	22511	167292			366	25640	699296
仙游县	Xianyou	116501	14923	325893	46371	4405	122483	24945	19828
三明市	**Sanming**	**1173808**	**31399**	**2756014**	**114380**	**42799**	**1217862**	**180358**	**111132**
三明市辖区	District under Sanming	31833	556	194921	1904	473	194468	24019	3078
梅列区	Meilie	8452	261	37664	412	16	36249	4305	1183
三元区	Sanyuan	23381	295	157257	1492	457	158219	19714	1895
永安市	Yong'an	84812	2157	409527	5648	2003	123233	20160	12805
明溪县	Mingxi	100590	3712	80104	6177	2356	45745	7767	7701
清流县	Qingliu	92721	4898	113370	2407	1657	58385	9155	25200
宁化县	Ninghua	209611	8266	178447	5817	3113	60523	15702	10500
大田县	Datian	122995	2225	573497	15643	9692	126430	19082	7678
尤溪县	Youxi	178671	2096	635108	38267	14980	221291	38223	9830
沙县	Shaxian	93666	2627	233605	6821	6195	191461	26163	8828
将乐县	Jiangle	82423	2309	100115	14205	512	54936	6800	5374
泰宁县	Taining	70903	1804	72877	11222	700	19014	7465	13038
建宁县	Jianning	105583	749	164443	6269	1118	122376	5822	7100
泉州市	**Quanzhou**	**691318**	**53925**	**1583924**	**75617**	**77913**	**472997**	**156348**	**1165451**
泉州市辖区	District under Quanzhou	50150	7740	165298	82	549	19968	16714	128556
鲤城区	Licheng	403	9	9162	38		144	100	101
丰泽区	Fengze	460	90	5247		2	554	61	18050
洛江区	Luojiang	20164	1491	85267		115	7498	8829	1788
泉港区	Quangang	29123	6150	65622	44	432	11772	7724	108617

注：本表粮食产量中的稻谷产量为原报面积推算的抽样调查数，非稻谷部分产量为全面统计数，肉类产量中猪、禽产量全省为抽样调查数，省以下为全面统计数。

Note:The grain output in this table is calculated on spot check basis,including medium-pig production and poultry production.Part of rice production is comprehensive,Below the provincial level is comprehensive.

22-13 续表

Continued

单位：吨 (ton)

地区	Area	粮食 Grain Crops	油料 Oil-bearing	蔬菜 Vegetables	食用菌 Edible Fungus	茶叶 Tea	园林水果 Fruit	肉类 Meat	水产品 Aquatic Products
石狮市	Shishi	5807	865	31556	64		780	822	451731
晋江市	Jinjiang	39577	7409	328485	5440		6943	9030	255524
南安市	Nan'an	179516	13191	292044	12469	1171	97285	56186	36813
惠安县	Hui'an	108489	22425	118066	600	9	11927	20300	287981
安溪县	Anxi	105246	1879	266566	1034	59987	29741	21317	1736
永春县	Yongchun	132296	291	213085	54498	15125	225754	15137	1330
德化县	Dehua	70237	125	168824	1430	1072	80599	16842	1780
漳州市	**Zhangzhou**	**671529**	**44769**	**3084409**	**359870**	**76409**	**3445758**	**205532**	**1914102**
漳州市辖区	District under Zhangzhou	6540	565	106482	29688	268	97198	16080	21782
芗城区	Xiangcheng	5982	513	67284	25712	260	96062	10413	13030
龙文区	Longwen	558	52	39198	3976	8	1136	5667	8752
龙海市	Longhai	78533	2493	371030	152264	14	82205	27016	448797
云霄县	Yunxiao	102251	5855	136288	7169	2248	308993	11049	225115
漳浦县	Zhangpu	193199	17544	613508	30766	529	341396	25717	425777
诏安县	Zhao'an	106905	6903	321365	7366	10625	224781	12376	328322
长泰县	Changtai	43299	3066	211907	14585	3967	89698	14327	25103
东山县	Dongshan	6628	2615	73106			8734	5171	409744
南靖县	Nanjing	43957	946	392742	72882	17394	515362	61324	17370
平和县	Pinghe	73933	4038	749756	24784	17453	1684550	18977	8362
华安县	Hua'an	16284	744	108225	20366	23911	92841	13495	3730
南平市	**Nanping**	**1432408**	**32516**	**2025936**	**116537**	**70733**	**845221**	**730395**	**125611**
南平市辖区	District under Nanping	298846	3031	509308	29048	6412	203195	111145	23681
延平区	Yanping	84644	1449	260974	12033	1412	99097	96855	10853
建阳区	Jianyang	214202	1582	248334	17015	5000	104098	14290	12828
邵武市	Shaowu	205088	6502	140997	10599	10509	43771	20911	22404
武夷山市	Wuyishan	134069	2738	150032	11011	16174	29059	10932	10989
建瓯市	Jian’ou	236412	5287	608935	8256	13154	376577	20032	18064
顺昌县	Shunchang	68273	1134	99585	41811	161	118951	11811	7497
浦城县	Pucheng	251675	9858	245618	4266	1892	16454	165158	16268
光泽县	Guangze	80725	1326	50277	4226	813	3063	336013	15900
松溪县	Songxi	67326	1780	109776	6465	7700	36830	6716	7850
政和县	Zhenghe	89994	860	111408	855	13918	17321	47677	2958
龙岩市	**Longyan**	**1098022**	**26319**	**2024074**	**41248**	**22882**	**431734**	**487684**	**81100**
龙岩市辖区	District under Longyan	206877	5031	498120	4188	3258	183458	194561	13808
新罗区	Xinluo	67720	2863	217865	2401	1549	38690	117008	7583
永定区	Yongding	139157	2168	280255	1787	1709	144768	77553	6225
漳平市	Zhangping	77636	761	259874	21231	11438	53088	27606	10338
长汀县	Changting	225218	9424	264044	4826	1976	51284	56930	14665
上杭县	Shanghang	197614	2162	342059	2802	1502	59547	94447	11706
武平县	Wuping	222357	3518	371905	5694	4032	42179	71095	13074
连城县	Liancheng	168320	5423	288072	2507	676	42178	43045	17509
宁德市	**Ningde**	**619335**	**6922**	**1360706**	**182699**	**97778**	**418457**	**101962**	**935086**
宁德市辖区	District under Ningde	41975	933	139085	710	8986	30549	29227	196226
蕉城区	Jiaocheng	41975	933	139085	710	8986	30549	29227	196226
福安市	Fu'an	95441	1692	307715	7910	25843	217498	16014	93932
福鼎市	Fuding	73739	560	184526	19764	22658	28634	7708	203519
霞浦县	Xiapu	69286	2221	176024	7805	7157	30904	8403	412135
古田县	Gutian	139357	256	109082	106937	1570	77122	15917	20256
屏南县	Pingnan	62669		156141	18906	1945	15477	9636	2975
寿宁县	Shouning	61159	53	125745	12805	16234	11986	4976	2510
周宁县	Zhouning	38585	219	114260	1898	9518	5483	5912	2263
柘荣县	Zherong	37124	988	48128	5964	3867	804	4169	1270

22-14 规模以上工业企业主要财务指标（2016年）

Finacial Indicators of Industrial Enterprises above Designated Size(2016)

单位：万元 (10000 yuan)

地区	Area	固定资产合计 Total Value of Fixed Assets	流动资产合计 Circulating Funds	主营业务收入 Sale of Products	利润总额 Total Profits	利税总额 Total Pre-tax Profits
全 省	**Fujian**	**99316930**	**162861008**	**425372353**	**28892561**	**43431185**
福州市	**Fuzhou**	**23113851**	**29948760**	**80369097**	**4771066**	**6801397**
福州市辖区	District under Fuzhou	5293404	9968683	25443954	1062255	1733698
鼓楼区	Gulou	1602499	1518782	2974183	182622	275067
台江区	Taijiang	1254216	310987	1597632	36108	92285
仓山区	Cangshan	832466	2743355	7562381	312249	609293
马尾区	Mawei	1231617	4271344	9039945	364205	491600
晋安区	Jin'an	372607	1124215	4269812	167071	265453
福清市	Fuqing	7217781	7603315	14988003	949231	1338829
长乐市	Changle	5754235	6760644	20000415	1293372	1568264
闽侯县	Minhou	1281835	2908916	9043989	431071	829608
连江县	Lianjiang	1241411	897060	5741549	741519	881688
罗源县	Luoyuan	1215892	1018714	2832970	61636	116619
闽清县	Minqing	517928	449124	1471631	220357	295591
永泰县	Yongtai	246682	202028	558720	21040	38625
平潭县	Pingtan	344683	140276	287866	-9414	-1526
厦门市	**Xiamen**	**12658317**	**34518959**	**48679086**	**2878578**	**4402760**
厦门市辖区	District under Xiamen					
思明区	Siming	1989680	2139139	2516167	209248	297563
海沧区	Haicang	2483529	6685995	8982765	648895	1468672
湖里区	Huli	2097238	10668467	13857277	880097	1092809
集美区	Jimei	1740406	5877469	7206444	582170	779958
同安区	Tong'an	1599321	4578190	6456677	332081	541718
翔安区	Xiang'an	2748144	4569700	9659755	226087	222041
莆田市	**Putian**	**5079165**	**7303877**	**28165868**	**2785153**	**3491623**
莆田市辖区	District under Putian	4359637	5915522	23480488	2473813	3067473
城厢区	Chengxiang	736921	903027	3383389	152301	226468
涵江区	Hanjiang	921945	1925823	8856968	1254157	1482585
荔城区	Licheng	400332	1230913	5715330	438723	545299
秀屿区	Xiuyu	2300439	1855759	5524801	628632	813121
仙游县	Xianyou	719528	1388355	4685380	311340	424150
三明市	**Sanming**	**6351966**	**6423296**	**34597476**	**898112**	**1482612**
三明市辖区	District under Sanming	2136294	1773192	7197142	270011	449988
梅列区	Meilie	1266012	1265916	3873881	181286	271606
三元区	Sanyuan	870282	507276	3323261	88725	178382
永安市	Yong'an	1385151	1375538	7887918	111030	214123
明溪县	Mingxi	199363	149226	1088426	43551	61792
清流县	Qingliu	257019	176374	1128212	61155	95526
宁化县	Ninghua	319597	171332	1197545	27276	47029
大田县	Datian	336146	414934	3429092	37675	101573
尤溪县	Youxi	362240	587408	2737607	25366	50691
沙县	Shaxian	650369	1162726	6023435	205827	279024
将乐县	Jiangle	328657	293786	1769232	38165	74733
泰宁县	Taining	180366	176937	919250	36286	51345
建宁县	Jianning	196765	141842	1219616	41770	56790
泉州市	**Quanzhou**	**22455172**	**42316884**	**116666136**	**9289657**	**14159980**
泉州市辖区	District under Quanzhou	6112720	9015365	25908474	2320979	4184674
鲤城区	Licheng	676955	3798185	7054758	503918	680912
丰泽区	Fengze	1669025	1176201	3428238	160775	263533
洛江区	Luojiang	371154	822114	3844585	416328	526640
泉港区	Quangang	3395586	3218865	11580892	1239958	2713589
石狮市	Shishi	2525714	3492037	9390490	615838	826187

22-14 续表

Continued

单位：万元 (10000 yuan)

地区	Area	固定资产合计 Total Value of Fixed Assets	流动资产合计 Circulating Funds	主营业务收入 Sale of Products	利润总额 Total Profits	利税总额 Total Pre-tax Profits
晋江市	Jinjiang	5101138	16448811	36501807	2443677	3508093
南安市	Nan'an	2213625	6033260	18019983	989529	1396720
惠安县	Hui'an	3479830	4658540	13542346	1574701	2463573
安溪县	Anxi	2044785	1238203	5872886	735916	913527
永春县	Yongchun	571961	943547	5212067	524106	710860
德化县	Dehua	405399	487122	2218083	84911	156347
漳州市	**Zhangzhou**	**9612651**	**17380175**	**49133615**	**4615686**	**6733318**
漳州市辖区	District under Zhangzhou	1780719	2884977	10204983	996935	1405360
芗城区	Xiangcheng	1301098	1910838	7340111	792467	1074290
龙文区	Longwen	479622	974139	2864873	204468	331070
龙海市	Longhai	3327827	5781437	12538240	1092318	1652690
云霄县	Yunxiao	405763	716764	3028709	253313	374637
漳浦县	Zhangpu	726915	2041239	3911479	295286	439750
诏安县	Zhao'an	417776	777751	3135431	361202	469844
长泰县	Changtai	821020	1755735	4858233	475845	729248
东山县	Dongshan	541771	985825	2973528	235062	462938
南靖县	Nanjing	755848	1357498	4422187	546613	674357
平和县	Pinghe	225760	360690	2083527	166958	252861
华安县	Hua'an	609253	718260	1977297	192156	271632
南平市	**Nanping**	**4135638**	**4719573**	**17322830**	**1021596**	**1555016**
南平市辖区	District under Nanping	1569801	1858668	5140645	288161	443724
延平区	Yanping	1155815	1109249	2686789	159091	245623
建阳区	Jianyang	413986	749418	2453856	129070	198101
邵武市	Shaowu	362123	774309	3996656	234656	418805
武夷山市	Wuyishan	159880	172004	1021875	48752	73719
建瓯市	Jian'ou	313886	511896	2316468	122547	186396
顺昌县	Shunchang	230926	227219	1055156	14787	27253
浦城县	Pucheng	544734	306903	1533303	131690	184795
光泽县	Guangze	537457	531818	803125	63756	71232
松溪县	Songxi	100137	152363	701774	73311	88303
政和县	Zhenghe	316694	184394	753827	43936	60789
龙岩市	**Longyan**	**5520756**	**9477534**	**20114181**	**718769**	**2253182**
龙岩市辖区	District under Longyan	2784912	4912284	9769903	431173	1661845
新罗区	Xinluo	1987671	4343752	8303421	353854	1510146
永定区	Yongding	797240	568531	1466482	77320	151699
漳平市	Zhangping	731734	569612	1432826	36791	75689
长汀县	Changting	334409	663027	1687274	104802	209516
上杭县	Shanghang	1119794	2721376	4429273	-17251	61654
武平县	Wuping	297303	340287	1409551	103210	159429
连城县	Liancheng	252604	270949	1385355	60044	85050
宁德市	**Ningde**	**10389415**	**10771950**	**30324065**	**1913944**	**2551297**
宁德市辖区	District under Ningde	1879816	3846824	4695162	696834	762876
蕉城区	Jiaocheng	1704055	3444167	4042300	622066	676827
福安市	Fu'an	1886748	3424961	9574334	235627	376817
福鼎市	Fuding	5414686	2087184	9147285	626767	878708
霞浦县	Xiapu	229212	411641	1479597	59870	73991
古田县	Gutian	267283	250962	1463103	95651	132533
屏南县	Pingnan	223150	232497	878806	39410	79663
寿宁县	Shouning	182454	182365	1279084	45847	71818
周宁县	Zhouning	199460	161153	954451	79448	116065
柘荣县	Zherong	106607	174363	852243	34492	58826

22-15 运输邮电基本情况（2016年）

Basic Indicators of Transportation and Post(2016)

单位：公里 (KM)

地区	Area	农村投递路线总长度 Rural Delivery Routes	公路通车里程 Length of Highways in Operation
全　省	**Fujian**	**93164**	**106757**
福州市	**Fuzhou**	**11310**	**12025**
福州市辖区	District under Fuzhou	814	853
鼓楼区	Gulou		
台江区	Taijiang		
仓山区	Cangshan		121
马尾区	Mawei		243
晋安区	Jin'an		489
福清市	Fuqing	1945	2130
长乐市	Changle	1513	1061
闽侯县	Minhou	2384	1736
连江县	Lianjiang	1019	1223
罗源县	Luoyuan	817	968
闽清县	Minqing	931	1513
永泰县	Yongtai	1029	1925
平潭县	Pingtan	858	617
厦门市	**Xiamen**	**7361**	**2197**
厦门市辖区	District under Xiamen		2197
思明区	Siming		90
海沧区	Haicang		211
湖里区	Huli		87
集美区	Jimei		285
同安区	Tong'an		1047
翔安区	Xiang'an		476
莆田市	**Putian**	**4517**	**6388**
莆田市辖区	District under Putian	3078	3767
城厢区	Chengxiang		684
涵江区	Hanjiang		1185
荔城区	Licheng		625
秀屿区	Xiuyu		1273
仙游县	Xianyou	1439	2621
三明市	**Sanming**	**9442**	**14915**
三明市辖区	District under Sanming	793	963
梅列区	Meilie		385
三元区	Sanyuan		578
永安市	Yong'an	1063	1729
明溪县	Mingxi	566	1101
清流县	Qingliu	893	879
宁化县	Ninghua	840	1483
大田县	Datian	1258	1750
尤溪县	Youxi	1449	2535
沙县	Shaxian	760	1237
将乐县	Jiangle	740	1194
泰宁县	Taining	631	952
建宁县	Jianning	449	1092
泉州市	**Quanzhou**	**22006**	**17526**
泉州市辖区	District under Quanzhou	1638	1502
鲤城区	Licheng		182
丰泽区	Fengze		318
洛江区	Luojiang		507
泉港区	Quangang		496
石狮市	Shishi	591	551
晋江市	Jinjiang	7167	2010
南安市	Nan'an	6791	3348
惠安县	Hui'an	1333	1127
安溪县	Anxi	1947	4058
永春县	Yongchun	1670	2683
德化县	Dehua	869	2246
漳州市	**Zhangzhou**	**10692**	**12200**
漳州市辖区	District under Zhangzhou	1358	655
芗城区	Xiangcheng		358
龙文区	Longwen		298
龙海市	Longhai	1811	1492
云霄县	Yunxiao	550	770
漳浦县	Zhangpu	2274	1640
诏安县	Zhao'an	984	1220
长泰县	Changtai	521	1064
东山县	Dongshan	672	379
南靖县	Nanjing	1115	2029
平和县	Pinghe	934	1598
华安县	Hua'an	473	1353
南平市	**Nanping**	**9553**	**15622**
南平市辖区	District under Nanping	2604	3701
延平区	Yanping		2208
建阳区	Jianyang	1311	1492
邵武市	Shaowu	694	1638
武夷山市	Wuyishan	919	1354
建瓯市	Jian'ou	1204	2578
顺昌县	Shunchang	838	1151
浦城县	Pucheng	981	1911
光泽县	Guangze	523	1066
松溪县	Songxi	501	816
政和县	Zhenghe	1291	1406
龙岩市	**Longyan**	**7937**	**14314**
龙岩市辖区	District under Longyan	2435	3970
新罗区	Xinluo		2158
永定区	Yongding	1083	1812
漳平市	Zhangping	1265	2103
长汀县	Changting	1208	2454
上杭县	Shanghang	1379	2085
武平县	Wuping	791	1694
连城县	Liancheng	859	2008
宁德市	**Ningde**	**10347**	**11569**
宁德市辖区	District under Ningde	997	1211
蕉城区	Jiaocheng		1211
福安市	Fu'an	2469	2039
福鼎市	Fuding	1180	1576
霞浦县	Xiapu	2211	1368
古田县	Gutian	848	1574
屏南县	Pingnan	683	868
寿宁县	Shouning	924	1395
周宁县	Zhouning	513	882
柘荣县	Zherong	523	656

22-16 普通教育专任教师及在校学生数（2016年）

Number of Full-time Teachers and Students Enrollment in Regular Schools(2016)

单位：人 (person)

地区	Aera	专任教师数 Full-time Teachers			在校生数 Students Enrollment		
		普通高中 Regular Senior Secondary Schools	普通初中 Regular Junior Secondary Schools	小学 Primary Schools	普通高中 Regular Senior Secondary School	普通初中 Regular Junior Secondary Schools	小学 Primary Schools
全　省	**Fujian**	**50424**	**98789**	**165910**	**634747**	**1154758**	**2986658**
福州市	**Fuzhou**	**8627**	**17370**	**29319**	**108930**	**218928**	**565459**
福州市辖区	District under Fuzhou	3220	5447	10081	44239	81670	216557
鼓楼区	Gulou	1360	1699	2865	18344	25390	54001
台江区	Taijiang	474	661	1249	6611	10517	25041
仓山区	Cangshan	710	1567	3135	10364	23647	71745
马尾区	Mawei	280	593	803	3763	6237	15607
晋安区	Jin'an	396	927	2029	5157	15879	50163
福清市	Fuqing	1736	3605	5899	21234	44999	117529
长乐市	Changle	709	1492	2568	8024	19147	52625
闽侯县	Minhou	617	1497	2610	7986	20860	51919
连江县	Lianjiang	713	1651	2439	8224	16283	45048
罗源县	Luoyuan	290	651	1152	2865	5753	15368
闽清县	Minqing	346	993	1467	3901	9339	19334
永泰县	Yongtai	385	891	1375	4764	8221	18932
平潭县	Pingtan	611	1143	1728	7693	12656	28147
厦门市	**Xiamen**	**3598**	**7187**	**15405**	**46512**	**99180**	**296143**
厦门市辖区	District under Xiamen	3598	7187	15405	46512	99180	296143
思明区	Siming	1581	2258	3868	20298	32925	72213
海沧区	Haicang	200	581	1546	2706	8229	30238
湖里区	Huli	187	1023	2882	2610	16419	57449
集美区	Jimei	649	1168	2850	7770	16622	57281
同安区	Tong'an	640	1375	2994	8596	17270	52450
翔安区	Xiang'an	341	782	1265	4532	7715	26512
莆田市	**Putian**	**4921**	**8518**	**15060**	**63832**	**104242**	**248685**
莆田市辖区	District under Putian	3460	5728	10484	44470	69937	177422
城厢区	Chengxiang	900	1317	2239	10828	17433	36459
涵江区	Hanjiang	586	1187	1990	8064	11465	31735
荔城区	Licheng	1168	1434	2569	15720	22901	55114
秀屿区	Xiuyu	806	1790	3686	9858	18138	54114
仙游县	Xianyou	1461	2790	4576	19362	34305	71263
三明市	**Sanming**	**3754**	**7521**	**11968**	**47564**	**75792**	**184882**
三明市辖区	District under Sanming	636	939	1370	9875	11480	24824
梅列区	Meilie	250	515	727	3996	6447	13389
三元区	Sanyuan	386	424	643	5879	5033	11435
永安市	Yong'an	525	995	1535	6016	10279	24616
明溪县	Mingxi	150	270	492	1651	2328	5612
清流县	Qingliu	170	357	681	1965	3842	9466
宁化县	Ninghua	471	770	1346	5941	8279	20610
大田县	Datian	365	990	1518	4027	8668	27167
尤溪县	Youxi	559	1225	1615	7092	10044	21578
沙县	Shaxian	339	822	1332	4338	9418	22745
将乐县	Jiangle	247	475	741	2912	4751	11627
泰宁县	Taining	140	302	649	1807	3446	7881
建宁县	Jianning	152	376	689	1940	3257	8756
泉州市	**Quanzhou**	**10467**	**20481**	**33737**	**134907**	**252642**	**717891**
泉州市辖区	District under Quanzhou	2649	3891	6251	33442	50120	124010
鲤城区	Licheng	1288	1445	1876	17085	22408	44799
丰泽区	Fengze	528	887	1637	7466	12932	36083
洛江区	Luojiang	280	489	885	3766	6021	15656

22-16 续表

Continued

单位：人 (person)

地区	Aera	专任教师数 Full-time Teachers 普通高中 Regular Senior Secondary Schools	普通初中 Regular Junior Secondary Schools	小学 Primary Schools	在校生数 Students Enrollment 普通高中 Regular Senior Secondary School	普通初中 Regular Junior Secondary Schools	小学 Primary Schools
泉港区	Quangang	553	1070	1853	5125	8759	27472
石狮市	Shishi	678	1243	2333	10003	20241	60437
晋江市	Jinjiang	1814	3872	6925	26377	60636	178393
南安市	Nan'an	1886	3908	5415	21258	39373	117224
惠安县	Hui'an	1141	2735	3760	15433	27303	72776
安溪县	Anxi	1225	2619	5628	14624	31286	108179
永春县	Yongchun	674	1449	2144	8271	14484	34578
德化县	Dehua	400	764	1281	5499	9199	22294
漳州市	**Zhangzhou**	**6777**	**13362**	**20671**	**88230**	**152820**	**354763**
漳州市辖区	District under Zhangzhou	1439	2246	3098	19621	32420	65078
芗城区	Xiangcheng	1179	1734	2267	16450	24898	47732
龙文区	Longwen	260	512	831	3171	7522	17346
龙海市	Longhai	1379	2204	3486	16181	22235	62523
云霄县	Yunxiao	604	1297	2189	7699	15723	31369
漳浦县	Zhangpu	982	2328	3100	14255	24188	60160
诏安县	Zhao'an	596	1427	2333	9078	16956	41330
长泰县	Changtai	253	555	897	2541	4869	15588
东山县	Dongshan	336	466	799	3277	5315	13512
南靖县	Nanjing	403	873	1384	5017	7976	19003
平和县	Pinghe	631	1570	2650	8933	19452	36636
华安县	Hua'an	154	396	735	1628	3686	9564
南平市	**Nanping**	**3634**	**7902**	**13318**	**49967**	**87165**	**204151**
南平市辖区	District under Nanping	984	2193	3726	13423	25259	56654
延平区	Yanping	603	1325	2213	7966	14865	32867
建阳区	Jianyang	381	868	1513	5457	10394	23787
邵武市	Shaowu	372	824	1260	4834	7752	18396
武夷山市	Wuyishan	211	656	1121	3649	7014	18506
建瓯市	Jian’ou	526	1262	2181	7519	14279	37349
顺昌县	Shunchang	453	720	969	6128	5387	11563
浦城县	Pucheng	395	1012	1647	5729	13287	25458
光泽县	Guangze	227	394	844	2872	5211	10738
松溪县	Songxi	189	386	628	2468	3760	10403
政和县	Zhenghe	277	455	942	3345	5216	15084
龙岩市	**Longyan**	**4373**	**8129**	**12370**	**46680**	**77538**	**186013**
龙岩市辖区	District under Longyan	1527	2870	4792	17060	30832	78226
新罗区	Xinluo	804	1554	2774	10784	19908	52180
永定区	Yongding	723	1316	2018	6276	10924	26046
漳平市	Zhangping	298	818	1250	4077	6976	16986
长汀县	Changting	729	1257	1979	9273	13813	31357
上杭县	Shanghang	773	1219	1666	6820	10735	24670
武平县	Wuping	518	991	1418	5175	8280	18486
连城县	Liancheng	528	974	1265	4275	6902	16288
宁德市	**Ningde**	**4273**	**8319**	**14062**	**48125**	**86451**	**228671**
宁德市辖区	District under Ningde	712	1257	2324	7357	13859	40638
蕉城区	Jiaocheng	712	1257	2324	7357	13859	40638
福安市	Fu'an	954	1594	2834	10648	20168	52490
福鼎市	Fuding	660	1447	2238	8579	14504	38303
霞浦县	Xiapu	517	1203	2044	7227	11732	35496
古田县	Gutian	503	1054	1475	4400	8716	20229
屏南县	Pingnan	227	452	818	2203	3841	9897
寿宁县	Shouning	303	661	1050	3462	6542	13848
周宁县	Zhouning	253	441	786	2475	4426	10341
柘荣县	Zherong	144	210	493	1774	2663	7429

22-17 卫生主要指标（2016年）

Main Indicators of Sanitation(2016)

地区	Area	卫生机构数（个）Number of Health Institutions (unit)	卫生机构床位数（张）Number of Beds in Health Institutions (set)	卫生技术人员数（人）Medical Technical Personnel (person)	#执业医师 Medical practitioner	#注册护士 Registered Nurse
全　省	**Fujian**	**27658**	**178902**	**220889**	**69307**	**96250**
福州市	**Fuzhou**	**4467**	**35253**	**53656**	**17945**	**23273**
福州市辖区	District under Fuzhou	1506	22343	35973	12739	15837
鼓楼区	Gulou	317	9740	15721	5686	7125
台江区	Taijiang	210	4929	8005	2999	3696
仓山区	Cangshan	414	3923	5791	2097	2560
马尾区	Mawei	121	643	919	297	374
晋安区	Jin'an	444	3108	5537	1660	2082
福清市	Fuqing	652	3224	4780	1443	2143
长乐市	Changle	419	2056	3011	1000	1092
闽侯县	Minhou	398	1465	2293	709	913
连江县	Lianjiang	330	1342	2003	552	736
罗源县	Luoyuan	232	1065	1191	309	544
闽清县	Minqing	302	1465	1347	343	648
永泰县	Yongtai	286	917	1105	350	460
平潭县	Pingtan	342	1376	1953	500	900
厦门市	**Xiamen**	**1578**	**14939**	**27497**	**10405**	**11975**
厦门市辖区	District under Xiamen	1578	14939	27497	10405	11975
思明区	Siming	397	7953	12885	4782	6006
海沧区	Haicang	178	1440	2872	1135	1153
湖里区	Huli	138	1238	2603	865	1184
集美区	Jimei	300	1917	4709	1904	1837
同安区	Tong'an	359	1511	2898	1106	1199
翔安区	Xiang'an	206	880	1530	613	596
莆田市	**Putian**	**1329**	**12808**	**13884**	**4407**	**6023**
莆田市辖区	District under Putian	971	9829	10578	3537	4616
城厢区	Chengxiang	195	2793	3356	1212	1587
涵江区	Hanjiang	219	4250	3864	1299	1738
荔城区	Licheng	272	1200	1879	590	759
秀屿区	Xiuyu	285	1586	1479	436	532
仙游县	Xianyou	358	2979	3306	870	1407
三明市	**Sanming**	**2615**	**13643**	**15305**	**4509**	**6706**
三明市辖区	District under Sanming	248	3146	3711	1215	1707
梅列区	Meilie	131	1718	2550	853	1189
三元区	Sanyuan	117	1428	1161	362	518
永安市	Yong'an	349	2553	2722	918	1270
明溪县	Mingxi	106	488	525	153	213
清流县	Qingliu	133	561	720	185	315
宁化县	Ninghua	279	1175	1272	327	534
大田县	Datian	477	1302	1367	366	622
尤溪县	Youxi	376	1497	1701	441	695
沙县	Shaxian	234	1108	1311	380	527
将乐县	Jiangle	140	764	776	216	345
泰宁县	Taining	157	652	743	189	277
建宁县	Jianning	116	397	457	119	201
泉州市	**Quanzhou**	**4909**	**33791**	**38372**	**11727**	**16193**
泉州市辖区	District under Quanzhou	369	9434	13124	3902	6244
鲤城区	Licheng	181	6113	7800	2359	3814
丰泽区	Fengze	188	3321	5324	1543	2430
洛江区	Luojiang	144	683	731	226	229
泉港区	Quangang	190	1400	1384	370	526
石狮市	Shishi	364	1593	3030	1034	1288

22-17 续表

Continued

地区	Area	卫生机构数（个） Number of Health Institutions (unit)	卫生机构床位数（张） Number of Beds in Health Institutions (set)	卫生技术人员数（人） Medical Technical Personnel (person)	#执业医师 Medical practitioner	#注册护士 Registered Nurse
晋江市	Jinjiang	933	4771	6173	2005	2280
南安市	Nan'an	891	5224	4093	1236	1654
惠安县	Hui'an	456	3636	3443	993	1381
安溪县	Anxi	863	3553	3153	928	1291
永春县	Yongchun	386	2134	1923	562	759
德化县	Dehua	313	1363	1318	471	541
漳州市	**Zhangzhou**	**4397**	**22165**	**22187**	**6278**	**9418**
漳州市辖区	District under Zhangzhou	546	7792	8651	2763	3971
芗城区	Xiangcheng	364	7156	7589	2446	3545
龙文区	Longwen	182	636	1062	317	426
龙海市	Longhai	825	2992	2920	871	1169
云霄县	Yunxiao	289	1510	1393	349	626
漳浦县	Zhangpu	689	2812	2993	716	1187
诏安县	Zhao'an	454	1902	1622	369	640
长泰县	Changtai	224	804	807	222	312
东山县	Dongshan	178	889	872	243	360
南靖县	Nanjing	398	1002	1175	315	441
平和县	Pinghe	558	1913	1347	330	552
华安县	Hua'an	236	549	407	100	160
南平市	**Nanping**	**2218**	**16212**	**15734**	**4418**	**7036**
南平市辖区	District under Nanping	513	5701	5667	1564	2689
延平区	Yanping	280	3759	3474	1070	1589
建阳区	Jianyang	233	1942	2193	494	1100
邵武市	Shaowu	160	2353	1936	535	879
武夷山市	Wuyishan	268	1110	1304	486	518
建瓯市	Jian’ou	318	2393	2238	619	1030
顺昌县	Shunchang	163	892	821	213	370
浦城县	Pucheng	285	1688	1394	423	567
光泽县	Guangze	170	635	756	211	326
松溪县	Songxi	158	648	699	150	265
政和县	Zhenghe	183	792	919	217	392
龙岩市	**Longyan**	**3210**	**16955**	**18457**	**5201**	**8503**
龙岩市辖区	District under Longyan	984	8166	9666	3063	4671
新罗区	Xinluo	564	6421	7875	2598	3896
永定区	Yongding	420	1745	1791	465	775
漳平市	Zhangping	345	1460	1313	358	552
长汀县	Changting	471	2354	2354	471	1106
上杭县	Shanghang	639	1877	2053	560	775
武平县	Wuping	492	1694	1515	379	697
连城县	Liancheng	279	1404	1556	370	702
宁德市	**Ningde**	**2935**	**13136**	**15797**	**4417**	**7123**
宁德市辖区	District under Ningde	365	3126	3947	1206	1879
蕉城区	Jiaocheng	365	3126	3947	1206	1879
福安市	Fu'an	573	2344	2922	923	1377
福鼎市	Fuding	443	2007	2874	804	1316
霞浦县	Xiapu	337	1691	2038	495	893
古田县	Gutian	510	1428	1520	388	659
屏南县	Pingnan	183	735	644	171	276
寿宁县	Shouning	236	719	815	191	333
周宁县	Zhouning	168	587	558	107	210
柘荣县	Zherong	120	499	479	132	180

22-18 社会消费品零售总额（2016年）

Total Retail Sales of Consumer Goods(2016)

单位：万元 (10000 yuan)

地区	Area	社会消费品零售总额 Total Retail Sales of Consumer Goods 数量 Value	比上年增长(%) Ratio(%)
全　省	**Fujian**	**116745406**	**11.1**
福州市	**Fuzhou**	**37631418**	**11.6**
福州市辖区	District under Fuzhou	26302829	11.9
鼓楼区	Gulou	10178992	11.1
台江区	Taijiang	3891391	9.5
仓山区	Cangshan	4274584	12.0
马尾区	Mawei	1600050	16.5
晋安区	Jin'an	6357812	13.6
福清市	Fuqing	3741673	13.5
长乐市	Changle	1911598	10.0
闽侯县	Minhou	2301073	13.4
连江县	Lianjiang	1305959	16.5
罗源县	Luoyuan	491690	8.9
闽清县	Minqing	457992	3.4
永泰县	Yongtai	525623	9.7
平潭县	Pingtan	592980	4.2
厦门市	**Xiamen**	**12834595**	**9.8**
厦门市辖区	District under Xiamen	12834595	9.8
思明区	Siming	4864002	11.1
海沧区	Haicang	1531147	6.2
湖里区	Huli	3644909	5.0
集美区	Jimei	1241131	12.0
同安区	Tong'an	1015037	23.1
翔安区	Xiang'an	538369	17.4
莆田市	**Putian**	**6231302**	**11.5**
莆田市辖区	District under Putian	5350267	12.0
城厢区	Chengxiang	1926604	14.9
涵江区	Hanjiang	1080797	10.5
荔城区	Licheng	1660654	9.8
秀屿区	Xiuyu	682212	11.8
仙游县	Xianyou	881034	8.6
三明市	**Sanming**	**4806339**	**9.6**
三明市辖区	District under Sanming	1129921	6.6
梅列区	Meilie	748664	3.2
三元区	Sanyuan	381257	13.9
永安市	Yong'an	857980	11.3
明溪县	Mingxi	154297	5.1
清流县	Qingliu	212000	11.9
宁化县	Ninghua	352141	12.1
大田县	Datian	483867	10.7
尤溪县	Youxi	445900	11.1
沙县	Shaxian	507687	6.6
将乐县	Jiangle	226209	10.7
泰宁县	Taining	220530	10.5
建宁县	Jianning	215808	15.9
泉州市	**Quanzhou**	**27246536**	**10.8**
泉州市辖区	District under Quanzhou	7295243	12.5
鲤城区	Licheng	3703620	9.9
丰泽区	Fengze	2468390	15.9
洛江区	Luojiang	324635	15.8
泉港区	Quangang	798598	13.1
石狮市	Shishi	4001134	11.3
晋江市	Jinjiang	5882794	9.1
南安市	Nan'an	3854668	10.6
惠安县	Hui'an	2496185	9.2
安溪县	Anxi	2322600	10.6
永春县	Yongchun	842063	11.9
德化县	Dehua	551849	10.8
漳州市	**Zhangzhou**	**8755936**	**12.7**
漳州市辖区	District under Zhangzhou	3001766	13.4
芗城区	Xiangcheng	1838929	10.5
龙文区	Longwen	1162837	18.2
龙海市	Longhai	1260516	11.4
云霄县	Yunxiao	618267	15.4
漳浦县	Zhangpu	1030874	11.4
诏安县	Zhao'an	939607	13.4
长泰县	Changtai	305957	17.0
东山县	Dongshan	386382	10.9
南靖县	Nanjing	423280	11.2
平和县	Pinghe	526830	8.5
华安县	Hua'an	262457	17.0
南平市	**Nanping**	**5566788**	**10.5**
南平市辖区	District under Nanping	1864408	12.2
延平区	Yanping	1331818	12.3
建阳区	Jianyang	532589	12.0
邵武市	Shaowu	1068282	10.0
武夷山市	Wuyishan	468896	10.9
建瓯市	Jian'ou	785594	9.6
顺昌县	Shunchang	297530	7.8
浦城县	Pucheng	437884	9.9
光泽县	Guangze	191067	7.8
松溪县	Songxi	242567	8.4
政和县	Zhenghe	210560	10.5
龙岩市	**Longyan**	**7290015**	**14.0**
龙岩市辖区	District under Longyan	3885741	13.7
新罗区	Xinluo	3123218	13.9
永定区	Yongding	762523	13.1
漳平市	Zhangping	655690	14.1
长汀县	Changting	691153	14.1
上杭县	Shanghang	856934	15.8
武平县	Wuping	665293	19.1
连城县	Liancheng	535203	7.3
宁德市	**Ningde**	**5123472**	**10.1**
宁德市辖区	District under Ningde	1228592	12.4
蕉城区	Jiaocheng	1228592	12.4
福安市	Fu'an	884543	9.1
福鼎市	Fuding	982713	10.2
霞浦县	Xiapu	733767	8.5
古田县	Gutian	622417	10.6
屏南县	Pingnan	186168	9.7
寿宁县	Shouning	212958	7.6
周宁县	Zhouning	155296	7.4
柘荣县	Zherong	117018	8.5

22-19 社会保险和低保情况（2016年）

Statistics of People in Social Insurance and Subsistence(2016)

单位：万人　　　　(10000 persons)

地区	Area	期末参加基本养老保险职工人数 People Participated in Basic Pension Insurance at the Year-end	期末参加城乡居民社会养老保险人数 People Participated in Residents of Social Endowment Insurance in Urban and Rural Areas	期末参加基本医疗保险人数 People Participated in Basic Medical Insurance at the Year-end	城镇居民最低生活保障人数 People Receiving Minimum Living Allowance in Urban Areas	农村居民最低生活保障人数 People Receiving Minimum Living Allowance in Rural Areas
全　省	**Fujian**	**795.47**	**1489.11**	**1297.90**	**8.59**	**46.15**
福州市	**Fuzhou**	**157.34**	**230.59**	**302.32**	**1.04**	**5.53**
福州市辖区	District under Fuzhou	111.97	16.22	232.37	0.58	0.43
鼓楼区	Gulou		0.95		0.03	
台江区	Taijiang		0.92		0.18	
仓山区	Cangshan		5.46		0.19	0.23
马尾区	Mawei	9.64	4.54	13.97	0.07	0.11
晋安区	Jin'an		4.36		0.12	0.09
福清市	Fuqing	15.32	66.16	21.68	0.11	0.87
长乐市	Changle	5.33	33.55	8.74	0.04	0.63
闽侯县	Minhou	8.99	28.87	12.11	0.04	0.81
连江县	Lianjiang	4.71	28.51	10.52	0.03	0.69
罗源县	Luoyuan	2.72	9.81	5.53	0.05	0.55
闽清县	Minqing	2.97	13.60	5.32	0.04	0.32
永泰县	Yongtai	2.34	15.62	6.04	0.07	0.47
平潭县	Pingtan				0.08	0.75
厦门市	**Xiamen**	**202.86**	**24.77**	**351.37**	**0.94**	**0.46**
厦门市辖区	District under Xiamen	202.86	24.77	351.37	0.94	0.46
思明区	Siming	40.53	1.31		0.27	
海沧区	Haicang	33.18	0.89		0.08	0.06
湖里区	Huli	17.66	2.86		0.09	
集美区	Jimei	10.48	7.99		0.05	0.03
同安区	Tong'an	22.88	1.74		0.14	0.29
翔安区	Xiang'an	16.15	9.99		0.32	0.07
莆田市	**Putian**	**31.96**	**153.24**	**63.09**	**0.28**	**5.25**
莆田市辖区	District under Putian	25.48	102.83	45.45	0.16	1.90
城厢区	Chengxiang	0.80	16.10	14.24	0.03	0.36
涵江区	Hanjiang	7.01	21.50	10.12	0.05	0.31
荔城区	Licheng	0.77	20.81	11.08	0.07	0.43
秀屿区	Xiuyu	2.61	44.42	4.79		0.81
仙游县	Xianyou	6.48	50.41	17.64	0.12	3.35
三明市	**Sanming**	**41.41**	**120.85**	**40.29**	**0.63**	**3.15**
三明市辖区	District under Sanming	12.42	4.84	15.47	0.15	0.05
梅列区	Meilie	2.94	1.33		0.07	0.02
三元区	Sanyuan	2.33	3.51		0.08	0.03
永安市	Yong'an	7.33	12.00	7.38	0.07	0.11
明溪县	Mingxi	1.44	5.62	1.34	0.03	0.14
清流县	Qingliu	1.68	6.67	1.42	0.03	0.25
宁化县	Ninghua	2.36	16.30	2.05	0.07	0.55
大田县	Datian	3.45	17.93	2.50	0.02	0.44
尤溪县	Youxi	3.13	22.72	2.63	0.05	0.67
沙县	Shaxian	4.58	11.72	3.38	0.08	0.23
将乐县	Jiangle	2.04	9.28	1.70	0.06	0.24
泰宁县	Taining	1.54	6.45	1.25	0.04	0.14
建宁县	Jianning	1.44	7.32	1.16	0.04	0.33
泉州市	**Quanzhou**	**131.44**	**364.48**	**175.62**	**1.29**	**6.61**
泉州市辖区	District under Quanzhou	47.90	39.60	81.83	0.42	0.95
鲤城区	Licheng	9.16	4.13	19.24	0.11	
丰泽区	Fengze	14.44	5.65	25.23	0.13	
洛江区	Luojiang	3.91	8.85	6.23	0.04	0.26
泉港区	Quangang	3.62	20.97	4.45	0.14	0.69

注：1.期末参加基本养老保险职工人数及期末参加基本医疗保险人数中，全省总数含省本级，市辖区总数含市本级；2.期末参加基本养老保险职工人数不含离退休。

Note:a)In number of People Participated in Basic Pension Insurance at the year-end,the entire province total including provincial level, the entire city total including city level.b)Number of People Participated in Basic Pension Insurance at the year-end exclude Retirees.

22-19 续表

Continued

单位：万人 (10000 persons)

地区	Area	期末参加基本养老保险职工人数 People Participated in Basic Pension Insurance at the Year-end	期末参加城乡居民社会养老保险人数 People Participated in Residents of Social Endowment Insurance in Urban and Rural Areas	期末参加基本医疗保险人数 People Participated in Basic Medical Insurance at the Year-end	城镇居民最低生活保障人数 People Receiving Minimum Living Allowance in Urban Areas	农村居民最低生活保障人数 People Receiving Minimum Living Allowance in Rural Areas
石狮市	Shishi	10.00	19.08	8.89	0.30	
晋江市	Jinjiang	35.35	59.82	23.68	0.29	0.90
南安市	Nan'an	12.95	83.91	19.32	0.07	1.77
惠安县	Hui'an	10.35	55.57	20.44	0.09	1.09
安溪县	Anxi	5.77	60.61	11.11	0.05	1.21
永春县	Yongchun	4.63	30.60	6.00	0.04	0.40
德化县	Dehua	4.48	15.29	4.36	0.02	0.29
漳州市	**Zhangzhou**	**66.59**	**208.59**	**72.01**	**1.86**	**8.27**
漳州市辖区	District under Zhangzhou	23.35	17.69	35.78	0.43	0.54
芗城区	Xiangcheng	7.47	10.08		0.37	0.40
龙文区	Longwen	0.28	7.61		0.06	0.15
龙海市	Longhai	9.78	40.57	7.64	0.41	1.31
云霄县	Yunxiao	4.38	18.40	4.91	0.16	1.00
漳浦县	Zhangpu	7.64	39.75	6.01	0.18	1.12
诏安县	Zhao'an	3.54	22.38	2.56	0.14	1.43
长泰县	Changtai	4.85	8.34	3.45	0.05	0.45
东山县	Dongshan	3.27	8.56	3.13	0.15	0.22
南靖县	Nanjing	4.18	17.57	3.80	0.16	0.82
平和县	Pinghe	3.84	27.06	3.27	0.17	1.26
华安县	Hua'an	1.76	8.29	1.45	0.02	0.12
南平市	**Nanping**	**44.21**	**128.50**	**42.25**	**1.05**	**4.85**
南平市辖区	District under Nanping	18.16	31.58	18.00	0.31	1.03
延平区	Yanping	5.62	16.66	4.64	0.23	0.51
建阳区	Jianyang	4.12	14.92	4.11	0.07	0.52
邵武市	Shaowu	5.36	12.03	5.41	0.07	0.25
武夷山市	Wuyishan	3.33	9.96	3.09	0.13	0.89
建瓯市	Jian’ou	4.18	22.74	4.31	0.09	0.30
顺昌县	Shunchang	3.57	9.90	3.27	0.06	0.46
浦城县	Pucheng	4.26	18.85	3.50	0.10	0.41
光泽县	Guangze	2.43	7.20	1.90	0.03	0.43
松溪县	Songxi	1.45	7.41	1.32	0.09	0.48
政和县	Zhenghe	1.48	8.84	1.44	0.16	0.59
龙岩市	**Longyan**	**44.72**	**132.05**	**116.29**	**0.52**	**4.76**
龙岩市辖区	District under Longyan	23.41	40.43	60.16	0.10	0.87
新罗区	Xinluo	12.37	17.13	28.94	0.08	0.25
永定区	Yongding	4.81	23.29	15.95	0.02	0.62
漳平市	Zhangping	3.45	13.85	8.44	0.06	0.64
长汀县	Changting	4.44	21.49	18.23	0.26	1.39
上杭县	Shanghang	6.21	22.67	16.66	0.03	0.61
武平县	Wuping	3.89	19.20	5.70	0.03	0.62
连城县	Liancheng	3.33	14.41	7.09	0.04	0.63
宁德市	**Ningde**	**40.34**	**126.02**	**91.66**	**0.98**	**7.27**
宁德市辖区	District under Ningde	11.40	14.93	22.06	0.10	0.67
蕉城区	Jiaocheng	6.69	14.93	16.65	0.10	0.67
福安市	Fu'an	8.47	25.19	14.93	0.22	1.64
福鼎市	Fuding	7.14	24.46	12.39	0.14	0.86
霞浦县	Xiapu	3.67	19.75	12.16	0.17	0.92
古田县	Gutian	3.45	14.12	8.39	0.09	0.66
屏南县	Pingnan	1.39	7.54	3.69	0.02	0.60
寿宁县	Shouning	2.24	8.43	9.64	0.11	0.92
周宁县	Zhouning	1.17	7.70	4.67	0.05	0.61
柘荣县	Zherong	1.40	3.89	3.74	0.08	0.39

中国统计出版社最新图书简目

（仅供参考，以实际出版为准）

统计资料

中国统计年鉴　中国统计摘要　中国发展报告
中国经济普查年鉴　国际统计年鉴　金砖国家联合统计手册
中国-东盟国家统计手册　中国农村统计年鉴　中国县域统计年鉴
中国城市统计年鉴　中国对外直接投资统计公报　中国地区经济监测报告
中国贸易外经统计年鉴　中国零售和餐饮连锁企业统计年鉴　中国商品交易市场统计年鉴
大中型批发零售和住宿餐饮企业统计年鉴　中国农产品价格调查年鉴　中国住户调查年鉴
中国价格统计年鉴　中国能源统计年鉴　全国农产品成本收益资料汇编
中国环境统计年鉴　中国建筑业统计年鉴　国外资源、能源和环境统计资料汇编
中国工业统计年鉴　中国城乡建设统计年鉴　中国县城建设统计年鉴
中国城市建设统计年鉴　中国科技统计年鉴　中国房地产统计年鉴
中国证券期货统计年鉴　中国劳动统计年鉴　中国第三产业统计年鉴
工业企业科技活动资料　中国社会统计年鉴　中国高技术产业统计年鉴
中国人才资源统计报告　中国教育统计年鉴　中国人口和就业统计年鉴
文化及相关产业统计概览　中国文化及相关产业统计年鉴　中国教育经费统计年鉴
中国民族统计年鉴　中国残疾人事业统计年鉴　中国民政统计年鉴
中国乡镇街道行政区域简册　中国基本单位统计年鉴　中国妇女儿童状况统计资料（英）

省级综合统计年鉴系列

北京 天津 河北 山西 内蒙古 辽宁 吉林 黑龙江 上海 江苏 浙江 安徽 福建 江西 山东 河南 湖北 湖南 广东 广西 海南 重庆 四川 贵州 云南 西藏 陕西 甘肃 青海 宁夏 新疆 新疆生产建设兵团

市(县)级综合统计年鉴系列

滨海新区 石家庄 唐山 邯郸 保定 沧州 邢台 廊坊 承德 衡水 秦皇岛 张家口 太原 大同 阳泉 长治 晋城 朔州 晋中 运城 忻州 临汾 吕梁 呼和浩特 呼和浩特新城区 鄂尔多斯 包头 沈阳 大连 长春 吉林 延吉 四平 通化 松原 哈尔滨 齐齐哈尔 黑龙江垦区 上海浦东新区 南京 无锡 徐州 常州 苏州 南通 连云港 淮安 盐城 扬州 镇江 泰州 宿迁 江阴 丹阳 海门 杭州 宁波 温州 嘉兴 湖州 绍兴 金华 衢州 舟山 台州 丽水 合肥 安庆 马鞍山 福州 厦门 宁德 漳州 龙岩 南昌 九江 上饶 新余 抚州 萍乡 赣州 吉安 景德镇 济南 青岛 潍坊 枣庄 日照 滕州 郑州 洛阳 平顶山 三门峡 商丘 信阳 济源 汝州 武汉 十堰 荆州 宜昌 荆门 咸宁 长沙 广州 深圳 惠州 东莞 汕尾 南宁 柳州 桂林 来宾 河池 防城港 海口 三亚 成都 贵阳 黔南 毕节 昆明 西安 咸阳 延安 宝鸡 安康 铜川 汉中 榆林 兰州 庆阳 银川 乌鲁木齐 兵团一师 兵团十师

调查年鉴系列

天津 山西 内蒙古 辽宁 吉林 上海　福建 江西 河南 湖北 湖南 广西　重庆 四川 云南 甘肃 宁夏 新疆

统计方法应用/实用手册

实用SAS统计分析教程　马克威统计分析与数据挖掘应用案例　统计公文知识问答
乡镇统计人员岗位知识培训系列教材：辅助调查员岗位基础知识　乡镇统计人员岗位基础知识
县级统计人员岗位知识培训系列教材：Excel在统计工作中的应用　简明统计分析
地市级统计人员岗位知识培训系列教材：统计报告与演示　Excel在统计工作中的应用

统计通俗读物/统计科普图书

国家统计局核心统计指标变迁　货架上的统计　账本里的统计

重点图书

砥砺奋进的五年——从十八大到十九大　新编英汉汉英统计大词典　中华医学统计百科全书
新常态下的中国服务业：理论与实践　新动能新产业发展报告-2017
挑大学选专业2018—考研择校指南　挑大学选专业2018—高考志愿填报指南

《福建统计年鉴-2017》光盘（CD-ROM）介绍

《福建统计年鉴—2017》（光盘）是一部信息高度密集的统计资料书的电子版。全书系统收录了2016年福建省全省及各地区、各部门经济和社会发展各方面的统计数据，以及重要年份福建国民经济主要指标的统计数据，是一部全面反映福建经济和社会发展情况的资料性年刊。

全书内容分为22个部分：全书内容分为22个部分：1.综合；2.国民经济核算；3.人口、就业和职工工资；4.固定资产投资；5.对外经济；6.能源；7.人民生活；8.价格指数；9.城市概况；10.财政金融；11.农业；12.工业；13.建筑业；14.交通运输和邮电通信业；15.批发零售、住宿餐饮和旅游业；16.科学和教育；17.文化和体育；18.卫生事业；19.环境保护；20.公共管理和其他社会活动；21.企业调查；22.市县国民经济主要指标。各篇末均附有《主要统计指标解释》。

《福建统计年鉴—2017》（光盘）为中英文双语版，操作简便，还设有转换Excel文件功能。

Introduction to CD-ROM

Fujian Statistical Yearbook 2017 (CD-ROM) is an annual statistic publication of comprehensive information with highly density. The yearbook covers very comprehensive data in 2016 and some selected data series in important years of provincial and regional levels and in different departments , reflects various aspects of Fujian social and economic development.

The CD-ROM contains the following twenty-two chapters: 1.General Survey ; 2.National Economy Accounting; 3. Population,Employment and Wages; 4.Investment in Fixed Assets; 5.Foreign Trade; 6. Energy; 7.People's Living Conditions; 8.Price Indices; 9.General Survey of Cities; 10.Finance; 11.Agriculture; 12.Industry; 13.Construction; 14. Transportation, Postal and Telecommunication Services; 15.Wholesale,Retail Trades, Hotels, Catering Services and Tourism; 16.Science and Education; 17.Culture and Sports; 18.Health; 19. Environment Protection; 20.Publish Administration and Others; 21.Enterprise Survey; 22.Main Economic Indicators of City Prefecture and County etc. At the end of each chapter, Explanatory Notes on Main Statistical Indicators are included.

Fujian Statistical Yearbook 2017 (CD-ROM) is Compiled in Chinese and English and is Easy to used. The Tables in the CD-ROM can be converted to Excel Documents.

光盘（CD-ROM）操作说明

系统要求：Windows98及以上版本　IE4.0以上浏览器

显示设置：建议使用800×600像素分辨率

运行方法：光盘插入驱动器后自动运行，或直接运行INDEX.HTM文件

How to use the CD-ROM

System Requirement: Windows 98 or above versions, IE4.0or above browers.

Monitor:800*600 resolution suggested.

How to Start: The CD-ROM will run automatically once inserted into the driver or run INDEX.htm.